Para compreender

COMO SURGIU A IGREJA

Coleção: Ecclesia XXI

Os Ortodoxos
Enrico Morini

Para compreender como surgiu a Igreja
Juan Antonio Estrada

Juan Antonio Estrada

Para compreender
COMO SURGIU A IGREJA

Dados Internacionais de Catalogação na Publicação (CIP)
(Câmara Brasileira do Livro, SP, Brasil)

Estrada, Juan Antonio
    Para compreender como surgiu a Igreja / Juan Antonio Estrada ; [tradução
José Afonso Beraldin]. — São Paulo : Paulinas, 2005. — (Coleção Ecclesia XXI).

    Título original: Para comprender como surgió la Iglesia
    Bibliografia
    ISBN 85-356-1502-4
    ISBN 85-8169-304-9 (ed. original)

    1. Cristianismo - Origem 2. Igreja - História I. Título. II. Série.

05-1286   CDD-270

Índice para catálogo sistemático:

1. Igreja : História : Cristianismo   270

Título original da obra:
Para comprender como surgió la Iglesia
© Juan Antonio Estrada - Editorial Verbo Divino, 1999

Citações Bíblicas: Bíblia Sagrada – CNBB. São Paulo, 2001.

Direção-geral:
Flávia Reginatto
Editores:
Vera Ivanise Bombonatto e Afonso M. L. Soares
Tradução:
José Afonso Beraldin
Copidesque:
Rosa Maria Aires da Cunha
Coordenação de revisão:
Andréia Schweitzer
Revisão:
Leonilda Menossi
Direção de arte:
Irma Cipriani
Gerente de produção:
Felício Calegaro Neto
Capa:
Everson de Paula
Editoração eletrônica:
Sandra Regina Santana

*Nenhuma parte desta obra poderá ser reproduzida ou transmitida
por qualquer forma e/ou quaisquer meios (eletrônico ou mecânico,
incluindo fotocópia e gravação) ou arquivada em qualquer sistema ou
banco de dados sem permissão escrita da Editora. Direitos reservados.*

Paulinas
Rua Pedro de Toledo, 164
04039-000 – São Paulo – SP (Brasil)
Tel.: (11) 2125-3549 – Fax: (11) 2125-3548
http://www.paulinas.org.br – editora@paulinas.org.br
Telemarketing e SAC: 0800-7010081

© Pia Sociedade Filhas de São Paulo – São Paulo, 2005

À memória de Heitor Frisotti, que consagrou sua vida aos afro-brasileiros e abriu caminho ao diálogo entre as religiões.

"Se alguém tem sede, venha a mim,
e beba quem crê em mim" — conforme diz a Escritura:
"Do seu interior correrão rios de água viva" (*Jo 7,38*).

APRESENTAÇÃO
DA COLEÇÃO *ECCLESIA XXI*

A Igreja chega ao século XXI ainda sob o influxo de um período de transição, intensificado a partir dos anos 1960, com o Concílio Vaticano II, pelo qual uma eclesiologia renovadora tem deixado marcas na própria vida eclesial. Porém, ainda há muito a ser feito.

O período que antecedeu o Concílio foi de grande crise. Havia medo de assumir descontinuidades, rupturas, inovações, conflitos, emergência de novas teologias e superação de velhas tradições. Na aurora deste século, multiplicaram-se os desafios, mas também os temores.

Ecclesia XXI oferece-se como tribuna para os ensaios a que a reflexão eclesiológica não pode se furtar, caso pretenda ser farol e companhia de viagem no caminho que as novas gerações de discípulos do Nazareno deverão seguir e nos novos areópagos que cruzarão. Para tanto, esta nova coleção pretende considerar a realidade e a missão da Igreja sob vários aspectos, a saber: espiritual, bíblico, dogmático, histórico, ético e pastoral.

Os olhares multifacetados impõem-se, pois a nova realidade não mais comporta uniformismos. De modo especial, temos verificado no Brasil uma notável reapropriação, pelas camadas populares, de elementos subjacentes à sua cultura. Os portões foram escancarados após a perda da estrutura rural que sustentava a religiosidade popular católica. Contemporaneamente, foi intensificado o processo de "descriminação" de muitas expressões culturais populares.

A repercussão que têm hoje religiões e espiritualidades palatáveis à *new age*, bem como o crescente sucesso do neopentecostalismo (evangélico e católico) sugerem seu forte apelo à necessidade popular do maravilhoso. Órfão dessa qualidade, outrora tão comum ao catolicismo rural

— rico em elementos de origem africana, indígena e também lusitana —, o povo cristão vai a seu encalço para além dos limites da paróquia tradicional — aí incluídas também as CEBs.

Alguns autores pretendem explicar o quadro, alegando que tais tendências religiosas não têm uma grande bagagem de conteúdos mentais que promovam a pessoa mediante novos conhecimentos, assim como, por exemplo, faz a Bíblia. Apenas oferecem, com oportunismo, um novo espaço à sensibilidade e à afetividade. Não se trata, porém, apenas disso: Bíblia = conteúdos mentais = conhecimento. O simbólico, a comunidade e o processo de iniciação devem ser considerados parte integrante do processo do conhecimento. Porém o fato é que nem todos os sedentos por essa espiritualidade do maravilhoso estão dispostos a enfrentar um longo e exigente caminho iniciático.

Por fim, essa autêntica "feira mística" representa uma notável ruptura de dois elementos decididamente caros à Igreja: a palavra (Bíblia) e os sacramentos. Isso, todavia, não requer — como fazem, em geral, os movimentos religiosos pentecostais — um distanciamento institucional. O católico que busca tais espiritualidades não se sente no dever de abandonar a Igreja; procura manter as duas pertenças, vendo-as como complementares na resposta a suas necessidades religiosas.

Alternativas de sabor espiritualista e/ou *new age* atraem sempre mais o apelo religioso das pessoas. Os ritos católicos de integração da biografia individual já vêm sendo repetidos sem muita clareza e convicção, deixando progressivamente o espaço a outras ofertas religiosas. Para alguns, tal tendência poderá reduzir ou eliminar a ambigüidade da prática religiosa das pessoas.

De outra parte, não se deve esquecer que tanto as Igrejas pentecostais quanto a *new age* levam vantagem nas estruturas acentuadamente aliviadas do peso hierárquico-piramidal, com a conseqüente homogeneização das classes, de que resulta a crescente aproximação entre membros e lideranças. Some-se a isso a efetiva rede assistencial que tais organizações têm em mãos, e que fazem estrepitoso sucesso em meio aos milhões de doentes, abandonados pelos órgãos públicos (ir-)responsáveis.

O final do século XX também viu a vitória — pírrica, segundo alguns críticos — da secularização e da modernidade, sempre mais sentidas em ambientes outrora hermeticamente católicos. Os grandes fluxos migratórios em direção aos pólos industriais do sul e a recrudescente penetração do paradigma burguês nos sertões e florestas tiraram da Igreja Católica seu secular berço-reservatório de cristãos. A sociedade patriarcal poupou-a, durante um longo período, da preocupação de obter dos fiéis uma resposta cristã adulta, fruto de convicção pessoal e independente do ambiente. Esse tempo, contudo, acabou.

No inédito contexto de pluralismo religioso que vivemos hoje, com a conseqüente necessidade de ampliar o diálogo entre as religiões, há várias perguntas incontornáveis, que esta nova coleção de *Paulinas Editora* pretende encarar. Por exemplo: como deverá ser enfocada, hoje, a convicção Católica, reafirmada no II Concílio Ecumênico do Vaticano, da "necessária função salvífica da Igreja" (*Lumen gentium*, n. 14)? Uma maior atenção teológica à maneira como Deus quis revelar-se a todos, somada à devida deferência pelas culturas autóctones, não deveria levar a Igreja Católica a repensar alguns modelos eclesiológicos seculares? Que significa, na prática, respeitar o ritmo e os tempos de nossos povos? Não é concebível que haja maneiras distintas, ao longo da história, de acolher a oferta gratuita de Deus? Quem, como e a qual preço deve assumir, *hic et nunc*, a tarefa da (nova) evangelização?

O âmago da discussão encontra-se nos fundamentos da identidade cristã e na possibilidade mesma de aceder a tal fé. Já se vislumbram as primícias de uma nova teologia da revelação, mais apta a incluir em seus circuitos outros trajetos possíveis da autocomunicação divina na história. Com isso, os teólogos ousam inferir possíveis conseqüências de tal perspectiva em vista da possibilidade da inculturação da fé cristã nas realidades locais. *Ecclesia XXI* quer acompanhar as reflexões mais sugestivas a propósito.

Um desafio prometeico, pois, como diz padre Comblin,[1] o discurso sobre a inculturação é "o ponto de encontro de todas as ambigüidades".

---

[1] Cf. COMBLIN, J. As aporias da inculturação (I). *REB*, n. 223, pp. 664-684.

Alguns imaginam uma situação em que a Igreja — à maneira dos santos Cirilo e Metódio, fundadores da Igreja entre os povos eslavos — entregaria aos povos uma cultura já pronta. Outros, mais progressistas, vêem a inculturação como promotora da diversidade cultural.

Seja como for, qual seria a verdadeira função da Igreja nessas situações de pluralismo de ofertas religiosas? Quais atitudes são esperadas dos cristãos em tais contextos? Fazer o bem ao povo equivale a convertê-lo (em sua totalidade) a um cristianismo mais ortodoxo? Em suma, salvação-libertação do Povo de Deus é sinônimo de madura adesão das pessoas à comunidade chamada Igreja?

Ao longo da história, a concepção da Igreja sobre si mesma sofreu, de modo talvez imperceptível em boa parte do tempo, uma determinante mudança de paradigma. De um grupo social constituído em função de uma tarefa — pregar o Evangelho, sendo dele um sinal — a Igreja rendeu-se, mais tarde, à idéia de constituir uma comunidade fundada na participação de um privilégio.

Daqui ao casamento com o conceito de religião universal foi apenas um passo que, conseqüentemente, fez a Igreja estruturar-se como distribuidora de um privilégio essencial: os meios especiais para alguém entrar em relação com Deus e obter dele especiais prerrogativas. Um privilégio que, a todo custo, se devia estender ao maior número possível de seres humanos. O esforço para atingir tal meta fez dessa instituição religiosa, nas palavras de E. Hoornaert, "mestra imbatível em lidar com a religião do povo". E isso apesar da "exagerada eclesialização da idéia cristã", levada adiante no pós-Trento.

Em meio à atual e dramática realidade latino-americana, e diante da inevitável opção, profética e exclusiva, pelos pobres e oprimidos, o problema volta à tona, embora em outra perspectiva. A Conferência Episcopal de Medellín, que procura traduzir na América Latina os novos ventos soprados pelo II Concílio Ecumênico do Vaticano, tornou tal escolha improcrastinável, colocando a hierarquia e os agentes de pastoral numa encruzilhada. Que fazer: radicalizar a nova (teologia) pastoral da missão ou permanecer fiéis àquela, já clássica, do privilégio (embora meio desnorteada pelo tornado conciliar)?

Não obstante a alvorada conciliar, a fundamental preocupação missionária da Igreja continua sendo, conforme a *Evangelium nuntiandi*, "como levar ao homem moderno [e ao não-moderno] a mensagem cristã" (n. 3). Todavia, quanto tempo e quais atitudes são desejáveis para que tal evangelização não se processe "de maneira decorativa, como um verniz superficial, mas de modo vital, em profundidade e até as raízes" (n. 20)?

Quantos séculos serão necessários? Quais as *conditiones sine quibus non* para que as pessoas apreendam, se assim o desejarem, a real novidade cristã? Que fazer enquanto isso? Dar um voto de confiança a suas intenções mais genuínas e pressupor que sua prática habitual já seja de fato cristã e eclesial, embora de maneira popular? Ou não seria mais ortodoxo aliviar as Igrejas cristãs de todas as opções vitais e práticas rituais (tidas como) ambíguas? Uma vez escolhida a segunda opção, contudo, quem estaria habilitado a (e teria legitimidade para) separar o ambíguo do autêntico?

Como vemos, não são poucos os problemas que se descortinam para uma Igreja que pretenda adentrar o novo século fiel ao espírito de Jesus, aberta ao diálogo, coerente em seu testemunho do Reino e solícita na comunhão com Deus e com o próximo. Em vinte e um textos, cuidadosamente selecionados dentre as mais diversas perspectivas, *Ecclesia XXI* oferece seu espaço como pequena contribuição aos enormes desafios a que nenhum cristão poderá se omitir nas próximas décadas.

Afonso Maria Ligorio Soares
Editor assistente

INTRODUÇÃO

Como surgiu a Igreja? Esta é uma pergunta que brota espontaneamente ante a diversidade, universalidade e complexidade do cristianismo atual. Quando se recorre aos textos fundacionais do cristianismo, ou seja, os escritos do Novo Testamento, percebem-se mais claramente as diferenças do que os pontos em comum. O que as comunidades neotestamentárias têm a ver com as Igrejas atuais? Até que ponto o cristianismo atual, dividido em confissões confrontadas entre si, pode recorrer à Igreja primitiva considerando-a seu ponto de partida? O que as primeiras eclesiologias têm em comum com as atuais? São perguntas que muitas pessoas têm, às vezes sem respostas claras. As perguntas crescem se as direcionarmos para os aspectos concretos da Igreja. O que Pedro tem a ver com os papas atuais? Por que há sacerdotes na Igreja, se no Novo Testamento ninguém recebe esse título a não ser o próprio Cristo? Qual é a origem da diferença entre bispos e presbíteros? Em que consiste a identidade dos leigos e que papel eles desempenharam nos primeiros séculos do cristianismo?

Eis algumas das questões a que este livro procura responder. Começaremos analisando o projeto de Jesus, inserindo-o no contexto judeu ao qual pertence. Para compreender Jesus, é preciso prestar atenção à sua proclamação do Reino de Deus, examinando quem foram os seus destinatários e como esse Reino era visto por ele e pelos seus contemporâneos. Partindo daí, estudaremos o papel da comunidade dos discípulos, bem como as diferentes teologias da comunidade presentes nos evangelhos sinóticos. Esse ponto de partida nos levará a compreender em que medida a Igreja é o resultado de uma longa e complexa evolução, ou seja, em que sentido se pode dizer que Jesus não fundou a Igreja, embora dele ela derive, e em que consiste a identidade do cristão segundo o Novo Testamento.

Uma vez analisado o projeto do Reino e a comunidade de discípulos, passaremos a refletir sobre o nascimento da Igreja. Sua origem é pascal e trinitária, isto é, a Igreja surgiu depois de Jesus e por inspiração do Espírito. É isso o que afirmamos, quiçá sem entendê-lo muito bem, quando proclamamos o símbolo da fé. A Igreja é obra do Espírito Santo, embora seja um evento trinitário. É preciso analisar os acontecimentos históricos e as evoluções teológicas que fizeram da seita dos nazarenos a Igreja dos cristãos. Esse é o contexto adequado para examinar o complexo problema da passagem aos gentios, a evolução ocorrida no culto e no sacerdócio, e a distinta compreensão judaica e cristã das leis religiosas. Trata-se de uma etapa importante, pois permite entender que a Igreja é o resultado de uma mudança profunda da religião judaica e que Jesus não deixou tudo previsto e projetado. Mais ainda, o horizonte de compreensão da Igreja é diferente do seu.

Estabelecida essa base, já estamos em condições de investigar como surgiu a Igreja primitiva. É o momento de analisar as primeiras eclesiologias, atendendo à pluralidade constitutiva do Novo Testamento. Nele, não há uma Igreja, mas muitas, que formam todas elas a Igreja de Cristo. Cada uma tem a sua própria cristologia, antropologia e eclesiologia, com uma concepção comunitária da Igreja, caracterizada pela atividade do Espírito que inspira os profetas e os carismáticos. A Igreja é, antes de mais nada, dom de Deus, acontecimento dinâmico e comunidade interpessoal. Desse ponto de partida, analisaremos a passagem do carisma para a institucionalização da Igreja e para os protestos que surgiram dentro e fora dos escritos do Novo Testamento. Uma vez desenvolvida essa perspectiva geral, desde uma eclesiologia comunitária, laical, carismática e institucional ao mesmo tempo, será necessário passar para a análise dos problemas concretos da eclesiologia. Começaremos com o da origem dos apóstolos e dos ministros. Um dos problemas mais difíceis de se resolver é o do surgimento dos apóstolos. Na realidade, não sabemos com certeza nem quantos, nem quem eram. Por não os conhecer, nem sequer temos certeza sobre seus nomes e sua identidade. Não podemos recorrer a Jesus para resolver o problema, pois o surgimento dos apóstolos está ligado ao tempo pascal, embora tenha raízes no Jesus terreno. Ademais, o apostolado coloca problemas importantes, como a controvérsia para definir se Paulo era ou não um apóstolo de Jesus Cristo.

Nesse ponto, já estaremos com o terreno preparado para examinar o nascimento dos ministérios na Igreja, a convergência do modelo episcopal com o presbiteral, que inicialmente eram equivalentes, e o surgimento da tríade de ministros das Igrejas locais: o bispo monárquico, o presbitério e os diáconos. É preciso esclarecer a origem e a identidade dos ministros e suas diferentes funções, bem como as prerrogativas e os privilégios por eles assumidos em conseqüência da inculturação na sociedade romana e da transformação do cristianismo em religião de Estado. Trata-se de uma temática ampla e complexa, da qual dependem muitos problemas que hoje dividem as confissões cristãs e que é necessário afrontar: como e por que surgiu a sucessão apostólica? Como ocorreu a passagem dos ministros para os sacerdotes? Que vinculação existia entre o bispo e os presbíteros? Como era entendida a Igreja local? Que papel desempenhava a comunidade em relação aos ministérios? E assim por diante. A análise da identidade e das funções dos ministérios, que foram mudando no curso do tempo, permitirá compreender muitos dos problemas do clero atual e a necessidade de uma mudança ministerial.

Uma vez estudada a Igreja local, desde uma perspectiva comunitária e ministerial, pode-se passar para a abordagem do difícil problema de como surgiu o primado do papa. Isso exige uma reflexão sobre o papel e o significado de Pedro no Novo Testamento. Será necessário observar como a figura de Pedro adquiriu um valor teológico ao deparar-se com os novos problemas que foram surgindo na Igreja, estudar as tensões e vínculos entre Tiago, Paulo e Pedro, bem como as diferentes teologias do Novo Testamento. Trata-se de um bom momento para analisar as diversas correntes eclesiológicas, como também para observar a diferença de avaliação que as Igrejas do Oriente fazem da sucessão de Pedro, em comparação com a de Roma. O longo percurso do bispo de Roma rumo ao primado universal na Igreja é delimitado por acontecimentos históricos e teológicos, marcado por fortes controvérsias eclesiológicas e impregnado de mudanças históricas por vezes contraditórias. É preciso analisar essa evolução a partir de uma perspectiva histórica, sem confundir o bispo de Roma com o patriarca do Ocidente e este com o primado universal, embora se trate de funções que convergem para uma mesma pessoa. Essa tarefa requer uma compreensão aberta e dialogante com o ecumenismo, bem como discernimento para distinguir o que concorda com o Evangelho e o que é mero resultado de influências socioculturais, interesses humanos e luta pelo poder. Tudo isso faz parte de longo e complicado processo que culminou no primado.

Conclui este estudo uma perspectiva eclesiológica geral, intitulada "Uma comunidade de leigos". Na realidade, todo esse trabalho foi concebido como uma tentativa de eclesiologia para leigos, tanto em seu conteúdo (preocupação com o laicato e com a comunidade) quanto em sua apresentação (explicação dos problemas, tendo em vista leitores que não possuem uma formação teológica especializada). Todos os capítulos, incluindo os que são dedicados aos ministérios, foram escritos levando-se em conta as possíveis repercussões que poderiam ter sobre os leigos, que foram os grandes perdedores nessa evolução eclesiológica. Por isso, é preciso considerar o Concílio Vaticano II, que foi o que mais e melhor se ocupou dos leigos em toda a história do cristianismo, como o final de uma etapa e o começo de outra: a etapa da maioridade do laicato. Para um aprofundamento nessa comunidade de leigos, será necessário prestar atenção à forte moralização dada à mensagem cristã, já no Novo Testamento, às relações entre os leigos e a hierarquia, à importância das Igrejas domésticas e às conseqüências teológicas e sociais derivadas da concepção de Igreja como uma fraternidade. Nesse contexto, poderemos nos ocupar com o problema da mulher no cristianismo primitivo e com o da identidade e das funções dos leigos, tanto no que concerne ao sacerdócio laical quanto à sua contribuição para a teologia e para a missão da Igreja.

Esse percurso histórico e teológico, centrado sobretudo no Novo Testamento e na época patrística, permite-nos fazer incursões em muitos dos problemas eclesiais atuais. Na realidade, a eclesiologia da Igreja antiga parece ser, em muitos aspectos, muito mais moderna e adaptada às necessidades atuais do que a hoje vigente na Igreja. As origens da Igreja não só são importantes como memória histórica e teológica do passado, mas também como interpelação e fonte de inspiração para abordar nossos problemas. O fato de o cristianismo ser hoje minoritário em uma sociedade secularizada e não-crente, ou pelo menos não-praticante, faz com que o parentesco do cristianismo atual com o da época antiga seja maior do que o de outras etapas históricas, marcadas pela "confessionalidade" da sociedade. Daí a importância de voltar às origens, seguindo as recomendações do Concílio Vaticano II, a fim de tomar consciência da identidade da Igreja e de suas tarefas no mundo.

As principais mudanças na concepção de Igreja

Essa compreensão supõe uma mudança de horizonte eclesiológico. De fato, vivemos hoje um período de transição de uma Igreja ainda muito marcada por uma etapa anterior ao Concílio Vaticano II e uma eclesiologia renovadora que deixou marcas na própria vida eclesial, mas que ainda está muito longe daquilo que a Igreja representa concretamente. Esta análise a respeito de como surgiu a Igreja permite-nos colher as diferenças essenciais que separam a eclesiologia atual da compreensão de quarenta anos atrás, anterior ao Concílio Vaticano II.

Durante muito tempo, o esquema tradicional da teologia baseava-se na fundação da Igreja por parte de Jesus, o qual a dotou de estruturas sacramentais, institucionais e hierárquicas que posteriormente desenvolveram-se na época neotestamentária e na época patrística. Visava-se realçar ao máximo a ligação entre Jesus e a Igreja, e a situação do Novo Testamento com a atual. Unicamente nessa perspectiva havia espaço para o desenvolvimento e para a evolução. Partindo de uma visão organicista e continuísta da história, punha-se o acento no próprio Jesus, passando para segundo plano o papel do Espírito no nascimento e na evolução eclesial, bem como o protagonismo indubitável de outros personagens — como, por exemplo, Paulo de Tarso —, em tudo o que dizia respeito ao surgimento do cristianismo.

Por trás desse procedimento teológico, reside o medo da história e da evolução, com tudo o que esta supõe de imprevisível, conjuntural e original.

Anacronicamente, projeta-se um esquema teológico a partir das origens, às custas de ignorar a história, como se o nosso presente histórico já tivesse sido planejado desde o início. Paradoxalmente, a teologia católica sempre defendeu a insuficiência da Escritura para fundamentar a Igreja, os seus sacramentos e as suas instituições, opondo-se à posição da teologia protestante, que acentuava o *sola scriptura*. O catolicismo sustenta que o desenvolvimento dogmático, institucional e sacramental não pode ser defendido só com os dados da Escritura. É preciso dar atenção à evolução histórica e à inspiração do Espírito Santo para legitimar a tradição. Parece que o catolicismo deveria estar vacinado contra o fundamentalismo dos textos e que não teria problemas para afirmar que a Igreja surgiu depois de um longo processo, o qual foi muito além de Jesus, e que é preciso levar em conta também outros protagonistas, bem como a própria ação de Deus.

Contudo, não é bem assim. Não se pode esquecer que a grande crise da teologia católica no século XX foi o descobrimento da teologia histórica, que levou à crise do modernismo e culminou com a *Humani generis* no final da década de 1950. Havia medo de assumir descontinuidades, rupturas, inovações, conflitos, emergência de novas teologias e superação de velhas tradições. Aceitava-se a história entendendo-a de forma orgânica e contínua, como se a Igreja fosse o resultado de um crescimento sem fissuras, planejado desde o princípio e que tinha o próprio Jesus como ponto de partida, segundo o plano predeterminado por Deus.[1] Por isso, Loisy suscitou uma grande comoção quando sugeriu que Jesus não havia procurado fundar uma Igreja, mas instaurar o reinado de Deus, precisamente em virtude de sua escatologia próxima. A idéia de que

---

[1] WINLING, R. *La théologie contemporaine*. Paris, 1983. pp. 11-124; POULAT, É. *Modernistica*. Paris, 1982; CHENU, M. D. *Une école de théologie: Le Saulchoir*. Paris, 1985; MENOZZI, D. L'église et l'histoire. In: ALBERIGO, Guiseppe et alii. *La chrétienté en débat*; histoire, formes et problemes actuels. Paris, 1985. pp. 45-76; FOUILLOUX, E. Recherche théologique et Magistère romain en 1952. *RSR*, n. 71, pp. 269-286, 1983; ALBERIGO, G. Del palo a la misericordia. El magisterio en el catolicismo contemporáneo (1830-1980). *SelT*, n. 22, pp. 201-216, 1983; BRUNNER, H. *Der organologische Kirchenbegriff in seiner Bedeutung für das ekklesiologische Denken des XIX Jahrhunderts*. Frankfurt, 1979.

pudessem existir diferenças teológicas, históricas e dogmáticas entre o projeto de Jesus e o cristianismo eclesial ameaçava todo o edifício dogmático e institucional do catolicismo. Mantinha-se o caráter imutável, estático e fixo da Igreja, e a idéia da mudança — e muito mais a das novidades históricas — era vista como uma verdadeira ameaça para toda a Igreja. O medo bloqueava a compreensão histórica, tornando difícil a tarefa de reconhecer a necessidade de se fazerem mudanças (embora teoricamente se sustentasse que "a Igreja sempre tem necessidade de se reformar"), e impedia a aceitação do fato de que, nesse processo de evolução, tenha havido erros, pecados e abusos.

Por essa razão, o conflito modernista, que culminou na luta contra a "nova teologia", precursora e preparadora do Concílio Vaticano II, foi a expressão mais evidente da dificuldade crescente da Igreja hierárquica em assumir o que vinha se impondo na teologia. As fissuras entre a teologia dos estudiosos e o magistério oficial hierárquico foram constantes ao longo do século XX e continuam na atualidade, embora já não se concentrem tanto na interpretação da Escritura quanto nas conseqüências dogmáticas da nova exegese católica. Há resistências em admitir de forma pública e oficial o que de forma privada vai se impondo progressivamente na eclesiologia: que a Igreja atual é o resultado de um processo histórico que durou dois mil anos, e que suas instituições, práticas, crenças, ritos e estruturas jurídicas e hierárquicas não podem ser pura e simplesmente atribuídas a Jesus, mas são o resultado de um complexo, conflitivo e por vezes contraditório desenvolvimento histórico-teológico. Assumir a partir da fé esse desenvolvimento, aceitando que nele, com todas as contradições que lhe são inerentes, a Igreja de Cristo permanece viva, não é o mesmo que fechar os olhos às suas causas, às suas funções e aos interesses e conflitos empíricos que determinaram o nascimento e o desenvolvimento de cada etapa evolutiva.

A isso é preciso acrescentar uma segunda crise, causada pela leitura ingênua, supostamente objetiva e harmônica da Sagrada Escritura. Tal crise foi gerada quando se firmou o método histórico-crítico, que nos ensinou a ler o Novo Testamento de maneira crítica e nos fez nele descobrir teologia e não unicamente história; mitos, lendas e testemunhos que refletiam uma fé comunitária, em lugar de uma cronologia objetiva de fatos empíricos — como, por exemplo, se pretendeu no que dizia respeito à ressurreição. O programa de demitologização de Bultmann, com todas as variações que se quiser acrescentar, continua sendo um imperativo para o catolicismo. A exegese dos especialistas acabou assumindo as conseqüências da nova leitura, mas os seus resultados continuam sendo ignorados pela maior parte do povo e pela teologia oficial, avalizada pelo magistério, como o demonstrou o *Novo catecismo*.

Da mesma forma que há diferenças relevantes entre o que a teologia ensina em algumas matérias, sobretudo na eclesiologia e na antropologia, e o que oficialmente se proclama, também há um fosso entre o consenso majoritário da exegese e a leitura ingênua que os cristãos fazem do Novo Testamento. A velha mentalidade pré-crítica, a única admitida até quase o final do século XX, sobrevive em muitos teólogos e eclesiásticos, apesar de incompatível com o método histórico-crítico, que finalmente foi aceito pela própria Igreja. Hoje já não é mais possível manter uma leitura ingênua e idealista dos textos; é preciso, isso sim, tomar consciência dos seus condicionamentos históricos e teológicos, dedutíveis por meio da análise crítica dos próprios escritos do Novo Testamento. Eis o que é preciso pôr a serviço dos leigos, a fim de que eles deixem de ser sujeitos passivos da Igreja, em situação de total dependência, precisamente por não conhecerem nem a Escritura — até bem pouco tempo desaconselhada para o povo —, nem a história de como surgiu a Igreja.

Essas diferenças de compreensão explicam o medo que a hierarquia tem da teologia, sobretudo daquela teologia que mais dialoga com as ciências e com a hermenêutica atual, pois esse diálogo leva a uma compreensão histórico-crítica da eclesiologia, em contraste com a visão que continua sendo mantida oficialmente. Fracassou a tentativa de conservar incólumes as velhas estruturas eclesiais e de fazer com que coexistam com uma doutrina eclesiológica renovada. Com o tempo, a doutrina teológica majoritária no catolicismo atual, reforçada pelo método histórico-crítico, causou o desmoronamento de antigas instituições eclesiais, retirando-lhes a legitimidade e provocando a necessidade de uma renovação (*ecclesia semper reformanda*). Para superar essa tensão, com freqüência recorre-se ao argumento de que é necessário proteger a fé do povo contra os estudiosos, sem admitir que tal estratégia condena o povo de Deus, concretamente a maioria dos leigos, à menoridade na Igreja. Esse recurso protecionista é o germe de muitas crises futuras de fé, de muitas desilusões e de acusações de fraude. Sobretudo quando, mais tarde, as pessoas têm acesso aos resultados da teologia histórica e da exegese, os quais jogam por terra a visão ingênua e dogmatizante da Bíblia e da Igreja.

Receia-se também que as pessoas tomem consciência do pluralismo eclesiológico existente no Novo Testamento, que acabem conhecendo os conflitos surgidos na Igreja primitiva e os problemas não resolvidos enfrentados pelos cristãos depois da morte de Jesus. Em suma, há o medo da teologia, que conduziria o povo de Deus à maioridade. O conhecimento do Novo Testamento evidencia um processo constitutivo da Igreja que parte de Jesus, mas que não se reduz a ele, e muitas das afirmações eclesiológicas referentes a uma fundação por parte de Jesus (da Igreja, dos sacramentos, do ministério sacerdotal, do primado papal etc.) devem ser revisadas, redimensionadas e, em alguns casos, corrigidas, levando-se em conta o que foi descoberto com base na história, na tradição e na exegese. Na realidade, pode-se aplicar à teologia o que ocorreu com a filosofia: um pouco de teologia crítica leva facilmente à não-crença, enquanto um conhecimento mais profundo torna a história compatível com a fé na Igreja, apesar dos erros que ocorreram.

Na teologia católica atual, há correntes fundamentalistas e um integralismo dogmático interesseiro. Há um apego a Jesus para fundar e legitimar as instituições eclesiais e os sacramentos, mas também como único recurso para manter o atual *status quo* eclesial, apesar de seu progressivo distanciamento tanto da teologia quanto da sensibilidade, das demandas e das necessidades de grande parte do povo cristão. Em suma, o medo de admitir que só recorrendo ao evento Jesus Cristo não se pode explicar nem histórica nem teologicamente a origem e o desenvolvimento da Igreja, revela a falta de consciência histórica e de sentido crítico de boa parte do catolicismo atual em relação às Escrituras, deixando a descoberto os interesses subjacentes na preservação do modelo vigente. Eis onde se encontra a origem de muitos fundamentalismos do texto e de muitos integralismos da tradição.

A diferença fundamental no catolicismo atual não é marcada tanto pela contraposição entre progressistas e conservadores, quanto pelo fato de se pensar com categorias históricas e críticas, ou então com esquemas estáticos, fundamentalistas e aistóricos. As grandes contribuições da hermenêutica atual à teologia continuam sendo por vezes ignoradas e não acolhidas pelo ensinamento oficial, embora sejam aceitas, com algumas reservas, pela teologia especializada. Dessa forma, aumenta o fosso entre a teologia e a Igreja concreta. Isso tem grandes repercussões especialmente nos seminários e nos centros de formação das gerações jovens, que irão governar a Igreja no terceiro milênio. O medo da história, que representa a outra face da desconfiança quanto ao Espírito que a guia, transforma-se assim no grande empecilho para a reforma da Igreja, para a renovação do cristianismo e para a evangelização no século XXI.

De fato, o conhecimento da teologia atual leva ao distanciamento e à crítica racional de algumas interpretações eclesiológicas vigentes. A proteção da fé dos mais fracos é necessária, exigindo que se leve em conta a situação específica das pessoas e dos grupos e que se lance mão de recursos catequéticos e pedagógicos mais convenientes. Todavia, isso não significa que devam ser escondidos dos fiéis os problemas e as questões teológicas que hoje são os mais defendidos e ensinados nas instituições teológicas mais competentes, bem como na maioria das faculdades de teologia. Manter o povo na ignorância pode ser uma estratégia adequada a curto prazo para defender o atual *status quo* eclesial, mas a longo prazo conduz à formação de guetos e torna-se inviável em uma sociedade pluralista e de meios de comunicação de massa, como a nossa.

À vista disso, é necessário abrir a eclesiologia às contribuições da exegese e da investigação histórica, perder o medo da desmitificação da eclesiologia (como ocorreu com o Antigo Testamento) e assumir que a mudança é fundamental para a constituição da própria Igreja. Dessa forma, poderemos compreender o processo histórico, teológico, doutrinal e prático que levou ao surgimento da Igreja e ao seu desenvolvimento posterior. É isso o que pretendemos com o presente estudo, elaborado com preocupação pedagógica e tendo como horizonte não somente sacerdotes e religiosos, mas sobretudo leigos. Ele se inscreve nas tentativas que já fiz para esclarecer a identidade e a espiritualidade dos leigos, agora a partir do conhecimento da Igreja, de sua identidade e do seu desenvolvimento, o que a levou a dotar-se de estruturas, ministério e doutrinas até hoje mantidas.

Do projeto do Reino
À comunidade de discípulos

Conhecer alguém implica conhecer sua história. A identidade pessoal expressa-se em uma biografia, que nos mostra o que somos e de onde viemos. Os povos sem memória perdem sua identidade. Daí a importância de escrever a história a partir da perspectiva dos vencedores, para assim eliminar dos vencidos as suas tradições. Os relatos e narrações sobre as origens são os que preservam a memória coletiva. Todo povo possui algumas raízes que remontam ao legado cultural recebido dos antepassados. Aprendemos a ser pessoas no marco de uma família, de uma cultura e de uma sociedade, na qual nos socializamos e adquirimos uma identidade como membros de uma comunidade. Somos sempre filhos de "alguém", em sentido amplo. Não só aprendemos uma língua, uma forma de comportar-nos, de vestir-nos, de relacionar-nos com os demais etc., mas também aprendemos uma forma de ver a vida, na qual se fundamentam nossas expectativas, esperanças, desejos, temores e preocupações. Cada cultura oferece um ponto de orientação e de referência, um horizonte no qual se desenvolve a personalidade de cada membro. Por isso é preciso voltar às origens do cristianismo, analisar suas raízes e conhecer sua evolução. Somente assim, partindo da memória do judeu Jesus, que faz parte da história dos vencidos, poderemos entender como surgiu a Igreja.

Essa pertença à história, como matriz da identidade coletiva e individual, é duplamente importante para compreender Israel, em primeiro lugar, e o cristianismo, que acabou separando-se do tronco comum israelita para constituir-se em uma religião à parte. O que caracteriza Israel, no conjunto das tradições religiosas dos povos do Oriente Próximo, é a importância dada por eles à história. Israel participava da cultura comum dos povos vizinhos e, por outro lado, tinha alguns mitos e tradições específicos que o tornavam uma população diferente. A maioria dos povos da Antigüidade podia ser compreendida a partir da natureza, da "mãe-terra", que constituía o horizonte de referência para se entender não só o que é o ser humano como também os deuses. A divindade revelava-se em lugares geográficos e com manifestações cósmicas (trovões, relâmpagos e outros fenômenos naturais), a partir dos quais surgiram os santuários, as divindades, os cultos e os rituais, como também as crenças e as doutrinas religiosas.

A cultura dos povos antigos era unitária; mesclavam-se os deuses, as pessoas e o mundo, sendo o universo, ou seja, a ordem da criação, o pano de fundo a partir do qual tudo era compreendido. O homem primitivo projetava na natureza a sua própria experiência subjetiva. O mundo não era algo objetivo, material e sem vida, como ocorre com a nossa cultura científico-técnica, que degradou a natureza a uma matéria bruta, explorada industrialmente; tratava-se, isso sim, da "mãe-terra", à qual os seres humanos estavam vinculados não só com relações racionais, mas também afetivas. O ritmo das leis naturais regulamentava a conduta individual e coletiva. E vice-versa, a subjetividade do homem projetava-se sobre as coisas, sobre os animais e sobre os fenômenos naturais, espiritualizando-os e tornando-os semelhantes ao ser humano. Os desenhos animados e os contos infantis conservam esses traços, que fazem parte da evolução da humanidade. É como se os animais, as plantas e as coisas tivessem vida humana; as crianças acham absolutamente natural que com estes dialoguemos e nos relacionemos como pessoas. Essa é uma das chaves para compreender o animismo religioso e a magia.

Hoje, tendemos a uma compreensão científica da pessoa humana e a vê-la somente de forma material, rejeitando que o espírito seja algo mais do que pura matéria evoluída. Na Antigüidade, pelo contrário, o espírito humano era projetado sobre todas as coisas; via-se o mundo como um organismo vivo, cheio de forças pessoais. Foi por isso que as coisas tiveram vida e nelas manifestaram-se os deuses. Se antigamente projetávamos a subjetividade humana na natureza, como o faz a magia, agora naturalizamos e materializamos o ser humano, querendo reduzi-lo a um mero corpo material e a uma conduta regulada pelo instinto. Inicialmente, tudo estava cheio de espírito, e por trás dos acontecimentos naturais, tais como as colheitas e os ciclos das estações, ou ainda os terremotos e outros desastres, via-se a ação dos deuses, que favoreciam ou prejudicavam. O homem ficava admirado diante da grandiosidade da natureza e perguntava-se pela origem do mundo e pelo significado da vida humana, à luz da existência da divindade, criando assim um espaço para a filosofia, para a ciência e para a religião (as três misturadas, sem que houvesse critérios claros para diferenciá-las ou separá-las).[1]

Os grandes mitos, narrações precursoras das religiões, contam histórias sobre as origens e o significado dos deuses, dos seres humanos e do mundo. Os mitos, como os dos primeiros capítulos do Gênesis, respondem às perguntas humanas mais fundamentais. As que têm a ver com a origem e o significado da vida (sobre o nascimento e a morte), com o comportamento e as regras de conduta, com o significado do bem e do mal, e com a procedência e a finalidade de tudo o que existe. O mundo e a existência eram experimentados como algo cheio de possibilidades, mas também determinados pelo caos, pelo sem-sentido, pela desordem. O homem vivencia a realidade que o rodeia, seu ambiente natural e sociocultural, como uma ameaça e como uma possibilidade, como algo terrível e desconcertante, que produz também admiração e assombro. A beleza, a vitalidade e a bondade do mundo geram no ser humano gratidão e confiança, mas também medo de sua grandeza, de sua capacidade destrutiva e da violência potencial da natureza. A relação do homem com o mundo é ambígua, cheia de possibilidades e ameaças, mescla de admiração diante da fecundidade da natureza em suas colheitas e ciclos naturais, e de sua destrutividade e violência (catástrofes, estiagem, inundações etc.).

O ser humano tem consciência de sua contingência, de sua finitude e de sua falta de fundamentação. Ele se experimenta como um ser indefeso

---

[1] ESTRADA, Juan A. *Dios en las tradiciones religiosas*. Madrid, 1994. v. 1, pp. 29-47; IDEM. Religión y mito: una relación ambigua. *Pensamiento*, n. 48, pp. 155-173, 1992.

e desvalido, que busca proteção e que sonha com a plenitude (felicidade), na qual projeta sua ânsia de imortalidade e de infinitude. Somos mortais (seres para a morte); contudo, sonhamos com a vida imortal; finitos e sedentos de infinitude; terrenos, mas ansiosos de divindade. Não só estamos destinados biologicamente à morte, como o restante dos animais, mas sabemos também que vamos morrer e nos perguntamos pelo significado da vida humana à luz da morte. Daí surgem a angústia, a insegurança existencial e o medo, assim como a esperança, o desejo e o gozo. E também a busca pelos deuses, o desejo de entrar em contato com os espíritos e a ânsia de vincular-nos aos nossos antepassados que já morreram. Surge ainda a necessidade de uma salvação que só pode ser oferecida pela divindade, à qual nos referimos como origem última de tudo o que existe e como fim para o qual tendemos, e que, por sua potencialidade, infinitude e transcendência, não é afetada pelo mal, pela contingência e pela morte.

A isso respondem os mitos, em um primeiro momento, e depois as religiões, que são as grandes receptoras e substitutivos das narrações míticas. Elas procuram dar respostas às perguntas existenciais do homem sobre a vida e a morte, sobre a fugacidade da existência e a fluidez do tempo, e sobre as regras que devem reger a conduta pessoal e coletiva. Os relatos míticos dão uma explicação das origens da humanidade e do mundo (sobretudo no Gênesis e nos Salmos), orientam sobre o significado da vida (em cujo contexto devem ser postos os relatos sobre o primeiro pecado e sobre o desenvolvimento posterior da humanidade, até o capítulo 11 do Gênesis), e oferecem as normas de conduta, sancionadas pela divindade, que deverão reger o comportamento das pessoas e da coletividade. Tais mitos, narrações e histórias lendárias apresentam-nos uma mensagem sobre o que somos, por que o somos e como deveríamos nos comportar. Trata-se de relatos "soteriológicos",[2] isto é, que mostram a vontade dos deuses e concedem salvação e consolo. Dizem como precisamos agir, já que conhecemos nossa origem e sentido, a fim de alcançarmos

---

[2] Um ótimo estudo sobre o significado "soteriológico" dos mitos e sua importância para a tradição cristã é o de F. Schupp, *Schöpfung und Sünde*, Düsseldorf, 1990, pp. 19-54.

a felicidade nesta vida e a salvação depois da morte. Dessa forma, as religiões respondem às perguntas que brotam da finitude, da contingência e das limitações humanas.

Por essa razão, o núcleo da cultura dos povos antigos é a religião, que é a grande receptora e acolhedora dos mitos. O "imaginário religioso", ou seja, o conjunto de representações, de práticas, de ritos e de crenças que medeiam a relação do ser humano com Deus, é o que determina os costumes e comportamentos dos povos, o que inspira as leis sociais e o que legitima as instituições socioculturais — como, por exemplo, a família, a monarquia, as hierarquias sociais etc. Nos povos antigos, os mitos são uma parte essencial da religião, e esta é a matriz da cultura, a que dá coesão e estabilidade à sociedade e oferece uma identidade aos membros da comunidade.[3] Os povos antigos não conheciam a separação entre a esfera religiosa, a sociedade civil e o Estado, mas viviam em uma cultura unitária, na qual a religião representava o centro da vida social, política e cultural. A religião não era um assunto privado e individual, e sim a grande reguladora da vida pública, a fonte de inspiração das leis estatais, a grande legitimadora das hierarquias sociais e a primeira fonte de poder e de domínio social.

A identidade do povo judeu

A experiência religiosa israelita também é determinada pela cultura mitológica. Por essa razão, uma grande parte da Bíblia — sobretudo os livros do Pentateuco — é formada por relatos e tradições míticas, algumas de origem muito anterior ao próprio povo judeu. Israel viveu o contexto cultural de sua época e assimilou a herança mitológica dos povos vizinhos, tornando-a parte de sua própria tradição. O que diferencia Israel das populações vizinhas é a radical separação estabelecida por esse

---

[3] Esse é o ponto de partida do posicionamento defendido por Durkheim, que faz da religião o núcleo da sociedade: DURKHEIM, É. *As formas elementares de vida religiosa*. São Paulo, Paulus, 1989; CORNFORD, F. M. *De la religión a la filosofía*. Barcelona, 1984.

povo entre o mundo (que é obra divina, algo criado e não-eterno) e Deus (que é transcendente, inominável e irrepresentável, que não se identifica com nenhuma realidade terrena). A denúncia da idolatria é a outra face da concepção israelita da divindade. Tudo o que é terreno, sobretudo a natureza, é profano e não é divino. Deus consegue escapar da manipulação humana, especialmente da magia, porque não pode ser tocado, nem possuído, nem sequer nomeado. Israel parte da convicção de que o universo material, o mundo, a natureza e o ser humano não podem ser explicados por si mesmos, mas são obra de um ser pessoal que é espiritual, misterioso e diferente de todas as realidades com as quais entramos em contato. Ele as transcende, quer dizer, está além de todas as realidades empíricas, as quais fundamenta e às quais dá seu ser, sem se mesclar nem entrar em fusão com elas.[4] Por isso, pelo fato de que o divino não é identificado com nenhuma realidade mundana, o ser humano é mantido em uma busca permanente de Deus e são secularizadas todas as realidades do mundo, que não podem ser as últimas. Dessa concepção surgiram posteriormente muitas das espiritualidades judaicas e cristãs, como o "princípio e fundamento", de Inácio de Loyola: todas as coisas estão a serviço do homem, mas ele não pode absolutizá-las, devendo utilizá-las em função de Deus.

A transcendência de Deus é total, embora ele se comunique com o ser humano nos acontecimentos da vida. Naturalmente, essa visão de Deus foi sendo formada progressivamente e supôs um amadurecimento e uma purificação por parte de Israel. No começo, Israel partilhava o politeísmo dos povos vizinhos e participava das lutas travadas para afirmar o poderio do seu deus sobre os demais deuses (o henoteísmo, a superioridade de Javé sobre os deuses dos outros povos). Posteriormente, no final de um longo processo, a experiência religiosa hebraica culminou em um monoteísmo exclusivista e universal. Não há nenhum Deus a não ser Javé, que é o Deus de todo o universo, o criador de todos os seres humanos.

---

[4] As diferenças essenciais entre a economia de fusão e a de separação foram analisadas por M. Gauchet, *Le désenchantement du monde*, Paris, 1985, que reinterpreta Max Weber e propõe o cristianismo como religião que torna possível o homem sem religião.

Por isso, a luta já não ocorre entre Javé e os demais deuses, para que se veja qual é o melhor, mas entre Deus e as falsas divindades, que nada mais são do que pura criação humana. O combate entre os deuses transformou-se, depois de um certo tempo, na crítica profética às representações da divindade. A luta é efetuada entre o "Deus divino", revelado ao povo judeu, e as divindades criadas pelo ser humano. Uma das grandes contribuições do povo hebraico para toda a humanidade é a sua concepção de que há um Deus para todos os seres humanos, que ele é um Deus espiritual e misterioso, e que não se deixa dominar nem possuir por nenhum povo. Trata-se de um Deus inominável e sempre livre.

Outro traço específico do povo de Israel é a importância que concede à história enquanto determinadora da identidade. O ser humano deve ser compreendido não tanto a partir da natureza, à qual ele pertence enquanto microcosmo, como dizem os gregos, ou porque ele é um ser da criação, como o indica o relato bíblico, quanto a partir da história, por meio da qual Deus se relaciona e se revela. Deus não pode ser encontrado em nenhum lugar geográfico, nem em um espaço concreto, nem em qualquer objeto ou parte da natureza, mas na história de Abraão, de Isaac e de Jacó e dos outros antepassados israelitas. Deus é experienciado como um ser pessoal que entra em relação com os seres humanos. Ele é o grande tu, a partir do qual compreendemos o "eu" pessoal de cada um. É o tu divino, que interpela o ser humano e que possibilita o seu desenvolvimento e a sua evolução. O homem é um ser relacional, não um eu solitário, e necessita da relação interpessoal com os outros e com o próprio Deus para amadurecer e constituir-se como pessoa. Por isso, o eu individual pressupõe o tu referencial, da mãe e do pai para a criança, do casal e do amigo para o adulto, e de Deus para todo ser humano.

"Ninguém é ninguém, enquanto não for amado por alguém." Somos relação; constituímo-nos a partir do conjunto de relações pessoais, nas quais nos sentimos conhecidos, aceitos e amados. Somente quando entabulamos uma comunicação, na qual nos sentimos valorizados por outras pessoas e somos "alguém" importante para elas, é que tomamos consciência de nossa identidade, valorizando-nos e afirmando nossa dignidade.

E isso nos marca desde o nascimento, quando dependemos dos outros (começando pelo rosto materno e paterno) para ser, para crescer e para adquirir uma identidade pessoal. Somos dependência a partir do amor, dom que nos permite a autovalorização pessoal. Aquelas pessoas que não foram amadas por alguém, são "ninguém", por mais dinheiro, cultura ou poder que tenham, pois não têm valor para ninguém, nem a ninguém interessam. O primeiro traço característico do ser humano é a complementaridade; sempre procuramos o carinho dos outros, o seu reconhecimento e o seu amor. Por isso, a autonomia e a auto-afirmação pessoal representam o segundo elemento em importância, não o primeiro. Passamos do fato de sermos filhos de alguém a tornarmo-nos nós mesmos, selecionando aquilo que recebemos desde a infância e constituindo-nos como seres pessoais com liberdade e autonomia. Israel aplicou essa experiência a Deus, que irrompeu na vida dos patriarcas e assim deu-lhes identidade. O povo hebreu se transformou em um povo diferente não em virtude da terra na qual vivia, mas a partir de uma história de busca de Deus e de experiências de Deus, na qual ele foi tecendo a sua própria personalidade coletiva.

Enquanto Israel sabe-se em relação com um Deus que o ama, surge a consciência de sua própria dignidade e, juntamente com ela, a esperança. Foi isso que o levou a ver a história como uma aliança entre Deus e a humanidade, representada por Israel, e a afirmar que o homem (varão e mulher) é "imagem e semelhança de Deus", e, por essa razão, é senhor e dominador do mundo. O ser humano foi constituído à imagem do Criador, mas deve se tornar semelhante a ele (Gn 1,27-30). O mundo é consistente e bom, mas é preciso transformá-lo e adequá-lo ao plano criador de Deus. Não se deve negar o mundo (*fuga mundi*), nem absolutizá-lo (idolatria), mas orientar-se nele a partir da relação com Deus (que se comunica, que inspira e motiva a consciência humana). Daí o dom e o peso da liberdade, da qual surge um projeto transformador. O tema clássico da imitação dos deuses, que os cristãos complementaram a partir da dinâmica do seguimento de Cristo, tem aqui o seu ponto de partida. O mundo (o universo) pertence a Deus, mas é um dom e uma tarefa para toda a humanidade, e o homem precisa aperfeiçoá-lo, ao invés de destruí-lo, partilhando-o com todos. Israel mudou a interdependência estrita entre os deuses, os seres humanos e o cosmos, que conduz ao animismo e à magia na religião, para afirmar tanto a liberdade criadora de Deus, quanto a autonomia histórica do ser humano.

A liberdade — juntamente com a inteligência — é a dimensão fundamental do homem, e ambas desenvolvem-se na relação interpessoal com os outros. Israel entende a vida como tendo sua origem em Deus, presente no começo e no fim de cada pessoa; o pai e a mãe são os símbolos por excelência da gratuita atividade criadora de Deus. O Deus da vida é quem dá significado ao nascimento e à morte do ser humano, e com quem ele se comunica ao longo de sua existência. De Deus viemos e a ele vamos. Por isso, Deus não é um rival — como ocorre na Grécia com o mito de Prometeu, no qual os deuses sentem ciúmes dos seres humanos —, mas os convoca e chama, quer dizer, os inspira e motiva para que sejam co-criadores e co-redentores. Deus faz de cada pessoa um agente da história, concedendo-lhe uma vocação e capacitando-a para a ação, transformando o mundo e colocando-o a serviço de todos. Deus reage diante da história humana, cheia de sofrimentos e de esperanças, por meio de suas testemunhas, as quais, inspiradas por ele, transformam-se em libertadores de todos, pois Deus não quer salvar sem o homem, mas a partir dele. Deus não está fora de nós mesmos, mas é quem nos fundamenta, nos dá raízes e nos motiva ao longo da vida.[5]

A idéia de personalidade individual que hoje temos não é a de Israel. Uma pessoa independente pressupõe uma longa história e representa a conclusão de um complexo processo de desenvolvimento. Somos sempre filhos de alguém: de uma família, de um clã ou tribo e de uma comunidade que representamos, ou seja, de uma pátria (de um lugar, de uma terra, de um povo). Eis por que as ações individuais repercutem nos destinos do clã, sobretudo as dos seus governantes (o pai, o líder ou chefe, o ancião).

---

[5] É isso que diferencia a concepção grega da judaico-cristã. A subjetividade relacional contrapõe-se ao essencialismo da ontologia grega: ESTRADA, Juan A. *Dios en las tradiciones filosóficas*. De la muerte de Dios a la crisis del sujeto. Madrid, 1996. v. 2, pp. 23-45.

E, inversamente, devemos pagar pelos erros e pecados coletivos, até pelos de nossos pais. Não temos culpa de eles terem sido cometidos, mas precisamos arcar com as conseqüências deles. A tradição hebraica, contudo, acentua a liberdade individual contra o fatalismo e o pessimismo dos povos que se inspiraram na natureza, nos astros ou no céu. O ser humano não é determinado pelo destino, quer dizer, por leis que regem a existência humana, divinas ou não, mas é livre, embora condicionado socialmente. Ele deve obedecer às leis divinas, que lhe são comunicadas na história, e aprender a valorizar e a buscar nos acontecimentos da vida a presença de Deus. Mas é livre e tem capacidade para afirmá-lo ou para negá-lo. Não é Deus o agente da história, mas o ser humano; as conseqüências de cada decisão superam o marco meramente individual, com repercussões para todos. Deus inspira e motiva o protagonismo humano, sem eliminá-lo nem superá-lo.

Israel — apesar de sua pobreza enquanto povo, tanto do ponto de vista demográfico quanto cultural, sociopolítico ou militar — desenvolveu uma concepção religiosa muito mais pessoal, libertadora e rica do que as potentes nações vizinhas. A vida humana é uma lida contínua, é história, evolução, devir criativo, mudança. Há uma experiência contínua de Deus, que vai revelando sua vontade ao ser humano e chamando-o a integrar-se em seu plano de vida. Todavia, há também descontinuidades, rupturas e inovações, pois é preciso procurar sempre a vontade de Deus, o qual mantém seu mistério e rejeita a idéia de ser possuído conceitual ou praticamente pelo ser humano. E também porque Deus é ativo na história e reage diante da conduta humana, abrindo novas e inesperadas expectativas de salvação. Ver a vida a partir de uma perspectiva providencial não implica o fato de que Deus esteja por trás de todos os acontecimentos, como se fosse a sua causa última. Deus não deseja para nós muitas das coisas que nos acontecem; e não nos envia males ou castigos; se assim fosse, ele seria um Deus malvado. Precisamos, isso sim, aprender a encontrar-nos com Deus e a confiar nele: na dor e na alegria, no mal e no bem, nos bons e nos maus momentos. Deus não é o agente causador de tudo o que se passa conosco, mas é preciso que nos relacionemos com ele em tudo: na saúde e na enfermidade, na vida e na morte.

Somos livres, com liberdade e inteligência finitas e condicionadas, e o próprio Deus é o seu garante. A relação com o Criador não é a de mera submissão, mas é também a de interpelação, de busca e de aceitação ou negação. O sagrado (quer dizer, o numinoso, o divino, o intocável, o absoluto e protegido pelo tabu) é o próprio homem dentro da criação. Por isso, a vida humana é sagrada e não pertence a ninguém a não ser unicamente a Deus ("O Senhor pôs então um sinal em Caim, para que ninguém, ao encontrá-lo, o matasse", Gn 4,15). A tradição bíblica sempre acentua a absoluta soberania divina sobre a criação e a proibição de que um ser humano queira ser Deus sobre os demais, ou seja, tornar-se soberano sobre a vida e sobre a morte. A sacralidade da vida humana continua sendo uma mensagem renovadora e exigente. Interpela Israel e o próprio cristianismo, sempre propensos a cair na tentação de se comportar como Deus, isto é, de dispor da vida humana como se tivéssemos domínio sobre ela, recorrendo a uma série de argumentos utilitaristas e vingativos para eliminar a proibição divina.

Da vocação de Abraão à expectativa messiânica

Somos mortais e sabemos que vamos morrer. A fluidez do tempo, que vivenciamos com um ritmo mais acelerado com o passar dos anos, como se a vida se apressasse e se tornasse mais curta à medida que nos aproximamos do nosso final e nos distanciamos das origens, leva-nos a tomar consciência da relatividade e da fragilidade dos nossos projetos. O homem é o ser para a morte que sonha com a imortalidade, o animal finito que anseia pelo infinito, o protagonista de uma história limitada que tem fome de absoluto. O ser humano quer ser como deus, embora seja só uma criatura. Essa insegurança, assim como a consciência de que o tempo passa muito depressa, corroendo os valores e as realidades do presente (aquilo que Mircea Eliade chama de "terror da história"), é o que o leva a aferrar-se às pessoas e às coisas, a absolutizá-las, querendo deter o curso do tempo e prolongar o presente, a fim de retardar o final.[6]

---

[6] ELIADE, M. *El mito del eterno retorno*: arquétipos y repetición. Buenos Aires, 1952. pp. 155-179.

O imobilismo e a adesão integralista a um credo e a uma tradição constituem a outra face da insegurança humana. Quanto mais frágeis forem nossas convicções, crenças e regras de comportamento, ou seja, quanto mais infundados nos sentirmos, mais crescerá nossa angústia, o medo do futuro e a resistência diante de qualquer novidade que nos desestabilize. É o que acontece nas épocas de crise, nas quais a instabilidade e a pluralidade transformam-se em ameaça, ainda que representem também uma possibilidade enriquecedora.

Vem daí o atrativo daqueles que apregoam a "sociedade fechada", isto é, aqueles que defendem o tesouro da tradição e o valor do *status quo* contra as ameaças dissolventes do progresso e das inovações. Os mais inseguros interiormente são os que mais se apegam ao que já alcançaram, aos costumes, instituições e valores já existentes, não obstante tudo isso tenha perdido força e vigência. Quanto mais ameaçador for o progresso e a evolução, mais valor adquirirá a tradição. Quando há uma crise cultural, facilmente as tradições do passado entram em um período de declínio, ainda que não haja alternativas substitutivas. Isso cria um vazio, pois entram em decadência as práticas estabelecidas (que deixam de ser convincentes e aceitáveis), embora não haja outras que tomem o seu lugar. Então surge o medo do caos, aquela preocupação provocada pela ausência de normas sociais reguladoras da conduta, unida à saudade de um conjunto de valores, aceitos por todos. Nietzsche sublinhava, com grande perspicácia, que é melhor um "mal sentido" do que a falta dele. O ser humano pode admitir uma má ordenação de sua vida, mas não pode subsistir sem regras, crenças e práticas que o estabilizem e lhe dêem segurança. Se faltar isso, não saberemos mais como nos comportar.

Os momentos históricos de crise não favorecem somente os integralismos de todos os tipos, mas constituem a situação ideal também para os movimentos autoritários que prometem segurança, lei e ordem, contra as experiências desestabilizadoras e os riscos das novidades, que arruinam a antiga ordem. O recurso ao autoritarismo é a contrapartida à incapacidade para convencer e persuadir. Quando não há razões suficientes para convencer o outro, recorre-se à autoridade do cargo, à imposição mais do que à argumentação.[7] Tal atitude é freqüente nas religiões instituídas, as quais são resistentes às inovações, pois vivem de uma tradição que, em última instância, remete para uma presumível comunicação divina feita a seus fundadores. É preciso conservar a tradição porque é um dom de Deus e não mera invenção humana, integrando o novo no velho. Justamente nisso reside a ambigüidade da tradição revelada. Por um lado, é a raiz (a ser preservada) da identidade religiosa; por outro, todavia, pode acabar bloqueando o desenvolvimento da pessoa, pois todo sujeito adulto necessita de mudança. A tradição religiosa é equívoca. Deve ser uma plataforma de inspiração e de identidade criativa, mas degenera em um sistema fossilizado, que pretende parar o curso da história e que propugna verdades intemporais.

Essa ambigüidade da tradição corresponde à do próprio ser humano. Somos "condenados à liberdade", embora vivamos da segurança que nos é dada pelo passado.[8] Vivemos com saudades da estabilidade e da segurança do passado, que tem suas raízes em nossas vivências infantis e na dependência de nossos pais, os quais nos davam quase tudo pronto. Todavia, estamos condenados a ser adultos, quer dizer, a independentizar-nos criticamente das influências primitivas (família, escola, igreja, amizades etc.) para atuarmos por nós mesmos. De uma parte, choramos a segurança perdida (simbolizada pelo paraíso original ou pela condição fetal da criança no ventre materno) e, de outra, estamos condenados à liberdade autônoma, que nos leva a converter-nos em agentes independentes da história, isto é, em sujeitos de nossa própria biografia. Ninguém pode assumir por delegação a nossa história; precisamos aprender que é melhor errar fazendo o que acreditamos que deva ser feito (quer dizer, aceitar

---

[7] A retórica do conservadorismo baseia-se na negativização do progresso, minimizando suas contribuições e maximizando os seus riscos: A. O. Hirschmann, *A retórica da intransigência*; perversidade, futilidade, ameaça. São Paulo, Companhia das Letras, 1992. Uma boa exposição da crise gerada pela modernidade é a apresentada por P. Berger, *Der Zwang zur Häresie*, Frankfurt, 1980.

[8] FROMM, E. *O medo à liberdade*. Rio de Janeiro, Zahar, 1962. DREWERMANN, E. *Strukturen des Bösen*. München/Paderborn, 1978. v. 1. Tanto para Drewermann quanto para Heidegger, a angústia é o existencial humano por excelência.

que nossa vida é nossa, com seus erros e acertos) do que nos deixarmos levar pelo que os outros nos dizem (os quais também podem estar errados), contra nosso próprio parecer e liberdade.

É uma ingenuidade pensar que os outros, supostamente superiores e até mesmo representantes da divindade, não estejam condicionados nem tenham qualquer interesse consciente ou inconsciente no momento de procurar a vontade de Deus, como se estivessem isentos das dificuldades do ser humano na busca da vontade divina. Inácio de Loyola ensinou-nos a suspeitar de nossas representações de Deus; por isso, ele propõe que se parta do pressuposto de que não conhecemos a vontade divina, e que conseqüentemente precisamos descobri-la. Nenhum membro da Igreja está livre de fazer esse discernimento, baseado na autocrítica e em sua própria experiência. Por essa razão, ninguém pode colocar sobre os outros a própria responsabilidade no momento de encaminhar a sua vida e procurar a vontade de Deus. A tentação infantil é a de que outros tomem as decisões por nós, deixando-nos guiar por eles a partir da mera aceitação daquilo que foi decidido pela autoridade.

O homem é responsável diante de Deus e diante de si mesmo enquanto sujeito livre e inteligente; o crescimento autônomo traz consigo a tarefa de assumir o peso de uma liberdade arriscada, que nos faz lamentar a segurança perdida. Assumir o risco é encarregar-se da liberdade, ou seja, significa abrir-nos para a vida como um projeto que nos obriga a tomar a devida distância crítica de costumes, tradições e práticas estáveis. O ser humano é um animal de tradições, o costume é uma das fontes do direito, e o legado cultural que recebemos é a plataforma a partir da qual a nossa identidade se constitui. Estamos enraizados na história; daí a importância da experiência e da tradição, que é o que levava à veneração e à valorização dos anciãos, depositários de uma sabedoria que só se aprende com a vida. Os patriarcas são os "pais" do povo, os que encarnam a continuidade com o passado e mantêm a memória que deve ser transmitida às novas gerações. Mas a vida é progresso e mudança; e os jovens de espírito, que nem sempre coincidem com os mais jovens biologicamente, são os que avançam e se desapegam da tradição, os que buscam e por vezes encontram caminhos enriquecedores.

Abraão como modelo do crente

É isso que torna determinante a figura de Abraão para a tradição bíblica (Rm 4,18: "Esperando contra toda esperança, ele firmou-se na fé e, assim, tornou-se pai de muitos povos"). Abraão é o primeiro elo para o qual remetem as genealogias israelitas, a personalidade corporativa, isto é, o modelo representativo, que encarna a identidade de Israel. Assim como Adão e Eva simbolizam toda a humanidade, da mesma forma Abraão personifica Israel. Os relatos da criação, que situam Israel na história da humanidade, incorporaram-se tardiamente às tradições israelitas. O primeiro foi a história da escolha do povo por meio de Abraão,[9] imediatamente referendada por Moisés, que libertou um povo de escravos e o conduziu à terra prometida. Depois, esse Deus revelado nos acontecimentos históricos identificou-se com o dos povos vizinhos, a partir da criação. O libertador é também o criador, e o Deus de Israel, o de toda a humanidade. A experiência específica que Israel teme é a de um Deus que salva a vida humana e nela intervém, por meio do ato de inspirar, de motivar e de chamar.

Essa intervenção de Deus é dupla, desestabilizadora e fundadora. Por um lado, Deus atua na vida humana removendo-a, gerando liberdade por meio do desenraizamento: "Sai de tua terra, do meio de teus parentes, da casa de teu pai, e vai para a terra que eu te vou mostrar" (Gn 12,1). Para povos nômades, pastoris e errantes — que consideravam a terra como a grande segurança, a que possibilitava a vida sedentária e a cultura urbana agrícola —, o chamado divino representava uma ruptura radical. Tornava-se necessário pôr-se a caminho (como posteriormente voltaria a ocorrer no Egito, nesse caso, com Moisés) e perder as seguranças de subsistência, para assumir um risco histórico: deixar a terra na qual já se vive e pôr-se em marcha em busca de outra, fiando-se de Deus.

---

[9] RAD, G. von. *Teologia del Antiguo Testamento*. Salamanca, 1972. v. 1, pp. 177-203 [Ed. bras.: *Teologia do Antigo Testamento*. São Paulo, Aste, 1973. 2 v.]; KERN, W. A criação como pressuposição da aliança no Antigo Testamento. *Mysterium Salutis*. Petrópolis, v. 2, n. 2, pp. 38-50.59-130, 1972; TRIGO, P. Creación y mundo material. *Mysterium Liberationis*, Madrid, v. 2, pp. 26-41, 1990.

A experiência judaico-cristã acentua sempre essa característica, norma de toda autêntica experiência religiosa. Quando Deus entra na vida de uma pessoa, ele a complica, a desestabiliza e a convida ao crescimento. Deus não é quem confirma as rotinas preestabelecidas, nem quem fomenta o estabelecimento em sociedade, mas, pelo contrário, irrompe como alguém inesperado, que compromete e gera criatividade, intranqüilidade e dinamismo. É preciso assumir a insegurança, confiando em Deus. A confiança é um dos traços essenciais da fé. O Deus bíblico convida a assumir a insegurança do seguimento; ele não é um Deus de seguranças e instalações, mas chama a viver na fé. Eis a razão pela qual as Igrejas temem os profetas e os místicos, que são incontroláveis e imprevisíveis e facilmente entram em confronto com ritos, crenças e condutas institucionalizadas.

Por outro lado, a promessa divina abre um futuro para Abraão (para Israel): "Farei de ti uma grande nação e te abençoarei; engrandecerei o teu nome [...] Em ti serão abençoadas todas as famílias da terra" (Gn 12,2-3). Aqui está a raiz constitutiva da tradição hebraica. Deus é experimentado como um dom e chama para uma vocação. A pessoa religiosa, segundo a tradição judaico-cristã, é a que aprende a viver de uma promessa, é a que mantém sua cabeça voltada para o futuro, mas sem se perder em nostalgias do passado. É a vocação de Israel, que espera a intervenção de Deus apesar de seus desastres históricos. Primeiro foi o compromisso de formar um povo e de dar descendência a um casal estéril; depois, o de libertá-los da escravidão e de dar-lhes uma terra própria; a seguir, tratar-se-á de tornar-se presente em Israel e reinar sobre ele (simbolizando sua presença na arca da aliança e no templo de Salomão). Depois disso, Deus garante a sobrevivência de Israel e promete restaurá-lo a partir do exílio; e, finalmente, surge a promessa de um messias que vai inaugurar uma nova etapa, tanto para Israel quanto para toda a humanidade. É uma história orientada para o futuro e sustentada pela confiança em Deus.

Por trás de tais histórias, narrações e lendas, há sempre a mesma dinâmica. É preciso viver a vida a partir da relação com Deus, apoiando-se nele e não buscando seguranças em instituições e poderes humanos.

Amparar-se em qualquer instância humana, confiando-lhe a própria segurança, é o mesmo que desconfiar de Deus. É nisso que se fundamenta a crítica profética feita às idolatrias. A fé em Deus garantiu a identidade de Israel na época bíblica e é a chave para compreender a sua sobrevivência como povo até hoje. Israel manteve a sua esperança em Deus, mesmo em meio aos sofrimentos e conflitos históricos. Teve que aprender a viver a vida em um contexto de providência, ou seja, a encontrar Deus em meio aos acontecimentos e a confiar nele. Na época contemporânea, provavelmente ninguém compreende melhor do que Kierkegaard o caráter arriscado da fé; ele sempre a viu como uma atitude de abandono em Deus e de confiança nele, mais do que um mero "crer nas coisas que não se vêem". A fé é sempre opção, ato livre; tem algo de aposta arriscada. Pois a promessa alcança novos horizontes inesperados no curso da história, contra o imobilismo da tradição. É preciso que Deus continue sendo o senhor da história, em meio às surpresas.

Quem não estiver disposto a deixar-se surpreender pela vida e nela encontrar-se com Deus, distancia-se irremediavelmente da fé bíblica. A promessa divina abre um horizonte de expectativas que se mantém em meio aos fracassos e infortúnios. Os profetas sempre interpretavam as desgraças como conseqüência da infidelidade à aliança, sem que tais desventuras jamais os conduzissem a negar Javé. Tem-se a impressão de que Javé se esconda e mude constantemente suas promessas, mantendo o povo em uma tensão histórica. O mais importante não é o conteúdo material da promessa, que muda com o tempo, mas o fato de que ela mantém Israel aberto ao futuro a partir da esperança em um Deus, o Deus de seus pais. Na realidade, espera-se por Deus mesmo. A mística expressa a busca e a ânsia de Deus que, paradoxalmente, se torna mais aguda quando ele está ausente, mas se mantém quando dele se faz experiência. O próprio Deus é o futuro do homem, o absoluto buscado, muitas vezes sem sabê-lo e confundindo-o com as realidades mundanas, que nunca satisfazem. Por isso, o ser humano é insatisfação radical, tanto maior quanto maior for a experiência que ele tem de Deus. Esse desejo o vincula ao Deus imprevisível, que o mantém aberto na história e o desestabiliza.

A criação deve ser compreendida em função dessa promessa a Israel. Pois a criação é boa, mas encontra-se no pecado; é dom de Deus, mas nela subsiste a dor, o sofrimento e o mal. As religiões, especialmente as bíblicas, são soteriológicas, ou seja, são anúncios de salvação. Representam uma resposta ao sofrimento humano e tentam explicar sua origem (seu porquê), sua finalidade (seu para quê) e seu significado (em que consiste o mal). Toda religião tem um núcleo de "teodicéia", isto é, procura justificar Deus diante da realidade de uma criação imperfeita, não acabada, impregnada do mal e geradora de sofrimento.[10] Há uma insatisfação e uma perturbação latentes diante de uma criação que é boa enquanto obra divina, mas que se apresenta como uma realidade histórica má. O ser humano é agente e vítima do mal, pecador e inocente diante do sofrimento que o acomete, sujeito e ao mesmo tempo autônomo e dependente. Essa tensão é constitutiva da experiência humana e nos leva a fazer o mal que não queremos e a deixar de fazer o bem que desejamos (Rm 7,14-25). O homem e o mundo parecem ter sido malfeitos, e a criação parece ser uma obra imperfeita, que torna mais difícil a fé em Deus.

A Bíblia responde a essa problemática com uma promessa. Deus acabará com o mal e restaurará a condição humana dividida, cuja liberdade é fonte do bem e do mal. Os símbolos da criação servem para anunciar a promessa de uma época final da história na qual acabará o sofrimento, no contexto de uma criação harmônica e reconciliada (Is 11,1-10; 41,18-20; 43,7.18-21). Os textos cristãos sublinham essa dinâmica e não têm medo de falar em "expectativa ansiosa da criação", e que a criação inteira "geme e sofre dores de parto", esperando sua renovação e transformação final (Rm 8,19-22). A própria redenção é concebida como uma nova criação. Em resumo, a criação remete para a escatologia, quer dizer, para a intervenção última e definitiva de Deus, a qual completa a criação, em que se encontra o dado específico da concepção bíblica de Deus.

---

[10] Estrada, Juan A. *La imposible teodicea*. La crisis de la fe racional en Dios. Madrid, 1997. pp. 57-69 [ed. bras.: *A impossível teodicéia*; a crise da fé em Deus e o problema do mal. São Paulo, Paulinas, 2004].

Sobre a esperança profética

Podemos dizer que na profecia de Israel serão dados os seguintes passos: de uma palavra procurada pelo homem a uma palavra enviada por Deus. Da descoberta de um enigma à descoberta de uma missão. Da busca de segurança pessoal ao choque com uma responsabilidade. Do interesse pessoal à responsabilidade diante dos demais. Essa passagem do oráculo solicitado por interesses pessoais ao oráculo que transmite a vontade de Deus, até contra os interesses pessoais ou nacionais, é o que dará ao profetismo de Israel a importância e a dignidade que não encontramos de forma tão manifesta em outras culturas (José Luis Sicre, Adivinación y profecía, *Reseña Bíblica* de la Associación Bíblica Española, n. 1, p. 14, 1994).

A história de Deus com a humanidade é a de uma aliança permanente e de uma salvação atualizada, ainda incompleta. Continuam subsistindo o mal, o pecado e o sofrimento, pendentes de uma restauração final. A salvação é um dom, mas refere-se ao aqui e agora da história, e somente de forma gradual; já no final do Antigo Testamento, abre-se a expectativa de um juízo e de uma ressurreição final, que vai além da morte. A religião oferece consolo na dor, fortaleza na luta e esperança no fracasso, pois baseia-se no amor de Deus. Neste marco é preciso compreender a tradição do Antigo Testamento, desde os antepassados de Israel até a posterior tradição profética, bem como a tardia reflexão dos livros sapienciais. Essa mensagem é a que se faz valer nos momentos críticos da história israelita e o que torna Israel diferente dos demais povos.

O anseio pelo Messias

Nessa perspectiva, é preciso compreender as expectativas messiânicas de Israel. A experiência hebraica é a do Deus que salva, mas que nunca deixa de lado o ser humano; pelo contrário, sempre atua por meio dele. Daí a longa fila de testemunhas de Deus, dentre as quais se sobressaem os profetas. No contexto da impotência israelita (política, econômica, militar e sociocultural), em uma conjuntura histórica ameaçadora para a sua própria sobrevivência como povo, ressurgiu a expectativa do Messias, ungido e enviado por Deus.[11] O messianismo está fundamentado na tradição monárquica (o Messias rei) e na sacerdotal, embora ocasionalmente se estenda também a todos os "ungidos" (consagrados) de Israel (Sl 105,15; 1Cr 16,22). O Messias, tradução grega de uma palavra aramaica, é o ungido de Javé. Na tradução grega dos LXX, isto é, da Bíblia utilizada na época de Jesus, traduz-se sempre "Messias" por "Cristo" (exceto em Lv 4,3; 2Sm 1,21), nome que acabou se impondo quando os cristãos aplicaram a Jesus os textos bíblicos. As expectativas messiânicas canalizaram as esperanças hebraicas de salvação. Quanto pior andassem as coisas para o povo judeu, tanto maior era a expectativa de que Deus enviaria um messias para mudar o curso da história.

Das 38 vezes em que se fala do Messias no Antigo Testamento, somente três delas referem-se expressamente ao Salvador escatológico, o enviado do final dos tempos (1Sm 2,10; Sl 2,2; Dn 9,25-27), que depois se tornaria a figura característica da época cristã. A ruína da dinastia real davídica e a progressiva decadência israelita levaram a esperar por um messias idealizado, que conectasse o povo de Israel à antiga tradição monárquica e restaurasse a nação na época final da história. O ideal utópico do Messias canalizou as expectativas nacionalistas e religiosas judaicas, combinando elementos heterogêneos da tradição real, sacerdotal e profética (Is 9,1-6; 11,1-5; Mq 5,1-3; Jr 23,5-8; Zc 9,9-15). A religião manteve as esperanças populares em situações de opressão, acentuando mais a ação de Deus do que a clareza a respeito da pessoa e da identidade do Messias. O essencial era o tempo salvífico — sobretudo na época intertestamentária, isto é, no tempo que vai do final do Antigo Testamento ao começo da era cristã — e não a figura concreta do Messias. Isso só foi realçado um século antes da era cristã, especialmente na

---

[11] Uma boa síntese do messianismo bíblico foi apresentada por H. Strauss, & G. Baumbach, Messias/Messianische Bewegungen. In: *TRE*, 22. 1992. pp. 617-35. Cf. também GRUNDMANN, W. & HESSE, F. Χρίω Χριστός. In: *ThWNT*, 9. 1973. pp. 482-570; SCHWEIZER, E. *Erniedrigung und Erhöhung bei Jesus und seine Nachfolgern*. Zürich, 1962. pp. 21-52; 71-77; FÜGLISTER, N. Fundamentos veterotestamentários da cristologia neotestamentária. *Mysterium Salutis*, Petrópolis, v. 3, n. 1, pp. 93-199, 1973; FRANKEMÖLLE, H. Jüdische Messiaserwartung und christliche Messiasglaube. *Kairos*, n. 20, pp. 97-109, 1978.

época dos *Salmos de Salomão* (17,21-32; 18) e em Qumrã, por meio da figura do Messias sacerdotal, ao qual o Messias davídico e real estava subordinado.

Em Israel, não há uma tradição messiânica unitária, nem um consenso sobre as passagens messiânicas da Bíblia. De fato, qualquer conteúdo bíblico podia ser interpretado como messiânico, segundo as circunstâncias históricas; e qualquer citação messiânica admitia diversas interpretações, segundo a tradição das distintas escolas. Cada época, cada tradição tinha sua própria expectativa sobre o Messias prometido, o qual concluiria a aliança entre Deus e o povo. Uma análise detalhada das passagens bíblicas que foram utilizadas como messiânicas pelas várias escolas e movimentos judaicos[12] leva à conclusão de que há um pequeno conjunto que é o mais citado em todas as tradições (Gn 49,10; Nm 24,17; Dt 33; 2Sm 7,13; Is 11,1; Am 9,11; Dn 7,13). Há também uma série de figuras e representações messiânicas que são as mais conhecidas (o Messias guerreiro, o Filho do Homem como juiz final, o rei ungido e filho de Davi, o rei sacerdotal, o mestre final da Torá etc.). As necessidades humanas, sobretudo as situações de indigência, geram expectativas libertadoras, que são canalizadas para a figura do Messias. Isso ocorreu desde a época dos macabeus (175 a.C.) até o ano 135 d.C., ou seja, até a segunda guerra judaica contra os romanos. E mais tarde teve continuação nas correntes apocalípticas e gnósticas cristãs, bem como nas interpretações dos rabinos judeus.

A figura do Messias foi receptadora das misérias e das expectativas populares. Nos dois séculos anteriores e posteriores a Cristo, transformou-se no símbolo salvífico por excelência do povo judeu. Na época cristã, a tensão messiânica aumentou, como bem o observou o historiador Flávio Josefo, em relação com a crescente tensão política (sobretudo com os zelotas, que sonhavam com um messias real). As tentativas de levante contra os romanos em nome de pretensos messias culminaram na guerra do ano 70 e na seguinte, a de 135. Nessa época, perfilaram-se

---

[12] OEGEMA, G. S. *Der Gesalbte und sein Volk*. Göttingen, 1994. pp. 287-305.

novos traços da expectativa messiânica, tais como a figura do Filho do Homem de Daniel, que adquiriu uma ressonância apocalíptica ao lado das figuras sacerdotais de Melquisedec, de Aarão, bem como das figuras proféticas de Elias e de Moisés, na forma de testemunhas do *tempo final* salvífico. Somente depois da derrota judaica houve um distanciamento progressivo dessa concepção messiânica, por parte dos rabinos, enquanto os cristãos a mantiveram porque, identificaram Jesus com o Messias esperado.

A visão cristã de Jesus e do significado de sua vida, de sua doutrina e de sua práxis devem ser analisadas a partir desse contexto judaico. Os cristãos assumiram a pluralidade de tradições messiânicas do judaísmo aplicando-as a Jesus e interpretando, a partir disso, os acontecimentos históricos a ele relacionados. Ele foi representado, especialmente, na linha da tradição do Messias davídico (Mt 1,1.18.20; 9,27; 12,23; 15,22; 20,29-31; 21,1-9.15; 22,41-46; Jo 1,49; Mc 11,1-19; 12,35-37; Lc 19,29-40; 20,41-44; 24,21; At 1,6; Rm 15,21), e essa teologia transformou-se em um elemento decisivo de sua condenação à morte (Mc 15,2.9-18.26.32). Todavia, Jesus não foi visto somente como um messias real e triunfante; a ele também foram aplicados os títulos de Filho do Homem e juiz (Mc 13,5-27; 14,61-62; Mt 12,40-41; 24,30-31; 25,1-46; Lc 6,22; 11,30; 12,8-10; 17,24-30; 21,27-36; 1Ts 4,13-18; 1Cor 15,22-24; Ap 1,12-20; 14,14-16; 19,11-16; 22,12-17), mais abertos ao papel sofredor do Messias (Mt 8,16-17; 12,15-21; Jo 1,45; Ap 7,4-17). Também Paulo vinculou a idéia do Messias com a do Crucificado, embora essa vinculação estivesse em contradição com as expectativas judaicas e fosse desconhecida para o Antigo Testamento (1Cor 1,18-23; 15,3-5; Rm 5,6-8; 6,3.11.23). Os cristãos leram a Bíblia judaica procurando, nas várias tradições, material para explicar a identidade de Jesus. Dessa forma, a vida e a morte de Jesus transformaram-se em uma chave para interpretar os textos bíblicos e, vice-versa, as passagens da Escritura serviram para compreender o significado do judeu Jesus.

Juntamente com essas tradições messiânicas, que foram as mais empregadas pelos cristãos, há outras menos freqüentes, mas que também lhe foram aplicadas, como a do mestre da lei (Mt 23,1-23) ou mestre da justiça (2Ts 2,1.14-16), ou a de alguém superior ao próprio Moisés (Hb 3,1-6; 8,1-13). Também destaca-se a teologia que o vê como o profeta final (Lc 3,16-17; 11,30; 12,8-9; 2Pd 3,10), a do sacerdote (Hb 1,5-14; 3; 4,14-16), a do rei sacerdote (1Pd 2,9-10) e a do rei da verdade (Jo 8,28). Em geral, os cristãos aproveitaram-se da pluralidade de tradições messiânicas do judaísmo para com elas avaliar Jesus, partindo da ressurreição. Não sabemos como Jesus compreendeu a si mesmo e muito menos se ele chegou a aplicar a si próprio os títulos messiânicos, ou se foi a teologia cristã pascal que os usou para enaltecê-lo, o que é o mais provável. De qualquer forma, é preciso distinguir entre o hebreu Jesus, o personagem terreno de carne e osso, e o Cristo da fé, que é aquele que os cristãos proclamaram.

Lucas explicou o messianismo de Jesus afirmando que ele fora ungido pelo Espírito (Lc 1,35; 4,16-21), apresentando-o como o "Cristo de Deus" (Lc 9,20; 23,35) e como o "Filho de Deus" (Lc 4,41; 22,67-70; At 9,20), embora estivesse consciente das conotações políticas do título (Lc 19,11; 24,21; At 1,6), as quais poderiam criar dificuldades à missão no Império Romano. A experiência da ressurreição é a chave para compreender por que os títulos foram utilizados e aplicados retrospectivamente ao judeu Jesus (At 2,33-36; 10,38; Lc 11,14-26; 13,11-17). Essas conotações políticas, particularmente perigosas depois da guerra contra os romanos, reapareceram no evangelho de João (Jo 6,15) e o levaram a preferir o título de Filho de Deus ao de Messias, e a apresentá-lo como o "rei da verdade" (Jo 18,37), embora sem renunciar ao seu messianismo (Jo 4,25-26; 7,26-27.41-43; 12,34). Por sua vez, o Apocalipse joanino desenvolveu a tradição do Messias real que triunfa sobre as potências do mal, no final dos tempos, aplicando-a a Jesus ressuscitado (Ap 5,5; 11,15; 12,1-17; 19,15-21; 22,16).

A importância da corrente real, que tinha em Davi o seu ponto de partida (Jo 6,14-15; Mc 13,22 par.), contrasta com a outra teologia messiânico-sacerdotal, que não encontrou espaço nem nos evangelhos nem no restante do Novo Testamento, com exceção da Carta aos Hebreus, ligada às tradições de Qumrã e às imagens messiânico-sacerdotais de Melquisedec (Hb 3,6; 4,14; 5,6.10; 6,6.20; 7,15-17). De forma contrária, a corrente profético-messiânica encontra-se amplamente documentada no Novo Testamento. Foi aplicada primeiramente a João Batista (Mc 9,12 par.; Mt 11,13-14), o qual foi visto como Elias redivivo (Mc 1,4.6; Jo 1,20; Lc 3,15-17; At 13,25) e que proclamava a iminente chegada do reinado e do julgamento de Deus. E considerou-se Jesus como o profeta Messias, identificando-o com Elias (Mc 6,15 par.; 8,28 par.), com João Batista ressuscitado (Mc 6,14 par.; 8,28 par.) e com o próprio Moisés restaurado (At 3,15-22; 7,35-37), cujos milagres repetia (Mc 6,35-44 par.; 8,1-9 par.; Jo 6,1-15). Os milagres de Jesus, assim como o chamado feito aos primeiros discípulos (Mc 1,16-20 par.; 2,14), têm como pano de fundo a tradição de um profeta messiânico final, que devia restaurar Israel.

Essa síntese de tradições, com as quais pretendíamos esclarecer o significado de Jesus, foi enriquecida também com a tradição apocalíptica a respeito de um "Filho do Homem" celestial e preexistente, que no tempo final assumiria o papel do juiz da humanidade. Na época cristã, houve um amplo desenvolvimento desse messianismo apocalíptico, sobretudo na literatura apócrifa de Enoch. A Igreja primitiva o identificou com Jesus, como o Filho do Homem messiânico que retornaria outra vez, como sofredor e ressuscitado (Mc 2,10.28; 8,31.38 par.; 9,31 par.; 10,32-34 par.; 13,26 par.; 14,62 par.). É possível que o apelido de "Filho do Homem" — que no Antigo Testamento designa um homem em geral, sem ser necessariamente um título, e que simboliza o próprio Israel (Dn 7,13-22; Ap 1,13-20) — tenha sido utilizado por Jesus (Mc 8,38 par.; 14,62; Lc 12,8 par.; 17,24.26 par.; 22,69; Mt 25,31-46). Trata-se de um nome que é sempre posto na boca de Jesus (com exceção de At 7,56); essa designação, todavia, não era usual no tempo de Jesus, nem tinha um significado escatológico-messiânico. O mais provável é que tenha sido um título cristão que, como os demais, serviu para expressar o triunfo de Jesus, ressuscitado por Deus.

O personagem concreto, o judeu de Nazaré, foi recoberto de muitos títulos triunfais para que assim ficasse clara sua vitória sobre a morte e seu vínculo com Deus. Não há consenso na exegese a respeito da origem e do emprego da denominação de "Filho do Homem"; pode ser que tenha sido usada espontaneamente pelo povo (Jo 12,34) e assumida posteriormente pelos evangelistas. De qualquer forma, a comunidade deu-lhe um novo sentido messiânico e escatológico a partir da ressurreição. O título de "Filho do Homem" uniu a cristologia e a eclesiologia (Mt 8,20-22; 10,32-33; 16,19; 18,18; 19,28; Mc 2,23-28; 10,43-45; Lc 6,22; 12,8-10). É ressaltada a linha cristológica do seguimento, insistindo na fraternidade e na atenção dedicada aos pequeninos da comunidade. Por outro lado, serve para indicar que os discípulos participavam de sua autoridade, combinando o aspecto cristológico com o eclesiológico. O Filho do Homem sofredor é o Ressuscitado, e a comunidade participa de seu duplo destino de cruz e de glória, de perseguição e de triunfo.

Os cristãos procuraram teologias legitimadoras de Jesus nas diversas tradições do Antigo Testamento e do judaísmo pré-cristão, e as aplicaram à sua vida. Contudo, não se pode esquecer que Jesus foi um judeu, não um cristão, e que os títulos cristológicos foram desenvolvidos a partir da ressurreição, com o objetivo de expressar a identidade de Jesus, da mesma forma que se compreendia seu triunfo sobre a morte. Havia um desejo de continuidade às promessas do Antigo Testamento, embora não se possa falar de um mero esquema de promessa e cumprimento, que se realizaria em Jesus. Havia também uma ruptura com a esperança hebraica de um messias, pois manteve-se o messianismo do Crucificado e, simultaneamente, esperava-se uma segunda vinda do Messias, que seria a última, passando-se a dar-lhe títulos de filiação divina e de Senhor triunfante e exaltado, que eram desconhecidos para a Bíblia hebraica. Com isso, eles expressaram como entendiam Jesus e puseram as bases para a constituição de uma comunidade de discípulos, da qual surgiu o cristianismo como religião diferenciada do judaísmo. A Igreja deve ser compreendida a partir da vida de Jesus e a partir das posteriores interpretações que foram feitas de sua obra, não necessariamente coincidentes com as que teve o judeu Jesus.

Da esperança do Messias
à instauração do reinado de Deus

O núcleo da pregação de Jesus é o anúncio do "reinado de Deus", entendido tanto em sentido espacial (reino) quanto em termos de senhorio pessoal (reinado) na sociedade humana.[13] Das 162 vezes em que se usa o termo no Novo Testamento, 129 encontram-se nos evangelhos sinóticos e nos Atos dos Apóstolos. Marcos emprega o termo 13 vezes (12 das quais na boca de Jesus), e Mateus, 32, com a variante de "Reino dos Céus", e outras 13 em que se refere ao Pai, ou ao Filho do Homem. Talvez a expressão "Reino dos Céus" se deva ao costume judaico, que evita pronunciar o nome de Deus, ou ao fato de se querer sublinhar o domínio universal de Deus sobre todas as coisas (Mt 6,10). O que é característico de Lucas (que o usa 46 vezes no seu evangelho e outras oito nos Atos) é a equiparação entre Reino de Deus e pregação de Jesus: evangelizar, pregar, anunciar e falar do Reino de Deus é a atividade de Jesus (Lc 4,43; 8,1; 9,2.11.60; At 1,3; 8,12; 19,8; 20,25; 28,23.31). Trata-se de um termo característico dos evangelhos sinóticos, que praticamente não é encontrado no quarto evangelho (Jo 3,3.5). Não há dúvidas de que esse termo pertence à pregação e atividade de Jesus, e que não é uma criação pascal.

É muito provável que essa pregação do Reino de Deus tenha historicamente em João Batista o seu ponto de partida (Mt 3,2: "Convertei-vos, pois o Reino dos Céus está próximo"). João identificava-se com a tradição que anunciava a chegada do juízo final, coroando assim o domínio de Javé em todo o universo e especialmente em Israel (Sl 29,1.10; 47,7-9; 93,2). Daí o seu convite à penitência e à conversão para escapar da ira

---

[13] LINDEMANN, A. Herrschaft Gottes/Reich Gottes, III. In: *TRE*, 15, 1986. pp. 196-218; LUZ, U. "Βασιλεία". In: *DENT*, I, 1996. pp. 600-614; SCHMIDT, K. L. Βασιλευς. *ThWNT*, I, 1933. pp. 576-593; CONZELMANN, H. Reich Gottes im Judentum und NT. In: *RGG*, 5, 1961. pp. 912-918; CONZELMANNN, H. Eschatologie, IV. Im Urchristentum. In: *RGG*, 2. 1958. pp. 650-687; SCHNACKENBURG, R. Basileia. In: *LThK*, 2. 1958. pp. 25-31; SCHNACKENBURG, R. *Reino e reinado de Dios*: estudio bíblico-teológico. Madrid, 1970; KLEIN, G. Reich Gottes als biblischer Zentralbegriff. *EvTh*, n. 30, pp. 642-670, 1970; KNAPP, M. *Gottesherrschaft als Zukunft der Welt*. Würsburg, 1993.

divina, seguindo as expectativas da tradição (Is 24–27; Zc 14,9; Dn 7,17-27; 2Mc 7,9). Israel esperava o domínio definitivo de Deus, acompanhado por um julgamento de todos os povos. Essa expectativa é o que chamamos de "escatologia" (ou seja, aquilo que se refere às últimas coisas, aos derradeiros momentos da história), que aponta para aquilo que vai ocorrer a partir da intervenção última de Deus. O final é o que dá sentido à vida humana, e o presente deve ser compreendido a partir da ação futura de Deus. É preciso ver a atualidade na perspectiva da vitória final divina sobre o mal, sobre o sofrimento e sobre o pecado, e agir coerentemente. É preciso viver no presente, mas com o olhar posto no futuro, na intervenção divina.

Por isso, Jesus é quem nos dá as chaves para compreender a vida humana, pois ele nos revela aquilo que Deus espera de cada pessoa e promete que Deus triunfará sobre o mal e sobre o pecado, com os quais existencialmente somos confrontados. Com Jesus, começa a etapa final da salvação prometida; o seu tempo é o tempo escatológico, a época na qual Deus interveio plenamente na história. É isso o que os cristãos afirmavam. A tradição escatológica é representada principalmente pelas correntes proféticas messiânicas e nelas se inscreve o anúncio de João Batista e do próprio Jesus. A escatologia implica o fato de que em Jesus temos as chaves definitivas da ação de Deus no mundo. Embora cronologicamente a vida de Jesus esteja dentro do curso de uma história que ainda continua, teologicamente significa o "final dos tempos", isto é, nela Deus revela-se de forma plena e definitiva.

Sobre a expectativa do Reino

A superação do reducionismo referido encontra-se, cremos, na teoria hermenêutica que sublinha a dupla dimensão do Reino de Deus, presente e futuro, a tensão entre as palavras de Jesus que se referem ao Reino de Deus como acontecimento futuro e as que expressam sua irrupção no presente e o caráter temporal do horizonte escatológico. Nessa concepção, não parece ser possível recorrer a Jesus nem como um mero caudilho de uma escatologia realizada ou confirmada, nem como um apocalíptico qualquer, na linha da tradição apocalíptica

> judaica [...]. As palavras de Jesus sobre o reino futuro, segundo a bem abalizada observação de Kümmel, mais do que um ensinamento apocalíptico, na realidade representam uma *promessa escatológica*. Tampouco resulta procedente atribuir a Jesus as afirmações relativas ao presente sobre o Reino de Deus, e os anúncios de futuro à comunidade cristã primitiva, motivadas pelo atraso da parusia (Juan José Tamayo Acosta, *Para comprender la escatología cristiana*, Estella, 1993, p. 150).

É daí que deriva também a literatura apocalíptica, que estava em seu pleno apogeu no século I de nossa era e que narrava as lutas entre o enviado de Deus e o representante do mal, no final dos tempos. As narrações apocalípticas judaicas — e posteriormente as cristãs — apresentavam visões do futuro nas quais era encenado o combate entre o mal e o bem, para, a partir disso, exortar à perseverança, à penitência e à fé em Deus. Trata-se de relatos imaginários, que antecipam o combate final contra o mal, muito freqüentes desde o ano 200 a. C. até a era cristã. O cristianismo assumiu algumas dessas narrações e imagens e as aplicou a Cristo; no entanto, em geral foi muito mais sóbrio e resistente a esses relatos do que à expectativa escatológica, que simplesmente afirmava o triunfo final de Deus na história, sem cair em encenações aterrorizantes. Para o cristianismo, o essencial é a escatologia, pois essa considera Jesus como o enviado que revela plenamente quem é Deus e como ele age na história humana, enquanto a apocalíptica é secundária, já que os evangelhos sublinham que ninguém sabe nem o dia nem a hora do final da história e do julgamento de Deus, embora a comunidade — e provavelmente o próprio Jesus — os esperassem para um tempo muito próximo.

Os evangelhos traçaram uma linha de demarcação entre o tempo histórico que chegava até João Batista e o que começa com a chegada do Reino de Deus (Lc 7,28; Mt 11,11-15; Lc 16,16), embora os mesmos limites não sejam encontrados em todas as tradições.[14] Com muita pro-

---

[14] No Novo Testamento, não há uma separação estrita entre João Batista e Jesus, exceto em Lucas, que faz do tempo de Jesus a época-chave da história. Essa divisão tripartida é alternativa lucana ao esquema judeu dos dois éons, de claro substrato escatológico e apocalíptico: H. Conzelmann,

babilidade, os cristãos insistiram na divisão entre o Batista e Jesus para sublinhar a superioridade do segundo sobre o primeiro, respondendo assim aos judeus que afirmavam que Jesus surgiu historicamente como um discípulo ou seguidor do movimento penitencial do Batista. A originalidade radicava-se nos novos acentos postos por Jesus em sua pregação, sem os traços ascéticos e "monacais" do Batista, e com um batismo diferenciado do seu (Jo 3,26 é corrigido por Jo 4,2: "[...] se bem que Jesus mesmo não batizasse, mas os seus discípulos"). Se o anúncio de um Deus juiz marca a pregação anterior, a proclamação de um Deus que está perto dos pecadores caracteriza Jesus, o nazareno.

Jesus emerge da multidão de discípulos e simpatizantes do Batista depois de uma visão de Deus, uma teofania, ocorrida durante o seu batismo, de acordo com a melhor tradição do Antigo Testamento. Pode-se falar de uma "conversão" do judeu Jesus, não no sentido moral, mas no de uma experiência de Deus que mudou sua vida. O hebreu Jesus deixou sua vida particular e passou a converter-se em uma figura pública, cuja missão concretizava-se em anunciar e tornar presente o reinado de Deus na sociedade judaica. No evangelho de Marcos, o chamado de João Batista à penitência (Mc 1,4) é transformado também em um convite a assumir o Evangelho do Reino ("entrar no Reino de Deus": Mc 1,15; 9,47; 10,15.23.25; Mt 5,20). A identidade de Jesus e a compreensão de sua missão estão marcadas pela chegada do reinado de Deus. É a partir daí que se articula a convocação a um comportamento ético, uma determinada compreensão de Deus, as expectativas de salvação ("herdar o Reino": Mt 25,34) e a advertência diante do perigo de perder a grande oportunidade da vida (Mt 25,41-46).

Die Mitte der Zeit. Studien zur Theologie des Lukas. 5. Aufl., Tübingen, 1964, pp. 12-21; 92-94; H. Flender, *St. Luke Theologian of Redemptive History*, London, 1967, pp. 11-13. Contudo, há autores que vêem a perspectiva do Novo Testamento como o "caminho do Senhor", sem que haja três etapas diferenciadas, inadmissíveis para o evangelista Mateus: cf. ROBINSON, J. M. *Das Geschichtsverständnis des Markusevangeliums*. Zürich, 1956. pp. 82-103; FRANKEMÖLLE, H. *Jahwebund und Kirche Christi*. Münster, 1973. pp. 365-82. SCHNACKENBURG, R. *Neutestamentliche Theologie*. München, 1963. pp. 76-78; KÜMMEL, W. G. Luc en accusation dans la théologie contemporaine. In: NEYRINCK, F. *L'évangile de Luc*. Mémorial Lucien Cerfaux. Gembloux, 1973. pp. 93-109; ROBINSON, W. C. *Der Weg des Herrn*. Hamburg, 1964. pp. 28-36.

Trata-se do reinado de Deus, do qual Jesus é mensageiro e agente histórico. Jesus não se refere nunca a si mesmo — talvez fazendo-se exceção à parábola do semeador (Mc 4,3-9 par.) —, mas a Deus, que intervém na sociedade. Sua mensagem é teocêntrica e é expressa sobretudo em parábolas, por ser a forma que lhe permite dirigir-se ao povo em uma linguagem acessível. As parábolas do Reino são fundamentais para se compreender sua concepção de Deus e do ser humano.[15] Jesus conta histórias e emprega metáforas que penetram na vida cotidiana dos ouvintes, fazendo com que eles reajam diante de sua mensagem e mudem de comportamento e de forma de ver a vida. São narrações exemplares, comunicadas às pessoas em um contexto profano, laical e dessacralizado, fazendo com que delas se extraia um ensinamento que ilumine a vida.

O significado das parábolas muda, dependendo do ambiente histórico em que são aplicadas. Ou seja, varia desde os tempos de Jesus — que as usa para ilustrar quem é Deus e como ele age, contrapondo a ação divina com a dos sacerdotes, rabinos e fariseus — para os da posterior situação das comunidades, que as lia e as aplicava aos problemas por elas enfrentados após a sua morte. O sentido de urgência e de interpelação que as parábolas tinham para Jesus (o Reino se aproxima e é preciso deixar tudo para abrir-se ao Deus que vem) foi abrindo espaço depois para uma interpretação mais moral e exortativa. Nos evangelhos, ambas as expectativas se mesclam. A Palavra de Deus pode ser sempre a mesma, mas nós a entendemos e aplicamos de forma diferente, segundo o momento histórico em que a recebemos. Por essa razão, cada evangelista pôs o acento em dimensões distintas, dependendo da comunidade à qual o seu evangelho estava destinado.

Nas parábolas, mostra-se a compreensão que Jesus tem de Deus, a apologia de sua missão e a crítica à religião do seu tempo. Usam-se situações

---

[15] Dois estudos clássicos são os de C. H. Dodd, *Las parábolas del reino*, Madrid, 1974, e de J. Jeremias, *As parábolas de Jesus*, São Paulo, Paulus, 1976. Uma síntese completa das várias interpretações das parábolas pode ser encontrada em W. S. Kissinger, *The Parables of Jesus*, London, 1979. Cf. também E. Lohse. *Die Einheit des Neuen Testamentes*, Göttingen, 1973, v. 1, pp. 49-61; N. Perrin, "The Evangelist's Interpretation of Jesus's Parables", in *JR*, n. 52, pp. 361-375, 1972. Uma interessante interpretação a partir da dimensão comunicativa da linguagem é a de E. Arens, *Kommunikative Handlungen*, Düsseldorf, 1982.

da vida quotidiana com o objetivo de, a partir delas, explicar como o reinado de Deus chega até nós ("O Reino dos Céus é semelhante [...]"). Dessa forma, ensinava-se a contemplar a vida na perspectiva divina e a extrair as devidas conseqüências ("Quem tem ouvidos para ouvir, ouça!"). As parábolas do Reino foram fundamentais para transmitir esperança aos seus destinatários, ao povo e especialmente aos pecadores, e também para denunciar as autoridades (que não só não reconheciam o reinado de Deus vindouro, mas também se opunham a ele). Inicialmente, as parábolas possuíam uma intencionalidade profético-messiânica, isto é, sublinhavam que era preciso deixar tudo para acolher o Reino com uma abertura total, pois o final da história estava próximo (Mc 9,1; 13,30). Depois foram transformadas em admoestações espirituais, ascéticas e morais (descontextualizadas e desescatologizadas), que serviam de admoestação às comunidades cristãs para um determinado comportamento humano, moral e religioso. O radicalismo evangélico de Jesus deve ser entendido na perspectiva de um tempo veementemente desejado, que exigia a opção por Deus, pois aproximava-se a etapa final da história.

É esse o enfoque que foi perdido mais tarde, na comunidade primitiva, e que obrigou a se fazer uma reinterpretação interior e espiritual da mensagem de Jesus. Perdida a expectativa do reinado e da proximidade do tempo final, as parábolas tomaram outro rumo, seguindo uma linha espiritual, interior, moral e individual, em detrimento de sua dimensão original escatológica, coletiva, profética e desestabilizadora. O reinado era uma realidade presente (Lc 10,18.23; 11,20 par.; Mt 11,5.12; Mc 16,16; Mt 12,28; Mc 16,20; 17,20-21; Mc 2,19; 3,2-7) e futura (Mc 4,26-30; 10,15; Lc 19,11; At 1,6; 14,22; Lc 22,16.18.29-30), que o ser humano deve simplesmente esperar e pedir (Mt 6,10; Lc 11,2; Mc 9,47; 10,23; Lc 9,62; 17,20).[16]

---

[16] Depois de muitas discussões, chegou-se a um consenso majoritário de síntese ("já, mas ainda não": presente, mas aberto ao futuro) entre os que defendiam uma escatologia realizada ou presente e os que propugnavam uma escatologia do futuro: KLEIN, G. Eschatologie. In: *TRE*, 10. 1982. v. 4, pp. 270-299; LINNEMANN, E. Zeitansage und Zeitvorstellung in den Verkündigung Jesu. In: CONZELMANN, H. (Festschrift.) *Jesus Christus in Historie und Theologie*. Tübingen, 1975. pp. 237-263; HOFFMANN, P. Reich Gottes. In: *HThG*, 2. 1963. pp. 424-28; BEASLEY-MURRAY, G. R. *Jesus and the Kingdom of God*. Exeter, 1986; KÜMMEL, W. G. *Verheissung und Erfüllung*. 3. Aufl., Zürich, 1956; MERKLEIN, H. *Jesu Botschaft von der Gottesherrschaft*. Stuttgart, 1983.

É como uma semente semeada na história humana e em constante crescimento (Mc 4,3-8; Lc 13,18-21; Mt 13,33), representando um desafio para os que escutam o anúncio, pois eles devem abandonar tudo e relegar a segundo plano os vínculos sociais e familiares, para abrir-se à intervenção divina (Mc 9,47; 10,21; Mt 6,33; 8,21-22; 13,44-50; 19,12; 21,31-32; Lc 9,60-62). Trata-se de uma realidade que começa no presente, vinculada à pessoa de Jesus, e que tem uma perspectiva de futuro, adquirindo novas dimensões à luz da ressurreição.

Pode-se compreender que esse anúncio a um povo oprimido, empobrecido e impotente — como era o caso do povo judeu sob o domínio romano — despertasse grandes expectativas, ilusões e temores, dependendo da posição social dos receptores e de suas posturas religiosas. Por isso, o reinado de Deus é "Evangelho", isto é, boa notícia, porque é um dom de Deus (Mc 4,26-32; Mt 13,33) para todos os que experimentam a miséria humana. Todavia, é também uma tarefa o imperativo ao seguimento de Jesus e a abandonar tudo em função dele. O ser humano não pode construir o reinado de Deus por si mesmo, pois trata-se de um dom divino; Deus, no entanto, não quer implantar o seu Reino no mundo sem contar com a colaboração humana. Essa é a versão cristã da teologia israelita da aliança.

A pregação de Jesus corresponde também à idéia judaica de um Reino que se torna presente em Israel, mas que se estenderá a todos os povos (Mt 8,10-12; Lc 13,29; Mt 24,14; At 14,21-22), com um horizonte universalista que não questiona a idéia do povo eleito (Lc 2,31-32; Mc 7,27 par.; Mt 10,5; 15,24), pois os pagãos podiam participar na mesa do Reino de Deus (Mt 8,11; Lc 11,30-32; 13,28-30; 14,23). Jesus mantém a posição central de Israel no plano de Deus, a partir da qual se daria a salvação de todos os povos (Mt 5,13-16). Logo teremos ocasião de ver como a idéia do reinado de Deus foi transformada com a passagem da missão aos judeus — iniciada por Jesus — para a dos pagãos, protagonizada pelos seus discípulos, e como mudou a visão de Jesus, já durante a sua vida, e depois a da Igreja que o seguiu.

Jesus conjugou a convicção da proximidade do Reino de Deus — para o qual ele sabia ter sido enviado — com a sua fé judaica, que esperava pela restauração futura de Israel (Mt 17,11; Mc 9,12; cf. Ml 3,24; At 1,6). Nesse contexto, podem ser explicados muitos fatos e comportamentos de Jesus: a escolha dos doze discípulos ou apóstolos (Mt 19,28; Mc 10,32 par.), como símbolos do Novo Israel; sua tentativa de purificação e renovação do templo; a atenção preferencial dada aos novos destinatários do Reino, os pecadores e os marginalizados, que estão ausentes da pregação de João Batista, mais centrada em um convite à penitência de todo Israel etc. O fato de que Jesus não tenha participado do movimento militar e nacionalista judaico, que levou à guerra do ano 70, não implica o fato de que o universalismo de sua mensagem (Mt 8,11) representasse uma ruptura com as expectativas quanto à renovação de Israel. Jesus viveu o drama de ver o seu povo se fechando progressivamente ao anúncio do Reino que chegava, mas morreu convencido de que Deus não abandonaria o seu povo e de que Israel acabaria tomando parte no Reino prometido.

Sua atividade em favor do Reino tem uma dimensão de presente e outra de futuro que vão além da própria pessoa de Jesus, embora não consigamos distinguir com segurança entre o que corresponde à sua própria concepção e o que se deve à visão da Igreja primitiva (Mt 11,21-24; 12,41-42), entre o que posteriormente foi projetado nas palavras e nas obras de Jesus e o que representou a parte genuinamente constitutiva de sua mensagem. Por um lado, o reinado já havia começado a ser construído em Israel a partir da atividade de Jesus; por outro lado, no entanto, tal reinado seria concluído em um tempo próximo mas desconhecido, no qual Deus interviria plenamente. Essas duas dimensões, presente e futura, são as que fazem da escatologia dos evangelhos um anúncio muito complexo, comportando o perigo de reduzir tudo a uma só. Os textos bíblicos mesclam ambas as tradições — as que afirmam que o Reino já está presente e as que dizem que o reinado de Deus chegará em um tempo futuro, embora próximo. Nunca saberemos com segurança o que Jesus pensava a esse respeito.

Da mesma forma, torna-se impossível saber com certeza o que corresponde à mensagem de Jesus a respeito do Reino prometido e o que concerne a um juízo universal, com ressonâncias cósmicas e mundanas, que em germe já estava presente na pregação de João Batista, em grupos marginais, como Qumrã, e no próprio movimento nacionalista anti-romano. Há uma velha tradição hebraica acerca do juízo final e da recompensa e castigo, respectivamente aos bons e aos maus, que deve ser diferenciada da proclamação da chegada do reinado de Deus, feita por parte de Jesus, embora ambas acabem convergindo nos textos do Novo Testamento.[17] Sabemos que Jesus esperava uma ação definitiva de Deus na história e que por isso anunciava a chegada do Reino. Os evangelhos viam essa intervenção como a que assinalava a proximidade do fim do mundo e do juízo final, mas não sabemos com certeza o que Jesus pensava sobre isso.

É provável que a crença em um fim próximo da história seja proveniente da Igreja primitiva, mas tenha raízes em Jesus, já que não percebemos nenhuma ruptura entre a Igreja primitiva — que esperava a iminente chegada do final dos tempos e o proclamava como o Messias prometido — e o anúncio de Jesus sobre a proximidade do Reino. Nunca saberemos com certeza até que ponto Jesus via o reinado de Deus iminente como o começo do tempo final do juízo, que é o mais provável, ou se essa vinculação foi obra dos discípulos, estimulados pela ressurreição e pela destruição do tempo de Jerusalém, que podiam ser sinais apocalípticos da chegada do fim do mundo. De qualquer modo, no Evangelho há muitas afirmações — não sabemos exatamente se são de Jesus ou dos evangelistas, que proclamavam ter chegado o tempo final e estar próximo o juízo final para Israel e para toda a humanidade. É evidente que a história posterior não confirmou essas expectativas.

Os primeiros destinatários do Reino de Deus

Os evangelhos vinculam a chegada do Reino à atividade de Jesus expulsando demônios (Mc 3,22-30 par.; Mt 12,26-28; Lc 10,17-18.23-24; 11,19-20; cf. também Mc 1,23-28; 5,1-20; 9,14-29) e curando enfermos

---

[17] SANDERS, J. *Jesus and Judaism*. 2. ed. London, 1987. pp. 116-119; 150-156; 222-241.

(Mt 4,23-25; 9,35; Lc 8,1-3; cf. também Mc 1,32-34 par.; 1,40-45; 3,7-12 par.; 6,2-13.56 par.; Lc 17,11-19; Mt 15,29-31; Lc 4,18-22; 7,21-22).[18] Do ponto de vista histórico, Jesus foi um curandeiro e uma personalidade milagrosa, já que seus milagres nunca são postos em discussão, embora se discuta se são ou não obra de Deus. Não há como estabelecer uma clara demarcação entre as curas e expulsões de demônios realizadas por Jesus, e as lendas, narrações e representações posteriores, feitas pelas comunidades; todavia, não há como duvidar que Jesus tenha desempenhado uma ampla atividade taumatúrgica ou sanativa (Mt 11,5; Lc 7,22; Mc 3,9-11). Sua popularidade em boa parte era devida a essa atividade, na qual se via uma ação de Deus contra o espírito do mal.

As possessões demoníacas eram freqüentes na época de Jesus, quando vigorava a mentalidade de que determinadas enfermidades estavam vinculadas aos demônios (Lc 11,20; Mt 12,27-28; Mc 3,22-27). É Deus mesmo quem se faz presente nas curas, e Jesus era o enviado para curar e salvar (Lc 4,18-19; Mc 2,10; At 2,22). Muitas dessas curas eram vistas como uma "purificação" (Mc 1,40-44; Lc 17,14), tendo o Antigo Testamento como pano de fundo (Lv 13; 2Rs 5,10-15). O contato com Jesus era o meio para alcançar a cura (Mc 1,31.41; 5,27; 7,33; 8,22). Por isso, da atitude tomada com relação a ele dependia o que iria ocorrer no final dos tempos (Lc 12,8-12), bem como a própria cura. Curar os enfermos era a prática correspondente ao anúncio do Reino.

Na cultura clássica, a enfermidade era vista como um castigo divino ou como uma vingança dos maus espíritos, ou seja, estava em relação com o divino e não era simplesmente considerada um fato natural. Daí a sua estreita afinidade com o pecado e as alusões às purificações rituais, à culpa e ao castigo, e à benevolência ou à rejeição dos deuses, como em geral acontecia com todos os males. A perspectiva do Novo Testamento é

---

[18] THEISSEN, G. *Urchristliche Wundergeschichten*. Gütersloh, 1974; PESCH, R. *Jesu ureigene Taten? Ein Beitrag zur Wunderfrage*. Freiburg, 1970; HENGEL, R. & HENGEL, M. Die Heilungen Jesu und medizinisches Denken. In: Siebeck, R. (Festschrift.) *Medicus Viator*. Tübingen/Stuttgart, 1959. pp. 331-361; GESTEIRA, M. Christus medicus. Jesús ante el problema del mal. *RET*, n. 51, 253-300, 1991.

teológica, e não científica: o Reino de Deus manifesta-se ao que sofre. A comunhão de Deus com os enfermos, da mesma forma que o gesto de repartir a mesa com os pecadores, é um sinal da boa notícia de um Deus que cura e perdoa (Mc 2,1-12 par.; Jo 5,14), assim como um sinal do tempo messiânico (Mt 11,2-5; 12,21-23; Jo 7,31). Se na ordem da criação reina o mal, sob a forma de enfermidades e sofrimentos, no tempo messiânico é o próprio Deus quem intervém para acabar com ele. O Deus da vida confronta-se com as diversas formas da morte. Deus não castiga o ser humano com enfermidades e dores, que ele nem quer, nem permite, mas estas fazem parte da ordem da criação, e Deus sempre intervém em favor daqueles que sofrem.

Pregação e cura fazem parte da irrupção do reinado de Deus (Lc 9,2; Mt 11,5 par.) e manifestam a solidariedade de Deus para com os doentes.[19] No livro de Jó é questionada a conexão entre pecado e castigo, a idéia de que a enfermidade era devida a uma ação punitiva do próprio Deus (Jó 5,18; 9,29). Em uma cultura religiosa e teocêntrica, como é o caso da cultura israelita, tudo se relacionava com Deus, até as enfermidades e curas. A enfermidade é uma situação de indigência humana que possibilita tanto a confiança e a petição, quanto a rebelião e a rejeição de Deus, como se pode ver no livro de Jó. O enfermo não recorria somente a médicos e a curandeiros, mas também — e sobretudo — aos representantes da religião. Eles não permaneciam no fato natural da enfermidade, mas procuravam pelo seu significado religioso.

Nos evangelhos, Jesus recusa-se a ver as enfermidades como castigo divino (Jo 9,1-6); ele aceita, todavia, que as curas sejam um sinal salvador. A cura devolve a vida à pessoa (Mc 5,28 par.; 6,56 par.; 10,52), pois o reinado de Deus não se refere a algo que ocorrerá depois da morte, e sim ao sofrimento atual. Jesus não veio salvar "almas", mas pessoas, isto é, veio curar o espírito e o corpo. A antropologia semita é unitária: o ser humano é uma realidade psicossomática, corpo espiritualizado e espírito corporificado. Não é que tenhamos corpo: nós, isso sim, é que somos

---

[19] DUNN, J. D. G. *Jesus and the Spirit*. Philadelphia, 1975. pp. 68-92.

corporais. Por isso, a salvação é integral, afetando toda pessoa e tornando-se presente no aqui e agora da história, e não no além. É preciso lutar contra o mal, que fere o corpo e o espírito, sem que sejam realidades independentes e separadas. Jesus não fala da imortalidade da alma, visto ser o corpo perecível, mas afirma que Deus salva o homem e se compromete na luta contra o mal. Isso foi perdido logo, quando o cristianismo se espalhou pela Europa. A luta contra o mal transformou-se na salvação da alma depois da morte, e a escatologia (o anúncio de que havia começado a etapa final da história, na qual Deus punha-se ao lado do homem na luta contra o mal) converteu-se em uma doutrina sobre o além, que falava do céu, do inferno e do purgatório como lugares da alma. A escatologia messiânica, a proclamação de um Deus ativo na história, passou a ser uma doutrina sobre os últimos tempos, uma teologia do além.

Muitas curas foram feitas precisamente no sábado (Mc 3,1-6; Lc 13,10-17; 14,1-6; Jo 5,1-18; 9,1-14), que era o dia consagrado ao Senhor. A santidade do sábado manifesta-se exatamente no fato de que Deus dá vida ao ser humano (Mc 3,4) e o faz participar da força do reinado de Deus (Lc 13,16; Mc 7,37; Jo 5,9-10.16-18: "Meu Pai trabalha sempre, e eu também trabalho".[20] Jesus rejeita como blasfema a acusação de que age pela força do demônio (Mc 3,22-30 par.; Jo 9,16.24-25.31), porque ao restaurar a ordem da criação, que é o que originou a vida, age-se contra o mal, que destrói o ser humano. A fé precisa gerar vida, ou deixa de ser comunicação com Deus. Uma religião que não salva nem dá vida não pode ser de origem divina. Por isso, o tempo e o espaço consagrados a Deus são os que mais devem fecundar a vida humana, em vez de se tornarem um obstáculo para a salvação, precisamente o que as autoridades religiosas haviam feito (Mc 3,1-6). Uma religião que engendra a morte, que faz com que se inclinem ainda mais as já encurvadas costas humanas, em lugar de abrir um horizonte de sentido e de esperança, não pode ser querida por Deus. As autoridades religiosas recorriam à lei divina, à santificação do sábado, para impedir as curas, enquanto Jesus curava

---

[20] BETZ, O. Heilung/Heilungen. In: *TRE*, 24. 1985. v. 1, p. 766.

justamente no sábado, o tempo sagrado, para mostrar que o tempo dedicado a Deus é de salvação para o ser humano.

Jesus nunca descreve em que consiste em si mesmo esse reinado de Deus, mas mostra os seus efeitos e conseqüências, fazendo dos pobres, juntamente com os enfermos e os pecadores, os destinatários privilegiados do Reino (Lc 6,20; 4,17-22; cf. também Tg 2,5).[21] O anúncio do julgamento divino deu lugar a uma proclamação do perdão para todas as pessoas (Mt 18,23-30; 20,1-16), porém se manteve o juízo contra os ricos (Mc 10,23-27; Lc 6,24-26; 16,14.19-31) e contra os que passam ao largo da indigência humana (Mt 25,31-46). Se o reinado de Deus consiste em libertar do mal o ser humano, em suas diversas dimensões, a indiferença diante da indigência humana é um sinal de rejeição do Reino. O rico, o poderoso e o sábio não são rejeitados pelo fato de sê-lo, mas porque eles existem na medida em que se isolam da miséria humana e se tornam indiferentes a ela, quando não são os seus agentes geradores. O reinado de Deus passa pela conversão do ser humano, que se torna instrumento de salvação, e pela rejeição daqueles que não se sentem envolvidos.

Marcos adverte dos perigos da riqueza, que é um impedimento para entrar no Reino dos Céus (Mc 4,19; 10,23.17-31). Mas a tradição comum a Mateus e a Lucas é a que mais dá importância à relação entre o anúncio do reinado de Deus e a boa notícia para os pobres (Mt 11,4-6; Lc 7,22), que se transforma também em crítica aos ricos e ao seu afã de acumular (Mt 6,24; Lc 16,13; Mt 6,19-34; Lc 12,22-31). Essa tradição apresenta Jesus como o Filho do Homem, mais pobre do que os animais e os pássaros do campo, e que vive sem qualquer preocupação de ter ou de entesourar (Mt 8,20; Lc 9,58). Francisco de Assis foi o que melhor

---

[21] Sigo a síntese apresentada por L. E. Keck, "Armut", In: *TRE*, IV. 1979. v. 4, pp. 76-80. Cf. também BAMMEL, E. Πτωχός In: *ThWNT*, 6. 1959, pp. 888-915; JEREMIAS, J. *Teología del Nuevo Testamento*. Salamanca, 1974. v. 1, pp. 133-48 [Edição brasileira: *Teologia do Novo Testamento*, São Paulo, Paulus, 1977]; MONTCHEUIL, Y. de. *Le royaume et ses exigences*. Paris, 1957. pp. 76-84; SCHULZ, S. *Q. Die Spruchquelle der Evangelisten*. Zürich, 1972. pp. 76-83; DEGENHARDT, H. J. *Lukas, Evangelist der Armen*. Stuttgart, 1965.

compreendeu essa atitude de liberdade, de generosidade e de confiança de Jesus com relação a Deus, bem como o seu desprendimento dos bens.

A riqueza gera uma dinâmica egolátrica e idolátrica. Freqüentemente, quanto mais se tem, menos se partilha; quanto mais se acumula, maiores são as necessidades que surgem. Os mais solidários são os que menos têm, às custas até daquilo de que necessitam, enquanto a riqueza gera insolidariedade e desumanização, incapacitando a pessoa para dar até mesmo o que lhe sobra. Santo Agostinho afirma que a ânsia de Deus por parte do ser humano declina à medida que divinizamos as coisas e nos perdemos nelas. É isso o que acontece com a riqueza, que gera uma dinâmica de acúmulo e de possessividade, a partir da qual se perde a própria liberdade pessoal. O meio, isto é, a riqueza, transforma-se em fim, e o fim — que o ser humano cresça e viva em plenitude — transforma-se em um mero meio. Dessa forma, não se tem para viver e para fazer feliz a si mesmo e aos outros, mas vive-se para ter, sacrificando-se, em função do dinheiro, a família, os amigos e a própria dignidade. Por isso, a dinâmica do reinado de Deus, que é universalista e geradora de vida, contrapõe-se à das riquezas, que é individualista e acaba originando a morte, afogando o espírito e materializando o ser humano. É como se as coisas se apropriassem dele e o coisificassem, visto ser a acumulação uma práxis que aprisiona, ao invés de possibilitar a libertação das preocupações materiais. É o contrário do que ocorre com a generosidade e o desprendimento.

O evangelista Lucas é quem mais realça a boa notícia aos pobres, a qual impregna a missão de Jesus (Lc 4,17-19) já desde o seu nascimento (Lc 1,46-55) e é um sinal distintivo de sua pregação itinerante (Lc 8,1-3). Talvez isso se deva ao fato de que, quando Lucas compôs o seu relato, já houvesse problemas socioeconômicos no interior da própria comunidade (Lc 12,33), ou desta em confronto com o ambiente externo, pois os evangelhos narram a vida de Jesus com o olhar voltado para as necessidades comunitárias. Com relação a Mateus, Lucas ressalta que o banquete do Reino é um convite especial para pobres, cegos e coxos (Lc 14,16-24; Mt 22,1-14), isto é, para as categorias tradicionais de indigentes. Essa tradição está ligada à teologia profética, que apresentava Javé como o defensor dos pobres, ao qual eram dirigidos os gritos das viúvas, dos órfãos, dos diaristas, dos estrangeiros e de outros aflitos do judaísmo (Sl 9,10.13.19; 69,2-5.9.11-14.16.18-19.21-26.30 etc.).

Quando o Reino de Deus chega a uma sociedade injusta e desigual, os desditados são os primeiros a se alegrarem, enquanto os ricos e poderosos são os que tremem, como o sugere o "Magnificat" (Lc 1,51-53). Deus não se mantém em uma posição neutra diante da injustiça humana; ele sempre se identifica com as vítimas e, a partir delas, admoesta o verdugo. Por isso é que nos evangelhos da infância acentua-se desde o primeiro momento o temor dos grandes, dos ricos e dos poderosos diante do anúncio do Messias e a alegria dos pobres e do povo simples (Lc 1,17.32-33.50-53.68-69.78-79; 2,7.10-12.20.35.38; cf. 9,7-9; Mt 2,3.16-22). Os evangelhos da infância, assim como o relato das tentações de Jesus no deserto (Mt 4,1-11; Lc 4,1-13), não têm tanto a pretensão de nos oferecer um relato histórico das origens de Jesus, quanto a de nos apresentar as chaves teológicas para compreendermos em que consiste a sua missão e o Reino de Deus por ele instaurado.

Para que haja pobres, é preciso que existam ricos que se apropriem daquilo que pertence a todos (Lc 12,16-21; 16,9.19-31; 18,24-27). Essa é a tradição patrística posterior, que interpreta os evangelhos a partir da perspectiva de que o pobre é um empobrecido, ou seja, ele é a conseqüência humana de uma injusta organização da sociedade.[22] É por isso que em

---

[22] Trata-se de uma tradição muito testemunhada na patrística; é o caso, por exemplo, de são Basílio: "Se chamarmos de ladrão aquele que despoja um homem de sua roupa, mereceria outro qualificativo aquele que, podendo, não veste o que está nu? É do pobre o pão que armazenas; é do maltrapilho a capa que guardas no baú; é do descalço o sapato que deixas apodrecer; é dos necessitados o dinheiro que manténs enterrado. Cometes, portanto, tantas injustiças quantas pessoas há a quem possas socorrer" (*Homilia VI*, sobre a frase de Lucas: "Destruirei...": PL 31, 277A). Dentro da tradição latina, santo Ambrósio insiste em que a relação entre o pobre e o rico é determinada pela avareza e pela injustiça. Uma ampla gama de textos é a apresentada por J. Vives, "¿Es la propiedad un robo? Las ideas sobre la propiedad privada en el cristianismo primitivo", in: *EE*, n. 52, pp. 591-626, 1977; J. Vives, "Pobres y ricos en la iglesia primitiva", in *MA*, n. 74, pp. 553-570, 1981; J. M. Castillo, "Donde no hay justicia no hay eucaristía", in *EE*, n. 52, pp. 555-90, 1977. Essa concepção da pobreza posteriormente foi sendo perdida, levando a ver os pobres e os ricos como resultado de um desígnio divino. "A sociedade humana, tal e qual Deus a estabeleceu, é composta de elementos desiguais. Conseqüentemente, é conforme à ordem estabelecida por Deus que na sociedade humana haja príncipes e subordinados, patrões e proletários, ricos e pobres, sábios e ignorantes" (Pio X, 18 de dezembro de 1903). Textos semelhantes podem ser encontrados no magistério papal do século XIX.

Lucas as bênçãos são acompanhadas de maldições e imprecações contra ricos e opressores (Lc 6,24-26), como sempre acontece em seu evangelho. As bem-aventuranças e o mandamento do amor facilmente se prestam ao espiritualismo, à abstração e à vaguidade; quando situadas em um contexto histórico-social, no entanto, adquirem significado. É nesse momento, então, que clarificam a opção de Deus, que está do lado de alguns e rejeita o comportamento de outros. A ação salvadora diante da insolidariedade é a de optar pelos pobres (Lc 16,19-31) e eliminar as raízes da injustiça. A pregação cristã não deve ser simplesmente a de proclamar bons princípios e intenções, com as quais os próprios opressores podem identificar-se tranquilamente, sem nem sentirem remorsos. Ela deve se concretizar a partir das situações concretas de injustiça para com os pobres, os marginalizados e os pecadores, e de opressão contra eles. Então, a acusação é a outra face da bênção, e a pregação — de Jesus ou eclesial — torna-se perigosa para os poderes deste mundo. É assim que Jesus luta contra o espírito do mal, que representa a força simbólica que está por trás das estruturas que geram a morte (física, espiritual, cultural ou sociológica).

Essa perspectiva é partilhada também pelo evangelista Mateus (Mt 2,3-4.15-18), que, por um lado, amplia as bênçãos aos perseguidos pela justiça (Mt 5,6.10), aos não-violentos (Mt 5,5.9) e aos que sofrem (Mt 5,4), dando-lhes também um sentido mais abrangente (Mt 5,3.10), todavia sem cair no espiritualismo próprio das tradições de Qumrã.[23] A história do cristianismo é, em grande parte, a da má consciência de uma comunidade de pessoas bem situadas e estabelecidas socialmente, mas intranquilas porque o Evangelho do Reino é a boa notícia de Deus para os marginalizados da sociedade. Para defender-se da dinâmica interpeladora dessa mensagem, as bem-aventuranças e o sermão da montanha foram interpretados como um discurso referido a alguns voluntários (que seriam os religiosos, embora estes não tenham existido até séculos depois de Jesus) e não como uma demanda a todos os discípulos.

---

[23] "Bem-aventurados aqueles que escolhem livremente a pobreza" (4QpPs 37); cf. KECK, L. E. Armut. In: TRE, 4. 1979. v. 3, pp. 78.

Outra estratégica usual tem sido a de interpretar "pobres de espírito" em um sentido tão "espiritual", que acabava eliminando a sua base material e as suas exigências concretas. Para legitimar essa interpretação, procedeu-se a uma análise isolada e descontextualizada do texto de Mateus, rechaçando o de Lucas, sem levar em conta o que o próprio Mateus diz em outras passagens, a partir das quais se deveria iluminar o significado de suas bem-aventuranças. Se Lucas utiliza a técnica do contraste (bênçãos e maldições) para ressaltar a incidência concreta da pregação de Jesus, Mateus universaliza a sua mensagem tendo como pano de fundo a pregação profética do Antigo Testamento e as próprias prescrições da lei, que exigiam a fraternidade e a solidariedade para com os mais desvalidos e desprotegidos. Mateus ressalta sempre a condição judaica de Jesus, sua vinculação ao Antigo Testamento e seu propósito de aperfeiçoá-lo e interpretá-lo corretamente.

É por isso que Mateus sublinha a ligação entre o Reino e a justiça (Mt 5,20: é preciso superar a justiça dos escribas e dos fariseus; 6,33; 7,21; 21,31-32.41; 23,13). Contudo, ele não elimina o significado material da pobreza e da marginalização, à luz do juízo final do Filho do Homem, que julga em função do comportamento com relação aos necessitados (Mt 25,31-46; 13,41-43.48-49). O evangelista Mateus é o que mais dá um conteúdo ético à idéia do Reino de Deus, articulando-o com a vinda futura do Filho do Homem que vem para julgar os discípulos (Mt 25,34). Para Mateus, esse juízo não depende só do mal que tenhamos feito aos demais; será determinante também a nossa forma de agir com os outros, incluindo-se os pecados de omissão (Mt 25,41-43). Por outro lado, torna-se irrelevante se o bem é feito ao outro porque a pessoa se lembra ou não de Deus. O decisivo é o que se faz ao próximo necessitado, com o qual Deus mesmo se identifica, para surpresa dos próprios injustiçados (Mt 25,37-39.45). O que importa a Deus é aquilo que fazemos às pessoas, mais do que o fato de nos lembrarmos ou não dele quando agimos "cristãmente". Deus prefere que não pensemos nele, a nos esquecermos dos pobres. Fatos, solidariedade concreta com o que sofre, e não palavras, ainda que santas: eis a exigência que brota da cristologia de Mateus.

O evangelista defende o compromisso contra a falsa tolerância, a opção concreta contra a abstenção, os fatos contra as palavras, a denúncia contra o silêncio cúmplice. O cristianismo da época patrística tirou as conseqüências dessa postura. "Todo o humano é nosso", dirão, mas também "nada de inumano nos é distante", pois a grandeza do ser humano impede a neutralidade e a permissividade diante da miséria ou do pisoteamento da dignidade humana. A prudência, virtude sempre enaltecida pelos eclesiásticos, com muita facilidade transforma-se em falta de compromisso e em pecado de omissão. Jesus foi um imprudente e também um intolerante com os que fogem diante das necessidades humanas, especialmente quando se tratava dos representantes da religião (Lc 10,31-32.36). Por isso mesmo ele acabou mal, pois sua defesa do homem era incompatível com a permissividade e com a indiferença. Jesus representou Deus a partir de um messianismo profético, que ele pagou com a sua própria vida, e não a partir de uma presumível imparcialidade e neutralidade de um funcionário religioso que pretende contentar a todos, pobres e ricos, em um mundo injusto e conflitivo.

A mensagem de Jesus é paradoxal e estritamente teocêntrica. O cristocentrismo da comunidade é o resultado da experiência da ressurreição. Deus não se preocupa tanto de sua glória quanto da salvação do homem. Não é Deus quem o desloca, mas quem o põe no centro, fazendo com que dependa da relação interumana a própria vinculação com Deus (Mt 25,40.45). É por isso que santo Irineu de Lyon explica acertadamente a concepção cristã com sua famosa afirmação: "A glória de Deus é que o homem cresça e viva; a glória do homem é ter experiências de Deus". Jesus não faz do pecado algo meramente externo, mas radicaliza-o na intencionalidade do coração humano. Por isso o pecado não pode ser objetivado; é necessário vê-lo relacionalmente, visto não ser tanto o fruto do descumprimento de uma lei quanto do rompimento da relação de amor com os outros.

A infração de uma lei ou o regular descumprimento de uma obrigação é, na maioria das vezes, o resultado da debilidade humana e não necessariamente uma atitude negativa com relação a Deus ou aos outros. É o pecado que impede que a pessoa cresça e viva, e cada um deve avaliar o que obstaculiza o crescimento humano em relação a si próprio ou aos outros. Por essa razão, o acento é posto na consciência pessoal que discerne o bem e o mal, como depois será proposto por Paulo, e não em uma lei externa objetiva (1Ts 5,19-22; 1Cor 12,29; Gl 3,24; 4,8-10; 5,13-15). Quando o cristianismo marginaliza a pessoa em nome de Deus, ou quando desenvolve uma casuística do pecado à margem da consciência pessoal, como se se tratasse de algo objetivo e externo sem mais nem menos, desvia-se da mensagem de Jesus.

Juntamente com os enfermos, os possessos e os pobres, são os pecadores os primeiros receptores da chegada do Reino (Mt 9,10-13; 11,19; Mc 2,15-17; Lc 5,8; 6,32-36; 7,34.47; 15; 18,13-14; 19,7-10).[24] A ânsia humana de salvação corresponde às experiências do mal e à consciência de nossa contingência e finitude, que faz da morte o último inimigo do ser humano. Essa experiência do mal é que leva a procurar possíveis culpados e a endemoninhar os outros, isto é, a procurar bodes expiatórios sobre os quais descarregar a causa de nossos males. No caso de Israel, esse papel é desempenhado pelos pecadores e leva a uma religião de sacrifícios, leis e expiações para acalmar a divindade, presumivelmente encolerizada por causa dos nossos pecados. Dessa forma, a religião engendra violência, e o fanatismo religioso se concentra sobre grupos concretos, os quais são isolados do restante da comunidade. Não é esse o procedimento de Jesus, que se solidariza com as minorias oprimidas que interiorizam a consciência de pecado e anuncia um Deus que não quer sacrifícios, mas misericórdia.

Em vez de interpretar o Reino a partir do seu vínculo com uma lei religiosa, para julgar com base nisso o comportamento humano e condenar os pecadores, Jesus relativiza a lei e, em função deles, organiza a sua

---

[24] HAAS, J. *Die Stellung Jesu zu Sünder und Sünden nach der vier Evangelien.* Freiburg, 1953; FIEDLER, P. *Jesus und die Sünder.* Frankfurt, 1976; KERTELGE, K. Die Vollmacht des Menschensohnes zur Sündervergebung. In: SCHMID, J. (Festsch.) *Orientierung an Jesus*: zur Theologie der Synoptiker. Freiburg, 1973. pp. 206-213; WILCKENS, U. Vergebung für die Sünderin. In: SCHMID, op. cit., pp. 384-424; MICHL, J. Sündenbekentnis und Sündenvergebung in der Kirche des Neuen Testamentes. *MThZ*, n. 24, pp. 189-207, 1973.

atividade salvadora (Mt 1,21: "[...] e tu lhe porás o nome de Jesus, pois ele vai salvar o seu povo dos seus pecados"; Jo 1,29; Mt 26,28: "[...] pois este é o meu sangue da nova Aliança, que é derramado em favor de muitos, para remissão dos pecados"). Na perspectiva do Reino de Deus, há uma convergência entre enfermos, pobres e pecadores. O pecador encontra-se enfermo espiritualmente, e seu pecado muitas vezes é fruto da pobreza social e da insolidariedade dos outros, que acaba gerando situações propícias para comportamentos pecaminosos. O pecador, diante de Deus, é o pobre por excelência, já que ele pode se tornar presa do pecado alheio; ou seja, é um empobrecido; mas, mais do que isso, é vítima de sua própria dinâmica. O pecador se autodestrói e tira a vida dos demais; é aquele que não cresce nem permite que outros cresçam porque se tornou prisioneiro das dinâmicas do pecado (Lc 4,1-11: das tentações do poder, do prestígio e do dinheiro). Ele se encontra encurralado pela sua dinâmica vital e pelas circunstâncias, das quais não pode subtrair-se por si mesmo. É culpável e vítima ao mesmo tempo. Jesus acentua o segundo aspecto e universaliza o primeiro. Ninguém está livre de culpa, nem de pecado, mas todos podem receber a boa notícia do amor que perdoa.

Deus se constitui em uma boa notícia a partir da aceitação, do reconhecimento e da cura espiritual, que devolve ao pecador o sentido de sua própria dignidade, a esperança de futuro e o perdão reparador. Foi o que experimentaram os publicanos e as prostitutas, os quais se encontraram com a boa notícia do reinado de Deus e puderam fazer uma mudança radical em suas vidas (Lc 5,27-32; 15,1-32; 19,1-10). A originalidade da mensagem de Jesus reside no fato de que a reconciliação dos pecadores com Deus é anunciada antes mesmo que eles tenham reparado os seus pecados; sem esperar que se arrependam, se lhes oferece o perdão. Primeiro, a nova mensagem devolve às pessoas a consciência de sua própria dignidade por meio do anúncio de que Deus as ama e as aceita como são. O arrependimento e a reparação surgem espontaneamente, depois de se ter experimentado o amor e a aceitação de Deus e de Jesus; não são a condição prévia para que se receba o perdão, como acontecia com a mensagem de João Batista. A "economia" do dom e do amor gratuito impõe-se sobre a da lei, que exige previamente a reparação e o arrependimento.

A convergência entre curas, evangelização dos pobres e perdão dos pecadores responde pelo verdadeiro núcleo da mensagem de Jesus. O ser humano tem a tendência de criar para si mesmo um Deus à sua imagem e semelhança, divinizando assim o poder e definindo Deus, acima de tudo, como onipotente. A autodivinização do ser humano passa pelo dinheiro, pelo prestígio social e pelo poder, que é o que o leva a crer-se mais do que os outros. A mensagem de Jesus é esta: a essência de Deus não é o poder, mas o amor, o qual o torna vulnerável diante do sofrimento humano. O pobre, o enfermo e o pecador são os protótipos da desventura em uma sociedade teocrática, que marginaliza esses três tipos de pessoas em nome da honra e da glória divinas, vinculando a pobreza e a enfermidade ao pecado.

O pecador representa radicalmente o pobre e o enfermo, pois ele é ambas as coisas diante de Deus. Daí o presumível castigo de Deus, chave de interpretação freqüentemente usada no Antigo Testamento para explicar o sofrimento humano, mas que Jesus rejeita (Lc 13,1-5). Não é Deus quem manda as enfermidades e os males, como castigo pelos pecados. Quem envia males é um malvado, e Deus não é cruel nem vingativo, embora às vezes tenha sido apresentado dessa forma pela própria tradição cristã.[25] Deus não está por trás de cada acontecimento humano como sua causa indireta, mas luta contra o mal e contra a dor. O Deus cristão é um Deus frágil, pois ama e não o esconde, até mesmo manifestando-o aos outros. E também porque atua inspirando o ser humano, o qual nunca perde o seu protagonismo em favor de Deus. A vulnerabilidade de Deus diante do sofrimento contrasta com a auto-suficiência humana, que vive procurando ser mais do que os outros e se mostra indiferente à dor alheia e, por vezes, à própria dor.

---

[25] A teologia da retribuição determinou a cristologia e gerou uma espiritualidade sacrifical: Estrada, *La imposible teodicea...*, cit., pp. 172-182.

Por essa razão, a transcendência divina irrompe, quebrando os esquemas racionais: manifesta-se simbolicamente em uma criança que nasce em condições infra-humanas e em um moribundo que é vítima da injustiça e do mal. Partindo disso, ela se identifica com os mais pobres, pecadores e enfermos, aos quais comunica a esperança e liberta do medo de Deus. O Deus criador é aquele que se manifesta como libertador do ser humano. A salvação divina tem efeitos históricos, pois o sobrenatural não significa um reino que se encontra acima dos acontecimentos terrenos, mas que acontece a partir do interior da própria história. A história salvífica faz parte da história profana e tem sua origem naqueles que foram testemunhas e enviados de Deus para construir seu reinado no mundo. Passa pelos patriarcas e profetas bíblicos, pelo próprio Jesus e pelos seus discípulos, embora se estenda às grandes personalidades de outras religiões, que serviram a Deus a partir de sua própria cultura.

Deus identifica-se com o mais desumanizado, com o menos humano, e a partir daí expressa a universalidade da salvação: salvando os que pior se encontram, ele manifesta a sua vontade salvadora de todos. A universalidade bíblica não é somente quantitativa (todos os povos), mas sobretudo qualitativa: boa notícia para os mais deserdados. Quanto mais desumanizados e socialmente oprimidos, tanto mais se tornam objeto da predileção divina. Portanto, deixa de ser cristã uma Igreja em que os pobres não forem evangelizados, os enfermos não forem fortalecidos e curados, e os pecadores não recobrarem a sua dignidade e a sua esperança, embora disponha de todas as estruturas formais necessárias. Esse é o critério do reinado de Deus, com base no qual é preciso avaliar a qualidade evangélica de uma comunidade. Não que a Igreja seja o Reino; mas ela deve testemunhá-lo e converter-se em um sinal para todas as pessoas. O anúncio do Reino, por isso mesmo, é uma boa notícia; todavia, trata-se também, ao mesmo tempo, de uma tarefa encomendada à comunidade de discípulos. A partir daí se deveria avaliar cada Igreja e examinar sua capacidade evangélica, em vez de se ficar nas "notas da Igreja" puramente formais (una, santa, católica e apostólica), que dizem mais respeito às estruturas do que ao próprio conteúdo do Evangelho.

A identidade da comunidade de discípulos

Inicialmente a mensagem foi dirigida a todo o Israel, em consonância com a intenção de Jesus de restaurar a aliança entre Deus e o povo (Mc 1,15). Vem daí o significado dos "doze discípulos" enquanto símbolo das doze tribos de Israel.[26] Jesus sentia-se enviado ao povo judeu e não aos pagãos (Mt 10,6; 15,24; Mc 12,6; Lc 4,18), situando-se na tradição dos profetas do Antigo Testamento (Mc 6,4; 8,28 par.; Lc 4,24-27). Historicamente é preciso analisá-lo no contexto judaico; só depois de sua morte (Mc 10,45; 14,22-24; Lc 24,46; Jo 3,16) e ressurreição é que surgiu a missão universal (Mt 28,19; Mc 13,10; 16,15; Lc 24,47). Sua intenção não foi a de fundar uma Igreja independente — embora esta tenha surgido após a sua morte —, mas a de renovar Israel e de abri-lo para o reinado de Deus, como o cume da aliança.

Se o anúncio e a instauração do reinado de Deus determinam a obra de Jesus, o seguimento é o eixo vertebral da comunidade dos discípulos, em um contexto de urgência diante da intervenção final de Deus. Isso se concretiza de várias formas nos evangelhos, dependendo da situação de cada comunidade. Todos os evangelhos, cada um a partir de uma perspectiva diferente, vinculam a pregação do Reino com o chamado ao seguimento, que é a terminologia característica dos evangelhos (fora deles, só se encontra uma referência em Ap 14,4). Por um lado, constituiu-se

---

[26] Fora dos evangelhos, há somente três citações que se referem expressamente aos doze (1Cor 15,5; At 6,2; Ap 21,14). O termo "doze" é uma denominação típica do evangelho de Marcos, com 12 perícopes admitidas por Mateus e Lucas em seus evangelhos. Deixando de lado essas citações, os demais sinóticos só mencionam os doze em outras quatro ocasiões (Mt 19,28; Lc 22,30; Mt 10,5; 11,1; Lc 8,1). Os "doze" são, historicamente, um grupo de discípulos (Mc 2,15; 3,14; 4,10.34; 9,31.35; 10,10.13.23-24.32; 11,1.11), mas Mateus tende a equipará-los teologicamente com todos os discípulos (Mt 10,1; 11,1; 26,20 e 20,17 em alguns códices). Às vezes Mateus copia Marcos substituindo os "doze" por "discípulos" (Mt 13,10; cf. Mc 4,10) a fim de se contrapor ao bloco do novo Israel em torno a Jesus e ao antigo, simbolizado pelas dozes tribos: cf. SCHMAHL, G. *Die Zwölf im Markusevangelium.* Trento, 1974. pp. 1-17; 54-57; 125-128; STRECKER, G. *Der Weg der Gerechtigkeit;* Untersuchung zur Theologie des Mattäus. Göttingen, 1962. pp. 191-206; ROLOFF, J. *Apostolat, Verkündigung, Kirche.* Gütersloh, 1965. pp. 178-184; BRACHT, W. Jüngerschaft und Nachfolge. In: HAINZ, J. (Hrsg.) *Kirche im Werden.* Schöningh, 1976. pp. 143-65; DIAS, P. V. *Kirche in der Schrift und im 2Jht.* Freiburg, 1974. pp. 60-70; FREYNE, S. *The Twelve: Disciples and Apostles.* London, 1968.

um grupo itinerante que acompanhava Jesus em sua missão, que participava de sua pobreza (traço característico do evangelho lucano — "[...] deixaram tudo e seguiram Jesus": Lc 5,11.28; 12,33; 14,33; 18,22; 22,35), que se distanciava dos laços familiares (Lc 14,26; 18,29) e participava em sua pregação e atividade. Por outro lado, formou-se uma comunidade de discípulos muito mais ampla, os quais se tornaram receptores de sua mensagem e de sua práxis, vinculados aos primeiros. Essas duas dimensões continuaram depois na Igreja, na forma dos carismáticos itinerantes, dos profetas, dos apóstolos, das testemunhas do Ressuscitado e missionários, e dos cristãos estáveis das diversas Igrejas locais que representavam a base da missão. Essas duas correntes explicam a significação adquirida pelos "doze" a partir da Páscoa, como símbolo do chamamento de Jesus a Israel e como embrião dos apóstolos e ministros, que surgiram depois da ressurreição e que se constituíram no grupo diretivo da Igreja.[27]

Historicamente há bastante certeza sobre o chamado feito por Jesus a um grupo de discípulos que o acompanharam (Mc 1,16-20; 2,14; 10,17-22; Lc 9,57-62), embora as cenas evangélicas que representam as vocações tenham como pano de fundo passagens do Antigo Testamento, sobretudo as dos profetas Elias e Eliseu, que serviram de inspiração aos autores dos evangelhos na composição de suas narrações de tais chamamentos (Lc 9,59-61; cf. 1Rs 19,19-21). Não se pode esquecer que os contemporâneos de Jesus se perguntavam se ele não era "Elias redivivo" (Mc 6,15; 8,28) e que outros ainda identificavam João Batista com o mesmo profeta Elias (Mc 9,11-13). O estilo de vida profético e carismático de Elias pode ter servido de inspiração aos evangelistas para elaborar as cenas da vida de Jesus (Mc 1,40-45; cf. 2Rs 5; Mc 6,34-44 par.; cf. 2Rs 4,42-44; Lc 7,11-17; cf. 1Rs 17,17-24 e 2Rs 4,18-36; Lc 4,25-27; cf. 1Rs 17,7-16; Lc 9,54; cf. 1Rs 18,38 e 2Rs 1,10-12; Lc 10,4; cf. 2Rs 4,29),

---

[27] Söding, T. Die Nachfolgeforderung Jesu im Markusevangelium. *TthZ*, n. 94, pp. 292-310, 1985; Kuhn, H. W. Nachfolge nach Ostern. In: Bornkamm, G. (Festsch.) *Kirche*. Tübingen, 1980. pp. 105-32; Ernst, J. *Anfänge der Christologie*. Stuttgart, 1972. pp. 125-145; Dias, P. V. *Vielfalt der Kirche in der Vielfalt der Jünger, Zeugen un Diener*. Freiburg, 1968; Could, C. *Jésus et le disciple*. Paris, 1987.

devido à sua semelhança com o estilo missionário inicial do discipulado. E talvez também devido a possíveis alusões feitas por Jesus, que em diversas ocasiões fez relações de sua própria atividade com a dos profetas judeus. Não se pode esquecer que os evangelhos foram redigidos várias décadas depois da morte de Jesus. No momento em que foram compostas as cenas da atividade pública de Jesus, os evangelistas inspiraram-se nos grandes personagens do Antigo Testamento para compensar a falta de tradições históricas.

Os discípulos apresentam uma forma de seguimento distinta da que existia no judaísmo, em relação aos rabinos famosos, pois é o próprio Jesus — e não os discípulos — quem toma a iniciativa e os chama a partilhar de sua vida e não simplesmente a "aprender sua doutrina". Pelo contrário, as vocações dos que acompanham Jesus estão muito mais próximas das que ocorrem na cultura helenista entre os seguidores dos mestres de filosofia, especialmente entre os cínicos, os quais mantinham uma relação personalizada com o seu mestre. Essa poderia ser uma das razões que favoreceram o fato de que o cristianismo fosse considerado, inicialmente, pelo Império Romano, como uma "filosofia", embora se tratasse de uma religião. O estilo de seguimento dos acompanhantes de Jesus corresponde mais a um grupo filosófico constituído ao redor de um mestre ou "guru", do que a uma comunidade religiosa instituída. O essencial é a relação interpessoal com o mestre, mais do que o aprendizado de uma doutrina. Algo semelhante aconteceu com o monacato primitivo, embora este carecesse da condição itinerante e mundana do grupo reduzido que seguia Jesus.[28]

---

[28] Sigo aqui a exposição de U. Luz, "Nachfolge", in *TRE*, 23, 1994, v. 1, pp. 679-680; 678-686. Cf. também Theissen, G. *Sociología del movimiento de Jesús*. Santander, 1979. pp. 13-31 [Ed. bras.: *Sociologia do movimento de Jesus*; pesquisa histórica sobre Jesus em forma narrativa, Petrópolis, RJ, Vozes, 1989]; Aguirre, R. *Del movimiento de Jesús a la Iglesia cristiana*: ensayo de exegésis sociológica del cristianismo primitivo. Bilbao, 1987. pp. 19-44; Stegemann, W. Wanderradikalismus im Urschristentum? In: Schottroff, W. & Stegemann, W. (Hrsg.) *Der Gott der kleinen Leute*. 2. Aufl. München, 1979. v. 2, pp. 94-120; Gager, J. Das Ende der Zeit und die Entstehung von Gemeinschaften. In: Meeks, W. (Hrsg.) *Zur Soziologie des Urchristentums*. München, 1979. pp. 88-130; Norelli, E. Sociologia del cristianesimo primitivo. *Henoch*, n. 9, pp. 97-123, 1987.

É uma questão discutida o fato de a vida itinerante de Jesus e dos seus discípulos estar relacionada com a crescente miséria dos pequenos camponeses da Palestina durante o domínio romano, em que havia muitos diaristas sem terra, como acontecia em todo o Mediterrâneo, com a conseqüente insegurança e tensão social. Em uma situação de pobreza e instabilidade, como a que se deu no século I, agravada ainda mais depois da guerra contra os romanos, o movimento itinerante de Jesus se adaptava muito bem às condições de vida de uma ampla camada da população. Todavia, não se pode perder de vista também que, entre os seguidores de Jesus, havia pequenos artesãos, baixa classe urbana e até alguns ricos publicanos e cobradores de impostos, embora o seu estilo de vida pessoal fosse mais parecido com o dos camponeses da Galiléia. Isso explicaria também a sua insistência na pobreza e o providencialismo no qual tudo se espera de Deus, que faz parte da doutrina dos evangelhos (Mt 6,25-34; 10,29-31). É muito provável que os profetas e os carismáticos da Igreja primitiva, que ainda viviam quando foram compostos os evangelhos (Mt 10,40-42; 23,34; Lc 11,49-51; At 13,1-3), tenham se inspirado, por sua vez, na vida itinerante de Jesus e dos seus discípulos. Tais grupos influenciaram retrospectivamente na apresentação da vida de Jesus, por eles indicada como modelo criado a partir de seu próprio estilo de vida. A idealização da renúncia, como contrapartida do seguimento, o ascetismo e a ruptura de relações estáveis, familiares e sociais (Mc 8,34; Mt 10,37-38) caracterizam esses itinerantes e o grupo dos discípulos de Jesus.

O seguimento não só implica acompanhá-lo (Mc 1,17; 3,14; Lc 9,60-62), mas também participar em sua missão no meio do povo judeu (Lc 9,53-10,12.16), que foi o que deu a vários deles um papel especial dentro do movimento de Jesus. O radicalismo do seguimento deve ser compreendido no contexto de urgência diante da proximidade do Reino, que delimita a ação de Jesus. Quanto mais próxima a previsão do final dos tempos, maior o radicalismo teórico e prático, o que também servia para manter a identidade de um grupo que vivia em tensão com a instalação social e a perda da escatologia. Esses textos sobre o seguimento, assim como as parábolas, no momento em que foi perdido o contexto missionário e escatológico no qual haviam surgido, acabaram provocando um problema teológico, pois a idéia de seguimento é central para a compreensão da Igreja. Posteriormente esses textos passaram por um processo de transformação ascética e espiritual, convertendo-se em exortações em vista de um modelo radical de vida, já fora daquele contexto de urgência característico da época de Jesus.

Como não ocorreu o esperado final dos tempos, era necessário reinterpretar o radicalismo evangélico e torná-lo produtivo no contexto missionário. O que inicialmente era um chamado ao seguimento em um contexto missionário e martirial, impregnado da esperança de que se vivia o final messiânico da história, mais tarde deu lugar a exortações para um estilo de vida cristão virtuoso e espiritual no Império Romano. Da mesma forma que se perdeu progressivamente o radicalismo evangélico da pobreza em conexão com a progressiva integração do cristianismo no interior da cultura helenista, urbana e não-itinerante, e ante a afluência da baixa classe média do Império Romano, como se pode observar por meio do conteúdo das cartas pastorais, assim também mudou de significado a teologia do seguimento. Passou-se a realçar a igualdade espiritual de todos os cristãos, mantendo-se as diferenças econômicas e de *status* social, para depois caminhar rumo a uma diferenciação na consagração a Deus.

As passagens evangélicas acabaram sendo consideradas exortações dirigidas à vida religiosa, que surgiu em fins do século III, perdendo-se, em grande parte, o seu caráter profético-messiânico, laical e eclesial. A vida religiosa posterior releu muitos textos neotestamentários, considerando-os legitimadores do novo tipo de vida emergente, por vezes apropriando-se com exclusividade de passagens que eram dirigidas a todos os discípulos.[29]

---

[29] Essa interpretação na perspectiva da vida religiosa, desconhecida para Jesus e para a Igreja primitiva, é mantida até hoje. Assim, por exemplo, H. Schürmann, "Der Jüngerkreis als Zeichen für Israel", in *GuL*, n. 36, p. 35, 1963. Schürmann destaca o caráter simbólico dos discípulos como modelo de identidade. Além disso, afirma que todo cristão é um discípulo do Senhor. Depois, inconseqüentemente, sublinha que aos cristãos falta o caráter de "sinal", próprio dos religiosos. Em grande parte, a teologia convencional da vida religiosa formou-se tendo por base uma apropriação de textos dirigidos a todos os cristãos: Perico, G. La imitación de Cristo en la hagiografía monástica. *CuadMon*, n. 4, pp. 27-74, 1969; Ernst, J. *Anfänge der Christologie*, cit., pp. 125-145.

A clericalização da Igreja e sua monacalização posterior levou a uma leitura seletiva dos textos bíblicos e à sua utilização por parte da hierarquia e dos religiosos, freqüentemente à custa da comunidade eclesial e dos leigos. É daí que irá surgir a idéia de "vida consagrada" como característica daqueles que professam os votos religiosos, silenciando sobre o fato de que a consagração cristã a Deus ocorre com o batismo e que todos os seguidores de Jesus são consagrados.

Do seguimento à imitação de Cristo

A teologia do seguimento apresenta a identidade da comunidade de discípulos. Mais tarde, irá se converter em "imitação de Cristo" no contexto da transformação do discipulado na Igreja, do deslocamento da teologia do Reino para a teologia do Cristo ressuscitado, e da passagem da eclesiologia e cristologia implícitas dos evangelhos para a teologia desenvolvida e explícita da época pascal.[30] Somente de forma indireta e bem específica encontram-se alusões à imitação nos evangelhos (Mt 5,48), enquanto a "imitação de Cristo" é desenvolvida amplamente em outros escritos do Novo Testamento (1Cor 11,1; 1Ts 1,6), bem como a idéia de que as comunidades devem imitar o próprio Paulo em sua identificação com Cristo (1Cor 4,15-16; 11,1; 1Ts 1,6; 2Ts 3,7.9; Fl 3,17; cf. também 1Ts 2,14). A cristologização de Jesus e sua progressiva identificação com Deus, à luz da ressurreição, facilitou esse deslocamento de acentos. A passagem de uma teologia mais dinâmica, comunitária e messiânica, própria do seguimento, para outra mais estática e individualista, como a da imitação, é o resultado da inculturação no helenismo e da gradual alternância de gerações no cristianismo.

A base comum de ambas as teologias é a de que o cristianismo não é uma religião constituída em torno de um conjunto de doutrinas e de práticas, mas fundamenta-se no seguimento de um personagem histórico,

---

[30] Remeto ao meu estudo "Imitação de Jesus Cristo", in RODRÍGUEZ, A. A. & CASAS, J. C. (Orgs.) *Dicionário teológico da vida consagrada*, São Paulo, Paulus, 1994, pp. 548-557. Cf. também MICHAELIS, W. μιμέομαί μιμητής. In: *ThWNT*, n. 4, 1942. pp. 661-668; SCHULZ, A. *Nachfolge und Nachahmen*. München, 1962. pp. 15-78. HENGEL, M. *Seguimiento y carisma*. Santander, 1981.

que deve servir de modelo e de precursor de um estilo de vida no qual é preciso se inspirar. O seguimento ressalta a adesão pessoal, enquanto a imitação acentua a identificação e o caráter evolutivo da identidade cristã. Trata-se de ser "outro Cristo" (outro ungido pelo Espírito), configurando a própria vida ao Evangelho e à inspiração de Deus. A história de Jesus não pode ser repetida, pois foi algo de singular e pessoal, mas deve servir de referência para que cada um tente viver o Evangelho a partir de sua própria personalidade. A imitação ressalta tanto a relação com Jesus quanto o valor da pessoa que o imita.

O seguimento se transformou quando se passou a ver Cristo como plena revelação de Deus (Jo 8,12; 12,35-36; 1Jo 1,6-7). Cristo é o exemplo e o ideal pessoal, para que os discípulos façam como ele e moldem sua existência com base no seu modelo de vida (Gl 4,19; Fl 2,5-8; 3,10; 2Cor 4,10; 8,9; Rm 8,17; 1Pd 2,21; Jo 13,15.34-35; 1Jo 2,6). Paulo desenvolveu a idéia da imitação ressaltando os elementos éticos (1Cor 11,1; 1Ts 1,6; Rm 15,7) e cristológicos. Era preciso reproduzir sua imagem (Rm 8,29; 5-8) e comungar com sua vida e morte (Rm 6,1-11). O pano de fundo dessa teologia é a cultura helenista, que faz referência à imitação divina (Ef 5,1), assim como à concepção bíblica do homem como imagem e semelhança de Deus (Gn 1,26). O processo de inculturação na cultura greco-romana deuse desde o primeiro momento, pois a Palestina fazia parte da área de sua influência. Todavia, esse processo foi aumentando com a expansão do cristianismo no Império Romano, sublinhando que Cristo era a imagem humana de Deus, como Verbo encarnado e filho de Deus, que participava de sua própria natureza. Por essa razão, a imitação de Cristo foi a versão cristã da exortação grega para imitar os deuses.

Acima de tudo, insistiu-se na imitação de Cristo como uma forma de participar em sua paixão e em sua cruz (*InRm*, 4,2; 6,3; *InEf*, 10,3; *InFild*, 7,2; *MartPol*, 6,1-2; 7,1; 19,1). Na Igreja da era patrística, os mártires eram vistos como os autênticos imitadores de Cristo, posteriormente substituídos pelos ascetas e pelos monges.[31] A criatividade no segui-

---

[31] FRANK, K. Suso. Nachfolge Jesu. In: *TRE*, 23. 1994. v. 2, pp. 686-690.

mento não foi perdida com o modelo da imitação, embora tenha sofrido modificações essenciais. A imitação alude a um componente essencial da identidade, a qual é estabelecida por um processo de identificação com as pessoas com quem possuímos vínculos afetivos. Já desde a infância ocorre esse processo, em relação ao rosto materno e paterno. Pode-se falar de Cristo como "Nosso Pai Jesus Nazareno", título freqüente na religiosidade popular andaluza, que seria uma versão da concepção paulina sobre Cristo como Novo Adão, isto é, o pai simbólico de um novo tipo de ser humano. A imitação dos mártires — que pretendiam completar a paixão de Cristo com os seus sofrimentos — devia-se à identificação e ao seguimento de um Jesus que havia morrido, do qual ficavam a sua memória, o seu espírito e o anúncio de sua ressurreição. O modelo de referência constituía-se assim em pai e mãe espiritual que fecundava o imitador e servia-lhe não somente como predecessor (seguimento), mas também como modelo exemplar e como ideal de vida.

Tendo como ponto de partida as relações pessoais afetivas, algumas pessoas são consideradas como modelos referenciais, com as quais nos identificamos e as quais imitamos. Assim surgem as testemunhas e as vocações pessoais. Esse é o contexto para compreender a maternidade e paternidade espirituais: há pessoas que impressionam e despertam o desejo de ser como elas, transformando-se em testemunhas referenciais e dando alento à vocação. Os gurus, os mestres e mestras espirituais, bem como os sistemas de paternidade e maternidade eclesial, baseiam-se nesse componente, que é fundamental para o desenvolvimento de uma personalidade autônoma. Para que haja um eu pessoal é necessário um tu constitutivo, a partir do qual tomamos consciência da nossa personalidade ao relacionar-nos com ele. Todo eu pressupõe um tu original, a partir do qual nos constituímos como pessoa. É isso o que Jesus propõe aos seus discípulos, Paulo às suas comunidades e a grande tradição dos mártires e santos a toda a Igreja. Cada pessoa recria o Evangelho a partir de sua própria personalidade e circunstâncias, fazendo com que a teologia do seguimento e a da imitação de Cristo acabem convergindo para formar uma plataforma da identidade pessoal.

Contudo, é verdade que a imitação de uma pessoa é sempre ambígua, pois o desejo de imitar leva a considerar o modelo como alguém que admiramos e como um rival em potencial. O modelo possui uma identidade, a qual o imitador quer alcançar e pode degenerar em mera identificação externa, às custas da própria personalidade, ou em estímulo e meta a partir de um processo criativo de interiorização. Por ser a representação de um ideal, o modelo exerce uma pressão sobre o imitador, que pode ser tanto positiva quanto destrutiva. O discípulo quer ser como o modelo, o que facilmente gera competitividade, bem como desejo de possuir os objetos e atributos do modelo referencial. As coisas não valem tanto pelo que são em si mesmas, quanto pelo fato de as possuir o modelo com o qual nos identificamos. Esse raciocínio encontra-se na base da publicidade veiculada nos meios de comunicação social. Ao mesmo tempo, o modelo tende a ver o discípulo como alguém que lhe demonstra a sua adesão, mas também como um rival em potencial; necessita, por isso, preservar sua superioridade. Isso gera tensões e violências no seio das comunidades civis e religiosas (Gn 4,5; 25,29-34; 27,1-46; 37,4-11).

O desejo de reconhecimento, constitutivo do desenvolvimento da pessoa humana, pode degenerar em luta social e em insatisfação permanente,[32] sobretudo quando se escolhe como modelo um ideal impossível ou irrealizável, sem assumir a própria contingência e limitação. Tais dinâmicas desempenharam um papel determinante nas comunidades religiosas, muito marcadas pela "erótica do poder", pelos ciúmes e pelas invejas, inseridos com muita facilidade no esquema de imitação e seguimento, sobretudo quando se refere a representantes eclesiais. O processo é inevitável quando se fazem presentes tendências de culto à personalidade e elogiam-se de tal forma as autoridades, que elas são transformadas não só em modelos a serem imitados como também em personagens falsa-

---

[32] Os perigos da imitação e o desejo mimético foram analisados por: GIRARD, R. *La violencia y lo sagrado*. Barcelona, 1983 [Ed. bras.: *A violência e o sagrado*, São Paulo, UNESP, 1990]; IDEM. *El misterio de nuestro mundo*: clave para una interpretación antropológica. Salamanca, 1982; WALDSCHÜTZ, E. Kritische Überlegungen zum Verständnis der Mimesis. In: NIEWIADOMSKI, J. & PALAVER, W. (Hrsg.) *Dramatische Erlösungslehre*. Innsbruck, 1992. pp. 307-316; ESTRADA, *La imposible teodicea...*, cit., pp. 155-182.

mente idealizados, que não deixam espaços para a crítica, nem para a ajuda, nem para a solidariedade dos outros. Quanto mais elevado for o ideal que temos por modelo, mais fácil será a decepção, o fracasso e o conseqüente ressentimento. A idéia do sacerdote superior aos anjos, que muitas vezes esteve presente na espiritualidade presbiteral dos últimos séculos, tem sua contrapartida no espiritualismo alienante. Por isso, a teologia da imitação é ambígua e equívoca. Paulo tenta esclarecê-la insistindo em identificar-se com o Crucificado, contrariamente às tendências especulativas dos gnósticos e de outros carismáticos que fabricaram para si mesmos uma cristologia triunfal, distanciada da história de Jesus e carregada de conotações místicas. O desenvolvimento dogmático posterior não esteve isento dessas idéias, que levaram a espiritualidades abstratas, competitivas e mais estóicas do que cristãs.

Entretanto, a partir do encontro pessoal e do reconhecimento mútuo, a alteridade do outro adquire um significado positivo. Essa dependência da pessoa amada relativiza a autonomia, sem negá-la, possibilitando a identificação criativa, que é o que implica a imitação de Cristo a partir da experiência do Espírito. Típico da proposta de Jesus é o chamado ao crescimento pessoal. Ele precede com o exemplo no serviço aos mais fracos, simbolizado no ato de lavar os pés dos apóstolos durante a ceia (Jo 13,1-17), e exorta para que a eles seja dada sempre a preferência (Mt 10,42; 18,2-3). Dessa forma é posto um limite à perigosa dinâmica dos ciúmes e das invejas do mestre e senhor. Jesus recusa esses títulos porque são reservados a Deus (Mt 23,8-12) e critica as autoridades religiosas que os pretendem para si (Mt 5,20; 23,1-36). Quando Deus deixa de ser o ponto de referência, o ser humano se torna divino (modelo e rival) para o outro. Por isso as religiões desencadeiam a violência a partir da idolatria de uma instância humana revestida de divindade. Somente Deus pode ser modelo em sentido absoluto; nós, os demais, somos pecadores, incluídos os que estão no vértice da hierarquia social e eclesial, contra as tendências naturais ao engrandecimento (At 14,1-14).

O próprio Paulo insiste em que não quer assenhorear-se das suas comunidades (2 Cor 1,24), e avalia sua autoridade pelos açoites, perseguições e sacrifícios aceitos pela Igreja ("[...] eu vos suplico: sede como eu, pois eu também me tornei como vós [...] sinto, de novo, as dores do parto, até Cristo ser formado em vós": Gl 4,12-19). As diferenças pessoais e eclesiais permitem a complementaridade e o enriquecimento mútuo, mas unicamente quando desistem de ser mais do que os outros, dando a preferência aos mais desvalidos. Por outro lado, quanto mais formos semelhantes aos outros, maior necessidade teremos de afirmar-nos a nós mesmos, freqüentemente recorrendo à negação do outro. Somente o reconhecimento, a partir do amor, faz com que constatemos as diferenças e permitamos que estas subsistam como complementação.

Por isso, o seguimento e a imitação devem servir à criatividade pessoal, em vez de gerar massificação e perda de identidade. Uma autoridade que não permite o crescimento não pode ser cristã. Opta-se pelo outro sob o pretexto de que o fazemos "pelo seu bem", como se fosse possível eliminar a criatividade autônoma em favor do outro, que pretende saber mais e controlar a vida alheia. No cristianismo, abaixar-se para servir aos que menos são e têm não constitui humilhação, mas uma forma de engrandecimento. Pelo contrário, o afã de dominar sobre as consciências é um atentado à vida humana no que ela tem de mais sagrado: a liberdade e a inteligência. Somente a partir daí podem ser bloqueadas as potenciais agressões geradas pelas relações de imitação e seguimento. Quando se perde a relação testemunhal, a imitação de Cristo é reduzida a um ideal individualista, moral e espiritual, fato que aconteceu em algumas épocas da história.[33] Na realidade, o marco do seguimento e da imitação é o de um movimento carismático, no qual o fundador desempenha um papel essencial como inspirador, e a experiência do Espírito é determinante para uma inspiração criativa. Quando o testemunho pessoal é deslocado em favor do cargo institucional, ocorre uma burocratização da autoridade, que se torna algo anônimo e impessoal, fazendo com que se perca a capacidade de atração e de testemunho que deve caracterizar os líderes cristãos.

---

[33] CASTILLO, J. M. *El seguimiento de Jesús*. 2. ed. Salamanca, 1987. pp. 49-70.

A imitação e o seguimento de Cristo facilmente são confundidos com a submissão aos que detêm algum cargo, havendo assim um adoutrinamento da mensagem evangélica, que se converte em um conjunto de crenças e práticas regulamentadas. Passamos, assim, da autoridade do testemunho à fé na autoridade do cargo. Perde-se a relação interpessoal, característica de Jesus e de Paulo com suas comunidades, em favor da obediência à instituição, representada pelas autoridades. A ausência de "gurus", pais e mães espirituais que dêem testemunho vivo de sua fé, é uma das causas da falta de fecundidade do cristianismo, e se compensa pelo fortalecimento da autoridade, que se burocratiza e se torna cada vez mais impessoal. Da autoridade moral da testemunha, que serve de modelo e de interpelação, passa-se à submissão e fidelidade aos que detêm um cargo. Isso começa a ser percebido em fins do século I, nas cartas pastorais.

A identidade dos discípulos no evangelho de Marcos

O evangelista Marcos, o mais antigo e o que serviu de base para os demais evangelhos sinóticos que o sucederam, é o que possui uma eclesiologia mais implícita e indireta, estritamente derivada da cristologia. Nela são combinadas uma reflexão sobre o significado salvífico da vida e da obra de Jesus e um apego às suas palavras e obras, vistas na perspectiva da ressurreição. Marcos vincula o envio de Jesus à luta contra o espírito do mal; daí a importância das curas e dos exorcismos, os quais indiretamente permitem descobrir o segredo de sua identidade messiânica, que fica evidente depois de sua morte (Mc 15,39; cf. 9,7). Marcos sublinha permanentemente a incompreensão dos discípulos e a rejeição do povo, apresentando a missão de Jesus como um fracasso histórico. Especial relevância é dada aos milagres como manifestação de sua autoridade e de sua missão, o que contrasta com a ânsia de prodígios e a incompreensão de seus adversários (Mc 1,37-38; 3,6.22-30; 5,17; 6,1-6; 8,11-12.14-21). A insistência na cruz e no significado expiatório de sua morte (Mc 10,45; 14,21-24; 15,34-37) é também uma das características da cristologia marciana, refletindo-se no título de Filho do Homem (Mc 2,10.28; 8,31; 9,31; 10,33.45; 14,21.41). Por outro lado, não há nesse evangelho nenhuma cristologia triunfal por causa da ressurreição, mas esta é vinculada à paixão (Mc 14,62; 16,7; cf. 14,28; 9,9).[34]

No que concerne à eclesiologia, interessa-lhe sublinhar quanto os discípulos dependem do próprio Jesus: são os que "estão com ele" (Mc 3,14), o que não é permitido a outros que queiram acompanhá-lo (Mc 5,18). O pecado de Pedro foi negar que ele era um dos "que estavam com Jesus" (Mc 14,67.69-70), já que eles representam a sua verdadeira família, em contraposição aos seus parentes (Mc 3,34-35). Em Marcos, os discípulos, que são muitos (Mc 2,15), desempenham um papel mais importante do que nos outros evangelhos sinóticos. Menciona-se 41 vezes que os discípulos acompanham Jesus; além disso, o evangelista usa um grande número de expressões do tipo "um de seus discípulos", assim como plurais coletivos para falar de Jesus e dos seus, em oposição ao realce individualista dado às mesmas passagens em Mateus e Lucas. Eles são co-protagonistas com Jesus, acompanhando-o e sendo missionários com ele. A comunhão de vida com Jesus define a comunidade (Mc 1,31; 2,15; 3,20; 6,3). E o traidor é descrito reiteradamente como um dos doze que o acompanhavam. Trata-se de um comensal de Jesus (Mc 14,10.18.20), e a traição é um abandono (Mc 14,50), que contrasta com o seguimento incondicional do começo (Mc 1,18-20; 10,28).

O lugar de Jesus no interior da comunidade de discípulos é o de um líder carismático que interpreta livremente a Lei, acima da autoridade oficial e das tradições do Antigo Testamento. É o mestre de um grupo que foi chamado "para que ficassem com ele e para que os enviasse a anunciar a Boa-Nova" (Mc 3,14), isto é, para uma comunhão de vida, de missão e de destino. Não se trata de um grupo vinculado a algumas normas, instituições ou doutrina, mas de um grupo baseado na adesão pessoal, na qual Jesus ensina e os discípulos o seguem (o que é mais do que aprender). Fora dos evangelhos, só se fala em seguimento em um contexto martirial (1Pd 2,21; Ap 14,4). O seguimento e o anúncio do Reino

---

[34] Uma boa introdução à cristologia dos evangelhos é a de E. Schweizer, "Jesus Christus", in *TRE*, 16, 1987, v. 1, pp. 696-726; SCHWEIZER, *Erniedrigung und Erhöhung bei Jesus und seine Nachfolgern*, cit.

determinam a identidade do discípulo e, a partir daí, é preciso compreender a Igreja. No discipulado, prefigura-se aquilo que deve ser a Igreja pascal. Não interessam tanto os comportamentos individuais, quanto a conduta típica do discípulo, na qual se reconhece a Igreja posterior.

A identidade da comunidade depende de sua ligação com o Reino: Jesus os constitui como missionários do Reino de Deus, do qual devem dar testemunho (Mc 4,10-34 par.: em comparação com os de fora, eles são os que conhecem os segredos do Reino, embora não o compreendam). Por isso, há um ensinamento de Jesus aos discípulos, em separado da multidão (Mc 4,34.36-41; 5,37.40; 6,6-13.31-33.45-52; 7,17-23; 8,1-10.14-21.27-35; 9,1-13.28; 10,10.23; 11,12-14.21; 12,43; 13,1-4), o qual se concentra nas passagens contidas em Mc 8,27–10,52. Para Marcos, a comunidade é um germe do reinado de Deus.[35] Na outra ponta, encontra-se "a multidão" (38 vezes nomeada no evangelho), que serve de destinatário de sua missão e que está em contraste com o grupo dos discípulos. Marcos é o que melhor destacou em sua narrativa a concentração da práxis de Jesus em duas fases distintas.[36] Até o capítulo 8 do evangelho, que serve de intermediação e de dobradiça para as duas diferentes partes, há uma concentração de sermões, milagres, discursos, exorcismos e ensinamentos de Jesus ao povo. A atividade missionária de Jesus é claramente referida ao conjunto de Israel, bem como as parábolas do Reino, os confrontos com os escribas e autoridades judaicas, e o distanciamento entre Jesus e seus conterrâneos e parentes, que são os menos receptivos à sua pregação e práxis (Mc 3,31-35; 6,1-6). O chamado feito aos discípulos (Mc 16–20), a escolha e o envio missionário dos doze (Mc 3,13-19;

---

[35] LOHFINK, G. Die Korrelation von Reich Gottes und Volk Gottes bei Jesus. *ThQ*, n. 165, pp. 173-183, 1985. SCHWEIZER, A. *The Kingdom of God and Primitive Christianity.* New York, 1968. pp. 68-130; MERKLEIN, *Jesu Botschaft von der Gottesherrschaft*, cit.

[36] Analisei a estrutura do evangelho de Marcos em "Las relaciones Jesús, pueblo, discípulos en el evangelio de Marcos", *EE*, n. 54, pp. 151-170, 1979. Cf. também Tillesse, M. de. *Le secret messianique dans l'évangile de Marc.* Paris, 1968; Alegre, X. Marcos o la corrección de una ideología triunfalista. *RLT*, n. 2, pp. 229-263, 1985; Held, H. J. Der Christusweg und die Nachfolge der Gemeinde. In: Bornkamm, *Kirche*, cit., pp. 79-94; Rigaux, B. *Témoignage de l'évangile de Marc.* Bruxelles, 1965, pp. 101-115; 153-175; Breytenbach, C. *Nachfolge und Zukunftserwartung nach Markus.* Zürich, 1974; Kee, H. C. *Community of the New Age.* Studies in Mark's Gospel. London, 1977; Pesch, R. Berufung und Sendung. *ZKTh*, n. 91, pp. 1-31, 1969.

6,7-12.30), da mesma forma que os vários sinais, curas, exorcismos e milagres, têm como destinatário a multidão.

Contudo, do final do capítulo 8 em diante, a perspectiva muda. A partir de então, já não há um protagonismo direto da multidão com relação a Jesus, e parece ter-se encerrado o ciclo das parábolas do Reino (exceto as que destacam a rejeição de Israel: Mc 12,1-12; 13,28-31). A atividade salvífica concentra-se na primeira parte do evangelho. Há somente um exorcismo na segunda parte, no qual o destaque é dado à pouca fé do povo e à impaciência de Jesus diante da incredulidade popular (Mc 9,19). Algo semelhante ocorre com os dois únicos milagres narrados depois do capítulo 8, dos 14 contidos no evangelho, que constituem aproximadamente um terço do número total de versículos. Um desses milagres (Mc 10,46-52) está ligado à entrada triunfal de Jesus em Jerusalém (Mc 11,1-11) e possui um enfoque messiânico, manifestado no fato de o cego chamá-lo de filho de Davi e apelar à sua ação salvadora, embora a multidão insista em que ele se cale (Mc 10,47-48). O outro milagre serve de contraste, pois trata das dificuldades dos discípulos para expulsar demônios e da importância da fé e da oração (Mc 9,23-29). Há também um sinal, o da figueira seca (Mc 11,12-14.20-21), simbolizando que Jesus veio até seu povo e não encontrou os frutos esperados. Todos os demais milagres, curas e exorcismos concentram-se na primeira parte do evangelho.

Tanto o exorcismo quanto os milagres apontam para a mesma direção. O povo não se abre à sua mensagem; ele oscila entre a fascinação que a sua mensagem desperta (Mc 1,22.27; 2,12; 3,7-8; 4,1-2; 6,31-33; 11,18; 12,37-38) e o medo das autoridades (escribas e sacerdotes, principalmente). Acusam-no de estar endemoninhado (Mc 3,21-22.29-30), de heresia (Mc 3,1-6; 7,1-3.9-13) e de ser amigo de pecadores e de ímpios, aos quais tem até a ousadia de perdoar os pecados (Mc 2,1-11). Pouco a pouco Jesus vai captando o fracasso de sua missão: o povo tem medo de abandonar a religião oficial e de passar para a sua interpretação heterodoxa, embora ela gere vida e esteja legitimada pelo próprio Deus. No final, o povo optou decididamente pelas autoridades, colocando-se contra Jesus (Mc 15,11.29.32.35-36). Um bom número de passagens da segunda parte do evangelho de Marcos dedica-se a questionar sua legitimidade como enviado de Deus (Mc 8,11; 11,28-29.33; 12,13-38). Há uma tentativa permanente de tentá-lo e de desviá-lo de sua missão (Mc 8,11; 10,2; 12,15; 14,38), e a decisão final de acabar com ele vai sendo tomada ao longo de sua vida pública (Mc 12,12; 14,1). A luta messiânica entre o enviado de Deus, Jesus, e o espírito do mal, representado pelas autoridades, pelo povo e, no final, pelos seus próprios discípulos, vai crescendo até desembocar em sua condenação.

Jesus fracassa em sua missão, começa a abrir-se para a perspectiva de sua morte, diante de um círculo de violência cada vez mais estreito, e persiste em sua mensagem, não mais com exorcismos, curas e milagres, como na primeira parte, mas com advertências ao povo sobre a vacuidade do culto do templo (Mc 13,1-2; 15,37-38), sobre a necessária transformação das leis religiosas em função do amor ao próximo (Mc 12,28-34.40) e sobre os abusos de suas autoridades (Mc 12,1-12.38-40). Por isso, ele muda a sua estratégia missionária. Já não se trata de converter a multidão com uma pastoral das massas, mas de preparar a pequena comunidade de discípulos que se formou ao redor dele (Mc 3,34; 4,10), a fim de que eles continuem a tarefa iniciada (Mc 1,17). A comunidade dos discípulos é a célula do Reino, que subsistirá depois de sua morte, e é a sua herança histórica, da qual irá surgir a Igreja pascal. Marcos vincula a missão de Jesus com o envio dos discípulos (Mc 6,7), os quais, por sua vez, ele chama de apóstolos (Mc 6,30), já que nesse evangelho não há um novo envio depois da Páscoa, como ocorre com os demais evangelhos sinóticos. O evangelista sublinha também o paralelismo entre a atividade de Jesus e a de seus discípulos (Mc 1,34; 6,13), assim como a disponibilidade absoluta que devem ter os que o seguem para proclamar a mensagem do Reino (Mc 1,18.20; 10,2-8).

A Igreja que Jesus queria

Na medida em que o povo de Deus se deixasse envolver pela soberania de Deus, ele mudaria em todas as dimensões da sua existência. Ele tornar-se-ia uma sociedade de contraste. Isto não significaria, de modo algum, um estado teocrático. Tornar-se-ia, isso sim, uma família de irmãos e irmãs, como Jesus a constituiu

> no seu grupo de discípulos [...]. Aqui existem, conforme a vontade de Jesus, relações sociais diferentes das existentes na sociedade restante: não existe retaliação, não existem mais estruturas de domínio (G. Lohfink, *Como Jesus queria as comunidades?* A dimensão social da fé cristã, São Paulo, Paulus, 1986, p. 103).

Do capítulo 8 em diante, o que se pode colocar em primeiro plano é a relação de Jesus com o pequeno grupo de discípulos, que deixam de ser seus acompanhantes na missão para se transformarem nos destinatários da mensagem do Reino, precisamente porque ele lhes comunica seus segredos, diferentemente do tratamento dado ao povo (Mc 4,9.11-12; 9,19). Todavia, tampouco eles compreendem (Mc 4,13). Essa mudança de perspectiva deve-se à "crise da Galiléia", na qual houve um contraste entre a atitude do povo e a dos discípulos. Jesus pergunta a estes o que as pessoas dizem a respeito de sua identidade e o que eles próprios acham da identidade dele (Mc 8,27-30 par.; Mt 16,13-20; Lc 9,18-21; cf. também Jo 6,41-43.52.60-61.66-71). As disputas com as autoridades sobre sua identidade possuem um reflexo também entre os seus discípulos. Estes esperavam um messianismo triunfal, que lhes trouxesse vantagens materiais, enquanto Jesus reiteradamente anuncia a paixão e o fracasso (Mc 8,34-38; 9,30-32; 10,32-34), colocando-os na mesma perspectiva (Mc 10,33.45). Ao subir para Jerusalém, nos é dito que ele segue juntamente com os doze, que são seus acompanhantes exclusivos até a ceia (Mc 11,11; 14,12); todavia, depois de o abandonarem, não se volta a mencionar os doze durante toda a paixão (Mc 15), embora haja outras pessoas que o acompanhem. O abandono dos doze, o anúncio de que eles o verão na Galiléia (Mc 14,28; 16,7) e o medo que tal anúncio neles provoca (Mc 16,8) é a conclusão original do evangelho de Marcos, já que as aparições representam um acréscimo (Mc 16,1-20) feito por um escritor posterior, que quis "completar" o evangelho de Marcos com relatos similares aos dos demais sinóticos.[37]

---

[37] Há um consenso generalizado sobre o apêndice posterior acrescentado ao evangelho de Marcos: GRUNDMANN, W. *Das Evangelium nach Markus.* 5. Aufl. Berlin, 1971. pp. 324-330; SCHWEIZER, E. *Das Evangelium nach Markus.* 11. Aufl. Göttingen, 1967. 217-220 [Ed. bras.: *O Evangelho segundo Marcos*, Petrópolis (RJ), Vozes, 1971]; MARXSEN, W. *Der Evangelist Markus.* 2. Aufl. Göttingen, 1959. pp. 141-147; GNILKA, J. *Das Evangelium nach Markus.* Zürich, 1979. v. 2/2, pp. 350-358.

O seguimento, para Marcos, implica reconhecer-se como discípulo do Crucificado (Mc 8,27-30.34; 14,66-72). Os acontecimentos da paixão iluminam a situação permanente dos discípulos ao longo do evangelho. O problema está no fato de que os discípulos não entendem (Mc 5,31; 6,52; 7,17; 8,17-18.21), têm um coração endurecido (Mc 6,52; 8,17-18) e se aproximam perigosamente da atitude das autoridades (Mc 3,5; 10,5) e do povo (Mc 4,12; 7,18). Essa incapacidade para compreender a atitude de Jesus é que os impossibilita de expulsar demônios (Mc 9,14.18.28). Os discípulos estão impregnados da mentalidade da sociedade judaica; é por isso que eles fracassam no seguimento de Jesus: "[...] eles [...] seguiam com medo" (Mc 10,32) e "abandonando-o, [...] fugiram" (Mc 14,50). Pedro personifica essa atitude dos discípulos: ele começa seguindo-o imediatamente (Mc 1,18), depois "o segue de longe" (Mc 14,54) e acaba negando-o (Mc 14,71: "Nem conheço esse homem de quem estais falando!"). A imagem da comunidade que Marcos apresenta está muito distante da idealização posterior. Marcos não quer apresentar-nos um modelo ideal de Igreja, que sirva de inspiração para a sua comunidade, mas quer adverti-la dos perigos do seguimento quando se busca um messianismo baseado no poder e no triunfalismo. Essa advertência de Marcos é tão válida para a Igreja atual quanto para a sua própria comunidade.

Os discípulos reagiram ao anúncio da paixão com repetidas discussões em torno do poder e da grandeza (Mc 8,33; 9,33-37; 10,35-45). Jesus lhes responde, senta-se com eles, como nas ocasiões solenes (Mc 4,1; 9,35; 13,3), e lhes explica que se expõem à tentação e ao abandono (Mc 9,35-50; 10,32-34; cf. Mc 14,27). Os discípulos devem segui-lo, renunciando às suas expectativas materiais, sendo essa a forma de seguimento que os vincula ao Reino de Deus (Mc 9,1; 10,14.23.27). Por isso, o cume da vida de Jesus é o seu grito ao sentir-se abandonado por Deus (Mc 15,34-38), o qual não intervém em seu favor. Ele não se relaciona com Deus procurando favores nem benefícios, mas deixando-se guiar por uma atitude de serviço (Mc 10,42-45; 14,33-36). Por outro lado, os seus discípulos insistem em sonhar com um messias real, pretendendo desviá-lo de seu caminho. Com isso, convertem-se em instrumentos de tentação, em porta-vozes do mal (Mc 8,33; 14,38). A mensagem eclesiológica do evangelho de Marcos fundamenta-se na contraposição entre o seguimento do Messias crucificado e a ânsia pelas grandezas, honras e dignidades, que caracteriza o grupo de seus discípulos (Mc 9,35; 10,44). O serviço é que deve distinguir o grupo de Jesus, em oposição às autoridades religiosas e políticas. As teologias posteriores dos ministérios ou serviços estão ligadas a essa concepção da autoridade, dada por Jesus. Quem busca poder e dignidades na comunidade cristã, acaba tornando-se um instrumento de Satanás, opondo-se à ação messiânica de Jesus. Trata-se de uma mensagem muito dura e interpeladora, tanto para os tempos de Jesus quanto para a passagem do segundo para o terceiro milênio.

No evangelho de Marcos, os demônios proclamam o seu messianismo para desviá-lo e levá-lo a um caminho triunfal; Jesus, por sua vez, os faz calar. Por isso, há um contraste entre o "segredo messiânico" de Jesus, cuja força irradia-se em forma de curas, expulsões de demônios e milagres, e a tendência dos maus espíritos a denunciá-lo diante do povo para que se desvie de sua missão, com base no poder e no prestígio que ele granjeia por causa de seus milagres. Esse confronto é típico de Marcos, e constitui-se em um elemento fundamental do combate entre o enviado de Deus e o mal, encenado no evangelho.[38] O anti-reino intromete-se na comunidade por meio da luta pelo poder, que é a semente do mal contra a fraternidade. Marcos, desse modo, aproxima-se bastante da teologia paulina, que ressalta a identificação entre o Messias crucificado e o Ressuscitado.

Nos evangelhos de Mateus e de Lucas, encontra-se uma passagem, no começo da vida pública, na qual são sintetizadas as tentações do messianismo, que Marcos põe em cena ao longo da atividade de Jesus. O conteúdo das tentações (Mt 4,1-11; Lc 4,1-13) tem sempre um denominador comum: utilizar a especial relação com Deus para desenvolver uma missão baseada no poder (Mt 4,8-9 par.), no prestígio (Mt 4,5-7) e nos bens materiais (Mt 4,3-4), que são as expectativas mundanas acerca do Messias rei, como o evidencia também o evangelista João (Jo 6,14-15). Jesus

---

[38] Tillesse, *Le secret messianique...*, cit.

assume até o extremo a sua condição humana, jamais fazendo qualquer milagre em benefício próprio, nem pretendendo ser um "super-homem" com privilégios que tornem mais fácil a sua vida. O reinado de Deus não se traduz em benefícios materiais em uma sociedade injusta e insolidária, mas na opção pelos mais necessitados.

As expectativas messiânicas são as de todo homem religioso: utilizar a relação com Deus (a religião) para obter privilégios e favores, que tornem mais fácil a vida. Em grande parte, as tentações de Jesus são as da futura Igreja: aproveitar a relação com Deus para obter dinheiro, poder e prestígio em favor da comunidade e de seus representantes institucionais. Os cristãos dos primeiros séculos, com grande perspicácia e realismo, denunciaram essa tentação eclesial. A "Igreja é a casta prostituta (meretriz)", afirmavam. Quando abandona o seu Senhor na cruz e se torna mundana por meio do poder, das riquezas e da fama, ela se prostitui. Cada vez que a Igreja se aproveita da fé dos fiéis para enriquecer-se e dominar mais na sociedade, ela se corrompe, perdendo assim a sua seiva evangélica e a sua capacidade de irradiação em torno das vítimas da história.

Todavia, essa Igreja pecadora continua sendo casta. O próprio Espírito de Deus suscita nela a regeneração, por meio de movimentos proféticos de denúncia e de purificação, os quais, com freqüência, partem da base comunitária e pretendem a regeneração institucional e hierárquica. A Escritura, enquanto memória de Jesus Cristo, e os sacramentos, enquanto experiências partilhadas que atualizam a práxis de Jesus, são espaços privilegiados para esse ressurgimento da tensão profético-messiânica contra uma Igreja poderosa, rica e com prestígio social; em suma, contra uma Igreja convertida em um poder deste mundo. A história do cristianismo está marcada por situações semelhantes, que são a melhor prova do valor permanente da história de Jesus. As tentações dos discípulos são também as da Igreja, e a luta de Jesus contra a religião do seu tempo tem um valor profético permanente para as religiões de hoje, a cristã incluída.[39]

---

[39] BALTHASAR, H. U. von. Casta meretrix. In: IDEM. *Ensayos teológicos*. Sponsa Verbi. Madrid, 1964. v. 2, pp. 239-254; GONZÁLEZ FAUS, J. I. Las tentaciones de Jesús y la tentación cristiana. *EE*, n. 47, pp. 155-188, 1972.

No evangelho de Marcos, o povo, as autoridades e, por fim, os discípulos, tentam Jesus e procuram desviá-lo da missão do Reino. Os evangelistas Mateus e Lucas, por sua vez, mitigam o papel tentador dos discípulos, coerentemente com o seu intento de apresentar a comunidade dos discípulos como um modelo ideal para a Igreja posterior. Por essa razão, Mateus e Lucas quase sempre retocam o texto de Marcos, mudando a dureza dos discípulos ou a sua falta de fé por covardia, incompreensão ou outros traços mais suaves. No evangelho de Marcos, o processo de idealização pascal dos discípulos encontra-se ainda em uma fase embrionária.[40] Trata-se de uma comunidade que experimenta as perseguições das autoridades judaicas e que mantém a expectativa em relação à segunda vinda do Senhor (Mc 13,30-33). Daí a insistência de Marcos na necessidade de negar-se a si mesmo e carregar a cruz (Mc 8,34; 14,30.72), bem como sua prevenção contra os entusiasmos apocalípticos (Mc 13,5-7.9-10) dos que acreditavam que o tempo final era algo iminente.

A identidade doutrinal no evangelho de Mateus

O evangelho de Mateus, provavelmente escrito depois da guerra judaica e da conseqüente ruptura entre os judeu-cristãos e os judeus, contrapõe Israel — ao qual freqüentemente alude-se com o termo "povo" (*laos*, 14 vezes) — à comunidade de discípulos, que também é denominada "Igreja" (Mt 16,18; 18,17), assumindo assim um título pascal que é aplicado retrospectivamente à primitiva comunidade.[41] É um evangelho que apresenta paralelismos com a *Didaqué* e representa um grupo de

---

[40] ROBINSON, *Das Geschichtsverständnis des Markusevangelium*, cit., pp. 38-42; 75-81; GNILKA, J. *Die Verstockung Israels*. München, 1961. pp. 21-44.

[41] As linhas gerais da eclesiologia mateana podem ser encontradas em: SCHLIER, H. A Igreja segundo Mateus. *Mysterium Salutis*, Petrópolis, v. 4, n. 1, pp. 80-92, 1975; SCHNACKENBURG, R. *La Iglesia en el Nuevo Testamento*. Madrid, 1965. pp. 86-94; TRILLING, W. *El verdadero Israel*; estudio de la teología de Mateo. Madrid, 1974. pp. 155-181; 202-237; 305-325; ANTÓN, A. *La Iglesia de Cristo*; el Israel de la Vieja y de la Nueva Alianza. Madrid, 1977. pp. 304-420; BORNKAMM, G. Enderwartung und Kirche im Matthäus Evangelium. In: IDEM. *Überlieferung und Auslegung im Matthäusevangelium*. Neukirchen, 1961. pp. 13-47; BONNARD, P. *L'Évangile selon St. Matthieu*. Neuchâtel, 1970. pp. 240-248; 335-337; 416-419; STENDAHL, K. *The School of St. Matthew*. Upsala, 1954. pp. 11-39.

cristãos de provável maioria judaica.[42] Mateus não se interessa tanto pelo papel singular dos doze discípulos dentro do grupo mais amplo dos seguidores de Jesus, como acontece com o evangelho de Marcos; ele está mais preocupado com o significado dos discípulos como um todo, na relação com o povo judeu. O anseio judaico pela restauração de Israel, cada vez mais impossível devido às divisões políticas introduzidas pela administração romana, encontrou resposta em Mateus mediante o simbolismo dos "doze" como núcleo do Novo Israel.

Mateus é o evangelista que mais realça que as multidões "seguiam" Jesus (Mt 4,25; 8,1; 12,15; 14,13; 19,2; 20,29), mas que o "Reino de Deus" passou de Israel para outro "povo" (Mt 21,43: já não se usa o termo *laos*, de base sagrada e de origem veterotestamentária, mas o conceito profano *eznos*; 8,11; Lc 13,28-29). "Todo o povo" (Mt 27,25) rejeita Jesus, em um contexto jurídico-sacral (Dt 21,1-9; 27,26) que implica infidelidade à aliança. O julgamento de Deus sobre Israel, mencionado em sessenta passagens, é também uma advertência para a comunidade. Mateus mostra como Israel havia perdido sua condição de "povo de Deus" porque havia rejeitado os profetas, João Batista e o próprio Jesus (Mt 21,33-46). Por sua vez, Deus havia consumado o seu julgamento final sobre Israel (Mt 8,11; 21,43; 23,38); e a confirmação histórica disso, na perspectiva mateana, foi a destruição do templo (Mt 24,2.15; 27,51) e de Jerusalém, depois da guerra judaica.

No final do evangelho, fala-se dos "judeus" (Mt 28,15), sem quaisquer conotações salvíficas, e se tende a idealizar a comunidade de discípulos (que agora compreende os segredos do Reino — Mt 13,10 —, corrigindo-se assim a incompreensão a que se fazia referência em Mc 4,13). Mateus contrapõe dois blocos já consolidados, identificando o grupo dos doze com os discípulos (Mt 10,1; 11,1; 26,20; 28,16), embora contenha

---

[42] AGUIRRE, R. La Iglesia cristiana de Antioquía de Siria. *RLT*, n. 4, pp. 63-88, 1987; BONNALD, P. Mattieu éducateur du peuple chrétien. In: DE HALLEUX, A. & DESCAMPS, A. *Mélanges bibliques en hommage au Béda Rigaux*. Gembloux, 1970. pp. 1-7; WIKENHAUSER, A. & SCHMID, J. *Einleitung in das Neuem Testament*. 6. Aufl. Freiburg, 1973. pp. 224-246; SHEPHERD, M. H. The Epistle of James and the Gospel of Matthew. *JBL*, n. 75, pp. 40-51, 1956.

a distinção original entre os doze e o grupo mais amplo dos discípulos em passagens que não se enquadram em sua tendência a idealizar os doze discípulos (por exemplo, em Mt 8,21).[43] Mateus, da mesma forma que Lucas, pensa que a eleição divina passou de Israel para a comunidade de Jesus e estabelece um contraste entre a missão em Israel (Mt 10,5-6) e a dos gentios, depois do anúncio de Cristo ressuscitado (Mt 28,16-20). Quando Mateus redige o seu evangelho, ele está consciente de que houve uma mudança na missão. Esse deslocamento teológico é preparado por ele desde a infância, com a passagem sobre os magos do Oriente (Mt 2,1-23), com a reação de Jesus diante da fé do centurião (Mt 8,10-13), com o milagre que a cananéia arrancou dele (Mt 15,22.27-28), com o anúncio de Jesus antes da paixão (Mt 21,43-44) e com a confissão final do soldado romano (Mt 27,54).[44] Mateus tem consciência de que houve uma mudança desde a missão judaica de Jesus até à missão universal da Igreja pascal, e procura legitimá-la acentuando que tal evolução tem suas raízes no próprio Jesus.

A mensagem de Jesus é a do "Evangelho do Reino" (Mt 4,17.23, mudando a expressão usada por Marcos, que começa com o "Evangelho de Jesus Cristo": Mc 1,1). O Reino é uma temática permanente nos seus cinco discursos doutrinais (Mt 5–7; 10; 13; 18; 23–25), pois Mateus tem um especial interesse em comunicar em que consiste a identidade doutrinal dos discípulos, em comparação com os ensinamentos judaicos. Em sua comunidade, há claras alusões pascais, que fazem referência à missão doutrinal (8,19; 13,52; 23,34; 28,19), à suscitação de novos discípulos e à práxis batismal (Mt 28,18-20). A práxis posterior da Igreja é posta na boca do próprio Jesus, como um mandato, uma exortação ou uma profecia relacionada com o futuro. A permanente presença do Ressuscitado no meio da comunidade é o contraponto da destruição do templo enquanto lugar da presença divina, pois Deus, em Jesus, sempre se comunica com os seus.

---

[43] As passagens nas quais Mateus corrige Marcos para idealizar os discípulos e pô-los como modelo podem ser encontradas em J. Gnilka, *Die Verstockung Israels*, cit., pp. 90-116.

[44] Laverdiere, E. A. & Thompson, W. G. New Testament Communities in Transition: A Study of Matthew and Luke. *ThSt*, n. 37, pp. 569-597, 1976.

O envio dos doze, que no evangelho de Marcos corresponde ao tempo do Jesus histórico, transforma-se então em um imperativo permanente para toda a Igreja, com freqüentes alusões ao tempo das perseguições (Mt 10,1-41). Não se trata simplesmente do fato de que Jesus envie os doze discípulos e os transforme em apóstolos durante a sua vida pública, mas de que todos os que compõem a comunidade são enviados permanentemente. Toda a comunidade é chamada a participar da cruz do seu mestre (Mt 10,17-23.26-39) e a renunciar às suas propriedades (Mt 6,24-33; 13,22.44-46; 16,26; 19,19-21). Mateus não tem interesse em distinguir entre um grupo menor de discípulos e o restante; ele trata a todos de forma conjunta, vendo neles uma prefiguração e uma antecipação daquilo que a Igreja será depois da ressurreição. Essa preocupação pelo estilo de vida pascal está presente também no que concerne à disciplina comunitária. Os líderes da comunidade devem preocupar-se com os mais fracos (Mt 18). Provavelmente essa preocupação era provocada pelas expulsões de judeu-cristãos das sinagogas judaicas, fato que afetava especialmente a comunidade de Mateus. Daí a importância adquirida pelas palavras de Jesus sobre as perseguições e hostilidades contra os seus discípulos. Mateus sempre procura iluminar a situação de sua Igreja com palavras e ditos de Jesus, que ele aplica à situação em que vive.[45]

Comparando com o evangelista Marcos, Mateus põe o acento sobre a legitimação de Jesus como o Cristo, interpretado como o "Emanuel" — Deus conosco —, que continua a teologia da aliança entre Deus e Israel e que sempre está presente em sua comunidade (Mt 1,23; 18,20; 26,29; 28,20). O anúncio de Isaías sobre a luz que brilha nas trevas é aquilo que marca o início da pregação de Jesus (Mt 4,14-17), servindo também para descrever sua atividade (Mt 11,4-6; 12,17-21). Ele cristologiza a teologia da aliança, pois Jesus é "Deus conosco", e eclesializa a cristologia, pois o Ressuscitado permanece para sempre na comunidade (Mt 18,20; 28,20). Interessa-lhe sublinhar que Deus, em Cristo, está sempre presente em meio à comunidade, razão pela qual ele omite qualquer referência à sua

---

[45] PESCH, W. *Matthäus als Seelsorger*. 2. Aufl. Stuttgart, 1966.

ascensão. A idéia da ascensão, que é característica de Lucas, implica o distanciamento de Jesus dos seus (ele vai para o céu), enquanto Mateus preocupa-se em evidenciar a sua ligação com os discípulos (Mt 18,18).[46]

Como Deus, Jesus é também o Senhor (Mt 7,21-22; 8,2.6.21.25; 9,28.38; 10,24-25; 12,8; 13,27; 15,22.27; 16,22; 17,4.15; 18,21; 21,3; 24,42; 25,11.37; 26,22) e não um mero mestre ou rabino, como o denominam os seus adversários. O processo de convergência de Cristo ressuscitado com o próprio Deus faz-se sentir na cristologia mateana e culmina com a fórmula trinitária final (Mt 28,19), que também é da Igreja do tempo de Mateus, isto é, da Igreja pascal. Mateus combina uma cristologia messiânica (Mt 2,6; 4,16; 13,15; 15,8) e de filiação (Filho de Deus) com uma eclesiologia de fraternidade (todos os discípulos são como crianças e se preocupam com os mais fracos: Mt 18,1-35). Como ocorre no evangelho joanino, o Jesus histórico tende já a ser substituído pela teologia do Cristo ressuscitado, des-historicizando a cristologia de Marcos e dando um significado pascal à ação de Jesus. Nesse sentido, o evangelho de Mateus já é claramente "Sagrada Escritura cristã", que assimila o esquema de promessa e cumprimento do Antigo Testamento, modificando o significado da promessa e dando um novo horizonte à expectativa messiânica do judaísmo.

Dá-se grande importância à figura do Filho do Homem (Mt 16,13), que se aplica a Jesus, apoiando-se nas Escrituras judaicas ("isso aconteceu para que se cumprisse a Escritura [...]"). A partir daí, é desenvolvida a sua "doutrina", dirigida a uma comunidade que conta com uma ampla representação judaica. A relevância dada por Marcos aos milagres, exorcismos e curas, em Mateus é ocupada pelo ensinamento do Antigo Testamento. Se Marcos se interessa pelos fatos (milagres, exorcismos, curas etc.), Mateus põe o acento sobre o aspecto doutrinal.[47] Jesus ensina

---

[46] Este é o enfoque do sugestivo estudo de H. Frankemölle, *Jahwebund und Kirche Christi*, cit., pp. 12-21; 12-84.

[47] Mateus sublinha os traços doutrinais, os diálogos e a catequese da fé presentes nos evangelhos: HELD, H. J. Matthäus als Interpret der Wundergeschichte. In: BORNKAMM, *Überlieferung und Auslegung im Matthäusevangelium*, cit., 1961. pp. 155-200.

sobre um monte, em clara referência à Torá judaica (Mt 5,1; 15,29; 28,16-20), corrigindo e atualizando a doutrina do Antigo Testamento (Mt 18,16-17; cf. Dt 19,15). Os cinco discursos de Jesus — a saber: o sermão da montanha (Mt 5,1–7,29), as instruções aos doze (Mt 10,5–11,1), o discurso das parábolas (Mt 13,1-53), as advertências à comunidade dos discípulos (Mt 18,1–19,1) e o discurso apocalíptico (Mt 24,1–25,46) — formam o núcleo de sua atividade no evangelho de Mateus e têm continuidade nos ensinamentos aos discípulos (Mt 28,19-20).

A chegada do reinado de Deus está vinculada ao cumprimento da vontade do Pai (Mt 6,10; 7,21; 12,50; 18,14; 26,42). E em que consiste essa vontade de Deus? Na justiça, que é o que caracteriza a missão de João (Mt 21,32: "João veio até vós, caminhando na justiça, e não acreditastes nele"); de Jesus (Mt 3,15: "Por ora, deixa, é assim que devemos cumprir toda a justiça"; 5,17-20.45; 21,32; 27,4.19); dos cristãos (Mt 5,20: "[...] se vossa justiça não for maior que a dos escribas e dos fariseus, não entrareis no Reino dos Céus"; 6,33; 25,37) e das testemunhas de Deus em Israel (Mt 1,19; 10,41; 13,17; 23,29.35; 27,4.19), em contraste com o procedimento dos representantes do povo (Mt 5,17-20). A justiça transforma-se em critério para decidir sobre aqueles que pertencerão ou não ao Reino prometido (Mt 13,43.49; 25,37.46), que, por isso mesmo, não se identifica sem mais nem menos com os discípulos. Em sua comunidade, submetida ao "teste" das perseguições, nem todos são filhos do Reino, pois a comunidade fez a experiência do mal dentro dela mesma por causa das fugas, das apostasias e pelo fato de negar Jesus. Daí a constante exortação à fé, à perseverança e ao cumprimento de toda a justiça. As parábolas descrevem uma comunidade mista, na qual o mal cresce juntamente com o bem (Mt 13,24-30; 22,10-14), que é o que acontece na Igreja de Mateus, submetida a tensões e a perseguições.

A pertença à comunidade não equivale a estar dentro do reinado de Deus. Isso fica especialmente claro em algumas parábolas, tais como a do servo fiel e do infiel (Mt 24,45-51), a do trigo e do joio, que não podem ser separados até à colheita final (Mt 13,24-30), a do banquete das bodas (Mt 22,1-14) ou a das dez virgens (Mt 25,1-13). Nem estão todos os que são, nem são todos os que estão. A pertença à Igreja, como anteriormente ocorria com Israel, não é garantia de salvação, nem equivale a ser contado entre os filhos do Reino de Deus. Embora Mateus idealize a comunidade de discípulos, ele a relativiza, porquanto não faz dela um critério de salvação. Tais parábolas do Reino de Deus adquiriram um significado espiritual, eclesiológico e ascético quando se perdeu esse contexto. As inevitáveis reinterpretações das parábolas ao longo da história tornaram-se nocivas quando se identificou o Reino prometido e sempre esperado ("venha o teu Reino": Mt 6,10) com a própria Igreja.

Essa identificação dificultou o reconhecimento do caráter pecador da Igreja como tal e não somente de alguns de seus membros. Apesar de constatar que a comunidade, em seu conjunto, abandonou Jesus e que a atitude dos seus dirigentes transformou-se em um obstáculo para o próprio Jesus, em alguns casos negou-se que toda a Igreja é pecadora ao mesmo tempo em que é santa. A equiparação entre Reino e Igreja teve conseqüências negativas, porque possibilitou a divinização e a espiritualização da própria Igreja, favorecendo eclesiologias que a identificavam com Cristo mesmo e que fazem de qualquer crítica um atentado contra Jesus.[48] Isso jamais se encontra no evangelho de Mateus, não obstante sua indubitável tendência a idealizar os discípulos e a silenciar ou mitigar suas faltas e pecados.

A interpretação das leis do Antigo Testamento

O evangelista Mateus escrevia para uma comunidade em que havia muitos judeu-cristãos, os quais se questionavam sobre o valor e o significado das tradições judaicas. Mateus adota uma postura muito maleável ante a lei judaica e tende a resumir todo o Antigo Testamento "na lei e nos profetas" (Mt 5,17-18; 7,12; 11,13; 12,5). Ao contrário de Paulo, ele não vê a lei como uma etapa salvífica superada. Até mesmo o próprio

---

[48] Os textos de identidade entre o Reino de Deus e a Igreja, sem atender ao significado da Igreja como *corpus mixtum*, são freqüentes nos papas Pio IX, Pio X, Leão XIII e Pio XI. Uma boa análise foi apresentada por J. C. Haughey, "Church and Kingdom: Ecclesiology in the light of Eschatology", in *ThSt*, n. 29, pp. 72-86, 1968.

ensinamento dos rabinos e dos fariseus conserva a sua validade, embora seja incompatível com a práxis que eles têm (Mt 23,1-3). O evangelho de Mateus oscila entre o anúncio da superação da lei e o de sua permanente validez, embora renovada e reinterpretada por Jesus. Por isso, ele corrige Marcos e apresenta João Batista (Mt 11,11-15) como pregoeiro do Reino dos Céus, figura dos últimos tempos e defensor da lei, sem traçar uma separação estrita entre ele e Jesus, como tampouco existe, para Mateus, separação entre o Antigo e o Novo Testamento. O evangelho de Mateus é o que mais insiste em que Jesus é um judeu, embora sua compreensão religiosa não fosse a oficial.

Jesus situou-se dentro da dupla tradição humanista e liberal, de raízes proféticas, mais próxima ao judaísmo helenista do que ao palestinense. No judaísmo, como em todas as religiões, havia uma corrente mais conservadora e tradicional, e outra mais aberta, flexível e renovadora. Dentro desta última é que Jesus se insere, com sua crítica à lei do sábado (Mc 2,23–3,1-6 par.), às purificações (Mc 7,1-13 par.), ao trato com os pecadores (Mc 2,14-17 par.) e às demais crenças religiosas (Mt 5,21-48; Mc 10,2-9). A rejeição das tradições rabínicas sobre purificações, alimentos impuros e contaminações externas é um traço característico do ensinamento de Jesus (Mc 7,14-30 par.). É difícil distinguir entre o que pertence genuinamente a Jesus (grande parte do material contido em Mt 5,31-48) e o que se deve à redação de cada evangelista, embora haja traços comuns a todos os evangelhos. Não há dúvida de que as diversas tradições de cada comunidade se fazem sentir na apresentação de cada evangelho. Mateus, com certeza, é o mais tradicional de todos.[49]

Jesus realiza e leva à sua plenitude a lei, em contraposição com a multiplicidade de casuísmos e mandamentos (prescrições: *entoles*) que os rabinos haviam desenvolvido. Mateus contrapôs a autoridade de Jesus à

---

[49] KLEIN, G. Gesetz. In: *TRE*, 13. 1984. v. 3, pp. 58-75. KLEINKNECHT, H. & GUTBROD, W. νόμος. In: *ThWNT*, 4. 1942. pp. 1016-1084; HÜBNER, H. nómos. In: *EWNT*, 2. 1981. pp. 1158-1172; BERTGER, K. *Die Gesetzauslegung Jesu*. Neukirchen, 1972. v. 1; HÜBNER, H. *Das Gesetz in der synoptischen Tradition*. Witten, 1973; IDEM. Mark 7,1-23 und das jüdischhellenistische Gesetzesverständnis. *NTS*, n. 22, pp. 319-345, 1976.

tradição judaica (Mt 5,21-22.27-28.33.38-39.43-44; 19,20-21: foi dito aos antigos, eu vos digo), embora, na realidade, sua crítica fosse dirigida à interpretação da lei feita por uma das escolas rabínicas. Mateus sublinha que a autoridade de Jesus é superior à do próprio Moisés, tendo como pano de fundo o código da aliança, que vinculava as promessas aos mandamentos (Mt 5,19-20.48; cf. Dt 5,33; 11,27-28). Jesus é a sabedoria divina personificada; daí a importância dos títulos de mestre e profeta e a superioridade sobre o próprio Moisés. O duplo mandamento do amor, no qual consistem a lei e os profetas (Mt 22,35-40; 6,23-24; 7,12), não é novo, nem se limita aos irmãos (como ocorre no evangelho de João: Jo 13,34; 15,12.17; 1Jo 3,10-14.23; 4,20), mas é definido como sendo a essência do Antigo Testamento. Com isso, o judeu Jesus e o evangelista Mateus não se separam da tradição global dos profetas, mas dão continuidade a ela, sobretudo no que diz respeito à crítica do poder sacerdotal e da interpretação legalista, a mais comum entre os rabinos daquele tempo.

Sua postura pode ser interpretada no âmbito das disputas judaicas; Jesus, no entanto, as supera, pois contesta o próprio significado salvador da lei quando esta impede de curar, de perdoar pecados ou de satisfazer necessidades humanas concretas. A lei divina está a serviço do homem e não pode ser uma carga ou um sacrifício imposto a qualquer custo, mas pelo contrário, gera vida. O evangelista João, partindo de uma situação histórica em que a lei havia deixado de ser um problema, radicalizou a contraposição entre a lei de Moisés e a graça que chega até nós por meio de Jesus Cristo (Jo 1,17; 5,45-47). Jesus pretende conhecer a intencionalidade de Deus para, a partir daí, relativizar a letra da lei. Em vez de se concentrar na lei, transformada em um absoluto ao qual a pessoa precisa se submeter, ele a relativiza e a subordina à sua própria concepção da vontade de Deus. A lei do Deus da vida não pode ser um obstáculo para o crescimento humano, devendo, isso sim, promovê-la. Não se pode esquecer, além disso, o contexto escatológico no qual viveu Jesus, proclamando uma intervenção próxima de Deus, como também a prioridade da graça sobre a justificação legalista (Lc 16,16; 18,9-14). Diante da chegada do Reino, a própria lei religiosa retrocede.

Eis por que Jesus antepôs a salvação do ser humano às obrigações purificatórias (Mc 7,15; cf. Lv 11; Nm 9,1-3), à observância do sábado (Mc 3,4; 7,15) e a outras prescrições religiosas (Mt 5,27-48). Em grande parte, o significado de Mateus está na contraposição por ele estabelecida entre judaísmo (representado pelos anciãos, sacerdotes, fariseus e escribas) e a interpretação que Jesus fez das Escrituras. Logicamente, os confrontos entre judeus e judeu-cristãos, radicalizados depois da guerra judaica contra os romanos, deixaram marcas na maneira de apresentar a história de Jesus e favoreceram as descrições estereotipadas e globais dos distintos grupos.[50] O judaísmo passou a ser controlado pelos fariseus e pelos escribas, depois da destruição do templo e da queda do poder sacerdotal, e foram eles que fomentaram os confrontos contra os judeu-cristãos. É por isso que Mateus os apresenta anacronicamente como os adversários "por excelência" do Jesus histórico (Mt 5,20; 12,38; 15,1; 23,2.13-15.23-25.27-29), quando na realidade eles o eram de sua própria comunidade. A situação comunitária é projetada para a época de Jesus, embora também o confronto com o poder sacerdotal e com os anciãos do povo seja ressaltado (Mt 20,18; 21,15.23; 26,3.47; 27,1-3.12.20; 28,11-12). Esses grupos representavam a autoridade máxima, enquanto os escribas, na qualidade de especialistas religiosos, eram os seus colaboradores.[51] Mais tarde foram os fariseus, e dentre eles os escribas, a se tornarem os novos líderes de Israel, depois da perda de poder político por parte do Sinédrio. Jesus precisou se confrontar com os diversos grupos de autoridades; Mateus, todavia, ressalta o confronto com aqueles que mais hostilizavam a sua comunidade.

---

[50] Uma boa análise destes estereótipos é apresentada em W. Rolg, *Die Heilsgechischte im ersten Evangelium*, Göttingen, 1967, pp. 11-38. A influência da situação comunitária na redação foi analisada por W. D. Davies, *The Setting of the Sermon on the Mount*, Cambridge, 1963.

[51] SALDARINI, A. J. *Pharisees, Scribes and Sadducees in Palestinian Society*. A Sociological Approach. Edimburg, 1989. pp. 161-164; 171-173; JEREMIAS, J. *Jerusalém en tiempos de Jesús*. Madrid, 1977. pp. 149-181 [Edição brasileira: *Jerusalém no tempo de Jesus*, São Paulo, Paulus, 1983]; FINKEL, A. *The Pharisees and the Teacher of Nazareth*. Leiden, 1964. pp. 129-142; RICHES, J. *El mundo de Jesús*; el judaísmo del siglo I en crisis. Córdoba, 1996. pp. 110-116. Os escribas e os fariseus não constituíram um grupo homogêneo. Há duas grandes tradições: a de Hillel (que teve em Gamaliel um continuador), a mais aberta, e a de Sammay, que é a mais estrita. No evangelho de Mateus, há duas passagens que apresentam de forma positiva os escribas (Mt 8,19; 13,52) e se faz referência a escribas cristãos (Mt 23,34).

Uma nova compreensão da lei religiosa era defendida também pelas comunidades dos essênios, que viviam esperando um mestre da Torá que lhes revelasse a intencionalidade divina, contrária às exegeses rabínicas (Mt 7,29). A postura de Jesus responde à expectativa de seu tempo e interpreta as Escrituras a partir da misericórdia, que se antepõe ao sacrifício (Mt 9,13; 12,1-8). Esse é o critério que serve de chave de interpretação para o que se relaciona com o sábado (Mt 12,9-14), com jejuns e purificações (Mt 15,2-3.11-12) e com a ampla casuística dos rabinos, que procuravam proteger a lei com base em uma estrita regulamentação da vida (Mt 12,5.7; 15,1-20; 23,23). Jesus proclama que Deus é bom e perdoador, em contraposição à imagem comum de um Deus severo e justiceiro (Mt 18,15-21; 18,12-14.35).[52] Ele revela um rosto renovado de Deus; por isso, o seu peso é leve e o seu jugo, suave (Mt 11,28-30), libertando do jugo da lei, da religião como uma carga sacrifical. Eis o que é comunicado aos pecadores, em contraposição ao exclusivismo dos fariseus, os quais pretendiam ser "os puros" (Mt 9,9-13), pois a condição pecadora dá-se em toda pessoa. Jesus vem para endireitar as costas encurvadas pelo peso das leis religiosas e dar esperança e salvação aos que se sentem desqualificados pelos representantes da religião, em nome da lei e da moral.

Isso provoca a reação de Jesus contra o endurecimento dos escribas e fariseus (Mt 23,13.34), que haviam pervertido a lei, transformando-a em carga opressora. Eles puseram o acento na absolutez e na imutabilidade da lei, tirando-a de seu contexto, ao invés de vê-la na perspectiva da situação do homem e da vontade salvadora de Deus. É a tentação de todas as crenças religiosas, até do próprio cristianismo. Para eles, não importava a cura do ser humano, mas a lei do sábado, que deixava de ser tempo do Deus da vida para transformar-se em causa de morte (Mt 12,12). Essa teologia lembra a dos "amigos de Jó", que antepunham a justificação

---

[52] BARTH, G. Das Gesetzverständnis des Evangelisten Matthäus. In: BORNKAMM, *Überlieferung und Auslegung im Matthäusevangelium*, cit., pp. 58-98; STRECKER, *Der Weg der Gerechtigkeit...*, cit. pp. 128-170; IDEM. Observance of the Law and charismatic Activity in Matthew. *NTS*, n. 16, pp. 213-230, 1969-1970; PORSCH, F. *Viele Stimmen-ein Glaube*. Stuttgart, 1982. pp. 91-124.

de Deus ao seu sofrimento e o acusavam de ter cometido um pecado, embora ele não o soubesse, para assim poderem concluir que os seus padecimentos eram um castigo divino. A grande tentação do homem religioso é justificar Deus à custa do ser humano, passando ao largo diante do sofrimento. Não haviam compreendido que Deus não precisa dessa espécie de "defesas e justificações", que fazem dele um ser vingativo e maligno.[53]

No texto paralelo do evangelho de Marcos, acentua-se muito mais o contraste entre dar a vida ou permitir a morte no sábado (Mc 3,4), ressaltando-se a dureza de coração das pessoas religiosas ali presentes (Mc 3,5). Em torno da lei, formou-se um corpo legislativo e doutrinal, um direito canônico e um conjunto de crenças, que aplicavam os textos sagrados às novas situações e aos desafios apresentados pela história. Os evangelhos radicalizam esse confronto entre Jesus e as autoridades religiosas, que possui um valor simbólico e exemplar para todos os tempos. Jesus fazia a opção pelo ser humano, mesmo que para isso necessitasse conculcar a letra do mandamento. Isso porque o homem não está para o sábado, mas é o sábado que está para o homem.

O grande poder dos representantes da religião reside em sua capacidade de definir o bem e o mal e, na qualidade de representantes de Deus, regular a vida das pessoas. Essa era a base da autoridade dos escribas e dos estudiosos (*grammateis*), cujo magistério teológico era utilizado para legitimar o domínio sobre as consciências. Freqüentemente eles eram chamados de rabinos, o que se traduzia por "senhor" (*kyrie*: Mt 8,2.6.8.21.25) e "mestre" (Mt 8,19), e às vezes também lhes era dado o título de "pai" e "doutor" (Mt 23,9-10). A maioria deles eram fariseus e leigos, embora houvesse também saduceus (Mc 2,16; Lc 5,30; At 23,8). Jesus lutou contra esses títulos e criticou seu afã por honrarias e por prestígio social, o que os levava a vestirem-se com estolas, dalmáticas e outras vestes nobres (Mt 23,5). O afã por dignidades, honras e prestígio social é típico

---

[53] Tive a ocasião de analisar essa teologia dos amigos de Jó e de sua subsistência em meu estudo *La imposible teodicea...*, cit., pp. 78-90.

dos personagens públicos e das autoridades religiosas. Ademais, o impressionante conjunto de mandamentos e proibições que eles haviam criado afogava o espírito da Torá. Assim surgiu a halacá (estrada), que representava a interpretação teológica oficial e era dotada da mesma normatividade e imutabilidade que a Torá possui. Não está muito longe dessa postura aquela teologia que justapõe os mandamentos da Igreja aos de Deus, exigindo para todos a mesma autoridade. Havia também um conjunto de comentários muito mais livres sobre a lei, a Hagadá, baseada em passagens históricas e ético-religiosas da Bíblia. Pertencia ao gênero das homilias, dos comentários piedosos e das narrações lendárias.[54]

Na atitude de Jesus há uma dupla rejeição: a uma tradição que se havia endurecido e tinha deixado de ser uma lei de vida, e a seus defensores. Jesus os acusou de hipocrisia e de jogo duplo, porque eles não aplicavam a si mesmos a dureza com a qual tratavam os outros. Tal conduta destrói a religião. A interpretação da lei foi a plataforma para o domínio dos rabinos, sacerdotes e fariseus sobre a consciência humana. Quando esse poder simbólico não é utilizado para gerar vida e salvação, transforma-se em uma fonte ainda mais profunda de opressão, precisamente o que aconteceu com os adversários de Jesus. À medida que se substituem a adesão pessoal e a identificação existencial com um estilo de vida — o de Jesus — por um conjunto de normas, crenças e ritos, desdobra-se inevitavelmente uma tendência à regulamentação crescente e à casuística moral.

Não se pode esquecer que o comportamento de Jesus é paradigmático e arquetípico para os cristãos. Ou seja, não estamos simplesmente diante de uma tradição conjuntural que corresponde a uma tradição superada, mas diante da denúncia de um perigo constante da religião e de uma exortação aos seus representantes. Nesse sentido, constitui-se um aviso e um critério de discernimento para todos os tempos e para a missão da Igreja, começando pela de Mateus. A Igreja está submetida às mesmas tentações e abusos pelos quais passou o antigo povo de Deus. Em parte, o ateísmo moderno, que protesta contra Deus e contra a religião moral,

---

[54] Schürer, E. *Historia del pueblo judío en tiempos de Jesús*. Madrid, 1985. v. 2, pp. 425-466.

tem aqui o seu ponto de partida e a sua fonte de legitimação. Quando o dever abafa a vida e não abre espaços para a liberdade e para a criatividade pessoal, asfixiada por uma regulamentação detalhada de normas e leis, surge inevitavelmente a recusa de Deus em nome do humanismo e da vida.

A autoculpabilidade constante de uma consciência escrupulosa e angustiada, como resposta a um corpo legislativo e moral cada vez mais minucioso e exaustivo, acaba gerando a rejeição da religião e do próprio Deus.[55] Em contraste com essa religião hierarquizada, legalista e assimétrica, a comunidade aparece como uma fraternidade, e o capítulo 18 do evangelho completa o sermão da montanha. O maior, na comunidade, é aquele que mais se assemelha a uma criança; e a referência a Deus como Pai e Senhor impede que esses títulos sejam atribuídos a membros da comunidade (Mt 23,3-12). Na comunidade de Mateus havia ministros, sobretudo mestres e profetas (Mt 23,34; 5,12; 7,15-22; 10,24.41; 13,17; 23,8), os quais não eram rejeitados pelo que eram, mas na medida em que buscavam nada mais do que honras, dignidades e prestígio social. Eis o que compõe o ensinamento eclesiológico de Mateus, o evangelho doutrinal por excelência.

A Escritura, enquanto *memoria Jesu Christi*, é perigosa para a Igreja, visto ser uma instância crítica para o seu desenvolvimento histórico e teológico posterior. A Igreja sempre necessita de reformas: sua maneira de honrar os cargos e autoridades eclesiais é uma delas. O confronto de Jesus com a autoridade religiosa não é simplesmente conjuntural; trata-se de uma lição para toda a história, como ocorre com as demais palavras e ações de Jesus. As autoridades religiosas facilmente caem na tentação de divinizar-se, isto é, de identificar Deus com as suas próprias opiniões e interesses, sem a menor reserva crítica nem qualquer abertura à crítica externa, como também aconteceu na época de Jesus. Além disso, tendem

---

[55] Ninguém como Nietzsche foi sensível a essa percepção de Deus. Ele acusa o cristianismo de ressentimento diante da vida, de "má transcendência" que negativiza a vida real e de culpabilizar e introjetar o medo ao castigo, moralizando assim a existência humana. Tais afirmações tiveram ressonância não só na filosofia, como também no próprio sentir cultural, o que indica até que ponto Nietzsche captou uma das patologias características da religião. Para uma análise dessa problemática, remeto ao meu livro: *Dios en las tradiciones filosóficas...*, cit., pp. 177-196.

a desumanizar a religião, abafando-a com uma multiplicidade de preceitos e de advertências aos fiéis. Desse modo, usam a relação com Deus como instrumento para exercer o seu domínio sobre as consciências. É essa a queixa de Jesus contra as autoridades religiosas de sua época e o grande ensinamento dado pelo próprio Mateus à sua comunidade e, em geral, à Igreja universal.

A comunidade como um caminho dentro do judaísmo

De uma forma distinta daquela do evangelho de Mateus, também no evangelho de Lucas podemos notar uma clara consciência da ruptura entre judaísmo e cristianismo. Lucas, de fato, escreve o seu evangelho depois da guerra do ano 70: Jesus pregava nas sinagogas (Lc 4,15) — uma instituição que adquiriu relevância depois da destruição do templo — e provocava a rejeição dos judeus (Lc 4,28-29; 7,29-30), o que mais tarde também ocorrerá com os discípulos (At 13,46; 14,1-7). Em algumas ocasiões, Lucas destaca a culpa do povo e de seus dirigentes (At 13,27-35); em outras, a sua ignorância, que os levou a opor-se a Jesus (At 3,17-18). A culpabilidade global de Israel foi se impondo gradualmente no livro dos Atos como conseqüência do fracasso da missão judaica da Igreja. O cristianismo apresenta-se como o resultado de uma história de salvação com três etapas: a de Israel, a do tempo messiânico, de Jesus, e a da missão da Igreja. O pano de fundo da obra lucana é o de uma comunidade na qual se mesclam judeu-cristãos e pagãos convertidos, aos quais se procura explicar os ritos e as crenças judaicas precisamente porque eles não os conhecem.

O livro dos Atos dos Apóstolos e o evangelho de Lucas formam uma obra conjunta, que responde à concepção da Igreja como um corpo que surge do judaísmo e que, progressivamente, vai se abrindo aos gentios.[56]

---

[56] SCHLIER, H. A Igreja nos escritos lucanos. *Mysterium Salutis,* Petrópolis, v. 4, n.1, pp. 93-108, 1975; SCHNACKENBURG, *La iglesia en el Nuevo Testamento*, cit., 1965, pp. 78-85; CONZELMANN. *Die Mitte der Zeit...*, cit., pp. 172-192; ANTÓN. *La Iglesia de Cristo...*, cit., pp. 420-476; GEORGE, A. Israel dans l'oeuvre de Luc. *RB*, n. 75, pp. 481-525, 1968.

O problema das relações entre Israel e o cristianismo, que é central para o evangelho de Mateus, em Lucas passa para segundo plano, sendo substituído pela questão da missão e da expansão do cristianismo no Império Romano. Esse deslocamento de interesses afeta também o significado dos "doze": não interessa tanto o seu simbolismo representativo do núcleo do Israel restaurado, quanto sua importância como estrutura apostólica e ponto de partida da Igreja nascente.

O evangelho está estruturado em torno do caminho de Jesus, pondo em cena aquilo que Marcos 1,1 afirma ao apresentar João Batista como o mensageiro que prepara o "caminho do Senhor". A idéia do caminho serve como fio condutor do evangelho, tanto do ponto de vista espacial ou geográfico, quanto da perspectiva cronológica ou temporal. Esse caminho tem diversas etapas na Galiléia, e seu destino final é Jerusalém (Lc 9,51; 23,5; 24,49), culminando no templo, que aparece desde a infância de Jesus até o final de sua atividade pública como o ponto de chegada e a meta à qual Jesus se dirige (Lc 19,45; 21,37-38). Jerusalém é também o lugar da atividade dos discípulos (At 5,19-21.25.42), isto é, o ponto de partida da Igreja (Lc 24,49), tanto no evangelho quanto nos Atos (At 1,4.8.12): narra-se o caminho por meio do judaísmo, a penetração nas regiões limítrofes, como é o caso da Samaria, e finalmente entre os pagãos (At 14,24-25; 20,2-4), para depois concluir em Roma (At 28,14-16.30-31) como meta final da salvação. É representada assim, histórica e geograficamente, a passagem do judaísmo ao paganismo.

Os profetas, inspirados pelo Espírito, proclamam o significado universal de Jesus no começo de sua vida pública (Lc 2,30-32; 4,18-21) e confirmam que a salvação chegou aos gentios (At 28,25-28). A própria doutrina da Igreja é definida como sendo o "caminho do Senhor" ou "caminho do Evangelho" (At 9,2; 19,9.23; 22,4; 24,14.22). A eclesiologia lucana está estruturada a partir da missão, pois a Igreja não é um fim em si mesma, mas um grupo que deve levar adiante a mensagem e a práxis do reinado de Deus. Lucas é um historiador e apresenta uma visão de conjunto de Israel e da Igreja: Deus visitou diversas vezes o seu "povo" (*laos*, termo utilizado 36 vezes em seu evangelho para designar Israel), e o envio de Jesus culmina os do Antigo Testamento (Lc 1,68-78; 4,16-21; 7,16-21.23; 9,1-6; 10,1-12.13-16), mas o povo não reconheceu os profetas e mensageiros de Deus. Tal incompreensão trouxe consigo a destruição de Jerusalém e o fim do judaísmo enquanto povo de Deus (Lc 19,41-44; 20,16-18; 21,6.20-24; 23,28-31). Essa concepção é a base sobre a qual foi construída a teologia da história que acabou se impondo no cristianismo.

Lucas acentua desde o começo o horizonte universalista da ação de Jesus (Lc 2,31; 3,23-28; 4,25-27), contrariamente a Mateus, que sempre sublinhava que Jesus havia sido enviado somente às ovelhas de Israel, limitando a missão dos seus "doze discípulos" às fronteiras israelitas (Mt 10,5: "Não deveis ir aos territórios dos pagãos, nem entrar nas cidades dos samaritanos! Ide, antes, às ovelhas perdidas da casa de Israel"). Ambos aceitam a missão universal aos gentios, que já era uma realidade histórica quando os evangelhos foram redigidos, mas os acentos são diferentes, dependendo do fato de que se tenha como referência uma comunidade de maioria judaica (Mateus) ou pagã (Lucas). Esse interesse pela missão aos gentios leva Lucas a tomar as devidas distâncias ante a proximidade da escatologia (Lc 21,8). Ou seja, Lucas atrasa a chegada do tempo final, a segunda vinda de Cristo, pois a missão da Igreja é prioritária. Contra a proposta de Mateus, ele inverte a ordem dos acontecimentos. As perseguições virão antes das catástrofes naturais que anunciam o final dos tempos (Lc 21,12). Além disso, a destruição de Jerusalém não é um sinal da proximidade do fim dos tempos, mas um acontecimento histórico com uma significação teológica (Lc 21,20-24): são dias de castigo (presumivelmente em razão da recusa do Messias), seguindo a teologia da aliança dos profetas do Antigo Testamento. Lucas indica o tempo final da intervenção divina, separando-o dos acontecimentos ocorridos na década de 70, sobretudo da guerra contra os romanos. Por isso, ele insiste na perseverança (Lc 21,19) e no testemunho (Lc 21,13), em um tempo de tensões sociais e de perturbações militares.[57]

---

[57] CONZELMANN, *Die Mitte der Zeit...*, cit., pp. 116-127; GRÄSSER, E. *Das Problem der Parusieverzögerung in den Synoptischen Evangelien und in der Apostelgeschichte*. 2. Aufl. Berlin, 1960. pp. 178-198.

A isso se acrescentem as conotações políticas da morte de Jesus. No livro dos Atos, apresenta-se a missão da Igreja no Império Romano e como os judeus pedem às autoridades romanas que intervenham contra os cristãos. A apologética lucana é dupla e responde a um imperativo de sua época: defender os cristãos dos ataques judeus e convencer os romanos do caráter apolítico da Igreja e do próprio Jesus. Esse duplo enfoque faz-se presente no evangelho. Lucas evita as conotações políticas da entrada triunfal em Jerusalém (Lc 19,38) e acentua as acusações das autoridades judaicas contra Jesus, frisando que a autoridade romana constata a sua inocência (Lc 20,20-26; 23,1-5.10.14-15.18.20-25, contra Mc 15,12-15). Da mesma forma, os últimos capítulos do livro dos Atos mostram as autoridades romanas protegendo Paulo contra as acusações dos judeus (At 26,30-32; 27,43; 28,16). A situação histórica em que Lucas escreve influencia o fato de ele desculpar os romanos e culpabilizar as autoridades judaicas. Essa realidade acabou se impondo no cristianismo, sobretudo depois da cristianização do Império, convertendo-se em um dos fatores do posterior anti-semitismo cristão. Paulo de Tarso seguiu uma estratégia semelhante, tentando captar a benevolência romana diante das acusações que lhe eram feitas pelos judeus.

A idéia de que é preciso trilhar o caminho de Jesus, que precedeu os discípulos, é típica de Lucas no desenvolvimento de sua teologia do seguimento (Lc 5,11.28; 7,9; 9,11.23.49.60; 18,22.28.43; 22,39). Às vezes ele sublinha como Jesus, no caminho para Jerusalém, volta-se para os que o seguem (Lc 7,9.44; 9,55.57; 10,17-23; 14,25; 22,61; 23,28), ressaltando assim a idéia do caminho.[58] A teologia do caminho é utilizada para apresentar a Igreja como um "caminho dentro do judaísmo" (At 9,2; 16,17; 18,25-26; 19,9.23-24, 22,4; 24,14-22). Ou seja, usa-se a idéia de seguimento para indicar que Jesus formou um movimento dentro do mundo judaico, não uma entidade religiosa diferente, e que o cristianismo surgiu como uma "seita" herética, a dos nazarenos (At 24,5.14; 28,22),

---

[58] LOHFINK, G. *Die Sammlung Israels. Eine Untersuchung zur lukanischen Ekklesiologie.* München, 1975. pp. 93-99.

até que em Antioquia eles começassem a ser chamados de "cristãos" (At 11,26).[59] O cristianismo surgiu como uma "heresia" judaica, como um grupo heterodoxo que interpretava de forma diferente a história, a Escritura e as tradições judaicas, e que afirmava que Jesus era o Messias. Posteriormente passou-se a uma nova concepção de Deus e do próprio Jesus, à luz da experiência da ressurreição. O caminho dentro do judaísmo transformou-se em uma alternativa rival com relação a Israel. A própria teologia dos apóstolos deriva do "caminho de Jesus" (At 1,21-22; 20,24). Por isso é que a expansão missionária do cristianismo deu-se inicialmente entre os grupos judaicos do Império (At 1,8), e a abertura aos gentios foi objeto de grandes tensões intracristãs.

O seguimento de Jesus, e mais tarde do Crucificado ressuscitado, marcou a identidade cristã em um contexto messiânico de final dos tempos e de chamado a abandonar tudo, para abrir-se ao chamado de Deus (Lc 5,11.28; 9,23-26). Jesus é o novo Adão (Lc 3,38; At 3,15), cuja significação estende-se a todas as pessoas, indo além do messianismo judaico. Deus mesmo visitou o seu povo em Jerusalém (Lc 1,68.78; 7,16; 19,44; At 15,14). O que Mateus expressava com o título de "Emanuel" (Deus conosco), aqui é apresentado na perspectiva da história de Jesus. Lucas sintetiza os diversos títulos — Messias, Filho do Homem e Filho de Deus — como indicadores de sua identidade diante das autoridades judaicas (Lc 22,67-70). Deus mesmo constituiu o Crucificado como Senhor e Messias (At 2,36). São títulos de ressurreição (At 13,33) aplicados retrospectivamente ao nascimento (Lc 1,35). Da mesma forma, a salvação está vinculada a toda a vida pública de Jesus (Lc 19,10, corrigindo Mc 10,45; Lc 22,28.29), e não somente a sua morte ("por nós": Lc 20,17;

---

[59] O termo "seita" não deve ser entendido no sentido depreciativo alcançado no cristianismo (sobretudo a partir do século III). Com esse termo fazia-se referência a um grupo minoritário que se desviava do conjunto de crenças e práticas hegemônicas (1Cor 11,19-21; Gl 5,20; 2Pd 2,1). Não era aplicado somente a grupos religiosos, mas também a escolas filosóficas (a uma forma de pensamento). O historiador Flávio Josefo menciona os fariseus ("os separados") e os saduceus como uma seita dentro do judaísmo. Assim eles são chamados também em At 15,4-5; 26,5: cf. SALDARINI, *Pharisees, Scribes and Sadducees in Palestinian Society...*, cit., pp. 70-73; 123-127; 285-287; SCHÜRER, E. *Historia del pueblo judío en tiempos de Jesús*, cit., pp. 515-524.

22,20; At 20,28).[60] Lucas não faz parte daquela teologia que coloca o centro da salvação na morte e ressurreição de Cristo, mas da que concede um grande valor salvífico à vida de Jesus, ao seu caminho. Esse caminho para Jerusalém (Lc 9,51–19,28) é marcado pelo sofrimento. É o modelo para o seguimento dos seus apóstolos (Lc 11,49) e serve de pano de fundo para apresentar o caminho de Paulo para Jerusalém (At 19,21; 20,22; 21,4.11-15; cf. Lc 18,32; 24,7).

A teologia do seguimento por excelência é, para Lucas, a do martírio, talvez em conexão com as perseguições judaicas desencadeadas contra os cristãos hereges, depois da guerra do ano 70. Esse seguimento se antepõe aos vínculos familiares (Lc 14,26; 18,29), que são sagrados para a cultura patriarcal e tribal judaica. É preciso deixar tudo, com uma especial insistência no abandono das riquezas (Lc 5,11.28; 9,61-62; 12,33; 14,33; 18,22), para culminar na doação da própria vida (Lc 14,25-35 par.; Mt 10,37-38). Devido ao seu contexto histórico, Lucas acentua a disponibilidade para o martírio e a necessidade da perseverança (Lc 6,22; 9,23.25-26; 11,49-51; 12,4-12; 14,26-27; 21,12-19; 22,15.19.28-30.35-36). A seguir, apresenta o martírio de Estêvão em claro paralelismo com o de Cristo, narrado nos evangelhos (At 6,11-13; 7,59), sublinhando que ele derramou o seu sangue como Cristo (At 22,20; cf. Lc 11,50; 22,20). A perseguição e o martírio são também o ponto de partida para a expansão missionária da Igreja fora do judaísmo (At 8,1-4; 11,19). Se Mateus é o evangelista da doutrina, Lucas o é da práxis. Seu evangelho concentra-se na necessidade de uma conduta de acordo com a de Jesus (Lc 6,47.49; 8,15.21; 11,28; 21,33-34; 24,19).

O seguimento de Jesus

Por conseguinte, o seguimento de Jesus é, por sua vez, proximidade a ele e movimento com ele. E esse seguimento são essas duas coisas, de tal maneira

---

[60] SCHWEIZER, Jesus Christus, cit., pp. 702-705; BROWN, R. *El nacimiento del Mesías*. Madrid, 1982. pp. 20-33; SCHOONENBERG, P. *Der Geist, das Wort und der Sohn. Eine Geist Christologie*. Regensburg, 1992. pp. 17-47.

> que a proximidade a Jesus depende do movimento: aquele que fica quieto ou aquele que pára, justamente por isso, deixa de estar próximo dele. Porque Jesus nunca aparece instalado, sedentário e quieto; ele é um carismático itinerante que jamais se detém, que sempre está a caminho e para a frente, rumo ao destino que lhe foi assinalado pelo Pai do céu e que termina em Jerusalém, onde morre pelo bem do homem [...]. O caminho expressa a coincidência no modo de viver e, acima de tudo, no destino assumido livremente. Seguir Jesus significa, portanto, assemelhar-se a ele (proximidade) pela prática de um modo de vida/ atividade como o seu (movimento subordinado), que tem um desenlace como o seu (término do caminho). A missão está, portanto, incluída no seguimento (José M. Castillo, *El seguimento de Jesús*, cit., pp. 20-21).

Para perseverar no seguimento, Lucas ressalta a importância da oração, apresentando constantemente Jesus orando (Lc 3,21; 5,16; 6,12; 9,18.28-29; 10,21; 11,1; 22,32; 23,34.46; 24,30), sem falar nas passagens que ele tem em comum com os demais sinóticos (Lc 9,16 par.; 22,17-19 par.; 22,41-44 par.). Esse interesse pela oração estende-se a outros personagens do evangelho (Lc 1,10.13; 2,37; 5,33) e há orações que são recolhidas somente por Lucas (1,46-55.67-79; 2,13-14.29-32). A necessidade da oração é constantemente ensinada aos discípulos (Lc 6,28; 10,2; 11,5-9; 18,1-14; 21,36; 22,40-46). Trata-se de uma catequese que Lucas dirige à sua própria comunidade.[61] A outra referência importante para perseverar no seguimento é a presença do Espírito (Lc 12,11-12; At 4,8; 6,10). Lucas está consciente da descontinuidade histórica entre Jesus e a Igreja, visto ser o Espírito aquele que faz a ligação entre ambos.[62] O Espírito inspira Jesus ao longo de sua vida (Lc 1,35; cf. At 1,8; 2,38-40; Lc 3,21-22; cf. At 10,38; Lc 4,1.14.18.36; 10,21; 11,20). Posteriormente servirá para legitimar muitas decisões apostólicas e comunitárias, que não provêm de Jesus. Essa presença do Espírito está ligada também à oração (Lc 1,15.17; 3,21-22; 10,21; 11,13).

---

[61] A consciência de filiação expressa-se em sua oração: cf. DUNN, J. G. *Jesus and the Spirit*, cit., pp. 11-40.

[62] FLENDER, H. Die Kirche in den lukanischen Schriften als Frage an ihre heutige Gestalt. *KiZ*, n. 21, pp. 25-57, 1966.

No que concerne à comunidade, Jesus estabeleceu o tipo de ministério que deveria existir entre os discípulos, acentuando a gratuidade da missão em contraste com as estruturas da sociedade (Lc 9,1-6; 10,13.16). O simbolismo da comida não somente serviu para falar do banquete do Reino das parábolas, como também para indicar a condição de servidores dos discípulos e apóstolos. Isso é também o que Lucas acentuou na eucaristia (Lc 22,24-27),[63] tal como o fez João em seu evangelho (Jo 13,1-17). Depois, nos Atos, fala-se da necessidade de constituir ministérios para atender às necessidades dos grupos cristãos que não estão sendo atendidos (At 6,1-5), evidenciando assim o caráter dos ministros como servidores da comunidade. A identidade comunitária depende de sua vinculação ao Reino: Jesus os constitui como missionários do Reino de Deus (Lc 10,1-11), do qual devem dar testemunho (Lc 8,1.10.18). O reinado de Deus na sociedade humana cristaliza-se em uma forma de comportar-se em relação aos outros, marcada pelo serviço, e nas relações peculiares que se estabelecem entre Deus e a comunidade, a qual perde o medo de Deus e se relaciona com ele com base na confiança filial.[64]

A confiança e a proximidade nas relações com Deus constituem um dos eixos básicos do evangelho. A ambigüidade natural da união com Deus, que é um mistério fascinante e tremendo, gerador ao mesmo tempo de amor e de medo, de anseio de intimidade e de receio diante da proximidade de um ser imprevisível e todo-poderoso, deve deixar passagem à familiaridade e espontaneidade características do discípulo de Jesus. Por isso, o reinado de Deus só pode constituir-se em uma comunidade. O cristianismo não é uma religião individualista, embora historicamente o tenha sido, já que nela a mediação comunitária é essencial. Os privilegiados são os mais fracos e desvalidos, pois atualizar o reinado de Deus é criar condições que tornem possível a fraternidade universal dos filhos de

---

[63] Remeto à sugestiva obra de H. Schürmann, *Le récit de la dernière Cène*, Le Puy, 1966.

[64] Nos evangelhos, Deus é chamado de Pai 170 vezes: cf. MERKLEIN, *Jesu Botschaft von der Gottesherrschaft*, cit., p. 84; JEREMIAS, J. *"Abba": Studien zur neutestamentliche Theologie und Zeitgeschichte*. Göttingen, 1966. pp. 19-22; 63.

Deus. A dinâmica da criação aponta para o Reino de Deus, o qual passa pelas relações interpessoais e intracomunitárias.

Conclusão. Os limites eclesiológicos da comunidade de discípulos

Em resumo, o próprio de Jesus é preparar, anunciar e atualizar o reinado de Deus. Não se pode afirmar, a partir dos dados que nos são oferecidos pelos evangelhos, que sua intenção fosse fundar uma comunidade religiosa desligada do judaísmo. Jesus foi um judeu que quis realizar as promessas do Antigo Testamento, instaurar a etapa messiânica e preparar a chegada definitiva do reinado de Deus. Sua missão deve ser compreendida com referência a Israel, com ocasionais e bem específicas aberturas aos não-judeus. Não houve nele uma tentativa deliberada de construir um embrião de Igreja futura, com estruturas, cargos, instituições e orientações distintas do judaísmo. Não podemos estabelecer claramente quais foram as suas intenções, todavia podemos deduzi-las indiretamente partindo dos relatos dos evangelistas, que não o conheceram pessoalmente. Os evangelistas escreviam para comunidades que já se encontravam em uma fase tardia de evolução, a partir do discipulado, junto a Jesus, até chegar a um conjunto de Igrejas cujos membros viviam em uma situação diferente daquela do primeiro grupo.

Os testemunhos convergem na hipótese de que o próprio Jesus estaria convencido da chegada próxima do tempo final e de que o início do reinado de Deus entrante teria uma culminação iminente, sendo testemunha disso a mesma geração que conheceu a sua mensagem. Essa expectativa "escatológica", profética e messiânica não deixava muito espaço para preocupações eclesiológicas. Além disso, coloca um problema no momento de reinterpretar passagens e textos que tinham um significado inicial nesse contexto de proximidade do tempo final, mas que depois adquiriram outro, a partir do rompimento definitivo com Israel e do desenrolar-se da missão entre os gentios. A passagem do grupo informal de discípulos, vistos como hereges pelos demais judeus, para uma Igreja claramente estruturada e consciente de sua identidade, independente de Israel, deu-se de forma gradual, depois de algumas tensões entre as várias comunidades e sempre depois da morte de Jesus e da proclamação de sua ressurreição. Os evangelhos já se encontram nesse processo evolutivo, e a situação de cada evangelista condiciona a redação do texto.

Jesus fundou a comunidade de discípulos e pôs as bases sobre as quais a Igreja se desenvolveu. No entanto, esse desenvolvimento é posterior a Jesus, e é preciso vê-lo a partir do novo começo que a ressurreição pressupôs. Historicamente, o fim de Jesus foi marcado pela cruz, que supôs um fracasso: o de seu projeto de instaurar o reinado de Deus em Israel. Jesus não foi um "cristão", mas um judeu (embora heterodoxo). Indiretamente pôs as bases daquilo que mais tarde viria a ser a Igreja, depois da experiência da Páscoa, a posterior ruptura com o judaísmo e o progressivo desenvolvimento da missão entre os pagãos; tais acontecimentos, porém, são posteriores à sua morte. Sua história, tal e qual nos foi contada pelos seus seguidores, transformou-se em fonte de inspiração e de legitimação de muitas decisões eclesiais, mas que não podem ser atribuídas diretamente a Jesus. Os documentos fundacionais do cristianismo baseiam-se na vida de Jesus; no entanto, eles já são uma criação eclesial. Antes de haver uma Escritura, já existia uma Igreja, ou melhor, um conjunto de Igrejas, e é delas que os evangelhos derivam.

Por essa razão, nos evangelhos não há nenhum momento fundacional da Igreja. A escolha de algumas passagens evangélicas e sua definição como textos fundacionais está determinada pela subjetividade dos exegetas. Uns a põem na escolha e no envio dos apóstolos por parte de Jesus, como se fosse algo aistórico e universal; outros preferem a promessa mateana a Pedro, a qual, além de estar no tempo futuro e de não ter nenhum eco nos demais evangelhos, apresenta muitos problemas de credibilidade histórica e teológica. Outros preferem escolher a última ceia como ato fundacional da Igreja (identificando a ceia com a instituição da eucaristia e esta com a criação do sacerdócio ministerial e da própria Igreja), sem nem perceberem que estão operando já com uma teologia prejudicada pelo desenvolvimento dogmático posterior; outros, para pôr um ponto final na discussão, escolhem o lado aberto do Crucificado, do qual emana sangue e água, vendo nele não somente os sacramentos cristãos em embrião, como também a origem da própria Igreja.

Todas essas teologias não obedecem aos dados do Novo Testamento — os quais apontam para a instauração do reinado de Deus e para a proximidade do final da história —, mas para a projeção subjetiva de cada teólogo, que escolhe o momento que melhor lhe parece oportuno para pôr as raízes da Igreja atual no próprio Jesus. O marco comum da teologia é que Jesus Cristo instituiu a Igreja (sem distinguir entre Jesus e Cristo, e muitas vezes nem mesmo entre Reino de Deus e Igreja); que os atos eclesiais de Jesus concentraram-se em fundar os apóstolos e Pedro; que há uma continuidade estrita entre a obra de Jesus, a de Cristo ressuscitado e o acontecimento de Pentecostes (com a idéia de que Jesus deixou tudo planejado e estabelecido); que a missão da Igreja era pretendida, desde o primeiro momento, por Jesus; e que o seu projeto coincide, ao menos em germe, com a atual Igreja católica.[65] O próximo capítulo, que complementa o atual, irá nos servir para captarmos a complexidade do processo eclesiológico. Há uma autêntica eclesiogênese, segundo a feliz expressão de Leonardo Boff, na qual intervém a inspiração do Espírito, a memória da vida e obra de Jesus, a interpretação de discípulos e comunidades, e fatores históricos não previsíveis, como a mencionada guerra entre judeus e romanos. É o que vamos analisar na próxima seção, ou seja, a perspectiva do processo trinitário de constituição da Igreja, preferível à da mera fundação da Igreja por parte de Jesus, que é o que foi defendido pela teologia dos últimos séculos.

---

[65] Uma visão panorâmica dessa eclesiologia tradicional (Salaverri, Zapalena, Sullivan, Journet, Schmaus etc.) é a de: SCHÜSSLER FIORENZA, F. *Foundational Theology*. New York, 1984. pp. 72-98; HEINZ, G. *Das Problem der Kirchenentstehung in der deutschen protestantischen Theologie des 20 Jahrhunderts*. Mainz, 1974.

Da comunidade de discípulos à Igreja cristã

Se a morte de Jesus gerou uma crise aguda nos discípulos, desmentindo as suas expectativas messiânicas e a proximidade do reinado de Deus, a experiência da ressurreição serviu para um novo redimensionamento e um novo começo. A personalidade histórica de Jesus e as suas pretensões começaram a ser vistas na perspectiva da ressurreição e da exaltação do Crucificado, confirmado por Deus em contraposição às autoridades religiosas. Iniciou-se assim a reflexão cristológica da comunidade: uma releitura da vida de Jesus a partir dos significados, dos títulos e dos símbolos de exaltação e glória da tradição judaica e da cultura greco-romana, que a ele haviam sido aplicados. O Cristo da fé superou e deu continuidade, ao mesmo tempo, ao judeu Jesus. Já não se tratava simplesmente de confessar Jesus como o Messias, mas de proclamá-lo como integrante da vida divina e exaltado como primogênito da nova criação. Os vários títulos devem ser compreendidos como tentativas de clarificação do seu significado divino à luz da ressurreição ("[...] seu Filho. Este, segundo a carne, descendente de Davi, segundo o Espírito de santidade foi declarado Filho de Deus com poder, desde a ressurreição dos mortos": Rm 1,3-4). Esse complexo desenvolvimento cristológico, de Jesus ao Cristo ressuscitado, trouxe consigo também a evolução da comunidade e a transformação do anúncio do reinado de Deus.

Depois da ressurreição, a proclamação do Reino de Deus quase desaparece. Agora, espera-se a vinda de Cristo, Rei e Senhor (1Cor 10,3; Rm 10,9; Fl 2,11), e alude-se ao "reino de Cristo" (Lc 1,33; 22,29-30; 23,42; Mt 13,38-43; 16,28; 20,21; Jo 18,36; 12,13; 1Cor 15,24; Ef 5,5; Cl 1,13; 1Tm 6,15-16; 2Tm 4,1; Hb 1,8; 2Pd 1,11; Ap 11,15; 12,10; *1Clem*, 50,3), vinculando, por um lado, a cristologia que fala da exaltação e do triunfo de Jesus (Fl 2,9-11; Ef 1,20-22) e, por outro, as idéias judaicas sobre um reino messiânico intermediário, que foram muito bem-aceitas pelos rabinos da época.[1] O título de rei foi utilizado para o Crucificado ressuscitado (Mc 14,25; 15,26.32; Mt 21,5; 27,37.42; Lc 23,42; At 17,7; Jo 18,37; 19,15.19; Ap 1,5; 5,9-10; 17,14; 19,16). O evangelista João foi o que mais se manteve distante da pregação do Reino, substituindo-a pelo reino de Cristo (Jo 18,36), com uma breve alusão ao nascer "do alto", da água e do Espírito (Jo 3,3.5). Em seu evangelho, ele insiste na condição messiânica (Jo 1,25-26.41; 3,28; 4,25-26; 11,27), real (Jo 1,49; 6,15; 18,37) e filial (Jo 1,34.49; 3,18.35; 5,25; 10,36; 11,4.27; 17,1; 19,7) de Jesus. A realeza de Jesus manifestou-se na sua crucifixão, revelando o Deus amor que se identifica com os fracos e indigentes, especialmente com os "crucificados" da história, assassinados por pessoas ciumentas da glória e da santidade de Deus. Foi isso o que permitiu fazer frente às acusações dos judeus, que apelavam para as conotações políticas do título, a fim de pôr em atrito os cristãos e as autoridades romanas (Mt 2,2.4; Lc 23,2; At 17,7; Jo 6,15; 12,13-16), dando à cristologia um sentido espiritual, cósmico e salvífico.

A comunidade pascal oscilava entre o triunfalismo do reino de Cristo como uma salvação presente (Lc 23,42-43; Cl 1,13) e a idéia de que se trata de um reino que se encontra em luta contra os poderes deste mundo, até que Deus chegue a ser tudo em todos (1Cor 15,24-26; Lc 22,29-30), ou até que Cristo se manifeste como juiz do universo e revele seu reino (2Tm 4,1.18; 2Pd 1,11). O próprio Apocalipse oscila entre a antecipação do reino de Cristo, antes que ocorra o triunfo definitivo sobre Satanás (Ap 20,1-4), e a afirmação de que é um reino eternamente presente, no qual devem entrar os que crêem (Ap 11,15; 12,10). Não havia clareza nem sobre o como, nem sobre o quando, com relação à chegada de Cristo, muito menos sobre a sua significação à luz do final da história e do juízo universal esperado. Não se pode esquecer a relação existente

---

[1] Há uma cristologização do Reino de Deus que passa a ser vista como algo já realizado no Ressuscitado: SCHMIDT, T. *Das Ende der Zeit*. Bodenheim, 1996. pp. 160-168; 226-248; VOGTLE, A. Theologie und Eschatologie in der Verkündigung Jesu? In: GNILKA, J. (Hrsg.) *Neues Testament und Kirche*. Freiburg, 1974. pp. 371-398; VIELHAUER, P. *Aufsäftze zum Neuen Testament*. München, 1965. pp. 55-91; HOFFMANN, P. *Studien zur Theologie der Logienquelle*. 3. Aufl. Münster, 1982. pp. 35-42.

entre a eclesiologia e a cristologia. À medida que se anunciava o triunfo de Cristo e seu domínio celestial e cósmico, isto é, Cristo como rei do universo, maior se tornava a necessidade de transformar a expectativa próxima do final dos tempos, própria de Jesus e de sua comunidade (At 1,6-7), em uma espera que deixasse lugar para a missão e que mudasse os conteúdos do Reino.[2]

O pregador passou a ser o objeto da pregação, e o reinado de Deus concretizou-se no triunfo do Filho do Homem, que assumiu o seu papel de futuro juiz do mundo (Mc 8,38; 13,26; Mt 13,38.41-43; 16,27-28; 25,31-46; cf. também 1Cor 15,24-25; 2Tm 4,1.18). Essa cristologização do Reino, bem como a tendência a aplicar a Cristo afirmações e títulos divinos, permitiu superar a decepção causada pelo adiamento de sua chegada (2Ts 2,3-4.6; Hb 3,6.14; 6,11; 10,23.36; Tg 5,7-8; 2Pd 2,1), contrariamente à proximidade anunciada por Jesus e pelos discípulos (Mc 9,1 par.; 13,24-27.30-31 par.; Mt 5,18; 10,23; Lc 16,17; 21,31-33). Pode ser que a própria ida a Jerusalém e a purificação do templo — posteriormente espiritualizada e interpretada em chave cristológica pelo evangelista João (Jo 2,17.19-22 par.) — estejam relacionadas com a esperança em um final próximo dos tempos, enquanto este, depois da guerra romana, transformou-se em um símbolo da perdição de Israel, que havia rejeitado a mensagem de Jesus e rompido a aliança com Deus.

Também não se pode esquecer que a morte na cruz constituía-se em um novo obstáculo para a pregação cristã (1Cor 1,23: "Nós, porém, proclamamos Cristo crucificado, escândalo para os judeus e loucura para

---

[2] O problema da expectativa próxima de Jesus concentrou os debates entre os teólogos. Cf. GRÄSSER, E. *Das Problem der Parusieverzögerung in den synoptischen Evangelien und in der Apostelgeschichte,* cit., pp. 3-17; 216-226; IDEM. *Die Naherwartung Jesu.* Stuttgart, 1973. pp. 11-36; 125-141; JEREMIAS, J. *Teología del Nuevo Testamento,* cit., pp. 167-170; ALAND, K. *Neutestamentliche Entwürfe.* München, 1979. pp. 124-158; KÜNZI, M. *Das Naherwartungslogion Markus 9,1 par.* Tübingen, 1977. pp. 196-207; PESCH, R. *Naherwartungen.* Düsseldorf, 1968. pp. 235-243; ALONSO DÍAZ, J. El fracaso o la esperanza fallida del "Reino" (tal como lo esperaban y su repercusión en el cristianismo). *EE,* n. 54, pp. 471-497, 1979; GRUNDMANN, W. "Weisheit im Horizont des reiches Gottes. In: SCHÜRMANN, H. (Festsch.) *Die Kirche des Anfangs.* Freiburg, 1978. pp. 175-200; KÄSEMANN, E. Zum Thema der urchristlichen Apokaliptik. *ZThK,* n. 59, pp. 257-284, 1962; SCHLOSSER, J. Die Vollendung des Heils in der Sicht Jesu. In: KLAUCK, H. J. (Hrsg.) *Weltgericht und Weltvollendung.* Freiburg, 1994. pp. 54-83; GAGER, Das Ende der Zeit und die Entstehung von Gemeinschaften, cit., pp. 88-131.

os pagãos"). Na Antigüidade, a morte de cruz era considerada ignominiosa, reservada a grandes criminosos e a escravos, amplamente utilizada pelos romanos para condenar aqueles que se sublevavam contra o Império. Não era uma prática aprovada pelo Antigo Testamento, que exigia, em qualquer caso, a retirada do cadáver do condenado (pois "o que foi suspenso é maldição de Deus, e não deverás manchar a terra que o Senhor teu Deus te dá em herança": Dt 21,22-23). Seu uso começou já no século I antes de Cristo, por influência dos saduceus, embora não se tenha generalizado entre os judeus, e sim entre os romanos. A idéia de um messias crucificado era blasfema,[3] o que deixava só duas opções aos cristãos: ou reinterpretar as Escrituras, fazendo da cruz o centro mesmo da revelação de Deus (que foi a opção prioritária, sobretudo do evangelho paulino), ou então considerá-la um atentado contra o enviado de Deus (em uma perspectiva anti-semita, desenvolvida especialmente no século III), pondo o acento na ressurreição (com o perigo de passar para um segundo plano o Jesus histórico e marginalizar as causas históricas de sua morte), que foi precisamente o que fizeram os adversários de Paulo, em Corinto, e boa parte da cristologia espiritualista e entusiasta da posteridade. De qualquer modo, para os destinatários judeus e gentios da missão, era dificilmente plausível e aceitável a idéia de que o Crucificado fosse o Messias esperado e o Filho de Deus salvador.

O processo de formação trinitária da Igreja

O entusiasmo cristológico da comunidade estava ligado à experiência do Espírito. Pentecostes e a experiência da ressurreição são um único

---

[3] Estas são as acusações judaicas às quais Justino deve responder em seu *Diálogo com Trifão*: "O que precisas demonstrar-nos é que ele devia também ser crucificado e morrer com uma morte tão desonrosa e declarada maldita pela própria lei. Pois a verdade é que nós não conseguimos nem imaginá-lo" (90,1; cf. também 89,2). O rechaço à morte na cruz é constante na tradição romana, como é testemunhado por Cícero. O mesmo ocorre na tradição judaica, como o provam os Manuscritos do mar Morto; cf. H. Merklein, *Studien zu Jesus und Paulus*, Tübingen, 1987, pp. 4-7. A culpa judaica e a correta interpretação da Escritura constituem um dos temas freqüentes na polêmica entre cristãos e judeus do século II: CERBELAND, D. Thèmes de la polémique chrétienne contre le judaïsme au II siècle. *RSPhTh*, n. 81, pp. 216; 193-218, 1997.

acontecimento enfocado a partir de dimensões distintas, embora Lucas tenha diferenciado os dois momentos e estabelecido uma cronologia histórica de ambos, em oposição ao que fizeram os demais evangelhos (Mt 28,19; Jo 20,22-23), provavelmente para evidenciar que houve um lapso de tempo entre a experiência do Ressuscitado, a tomada de consciência de seu significado e o anúncio aos judeus, ou seja, o começo da missão (At 2,41; 4,31).[4] As vivências e as visões os confirmaram em sua fé em Jesus. Eles deduziram que se estava realizando a promessa da ressurreição final, que esta havia começado com Jesus, primogênito dentre os ressuscitados (1Cor 15,20), e que estavam vivendo "os últimos dias" da história (At 2,17-22; 3,19-24). Essa experiência, depois da dispersão inicial (Lc 24,13.21), fez com que eles se reunissem de novo em Jerusalém para esperar a restauração do reinado prometido (Lc 24,52-53; At 1,6-7). Dessa forma, estavam postas as bases do "caminho da Igreja" e de uma nova revelação: a confirmação de Jesus e a irrupção do Deus Espírito na vida da comunidade.

A cristologização de Jesus por parte da comunidade de discípulos, que o confessava como Senhor (*Kyrios*), implicava simultaneamente sua espiritualização. Passou-se do cristomonismo, isto é, de uma cristologia sem espírito, a uma cristologia pneumática, ou seja, espiritual, já que não se pode entender Cristo à margem do Espírito.

> Pois o Senhor é o Espírito, e onde está o Espírito do Senhor, aí está a liberdade. Todos nós [...] segundo esta imagem, somos transformados, com uma glória cada vez maior, pelo Espírito do Senhor (2Cor 3,17-18). E eu pedirei ao Pai, e ele vos dará um outro Defensor (Jo 14,16).

A divindade de Jesus era concebida em relação com a doação do Espírito. Mantinham-se o desejo e a nostalgia de Deus, sua transcendência (identificando-o com Cristo ressuscitado) e a adoção filial, gerada ao se receber o Espírito. Já não era mais possível seguir Jesus a partir da literalidade do

---

[4] MENOUD, Ph. La Pentecôte lucanienne et l'histoire. *RHPhR*, n. 42, pp. 41-47, 1962; DUNN, *Jesus and the Spirit*, cit., pp. 135-156.

passado, que aos poucos ia se diluindo, apesar das tradições orais e escritas, mas com base em um projeto trinitário, suscitado pelo Espírito e aberto à busca de Deus a partir da imitação de Cristo.

Era necessário superar também a identificação ilusória e espiritualista com Deus, na qual caíram alguns grupos cristãos entusiastas, para assumir uma identificação prática, atuante e transformadora. Tal identificação passa pelo reconhecimento do Ressuscitado no Crucificado e de Cristo nos mais fracos.[5] O Espírito orienta a afetividade humana a partir de dentro e vence as resistências para reconhecer Deus no Crucificado e nos mais fracos. Esse é o significado da unção por meio do Espírito no batismo e na confirmação, e é o marco no qual se passou da teologia do seguimento à da imitação. Fez-se uma leitura criativa da vida de Jesus, à luz da nova identidade descoberta na ressurreição, da qual surgiram os evangelhos e as distintas teologias do Novo Testamento.

Esse novo significado de sua vida, entretanto, descoberto após a sua morte, comportava um perigo que já se tornava evidente ainda no Novo Testamento: que o centro de atenção fosse deslocado do Jesus para o Cristo da fé, da história que acabou na cruz (cuja significação última é captada à luz da ressurreição) aos títulos cristológicos, os quais somente têm sentido enquanto predicados e afirmações a respeito de Jesus e do seu triunfo sobre a morte. Quando se separam os títulos cristológicos da história de Jesus e se reflete isoladamente sobre eles para especular sobre a vida divina em si mesma, à margem de Jesus, facilmente se cai no mito, teológico e filosófico, no qual são projetadas as diversas ideologias, em detrimento do protagonista histórico. O mesmo acontece quando a ressurreição é desvinculada da vida de Jesus e das causas que acarretaram sua morte, transformando-se assim no centro da pregação eclesial. Então surgem teologias entusiastas, contra as quais é preciso protestar em nome do Crucificado e do realismo de uma história de sofrimento, que ainda continua. A mensagem de Jesus não era uma pregação sobre o além, mas

---

[5] GODIN, A. Renaître et aimer selon l'Esprit. In: UNIVERSITÉ MARC BLOCK. Faculté de Theólogie Protestante. *L'Expérience de Dieu et le Saint Esprit*. Paris, 1985. pp. 119-152.

sobre o aquém. O Reino esperado continuava sendo uma promessa e uma tarefa, não uma realidade já realizada com a ressurreição.

Esta deve ser entendida na perspectiva do teocentrismo judeu,[6] isto é, na perspectiva do Deus criador, que se revela de forma diferente a partir da vida e da morte de Jesus, oferecendo um novo horizonte de compreensão. A ressurreição foi entendida como uma nova criação, pois a vida surgia a partir da morte. Desde a destrutividade total da pessoa — o Jesus morto — surgia uma nova forma de vida espiritual. Essa realidade foi vista como uma expectativa que alcançava todo o universo:

> [...] toda a criação espera ansiosamente a revelação dos filhos de Deus [...]. [...] sabemos que toda a criação, até o presente, está gemendo como que em dores de parto, e não somente ela, mas também nós, que temos as primícias do Espírito, gememos em nosso íntimo, esperando a condição filial, a redenção de nosso corpo. Pois é na esperança que fomos salvos (Rm 8,19-24).

O Deus dos vivos revelava-se também como o dos mortos. Relativizava-se a destrutividade da morte para aqueles que se identificavam com o estilo de vida de Jesus. Tal anúncio despertou um entusiasmo generalizado, com ressonâncias universais que se fizeram sentir na própria cristologia, sobretudo nos escritos tardios, como é o caso da Carta aos Efésios e da Carta aos Colossenses, ou dos escritos joaninos.

---

[6] Os textos mais antigos sobre a ressurreição falam ativamente de Deus e passivamente de Jesus: "Jesus Cristo [...] Deus [...], que o ressuscitou" (Gl 1,1). Mais tarde, a proclamação foi mudada para "Cristo ressuscitou" (1Cor 15,4.20), cristologizando o sujeito ativo da ressurreição e diferenciando entre exaltação ou ascensão (At 1,9-11; 3,21) e ressurreição. Trata-se de um acontecimento único, visto em duas perspectivas diferentes: Jesus é o Senhor e se encontra "à direita do Pai" (At 5,31; cf. Is 52,13-15). Deus o confirmou apesar de sua morte; ele é o Crucificado-ressuscitado etc. É uma comunicação divina, uma teofania, que é vista como princípio da instauração do reinado de Deus e começo do tempo final (Mt 27,51-53; cf. Ez 37,12-14); cf. LÉON-DUFOUR, X. *Resurrección de Jesús y misterio pascual*. Salamanca, 1973; LOHFINK, G. Der Ablauf des Osterereignisse und die Anfänge der Urgemeinde. *ThQ*, n. 160, pp. 162-176, 1980; KASPER, W. *Jesús el Cristo*. Salamanca, 1976. pp. 151-196; IDEM. Der Glaube an die Auferstehung Jesu vor dem Forum historischer Kritik. *ThQ*, n. 153, pp. 229-241, 1973; PESCH, R. Zur Entstehung des Glaubens an die Auferstehung Jesu. *ThQ*, n. 153, pp. 201-228, 1973; PANNENBERG, W. *Fundamentos de cristología*. Salamanca, 1974. pp. 67-142; MARXSEN, W. *La resurrección de Jesús como problema histórico y teológico*. Salamanca, 1979; SCHILLEBEECKX, E. *Jesús, la historia de un viviente*. Madrid, 1981; FRAIJÓ, M. Resurrección. In: FLORISTÁN, C. & TAMAYO ACOSTA, J. J. (Eds.) *Conceptos fundamentales del cristianismo*. Madrid, 1993. pp. 1196-1215 [Ed. bras.: *Dicionário de conceitos fundamentais do cristianismo*. São Paulo, Paulus, 1999]; SCHÜSSLER-FIORENZA, *Foundational Theology*, cit., pp. 1-56.

Pouco a pouco, foi-se tomando consciência de uma nova forma de entender Deus e a sua paternidade e maternidade criadoras. Deus se comunicou em Jesus (que é o "Emanuel", Deus conosco) e nos ensinou o que significa ser Filho de Deus a partir de uma relação paterno-filial que representa a culminância da revelação do Antigo Testamento. Esta última é também a do Deus Espírito, que guia e inspira a comunidade na história. Por essa razão, é preciso superar os monismos cristológicos, que fazem de Jesus o exclusivo fundador da Igreja e identificam, sem mais nem menos, o judeu Jesus com o Cristo ressuscitado. A ressurreição gera uma experiência espiritual que possibilita a passagem do hebreu Jesus para o Cristo ressuscitado, vendo a filiação de Jesus à luz do Espírito Santo.[7]

Igreja de Igrejas

A Igreja de Deus é Igreja de Igrejas. Já vimos que isso não significa uma divisão. Trata-se, pelo contrário, da reunião da diversidade em uma *comunhão* na qual todos se enriquecem mutuamente no reconhecimento do laço radical que vincula todo o conjunto, em uma única e indivisível comunidade de salvação. É preciso ser realistas nesse ponto. É evidente que, se a unidade for alcançada — pelo menos entre alguns blocos importantes do cristianismo —, a situação não consistirá no retorno às condições que reinavam antes das grandes rupturas. Não é possível exigir das tradições confessionais que estas renunciem àquelas características suas que estão em harmonia com a revelação e em torno das quais foram se estruturando (J.-M. R. Tillard. *Iglesia de Iglesias*: eclesiología de comunión, Salamanca, 1991, p. 342).

---

[7] HAIGHT, R. Defensa de la cristología del Espíritu. *SelT*, n. 135, pp. 175-192, 1995; ZIZIOULAS, J. *Being as communion*: studies in personhood and the Church. Crestwood, 1993. pp. 67-122. Em relação à eclesiologia: KASPER, W. *Espíritu, Cristo, Iglesia. Concilium*, n. 91, pp. 30-47, 1974; CONGAR, Y. *La parole et le souffle*. Paris, 1983. pp. 159-188 [*A palavra e o Espírito*. São Paulo, Loyola, 1989]; ESTRADA, Juan A. El Espíritu Santo en la estructura de la Iglesia. *IgVi*, nn. 130-131, pp. 391-400, 1987; SCHÜTTE, H. Zum Gedanken einer trinitarischen Entfaltung der Ekklesiologie. *Catholica*, n. 39, pp. 173-192, 1985; BRACKEN, J. A. Ecclesiology and the Problem of the One and the Many. *ThSt*, n. 43, pp. 298-311, 1982; ZIZIOULAS, J. Implications ecclésiologiques de deux types de pneumatologie. In: SCHREINER, J. (Hrsg.) *Communio Sanctorum*. Genève, 1982. pp. 141-154; TILLARD, J. M. L'Esprit Saint dans la réflexion théologique contemporaine. In: CONGRESSO TEOLOGICO INTERNAZIONALE DE PNEUMATOLOGIA. *Credo in Spiritum Sanctum*. Vaticano, 1983. pp. 905-920.

Duas novas imagens de Deus

A ressurreição é a revelação do Espírito, que ultrapassa o Antigo Testamento, e de Cristo triunfador sobre a morte. Ambos — o Filho e o Espírito — devem ser entendidos a partir da vida de Jesus e nunca de forma isolada e aistórica. São as "mãos do Pai" (santo Irineu) que nos revelam a identidade de Deus. O Deus-amor revela-se na história de uma pessoa que morreu lutando contra o mal e contra a injustiça, solidarizando-se com pobres, enfermos e pecadores. Eis por que a história de Jesus passa a ser palavra de Deus, revelando como Deus se comporta com os seres humanos. É isso o que as experiências do Ressuscitado e do Espírito querem ilustrar. Assim como o desenvolvimento dogmático levou à compreensão trinitária de Deus,[8] da mesma forma a evolução da comunidade de discípulos cristalizou-se na Igreja primitiva. Se é verdade que a cristologia só tem sentido no contexto da teologia da trindade de Deus, também a eclesiologia deve ser compreendida como um processo de fundação trinitária.

Jesus pôs as bases da Igreja; depois disso, foi o Espírito quem assumiu a direção última da comunidade. Em alguns casos, alude-se à ação do Espírito como "a mão de Deus" que guia a Igreja (At 4,28.30; 7,50; 11,21; 13,11), abrindo-a a uma nova identidade e a uma compreensão diferente do messianismo de Jesus. O evangelista Lucas, dentre os autores dos evangelhos sinóticos, foi quem mais vinculou a pneumatologia, isto é, a teologia do Espírito, e a eclesiologia. A terminologia do "Espírito Santo" é tipicamente lucana, embora seja utilizada três vezes no Antigo Testamento. Nos capítulos 1 e 2 dos Atos, o Espírito Santo é mencionado 37 vezes, o que representa a maior concentração bíblica do termo. Há duas teologias do Espírito que se mesclam na teologia lucana, como acontece também em outros escritos do cânon neotestamentário. Por um

---

[8] PANNENBERG, *Fundamentos de cristología*, cit., pp. 143-232; SEGUNDO, J. L. *La historia perdida y recuperada de Jesús de Nazaret*. Santander, 1979. pp. 635-675 [Edição brasileira: *A história perdida e recuperada de Jesus de Nazaré;* dos sinóticos a Paulo, São Paulo, Paulus, 1997]; DUQUOC, Ch. *Messianisme de Jésus et discrétion de Dieu*. Genève, 1984. pp. 19-96. MOINGT, J. *El hombre que venía de Dios*. Bilbao, 1995.

lado, o Espírito é visto como a força, a energia e a graça com a qual Deus intervém na história, em evidente subordinação e derivação de Cristo ressuscitado. É a teologia que melhor se conecta com a tradição do Antigo Testamento, que vê o Espírito como um dom de Deus. Segundo essa teologia, é Cristo ressuscitado quem nos dá o Espírito, sendo a dimensão cristológica o eixo fundamental. Embora se admita que o Espírito Santo é o próprio Deus, o acento é posto sobre o triunfo de Cristo ressuscitado, que nos entrega o Espírito.

Essa teologia dá preferência aos apóstolos (testemunhas de Jesus e enviados pelo Ressuscitado) em relação aos carismáticos (especialmente os profetas e doutores) e aos ministros hierárquicos (enquanto sucessores dos apóstolos) em relação à comunidade e à multiplicidade de carismáticos. O mais problemático dessa teologia é a estrita sujeição do Espírito a Cristo, o que impede qualquer atuação autônoma do Espírito, bem como a tendência a vê-lo como mera força ou graça, como algo que se transmite, em detrimento de sua personalidade divina, que é o que proclamamos na Trindade. É a que se impôs no catolicismo latino, sobretudo no segundo milênio e, como veremos, revelou-se decisiva para a eclesiologia. Por outro lado, havia uma tendência a personalizar o Espírito e a estabelecê-lo como o Deus na história, em paralelismo teológico com Cristo ressuscitado, caminho que conduzirá ao dogma trinitário e à aceitação de que Cristo e o Espírito são "as duas mãos do Pai", como se afirmará mais tarde, na época patrística. Com a ressurreição, a humanidade de Jesus está plenamente integrada na vida de Deus, que se manifesta como "Filho" em Cristo ressuscitado. No entanto, Deus se revela como o senhor da história, enquanto inspira e habita em todo homem: de forma especial em Jesus, que é o Deus encarnado, depois nos seus (todos eles carismáticos e consagrados pelo Espírito) e finalmente em todas as pessoas, às quais se estende a categoria de "filhos de Deus". É o Deus-Espírito que muda a história a partir de dentro, que motiva, inspira e guia o ser humano desde a própria existência pessoal. O criador é o Pai salvador (Antigo Testamento), o salvador é Cristo libertador e redentor (o "Emanuel"), e o santificador e inspirador é o Espírito Santo. Por essa razão, em Paulo há uma estreita convergência entre a ação de Cristo ressuscitado e o Espírito (2Cor 3,17).[9]

Essa evolução é paralela ao processo pelo qual a Igreja foi transformando-se em objeto teológico de reflexão, em realidade jesuânica, cristológica e espiritual ao mesmo tempo. Lucas preparou o terceiro artigo do "símbolo da fé" (o "creio ou profissão de fé" cristã), que fala da Igreja como uma obra do Espírito Santo ("creio no Espírito Santo, na santa Igreja católica [...]"), sobre a base da comunidade constituída por Jesus. Tal dinâmica eclesiológica não foi assumida por todos os autores com a mesma determinação. João, por exemplo, ressalta mais do que ninguém a importância do envio do Paráclito (Jo 14,16-18; 15,26-27; 16,5-8); no entanto não desenvolve uma eclesiologia como Lucas, embora seja verdade que ele o faz indiretamente, já que não lhe interessa a eclesiologia, e sim a cristologia. Contudo, não há um momento institucional fundacional, pois a comunidade conservou sua autonomia em relação a Jesus, e a ação do Espírito não foi algo delimitado, mas manteve-se constantemente presente na evolução.

Daí a pluralidade de interpretações teológicas e os diversos acentos dos evangelistas. É Deus quem "edifica" a Igreja (At 7,48-49; 9,31; 15,16; 20,32) como uma realidade diferente, ainda que vinculada a Israel. O conceito de povo (*laós*), com amplas ressonâncias no Antigo Testamento, não só é aplicado por Lucas tanto ao povo judeu (At 10,2; 21,28; 28,17) quanto à Igreja (At 15,14; 18,10), como é também o termo corrente utilizado em seu evangelho (16 vezes) para designar Israel. Para Lucas, a Igreja assume o verdadeiro Israel, representado pelos hebreus convertidos ao cristianismo, e somente depois da ruptura com os judeus o conceito

---

[9] No Novo Testamento entrecruzam-se as correntes que fazem da cristologia a fonte da pneumatologia e vice-versa: cf. SCHWEIZER, E. IIneuma. In: *ThWNT*, n. 6. 1959. pp. 394-436; ZIZIOULAS, Implications ecclésiologiques de deux types de pneumatologie, cit., pp. 141-154; MILANO, A. La pneumatologia del Nuovo Testamento. *Augustinianum*, n. 20, pp. 429-469, 1980; BROWN, R. Diverse Views of the Spirit in the New Testament. *Worship*, n. 57, pp. 225-236, 1983; BAVEL, J. Van. Le rapport entre le Saint Esprit et le Christ Jésus. *QL*, n. 67, pp. 94-105, 1986; VIVES, J. Jesús el Cristo: ungido con el Espíritu. *IglV*, nn. 130/131, pp. 357-372, 1987; MOLTMANN, J. *Der Geist des Lebens*. München, 1991. pp. 73-90; 280-324.

de "Igreja" se firmou (o termo é empregado 17 vezes por Lucas, 15 delas depois do assassinato de Estêvão e da primeira perseguição judaica contra a ramificação helenista do cristianismo).[10]

Todavia, não há somente uma evolução histórica, que leva a seita dos nazarenos a se tornar Igreja cristã; temos também uma evolução teológica: da compreensão judaica do Messias Jesus, a Deus, que se revela em seu Filho e como Espírito. A ação de Deus em Cristo ressuscitado e pelo Espírito Santo foi a que levou à Igreja cristã, passando do estrito monoteísmo judaico para a concepção trinitária. Daí a continuidade e a ruptura com Israel, e as descontinuidades entre a comunidade de Jesus e a Igreja do Cristo ressuscitado. A nova compreensão de Deus, descoberta a partir da ressurreição-Pentecostes, gerou uma reflexão posterior sobre a vida de Jesus. As narrações evangélicas nos transmitem como as comunidades pascais viam Jesus e a sua comunidade, e a redação de cada evangelho foi influenciada pelas concepções cristológicas e eclesiológicas, amadurecidas depois de sua morte.

O Espírito é co-fundador da Igreja e sem ele não é possível compreender a sua origem, as decisões posteriores, que não foram tomadas por Jesus mas por alguns de seus discípulos, e o progressivo distanciamento

---

[10] Na exegese, há duas tendências. Uma, mais cristológica, mantém a intencionalidade de Jesus para com a Igreja pascal. Outros acentuam a ruptura, pondo o acento na pneumatologia. Em ambas, contudo, mantém-se a tríplice referência a Jesus, a Cristo ressuscitado e à experiência do Espírito; cf. HEINZ, *Das Problem der Kirchenentstehung in der deutschen protestantischen Theologie des 20 Jahrhunderts*, cit., Grünewald; SCHÜSSLER-FIORENZA, *Foundational Theology*, cit., pp. 81-154; LOHFINK, G. *Die Sammlung Israels*, cit.; IDEM. El desarrollo de los acontecimientos pascuales y los comienzos de la comunidad primitiva. *SelT*, n. 21, pp. 17-25, 1982; LOHFINK, G. ¿Fundó Jesús una Iglesia? *SelT*, n. 22, pp. 179-186, 1983; LOHFINK, G. Die Korrelation von Reich Gottes und Volk Gottes bei Jesus, cit., pp. 173-183; IDEM. *La Iglesia que Jesús quería*, cit.; IDEM. Jesus und die Kirche. In: KERN, W. (Hrsg.) *Handbuch der Fundamentaltheologie*. Kirche. Freiburg, 1986. v. 3, pp. 49-96; KÜMMEL, W. G. *Kirchenbegriff und Geschichtsbewussein in der Urgemeinde und bei Jesus*. 2. Aufl. Göttingen, 1968. pp. 26-41; CODY, A. The Foundation of the Church. *ThSt*, n. 34, pp. 3-18, 1973; VÖGTLE, A. Die hermeneutische Relevanz des geschichtlichen Charakter der Christusoffenbarung. *EphThLov*, n. 43, pp. 470-487, 1967; TRILLING, W. Implizite Ekklesiologie. In: ERNST, W. et alii. (Hrsg.) *Dienst der Vermittlung*. Leipzig, 1976. pp. 149-165; BLANK, J. Der historische Jesus und die Kirche. In: THEOLOGISCHE KONFERENZ. *Konziliarität und Kollegialität*. Innsbruck, 1975. pp. 195-220; DESCAMPS, A. L. L'origine de l'Institution ecclésiale selon le Nouveau Testament. In: DESCAMPS, A. L. et alii. *L'Église: institution et foi*. Bruxelles, 1979. pp. 91-138.

de Israel.[11] Os novos protagonistas humanos, inspirados por Deus, marcaram as novas linhas da religião cristã seguindo e interpretando as orientações dadas por Jesus em sua vida. Esses novos protagonistas são os apóstolos pascais, como Paulo; personalidades que exerciam a liderança na comunidade, tais como Tiago e Estêvão; os carismáticos, especialmente os profetas e doutores; os evangelistas e outros escritores, que atribuíram seus escritos a personagens apostólicos etc. Também foram determinantes as respectivas comunidades, que não só serviram de pano de fundo para criar as teologias do Novo Testamento, como também favoreceram o processo de inculturação no contexto da cultura helenista, a cultura greco-romana. O cânon do Novo Testamento representa a cristalização desse conjunto plural de tradições, que vão muito além de Jesus.

Daí a pluralidade de eclesiologias, tanto no que concerne à explicação da origem da Igreja como de seu significado salvífico, de suas instituições e estruturas, dos estilos de vida das comunidades etc. Esse pluralismo, que foi canonizado pela Igreja ao estabelecer o cânon do Novo Testamento, é inevitavelmente fonte de conflitos, tensões e confrontos, tanto cristológicos quanto eclesiológicos (1Cor 1,10-13; 11,18-19), em todo o Novo Testamento.[12] Trata-se de um falso mito a idéia de uma Igreja uniforme em sua doutrina, homogênea em suas instituições e convergente em suas teologias. Uma afirmação desse tipo não leva em conta os dados bíblicos e obedece a uma estratégia de legitimação de uma concepção

---

[11] HAYA PRATS, G. *L'Esprit force de l'Église*. Paris, 1975; CONZELMANN, *Die Mitte der Zeit...*, cit., pp. 152-156; 194-202; HAENCHEN, E. *The Acts of the Apostles. A Commentary*. Oxford, 1971; FLENDER, *St. Luke Theologian of Redemptive History*, cit.; GASKE, W. A fruitfull Field. Recent Study of the Acts of the Apostles. *Interpretation*, n. 42, pp. 117-130, 1988; MARTIN, J. P. Il rapporto tra Pneuma ed ecclesia nella letteratura dei primi secoli cristiani. *Augustinianum*, n. 20, pp. 471-484, 1980; PAPROCKI, H. Les fondements bibliques de la pneumatologie. *Istina*, n. 33, pp. 7-21, 1988.

[12] MORGAN, R. A comunhão das Igrejas no Novo Testamento. *Concilium*, n. 164, pp. 37-47, 1981; KRENTZ, E. Fidelity in Variety: Forms of the Church in the New Testament. *Listening*, n. 19, pp. 73-82, 1984; KERTELGE, K. Die Wirklichkeit der Kirchen im Neuen Testament. In: SPRINZL, J. *Handbuch der Fundamentaltheologie*. Freiburg, 1986. v. 3, pp. 97-121; BLANK, J. *Vom Urchristentum zur Kirche*. München, 1982; KÄSEMANN. E. Einheit und Veilheit in der neutestamentlichen Lehre von der Kirche. In: IDEM. *Exegetische Versuche und Besinnungen*. Göttingen, 1965. v. 2, pp. 262-268; CULLMANN, O. *Einheit durch Vielfalt*. Tübingen, 1986; LANNE, E. Unité et diversité. *Irénikon*, n. 60, pp. 16-46, 1987; BROWN, R. *As Igrejas dos Apóstolos*. São Paulo, Paulus, 1986.

verticalizante e autoritária da Igreja, na qual não haveria espaço para dissensões, críticas e tensões, em contraposição aos escritos fundacionais do cristianismo. A passagem do hebreu Jesus à universalidade do Cristo ressuscitado implica diversas inculturações da mensagem cristã, a incorporação de elementos estranhos ao anúncio do reinado de Deus e a reconversão do projeto de Jesus à luz da missão, da ruptura com Israel e do anúncio de Cristo ressuscitado.

Da mesma forma, as Igrejas primitivas não podem ser identificadas com as que posteriormente foram se desenvolvendo na história, projetando retrospectivamente no Novo Testamento soluções posteriores que naquela época foram realizadas. Não se pode ler o Novo Testamento a partir da evolução ocorrida no século II, que levou a uma progressiva convergência factual e doutrinal das diferentes Igrejas, limitando a diversidade, embora esta nunca tenha sido eliminada, como conseqüência das crises produzidas pelas heresias (o movimento gnóstico, montanista e marcionita). É normal que em tempos de heresias se tenha a necessidade de acentuar a coesão eclesial para superar o perigo conjuntural, mas seria uma "heresia" o fato de que essa situação provisória se tornasse um pretexto para anular a pluralidade do Novo Testamento e eliminar toda possível dissensão. Foi precisamente isso o que ocorreu, em grande parte, no segundo milênio do cristianismo, que foi também o período de um progressivo distanciamento da hierarquia entre o povo e a própria Escritura, até explodir o "protesto", que se concretizou na Reforma protestante e na Contra-reforma, que não conseguiu superar nenhuma das duas separações.

Uma eclesiologia espiritual e carismática

O livro dos Atos está estruturado com base nesta espiritualização do cristianismo. Lucas fez uma releitura do Antigo Testamento na perspectiva do Espírito como inspirador das grandes testemunhas de Deus (At 1,26; 4,25; 7,51-52; 28,25), sendo Jesus movido e inspirado pelo Espírito em sua vida terrena (Lc 3,22; 4,1.14.18.21-22) e apresentando a Igreja como a comunidade do tempo final, anunciada no Antigo Testamento

(At 3,24-25; 13,41). Partindo dessa teologia, Lucas interpreta a ressurreição de Jesus como uma doação do Espírito (Lc 3,16; At 1,8; 2,4.17-21.33; 3,21-26; 4,24-31). Jesus começa sua atividade cheio do Espírito (Lc 4,1.14), como também a Igreja (At 2,14-21). O Espírito é aquele que marca a diferença entre o batismo de João Batista — que para Lucas representa o auge do Antigo Testamento — e o de Jesus e da própria Igreja (Lc 3,16; At 2,3-7; 10,47; 11,16-18; 18,24-28; 19,1-7), cujo batismo é também um anúncio da chegada do reinado de Deus (At 8,12; 20,25; 28,23.31). Os discípulos insistem em conhecer quando se irá instaurar o Reino, alentados pela presença do Ressuscitado no meio deles, o que revela até que ponto eles conservavam as suas expectativas de um messianismo triunfal. Evita-se dar-lhes uma data precisa, mas lhes é anunciada a doação do Espírito (At 1,6-8), que os levará a serem testemunhas até os confins da terra (Lc 3,6; At 1,8; 2,21; 28,28).

A repetição da ascensão nos últimos versículos do evangelho lucano e no começo do livro dos Atos serve para estabelecer, por um lado, o final do tempo terreno de Jesus, e, por outro, o começo do tempo da Igreja, a partir do núcleo dos apóstolos, que são simultaneamente testemunhas de Jesus e do Ressuscitado (At 1,2.4.13). A família de Jesus, por sua vez, aparece integrada à Igreja primitiva (At 1,14), sem que haja alusões ao distanciamento do tempo de Jesus (Lc 4,24; 8,19-21; 11,27-28). O plano divino consiste em que a Igreja continue a missão, começando por Jerusalém, término da ação nos evangelhos (At 1,4), até acabar em Roma. A cristologia do Exaltado (da ascensão) que derrama o Espírito divino sobre os discípulos é a deste livro. O entusiasmo desencadeado após a ressurreição foi provocado pela manifestação do Espírito a todos os discípulos (provavelmente aos quinhentos irmãos aos quais se faz referência como testemunhas da ressurreição, em 1Cor 15,6). É ele quem dirige a Igreja e quem a prepara nas fases de sua evolução.

Já sabemos a respeito da importância dada por Lucas aos "doze apóstolos", em seu evangelho. Da mesma forma como Jesus escolheu os doze (Lc 6,13), antes de enviá-los em missão (Lc 9,1-10; 22,35), assim também a primeira ação do Espírito será a de completar o número dos doze

(At 1,24.26), antes mesmo de vir sobre toda a comunidade (At 2,1-4), e se define a eleição de Matias como participação no ministério apostólico (At 1,24-26). Da mesma forma que no evangelho são enviados os 72 (Lc 10,1.17-20), assim também aqui são criados sete ministros, cuja atividade apostólica é superior à dos diáconos posteriores, com o objetivo de atender à comunidade helenista e de ir em missão para fora de Israel (Lc 24,47-49; At 6,3-7; 8,1.4-8.14.26.40; 21,8). A dupla adscrição judaica e pagã expressa-se no simbolismo dos doze apóstolos e dos sete ministros dos helenistas; em Tiago e Estêvão, enquanto líderes das duas correntes cristãs em confronto; no contraste entre a Igreja de Jerusalém e a de Antioquia, que representam as duas alas da Igreja, a seita dos judeu-cristãos (nazarenos) e a Igreja dos cristãos (que inclui os não-judeus); na tensão entre a pregação constante nas sinagogas judaicas e a conversão contínua dos pagãos; no empenho paulino de ir a Jerusalém, enquanto o Espírito o dirige para Roma (At 19,21; 20,16.22-23; 21,4.11-15.17-18; 22,18.21; 23,11; 25,3.9; 27,1.24; 28,14-16.28-31).[13]

Não são os apóstolos que controlam e planejam a missão, mas é o Espírito quem toma a iniciativa, freqüentemente surpreendendo os próprios dirigentes da Igreja (At 10,44-48; 11,12.15-18; 15,8.28; 16,6-7; 20,22-23; 21,4.11). Os apóstolos não entendem o Espírito, que age livremente e guia a comunidade em várias decisões às quais os próprios apóstolos resistem (At 4,8.31; 5,32; 6,3-6; 7,54; 8,15.17-19.29.39; 9,17.31; 10,19.44-47; 11,16.24; 13,2.4.52; 15,8; 16,6-7; 19,2.6; 20,28; 23,9; 28,25). É também o Espírito que dá a fortaleza para perseverar nas perseguições (At 4,8-14; 5,41; 6,10; 14,22; 16,25). Apesar da grande importância dada por Lucas aos apóstolos na Igreja, sua eclesiologia é carismática e nunca reduz o Espírito a um mero legitimador de decisões que já

---

[13] A dinâmica do Espírito promove a missão aos pagãos e a ruptura com os judeus, enquanto Paulo persiste em seu intento de evangelizar nas sinagogas judaicas. Esse aspecto é muito mais ressaltado no texto ocidental dos Atos dos Apóstolos do que no texto alexandrino, que é o preferido pelos especialistas. Uma sugestiva exposição é a que nos é oferecida por J. Rius-Camps, *El camino de Pablo a la misión de los paganos*, Madrid, 1984; IDEM, *De Jerusalén a Antioquía*, Córdoba, 1989; IDEM, Jesús, el pueblo de Dios y la Iglesia, según Lucas-Hechos, in *Misión Abierta*, nn. 5-6, pp. 69-89, 1986.

foram tomadas; pelo contrário, muitas vezes os próprios apóstolos e dirigentes eclesiais são obrigados a voltar atrás. O protagonismo de Jesus no evangelho é sucedido pelo do Espírito na Igreja, com o que Lucas indiretamente estabelece as bases de sua eclesiologia e de sua cristologia. A "teologia do reinado de Deus" serviu a Lucas para estabelecer a continuidade entre Jesus e a Igreja. Contudo, a cristologização do Reino se fez sentir na teologia lucana. O Cristo triunfante se faz presente na Igreja e "em seu nome" fazem-se "milagres e sinais" (At 3,6.16; 4,7-12.17; 8,12; 10,43). Não é que se perca totalmente a teologia do reinado de Deus, que continua sendo anunciada (At 19,8; 14,22; 28,23), mas o centro da mensagem foi deslocado para Cristo ressuscitado e para as manifestações do Espírito. Cristo, o Espírito e a Igreja são as temáticas centrais do livro dos Atos.

Da comunidade de discípulos à Igreja primitiva

Em fins do século I e inícios do século II, as Igrejas encontram-se em um período de organização institucional, de expansão missionária e de afirmação de sua própria identidade frente à herança judaica e ao contexto helenista do Império Romano. O Atos dos Apóstolos, escrito no último quarto do século I, reflete os problemas que afetavam a Igreja, que se transformou no objeto central da narração lucana em virtude do desaparecimento da geração contemporânea a Jesus. O título do livro — Atos dos Apóstolos —, bem como a importância que nele se dá ao ensinamento apostólico (At 1,1-3), evidencia qual seja a solução lucana para responder aos problemas apresentados pela nova época.[14] Para realizar essa etapa, Lucas precisou fazer três opções fundamentais, que marcaram a evolução posterior e deram uma identidade específica ao cristianismo. Essas três decisões são: a missão aos pagãos, a relação com o culto e

---

[14] SCHLIER, A Igreja nos escritos lucanos, cit., pp. 93-108; SCHNACKENBURG, *La Iglesia en el Nuevo Testamento*, cit., pp. 78-85; ANTÓN, *La Iglesia de Cristo...*, cit., pp. 420-476; TILLARD, J. M. L'Église de Dieu dans le dessein de Dieu. *Irénikon*, n. 58, pp. 21-60, 1985; JÁUREGUI, J. A. Israel y la Iglesia en la teología de Lucas. *EE*, n. 61, pp. 129-149, 1986.

o sacerdócio do Antigo Testamento, e a concepção da lei. Essas três opções caracterizaram o cristianismo em confronto com o judaísmo e com o contexto greco-romano.

A missão de Jesus teve algumas características bem delimitadas.[15] Como instaurador do reinado de Deus, ele se dirigiu a todo o Israel e criou um movimento de caráter popular e profético, com pretensões globais de reinterpretar a tradição judaica anterior e de renovar a aliança entre Deus e o homem, dando-lhe um novo conteúdo. Foi o próprio Jesus quem, em diversas ocasiões, limitou sua pregação e missão às ovelhas da casa de Israel (Mc 7,24-29; At 3,25-26; Mt 10,5-6; 15,24; Lc 4,18; Rm 15,8), continuando a tradição dos profetas (Mc 6,4; 8,28 par.; Mt 23,34; Lc 4,24-27; At 3,22-23; 7,37) e mantendo a diferenciação entre o povo judeu (*laós*) e os outros povos (*ethné*). Jesus manteve-se na tradição judaica, com a qual não rompeu totalmente, embora a tenha reformado. As passagens evangélicas nas quais Jesus sublinha o caráter especificamente judaico de sua missão possuem base histórica e não representam o resultado da teologia comunitária, que deve ser colocada em uma época em que haviam sido superadas as fronteiras do judaísmo.

Os evangelistas, que escreveram nos anos 60 e 70, já tinham conhecimento da missão efetuada entre os gentios e da ruptura com o judaísmo; por isso, não fazia sentido que eles atribuíssem a Jesus uma postura que a própria evolução da Igreja se encarregara de tornar defasada, a não ser que se tratasse de um fato histórico por todos conhecido, ou seja, o fato de que Jesus realmente havia limitado a missão aos judeus. Surpreende até a dureza com a qual ele reagiu diante dos pedidos dos não-judeus (Mt 15,24-26: não se deve tirar o pão dos filhos para jogá-lo aos cachorros), o que só pode ser explicado a partir de uma concepção proveniente do Antigo Testamento e da tentativa de comprovar a fé das pessoas que

---

[15] Remeto à síntese bíblica apresentada por O. Betz, Mission III. Neues Testament. *TRE*, n. 23, pp. 23-31, 1994. Cf. também K. Kertelge (Hrsg.), *Mission im Neuen Testament*, Freiburg, 1982; M. Hengel, Die ursprüngliche Bedeutung der christlichen Mission. *NTS*, n. 19, pp. 15-38, 1971/1972. Uma detalhada discussão das várias posturas exegéticas pode ser encontrada em W. Kümmel, Das Urchristentum, in *ThRv*, n. 52, v. 2, pp. 268-285, 1987.

solicitavam saúde e salvação. O mais provável é que tenha havido uma evolução no próprio Jesus, recolhendo-se o dito lucano de que ele crescia em sabedoria e graça, diante de Deus e dos homens (Lc 2,52), e que pouco a pouco sua mentalidade foi se abrindo a partir de um aprofundamento de sua missão, de uma experiência de Deus cada vez mais universalista e do comportamento dos pagãos que lhe demonstravam a sua fé, em contraste com a atitude dos representantes oficiais de Israel. De qualquer forma, a passagem à missão dos gentios não foi dada por Jesus, e sim pela Igreja que veio depois dele.

É preciso levar em conta, contudo, que Jesus inclui os outros povos na participação no banquete do Reino (Mt 8,11-12; Lc 11,30-32; 13,28-29; 14,23) e que em algumas ocasiões ele se surpreende diante da fé dos pagãos e da receptividade deles à sua mensagem (Mc 7,24-30 par.; Mt 8,5-12 par.; Lc 7,1-10; 10,30-37; 17,15-19). É impossível adivinhar suas intenções últimas, ou seja, se ele tinha alguma perspectiva a longo prazo, no momento do envio dos discípulos ou na última ceia. Não se pode esquecer, tampouco, que a Palestina era um território no qual coexistiam populações mescladas (Est 8,17), especialmente na "Galiléia dos gentios" (Mt 4,15; Mc 1,14.28.39; 3,7; 6,21; 9,30; 15,41) e na "Samaria" (Lc 9,52; 10,33; 17,11.16; Jo 4,4-5.7.9.39; 8,48), com as quais inevitavelmente Jesus entrou em contato (Mt 6,32 par.; Lc 12,30; Mt 10,18; 12,18.21; 20,19.25; 24,9; 25,32). Por isso, nos evangelhos, há alusões claramente universais (Mt 28,19; Mc 11,17; 12,9-11; 13,10; Lc 2,32; 21,24; 24,47).

Como no caso da lei e do templo, Jesus aparece inserido em uma tradição judaica mais aberta e liberal. A teologia dominante tinha a tendência de estabelecer uma separação estrita entre Israel e os povos pagãos, embora aceitasse a integração de indivíduos isolados em Israel (2Rs 5,15-19; Rt 4,9-12; Jó 1,1; Jn 1,1). A tradição que tem no Deuteronômio o seu ponto de partida é a mais estrita, e a circuncisão transformou-se na exigência fundamental para a integração dos prosélitos. No entanto, havia uma corrente mais liberal que estava aberta à possibilidade de que os demais povos participassem da salvação prometida (Zc 2,15; Sl 9,12-15;

47,10; 87,4-6; 100,3; Is 19,16-25; 25,6-8; 42,6; 49,6; 53,10-12). Sobretudo depois do exílio da Babilônia, houve uma corrente minoritária que defendia a igualdade para com os pagãos (Is 66,18-24), relativizando a origem étnica (Is 56,3-8 contra Dt 23,2-9). Enquanto Esdras (Esd 9,1-4; 10) e Neemias (Ne 13,23-31) procuravam fortalecer a identidade israelita, reforçando sua separação, a corrente profética, vinculada ao Dêutero-Isaías, recolheu os traços universalistas da salvação, integrando os pagãos. Na época intertestamentária, essa pluralidade de correntes foi mantida, mas acabou prevalecendo a teologia do distanciamento e da separação entre os povos, com algumas exceções minoritárias. Por outro lado, a maioria do judaísmo disperso no Império Romano tendia a aceitar prosélitos e simpatizantes, pessoas tementes a Deus. Por seu lado, os rabinos discutiam a participação dos pagãos na salvação de Israel e tinham posturas divergentes a esse respeito.[16]

Nesse sentido, a postura de Jesus tinha um amplo substrato profético e liberal. Por um lado, ele manteve as prerrogativas judaicas e limitou sua missão ao judaísmo. Por outro, todavia, proclamou o desígnio salvador universal de Deus e, ocasionalmente, operou milagres e curas em não-judeus. Concretamente nunca passou para uma missão que fosse além de Israel, como ocorreu em alguns casos no Antigo Testamento (Tb 13,13; Is 2,2-4; 49,6; 56,1-8; 60,3.11-12; Jl 3,5; Jn 3,2.5; 4,11; Dn 6,26-29). Há alguns textos universalistas que fazem alusão a acontecimentos posteriores à sua morte (Mc 16,15-16; Mt 28,19-20; Lc 24,47), que no entanto podem tratar-se de citações criadas ou modificadas pela comunidade, à luz da ressurreição (Mc 10,45; 13,10; 14,22-24; Jo 3,16). Dentre os evangelistas, João é quem mais acentua a abertura de Jesus aos não-judeus (Jo 4,42; 10,16; 12,20-23) e sua rejeição a Israel. Conhecemos a hostilidade aos judeus no evangelho joanino, escrito na etapa final do Novo Testamento, quando o rompimento com o judaísmo já era um fato consumado e distante no tempo.

---

[16] KRAUS, W. *Das Volk Gottes*. Tübingen, 1996. pp. 12-110.

Depois da morte de Jesus, a comunidade dos discípulos fez uma nova tentativa de levar adiante a missão judaica. Segundo a tradição profética, Jerusalém era o lugar messiânico por excelência e o ponto de partida para a missão aos demais povos (Is 2,2-3). Lucas utilizou essa tradição para representar o cumprimento das promessas: o Espírito é derramado sobre a comunidade, depois do triunfo do Messias ressuscitado (At 2,1-13). O pano de fundo escatológico e universalista desse relato simbólico é evidente (Jl 3,1-5). Da mesma forma que a multiplicação das línguas simbolizou a dispersão e a divisão da humanidade em seu intento de chegar ao céu e arrebatar a divindade (Gn 11,1-9), a doação do Espírito gera, então, uma nova humanidade, na qual a multiplicidade de línguas, povos e culturas não cria qualquer obstáculo à comunicação universal. Não se trata do fato de que todos falem a mesma língua, uniformidade essa que anularia as diferenças culturais, mas de uma comunhão que permita a unidade na diversidade.

O simbolismo aponta para a restauração da fraternidade humana, rompida pelo pecado. É preciso abrir-se à comum dignidade humana, que nos foi alcançada pela filiação divina, mas não se podem eliminar as diferenças e alteridades que nos constituem como sujeitos históricos. O universal não se alcança abstraindo-se ou negando-se os traços particulares de uma comunidade humana, mas fundamenta-se na abertura aos outros a partir da própria língua e cultura. É o Espírito quem cria o modelo de uma Igreja universal e, por isso, inevitavelmente plural. Contudo, a homogeneidade e a uniformidade só são possíveis quando se nega a identidade do outro ou quando se absolutiza a própria identidade, impondo-a como universal para os outros. O simbolismo dos Atos dos Apóstolos tem um valor permanente para uma Igreja que sempre reclamou para si o título de "católica", isto é, universal, tanto no sentido geográfico quanto no sentido histórico, uma Igreja plena porque é a de Cristo. Mas que, ao acrescentar-lhe o título de "romana", caiu na tentação de tornar equivalentes esses dois termos, com o que a particularidade romana foi imposta às demais Igrejas, obscurecendo o universalismo, o qual só pode ser plural e inculturado.

A legitimação da missão aos pagãos

Uma vez que Lucas expôs como a comunidade de discípulos reconstituiu-se em torno aos doze, Pedro tomou a palavra para afirmar que eles já se encontravam no tempo final predito pelos profetas (At 2,17). A experiência de ressurreição e de Pentecostes começa a ser apresentada como o substitutivo do Reino anunciado. Na continuação de seu texto, Lucas oferece uma série de sumários nos quais propõe o ideal da fraternidade e comunhão que deve acontecer na Igreja (At 2,42-47; 4,32-35; 5,12-16).[17] Ele combina a teologia com a história, a evolução factual da comunidade de Jerusalém com um modelo permanente daquilo que deve ser a Igreja. Em sua obra, portanto, une-se o ideal teológico com a fidelidade à história, ambos mesclados e por vezes em tensão entre si. A partir daí começa a missão, dirigida ao povo judeu, que é parcialmente receptivo à sua mensagem e recebe o batismo em nome de Jesus Cristo e do Espírito (At 2,37-41). São esses os três elementos que constituem a pregação.

Os discursos missionários, de redação lucana,[18] possuem todos o mesmo esquema. Eles se baseiam na pregação de Jesus, na rejeição de sua mensagem por parte do povo e dos seus dirigentes, e na intervenção final de Deus, que confirma Jesus e oferece uma segunda oportunidade a Israel (At 2,14-39; 3,12-26; 4,9-12.24-30; 10,34-43; 13,16-38). Essa pregação tem uma cristologia tradicional, baseada no equívoco de Israel em rechaçar o Messias esperado, sem que a morte de Jesus tenha o sentido redentor universal que tanto é acentuado por Paulo, com sua insistência no "por vós" (2Cor 5,21; Gl 3,13). O acento é posto na ressurreição como uma nova oferta de salvação, que permite ao verdadeiro Israel integrar-se

---

[17] Trata-se de uma descrição idealizada, que pretende tornar-se um modelo para a Igreja do tempo do próprio Lucas: MICHIELS, R. The Model of Church in the First Christian Community of Jerusalen: Ideal and Reality. *LouvSt*, n. 10, pp. 303-323, 1985.

[18] Uma análise detalhada dos discursos lucanos pode ser encontrada em U. Wilckens, *Die Missionsrede der Apostelgeschichte*, 2. Aufl., Neukirchen, 1963, pp. 193-219. Dodd defende que os discursos dos primeiros capítulos são provenientes da Igreja de Jerusalém, por causa da abundância de arcaísmos e semitismos. O mais provável é que eles tenham sido pura criação lucana: DODD, C. H. *La predicazione apostolica e il suo sviluppo*. Brescia, 1973. pp. 20-40.

no cristianismo e separar-se dos que não aceitam Jesus. Inicialmente, a Igreja move-se no mesmo contexto judaico de Jesus, apesar de que, depois da ressurreição, aumentem os elementos universais de salvação.

Jesus não deixou tudo pronto

Há procedência e, neste sentido, fundação por parte de Jesus também se esta comunidade, evoluindo, vem a dar-se mediante decisões históricas, estruturas que, por um lado, se escolhem dentro de um leque mais vasto de possibilidades dadas em si e abstratamente, e que, por outro, são irreversíveis e vinculantes para épocas posteriores [...]. em linha de princípio não é absolutamente necessário [...] reconduzir as estruturas constitutivas concretas da Igreja (católica), que esta declara ser vinculantes para si, a um dito histórico explícito de fundação pronunciado pelo próprio Jesus Cristo, para que se possa considerar a Igreja assim constituída como proveniente de Jesus e fundada por ele (K. Rahner, *Curso fundamental da fé*; introdução ao conceito de cristianismo, São Paulo, Paulus, 1989, pp. 388-389).

Permanece, no entanto, um problema histórico e teológico a ser resolvido: o da missão aos pagãos e o da rejeição de Israel depois de constatar que havia desaproveitado a missão da Igreja. A passagem aos pagãos foi muito complicada, porque gerou confrontos entre os grupos judaizantes, zelosos das tradições e ritos judaicos, que queriam mantê-los, e os judeu-cristãos mais abertos aos gentios, que queriam evitar que se lhes impusessem obrigações que já se haviam tornado defasadas. No Novo Testamento encontramos duas versões da passagem aos gentios: uma, a mais antiga, é a de Paulo, que é também o representante da ala mais aberta do cristianismo; a outra, redigida mais tardiamente, é a de Lucas, que apresenta uma síntese harmônica e unilateral de um problema que, em sua época, já havia sido resolvido.

Paulo concebe seu apostolado como uma missão aos gentios (Rm 1,14-16; 11,13; Gl 1,15-16; 2,8), acentuando sua autonomia em relação à Igreja de Jerusalém e aos demais apóstolos (Gl 1,16-23; Rm 15,19.23-24.28; 2Cor 11,32-33). Cristo foi "ministro dos circuncisos" (Rm 15,8), e os seus apóstolos, escolhidos por Jesus, também o foram dos judeus (Gl 2,7-9). A Paulo foi revelada a salvação dos gentios e lhe foi confiada essa tarefa (1Ts 2,16; Rm 1,5-7.14-17; 11,11-13; 15,9-13.16; 2Cor 5,16-21; Gl 3,14.28). Essa missão tinha também um sentido escatológico, isto é, fazia parte daquela expectativa de uma vinda próxima de Cristo (1Cor 3,12-15; 4,3-5; 15,23-28; 16,22). O específico dessa revelação e missão é o anúncio do Crucificado, que é o que mais criava dificuldades, tanto para os judeus, que viam na cruz uma maldição de Deus (Dt 21,22-23; cf. Gl 3,13; 1Cor 1,23), quanto para os gregos, por ser algo incompatível com sua cultura e com suas convicções religiosas (1Cor 1,22-25; Rm 1,16).

Paulo manteve sempre o contraste entre a história passada, que dava a primazia a Israel (1Ts 4,5), e a futura, de reconciliação e integração última de Israel em uma Igreja composta por pagãos (Rm 11,1.25-26.29-32). Da mesma forma que Paulo havia passado de perseguidor a testemunha do Ressuscitado, assim também esperava a integração última do povo judeu, como tal, na salvação. A partir da cruz de Cristo, a salvação foi universalizada, gerando uma comunhão entre todos os povos e superando as diferenças do passado. Ou seja, Paulo procurava eliminar o "etnocentrismo salvífico", próprio dos judeus, e reduzir a prioridade judaica sobre os outros povos à história passada, que, a partir de Cristo, passou a ter unicamente um valor testemunhal, recordativo e admonitor para a própria Igreja (Rm 9,1-13.25-33). Paulo está muito distante do triunfalismo eclesiológico. O que tinha acontecido com Israel poderia acontecer também com a Igreja. A teologia paulina é cristocêntrica, mas não anti-semita, apesar de sua crítica a Israel. Esse programa paulino, que está em relação com o seu anúncio da superação da lei, entrou em choque com os círculos mais tradicionais do judeu-cristianismo, que o acusavam de ir muito longe em sua abertura aos gentios e de abolir o significado salvífico do judaísmo.

Lucas pretende assumir o núcleo das pretensões de Paulo e da ala mais liberal do cristianismo e torná-lo compatível com as pretensões dos judeu-cristãos de observância mais estrita, manifestamente hostis ao posicionamento paulino. Ele não tem outra saída a não ser falar das resistências que a abertura aos gentios estava criando, mas tenta ocultar os conflitos que ocorreram dentro da própria Igreja cristã, ou esquivar-se deles ao máximo. Daí a imagem de harmonia que ele apresenta em sua síntese, compaginando uma teologia mais continuísta e outra mais rupturista. Se nas pregações de Pedro ao povo judeu se defende uma cristologia messiânica e davídica de Jesus — ou seja, apresenta-se um resumo do "caminho do Senhor" posto em cena no evangelho lucano (At 10,34-43) —, nos discursos aos pagãos, do livro dos Atos, há um esquema diferente (At 14,15-17; 17,22-32; cf. 1Cor 15,3-8; 1Ts 1,9-10; Hb 5,11; 6,2): aqui os pagãos são exortados a converterem-se ao Deus vivo, abandonando os ídolos; a ressurreição de Jesus é apresentada como uma prova legitimadora e como um sinal da futura salvação de todas as pessoas, e se proclama o futuro julgamento divino para todos os que fazem o mal. Já não mais interessa ressaltar a continuidade da Igreja com Israel como um caminho dentro do judaísmo, mas acentua-se a salvação que Deus oferece a todos. A soteriologia, ou seja, a oferta do Deus que salva, mais do que a cristologia, que apresenta o significado de Jesus ressuscitado, é o núcleo de ambos os discursos. Porém, desvia o radicalismo paulino no pecado de todos e sua afirmação de que Deus já está presente na cruz, que é o lugar da justificação.[19]

Lucas é conseqüente em sua tentativa de apresentar um modelo de Igreja primitiva que sirva de exemplo às comunidades de seu tempo. Assim como nos evangelhos há um processo de idealização dos discípulos, o mesmo ocorre com a comunidade. Procura-se minimizar os conflitos e se buscam soluções harmônicas, relegando a segundo plano os confrontos e as situações conflitivas. Se na primeira parte do livro dos Atos o foco de atenção é posto na Igreja de Jerusalém, na pregação aos judeus e no ministério dos apóstolos, na segunda parte a atenção concentra-se em Paulo, que não conheceu o Jesus histórico e que é o apóstolo dos gentios, mas que precisa ser integrado e legitimado pela geração que o precede. Lucas depara-se com um fato histórico indiscutível: o protagonismo pau-

---

[19] Wilckens, *Die Missionsrede der Apostelgeschichte*, cit., pp. 72-100; 193-219.

lino e sua importância teológica no momento de estabelecer a passagem aos pagãos. Por outro lado, ele está consciente de que o apostolado paulino é questionado por alguns círculos cristãos e que vincular a missão aos gentios a uma figura apostólica discutida e radical, vista com desconfiança pelos judaizantes, constituir-se-ia em empecilho para legitimar a abertura aos não-judeus. Por essa razão, ele opta por uma solução intermediária, fazendo recurso a um princípio legitimador indiscutível (o Espírito de Deus) e a algumas mediações mais aceitáveis do que a paulina, ou seja, a petrina e a da própria Igreja de Jerusalém, para, a partir daí, integrar o apostolado de Paulo e legitimá-lo até como apóstolo dos gentios.

Para isso, Lucas procede de forma semelhante à adotada pelo evangelista Marcos na estruturação de seu evangelho. Os capítulos 1 a 13 do livro dos Atos têm como protagonista principal a missão em Israel, que depois irá se estender às regiões da Judéia, Cesaréia e Samaria, por causa da perseguição dos helenistas (At 8,1.4-5.9.14.25.26.40; 9,31-32.35.38), e que culmina com a descida do Espírito sobre os samaritanos (At 8,14-17). Nessa primeira parte do livro, fala-se sobretudo da pregação ao povo judeu, que está sob a responsabilidade dos doze apóstolos e especialmente sob a de Pedro. Depois, a partir do capítulo 11, começa o relato da expansão missionária da Igreja fora de Israel, da qual antes só se havia falado de passagem, por ocasião da conversão de Paulo em Damasco (At 9,2-3.15.19.22.27.30). Um helenista, Filipe, é o primeiro a batizar um prosélito do judaísmo, o eunuco etíope, seguindo a inspiração do Espírito (At 8,26.38-39). Mas essa conversão isolada ainda não é a missão aos pagãos. A expansão geográfica limita-se inicialmente às sinagogas judaicas. A partir daí (At 10–15), são dadas as indicações da missão aos pagãos. Historicamente, foi provocada pela dispersão dos helenistas, depois da morte de Estêvão (At 11,19), chegando até Chipre e Antioquia, onde começaram a pregar aos gregos (At 11,20).

Todavia, antes do fato histórico, encontra-se a justificação teológica, que se inicia em At 10–11 e culmina no capítulo 15, que lhe serve de conclusão. Alude-se expressamente ao fato de que o povo judeu tenha desperdiçado a segunda oportunidade que lhe foi oferecida pela pregação da Igreja (At 13,44-50). A primeira abertura aos pagãos tem como protagonista Pedro, que se encontrava em Cesaréia e foi chamado à casa do centurião Cornélio (At 10,4.17-22.31-32). Pedro, que estava orando, teve uma inspiração na qual o Espírito por três vezes exortou-o a quebrar as leis judaicas sobre a impureza dos alimentos e do contato com os estrangeiros (At 10,11-16.19.28-29). Pedro permaneceu duvidoso e pensativo, apesar da tríplice insistência do Espírito (At 10,17). Em seguida, Pedro fez a experiência de como o Espírito foi derramado sobre os incircuncisos, que em várias línguas louvavam a Deus, como em Pentecostes. Deus manifestou-lhe assim que não faz acepção de pessoas (At 10,34.44-48), e Pedro, que havia negado por três vezes a Jesus, e que por três vezes desobedecera à inspiração do Espírito, superou suas resistências judaicas.

Esse Pentecostes aos pagãos (posterior ao de Jesus no batismo, ao da Igreja de Jerusalém e ao dos samaritanos, depois da missão dos grupos helenistas) marca, para Lucas, o começo da legitimação e da expansão missionária da Igreja. Diante do protesto dos círculos judaizantes, em Jerusalém, é Pedro quem conta a história, insistindo no protagonismo do Espírito Santo (At 11,12.15-18), que se torna o fator decisivo na aceitação ocorrida em Jerusalém. Uma vez legitimada a missão, Lucas passa a narrar como se começa a pregar aos não-judeus em Chipre, Cirene, Fenícia e Antioquia, que é o primeiro lugar no qual os discípulos começam a ser chamados de cristãos (At 11,19-22.25-26; cf. 1Pd 4,16), e como este fato foi aceito pela Igreja de Jerusalém, que lhes enviou Barnabé e Paulo de Tarso (At 11,22.25.27-30; 12,24-25), os quais passaram a ser apresentados como enviados da Igreja-mãe. Então, e não antes, a hostilidade judaica se desencadeou sobre toda a Igreja de Jerusalém, provocando a prisão de Pedro e a morte de Tiago (At 12,1-3). Em contraste com a perseguição judaica, cresce a missão entre os gentios e iniciam-se as viagens de Paulo, escolhido em Antioquia pelo Espírito (At 12,24-25; 13,2-4.9.52).

Nesse contexto começa a dar-se a ruptura definitiva da Igreja com os judeus das sinagogas do Império, os quais rejeitam a pregação de Paulo ao mesmo tempo em que a ela os gentios se abrem: "Era preciso anunciar a palavra de Deus primeiro a vós. Mas, como a rejeitais e vos considerais indignos da vida eterna, sabei que vamos dirigir-nos aos pagãos. Pois esta é a ordem que o Senhor nos deu" (At 13,46-51). Não é Paulo quem toma a decisão final; pelo contrário, ele persiste em seu intento de evangelizar nas sinagogas. Essa decisão deve-se a uma inspiração divina. Agora falta somente a concordância unânime da Igreja de Jerusalém, apóstolos e presbíteros, sobre a missão aos gentios. E é o que se consegue no capítulo 15. Pedro toma a palavra, e seu protagonismo suplanta o de Paulo, apesar da atividade missionária desenvolvida por este último. Pedro exorta a Igreja de Jerusalém a abrir-se aos gentios, exatamente como indicou o Espírito (At 15,7-12), qualificando-se a si mesmo como apóstolo dos gentios (At 15,7: "Deus me escolheu dentre vós para que os pagãos ouvissem de minha boca a palavra da Boa-Nova e abraçassem a fé").

Dessa forma, Lucas tirou de Paulo o seu papel prioritário na missão aos pagãos, dando-o a Pedro e reduzindo Paulo a um mero enviado da Igreja de Jerusalém (At 15,12.22.30.35). Essa abertura de Pedro é confirmada por Tiago, o líder dos judeus de língua aramaica (At 15,13-21). A partir de então, encerra-se uma etapa da vida da Igreja, a da missão nas sinagogas e nos grupos judeus, e se começa a narrar as viagens de Paulo, que passa a ser o protagonista fundamental do livro (um protagonista solitário, já que seu companheiro Barnabé sai de cena depois de ter cumprido sua função de vincular Paulo à comunidade apostólica e à Igreja de Jerusalém (At 15,36-41). Os decretos desta são a última alusão que se faz aos apóstolos nos Atos (At 15; 16,4). Daí em diante, a relevância é dada a uma nova geração apostólica, subordinada aos discípulos de Jesus e testemunhas de sua ressurreição.

A Igreja passou a ser uma comunidade mista de judeus e pagãos, atribuindo-se sempre a decisão à livre iniciativa do Espírito, à qual se submeteram as autoridades apostólicas e eclesiais (At 10,47; 15,8.28). O acento deixa de ser posto em Jerusalém para ser colocado nas novas Igrejas que entraram no projeto de Deus sob a direção do Espírito, que ia indicando a Paulo onde ele devia pregar (At 16,6-12; 20,22; 21,10-11). Sua missão atingiu uma primeira meta no areópago de Atenas, capital cultural do helenismo, onde ele tentou estabelecer uma síntese entre a cultura helenista e a judaica, a pregação do Ressuscitado e a veneração grega dos deuses (At 17,16-34), para concluir com a superioridade do cristianismo sobre as religiões helênicas (At 19,17-20.27). Essa tentativa de conciliar o cristianismo e o helenismo foi posteriormente perseguida pelos padres apostólicos e pelos apologetas dos séculos II e III, provocando a cristianização da cultura greco-romana e a helenização do cristianismo. A missão da Igreja e de Paulo acabou em Roma, concluindo assim, na ótica lucana, o plano de salvação (At 28,16-31),[20] ao passo que Paulo, em suas cartas, punha o acento na Espanha, que era considerada por ele o final da terra, o ponto extremo do Ocidente.

Esta apresentação idealizada não corresponde aos dados presentes nas cartas paulinas, nas quais afloram muitas das tensões comunitárias. Lucas integrou a legitimação do questionado Paulo, as suas exigências de apóstolo dos gentios (At 22,21; 26,16-18), a isenção da lei judaica para os que se convertiam do paganismo e as descontinuidades entre o cristianismo e o judaísmo (At 21,21-22.24.28; 22,22-23). Seu ideal de perfeita comunhão entre todas as Igrejas manifesta-se na coleta que todas fizeram para apoiar a Igreja de Jerusalém (At 11,29; cf. Gl 2,10; Rm 15,25-27), silenciando sobre as dificuldades existentes para que Jerusalém aceitasse tais ajudas econômicas (Rm 15,30-31), já que estas simbolizavam a mesa comum com os impuros (Lc 5,30; 15,2; 19,7-8; At 11,3; 21,24). A coleta se presta a diversas interpretações, podendo significar também a subordinação das Igrejas gentias a Jerusalém, em forma análoga ao apoio econômico dado pelos prosélitos à comunidade judaica,[21] o que seria incompatível com a eclesiologia paulina.

---

[20] Hauser. H. J. *Strukturen der Abschlusserzählung der Apostelgeschichte.* Roma, 1979. pp. 229-242.

[21] Berger, K. Almosen für Israel. Zum historischen Kontext der paulinischen Kollekte. *NTS*, n. 23, pp. 180-204, 1976/1977.

A diversidade de teologias da missão, as tensões entre os apóstolos do judaísmo e Paulo, e a importância assumida pelo Espírito como o autêntico dirigente da Igreja (na mesma linha de Jo 15,26-27), tomando a iniciativa e surpreendendo os apóstolos e os dirigentes de Jerusalém, tudo é uma demonstração de que a missão aos pagãos tem uma origem pascal. Não foi Jesus quem promoveu historicamente a missão, nem quem forneceu as diretrizes sobre o que deveria ser feito, e sim o Espírito. O fracasso da missão judaica e a consciência de que se adiava indefinidamente no horizonte da história a segunda vinda de Cristo facilitaram a abertura sistemática e definitiva aos pagãos.

Posteriormente, já nos escritos tardios do Novo Testamento, a missão aos pagãos e o surgimento de uma Igreja mista, composta de judeus e de gentios, foi um fato aceito por todos (Tg 1,1; 1Pd 1,1). Os membros da comunidade converteram-se em missionários a partir de seu testemunho de vida diante dos pagãos (Fl 2,15-16; *Did*, 10,5-6; *1Clem*, 6,1; *Barn*, 3,3-5; *Diog*, 5,1–6,10), embora somente alguns fossem itinerantes, como Paulo e os primeiros apóstolos. Não se pode negar, tampouco, que há uma série de escritos do final do século I, em que a missão passou para segundo plano, enquanto adquiriram relevância os problemas eclesiais (escritos joaninos, Segunda Carta aos Tessalonicenses, Efésios e Colossenses etc.). Entretanto, o horizonte missionário determinou a identidade da Igreja, o que inicialmente havia ocorrido com a mensagem do reinado de Deus. As Igrejas foram, com Cristo ressuscitado, além de Jesus e assumiram uma iniciativa missionária que supôs o surgimento de uma nova religião e a mundialização de grande parte da herança religiosa judaica.

As tensões não desapareceram logo, mas foram diminuindo à medida que ia decaindo a Igreja de Jerusalém, sobretudo depois da guerra do ano 130, que tornou impossível a permanência dos judeu-cristãos em Jerusalém, apressando a missão no Império Romano. Até o século II, persistiram na Palestina alguns grupos que eram claramente hostis ao desenvolvimento da missão entre os gentios e de um depurado antipaulinismo; porém, imediatamente se produziu uma revalorização teológica de Paulo e o definitivo fracasso de seus adversários teológicos.[22] Os séculos seguintes conheceram uma nova etapa da missão com traços de anti-semitismo, uma mistura de revanche diante da inicial hostilidade dos judeus contra os "hereges nazarenos"[23] e de ressentimento pela "obstinação" judaica em perseverar na fé dos seus antepassados. Por outro lado, uma vez consumada a ruptura com o judaísmo, foi mantida a influência das instituições, dos símbolos e das Escrituras judaicas. A relação do cristianismo com o judaísmo não se restringe somente às suas origens, mas manteve-se ao longo da evolução posterior, embora a chave de interpretação das "Escrituras hebraicas" não tenha sido a da tradição rabínica, nem a das interpretações do Talmude. Tudo era visto a partir de Jesus Cristo, considerado o ponto alto das promessas bíblicas e a revelação última de Deus para Israel e para a humanidade. Não só se leu a vida de Jesus tendo como pano de fundo o Antigo Testamento, a partir da conjunção entre promessa e cumprimento, mas também, inversamente, interpretou-se aquele com base no que Jesus disse e fez, à luz de sua ressurreição e de sua exaltação como Senhor e Filho de Deus.

Pode-se falar de uma lenta re-judaização do cristianismo ao longo do século III, sobretudo em sua segunda metade, pois recorreu-se maciçamente ao Antigo Testamento para dotar a Igreja de instituições, rituais, leis e outros princípios religiosos. Paulo triunfou historicamente, pois acabaram se impondo as suas teses relacionadas à abertura aos gentios; todavia, a influência "judaizante", isto é, dos judeus tradicionais, hostis a Paulo,

---

[22] Em meados do século II, constata-se uma revalorização da versão apresentada pelos Atos dos Apóstolos sobre o apostolado de Paulo, contrariamente à que se encontra nos próprios escritos paulinos, no contexto da luta contra os ebionitas e os gnósticos: MÜLLER, P. G. Der "Paulinismus" in der Apostelgeschichte. In: KERTELGE, K. & LOHFINK, G. (Hrsg.) *Paulus in den neutestamentlichen Spätschriften.* Freiburg, 1981. pp. 157-201; LÖNING, K. Paulinismus in der Apostelgeschichte. In: KERTELGE & LOHFINK, op. cit., pp. 202-234; VIELHAUER, *Aufsätze zum Neuen Testament*, cit., pp. 9-27.

[23] A partir do final do século I generaliza-se a rejeição da parte do judaísmo oficial, encabeçada pelos fariseus, contra os saduceus e os judeu-cristãos, os quais são excluídos das sinagogas. Há testemunhos patrísticos dessa prática: "Pronunciam juramentos e maldições sobre eles quando dizem suas orações nas sinagogas. Três vezes por dia anatematizam, dizendo: Que Deus amaldiçoe os nazarenos!" (Epifânio de Salamina, *Panarion*, XXIX 9,2). Na mesma linha, há outros testemunhos, como é o caso de são Jerônimo; cf. MIMOUNI, S. La Birkat Ha-Minim: une prière juive contre les judéo-chrétiens. *RevSR*, n. 71, pp. 275-298, 1997.

persistiu no cristianismo e foi determinante para a Igreja posterior. Isso ocorreu sobretudo depois da queda do Império Romano e da invasão dos povos bárbaros, mais próximos da mentalidade judaica do que da complexidade teológica das cartas paulinas e de boa parte do Novo Testamento.

A ruptura com o templo judeu

Toda religião se define por sua forma de conceber a relação com Deus, isto é, pela maneira com que estabelece uma diferença entre o sagrado e o profano, entre o âmbito e práticas consagradas à divindade e as tarefas mundanas da vida cotidiana. A separação entre o sagrado e o profano provavelmente representa a primeira hierarquização das culturas primitivas, já que nelas a religião era o núcleo da sociedade. Para o homem primitivo, o espaço não era homogêneo, mas qualitativamente diferenciado, ocupando o centro o "lugar sagrado" da comunicação com Deus. Esse é o sentido dos santuários, dos templos e das igrejas, espaços consagrados a Deus, claramente diferenciados dos outros, que serviam para ordenar e hierarquizar o espaço urbano. Muitas cidades surgiram precisamente em torno a igrejas, santuários e mosteiros. Por isso temos muitos ritos de consagração de lugares humanos importantes, tais como a residência ou os locais de trabalho. Cada cultura tem seus próprios espaços sagrados em função da compreensão de seus deuses e de seu culto.[24]

O templo de Jerusalém e a "cidade santa" eram, para Israel, os espaços sagrados por excelência (Ex 25,8-9.40; 1Cr 28,1-9; 1Rs 6). Sua estrutura arquitetônica expressava a gradual sacralidade dos espaços, desde o pátio aberto a todo o mundo até o tabernáculo, ao qual só tinham acesso os sacerdotes, como acontece nas igrejas cristãs com o sacrário no presbitério. Havia uma festa que comemorava a dedicação ou consagração do templo (Nm 7,11), que se conserva até nossos dias com o nome de Festa dos Candelabros ou Festa das Luzes, com uma rígida regulamentação

---

[24] ELIADE, M. *Lo sagrado y lo profano*. 2. ed. Madrid, 1973. pp. 25-62 [Edição brasileira: *O sagrado e o profano*: a essência das religiões. São Paulo, Martins Fontes, 1955].

a respeito de quem, quando e como poderia entrar no espaço sagrado hierarquizado. O templo era imagem de toda a criação, segundo o Antigo Testamento, e o lugar simbólico da presença de Deus em meio à humanidade. É por isso que a glória de Deus cobriu o templo no dia de sua inauguração (1Rs 8,10-13), assim como aconteceu antes com a Arca da Aliança (Ex 40,34-35) e com o monte Sinai (Ex 24,15-16). O templo de Jerusalém, enquanto casa de Deus, era o lugar sagrado por excelência ("tó Hieron": Mt 12,5-6; 21,12-14 par.; Lc 2,27.37; 18,10; At 21,26-30; 22,17; 24,6.11-12.18; 1Cor 9,13), constituindo-se assim no centro do mundo.

Entretanto, no judaísmo havia uma corrente crítica contra o segundo templo, aquele que Jesus conheceu, pois o primeiro havia sido destruído por ocasião do exílio na Babilônia.[25] Por um lado, tinha-se saudades do templo construído por Salomão e se considerava o segundo de qualidade muito inferior ao primeiro. Em alguns círculos minoritários judaicos, até se pensava que o novo templo fosse incapaz de ser o lugar no qual se manifestasse a santidade de Deus. Por outro lado, esperava-se por um novo templo e por uma nova Jerusalém nos tempos messiânicos, cuja construção não seria obra de mãos humanas, mas do próprio Deus. Na oposição ao templo por parte de alguns setores da população, conjugavam-se elementos teológicos com elementos sociais, tais como os conflitos entre a população camponesa e a urbana de Jerusalém, ou entre os judeus e os samaritanos, o distanciamento entre os sacerdotes e o povo e até mesmo a tensão entre o baixo clero, os essênios e os zelotas, e a aristocracia sacerdotal, que detinha o controle do primeiro. Depois da guerra do ano 70, ganharam força renovada as críticas proféticas e surgiu a idéia de um novo culto, sem templo nem sacrifícios, como reação à segunda destruição do templo por parte dos romanos. Deu-se um processo de espiritualização do culto, paralelo à crescente importância assumida pela lei, pela Torá e pela tradição oral dos rabinos. Passou-se assim de uma religião cultual e sacerdotal, na qual tudo girava em torno do templo, para uma laical, centrada na lei e nas Escrituras, e guiada pelos fariseus e rabinos.

---

[25] MCKELVEY, R. J. *The New Temple*. The Church in the New Testament. Oxford, 1969. pp. 9-57.

A crítica cristã ao templo

No Novo Testamento há 71 alusões ao templo, a maioria delas para se referir ao templo de Jerusalém, e as demais para se referir, em geral, ao local de culto. Nos evangelhos, Jesus não só purifica o templo, como também toma posse dele e o transforma em seu lugar habitual de ensinamento (Mt 21,23 par.; 26,55 par.; Mc 12,35; Lc 2,46; 19,45-48; 21,37-38; 22,53; Jo 7,14.28; 8,2.20; 18,20). É significativo o fato de que o evangelho lucano — que é o que mais importância concede à oração e que apresenta os representantes do Israel fiel como orantes no templo (Lc 2,27-32.37; 18,10) — nunca mostre Jesus orando no templo (Lc 21,37-38). Contudo, trata-se de um local freqüente de suas curas e milagres (Mt 21,14-15), de seu ensinamento (Mc 11,16-17; 12,35; 14,49 par.; Lc 21,37) e do confronto doutrinal e prático com as autoridades judaicas (Mc 12,41-44 par.; Mt 21,23-27; Lc 19,47; 20,1-8; 22,52-53; Jo 5,14-18; 8,20.59; 10,23). O templo também é o espaço simbólico de uma das tentações de Jesus (Mt 4,5-7 par.: jogar-se do alto do templo para irromper como o Messias triunfante). Por outro lado, a contemplação da suntuosidade do templo é acompanhada pelo anúncio de sua destruição final (Mc 13,1-2 par.). Por ser a casa do Pai (Lc 2,49; Jo 2,16), foi purificado por Jesus (Mc 11,15-19; Lc 19,45-46 par.). A expulsão dos mercadores é a conseqüência da crítica aos negócios que o profanavam como lugar de oração (Mc 11,15-17 par.).

Nos evangelhos afirma-se a superioridade de Jesus, que é maior do que o templo (Mt 12,6), e ressalta-se sua autoridade, sem nunca responder às demandas dos seus adversários, que reagiam às suas críticas (Mc 11,27-33 par.; Jo 2,18-21). O fato é que a sua missão inaugura uma nova forma de presença de Deus em meio ao seu povo, simbolizada pela predição da queda do templo e pela afirmação de que ele seria reconstruído em três dias (Mc 14,58; Mt 26,61; Jo 2,19). Provavelmente essa ação simbólica teve um núcleo histórico, embora tenha sido magnificada e engrandecida pelos discípulos, que fizeram dela um grande acontecimento. Sua atividade pôde ser interpretada pelas autoridades em uma linha cultual, ainda que profética e reformadora, pois o câmbio de dinheiro e a venda de animais estavam vinculados ao culto sacrifical. De qualquer forma, as acusações de Jesus ao templo logo se transformaram em uma das causas de sua condenação por parte das autoridades.

As críticas ao culto sacrifical e à impureza do templo estavam firmemente arraigadas nos círculos judaicos radicais, como os do mar Morto, os quais podiam remeter-se à crítica profética do Antigo Testamento. Não se pode esquecer que a pregação do Batista anunciava o perdão universal dos pecados a partir do arrependimento e da penitência, sem aludir em momento algum aos sacrifícios do templo, preparando assim o caminho para a atividade posterior de Jesus. Além disso, os samaritanos censuravam o templo de Jerusalém e propunham outra alternativa como local de oração, enquanto a comunidade dos essênios considerava-se como o novo templo. Esse pano de fundo marcou a ação de Jesus e as interpretações posteriores da comunidade de discípulos, que dela extraíram novas conseqüências.

É possível que sua agressão simbólica — que foi um gesto de pouca importância, pois se com isso ele tivesse interrompido o andamento habitual do culto teria sido preso imediatamente — tenha sido tanto uma denúncia do santuário quanto uma ação profética com a qual ele anunciava a rejeição de Deus àquele lugar sagrado e seu conseqüente final. Os anúncios sobre a destruição (Mc 13,2 par.; Mt 26,61; 27,39-40; Mc 14,58) e sua correspondente reconstrução pertencem a Jesus e à comunidade pascal, e não é possível distinguir com clareza entre o que é uma tradição autêntica e o que teve sua origem depois da ressurreição, embora tenham sido postos na boca de Jesus (Mc 13,2; 14,58; 15,29-30; Mt 26,61; Jo 2,19; At 6,13-14). Não há dúvidas, contudo, de que a ação de Jesus, por pequena e simbólica que tenha sido, lhe acarretaria a hostilidade dos sacerdotes e de todos aqueles setores da população que dependiam da prosperidade do templo e do culto. A pregação está fortemente assentada em uma pluralidade de tradições e não pode ser compreendida se carecer de um núcleo histórico. Não é admissível que os próprios cristãos tenham inventado todas essas acusações, sem que Jesus nada tenha feito a propósito disso.

É evidente que a comunidade cristã aceitou o fim do templo como símbolo de uma era salvífica que estava acabando (Mc 15,37-39 par.) e que viu na última ceia de Jesus o começo de uma nova época que punha fim aos sacrifícios cultuais (Mc 14,25). À luz da ressurreição, aceitou-se o fim da era do santuário, embora tenham sido rejeitadas as acusações judaicas sobre a destruição do templo como obra do próprio Jesus, referindo-as a seu corpo mortal, que seria o novo lugar da presença de Deus no mundo (Mc 14,58; 15,29; Mt 26,61; 27,40; At 6,14; cf. Jo 2,18-22). Há aqui uma preparação para a posterior dessacralização do templo no Novo Testamento, seja que Jesus tenha predito unicamente a destruição (Mc 13,1-2 par.) — o que é a hipótese mais provável —, seja que ele tenha ameaçado que ele mesmo o destruiria (Mc 14,58). Essa tradição dificilmente pode ter sido construída pela comunidade, a qual sabia que os romanos haviam destruído o templo durante a guerra.

É provável que aquilo que havia sido uma pregação, mais tarde tenha se transformado, com a intervenção dos redatores dos evangelhos, em uma ameaça de Jesus, já que a comunidade viu a destruição como um sinal do castigo de Deus infligido sobre Israel por ter rejeitado o Messias. Há também a possibilidade de que o próprio Jesus tenha vinculado a idéia de uma ação de Deus contra o templo com o anúncio de uma nova era, em cujo contexto adquiriu significado a idéia da comunidade de discípulos, isto é, um espaço de relações humanas e não um local físico, como o novo lugar da presença de Deus no mundo.[26] A ação de Jesus no templo reavivou as esperanças na almejada intervenção divina, amplamente compartilhada por outros grupos hebreus da época, que coligavam o castigo divino, o desastre de Israel e a redenção esperada. Quando

---

[26] Sigo aqui a interpretação de Sanders, que vincula a ação de Jesus às profecias sobre a destruição do templo. A idéia de um novo templo e da restauração de Israel é testemunhada pela literatura judaica da época. Sanders rejeita a idéia de que a ação de Jesus seja uma purificação, pois essa ação contradiz a profecia da destruição do templo. Essa contraposição não é necessária. Jesus pôde anunciar o desaparecimento do templo como conseqüência de uma ação de Deus e ao mesmo tempo solidarizar-se com as críticas ao culto e aos negócios feitos no templo, dada sua vinculação às tradições proféticas e ao movimento do Batista; cf. SANDERS, E. P. *Jesus and Judaism*. 2. ed. London, 1987. pp. 61-70.

os romanos destruíram Jerusalém, muitos cristãos e alguns grupos judaicos convenceram-se de que o final dos tempos estava próximo.

Todavia, a ruptura definitiva dos cristãos com o templo obedece a um processo gradual, a uma tomada de consciência pascal, em que Estêvão e o grupo dos helenistas desempenharam um papel essencial, ou seja, dos judeus de língua grega que estavam dispersos por todo o Império Romano. A ambigüidade e a multiplicidade de interpretações apresentadas pelos evangelhos demonstram que os cristãos não tinham clareza no sentido e na intencionalidade das pregações de Jesus. Só mais tarde acabou se impondo um desses sentidos, que estava ligado à nova significação assumida pela cristologia pascal. Quando o véu do templo se rasgou, foi eliminada a diferença entre o espaço sagrado e o profano, e com isso ficava simbolizado o início de uma nova era (Mt 27,51-54). Depois da morte de Jesus, a glória de Deus deixou de tornar-se presente no templo, o qual havia perdido sua significação salvadora.[27] À medida que se passou do profeta e messias Jesus para o Cristo Filho de Deus, constituído como tal desde a ressurreição, extraíram-se as conseqüências mais radicais sobre a purificação do templo.

A conduta de Jesus foi o modelo para os discípulos que, inicialmente, aparecem tendo vinculação com o templo (At 2,46; 3,1-2.8.10.11-12; 4,1; 5,12-16.20-21.25.42). No começo eles não romperam com o templo (Lc 24,53), mas assumiram a prática cultual e os ritos de purificação que estavam prescritos (At 21,23.26-30; 22,17). O templo foi também o lugar da pregação dos apóstolos (At 5,20-21.25.42) e de seus milagres (At 3,2-10), bem como o ponto de partida para as perseguições judaicas (At 4,1-3; 5,25-26; 21,27-30; 24,6; 26,21). Precisamente por ser um lugar predileto para a pregação e para a missão, pois tratava-se do local de maior concentração do judaísmo, eles o utilizaram, seguindo os passos de Jesus. Na Igreja de Jerusalém não se falava de uma ruptura total da comunidade com o templo, nem a crítica a ele parece inicialmente ir além

---

[27] MCKELVEY, *The New Temple*. The Church in the New Testament, cit., pp. 58-91; THEISSEN, G. *Studien zur Soziologie des Urchristentums*. Tübingen, 1979. pp. 142-159.

daquilo que Jesus havia feito. O rompimento definitivo com o templo veio da ala mais liberal da Igreja: os judeu-cristãos de língua grega.

O núcleo das acusações contra Estêvão, líder do movimento helenista, estava em sua crítica radical ao culto judaico. Estêvão percorre toda a história do culto judaico na perspectiva profética, que culmina na rejeição do templo ("[...] o Altíssimo não mora em casa feita por mãos humanas") e na denúncia contra Israel, por ter resistido a Deus ao crucificar Jesus (At 7,41-53). O martírio de Estêvão é narrado tendo como pano de fundo a paixão de Jesus (At 7,59-60), sendo ele mesmo, inspirado pelo Espírito, quem vincula a perseguição dos profetas, a de Jesus e a sua própria morte (At 7,51-58). No julgamento de Estêvão diante do Sinédrio, Lucas insere parte do material por ele omitido ao narrar a paixão de Cristo (At 6,11-13: subornaram alguns para que declarassem que Jesus havia blasfemado contra a lei, contra Moisés e contra Deus, e que ia destruir o templo). Indiretamente Lucas estabelece uma continuidade entre a postura de Jesus e a de Estêvão, embora teologicamente a crítica de Estêvão seja mais radical do que a de Jesus, pois defende que Deus jamais habitou no templo.

Não é Jesus, mas Estêvão, quem desencadeia a ruptura final entre os judeu-cristãos e o templo. A comunidade de Jerusalém, com os apóstolos, permaneceu no templo até o linchamento de Estêvão (Lc 24,53; At 2,46; 3,1-3.8.11-12; 5,12-13.20-21.24-26.42), sem que houvesse qualquer indicação de que eles o considerassem já esgotado em seu simbolismo salvífico. Apesar das críticas de Jesus ao templo, a ruptura final foi também pascal, sinal de que os discípulos não entenderam as denúncias de Jesus como uma superação definitiva do templo até um longo espaço de tempo depois da ressurreição. A crença de que já houvesse começado o tempo final, marcado pela ressurreição, abriu a perspectiva de um novo culto e de um novo sacerdócio, que superasse o tradicional judaico, já anteriormente relativizado por Jesus. O paralelismo entre as acusações contra Jesus e contra Estêvão, ambas relacionadas com o anúncio da desaparição do templo (Mc 14,58; 15,29; Mt 26,61; 27,40; Lc 21,5-6; At 6,13-14; 7,47-49), preparou a posterior teologia martirial, na qual se via o martírio como um complemento da paixão de Cristo. Estabeleceu-se também um paralelo entre a fecundidade da morte de Jesus, da qual surge a Igreja que confessa o Ressuscitado, e o martírio de Estêvão, que marca o começo da missão fora da Palestina (At 8,1.4.25; 11,1.19-22.26) e culmina em Antioquia, onde se formou a primeira Igreja pagã.

Essa missão conduziu precisamente à superação definitiva do culto, do sacerdócio e do templo judeu. Mais tarde, Paulo também foi acusado de profanar o templo (At 24,6), o que desencadeou uma perseguição contra ele, a qual foi a causa indireta do fato de a missão ter ido parar em Roma. Dessa forma, o rompimento com o templo converteu-se em um dos elementos essenciais para a expansão do cristianismo. O evangelho de João, escrito décadas mais tarde, tirou conseqüências radicais da morte e ressurreição de Cristo. Chegará a hora em que os verdadeiros adoradores de Deus o farão em espírito e verdade, sem necessidade de recorrer ao templo de Jerusalém (Jo 4,21-24). Cristo é o novo lugar em que é derramado o Espírito de Deus (Jo 6,62-63; 7,37-38; 20,22), e os cristãos não precisam de outros lugares, nem de mediações sagradas. O cristocentrismo é a resposta ao desaparecimento do templo, que havia perdido sua significação salvífica enquanto lugar de encontro com Deus.

Por seu lado, a reação judaica contra os judeu-cristãos é plural e diferenciada: muito mais conciliadora com os judeu-cristãos que respeitavam a lei e o templo — embora diferissem na importância dada a Jesus —, e de rejeição enérgica aos judeus helenistas heterodoxos, que questionavam o próprio significado do culto e do templo judaicos, dando assim uma conotação teológica à destruição física do templo, durante a guerra do ano 70. Foi isso que provocou o linchamento de Estêvão (At 7,54-60), a perseguição a seus seguidores helenistas (At 11,19; 12,1-3) e a relativa paz ainda desfrutada pelos apóstolos em Jerusalém (At 8,1-5.14; 9,1-2; 9,26-31) enquanto a ala dos judeus gregos já estava submetida à perseguição. Somente quando ocorreu a conversão de Pedro às teses radicais helenistas, que questionavam as leis religiosas de purificação (At 10-11), e quando a Igreja de Jerusalém legitimou a de Antioquia, na qual havia pagãos que já vinham sendo chamados de cristãos (At 11,22-26), é que se desencadeou a perseguição generalizada até mesmo contra os apóstolos (At 12,1-3).[28] Àquela altura, os cristãos já não poderiam mais conviver com os judeus, pois a ruptura teológica com o templo, que não representava somente o centro de Israel mas o de toda a humanidade (o lugar de Deus na terra), implicava uma contestação radical da religião judaica.

A presença de Cristo exaltado e a transformação da comunidade por parte do Espírito fazem desta o lugar da presença de Deus na terra, pondo fim ao velho templo. A comunidade é o novo templo, como o afirmavam os cristãos e como o pretendiam as próprias comunidades de Qumrã (*1QS* 8,7). Ou seja: Deus se torna presente em um grupo humano, constituído em torno de um estilo de vida e de uma série de valores, e não em um lugar geográfico ou em uma construção humana. Da mesma forma que o Espírito de Deus repousava sobre o templo de Jerusalém (Flávio Josefo, *Ant.*, 8,114), assim também ele habita na comunidade (At 2,1-13), como um templo vivo (1Cor 3,16-17; 2Cor 6,16-17: "Ora, nós somos o templo do Deus vivo"). Na comunidade, Deus se manifesta na multiplicidade de carismáticos (1Cor 14,23-25) e na presença do Espírito em cada cristão (1Cor 6,19: "Acaso ignorais que vosso corpo é templo do Espírito Santo [...]?"). Pentecostes adquiriu, assim, um significado teológico exemplar. Deus escolhe a comunidade de discípulos como o seu lugar de presença no mundo, dando-lhe o penhor do Espírito. Contudo, foi mantida a esperança judaica de um templo celestial definitivo (Ef 2,20-22; Gl 4,26), mantendo-se assim a tradição anterior.

Essa maneira de compreender a comunidade teve um sentido positivo e outro negativo. Por um lado, onde os discípulos se congregavam em nome de Jesus, ali estaria presente o Ressuscitado, e se constituía o templo de Deus (Mt 18,20; 28,20; 1Cor 3,16-17; 6,19; 2Cor 6,16; Ef 2,21; Ap 7,15). A comunidade eclesial passou a ser o novo lugar da presença divina, do mesmo modo que o rosto do pobre, do enfermo e do pecador transformaram-se, nos tempos de Jesus, em lugar privilegiado para

---

[28] Burgos, M. de. La comunidad de Antioquía. *Communio*, n. 15, pp. 3-26, 1982.

encontrar-se com Deus. A Igreja é uma entidade pessoal e não um edifício material. Ela é construída a partir de relações humanas de igualdade, fraternidade e opção pelos mais fracos. Quando falta esse aspecto, não há comunidade cristã, embora não falte nenhuma estrutura eclesiológica. Se no Antigo Testamento há uma secularização da natureza, pois Deus revela-se historicamente e não se identifica com nada que seja considerado natural, no cristianismo foram secularizados os espaços sagrados e radicalizou-se sua transcendência. Deus não habita em templos construídos por seres humanos, mas em uma comunidade e em cada pessoa que se abre ao estilo de vida de Jesus. Deus se comunica no Ressuscitado, presente em sua Igreja, e, por meio do Espírito, habita em cada pessoa. O que determina o sagrado não é um espaço físico, mas as pessoas que se abrem à sua ação salvadora.

Essa teologia avivou também a rejeição aos cultos do Império Romano e levou à crítica dos templos pagãos, especialmente dos famosos santuários helenistas (At 19,24-29.34-35), o que gerou a polêmica e a hostilidade de suas populações contra os cristãos. A idéia de que a comunidade — isto é, a congregação de pessoas — é o templo de Deus, favoreceu também o surgimento das Igrejas domésticas. As casas particulares constituíram-se no lugar de reunião e de culto das comunidades cristãs durante séculos (At 10,22-23; 11,3.12-14; 16,15.31-32; 17,5-7; 18,7-11; 20,7-8; Rm 16,5; 1Cor 1,16; 16,19; Cl 4,15), até que a própria expansão missionária tornou necessário buscar espaços mais amplos para as reuniões.[29] A própria idéia da Igreja como edificação manifesta que a comunidade é uma casa construída por Deus mesmo (1Cor 3,9-15; 2Cor 5,1; Ef 2,20-22; 1Pd 2,4-10; 4,17; 1Tm 3,15; Hb 3,1-6). Essa idéia também se reflete na afirmação de que a Igreja surgiu depois da ressurreição, como um

---

[29] O cristianismo desenvolve-se em círculos urbanos e a "Igreja doméstica" é a célula eclesial mais importante, como ocorre com as sinagogas judaicas, que também se originaram a partir das casas; cf. Meeks, W. A. *The First Urban Christians*. London, 1983. pp. 75-81 [Ed. bras.: *Os primeiros cristãos urbanos*; o mundo social do apóstolo Paulo, São Paulo, Paulus, 1992]; Malherbe, A. J. *Social Aspects of Early Christianity*. Philadelphia, 1983. pp. 60-112; Aguirre, *Del movimiento de Jesús a la Iglesia cristiana...*, cit., pp. 65-126.

templo vivo, construída pelos apóstolos sobre o fundamento de Cristo (1Cor 3,10-15; 1Pd 2,4-6). A idéia de uma casa espiritual está ligada também à ação missionária, e alguns apóstolos destacam-se como colunas da Igreja (Gl 2,9; Ap 3,12) ou como a rocha sobre a qual é construída a Igreja (Mt 16,18). Os diversos carismáticos contribuíram também para a edificação do corpo de Cristo (Ef 4,12.16.29; Ap 3,12). Trata-se de expressões que refletem o protagonismo dos cristãos na construção da Igreja e sua consciência de que eles estão construindo sobre a base da vida, morte e ressurreição de Jesus, mais tarde complementada por outros, seguindo os passos do Mestre.

Contudo, fala-se da casa de Deus e não da casa de Cristo, mantendo-se assim o teocentrismo do templo, no qual Deus se faz presente por meio do seu Espírito. Do mesmo modo, estabeleceu-se um paralelismo entre a Igreja histórica e a celestial. A Igreja é como uma cidade, constituída como tabernáculo de Deus (Ap 21,3). É uma edificação extensa, na qual não há templos, pois Deus está presente nela (Ap 21,22). Da mesma forma que, no evangelho de João, mistura-se o Jesus histórico com o Cristo ressuscitado, identificando-o com o Logos, isto é, com a Palavra eterna de Deus (Jo 1,1.9-14), assim também a Igreja terrena está vinculada à celestial e os cristãos são concidadãos dos santos e família de Deus (Ef 2,19; Hb 12,22-24). O teocentrismo do templo, morada de Deus no mundo, é transferido para a Igreja. A construção dessa Igreja é tarefa divina, mas também de pessoas que se oferecem para uma edificação pessoal, alicerçada em suas vidas. Essa idéia se vincula ao templo e ao culto, que complementa o significado do lugar sagrado.

Dos sacrifícios rituais a um novo culto existencial

Os sacrifícios são elementos constitutivos das religiões. A divindade recebe uma oferenda, sinal de agradecimento e de submissão, com a qual se implora o perdão dos pecados e a bênção divina. Oblação, expiação e ação de graças são três elementos constitutivos dos sacrifícios e inscrevem-se no âmbito da submissão do homem à divindade.[30] A mentalidade sacrifical freqüentemente tem uma concepção utilitarista da relação com Deus: é preciso comportar-se bem com ele e conquistar sua benevolência. O intercâmbio entre o orante e a divindade consiste em promessas e votos de fazer algo, caso o deus conceda um favor. Esse utilitarismo ("dar para que nos seja dado") freqüentemente tem conotações mágicas. De maneira automática (*ex opere operato*), a oferenda aplaca a ira divina, do mesmo modo que o pecado a desencadeia. As oferendas bloqueiam a cólera divina diante dos pecados, obtendo-nos sua benevolência e bênção.

É fácil passar da oferenda à manipulação dos deuses, os quais se pretende controlar ou pelo menos influenciar mediante cerimônias e ofertas.[31] Daí a importância de executar com precisão o ritual e os correspondentes atos cultuais, tanto da parte dos que oferecem os sacrifícios quanto com relação às vítimas oferecidas. Qualquer alteração ou omissão na ação ritual gera mal-estar, escrúpulos e até angústia, diante da possibilidade de ofender a Deus. Não é difícil perceber a rejeição afetiva produzida pela transgressão de uma norma litúrgica, por mais pequena e insignificante que possa parecer, e dar-lhe uma importância desmedida. Tudo o que se refere à relação com a divindade é sagrado, é tabu, quer dizer, pertence ao âmbito do intocável, sendo subtraído à competência humana. Por isso, surge a sensação de que transgredir a menor rubrica litúrgica pode ter conseqüências negativas incalculáveis.

O conjunto dos ritos religiosos é considerado parte da revelação divina e atribuído ao fundador da religião ou a seus representantes autorizados. Por esse motivo, há o medo diante de qualquer omissão, negligência ou falha na execução do rito. Na realidade, a mentalidade que está subjacente a essa concepção é muito infantil e primitiva, pois o acento não é

---

[30] WIDENGREN, G. *Fenomenología de la religión*. Madrid, 1976. pp. 257-300; LEEUW, G. van der. *Fenomenología de la religión*. México, 1964. pp. 335-346. Cf. também ROSOLATO, G. *Le sacrifice*. Paris, 1987. pp. 59-81; CASSIRER, E. *Filosofía de las formas simbólicas*. México, 1972. v. 2, pp. 271-285.

[31] Essa mentalidade persiste no cristianismo. O catecismo pós-tridentino definia a oração como "elevar o coração a Deus e pedir-lhe mercês", que é a atitude natural da pessoa religiosa; cf. ASTETE, G. *Catecismo de la doctrina cristiana*. Logroño, 1943. p. 28.

posto na intencionalidade das pessoas, ou seja, na subjetividade humana que simbolicamente se relaciona com Deus, e sim no próprio fato objetivo, descontextualizado e des-historicizado. Qualquer variação produz insegurança, exigindo-se dos ministros do culto uma fidelidade estrita ao que está prescrito. Em vista disso, as conotações mágicas da relação com Deus subsistem modificadas sob a forma de casuística legalista e de minuciosidade ritual. Este oferece segurança diante da possibilidade da cólera divina. É preciso executá-lo com cuidado, o que gera angústia, que se quer superar com base em uma regulamentação estrita e em uma execução detalhada.

Entretanto, o sacrifício pode ser também uma forma de imprecação e de oração à divindade, que rompe o automatismo da magia em favor de uma oração livre e gratuita. Partindo da correlação entre um Deus onipotente e um ser indigente, passa-se da coação inicial (mágica) à permuta pragmática. Espera-se a reciprocidade da divindade à oferenda (*do ut des*), embora se aceite de antemão que Deus é livre diante da oferenda humana e não pode ser coagido. Esse processo de transformação da relação mágica com os deuses pode, finalmente, abrir-se à ação de graças e à súplica, na qual se reconhece que o ser humano não pode nem manipular Deus, nem estabelecer uma relação de igualdade e reciprocidade com ele. O grau máximo da petição é quando se busca Deus mesmo, que significa mais do que ficar pedindo benefícios materiais. É o que se expressa na oração cristã do pai-nosso, quando se reza: "[...] venha o teu Reino, seja feita a tua vontade".[32] A ânsia de Deus é a melhor expressão de uma relação desinteressada e espiritualizada com ele. Não se pretende que Deus dê algo, exceto a ele mesmo. As petições e orações já não têm o objetivo de utilizar a onipotência divina em favor daquele que ora, mas são dirigidas a Deus confiando em seu amor.

O pano de fundo da oferenda é sempre o dualismo Deus-homem, a separação do sagrado e do profano, do transcendente e do imanente, do

---

[32] Estudei a ambigüidade e os perigos da oração de petição, mas também sua necessidade e sua justificação teológica em *La oración de petición bajo sospecha*, Madrid, 1977 [Ed. bras.: *A oração sob suspeita*, São Paulo, Loyola, 1998].

culto e da vida. Na realidade, oferendas cultuais e vida ascética formam um conjunto, em que o ser humano limita-se a si próprio e se concentra no desejo de Deus. Toma-se algo da vida profana e oferece-se a Deus, isto é, consagra-se à divindade como expressão de devoção e submissão. O culto e as oferendas servem de mediações entre ambas as instâncias, sendo encarregadas disso algumas pessoas especiais, os sacerdotes, que foram consagrados para a função. É por isso que eles têm um significado relacional: são pontífices, mediadores. A oferenda passa do âmbito profano ao sagrado por meio do rito de consagração, convertendo-se em algo santo porque pertencente a Deus (e a seus representantes), uma vez que lhes foi dedicado. Qualquer atentado contra o que foi consagrado a Deus (por exemplo, o roubo em uma igreja) suscita um mal-estar proporcional ao valor material daquilo que se perdeu, pois se trata de algo santificado pelo oferecimento.

Por outro lado, as oferendas criam uma comunidade entre os deuses e os homens, uma comunhão. Ao serem consumidas, permitem também que se participe da vida divina, pois se converteram em dom de Deus, que aceitou a oferenda e no-la devolve transformada em algo de seu. São também um meio de canalizar os pecados e de descarregar as tensões comunitárias, pois reconciliam a comunidade com Deus e os seus membros entre si. Portanto, as oferendas não só implicam o reconhecimento da soberania divina, isto é, uma relação de subordinação à divindade, mas fundamentam-se também na idéia de que é preciso renunciar a algo de valioso para satisfazer a Deus. O sacrifício é uma renúncia (assim o entendemos na linguagem cotidiana: sacrificar algo) e uma autolimitação dos próprios desejos em favor da divindade (que é o sentido mais forte do termo).

Quanto mais valor material ou simbólico tiver a oferenda, maior será sua aptidão para ser oferecida a Deus. Isso faz com que o sacrifício de animais e muito mais o de seres humanos tenham um especial significado desde os inícios da humanidade, pois o sangue é para os povos da Antigüidade o símbolo mais radical da vida, que é o que oferecemos a Deus (Lv 17,11-14). Reconhece-se a soberania divina acima de tudo aquilo que tem vida, que é o dom mais valioso que se possa oferecer. Esse era o sentido da argumentação de Bartolomeu de Las Casas, quando tentava defender os índios contra as críticas cristãs a propósito dos sacrifícios humanos. Tal argumento pode ser encontrado também, como veremos, em muitas representações cristãs do sacrifício de Cristo.

Os sacrifícios bíblicos

O sacrifício purifica; daí o seu potencial expiatório e a razão pela qual se aspergia o altar e a comunidade com o sangue do animal. O exemplo mais claro do significado purificador e de expiação pelos pecados no Antigo Testamento é o do macho de cabra ou bode expiatório, descrito no Levítico, que simbolizava os pecados do povo e restabelecia a relação com Deus. O ritual judaico tem paralelismos no Oriente Próximo, especialmente na Babilônia, com o duplo sentido de purificar por meio do sangue e de descarregar os pecados em um animal.[33] Consta de um duplo rito: purifica-se o santuário com um sacrifício (Lv 16,3-19) e expulsa-se o bode expiatório, sobre o qual são transferidos simbolicamente os pecados do povo por meio da imposição das mãos (Lv 4,4-33; 16,20-22). Tratava-se de um rito anual para purificar o *sancta sanctorum*, no qual se manifestava a santidade de Deus. Por essa razão, era um rito muito minucioso e perigoso para quem o realizava. Mediante o gesto de descarregar os pecados coletivos em um animal, eram asseguradas a identidade e a coesão social de todos os membros da comunidade (Lv 4–5; 7; 14).[34]

Na maioria das religiões, há um processo de espiritualização dos sacrifícios sangrentos e de crítica a estes, que tendem a ser substituídos por ofendas simbólicas. A materialidade daquilo que se oferece é transformada e

---

[33] Uma síntese do rito do bode expiatório é a descrita por D. P. Wright, "Day of Atonement", in D. N. Freedman (Ed.), *The Anchor Bible Dictionary,* New York, 1992, v. 2, pp. 72-76. O bode sobre o qual eram descarregados os pecados do povo era expulso para o deserto, fora da comunidade. Sua impureza o tornava indigno de ser sacrificado a Deus, ao qual se oferecia o sangue de outro bode. Não há consenso entre os comentaristas sobre o significado desse rito.

[34] Nas últimas décadas, adquiriu relevância a interpretação fornecida por B. Girard, *La violencia y lo sagrado*, cit.; idem, *El misterio de nuestro mundo*, cit. A perspectiva de Girard é importante para analisar os sacrifícios no judaísmo e no cristianismo.

adquire um significado espiritual, sobretudo quando a oferenda é consumida (come-se) para simbolizar a comunhão com Deus. Da mesma forma, é preciso aprender a passar da materialidade daquilo que é oferecido à motivação interior daquele que faz a oferenda, da mera execução de um rito cultual à interioridade da pessoa, ou seja, àquilo que realmente é importante na relação com Deus. Poderíamos falar metaforicamente de uma "transubstanciação" ou "transformação" simbólica das oferendas que, sem deixarem de ser materialmente realidades físicas e sensíveis, adquirem um significado religioso e transcendente, isto é, convertem-se em algo sagrado, em realidades "sacramentais" que possibilitam o encontro com Deus.[35] O sagrado refere-se ao transcendente, ao divino, mas é expresso com realidades mundanas. A oferenda simboliza o ser humano que se oferece à divindade.

Os sacrifícios de animais e de alimentos são consumidos, isto é, aniquila-se sua realidade física e natural, para poder-se entrar em comunhão. Ao comungar, a oferenda adquire maior densidade espiritual, pois deixa de ser um alimento profano para transformar-se em espiritual. Isso leva a substituir os sacrifícios cruentos por outros incruentos e a fazer com que as oferendas sejam expressas com símbolos que substituam as realidades naturais. A apresentação de oferendas e sacrifícios a Deus provém das tradições hebraicas mais antigas, remetendo ao próprio Abraão, a Moisés e aos restauradores do templo depois do exílio (Gn 8,20-21; Ex 29,38-41; Lv 1–7; Nm 15,1-21; Esd 6,15-22; Ne 10,33-40). Israel assumiu muitas das tradições sacrificais do Oriente Próximo, estabelecendo-lhes um limite essencial: o do valor intocável da vida humana e o de uma concepção monoteísta da divindade. Essa dupla limitação impôs-se somente após o exílio e foi obra do javismo reformador, que precisou lutar contra a aceitação inicial de sacrifícios humanos por parte dos israelitas (Gn 22,2-16; Jz 11,30-31.34-40). O significado de Abraão não deve ser posto tanto em sua disposição em sacrificar o próprio filho, pois tratava-se de uma prática muito comum no Oriente Próximo, partilhada por

---

[35] Uma excelente fenomenologia do sacrifício, que sigo nestas reflexões, é a apresentada por E. Cassirer, *Filosofía de las formas simbólicas*, cit., pp. 271-285; 308-319. Cf. também VIRT, G. Sittliches Handeln als Symbolgeschehen. *ThQ*, n. 163, pp. 123-131, 1983.

Israel, quanto na revelação de Deus, que não quer sacrifícios humanos e deteve a mão homicida.

Em um determinado momento, essa dinâmica é interrompida, pois Deus comunica que não quer sacrifícios humanos. Para chegar a tanto, foi necessária uma extensa preparação religiosa e humanitária, uma longa evolução por parte de Israel (Jr 7,31; Mq 6,6-7). Infelizmente, essa idéia elementar — que Deus não quer sacrifícios cruentos nem incruentos de pessoas humanas — continua sendo bastante original e pouco aceita nas práticas religiosas da humanidade, incluindo-se algumas cristãs. O sacrifício de animais remonta às próprias origens de Israel (Gn 31,54; 46,1; 1Sm 1,21; 2,19; 20,6.29), tendo-se mantido constantemente ao longo de toda a sua história, apesar da crítica profética. Os profetas criticaram especialmente a sacralização e o utilitarismo do culto, à margem da vida e da conduta dos oferentes. Sublinhavam que Deus quer a justiça e a misericórdia para com os mais fracos, e não um mero culto externo, desligado da vida cotidiana (1Sm 15,22-23; Is 1,11-17; Jr 6,20; 7,21-28; 44,21-22; Os 6,6; 8,13; Am 5,11-15.21-24; Mq 6,6-8; Zc 7,5-7; Sl 50,7-15). A versão do evangelho de Mateus, proclamando que Deus quer misericórdia e não sacrifícios (Mt 12,7), está enraizada nessa tradição. Por outro lado, a tradição sacerdotal pós-exílica sacralizou os sacrifícios, implantando um monopólio sacerdotal (Lv 10; Nm 16–17) em contraposição ao antigo costume laical, centrado no pai de família que oferecia sacrifícios a Deus. A idéia de reparação e de expiação (Lv 4,1–5,26; 7,1-37), bem como a de purificação pelos pecados (Nm 5,22-29), transformou-se no elemento essencial do culto sacerdotal. Os sacrifícios cultuais eram a forma encontrada por Israel para aplacar a ira divina contra os pecados do povo.[36]

---

[36] Sabourin, L. Sacrifice. In: *DBS*, 10. 1985. pp. 1483-1545; Sabourin, L. *Redención sacrificial*. Bilbao, 1969. pp. 171-198; Seebass, H. Opfer. In: *TRE*, 25. 1995. v. 2, pp. 258-267; Henninger, J. Pureté et impureté, In: *DBS*, 9. 1979. v. 4, pp. 473-491; Janowski, B. *Sühne als Heilsgeschehen*. Neukirchen, 1982; Rendtorff, R. *Studien zur Geschichte des Opfers im Alten Israel*. Neukirchen, 1967; Koch, K. Sühne und Sündenvergebung um die Wende von der Exil zu nachexilischen Zeit. *EvTh*, n. 26, pp. 217-239, 1966; Deissler, A. Das Opfer im Alten Testament. In: Lehmann, K. & Schlink, E. (Hrsg.). *Das Opfer Jesu Christi und seine Gegenwart in der Kirche*. Freiburg/Göttingen, 1983. pp. 17-39; Vaux, R. de. *Instituciones del Antiguo Testamento*. Barcelona, 1964. pp. 528-590.

Na época de Jesus, essa práxis mantinha-se viva (Lc 13,1). Havia sacrifícios matutinos e vespertinos pelo povo, que eram incrementados nos sábados e nas festas judaicas, bem como inumeráveis oferendas particulares. Aceitavam-se também os de não-judeus, os quais eram oferecidos por César ou por outras autoridades. A recusa em aceitar sacrifícios dos gentios no ano de 66 foi um dos elementos decisivos da revolta contra os romanos, pois isso representava uma ruptura simbólica com o César.[37] A práxis sacrifical foi mantida durante toda a guerra judaica, como expressão das esperanças populares de proteção divina. Os saduceus e a tradição sacerdotal observavam cuidadosamente as prescrições do Antigo Testamento, que regulava a forma de tais ritos. Essa concepção do culto era aceita por todo o Israel, até pelos essênios e pelas comunidades de Qumrã, não obstante o seu distanciamento das autoridades sacerdotais, que eram acusadas por eles de ilegitimidade. Eles insistiram unicamente na renovação e purificação do culto sacrifical, que devia acontecer com a chegada do tempo messiânico.

Essa teologia sacrifical está muito unida à idéia da aliança entre Deus e o povo, que constitui o núcleo central do Antigo Testamento.[38] O reconhecimento de Deus como único Senhor está vinculado a uma teologia da história, que vê nos acontecimentos a mão de Deus, a partir da dupla perspectiva do pecado e do castigo. Desde uma concepção providencialista, os sucessos eram vistos como uma resposta divina à fidelidade e infidelidade de Israel (Gn 17,4-14.19-21; Ex 24,1-8; Js 24,1-28; 1Cr 16,8-36; 17,16-27; 2Cr 6,1-42). Por isso, acontecimentos tais como o exílio da Babilônia (2Rs 17,23) e a primeira destruição do templo (2Rs 25,8-21) foram vistos como um castigo divino por causa dos pecados do povo.

---

[37] FLAVIO JOSEFO. *La guerra judaica*. Barcelona, 1960. v. II, 17; pp. 409-417 [Ed. bras.: *História dos hebreus*. Obra completa, Rio de Janeiro, CPAD, 1992].

[38] Quanto a tudo o que concerne ao culto no Antigo Testamento, segui, em suas linhas gerais, os estudos de: MOWINCKEL, S. Gottesdienst. In: *RGG*³, 2. 1958. vv. 1-2, pp. 1752-1756; DIEBNER, B. J. Gottesdienst. In: *TRE*, 14. 1985. v. 2, pp. 5-28. Cf. também: EICHRODT, W. *Teología del Antiguo Testamento*. Madrid, 1968. v. 1, pp. 33-62; 121-156; 236-246; 417-430; RAD, G. von. *Teología del Antiguo Testamento*. Salamanca, 1969. v. 2, pp. 131-162; 501-525; PERLITT, L. *Bundestheologie im Alten Testament*. Neukirchen, 1969.

Essa concepção teológica da história serviu para legitimar a práxis sacrifical, com o objetivo de que Deus não castigasse Israel outra vez.

O "código de santidade" (Lv 17–23), assim como os outros textos rituais, determinou com precisão os lugares, a forma e os personagens que deveriam oferecer sacrifícios expiatórios como parte da aliança. Dessa forma, o culto sacrifical estava muito relacionado com a teologia da história, em cujos acontecimentos via-se o juízo de Deus sobre Israel.[39] Ao longo do Antigo Testamento, houve um esforço em favor da espiritualização do culto, passando de ritos e oferendas naturais, vinculados ao cultivo da terra, a outros que visavam mais aos acontecimentos históricos, ainda desde a época real.[40] Israel via a criação como o primeiro ato do Senhor da história, pondo o acento na ação libertadora de Deus sobre seu povo (Lv 23,42-43; Dt 16,3-12). Essa tendência espiritualizante foi ressaltada pela tradição profética, na época do exílio, mas não sabemos até que ponto chegou a calar profundamente na religiosidade popular, muito mais apegada à terra e à natureza.[41]

O sentido cristão do sacrifício

O Novo Testamento assume diretamente a crítica profética aos sacrifícios e a põe na boca de Jesus (Os 6,6 em Mt 9,13; 12,7; Is 29,13 em Mt 15,8; 1Sm 15,20-22 e Sl 51,18-19 em Mc 12,33). Jesus insere-se na tradição que antepõe aos sacrifícios a misericórdia e o amor. O contexto de sua afirmação é a comunhão da mesa com os pecadores e o rompimento das leis sobre o sábado. Entretanto, tampouco da parte de Jesus encontramos um questionamento total do culto. Lucas afirma que, ainda desde a infância, Jesus assumiu as prescrições cultuais (Lc 2,21-24), e sua morte ocorreu no contexto de um encontro com os discípulos para celebrar o

---

[39] RENDTORFF, *Studien zur Geschichte des Opfers im Alten Israel*, cit.

[40] Sobre a espiritualização dos sacrifícios no Antigo Testamento, pode-se consultar H. J. Hermisson, *Sprache und Ritus im altisraelistischen Kult*, Neukirchen, 1965, pp. 29-64.

[41] RAD, G. von. *Estudios sobre el Antiguo Testamento*. Salamanca, 1976, pp. 129-139; KRAUS, H. J. *Gottesdienst in Israel*. München, 1962. pp. 14-27; MOWINCKEL, S. *Religion und Kultus*. Göttingen, 1953.

sacrifício da Páscoa (Mc 14,12; Lc 22,7). O que Jesus criticou foi a casuística acerca das purificações, que analisaremos ao estudar as leis, mas não o culto sacrifical em si mesmo. Ele se manteve na linha profética de denunciar não só um culto distanciado da vida, como também o fato de se dar mais valor aos sacrifícios do que ao amor aos outros. Quando o culto se transforma em uma práxis que aparta a misericórdia pelos indigentes, como ocorre com a parábola do samaritano, não é agradável a Deus. A mensagem de Jesus, pelo contrário, vai na linha do aprender a deixar a Deus por Deus, já que não é o culto, mas o amor aos outros o critério último da pertença ao Reino de Deus (Mt 25,31-46).

Essa crítica profética e messiânica de Jesus prosseguiu na tradição dos helenistas (At 7,41-42) como um efeito da inspiração do Espírito (At 10,13; 11,7). Contudo, a originalidade do Novo Testamento não está na crítica profético-messiânica ao culto, mas em sua cristologização.[42] Os sacrifícios cultuais, então, são interpretados a partir da vida de Jesus e não como entidades isoladas. Partindo de uma reflexão sobre o significado da vida e da morte de Jesus, refletiu-se sobre o culto do Antigo Testamento, e o próprio Cristo converteu-se na referência central do culto cristão.[43] Dessa forma, operou-se uma ruptura com a concepção tradicional judaica e também com as religiões mistagógicas do Império Romano. A superação do Antigo Testamento está relacionada com o sacrifício de Cristo e com o desenvolvimento de uma teologia do martírio, vista na ótica da vida e da morte de Jesus.

O judeu Paulo interpretou sacrificalmente a morte de Cristo (1Cor 5,7: "[...] nosso cordeiro pascal, Cristo, páscoa, foi imolado"). O sacrifício expiatório do Antigo Testamento (Lv 16,2.13-15) transformou-se no sacrifício do próprio Cristo: "É ele que Deus destinou a ser, por seu próprio

---

[42] HAHN, F. Das Verständnis des Opfers im Neuen Testament. In: LEHMANN & SCHLINK, *Das Opfer Jesu Christi und seine Gegenwart in der Kirche*, cit., pp. 51-91; BEHM, J. αἱμααυνατεκχυσία. In: *ThWNT*, 1. 1933. pp. 171-176; BEHN, J. θυω. In: *ThWNT*, 3. 1938. pp. 180-189; BÖCHER, O. αἷμα. In: *EWNT*, 1. 1992. pp. 88-93; THYEN, H. θυσία. In: *EWNT*, 2. 1981. pp. 399-405.

[43] LOHFINK, G. Gab es im Gottesdienst der neutestamentlichen Gemeinden eine Anbetung der Kirche? *BZNF*, n. 18, pp. 161-179, 1974.

sangue, instrumento de expiação" (Rm 3,25; 5,6.9). O Crucificado era o novo lugar da reconciliação com Deus. Na mesma linha, é preciso colocar também a teologia joanina: 1Jo 2,2: "Ele é a oferenda (o sacrifício ou meio de expiação, que torna Deus propício) pelos nossos pecados"; 1Jo 4,10: "oferenda de expiação pelos nossos pecados". Há textos paulinos que contêm uma grande ambigüidade: "Aquele que não cometeu pecado, Deus o fez pecado por nós" (2Cor 5,21; Rm 8,3). Por um lado, implicam a superação da velha práxis do Antigo Testamento; por outro, todavia, a reforçam, porquanto estabelecem uma conexão entre sacrifício, morte de Cristo e perdão dos pecados (expiação). Desse modo, ratifica-se a necessidade de aplacar Deus com sacrifícios: "[...] e, por ele, reconciliar consigo todos os seres, tanto na terra como no céu" (Cl 1,20). Estas passagens desempenharam um papel determinante na teologia cristã dos sacrifícios.

Um novo culto

O sacrifício outra coisa não é senão a conseqüência de uma existência sacerdotal verdadeiramente pró-existencial, em favor dos homens; manter-se no sacrifício outra coisa não é senão dizer de forma humana que na verdade se amam os homens e se busca a sua salvação [...]. O sacerdócio de Cristo está a serviço da aproximação de Deus; o que é central nesse serviço é o exercício da misericórdia de Deus, que se inclina para o fraco naquilo que ele tem de fraco, de pecador, de angustiado, de provado etc. Esse serviço realiza-se em uma existência teologal e em uma existência antropológica, em obediência fiel a Deus e em solidariedade aos irmãos. Essa existência sacerdotal é historicamente sacrificante em virtude desta dupla característica: leva a dar a própria vida e ao sacrifício supremo de dar a vida (J. Sobrino, Hacia una determinación de la realidad sacerdotal, *Revista Latinoamericana de Teología*, n. 1, pp. 74-75, 1984).

Uma reflexão semelhante é a que encontramos na Carta aos Hebreus: o Antigo Testamento prefigura o único sacrifício de Jesus. O problema reside em como se compreende esse sacrifício. A Carta aos Hebreus tem seu ponto de partida no minucioso culto do Antigo Testamento (Ex 25–30). O sacerdote é instituído para apresentar oferendas e sacrifícios pelos pecadores, entre os quais também ele se inclui (Hb 5,1-3; 7,27; 8,3).

Ele exerce um culto ineficaz e repetitivo (Hb 9,9; 10,1-3.11), que consiste em uma grande quantidade de ritos e sacrifícios externos (Hb 9,8-10), sempre repetidos, por não conseguirem alcançar uma santificação definitiva.[44] O culto sacrifical é a resposta ao pecado, cujos efeitos destrutivos se voltam contra o pecador, como conseqüência do rompimento da aliança. "E assim, segundo a Lei, quase todas as coisas são purificadas com sangue, e sem derramamento de sangue não existe perdão" (Hb 9,22). Já no Antigo Testamento o pecado era visto como algo objetivo, com efeitos mortais para os seus autores. Daí a necessidade de expiação e reparação, que é o que dá sentido ao culto e aos sacrifícios.[45] A Carta aos Hebreus apresenta uma síntese dessa concepção.

À luz da ressurreição, compreende-se também a morte de Cristo a partir das categorias sacrificais do culto judaico. Cristo é o mediador de uma nova aliança para redimir os pecados cometidos na primeira (Hb 9,15). Cristo entrou de uma vez por todas no tabernáculo e realizou a redenção eterna não com o sangue de bezerros e de bodes, mas com o seu próprio sangue, oferecendo-se sem mancha a Deus (Hb 9,11-14). Da mesma forma que os animais sacrificados são queimados fora do acampamento, assim também Cristo "sofreu do lado de fora da porta, para, com seu sangue, santificar o povo" (Hb 13,11-12). Sua morte serviu para redenção de nossas transgressões, não sendo necessário que ele repita muitas vezes os sacrifícios, uma vez que ele se sacrificou (Hb 7,27; 9,15.23.25-28). Cristo é quem culmina os sacrifícios do Antigo Testamento e ao mesmo tempo quem os suprime com o seu próprio sacrifício: "Não quiseste vítima nem oferenda, mas formaste um corpo para mim [...]. Eis que eu vim para fazer a tua vontade" (Hb 10,5.9).

Tal concepção coloca sérios problemas teológicos. Se a morte de Cristo é um sacrifício e somente dela é que vem a expiação dos pecados,

---

[44] VANHOYE, A. *Sacerdotes antiguos, sacerdote nuevo*: según el Nuevo Testamento. Salamanca, 1984. pp. 35-46; IDEM. *La structure littéraire de l'Epître aux Hebreux*. Paris, 1963; RISSI, M. *Die Theologie des Hebräersbriefs*. Tübingen, 1987; pp. 70-78; DUNHILL, J. *Covenant and Sacrifice in the Letter to the Hebrews*. Cambridge, 1992.

[45] Janowsk, *Sühne als Heilsgeschehen*, cit.

conseqüentemente se poderia concluir que Deus exige sacrifícios humanos, não vacilando em exigir a morte de seu próprio filho, e que a dinâmica retributiva de pecado e castigo é confirmada pelo Novo Testamento. Em razão disso, a morte de Jesus, portanto, deve ser atribuída, em última instância, à intenção de Deus, a um plano prefixado ao qual é preciso se submeter. Já não seriam nem os judeus, tampouco os romanos os verdadeiros agentes da morte de Jesus, mas deveriam ser vistos como instrumentos da determinação divina. Nessa perspectiva, ficaria difícil assumir que o Evangelho é uma boa notícia, que Deus perdoa os pecadores gratuitamente, sem exigir nada em troca, e que não há uma relação entre os pecados e as desgraças pessoais, posicionamento que provocou crises no livro de Jó e que, contudo, se repete.[46]

Essa ambigüidade dos textos teve grande repercussão na teologia cristã. Levou às diversas formas da cristologia da satisfação (é Cristo quem paga pelos nossos pecados) e, sobre elas, estabeleceu-se uma teologia do sacrifício e da renúncia, em relação à morte de Cristo, que seria o novo Isaac, dessa vez radicalizado, já que Deus aceitou o sacrifício do Filho e não enviou um anjo para deter a mão homicida, como no caso de Abraão. As teologias protestantes da culpa (Lutero) e da predestinação à condenação e à salvação (Calvino) continuam com essa dinâmica sacrifical relacionada com um plano divino. Essa teologia ambígua ameaça a própria imagem cristã de Deus, pois favorece a idéia de um Deus justiceiro e vingativo. Ou seja, insere o mal na própria concepção de Deus, já que só se pode aplacá-lo com um sacrifício humano.[47] Essa concepção também afetou a espiritualidade, sobretudo como conseqüência da influência

---

[46] Dalferth, I. U. *Der auferweckte Gekreuzigte*. Tübingen, 1994. pp. 237-298; Merklein, *Studien zu Jesus und Paulus*, cit., pp. 15-38; 181-191; Hofius, O. *Paulusstudien*. Tübingen, 1989. pp. 1-49; Hübner, H. Rechtfertigung und Sühne bei Paulus. *NTS*, n. 38, pp. 80-93, 1992; Ott, L. *Grundriss der Dogmatik*. Freiburg, 1970. pp. 221-229; Käsemann, *Exegetische Versuche und Besinnungen*, cit., 6. Aufl. 1970, v. 1, pp. 96-100; Sabourin, *Redención sacrificial*, cit., pp. 311-374; Castillo, J. M. & Estrada, J. A. *El proyecto de Jesús*. 4. ed. Salamanca, 1994. pp. 61-80.

[47] A luta cristã contra o mal é também a de oposição a Deus como supremo agente do sofrimento humano. Essa concepção tropeça em dificuldades ao longo do Novo Testamento; sobretudo entra em choque com grande parte da tradição posterior cristã. Remeto ao meu livro *La imposible teodicea*, cit., 1977, pp. 137-182.

jansenista, favorecendo o surgimento de uma enorme quantidade de espiritualidades reparadoras e expiatórias, que uniam a idéia da imitação de Cristo com essa visão sacrifical de sua morte. Partindo dessa teologia, assume-se definitivamente a idéia segundo a qual as renúncias e os sacrifícios são essenciais na relação com Deus, o que teve conseqüências terríveis, tanto para a ascética quanto para o cristianismo em geral. A imagem popular de que muitos prazeres e gozos da vida são pecado e de que é preciso renunciar a eles está na base dessa teologia, que foi muito desenvolvida no segundo milênio do cristianismo.

O problema reside nos termos sacrificais empregados e no sentido que lhes é dado. A teologia paulina, em algumas passagens isoladas — assim como a Carta aos Hebreus, de forma sistemática e global —, interpreta a vida e a morte de Cristo na perspectiva da tradição sacrifical do Antigo Testamento. É inevitável que isso ocorra, já que seus autores são judeus e conhecem sua religião — toda ela fundada ao redor do culto sacrifical — e a utilizam como ponto de referência para compará-la com Cristo. O elemento novo em tudo isso é o fato de que eles utilizam tais categorias para afirmar que estas fazem parte de uma concepção definitivamente superada e defasada. Por um lado, anunciam reiteradamente o fim do culto judaico (sacrifical, repetitivo, de mediações externas que visam a preencher o vazio do dualismo entre Deus e o ser humano). Por outro, a nova época salvífica cristã é expressa com as categorias religiosas e cultuais de que dispõem, ou seja, as sacrificais. Utilizam o vocabulário religioso que conhecem para indicar a supremacia de Cristo sobre o culto judaico, empregando assim, inevitavelmente, uma terminologia inadequada para indicar que o culto de sacrifícios foi superado por um novo existencial, o de Cristo.

O problema está nisto: se é preciso ler o Antigo Testamento na perspectiva do Novo Testamento, que é o que permitiria falar de descontinuidade, de ruptura e de final de uma época, ou se é preciso compreender o sacrifício de Cristo a partir do Antigo Testamento, que nele continuaria e encontraria sua culminação. As duas interpretações tiveram ampla ressonância no cristianismo. A primeira traz consigo a ruptura. Deus não quer sacrifícios, muito menos sacrifícios humanos. Por isso, a cruz é o fim de todos os sacrifícios. Quem procura dar glória a Deus sacrificando as pessoas é um deicida. O zelo pela glória de Deus, por parte das autoridades religiosas, transforma-se em ameaça para o ser humano, vítima do fanatismo religioso, e em afronta a Deus (caso se pense que Deus se agrada do sangue humano). Foi o que aconteceu com as autoridades judaicas da época, que pensavam estar dando honras a Deus mediante o castigo infligido a um blasfemo. Para eles, a cruz confirmava o acerto de sua visão, pois não podiam conceber que Deus se identificasse com o Crucificado. Imolava-se o ser humano em nome de Deus, como ocorreu com tantos fanatismos posteriores, cristãos e de outras religiões. Os cristãos, pelo contrário, afirmavam que Deus estava com a vítima e não com os carrascos, e que os velhos sacrifícios haviam acabado para sempre. Não que o sacrifício de Cristo seja o auge da dinâmica sacrifical do Antigo Testamento, e conseqüente a sua continuação; ele é, isto sim, a sua superação e a sua abolição definitiva. Trata-se de um novo tipo de sacrifício, qualitativamente diferente, e que, por isso, não deveria ser chamado de "sacrifício", para evitar confusões.

Eis o que afirma a própria Carta aos Hebreus, que opõe a morte de Jesus ao velho esquema sacrifical. Não se deve compreender a vida de Jesus a partir da lei, e sim o contrário: "A lei contém apenas a sombra dos bens futuros, não a expressão exata da realidade" (Hb 10,1). Ou seja, é preciso ler o Antigo Testamento a partir do Novo, e não o inverso. O primeiro santuário era uma figura que olhava para os tempos presentes, já que o Espírito queria mostrar que ainda não estava liberado o santuário enquanto subsistisse o primeiro tabernáculo (Hb 9,8-9.11). Mas acontece que foi superada a velha divisão entre o profano e o sagrado, entre a terra e o céu, entre o humano e o divino. Com Cristo, supera-se o passado, que perde toda significação salvadora. Também Paulo compreende o Antigo Testamento na perspectiva do Novo, e não o seu oposto (1Cor 10,11; Rm 3,20-21). O equívoco desse posicionamento está no fato de que se anuncia o final de uma concepção sacrifical e cultual da religião, em favor de uma nova visão, qualitativamente diferente, mantendo-se a mesma terminologia sacrifical, por ser a única existente até então.

Um culto existencial

A esta interpretação, no entanto, é preciso opor um problema. As afirmações que analisamos continuam sustentando que o sacrifício de Cristo foi o de sua morte e que é a partir dela que devemos compreender sua redenção e expiação. Jesus foi coroado de glória, e tudo a ele foi submetido "por ter sofrido a morte. Assim, pela graça de Deus, ele experimentou a morte em favor de cada um" (Hb 2,5-9). O problema está nisto: a partir de onde entendemos o seu sacrifício. Não se trata de um sacrifício planejado e exigido por Deus, fora da história, mas é o resultado de uma vida sacrificada e entregue aos outros. Ou seja, o sacrifício não é somente o ato concreto de sua morte, mas toda a sua vida é que foi sacrifical. Cristo aperfeiçoou-se por meio das tribulações, "[...] devia fazer-se em tudo semelhante aos irmãos, para se tornar um sumo sacerdote misericordioso e digno [...]. Pois, tendo ele próprio sofrido ao ser provado, é capaz de socorrer os que agora sofrem a provação" (Hb 2,17-18). O sacrifício é a própria vida de Cristo, que se compadece de nossas fraquezas porque ele mesmo foi tentado (Hb 4,15; 5,2). "Cristo, nos dias de sua vida terrestre, dirigiu preces e súplicas, com forte clamor e lágrimas, àquele que tinha poder de salvá-lo da morte. E foi atendido, por causa de sua piedade. Mesmo sendo Filho, aprendeu o que significa a obediência" (Hb 5,7-9). Essa oferenda existencial, Cristo a fez inspirado pelo Espírito (Hb 9,14).

Ou seja, a morte de Cristo deve ser compreendida à luz de uma vida de fidelidade a Deus e aos seres humanos. Ele assumiu até o fim a condição humana, com tudo o que a vida tem de dor e de sofrimento, experimentando também a tentação. Contudo, foi fiel a Deus e aos demais, sacrificando-se para mostrar-nos uma forma de viver e de operar. Não que ele buscasse a morte de modo masoquista, mas esta representou a conclusão de uma vida entregue e o resultado de uma luta contra o mal em suas diversas manifestações. Por isso, sua vida e sua morte foram o sacrifício perfeito, o supremo ato de entrega, o início de uma nova aliança e de um culto diferente. Todavia, não devemos compreender a morte de Jesus como um ato independente em si mesmo e à margem da vida, mas como a culminação de suas lutas.

Na perspectiva da ressurreição, refletiu-se sobre o significado de sua vida, e depois de ter "feito a purificação dos pecados, sentou-se à direita da majestade divina, nas alturas" (Hb 1,2-4). O sacrifício é imanente à vida; consiste em entregar-se aos demais, e só então se torna agradável a Deus. Ainda mais quando tal entrega é mantida até à morte, que Deus não quer; no entanto, nem por isso ele intervém na história na forma de um poder que detenha a mão dos homicidas. Deus aceita que Jesus consagre sua vida a proclamar o Reino e a libertar as pessoas, como também que tal compromisso seja mantido até às custas de sua morte, que Deus não quer. É preciso eliminar a idéia de um Deus extraterrestre que, vindo de fora, envia legiões de anjos para deter a paixão (Mt 26,53). Deus respeita a autonomia humana, aceita a imanência da história e procura salvar mediante pessoas que, como Jesus, sacrificam-se pelos outros. Cristo aceitou sua previsível morte violenta por parte da ação das autoridades. Para tomar consciência disso, Jesus não precisou de nenhuma revelação especial, mas só de um pouco de discernimento e de memória histórica, à luz da violência que acontecia ao redor dele e de seu precursor, João Batista.

Se, além disso, essa dedicação, que culmina com a morte, for aceita a partir do perdão aos carrascos (Lc 23,34), do amor a todos os seres humanos (Lc 23,43; Jo 19,26.28.30) e da confiança e entrega nas mãos de um Deus silencioso e ausente (Mc 15,34; Lc 23,46), então se converte no sacrifício perfeito. Trata-se do que de mais elevado uma pessoa pode oferecer a Deus, implicando o maior grau de identificação da humanidade com a vontade divina. O homem se transforma em imagem e semelhança de um Deus vulnerável a partir de seu amor a todos e por sentir predileção pelos mais fracos. O Jesus que morre perdoando, confiando em um Deus silencioso e incompreensível, oferecendo sua vida para acabar com os assassinatos "para a maior glória de Deus", é a imagem mais perfeita de Deus que se pode encontrar na humanidade. Ele sacrificou sua vida, sim, todavia não porque Deus quisesse sacrifícios, mas porque o povo e suas autoridades o assassinaram para silenciá-lo. "[...] mas o mundo não o reconheceu. Ele veio para o que era seu, mas os seus não o acolheram. A quantos, porém, o acolheram, deu-lhes poder de se tornarem filhos de Deus" (Jo 1,10-12). É uma vida sacrificada, ou seja, entregue a Deus e aos outros.

A proibição de derramar sangue humano, que se reverte sobre Caim (Gn 4,15) e depois sobre Abraão em relação a Isaac, adquire assim um novo significado à luz da identificação de Deus com o Crucificado. O que Deus quer é uma vida sacrificada, isto é, solidária com os outros. Deus não quer que lhe ofereçamos o que temos, mas o que somos, que nos convertamos em vítimas a partir de nossa co-participação no sofrimento humano, a partir da com-paixão (que é diferente do lamento), a partir da vulnerabilidade diante do outro, que é o que fez de Jesus uma vítima perfeita. Aqui, a obediência a Deus é fidelidade, não a um plano de morte com um autor divino, mas a uma forma de viver que gera vida, que pode acarretar a morte da parte daqueles mesmos aos quais se busca libertar.

A tragédia aumenta quando muitas pessoas religiosas perseguem e assassinam tais libertadores, pensando que agindo assim estão dando glória a Deus (Mt 10,17; Jo 15,19-27; 16,2-3: "[...] e virá a hora em que todo aquele que vos matar, julgará estar prestando culto a Deus. Agirão assim por não terem conhecido nem ao Pai nem a mim"), precisamente aquilo que aconteceu com as autoridades judaicas e que daí em diante se repetiu freqüentemente. Acontece que o ateísmo não é a mera negação teórica de Deus, mas a sua negação prática, ou seja, proceder como se Deus não existisse, conculcando a dignidade do ser humano. Há representantes religiosos que na realidade dos fatos caem no ateísmo, quando procedem injustamente, sacrificando as pessoas, ou que caem na idolatria quando sustentam que Deus manda matar os outros, em nome da religião. O Deus que Jesus revela é incompatível com ambas as concepções, quer se dêem na religião ou fora dela.

Cristo nos liberta do pecado que está em nós, descobrindo em nós a capacidade homicida do ódio, ainda que seja em nome do culto a Deus. Transforma-se assim, ele mesmo, em símbolo e expressão do pecado a partir de sua morte libertadora, na qual proclama o Deus-amor. É "obediente" até o fim a um testemunho e a uma missão recebida, precisamente porque antepôs sua fidelidade a Deus e ao ser humano, às exigências e requisições das autoridades religiosas. O paradoxo encontra-se no fato de que mais tarde o cristianismo quis fundamentar a obediência às autoridades eclesiais na obediência de Jesus, esquecendo-se de que nele a obediência era absoluta somente para com Deus (já que o fundamento da vontade divina está nisto: que o homem cresça e viva), e o levava a desobedecer aos representantes da religião quando esta se convertia em uma instância de morte.

Desta compreensão cristológica do sacrifício de Cristo, seguem-se algumas conseqüências existenciais. Paulo faz referência a um culto racional, que substitui o antigo e que consiste em oferecer a própria existência como uma hóstia viva e agradável a Deus (Rm 12,1-2). Sua oferenda consiste em sacrificar-se a serviço da fé dos seus irmãos (Fl 2,17), constituindo-se assim em uma oferenda viva (Fl 4,18). Seu ministério (*leitourgon*) consiste em que a oferenda dos gentios seja aceitável a Deus e santificada pelo Espírito (Rm 15,16). Da mesma forma, exortam-se os discípulos a ser seus imitadores e a viver na caridade na qual Cristo nos amou (Ef 5,2). Por sua vez, Hebreus conclui que é preciso oferecer continuamente sacrifícios de louvor, não se esquecendo "da prática do bem e da partilha, pois estes são os sacrifícios que agradam a Deus" (Hb 13,15-16). A carta apresenta paralelismos entre o novo culto e a atitude de Paulo em relação à lei. Exorta a perseverar na nova ordem cristã e a não retornar à velha ordem sacrifical (Hb 12,3.25-29).

Deus não quer que ninguém lhe seja sacrificado, embora aceite o sacrifício das pessoas que querem ser testemunhas livres do amor, ainda que isso lhes custe a vida (Hb 12,3-4). Trata-se da santidade da experiência, não a que resulta de um culto de oferendas e sacrifícios externos à vida de quem oferece. Deus é ciumento e não quer que a pessoa lhe ofereça o que tem, mas o que ela é. Por isso, sua vida transformou-se em um sacrifício existencial. Sua morte, que nada teve de sagrado ou de ritual, distinguiu-se por sua profanidade, sendo a culminação de uma vida que não teve traços monacais nem clericais. Ele morreu como viveu. O símbolo da cruz, que despertava horror e menosprezo, tanto no contexto judaico quanto no greco-romano, converteu-se assim em sinal de amor e de entrega. Por isso, a cruz não é tanto um símbolo ritual cultual, quanto a expressão testemunhal do valor salvador de uma vida. Isso desautoriza aquela religião que sacrifica o ser humano a Deus, reivindicando o valor supremo da pessoa e, simultaneamente, apelando para que se sacrifique pelos outros. Cristo entregou sua vida para que os seus discípulos aprendessem a partilhar aquilo que eram e aquilo que tinham. Este é o sentido de seu sacrifício, em oposição a toda religião que não apóie o crescimento e a vida do ser humano.

A cristologia deve ser vinculada à pretensão, por parte de Jesus, de perdoar os pecados (Mc 2,5-7 par.; Lc 7,48-49), tradicionalmente ligada ao culto sacrifical. É a vida mesma de Jesus a que tem um significado perdoador. Há uma grande discussão na exegese atual acerca do significado expiatório da morte de Jesus, tentando esclarecer se foi ele mesmo quem deu esse sentido à sua morte, ou se, pelo contrário, tal sentido provém da comunidade pascal (Mc 10,45; Jo 1,29; Jo 19,36-37; 1Jo 1,7; 2,2). Todavia, não há dúvidas de que a reflexão cristológica sobre o significado de sua vida e de sua morte encontrou nesse fato uma alternativa à concepção expiatória judaica. Nessa mesma linha, é preciso compreender o significado do "por vós" da última ceia (Lc 22,17.19-20), que não representa simplesmente a instituição de um novo rito sacrifical, mas manifesta o significado da vida de Jesus. Cristo se entregou definitivamente e renunciou a viver para si mesmo em favor dos outros. O que simbolicamente ele ofereceu na última ceia é o que historicamente realizou em sua paixão. Deus aceitou sua oferenda, que implicava o assassinato por parte daqueles que ele pretendia salvar. Desse modo, sua vida e sua morte possuem um sentido redentor e sacrifical, o que levou os cristãos a atribuir-lhe os cânticos do servo de Javé.

O culto deslocou-se do religioso para o existencial. O sagrado é o próprio homem, e "os sacrifícios espirituais" são a práxis cotidiana (1Pd 2,5; cf. 1,15; 5,1). A relação interpessoal com Deus e com os seres humanos se relaciona. É isso o que se pode encontrar na tradição batismal e eucarística. O batismo traz consigo o perdão dos pecados, precisamente o que era pretendido pela liturgia sacrifical, a partir da identificação com a vida e com a morte de Cristo (At 2,38; Rm 6,3-6; Gl 3,27). Não se trata somente de um rito, mas da expressão simbólica de uma identificação com sua vida e com sua morte, ao mesmo tempo em que compromete em seu seguimento. Esse forte cristocentrismo tem também uma dimensão comunitária, pois todos participamos do sacrifício de Cristo (1Cor 10,16-17; 12,13). A tradição judaica de repartir o pão e abençoar o cálice vincula-se agora à doação de Jesus (Mc 10,45 par.; Mt 20,28: "Pois o Filho do Homem não veio para ser servido, mas para servir e dar sua vida em resgate por muitos") e à significação solidária da "ceia do Senhor" (1Cor 11,20-22), no contexto da renovada aliança entre Deus e a humanidade.[48] As freqüentes celebrações eucarísticas foram efetuadas no contexto pascal judaico, agora marcado pela cristologia do Ressuscitado e pela proximidade do reinado de Deus (Mc 14,12-16.22-25; Mt 26,26-29; Lc 22,14-18.19-20; 1Cor 10,16-17; 11,23-26; Jo 6,48-51.53-58). Paulo sempre acentua o contraste entre o rito judaico (1Cor 10,3-11; cf. Ex 17,6; Nm 20,7-11) e o renovado significado cristão (1Cor 10,16-22).[49] Também João, na narrativa da paixão, vincula o batismo e a eucaristia à cruz de Jesus (Jo 19,34; 1Jo 5,6-8).

Não se pode esquecer que a própria eucaristia consiste em um ritual que se refere a um fato salvífico. Primeiro, a referência é feita à intervenção histórica de Deus em favor de seu povo (Ex 13,3-10); depois, à vida e morte de seu enviado, que se ofereceu a Deus por seu povo. Jesus ofereceu-se simbolicamente a Deus no pão e no vinho da ceia; posteriormente, essa oferenda cumpriu-se em sua paixão histórica. O que aconteceu historicamente, o seu assassinato, está prefigurado pela sua própria vida,

---

[48] ROLOFF, J. Anfänge der soteriologischen Deutung des Todes Jesu (Mk 10,45 und Lk 12,17). *NTS*, n. 19, pp. 38-64, 1972/1973.

[49] BLEM, J. κλάω In: *ThWNT*, 3. 1938. pp. 726-743; GOPPELT, L. πίνω In: *ThWNT*, 6. 1959. pp. 141-158; HAMMAN, A. Eucharistie, In: *DS*, 4. 1961. v. 1, pp. 1553-1565; VERHEUL, A. L'Eucharistie mémoire, présence et sacrifice du Seigner d'après les racines juives de l'Eucharistie. *QL*, n. 69, pp. 125-154, 1988; SCHÜRMANN, H. *Le récit de la dernière Cène*, cit., 1965; JEREMIAS, J. *Die Abendmahlsworte Jesu*. 3. Aufl. Göttingen, 1960. pp. 196-253; HAHN, F. Die altestamentliche Motive in der urchristlichen Abendmahlsüberlieferung. *EvTh*, n. 27, pp. 337-743, 1967; IDEM. Herrengedächtnis und Herrenmahl bei Paulus. *LJ*, n. 32, pp. 166-177, 1982; BORNKAMM, G. Herrenmahl und Kirche bei Paulus. *ZThK*, n. 53, pp. 312-349, 1956.

que consistiu em partir-se em pedaços e em se derramar no serviço aos outros. A eucaristia e o batismo são os sacramentos por excelência, os quais a tradição teológica definiu como sacramentos maiores, precisamente porque apelam para o estilo de vida relacionado com o de Jesus, que leva a participação em seu cálice (Mc 10,39; Mt 20,22-23), oferecendo Cristo ao Pai e nós mesmos com ele.[50] Por isso, quando não há conseqüências existenciais, isto é, quando não há comunhão e solidariedade, o pão e o vinho transformam-se em sinais de condenação, porque se destrói o significado gerador de vida que a morte de Cristo teve. Foi o que aconteceu na comunidade de Corinto (1Cor 10,14-22.31-32; 11,17-32) e o que se repete ao longo da história do cristianismo, quando a eucaristia é convertida em mero rito cultual e não na expressão de um compromisso que se dá na vida.

Os sacramentos unem vida e celebração; ou são sacramentos da vida, ou então deixam de ser cristãos e se transformam em meros ritos sagrados, idênticos aos de outras religiões que mantêm a dicotomia entre o âmbito do sagrado e o do profano. Ou produzem o que significam, uma vida sacrificada pelos demais, ou então são vazios de conteúdo. Dessa forma, o culto cristão remete à vida diária, à vivência de todas as realidades humanas na relação com Deus. A vida como culto supera o rito religioso, afastado da vida cotidiana. Nada mais é absolutamente profano, porque se deve viver tudo relacionando-o com Deus e com os outros, sacralizando as realidades profanas, sem que estas percam sua consistência e sua autonomia. É significativo o escasso uso de categorias religiosas quando se faz referência ao culto cristão. Na Carta de Tiago (Tg 1,26-27) fala-se em "religião", mas interpretada como solidariedade com os fracos e como o manter-se sem pecado. O evangelista João alude a um novo culto em espírito e verdade (Jo 4,21-24), o que o leva a substituir o relato eucarístico pelo ato de lavar os pés e pela exortação ao serviço dos mais fracos (Jo 13,1-20). As velhas categorias sacrificais foram transformadas a partir de Jesus (Ef 5,2), ou simplesmente desapareceram.

---

[50] HANSON, A. The Eucharist as Sacrifice. *QL*, n. 69, pp. 155-162, 1988; POWER, D. *The Sacrifice we offer*. Edimburg, 1987.

Provavelmente, no Novo Testamento não temos ainda um culto cristão estabelecido, embora haja tendências nessa linha e se execute a liturgia da Palavra, própria das sinagogas judaicas (Ef 5,19-20).[51] À parte a inicial permanência da comunidade apostólica no templo, o culto foi visto como um elemento específico da velha aliança judaica (Rm 9,4). A consciência comunitária de viver o tempo final, de ter recebido o Espírito e de ser templo de Deus (1Cor 6,19) foi reforçada por uma concepção cultual que supera o antigo (Hb 9,8-9; 10,15-16; 13,10). Dentre os escritos tardios do Novo Testamento, é o evangelho de João que mais dá destaque ao novo culto em espírito e verdade (Jo 2,19-22; 4,21-25), centrado no batismo e na eucaristia (Jo 3,5; 6,51-55; 19,34-35), enquanto o Apocalipse interpretou o culto a partir da vida martirial de Jesus (Ap 5,8-14; 21,22-27). O acento é colocado no futuro, não no passado, em uma redenção que nos liberta dos sofrimentos presentes e nos vincula à humanidade com a criação que "está gemendo como em dores de parto", esperando a redenção final (Rm 8,18-27). É o tempo da cruz, mas esperamos à luz da ressurreição.

A liturgia cristã posterior sofreu o influxo das religiões mistagógicas e conheceu um processo de re-judaização sacrifical e ritual na segunda metade do século III. Por um lado, há uma tradição patrística que contrapõe o "culto espiritual" cristão à práxis sacrifical das religiões do Império. Foram ressaltadas as esmolas, a solidariedade para com os pobres e a justiça como oferendas cristãs por excelência, que substituem os sacrifícios das demais religiões.[52] Foi desenvolvida também a vinculação entre o sacrifício de Jesus e o dos mártires, que são os que oferecem a Deus um

---

[51] CAZELLES, H. Biblia y tiempo litúrgico: Escatología y anámnesis. *SelT*, n. 22, pp. 22-28, 1983.

[52] Uma boa coletânea de textos é a de F. M. Young, "Opfer", in *TRE*, 25, 1995, v. 4, pp. 271-278. Sigo a sua classificação, mas não adoto a sua hermenêutica: [O Senhor] "nos manifestou que não tem necessidade nem de sacrifícios, nem de holocaustos e oferendas [...]; tudo isso, o invalidou o Senhor, a fim de que a nova lei de Nosso Senhor Jesus Cristo, que não está submetida ao jugo da necessidade, tenha uma oferenda não feita por mão de homem" (*Barn.*, 2,4-9); os judeus que oferecem sacrifícios e holocaustos se assemelham aos gregos em relação aos seus ídolos (*Diog*, 3,3-5); Deus instaurou o culto de sacrifícios para salvar Israel da idolatria, mas para os cristãos ele está superado (Justino, *Diál.*, 19,6-22,11); Irineu, *Adv. haer.*, IV, 17,1-4.

testemunho de louvor.[53] A mesma crítica filosófica feita aos sacrifícios animais e às oferendas naturais das religiões foi assumida também pelos cristãos. Não se pode alimentar Deus com dons, nem se pode comprá-lo com oferendas; o único sacrifício possível é o de uma vida digna dos deuses. Filosofia e teologia convergiram sob a forma da imitação de Deus e do seguimento de Cristo.[54] Contudo, também foi mantida uma tradição cultual sacrifical, na linha do Antigo Testamento, que teve um ressurgimento a partir da segunda metade dos séculos III e IV.

A inculturação no Império e a crescente recepção dos escritos judaicos contribuíram para manter viva a idéia de que o sacrifício de Cristo podia ser compreendido a partir do marco cultual judaico e não como sua definitiva superação e transformação.[55] Não se pode esquecer o contexto adverso em que se movia o cristianismo, criticado como uma "superstição funesta" pelos cidadãos do Império e difamado pelos judeus, por causa de sua rejeição do templo e do culto sacrifical. Tal procedimento

---

[53] O verdadeiro sacrifício é o martírio de Cristo e de seus seguidores: Policarpo, *Mart.*, XIV, 1-3; Inácio, *Rom.*, 2,2; 4,2; *Ef.*, 21,1; *Sm.*, 10,2; *Pol.* 2,4; 6,1.

[54] Desde o começo, houve uma rejeição aos sacrifícios, considerados antropomorfismos incompatíveis com a concepção cristã. Por essa razão, pôs-se o acento na justiça, na solidariedade e nas demais virtudes: Aristides, I: [Deus] "não necessita de sacrifício, nem de libação, nem de nada de quanto aparece"; Justino, *1Apol.*, 10: "Aprendemos que Deus não tem necessidade de oferenda material alguma por parte dos homens"; *1 Apol.*, 13: "Foi-nos ensinado não haver necessidade nem de sangue, nem de libações, nem de incensos"; Clemente de Alexandria, *Strom.*, VII, 14-16; Orígenes, *Contra Cels.*, VI, 70: "Ensinou-nos que não é carnalmente nem com vítimas corporais que se deve adorar a Deus, mas em Espírito"; *Comm. in Joh.*, VI, 35; *Hom. in Lev.*, 3,1; Irineu, *Adv. haer.*, IV, 14.17-18; Agostinho, *De civ.*, X, 6; XIX, 23.

[55] Mantiveram-se as tradicionais primícias ("as darás como primícias aos profetas, pois eles são vossos sumos sacerdotes", *Did*, 13,3-4). Por sua vez, Eusébio de Cesaréia (*Demonstr. evang.*, 1,10; 8,2; 10,8) defende a continuidade entre os sacrifícios do judaísmo e o de Cristo, como pagamento de uma dívida a Deus. O sangue contém vida, e Cristo é o sacrifício perfeito, que se oferece a si mesmo. Esta concepção é também a de Gregório de Nissa, sobretudo em seu comentário à Carta aos Hebreus. É também freqüente a alusão à morte de Cristo como um resgate que deve ser pago ao diabo ou ao próprio Deus, pondo as bases da teoria da satisfação; cf. B. Funke, *Grundlagen und Voraussetzungen der Satisfaktionstheorie des Hl. Anselm von Canterbury*, Münster, 1903, pp. 4-80; B. Sesboüé, *Jesucristo el único mediador*, Salamanca, 1990, pp. 351-82. Essa idéia favorece a passagem da eucaristia para um sacrifício de louvor (Irineu, *Adv. haer.*, IV, 18,1; Orígenes, *Contra Cels.*, VIII, 33-34), em vez de vê-la como o sacrifício expiatório no qual se atualiza a morte de Cristo. Pode-se encontrar uma coletânea de textos da eucaristia como o sacrifício expiatório de Cristo que aplaca Deus em J. Solano, *Textos eucarísticos primitivos*, Madrid, 1952-1954, vv. 1-2, pp. 896-897. Há uma correlação entre o desenvolvimento de uma teologia sacrifical da eucaristia e o de uma teologia sacerdotal para os ministros cristãos.

não só influenciou na crescente configuração da eucaristia como um sacrifício — o que é plenamente aceitável a partir da própria perspectiva profética (Ml 1,10-12) —, como também na aceitação das concepções sacrificais do ambiente judeu e romano.[56] Desenvolveu-se uma concepção de Deus mais própria de João Batista, a do Deus castigador, do que o anúncio de um Deus que opta pelos pecadores. E acima de tudo foram reforçados os aspectos morais e jurídicos na relação com Deus, com o perigo de distanciar o povo da comunhão eucarística, do batismo e até do perdão dos pecados. A exigência cristã de uma vida que esteja de acordo com a de Jesus foi superada pela de uma vida virtuosa, de uma conduta moral e de uma prática assídua dos sacramentos. Punham-se assim as bases para a cristologia medieval e para a queixa dos protestantes contra o valor sacrifical da eucaristia.

A superação do sacerdócio pontifical

Culto e sacerdócio estão intimamente ligados, da mesma forma que sacrifícios e culto. O sacerdote é o mediador por excelência, o "pontífice", isto é, aquele que faz a "ponte" entre Deus e os seres humanos, que é a origem latina dessa palavra.[57] Por isso, o sacerdote é um personagem sagrado (Lv 9,3; 21,1-24), consagrado (Ex 29,1-37; Lv 8,1-30) e mantido em separado da comunidade (Dt 33,8-11), da qual se distingue por um estilo de vida diferente, tanto na forma de se relacionar com os demais, quanto no uso das coisas. Tal segregação é conseqüência de sua função de intermediário entre Deus e os seres humanos. Os sacerdotes, incluídos os das religiões do Império Romano, recebiam o título de

---

[56] Tácito, *Ann.*, XV, 44,3. Também Tertuliano ressalta a crítica pagã à ausência de sacrifícios ("Não venerais os deuses nem ofereceis sacrifícios em honra de César": *Apol.*, 10,1). Uma coletânea de textos de Justino, Minúcio Félix e Atenágoras pode ser encontrada em H. Haag, *¿Qué iglesia quería Jesús?*, Barcelona, 1998, pp. 95-98; 106-108.

[57] Schrenk, G. Hieréus-archieréus. In: *ThWNT*, 3. 1938. pp. 257-284; Stöger, A. Sacerdocio. In: Bauer, J. B. Ed. *Diccionario de teología bíblica*. Barcelona, 1967. pp. 946-958 [Ed. bras.: *Dicionário de Teologia bíblica*, São Paulo, Loyola, 1979]; Cody, A. *A History of Old Testament Priesthood*. Roma, 1969. pp. 175-192.

"ἱερευς", que é mais abrangente do que "liturgo" ou pessoa encarregada do culto, pois incluía funções legislativas, comunitárias e políticas. O "ἀρχιερευς" era o pontífice máximo ou sumo sacerdote, título freqüentemente dado aos reis (como ocorria com o imperador) em uma época na qual não havia separação entre religião e sociedade. O sumo pontífice judeu distinguia-se pelas leis estritas e pelas purificações rituais que impregnavam o seu estilo de vida. Na época de Jesus, havia vários sumos pontífices (por exemplo, Ananias e seu genro Caifás) que formavam um colégio de famílias sacerdotais, aos quais se alude 62 vezes nos evangelhos e nos Atos. Eles detinham o controle do culto e do templo, sempre na dependência do poder romano.

A partir da distância entre o profano e o sagrado, isto é, entre o âmbito do mundano e o do divino, o sacerdote era o porta-voz da comunidade diante de Deus, pela qual ele oferecia sacrifícios, orações e oferendas (Dt 26,1-11). Era também o representante de Deus diante da comunidade, à qual transmitia os mandamentos, desejos e comunicações divinas (por isso tinha traços de adivinho, de visionário e até de místico). Sua dupla mediação era dada pelo culto e pelo magistério da Palavra, que se concretizava na pregação da Palavra divina, nos oráculos e no ensinamento da lei. A idéia judaica de um Deus santo, ciumento e justiceiro foi transferida para os sacerdotes, enquanto executores da cólera divina em relação aos pecadores (Ex 32,28-29; Nm 25,7-13). Na cultura helenista, o sacerdote era também um modelo ético, ascético e religioso, tornando-se até um exemplo para algumas correntes filosóficas, como o estoicismo, o cinismo e para o próprio Fílon. Todavia, nas religiões do Império não havia estritamente uma casta sacerdotal; eles eram muito mais funcionários dos vários santuários e cultos, cujo sacerdócio era compatível com outros ofícios ou profissões civis.

Em Israel, bem como em outros povos e religiões, essas funções sacerdotais foram exercidas inicialmente pelos patriarcas (o pai de família), juízes e reis; Moisés foi o legislador por excelência, com funções sacerdotais (Ex 24,4-11; 40,29-31) e magisteriais, já que ele era o intermediário entre Deus e o povo judeu (Ex 24,12-18). Moisés estabeleceu o sacerdócio judaico, confiado a Aarão e a seus filhos (Ex 29,1-37; Lv 6; 8), e deu instruções detalhadas sobre o culto (Ex 29,38–31,18; Lv 1,1–7,38; 8). Designou também a tribo de Levi como a tribo sacerdotal. Toda ela era propriedade de Deus (Nm 3,6-13), e seus varões oficiavam como assistentes dos sacerdotes no culto, substituindo os primogênitos de Israel que eram consagrados a Deus (Nm 3,1–4,49). Esse ideal sacerdotal foi mantido ininterruptamente em Israel até a última destruição do templo. O sacerdócio concentrou-se nas atividades litúrgicas de Jerusalém, assumindo um caráter monopolizador em relação a outros cultos locais anteriores. Na época de Jesus, havia 24 turnos de sacerdotes que exerciam semanalmente o culto do templo com uma estrita santidade ritual, que os separava do resto do povo. Depois do exílio (586-538 a. C.), a instrução da lei foi estendida aos escribas; começou então o declínio da antiga função sacerdotal e reforçou-se o culto sinagogal, centrado no comentário e na interpretação da Escritura.[58]

Por outro lado, havia círculos sacerdotais, como era o caso de Qumrã, que associavam a figura do Messias à restauração do culto e do sacerdócio israelita, combinando as esperanças messiânicas reais com as sacerdotais (Sl 110,4). Esperava-se um messias que realizasse a dupla tradição dos reis e sacerdotes, levando Israel à sua plenitude (Ex 19,6: reino de sacerdotes e um povo santo). É isso o que significa também a figura de Melquisedec (Gn 14,8-20; Sl 110,4), sacerdote e rei, que simboliza a vinculação entre o sacerdotal e o real. Melquisedec abençoou Abraão, em nome de Deus, e recebeu o tributo de seus dízimos. Tratava-se de uma figura simbólica na tradição hebraica, possuindo o caráter de modelo por ter sido o primeiro sacerdote mencionado na Torá. Era também uma figura escatológica, própria dos tempos messiânicos, e se destacava o seu caráter de juiz, em nome de Deus. O cristianismo recolheu essa tradição para explicar, a partir dela, as diferenças específicas do sacerdócio de Jesus.

---

[58] Cody, *A History of Old Testament Priesthood*, cit.; Stöger, Sacerdocio, cit., pp. 946-950; Schrenk, *Hieréus-archiéreus*, cit., pp. 257-263; 265-274.

No Novo Testamento, da mesma forma que há uma transformação do culto, há também uma transformação do sacerdócio. E outra vez é a Carta aos Hebreus que oferece uma reflexão mais sistemática sobre as conseqüências da vida e da morte de Jesus sobre a mediação sacerdotal.[59] Jesus foi um leigo, sem conotações sacerdotais nem levíticas, e nunca recebeu o título de sacerdote durante sua vida. Embora desempenhasse as funções próprias dos profetas, submeteu-se às normas sacerdotais judaicas e enviou os enfermos por ele curados aos sacerdotes, para que estes determinassem sua pureza legal e confirmassem a cura (Mc 1,44; Mt 8,4; Lc 5,14; 17,14; cf. Lv 13,19). As críticas às leis de pureza e jejum (Mt 12,4 par.), ao rigorismo na celebração do sábado (Mt 12,5) e sobretudo ao culto no templo granjearam-lhe a rejeição sacerdotal.

As autoridades sacerdotais foram hostis a Jesus e ao cristianismo primitivo, o que reforçou a imagem negativa dos sacerdotes no Novo Testamento; todavia, deles se fala bem pouco. Das 31 vezes em que são mencionados no Novo Testamento, 14 pertencem à Carta aos Hebreus e somente 11 estão presentes nos evangelhos.[60] Lucas apresenta o sacerdote e o levita como exemplos da falta de solidariedade (Lc 10,31-32) e de desumanização, por um lado, e como protótipos da abertura a Deus, por

---

[59] VANHOYE, *Sacerdotes antiguos, sacerdote nuevo*: según el Nuevo Testamento, cit.; IDEM. *Cristo es nuestro sacerdote*. México, 1974; IDEM, *La structure littéraire de l'Epître aux Hebreux*, cit.; IDEM. Sacerdoce commun et sacerdoce ministériel. Distinction et rapports. *NRTh*, n. 97, pp. 193-207, 1975. Falta-lhe enquadrar o sacerdócio do Antigo Testamento na história das religiões, com maior atenção ao significado sacerdotal de algumas ações do Jesus histórico e à interpretação sacerdotal de outros textos do Novo Testamento. Sublinha a continuidade das funções sacerdotais por parte de Cristo, sem dar muito valor às rupturas, na linha paulina. No momento de tirar conclusões dogmáticas, afirma que o sacerdócio de mediação de Cristo não se estende a todos os cristãos, ao contrário da função cultual, abrindo assim um espaço para a função de mediação como uma função exclusiva do sacramento da ordem. Não apresenta um único texto no qual essa distinção se apóia. A preocupação com o dogma interfere em um excelente estudo exegético, à qual são acrescentadas conseqüências que não são avalizadas em sua própria análise, nem são confirmadas na tradição patrística imediatamente posterior, que não concede aos ministros cristãos qualquer função de mediação. Algumas críticas a essa postura podem ser encontradas em J. Moingt, Prêtre selon le Nouveau Testament. A propos d'un livre récent, in *RSR*, n. 69, pp. 573-598, 1981. Cf. também GRÄSSER, E. *An die Hebräer*. Neukirchen, 1990. v. 1, pp. 280-294; RISSI, *Die Theologie des Hebräersbriefs*, cit., pp. 55-90; ORIOL TUÑI, J. Jesús en la carta a los Hebreos. *RLT*, n. 3, pp. 283-302, 1986; FEUILLET, A. *Une triple préparation du sacerdoce du Christ dans l'Ancien Testament. Divinitas*, n. 28, pp. 103-136, 1984.

[60] SAND, A. ἱωρωνς. In: *EWNT*. 1981. p. 427.

outro (Lc 1,5; At 6,7), sem que haja propriamente uma rejeição total. Os sacerdotes aparecem como adversários da Igreja nascente (At 4,1); no entanto, eles desempenharam um papel reduzido na luta judaica contra os cristãos, porque depois da destruição romana do templo perderam sua posição social e sua influência, devido ao fato de terem cessado as funções cultuais, sendo, portanto, superados pelos rabinos e pelos fariseus na liderança do povo.

A Carta aos Hebreus apresenta o sacerdócio como uma mediação de sacrifícios e oferendas pelos pecados (Hb 5,1-4; 9,6-10), que foi instituída por Deus. É o sacerdócio de um povo que está sendo posto à margem, voltando-se a atenção para os conceitos de separação, sacralização e mediação. Daí em diante, desenvolveu-se uma cristologia sacerdotal que resultou na transformação e na superação do sacerdócio judaico. O ponto de partida foi o sacerdócio de Melquisedec, mencionado dez vezes na Carta aos Hebreus (Hb 5–7). Contudo, não foi ele quem serviu de protótipo para que se pudesse compreender Cristo, mas foi Cristo quem iluminou e clarificou o significado de Melquidesec (nisso "ele se assemelha ao Filho de Deus e permanece sacerdote para sempre": Hb 7,3).[61] O sacerdócio terreno é sombra e reflexo do celestial (Hb 8,5; 9,24; 10,1). É o sacerdócio celestial de Cristo que serve para iluminar o significado dessa figura simbólica da tradição judaica. O que Jesus vive e faz é o que determina a essência daquilo que é sacerdotal, em vez de aplicar-lhe uma concepção predeterminada, algumas funções e uma dignidade, mesmo que fosse a de Melquisedec. Foi contraposto um sacerdócio cristológico ao sacerdócio judaico, sem fazer distinções entre o simples sacerdócio e o sumo sacerdócio (Hb 5,6.10; 7,20.26-28). O que interessa é o contraste global entre dois tipos de sacerdócio, o que foi vivido por Jesus e o do ritual do judaísmo.

Cristo não tem participação alguma no sacerdócio judaico (Hb 7,13-14) e morreu carregado de opróbrio e sem qualquer rito de consagração

---

[61] MICHEL, O. Melchisedek. In: *ThWNT*, 4. 1942. pp. 573-575. SCHRÖGER, F. Melchisedek. In: *EWNT*, 2. 1981. pp. 997-999; FEUILLET, A. Une triple préparation du sacerdoce du Christ dans l'Ancien Testament, cit., pp. 103-136; RISSI, M. *Die Theologie des Hebräersbriefs*, cit., pp. 81-90.

(Hb 13,12-13; 11,26). Depois dos sofrimentos de sua vida (Hb 2,10-18), semelhante em tudo a seus irmãos na tentação (Hb 2,17-18; 4,15), mas livre de todo pecado (Hb 2,17-18; 4,15; 5,7-8), foi transformado por Deus em grande, fiel e misericordioso sacerdote, segundo o rito de Melquisedec (Hb 5,6.10; 6,20), que é um sacerdócio superior ao sacerdócio judaico (Hb 7,1.10-11.15-17). Trata-se de um novo tipo de sacerdócio, caracterizado pela misericórdia (Hb 2,17; 4,16) e pela solidariedade com os pecadores (Hb 2,10-11.17). O sofrimento e a dor marcam toda a vida humana, sendo a morte o próprio símbolo da negatividade. Cristo veio para lutar contra o mal em suas diversas expressões, físicas e espirituais, mas não esteve isento de partilhar e de participar de nossas experiências de morte. Aprendeu, com o sofrimento, a ser obediente a Deus (Hb 5,8; cf. 1Pd 2,21-24), e a sua tentação consistia precisamente em fugir da dor (Hb 2,17-18; 4,15).

Um novo conceito do sacerdócio

A reelaboração da idéia de sacrifício introduzia no caminho de uma nova compreensão do sacerdócio [...]. De fato, só Cristo foi capaz de cumprir a função essencial do sacerdote, que consiste em estabelecer uma mediação entre Deus e os homens [...]. Desse modo, portanto, um só sacerdote novo sucede à multidão de sacerdotes antigos [...]. Contudo, ainda continua sendo possível e justificável falar de "sacerdotes" no plural, contanto que não seja em detrimento dessa posição de base. (A. Vanhoye, *Sacerdotes antiguos, sacerdote nuevo:* según el Nuevo Testamento, cit., pp. 318-319).

O sacerdócio terreno de Jesus — que culmina em sua mediação celestial como juiz, mediador entre Deus e seus irmãos e intercessor destes (Hb 8) — está baseado em uma vida que é toda ela sacerdotal. Cristo é sacerdote a partir de uma existência partilhada, participando no sofrimento comum à condição humana. Por isso, o seu sacerdócio não consiste no afastamento ou na separação, mas em uma vida mundana, muito distante dos estereótipos ascéticos e rituais do sacerdócio, a partir da qual ele nos ensina o modo de nos comportarmos diante do nosso sofrimento e do dos outros. O elemento novo do sacerdócio de Jesus é este: não se trata de um cargo ou de uma dignidade com funções próprias, mas de um estilo de vida, de uma forma de aceitar os acontecimentos, que realiza o plano de Deus (Hb 2,14-16) e que culmina em seu sacerdócio celestial. Cristo sacerdote, em sua dupla conexão terrena e celestial, é quem nos abre o acesso ao céu. Por isso, depois da morte de Cristo, foi rompida a divisão entre a humanidade e a divindade, fato insistentemente proclamado pelo evangelho de João (Jo 3,13-14): o humano está em Deus (depois da ressurreição) e o divino se fez carne e comunicou-se a nós em Jesus (Jo 1,9-10).

Dessa forma, a cristologia de ressurreição e de exaltação de Cristo (Hb 1,1-13)[62] é também a da proclamação de um sacerdócio novo, no qual coincidem sacerdote e vítima (Hb 7,24-25.27; 5,9), porque toda a vida é sacerdotal. As mediações já não fazem falta, pois Cristo tornou perfeitos para sempre aqueles que santificou, e isso foi atestado pelo Espírito Santo (Hb 10,14-15). Dessa forma, é proclamada a superação das mediações sacerdotais, pois Cristo abriu definitivamente o caminho para Deus. É isso que torna possível a aplicação do sacerdócio de Jesus (que nele representa a própria vida e não uma função determinada) à comunidade em geral (um povo sacerdotal) e a todos os cristãos em particular. Não se trata de um sacerdócio de segregação, mas de vinculação aos pecadores e de imersão no povo; não se trata de pretender privilégios sociais, mas de comprometer-se com a entrega de Jesus.

Se o sacerdócio é mediação e ponte para a transcendência, esta ficou redimensionada a partir de Jesus. O transcendente não é aquilo que está separado, nem aquilo que ocorre à margem da história e da vida humana, mas é relação com Deus a partir das experiências partilhadas do mal e do sofrimento humano. A glória do homem é ter experiências de Deus (santo Irineu). Jesus nos ensina a viver, a confiar e a crer em Deus a partir de uma vida encarnada e solidária. Por isso Jesus é o "Emanuel", já que nele se faz presente o Deus próximo que salva o ser humano e o abre à

---

[62] CULLMANN, O. *Die Christologie des Neuen Testaments*. Tübingen, 1957. pp. 80-86.

dor do próximo (fazendo de todo ser humano alguém que está perto de nós, diante do qual não podemos ser indiferentes). Por isso o posterior ministério sacerdotal deve ser compreendido a partir daqui, a partir da consagração batismal, que é a consagração sacerdotal por excelência (a que nos torna outros Cristos, isto é, cristãos). Como o afirma Jon Sobrino,[63] o sacerdotal consiste em eliminar os obstáculos para que Deus se aproxime, em abrir-se às necessidades humanas (contra o espiritualismo abstrato) e em dar vida ao ser humano. É um sacerdócio como estilo de vida, que torna vulneráveis os que o vivem na miséria humana.

O sacerdócio cristão é o de uma vida aberta e missionária, contra o mero proselitismo, a partir de uma história partilhada com os outros, contra o gueto clerical. O sacerdotal é o que dá motivos para crer em Deus, para esperar, viver e lutar. Partindo daí é preciso julgar não só a existência sacerdotal cristã, mas também o próprio significado do ministério sacerdotal, e não a partir de algumas funções específicas de um cargo ou dignidade, que é o que caracterizava o sacerdócio da época de Jesus e que é, precisamente, o que a Carta aos Hebreus proclama superado. E isso diz respeito a todos os cristãos, que se definem como um povo real e de sacerdotes (1Pd 2,5.9; Ap 1,6). Todos os habitantes da Igreja celestial foram transformados em sacerdotes de Deus (Ap 1,6; 5,10; 20,6) em continuidade com a Igreja terrena, tendo como pano de fundo o pacto de Deus com o povo no Sinai (Ex 19,6). A idéia que está na base dessa concepção é a de um povo que não conhece outra consagração a não ser a do batismo. Ainda não há contrastes entre o sacerdócio dos leigos e o dos ministros, que é uma teologia que foi se desenvolvendo aos poucos no século II, mas que não está presente nos escritos do cânon cristão. Mais ainda, na Jerusalém celestial não há mais nenhum santuário que torne necessário um serviço sacerdotal (Ap 21,22). A distinção que interessa ao cristianismo primitivo não é a de sacerdotes ou não dentro da

---

[63] SOBRINO, J. ¿Hacia una determinación de la realidad sacerdotal?, cit., pp. 47-81; IDEM. Befreiende Evangelisierung. *GuL*, n. 70, pp. 167-182, 1997. Cf. também ELLACURÍA, I. Historicidad de la salvación cristiana. *RLT*, n. 1, pp. 5-46, 1984.

comunidade, mas a de consagrados ou não-cristãos, sendo que a consagração sacerdotal é uma forma de vida e não um ministério concreto.

O que distingue o sacerdócio não está em determinadas funções específicas, como em outras religiões, mas no fato de receber a boa notícia de Cristo como sumo sacerdote, exaltado à direita do Pai, que nos livra da culpa e do peso dos pecados. É daí que surgem o testemunho e a missão, não o proselitismo, que buscam comunicar uma experiência libertadora para interpelar os outros com base na solidariedade vivida por Jesus. Trata-se de um sacerdócio de empatia com o sofrimento, em que a própria dor não enrijece, não causa amargura, nem leva a pessoa a fechar-se sobre si mesma, isto é, não desumaniza; pelo contrário, torna-a mais sensível ao padecimento alheio. Por isso, o sacerdócio, segundo a Carta aos Hebreus, não é uma profissão, nem uma carreira, mas uma forma de existência. Leva a sacrificar possibilidades e interesses em função dos outros, que é o contrário da paixão pelo poder (eclesiástico ou não). Não é uma função pública de domínio, denunciada magistralmente por Nietzsche quando ele acusava o sacerdote cristão de ser o "pai do Ocidente", visto que ele era um dominador nato sobre as consciências alheias e um perseguidor de poder, prestígio e dinheiro. Pelo contrário, trata-se de "sacerdotalizar" a vida toda, de atualizar o reinado de Deus em um tipo de relações interpessoais e na luta contra tudo aquilo que atenta contra a dignidade da pessoa.

Já não há uma mediação nova entre Deus e os seres humanos, que pertença exclusivamente à vida e à morte de Cristo, mas sim exigências de um testemunho de vida coerente com a vida sacerdotal que se prega. O mais sacerdotal é também o mais humano, pois Cristo é sacerdote por ter sido um verdadeiro homem, e é fiel a Deus na medida em que se entregou aos demais. Deriva disso o caráter sacerdotal do pai e mãe de família cristãos, que abrem horizontes e expectativas de vida aos seus; do leigo comprometido na construção de uma sociedade mais humana e justa; do sindicalista ou do político que luta pelos direitos da dignidade humana, inspirando-se na vida de Jesus. Sacerdócio e humanidade já não podem ser separados. Deus não quer que lhe sejam oferecidas coisas, por mais valiosas que sejam, mas quer que se lhe ofereça um estilo de vida sacerdotal coerente. E isso compete a todos os cristãos.

No Novo Testamento, não encontramos menção alguma a qualquer tipo de sacerdote dentro da Igreja. O sacerdócio é usado para se referir a Jesus e a toda a comunidade, como também para definir o apostolado de Paulo, cujo sacerdócio consiste na pregação e no trabalho pela comunidade (Rm 15,16), e para designar sua vida martirial (Fl 2,17; 4,18). Desse modo, o sacerdócio adquire um significado comunitário e não-cultual, mas existencial e martirial. Precisamente porque a comunidade é o lugar da presença de Deus e porque todos estão consagrados a Deus, toda a comunidade é sacerdotal, com um sacerdócio que rompe as categorias cultuais do Antigo Testamento. O que determina a concepção cristã não é o binômio de um clero consagrado a Deus e de um laicato não-consagrado, mas o dos discípulos de Jesus, consagrados pelo batismo e ungidos pelo Espírito, em contraposição aos não-consagrados, que são os que não pertencem à Igreja.

Por isso, ninguém pode exercer uma função mediadora em nome de outro, mas a única mediação é a de Cristo, e a ela nos incorporamos todos pelo batismo e na celebração da eucaristia, que é uma concelebração de toda a comunidade de consagrados. O ministro, que preside a celebração comunitária, não é um mediador entre Cristo e a comunidade, tampouco entre Deus e o povo, mas toda a comunidade tem acesso direto a Deus em Cristo, sendo o Espírito, que é invocado na consagração, aquele que transforma o pão e o vinho, tornando-os símbolos da presença de Cristo na eucaristia. Cada cristão, dentro da comunidade, oferece-se a Deus, identificando-se com a oferenda do próprio Cristo e atualizando assim o seu sacerdócio existencial. Isso não pode ser feito pelo ministro que está presidindo por si mesmo: trata-se de um ato global, comunitário e pessoal, de uma comunidade, toda ela sacerdotal e consagrada.[64] Na liturgia antiga, o consagrador não era o ministro que

---

[64] Desenvolvi essa perspectiva em meu livro *Del misterio de la Iglesia al pueblo de Dios*, Salamanca, 1988, pp. 92-116.

presidia a (con)celebração, mas o Espírito, o qual era invocado para que transformasse tanto o pão e o vinho quanto a identidade dos presentes. O contexto da celebração era espiritual e comunitário, em contraposição à práxis individualista do segundo milênio.

A Igreja é que celebra a eucaristia, e não o ministro como único protagonista. A reforma litúrgica não pode reduzir-se à tradução dos textos para a língua vernácula, mas deve mudar o próprio conteúdo dos textos e reformar a celebração clerical dos sacramentos em favor de uma concepção mais participativa. A reforma da celebração comunitária à luz do sacerdócio dos fiéis é necessária, pois a Igreja reflete sua identidade na celebração dos sacramentos, e estes a constituem como comunhão de pessoas e de comunidades. Por isso, a renovação do laicato, à luz da redescoberta do sacerdócio cristão como uma dimensão da vida e não somente como um ministério, passa pela reforma da celebração sacramental, a fim de que não haja uma contradição entre o que a Igreja ensina e a sua forma de celebrar os sacramentos. Não se pode falar de uma Igreja ministerial e laical, enquanto alguns sacramentos forem mantidos clericais e escassamente comunitários.

O significado cristão das leis religiosas

A Torá, isto é, a lei revelada por Deus, era essencial para todo israelita, para o qual prescrevia um estilo determinado de vida. Ela abrangia âmbitos muitos diversificados, separando o sagrado e o profano, e também tudo aquilo que dizia respeito à santificação do sábado, às purificações e aos jejuns (Lv 12; 14; Nm 5,11-31; 15,22-29; 19), às prescrições dietéticas e ao contato com os estrangeiros. Na realidade, a Torá (que em sentido estrito referia-se ao Pentateuco, mas, em sentido mais amplo, a toda a Bíblia judaica) era uma instrução divina, uma doutrina para viver retamente, mais do que um conjunto de mandamentos. Esse aspecto legislativo e normativo é o que mais se desenvolveu a partir da restauração, depois do exílio da Babilônia, trazendo consigo um revigoramento da lei e da sinagoga como conseqüência da primeira destruição do templo, como mais tarde iria acontecer na época cristã.[65]

A tradição oral dos rabinos levou também a um desenvolvimento e ampliação da lei e a um grande incremento das normas e regulamentações. Os fariseus eram particularmente zelosos com essas prescrições, que remetiam a uma tradição baseada em comentários e aplicações da lei escrita, enquanto os saduceus reconheciam como vinculante somente a Torá, e os essênios tinham uma tradição especial. Em Israel, não só existiam distintas escolas rivais, mas também uma tensão entre os que se limitavam à lei escrita e rejeitavam toda a regulamentação que havia sido construída em torno dela, e os que defendiam uma progressiva aplicação dos princípios da lei. Dessa forma, construiu-se uma legislação canônica que só indiretamente derivava da Torá, e que, ao mesmo tempo, servia-lhe de proteção e de âmbito de aplicação. A idéia era proteger o núcleo da lei e reforçar sua normatividade e santidade com uma multiplicação de mandamentos para as situações concretas.

Cada grupo judaico tinha uma postura específica diante da lei, que lhe servia como uma senha de identidade. Em Qumrã também havia uma interpretação própria, rejeitando como insuficientes as escolas rabínicas mais rigorosas; havia sido estabelecida também uma relação interna entre a ordem do universo e a lei mosaica. Da mesma forma como havia uma ordem no mundo, posta por Deus, assim também a lei regulamentava a conduta humana e dela dependia a própria ordem da criação. Esse fato precisa ser compreendido no contexto religioso e teocêntrico não só de Israel mas, de uma forma mais geral, do mundo antigo. Havia uma correspondência estrita entre as leis naturais e as leis morais, entre a ordem do cosmos e a da vida humana, pois todas elas haviam sido postas por Deus. A idéia do comportamento *contra natura*, hoje questionado pelas ciências do homem, provém dessa visão naturalista da moral, ambas imutáveis e universais, porque provinham de Deus.

---

[65] Noth, M. *Gesammelte Studien zum Alten Testament*. München, 1966. pp. 112-136; Küng, H. *El judaísmo*. Madrid, 1993. pp. 106-118.

Já vimos no capítulo primeiro, analisando o evangelho de Mateus, como Jesus relativizou a lei, em função do ser humano, criticou a dureza das autoridades religiosas, que a interpretavam com um legalismo desumanizador, e contrapôs sua autoridade à do próprio Moisés. Não resta dúvida de que Jesus defendeu uma concepção muito mais humanista e aberta da lei do que a concepção oficial de seu tempo, e que transgrediu muitas das prescrições e regulamentações estabelecidas pelos rabinos e sacerdotes. No entanto, Jesus não questionou o valor da lei religiosa em si mesma, nem desqualificou o seu papel salvífico. Ele interpretou livremente a Torá, usando diversos textos para fundamentar a sua própria interpretação, e rechaçou a casuística jurídica, em favor do próximo. Contra as obras da lei, ele opôs a dependência de Deus, pois a salvação é um dom e não uma obra humana. Daí o seu anti-ritualismo, a sua impugnação das tradições rabínicas, a sua solidariedade com os pecadores e a universalidade do amor ao próximo, para além dos limites do povo judaico.[66] Essa atitude de Jesus dá sustentação à postura reformista, propugnada pelo evangelista Mateus, e à não-ruptura inicial com a lei por parte da Igreja de Jerusalém. A soberania de Jesus sobre a lei mosaica baseia-se em sua compreensão profética e misericordiosa. E apóia-se na urgência diante da chegada do Reino, que é o que levou a transgredir leis concretas, tais como a de enterrar os pais (Mt 8,21-22).

É preciso analisar agora como, quando e por que ocorreu o rompimento total com a lei; tal rompimento não foi obra de Jesus e sim da Igreja pascal, especialmente de Paulo, que levou adiante a sua crítica da lei e a radicalizou à luz da cruz e da ressurreição, as quais representam as chaves hermenêuticas que definem o final de uma época, a da lei religiosa. O problema reside no fato de que a ruptura posterior com a lei foi projetada na própria época de Jesus, atribuindo a ele passagens e afirmações de autenticidade duvidosa, que indicam mais a postura da Igreja primitiva diante da lei do que propriamente a de Jesus. Se tivesse havido

---

[66] BRAUN, H. *Spätjüdisch-häretischer und frühchristlicher Radikalismus*: Die Synoptiker. 2. Aufl. Tübingen, 1969. v. 2, pp. 1-65.

uma continuidade total entre o posicionamento de Jesus sobre a lei e o da Igreja, não haveria como explicar os conflitos cristãos que surgiram em torno do valor e do significado da lei. O próprio Paulo poderia ter aludido a uma tradição que teria partido de Jesus para justificar a sua postura, coisa que não fez a não ser no que dizia respeito ao divórcio (1Cor 7,10: "Aos casados ordeno, não eu, mas o Senhor [...]", cf. Mt 5,31-32 par.; 19,3-9), que curiosamente seria uma situação na qual Jesus reforçou a lei, oferecendo uma interpretação ainda mais severa do que a tradicional judaica. Jesus, de fato, proíbe o divórcio em conexão com sua expectativa da chegada do reinado de Deus. Possivelmente porque ele via esse reinado como uma restauração da ordem da criação e da intenção originária de Deus sobre o homem.[67]

Lucas estabeleceu uma cronologia teológica da lei. Primeiramente, submeteu a ela o próprio Jesus, como representante do Israel fiel (Lc 2,21; 2,22-24.27.39); depois foi superada com o anúncio do reinado de Deus (Lc 16,16). Lucas, porém, reservou para o livro dos Atos, ou seja, para a vida da Igreja, a superação definitiva da lei (At 10,9-16). O estatuto dos pagãos, sobretudo em relação à circuncisão e aos ritos purificatórios, foi um dos conflitos da Igreja primitiva. O problema foi colocado a partir da missão e da formação das Igrejas mistas, para as quais não havia nenhuma norma anterior, nem de Jesus, nem da comunidade de discípulos existente na época. Era preciso esclarecer o significado das leis alimentares (At 10,10-16.28; 11,4-10), de outros ritos cultuais (At 15,19-20.29; 21,25) e da circuncisão (At 11,3.12; 15,1.5). Em geral, discutia-se sobre a validez universal da lei, sobre a qual havia teologias contrapostas dos cristãos hebreus e dos helenistas (At 6,1.13; 7,2-53).

Essas discrepâncias, unidas à crítica cultual, foram elementos essenciais da perseguição judaica contra a ramificação cristã helenista (At 8,1; 9,21; 11,19-21).[68] O decreto da Igreja de Jerusalém (At 15,1-2.5.28-29;

---

[67] Sanders, *Jesus and Judaism*, cit., pp. 257-260; 245-269.

[68] Hengel, M. Zwischen Jesus und Paulus. Die Hellenisten, die Sieben und Stephanus (Apg 6,1-15; 7,54.5-8,3). *ZThK*, n. 72, pp. 195; 151-206, 1975; Haenchen, *The Acts of the Apostles*, cit., pp. 258; 269-274.

21,25), por iniciativa de Tiago e contra as demandas mais liberais de Pedro (At 15,7-10),[69] exigia que fossem aplicadas aos gentios as prescrições rabínicas para os prosélitos (Gn 9,4; Lv 17,10-16), isto é, para os simpatizantes do judaísmo e convertidos a este. Era necessário submeter os novos cristãos a um conjunto mínimo de proibições e mandamentos, inspirando-se na práxis judaica relacionada com os prosélitos.[70] Buscava assim satisfazer ambas as partes, a tradicionalista e a mais aberta, com uma solução de compromisso. Não se exigia toda a lei aos convertidos provenientes do paganismo, mas mantinham-se algumas prescrições judaicas. Tratava-se de uma fórmula de compromisso cultual, moral e ritual que possibilitava a convivência de judeu-cristãos e pagão-cristãos em uma mesma comunidade (At 15,19-21). Embora não se exigisse a circuncisão, que era muito rejeitada pelos cidadãos do Império Romano, mantinham-se prescrições legais para os não-judeus. Isso se opunha a Paulo, o qual sustentava que o cristianismo não estava vinculado às leis anteriores e que uma solução de compromisso comprometia o significado salvífico de Jesus.

Essa postura contemporizadora era muito generalizada entre os judeu-cristãos (Gl 2,3-5.11-14) e é a atitude assumida e defendida pelo próprio Lucas, no livro dos Atos. Lucas vê a justificação que nos foi trazida por Cristo como um complemento "de tudo em que vós não pudestes ser justificados pela Lei de Moisés" (At 13,38-39). A situação complicou-se por causa do confronto entre um grupo radical palestino, que defendia uma visão maximalista da lei, e o helenista, que queria suprimi-la. Lucas, como em outras ocasiões, optou pelo compromisso (At 21,24-25), como mostra também sua narração da circuncisão de Timóteo, feita por Paulo "por causa dos judeus" (At 16,1-3), enquanto Paulo se negava a fazê-lo, já que assumir a circuncisão implicava aceitar a lei (Gl 2,3.7-9; 5,2). São duas teologias discrepantes. A variedade existente entre os

---

[69] Burgos, M. de. Opción profética y pluralismo teológico en la eclesiología de los Hechos de los Apóstoles. *Communio*, n. 30, pp. 151-195, 1980.

[70] Heiligenthal, R. Noachitische Gebote, In: *TRE*, 24. 1994. v. 2. pp. 585-587. Kümmel, W. G. *Heilsgeschehen und Geschichte*. Marburg, 1965. pp. 278-288; Schürer, E. *The History of the Jewish People in the Age of Jesus Christ*. Edinburgh, 1986. v. 3/1 pp. 168-176; Perrot, Ch. Les décisions de l'assemblée de Jérusalem. *RSR*, n. 69, pp. 195-208, 1981.

escritos do Novo Testamento sobre a lei é uma demonstração de que Jesus não deixou o problema definitivamente resolvido, já que a sua postura admitia conclusões muito diferentes. Outra vez temos aqui um desenvolvimento eclesial que colocava novos problemas, para os quais não havia respostas prontas. Houve um processo de aprendizagem pastoral e teológico, pois o ponto de partida era insuficiente, precisamente porque Jesus não se preocupou em determinar como devia ser estabelecida a Igreja, mas sim como e quando devia ser instaurado o reinado de Deus. Essa diferença de perspectiva impediu o desenvolvimento da eclesiologia até depois da experiência da ressurreição.

A superação da lei e o discernimento cristão

A tensão à qual nos referíamos atingiu seu ponto mais crítico em Paulo, que fez da avaliação da lei o verdadeiro centro do seu evangelho.[71] Das 195 vezes em que se menciona a lei ("νόμοσ"), 118 correspondem às cartas paulinas. Paulo era um judeu zeloso da lei e das tradições judaicas (Fl 3,5-6; Gl 1,13-14), razão pela qual se converteu em perseguidor da heresia cristã (1Cor 15,9; Fl 3,6; Gl 1,13). Eis por que sua conversão repercutiu imediatamente em seu relacionamento com a lei (Fl 3,4-9). O evangelho de Paulo, isto é, sua interpretação acerca do significado salvador de Jesus, parte de um princípio que lhe foi transmitido no momento de sua conversão: no Crucificado revela-se a justiça de Deus (Rm 1,16-18; 3,21-31) e na cruz se mostra a condição pecadora de todo homem (Rm 1,18–3,20). A cruz de Jesus manifestava a insuficiência da lei (Rm 10,4), pois Jesus havia sido condenado por tê-la violado, evidenciando-se

---

[71] HÜBNER, H. νόμοσ. In: *EWNT*, 2. 1981. pp. 1158-1172; HÜBNER, H. *Das Gesetz bei Paulus*. 2. Aufl. Göttingen, 1980; KLEIN, G. νόμοσ. In: *TRE*, 13. 1984. pp. 58-75; KLEINKNECHT, H. & GUTBROD, W. νόμοσ. In: *ThWNT*, 4. 1946. pp. 1016-1084; MÜLLER, U. B. Zur Rezeption gesetzeskritischer Jesusüberlieferung im frühen Christentum. *NTS*, n. 27, pp. 158-185, 1980; STUHLMACHER, P. Das Ende des Gesetzes. Über Ursprung und Ansatz der paulinischen Theologie. *ZThK*, n. 67, pp. 14-39, 1970; HAHN, F. Das Gesetzesverständnis im Römer – und Galaterbrief. *ZNW*, n. 67, pp. 26-63, 1976; HOFIUS, *Paulusstudien*, cit., pp. 50-120; ZELLER, D. Zur neueren Diskussion über das Gesetz bei Paulus. *ThPh*, n. 62, pp. 481-499, 1987; CASTILLO, J. M. *Sacramentos, símbolos de libertad*. Salamanca, 1981. pp. 231-314.

assim a condição pecadora de todo Israel. Todos estamos sob a maldição que atinge aquele que não cumpre a lei (Gl 3,19-24; 4,3-5), porque todos somos pecadores.

Ou seja, a cruz de Jesus revela o pecado de todos os seres humanos, tanto na perspectiva judaica quanto na romana. Se, em nome da lei, crucificou-se Jesus, isso significa que, com base na lei, todos somos pecadores. A cruz nos revela que "ninguém será justificado diante de Deus pela prática da Lei" (Rm 3,20-21; Gl 2,16; 3,10-14). Paulo afirma duas coisas: com base na lei, todos somos pecadores, pois "antes de ser dada a Lei, já havia pecado no mundo. Mas o pecado não pode ser imputado quando não há lei" (Rm 5,13.20; 7,5-8; 1Cor 15,56). Isto é, a lei reforçou o pecado, em lugar de superá-lo (Rm 8,3). E, além disso, a lei é insuficiente para salvar o homem (Rm 3,20; Gl 2,16; 3,10.21: "De fato, todos os que são da observância da Lei estão sob maldição"). O pecado domina sobre a lei e por meio dela, o que a torna a antítese da salvação. Se recorremos à lei, nos é revelado que todos a transgredimos; todavia, além disso, ocorre que o regime da lei não salva, mas gera condenação e morte. Paulo entra assim em um conflito frontal com o judaísmo, radicalizando a postura do próprio Jesus, a partir das novas conclusões geradas por sua morte e ressurreição.

Paulo, em relação à lei, procedeu de forma análoga à Carta aos Hebreus em relação ao culto. Cristo morreu para salvar-nos (1Cor 15,3; 2Cor 5,19-21; Rm 4,25; Gl 1,4; 2,16-21; 3,13), já que ninguém podia cumprir a lei, nem se justificar diante de Deus. Cristo a superou definitivamente, pois ele nos oferece como um dom gratuito aquilo que pretendíamos alcançar por meio do cumprimento da lei. Recolhe-se, assim, uma das linhas essenciais do posicionamento de Jesus. O ser humano busca autojustificar-se diante de Deus mediante o cumprimento da lei, o que se revela uma tarefa impossível para a fragilidade humana. Cristo, pelo contrário, nos chama a receber o amor perdoador de Deus como um dom, renunciando a qualquer autonomia justificante. É isso o que o publicano não conseguia entender, seguro de si mesmo diante do pecador, tampouco o judaizante, que afirmava o valor salvífico da lei em si mesma.

Por essa razão, a lei perdeu sua inicial função salvífica (Rm 7,10-14.22; 9,4) em favor da fé, que é uma abertura ao dom de Deus (Rm 5,1; 10,4; Gl 2,16; 5,18; 3,10-13; cf. Dt 21,22-23; 27,26; Lv 18,5).[72] Da mesma forma que o sacrifício existencial de Cristo levou à superação da religião sacrifical, o mesmo ocorre também com a religião da lei, que na Carta aos Hebreus estava unida ao culto (Hb 7,5.16; 8,4; 9,19-22; 10,8). Ambas as dimensões — o culto sacrifical e a lei religiosa — foram superadas pelo sacerdócio de Cristo (Hb 7,18-19; 10,9-10). Por outro lado, o judaísmo vivia do zelo pela lei (Rm 9,31), que para Paulo degenera em orgulho (Rm 3,27; 10,3). Os fariseus colocavam em um mesmo patamar de importância o culto e a lei, substituindo a segunda pelo primeiro depois da destruição do templo, durante a guerra contra os romanos. Para Paulo, tanto as obras cultuais quanto as da lei foram erradicadas pela fé em Cristo (Gl 5,3-6; 6,15). A lei culmina na fé, e esta acaba superando a primeira (Rm 5,20-21; 7,5-6; Gl 3,7-18; 5,18).

O âmbito desse posicionamento é a contraposição paulina entre o velho e o novo, a lei e a graça, que lembra também a idéia lucana a respeito da superação do tempo do Antigo Testamento por parte de Jesus. Contudo, não se trata somente de duas seqüências cronológicas, mas de alternativas contrapostas, a lei e o Evangelho (2Cor 5,15-17; Rm 6,1-23; 7,4-6; 8,3-10). O regime da lei e o da graça eram incompatíveis, ao invés de se ver a lei como uma derivação da graça divina. Foi essa postura que levou ao confronto com os judaizantes. Na Galácia, pregava-se outro Evangelho (Gl 1,6-8; 2,2), e foi necessário defender-se da acusação judaizante de que se tratava de uma licenciosidade e de uma adequação para agradar às pessoas (Gl 1,10). O conflito estava na obrigatoriedade e na universalidade da lei (Gl 2,3-4.14.21). Questionar o seu Evangelho implicava também a impugnação de seu apostolado e de sua pretensa igualdade e independência em relação aos demais apóstolos (Gl 1,11-12.15-24; 2,1-10).

---

[72] O paralelismo entre a concepção paulina da lei e do culto foi analisado por MERKLEIN, H. *Studien zu Jesus und Paulus*, cit., pp. 1-106; PONTHOT, J. L'éxpression cultuelle du ministère paulinien selon Rm 15,16. In: VANHOYE, A. (Hrsg.) *L'Apôtre Paul*. Leuven, 1986. pp. 254-262.

Quem sabe, como o fez Lucas, ele era subestimado como apóstolo por não ter sido testemunha de Jesus (Gl 2,6), pretendendo-se reduzi-lo a um mero apóstolo das Igrejas (Rm 16,17; 2Cor 8,23; Fl 2,25), em lugar de ser um escolhido pelo próprio Ressuscitado e, portanto, com uma autoridade moral igualada à dos que haviam conhecido Jesus.[73] No entanto, o problema não era simplesmente o do nível apostólico, mas da validez ou não da interpretação radical da lei, sustentada por Paulo. Por essa razão, a apologia de seu apostolado é paralela à defesa do Evangelho da liberdade, no que concerne à lei. Ambos deviam ser defendidos com argumentos teológicos, pois sua autoridade apostólica não estava estabelecida naquela época, tampouco estava clara a idéia da libertação da lei. Para Paulo, a lei havia desempenhado uma função salvífica pedagógica (Rm 7,10.12-14.22; 9,4), enquanto havia indicado ao homem o caminho da vida e revelado a condição pecadora de todo ser humano (Rm 3,20; 5,12-21; 7,7); agora, todavia, tinha sido superada. O regime da lei correspondia a uma "religião menor de idade", enquanto agora era preciso passar para a consciência maior de idade, autônoma em relação à lei.

Em vista disso, Paulo era intransigente com a circuncisão e com os preceitos sobre purificações e alimentos, pois para ele isso significava retroceder a um regime religioso superado, o que o levou ao conflito de Antioquia com Pedro e à ruptura com Barnabé (Gl 2,11-14). Diante de posturas conciliatórias, tais como as de Pedro e de Barnabé, Paulo era um radical, pois no que dizia respeito à lei, ele não admitia fórmulas de compromisso. À lei contrapõe-se a oferta gratuita de Deus, que se revela como Pai e nos ensina a ser filhos pelo Espírito (Rm 8,14-17.26-27; 2Cor 1,21-22; 5,5). Sua alternativa à obediência à lei é a exortação a viver uma vida de co-crucificados em Cristo (Gl 2,19-20; 4,19; 6,14.17). Paulo uniu estreitamente a revelação do Crucificado — que o transformou de perseguidor em seguidor —, a impotência salvífica da lei (Gl 2,16; Rm 3,20-

---

[73] ECKERT, J. *Die urchristliche Verkündigung im Streit zwischen Paulus und seinen Gegner nach dem Galaterbrief*. Regensburg, 1971. pp. 200-220; IDEM. Zu den Voraussetzungen der apostolischen Autorität des Paulus. In: HAINZ, *Kirche im Werden*, cit., Münich, pp. 39-57; HÜBNER, *Das Gesetz bei Paulus*, cit., pp. 118-129.

23.28) — que possibilitou passar da justiça das obras para a justificação pela fé (Rm 10,5-6) — e a necessidade de uma mudança existencial, a passagem do homem carnal ao espiritual (Rm 8,8-9.12-13), que fazia do pecador um justo, por causa da abertura ao dom de Deus (2Cor 5,17; Gl 6,15).

Em Paulo há uma estreita relação entre cristologia, antropologia e soteriologia, isto é, a doutrina sobre a salvação. Não nos salvamos pelo nosso esforço pessoal, mas pela fé em Deus. Portanto, o acento não deve ser posto sobre a lei — que se revelou, para o homem, como um ideal impossível de ser cumprido e que acabou opondo-se à revelação de Deus —, mas sobre a aceitação da graça que Deus oferece incondicionalmente a todas as pessoas. Libertamo-nos do jugo da lei quando confiamos no fato de que Deus possui costas para nelas carregar os nossos pecados. Dessa forma, vive-se do dom de Deus, que se transforma em imperativo de seguimento de Cristo, e gera-se uma dinâmica, que se opõe à dependência da consciência de uma norma externa. Paulo é um convertido e parte de suas categorias religiosas para falar da superação do regime salvífico do judaísmo. Daí também deriva a ambigüidade de algumas de suas expressões cristológicas, precisamente porque seu ponto de partida é uma teologia judaica que sustenta que há uma maldição de Deus para aquele que não cumpre a lei.

Ele reinterpreta a época da lei considerando-a a infância da humanidade, a qual vivia na submissão à norma e necessitava da pedagogia da lei para orientar-se na escolha entre o bem e o mal (Gl 3,23-25; 4,1-11.21-31), como ocorre com todas as crianças, que precisam de prescrições claras. Agora "É para a liberdade que Cristo nos libertou. Ficai firmes e não vos deixeis amarrar de novo ao jugo da escravidão" (Gl 5,1). É preciso passar da infância espiritual para a maturidade da pessoa de fé, a qual possui o Espírito (Gl 3,25; Rm 8,26-27). Ao regime da lei, segue-se o do Espírito (Gl 5,18: "Se, porém, sois conduzidos pelo Espírito, então não estais sob o jugo da Lei"). Conseqüentemente, já não é a obediência à lei a dinâmica cristã, mas o discernimento da consciência, porque todos recebemos o dom do Espírito (Gl 6,1-5; 1Ts 5,19-22). Paulo utiliza expressões como "a lei da fé, a lei do Espírito" ou até mesmo "a lei de

Cristo" (Rm 3,27; 8,2; Gl 6,2), para designar a existência cristã, que consiste em viver e agir segundo Cristo Jesus (Rm 15,5).[74]

A lei se apóia no medo da liberdade

Paulo está consciente das resistências que provoca no homem o abandono do regime da lei para passar para o regime da liberdade do discernimento. Não se trata simplesmente de uma obstinação dos judaizantes, mas de algo que é inerente à condição humana. Por causa de nossa finitude e contingência, sentimos medo de assumir a liberdade, que é um dom, mas também um peso, pois nos leva a arcar com as responsabilidades da vida. Tendemos para a segurança das normas e nos refugiamos nas regras do jogo estabelecidas, que nos permitam evitar o risco de tomar decisões. Estamos sempre dispostos a justificar decisões más, recorrendo a questões sociais, à submissão à autoridade ou à pressão da opinião pública. É fácil refugiar-se no fato de que outros o fazem, ou então nas leis estabelecidas, para assim escapar da própria responsabilidade.

É por isso que o crescimento na liberdade tem como contrapartida o aumento da insegurança. Só na medida em que há consistência interior, profundidade e capacidade para assumir a vida por nós mesmos, somos capazes de superar as tendências naturais de deixar-nos levar pelas normas já estabelecidas. Por outro lado, a autonomia interior leva-nos a não aceitar que outros assumam a responsabilidade das decisões por nós mesmos. Muitas pessoas precisam permanentemente de autoridades e de tutores que lhes digam o que elas têm que fazer; assim evitam de ter que optar e assumir o risco da liberdade.[75] Paulo exorta a essa liberdade: "Da mesma forma, o Espírito vem em socorro de nossa fraqueza. Pois não sabemos o que pedir nem como pedir; é o próprio Espírito que intercede em nosso favor, com gemidos inefáveis" (Rm 8,26). Se tivermos que nos

---

[74] O pano de fundo de Gl 6,2 (a lei de Cristo) é o primeiro canto do servo de Javé (Is 42,1-4), no qual Paulo se inspira; cf. HOFIUS, Das Gesetz Mose und das Gesetz Christi, cit., pp. 72-74; 50-74.

[75] FROMM, O medo à liberdade, cit. Para Fromm, a tensão entre a ânsia de liberdade e a nostalgia pela segurança perdida é constitutiva do ser humano.

enganar, que seja por causa de nossas próprias convicções e opções, e não por estarmos fazendo o que os outros nos dizem, por covardia ante o fato de assumir nossa própria liberdade. Isso sempre suscita temores nos que socialmente decidem, nas autoridades de toda índole, e desencadeia a hostilidade contra os que o reivindicam, como é o caso de Paulo.

Eclesiologicamente, há contraposição também entre uma religião estruturada sobre a obediência à lei, que inevitavelmente gera domínio e assimetria entre os que "mandam e os que obedecem, entre os que ensinam e os que aprendem", e uma religião da liberdade, na qual todos discernem e na qual ninguém, tampouco a autoridade, possui o monopólio do Espírito (2Cor 1,22; Rm 8,23; Ef 1,13). Quando alguém quer ser mais do que os outros, acaba atentando contra a liberdade dos demais. A Igreja, como fraternidade e como comunhão, se contrapõe à assimetria da Igreja como sociedade desigual. Em ambas há autoridade e hierarquia, mas funcionam de forma muito diferente. Por isso, somos chamados à liberdade, que não é um pretexto para levar adiante os instintos carnais, mas que se orienta para a caridade (Gl 5,13-26; 6,2: "Carregai os fardos uns dos outros; assim cumprireis a lei de Cristo"), da mesma forma que o culto cristão desemboca no amor aos outros.

Não é a obediência a chave da eclesiologia, embora o tenha sido durante quase todo o segundo milênio, mas a liberdade que se expressa no discernimento e no amor. Isso não tem razão nenhuma para conduzir à anarquia nem à libertinagem, mas exige uma maturidade humana e espiritual muito maior. Para Paulo, assim como para Jesus, as exigências do discernimento são maiores do que as que uma lei objetiva pode prescrever, pois o amor não tem limites.[76] Isso é válido também no caso de uma consciência errônea. Paulo vive esse problema a partir do caso da carne sacrificada aos ídolos (1Cor 8,7-13; 10,23-30; Rm 14,15-16). Há uma contraposição entre o superior conhecimento dos "fortes", que não se

---

[76] ROUX, H. *L'Évangile de la liberté*. Genève, 1973. pp. 77-103; BANKS, R. *Paul's Idea of Community*. Exeter, 1980. pp. 23-32; SCHÜRMANN, H. Die Freiheitsbotschaft des Paulus-Mitte des Evangeliums? In: IDEM. *Orientierung am Neuen Testament*. Düsseldorf, 1978. pp. 13-49; HASENHÜTTL, G. *Charisma, Ordnungsprinzip der Kirche*. Freiburg, 1969. pp. 73-101.

importam em comer carne sacrificada porque não crêem nos ídolos, e os escrúpulos de consciência dos "fracos", que acabam sendo arrastados pelo exemplo dos outros e agindo contra a sua própria consciência. Há, desse modo, dualidade entre o que lhes dita a consciência e o que fazem (1Cor 8,10). Paulo admoesta os fortes a agirem em função do amor, que é o critério último do discernimento, e não do saber superior. Mantém o princípio pelo qual "tudo é lícito", embora nem tudo seja conveniente, nem edifique (1Cor 10,23). Ele exorta a comunidade a seguir a sua própria consciência e, ao mesmo tempo, a superar tais preconceitos contra os alimentos, com base na liberdade da lei (1Cor 10,27).

No entanto, afirma-se sempre o valor da própria consciência como critério de ação (2Cor 1,12: "Nossa glória é esta: o testemunho da nossa consciência"; Rm 2,14-15; 9,1; 13,5). Por isso, é a consciência que deve ser julgada pelo próprio Deus (1Cor 4,4: "É verdade que minha consciência não me acusa de nada. Mas isto não quer dizer que eu deva ser considerado justo. Quem me julga é o Senhor"; 2Cor 5,11; Rm 2,15-16). É Deus quem julga a intenção da pessoa, que é o critério último da práxis, e deve-se respeitá-la como fonte dos comportamentos. A conseqüência eclesiológica é que se deve instruir a comunidade e lhe fornecer critérios para que seja formada a consciência, e, em caso de conflito, se dê a primazia ao amor sobre o conhecimento. Não que o apóstolo deva decidir sozinho, mas ele admoesta todos a que façam a avaliação pessoal e coletiva. Não se questiona a autoridade apostólica, mas se dão linhas para ela saber como deve agir. Somente a partir do reconhecimento do outro, isto é, depois de dar prioridade à consciência e de tentar formá-la, é possível exercer a autoridade. O problema surge quando se omite esse processo de ordenamento ou quando se quer suprimir a consciência dos membros em favor da mera submissão à autoridade. Então, já não há discernimento, mas unicamente obediência a uma vontade externa; e daí segue-se uma eclesiologia incompatível com Paulo.

Não é a má consciência escrupulosa o elemento característico da liberdade cristã, mas a consciência agradecida porque se fez a experiência do amor de Deus, que leva a partilhar com os outros aquilo que se é e o que se tem. Uma vez mais, é o tu divino, que nos amou primeiro, quem nos possibilita amar os outros, para além de toda casuística legalista. O Espírito leva a partilhar aquilo que se é e o que se tem, pois o que foi recebido é um dom e uma responsabilidade. E isso jamais poderá ser expresso pela mera objetividade de uma lei ou norma, por mais perfeita que ela seja. Por isso, aquele que não conheceu o amor — que é sempre experimentado com pessoas concretas — não conhece Deus, nem pode desenvolver sua capacidade de amar os outros, nem pode entender que o discernimento a partir do amor é muito mais exigente do que qualquer normatividade externa. A autonomia surge da heteronomia de ter-se sentido amado, enquanto a auto-suficiência não gera autonomia, mas sim isolamento e incapacidade. Por essa razão, a "lei de Cristo" não é uma nova norma que se contrapõe à velha Torá, como também não se reduz ao mandamento do amor, como a quintessência de todas as leis, mas traduz-se em viver segundo o Espírito que habita em nós (Rm 8,10-12).

A vontade de Deus deixa de apresentar-se como algo externo para revelar-se ao ser humano a partir da própria consciência. Trata-se da maioridade, da superação da lei religiosa, que é paralela à supressão da religião sacrifical. Quando a lei não é interiorizada pessoalmente, que é o que implica o discernimento, facilmente degenera em mera conformidade passiva, a qual suscita tanto a submissão quanto a rebelião contra a autoridade. Acontece que a criatividade do Espírito não pode ser suprida por uma autoridade burocrática e administrativa.[77] À luz desse posicionamento paulino, fica claro que a trajetória histórica do cristianismo tem sido, por vezes, continuísta e paralela à evolução do judaísmo ortodoxo, vinculado a uma estreita casuística e a uma detalhada regulamentação da vida, em lugar de implicar um rompimento com a lei. O direito canônico cristão, assim como a regulamentação moral, aplicada freqüentemente a partir de uma perspectiva objetivante e casuística, em algumas ocasiões deslocou a boa notícia da libertação da lei. Não é a liberdade reivindicada por Paulo que caracteriza de fato a Igreja cristã, mas a submissão à lei

---

[77] Congar, *La parole et le souffle*, cit., p. 95.

e à autoridade, que foi a que assumiu o discernimento e teve a última palavra. Em boa parte, a Reforma protestante surgiu como um protesto contra o legalismo cristão, embora também tenha caído na trama da angústia e da insegurança salvífica diante da onipresença do pecado, como conseqüência do encobrimento da imagem de Deus e de sua vontade salvadora. O protestantismo passou da fé na autoridade para a autoridade da fé, mas recaiu na submissão à autoridade estatal (diante da qual não se podia reivindicar a lei da própria consciência, em virtude da doutrina luterana dos dois reinos) e em uma concepção pessimista sobre a salvação. Sua visão de Deus também favoreceu o rigorismo moral e a intolerância doutrinal.

O conto do Grande Inquisidor, de Dostoiévski, continua sendo atual e constitui uma das exegeses mais radicais do chamado cristão à liberdade. O Inquisidor de Sevilha reconhece, às portas da catedral, Jesus Cristo, que voltou ao mundo, e ordena que os guardas o prendam. Daí em diante, o relato concentra-se no longo monólogo do Inquisidor com Jesus. O Inquisidor afirma que Jesus trouxe uma má notícia aos homens, pois os sobrecarregou com o peso da liberdade; contudo, os homens não querem liberdade, mas submissão. Menos mal que a Igreja seja sábia, afirma o Inquisidor, e ofereça aos homens o reino dos céus, contanto que se submetam à hierarquia. É a autoridade que assume o peso da liberdade e do discernimento, enquanto os homens se desvencilham de ambas em troca da submissão e do deixar-se conduzir. Esse longo monólogo do Inquisidor só encontra como resposta o silêncio de Jesus, que no final se levanta e dá um beijo nos lábios dele, o que o desmonta e o faz vir abaixo. Há uma questão que os especialistas discutem: se esse comentário de Dostoiévski era uma crítica velada à própria Igreja ortodoxa ou uma denúncia frontal da Igreja católica.[78] O radicalismo antilegalista de Paulo impôs-se teoricamente na Igreja, mas não na prática. A desobediência de Jesus às autoridades religiosas de seu tempo, assim como a do próprio Paulo,

---

[78] O conto se encontra em F. Dostoiévski, *Os irmãos Karamazov*, São Paulo, Abril Cultural, 1973. Livro V, cap. V.

baseava-se na fidelidade a Deus e na inspiração do seu Espírito. Contudo, no cristianismo posterior, foi imposta a obediência à autoridade, até contra a voz de Deus na consciência, como norma última para os conflitos. O discernimento da consciência é insubstituível pela autoridade externa, pois cada cristão possui uma responsabilidade pessoal, da qual não pode abdicar.

Essa é a própria base da objeção de consciência e do rechaço cristão a "toda obediência devida" que exime de responsabilidades no momento de agir. Ocorre que a lei não serve como norma última, já que, mesmo que fosse boa e acertada, não abrange todos os casos; nem pode ser mantida de forma abstrata, fora de todo o contexto e sem levar em conta as suas conseqüências; nem evita a conflituosidade das leis entre si, entre as quais é preciso optar pelo mal menor. As pessoas se transformam, então, em meio para um fim, e a obediência facilmente degenera em um instrumento que fere os direitos pessoais e a própria dignidade humana. O cristianismo não pode atentar contra a criação, mas desenvolvê-la. Não veio para limitar os direitos básicos do ser humano, mas para confirmá-los e dar-lhes uma nova base a partir da semelhança de Deus, a qual exige o exercício da liberdade e da inteligência, base antropológica de todo discernimento. Daí a validez da interpretação paulina da lei. Paulo continua sendo um teólogo que incomoda na Igreja, quase dois mil anos depois, e seu apelo à liberdade e ao discernimento é tão atual como no seu tempo.

A CONCEPÇÃO
PRIMITIVA DA IGREJA

A espera da segunda vinda de Cristo é determinante para a Igreja primitiva. O "Vem, Senhor Jesus!" das igrejas pascais substituiu o "venha a nós o teu Reino" da comunidade inicial dos discípulos. A destruição de Jerusalém e do templo, que foi considerada um castigo divino por causa da rejeição a Jesus, avivou as expectativas comunitárias. Inicialmente, continuavam mantendo uma concepção retributiva e providencialista da história, como a dos profetas do Antigo Testamento, vendo os acontecimentos históricos como dependentes dos pecados do povo. Nesse contexto é preciso situar o próprio Paulo, que partia da concepção judaica, da qual havia sido um fanático seguidor, e que teve um papel muito especial no interior das Igrejas pascais, já que ele não havia conhecido Jesus, nem pertencia à comunidade dos discípulos. No entanto, Paulo desenvolveu uma compreensão pessoal das Escrituras judaicas à luz da revelação do Crucificado como aquele que foi "posto por Deus à sua direita", constituído como Filho de Deus e Senhor depois da ressurreição dos mortos (Rm 1,4). Nesse contexto, Paulo transformou a idéia do reinado de Deus e a vinculou à Igreja, dando-lhe um sentido ético e espiritual (levai uma vida "digna de Deus, que vos chama para o seu reino e glória": 1Ts 2,12). Sua eclesiologia deriva estritamente da cristologia (1Ts 1,10; 2Ts 1,5) e exige um estilo de vida que torne possível herdar o reinado de Deus (Gl 5,21; 1Cor 6,9; 15,50).

A proclamação do reinado de Deus perdeu sua significação escatológica em favor da cristologia, convertendo-se em uma advertência de não se deixar levar por condutas indignas. O "poder" do Reino passou a manifestar-se no testemunho de um estilo de vida coerente (1Cor 4,20;

Rm 14,17). A ressurreição de Cristo era o começo de uma etapa, ainda não consumada, na qual Cristo devolveria o Reino a Deus Pai depois de ter triunfado sobre os principados, dominações e potestades, e sobre o inimigo final, que é a morte (1Cor 15,20-26). O pano de fundo desse posicionamento é a idéia mítica, muito desenvolvida no século I, particularmente na cultura greco-romana, segundo a qual há poderes celestiais que submeteram o ser humano, e a ressurreição de Cristo é o começo de nossa libertação. Paulo interpreta o triunfo de Cristo sobre a morte a partir do marco de sua própria cultura. Em sua época, via-se o homem sujeito a potências demoníacas ou divinas (o fato, o destino, as estrelas, os planetas etc.) que determinavam o comportamento humano. Disso resulta uma exaltação do Ressuscitado como libertador das potências do mal, cujo último instrumento é a morte, e que possibilita um novo estilo de vida. Essa idéia se manteve na tradição patrística e dogmática posterior sob a idéia de que Cristo nos resgatou do poder do demônio pagando o preço de sua morte, fazendo assim do seu fracasso histórico um símbolo de triunfo, expresso com as categorias míticas do seu tempo.

A cristologização do Reino tem, em contrapartida, uma forte impregnação ética, que determina um estilo de vida distinto. Essa forma nova de existência é a tradução paulina da exortação de Jesus a um comportamento que esteja de acordo com a chegada do reinado de Deus. A passagem da dimensão messiânica e escatológica do reinado de Deus para a sua tradução como um estilo de vida marcado pelas virtudes, pela práxis ética e pelo comportamento exemplar na sociedade teve, contudo, um custo para os cristãos. Abriu a porta para a identificação do cristão com o bom cidadão, como também para uma moralização e doutrinamento do cristianismo, sobretudo quando se perdeu a tensão pelo Reino em favor da inculturação na sociedade greco-romana. Paulo deteve em parte essa tendência pelo seu cristocentrismo do Espírito, que mais tarde foi pouco a pouco se perdendo nos outros escritos, porque mantinha a esperança de uma vinda imediata do Senhor.

A primeira eclesiologia cristã

Essa estreita ligação entre reinado de Deus e presença do Ressuscitado na Igreja manifesta-se na ação do Espírito. Cristologia e pneumatologia, isto é, a ação de Deus no Ressuscitado e sua doação como Espírito, são a base da teologia paulina e, em um plano mais geral, da Igreja primitiva, aplicada aos antigos títulos judeus ("gente escolhida, o sacerdócio régio, a nação santa, [...] povo de Deus": 1Pd 2,9-10, tendo Ex 19,5-6 como pano de fundo). Há uma dialética entre a escolha e o repúdio de Israel, por parte de Deus, que serve de advertência à própria Igreja, e a fidelidade divina. Essa rejeição, de fato, é provisória e não definitiva, apesar da obstinação judaica (Rm 9,4-8.25-29; 10,1; 11,1.23-32). O pecado de Israel não anula a graça de Deus, cujas promessas são mantidas. A pertença ao povo não basta como garantia de salvação, mas Deus não abandona o povo hebreu à sua própria sorte (Rm 11,11-32). No entanto, temos alusões esporádicas a isso em suas cartas, nas quais se sublinha a perda do significado salvífico do antigo povo de Deus (1Ts 2,15-16; Fl 3,2-7; Gl 4,21-31; 6,15-16). Dessa forma, a história de Israel converteu-se em uma chave de compreensão para a própria identidade cristã.

A Igreja, Povo de Deus e assembléia

Seu conceito de "povo de Deus" é a expressão eclesiológica da contraposição entre a graça e a lei. Paulo interpreta os textos do Antigo Testamento (Gn 12,3; 18,18; 22,18; 26,4; 28,14) neste sentido: Deus abençoou em Abraão todos os povos da terra, para assim defender sua tese a favor de uma justificação que vem por meio da fé e não mediante a procedência étnica (Gl 3,6-9.15-20.28; 5,6; 6,15; 1Cor 7,19), reformulando também o pacto de aliança (2Cor 6,16) na linha da tradição profética e do Dêutero-Isaías.[1] O fato paradoxal nisso é que Paulo conecta o tema

---

[1] KÜNG, H. *La Iglesia*. Barcelona, 1968. pp. 131-181; KELLER, M. *Volk Gottes als Kirchenbegriff*. Einsiedeln, 1970; RATZINGER, J. *O novo povo de Deus*. São Paulo, Paulus, 1974; AUER, J. *La Iglesia*. Barcelona, 1986. pp. 84-100; VEN, J. van der. *Kontextuelle Ekklesiologie*. Düsseldorf, 1995. pp. 128-149.

da participação dos povos na salvação não com o triunfo de Israel, mas com o seu endurecimento (Rm 11,25-27). Paulo parte do pano de fundo liberal dos judeus que viviam na diáspora, mas vai muito além disso, porquanto relativiza a própria Torá. A fé monoteísta judaica, que em si mesma possui uma dinâmica universalista, liberta-se das ataduras de uma tradição particular a partir da revelação que confirma o Crucificado.

Ou seja, era necessário partir da identidade de Israel como o início do plano de salvação, mas não se podia parar nele. O universalismo exigia romper tanto com o monopólio judaico da salvação por meio da lei, quanto com a pretensão de que a salvação universal passasse necessariamente pela mediação israelita. Cristo ressuscitado já não é o judeu Jesus pura e simplesmente, mas o Salvador universal que rompeu as ataduras de uma história particular judaica. A partir daí surge uma "Igreja" que já não é judaica, não obstante esta seja a sua origem histórica, mas potencialmente universal, já que o Evangelho deve ser anunciado a todos os povos e está aberto à pluralidade de culturas. Paulo transforma-se no apóstolo dos gentios enquanto anuncia o fim dos privilégios de Israel. A universalidade da mensagem cristã, por sua vez, origina uma pluralidade de Igrejas, todas elas com igual validade dentro do povo de Deus. Paulo é quem caminha de uma religião "nacional", a judaica, para uma outra com pretensões de universalidade, que não se identifica com nenhuma cultura particular.

É Paulo também quem apresenta sérios questionamentos sobre um cristianismo que renegou sua raiz judaica, transformando sua função testemunhal e missionária diante do antigo povo de Deus em anti-semitismo militante, baseado em uma interpretação antijudaica dos textos do Novo Testamento. Paulo se esforça para ressaltar a continuidade entre Israel e a Igreja, o que implicava deslegitimar o primeiro em favor da segunda (2Cor 6,16), mas não rejeitá-lo. O cristianismo continua a história do "povo de Deus", que não é só uma herança passada, mas uma promessa escatológica que se realiza em Cristo (Rm 4,16; 8,14-17.28-30; 9,6-29; 11,28-32). A Igreja permanece vinculada a Israel e assume suas Escrituras como parte de uma história comum. A eclesiogênese depende do próprio Israel e recorda sempre que tudo depende, em última instância, de Deus. Por isso, não se pode absolutizar nem a Igreja, nem Israel. O nacionalismo religioso, o etnocentrismo exclusivista e a sacralização das próprias leis e estruturas foram os pecados característicos de ambos, ao longo de sua história.

A mescla de religião e nacionalismo é sempre perigosa e, por vezes, altamente destrutiva. Os povos cristãos também buscaram uma legitimação religiosa de suas pretensões nacionalistas e alguns até renovaram a teologia hebraica da eleição, pretendendo ser a nova nação escolhida por Deus, adotando epítetos, tais como: reserva espiritual do Ocidente, nação cristianíssima, nova cidade santa, o destino manifesto ou a identidade espiritual da nação. Todas essas mesclas de nacionalismo e religião são contrárias ao cristianismo, que precisamente irrompe como uma religião que não está vinculada a nação alguma. A velha idéia de povo de Deus foi utilizada freqüentemente com pretensões políticas para que a Igreja se converta em detentora do "espírito nacional" e em garante das tradições nacionais. Quase sempre, tais intentos acabaram submetendo a religião à política, causando a erosão do universalismo cristão e instaurando diferentes formas de participação da hierarquia no poder político. Quando se analisa a história do cristianismo e dos nacionalismos, é freqüente encontrar clérigos sendo os agentes mais ativos dessa síntese de religião e nação. Os interesses nacionais, legítimos, mas independentes do cristianismo, acabam impondo-se à fraternidade universal cristã, e então a opção nacional substitui a de Jesus pelos mais pobres e fracos. A solidariedade cristã tropeça na idéia de um povo de Deus particular, que Paulo pretende superar.

Por outro lado, a Igreja precisa realizar-se como povo de Deus em meio aos povos, o que implica a abertura ao religioso e cultural de cada um deles. É o povo "eleito" para servir e ser missionário a partir da solidariedade para com todos os homens (GS 1). O ecumenismo é a outra face da pretensão universalista da Igreja. As sementes do Verbo e as manifestações do Espírito estão em toda a humanidade, embora o caminho de Jesus sirva para discernir no âmbito humano ("todo o humano é nosso", afirmavam os cristãos na era patrística) e para dialogar no campo das religiões.[2] Enquanto povo de Deus, precisa abranger potencialmente toda a humanidade, abrindo-se para a missão e apresentando-se como "terceiro povo", para o qual não há judeu nem gentio, varão nem mulher, puro nem impuro. A promessa ao Israel final, de que ele abrangeria todos os povos, precisa ser atualizada também na própria Igreja. Portanto, o título serve de critério de discernimento para a ação da Igreja na história e se converte hoje em uma exigência para a comunidade cristã.

Abriu-se assim um novo horizonte para o cristianismo, que trouxe consigo a inculturação (primeiro no Império Romano e na Ásia Menor, e depois no mundo dos povos bárbaros germânicos) e o diálogo inter-religioso (que é o que leva a assumir tradições e símbolos pagãos, incorporando-os ao cristianismo). Essa dinâmica se manteve durante o primeiro milênio e se perdeu no segundo, quando o cristianismo adotou uma concepção fechada que particularizou sua própria concepção de Deus, vinculando-a estreitamente a suas tradições eclesiais e religiosas. Foi isso que conduziu à imposição de um cristianismo europeu à América (que não admitia nem o diálogo religioso, nem a americanização do cristianismo), no contexto da Contra-reforma. O mesmo aconteceu com os ritos malabarenses, que fecharam as portas da Ásia ao cristianismo. Paulo continua sendo o apóstolo dos gentios para o cristianismo do final do século XX, exigindo que rompamos com o particularismo europeu que levou a confundir, sem mais nem menos, o modelo ocidental de Igrejas com o cristianismo.

O povo como Igreja

Entretanto, o título que Paulo mais usa não é o termo hebraico para "povo" ("λαός"); ele opta pelo termo utilizado pela tradução grega dos Setenta, isto é, a tradução da Bíblia hebraica para o grego, usada pelos judeus do Império Romano. O conceito de povo de Deus foi traduzido com o termo "Igreja" ("ἐκκλησία"), que possui um sentido de assembléia

---

[2] Analisei esta problemática em: *El monoteísmo ante el reto de las religiones*. El difícil futuro del cristianismo, Santander, 1997.

cultual, jurídica e até militar. Depois da destruição do templo, Israel empregou um conceito análogo, o de "sinagoga", que também se usa na tradução grega para designar o povo reunido em assembléia, para designar globalmente Israel. "Igreja" é o conceito que mais desenvolve o aspecto comunitário de Israel (Ex 19,4-8; Dt 4,10.34; 9,10; 32,8-9; Sl 135; At 7,38) e é o termo preferido de Paulo, que o utiliza 44 vezes. A concepção israelita de povo contrasta com a da sociedade greco-romana, na qual a assembléia ("ἐκκλησία") era constituída somente por cidadãos varões, excluindo-se mulheres e crianças. Tanto na comunidade cristã quanto na judaica, "o povo" designa todos os membros da comunidade, sem diferenças de gênero sexual. Se a Igreja é assembléia e comunidade, não pode ser identificada com a hierarquia, tampouco é possível fazer da comunidade o objeto da atenção pastoral do clero, mas a comunidade é referente último daquilo que é a Igreja. Todas as estruturas e instituições devem funcionar respeitando esse caráter comunitário; se não for assim, elas perdem a legitimidade teológica.

A Igreja, povo de Deus

A categoria *Povo de Deus* permite afirmar, *de uma só vez*, a igualdade de todos os fiéis na dignidade da existência cristã e a desigualdade orgânica ou funcional dos membros [...]. A esse respeito, a noção de *corpo* prestaria os mesmos serviços que a de *povo*. Temos sempre um conjunto de membros que vivem e atuam, que participam na vida do corpo, e uma estrutura de funções, tendo uma cabeça para assegurar a unidade do todo (Y. Congar, La Iglesia como pueblo de Dios. *Selecciones de Teología*, n. 121, p. 49, 1992).

Provavelmente o título de "Igreja" corresponda ao uso generalizado da comunidade de Jerusalém (At 5,11; 8,1.3; 9,31; 11,22; 12,1.5; 15,4.22; 18,22) e, por extensão, tenha sido aplicado às demais Igrejas (At 14,23.27; 15,41; 16,5; 20,17.28), começando por Antioquia (At 11,26; 13,1; 15,1-3). Trata-se de um título apropriado para expressar a plenitude da comunidade cristã como prolongadora e herdeira do povo judeu, embora agora tenha perdido todo o seu significado étnico e nacionalista para transformar-se em um símbolo universal (1Cor 15,9; Gl 1,13; Fl 3,6; 1Ts 2,14). Nos séculos seguintes, fala-se da Igreja como do "terceiro povo", que supera a velha divisão entre judeus e gentios (Gl 3,26-29; Rm 3,30; 15,7-12), a fim de integrar simbolicamente toda a humanidade, sem distinção de povos, raças, línguas e culturas. É um título que depois será substituído teologicamente pela idéia de "Igreja católica", que designa a universalidade e plenitude do cristianismo.

As cartas paulinas usaram o termo como um simples substantivo ("a Igreja"), ou acrescentando-lhe o genitivo de pertença, "Igreja do Senhor" (Gl 1,22; Rm 16,16; 1Ts 2,14) ou "Igreja de Deus e de Cristo" (1Ts 1,1), dessa forma expressando terminologicamente a dupla raiz judaica e cristológica da eclesiologia de Paulo. Mateus é o único evangelista que usa essa denominação, colocando-a na boca de Jesus, embora tal uso corresponda às Igrejas pascais (Mt 16,18; 18,17). Cada Igreja representa e encarna toda a Igreja de Cristo. Não se pode falar nem da prioridade da Igreja universal sobre cada Igreja local ou particular, nem vice-versa, e sim que pertencemos à "Igreja de Cristo" em uma Igreja local, com uma pertença que é, ao mesmo tempo, concreta e universal. A Igreja é um "universal concreto", isto é, só existe em cada Igreja local e sem elas não subsiste.

"A Igreja" não é mera abstração, mas realiza-se em cada comunidade concreta, que em seu conjunto é a Igreja de Cristo, e cada cristão é membro de uma comunidade local e ao mesmo tempo da única Igreja de Cristo, que é universal. Não que uma Igreja particular (diocesana ou nacional) seja uma parte da Igreja universal (um fragmento de um todo), mas a Igreja universal é vivida a partir da comunidade de pertença, e a pluralidade de Igrejas em comunhão é a concretização histórica do universalismo cristão. Não há uma prioridade temporal nem teológica da Igreja universal sobre a local ou vice-versa, mas uma multipertença de cada membro à única Igreja de Cristo, que existe em cada Igreja local. Do mesmo modo poderíamos dizer que cada pessoa é membro da humanidade a partir de um povo concreto, é cidadão do mundo a partir da comunidade à qual pertence.

O peso da comunidade é tanto, que Paulo dirige suas cartas às várias Igrejas, e não a seus ministros ou a qualquer um de seus membros (exceto na Carta a Filêmon, que se ocupa do assunto particular da fuga de um escravo). A comunidade reunida em assembléia é que recebe as cartas; embora Paulo sempre ressalte sua autoridade apostólica, é a comunidade que conserva a iniciativa e o protagonismo no momento de tomar as decisões (1Cor 5,3-5). Por isso, a comunidade interpela Paulo e lhe pergunta, e este não se recusa a responder e a comentar as suas perguntas (1Cor 7,1; 8,1; 16,1). O ponto de partida da eclesiologia não é o ministério apostólico, nem papal ou episcopal, mas a própria comunidade. Há sempre um esforço em prol da adaptação às mentalidades e costumes de cada comunidade, para a partir daí evangelizar e interpelar (1Cor 9,22; 6,1-6; 11,14-15). A Igreja não é uma democracia eletiva, pois os apóstolos não são escolhidos pela comunidade, mas recebem sua autoridade do próprio Cristo. Todavia, o mesmo não ocorre com os ministros, estes, sim, escolhidos pela comunidade e não designados de cima para baixo. Sempre é preciso contar com a assembléia eclesial, dialogando e introduzindo-a na tomada de decisões. As comunidades paulinas estão distantes do verticalismo que existe na Igreja e não oferecem base para a sua legitimação teológica.

Outros termos aparentados com "Igreja", como "os santos" (Rm 8,27; 12,13; 15,26; 1Cor 6,2; 14,33; 2Cor 9,12; 1Ts 3,13), que é um qualificativo usual de Paulo para os destinatários de suas cartas (só não se encontra na Carta aos Gálatas) e "os eleitos" (Rm 1,6-7; 8,28.33; 16,13; 1Cor 1,2.24; cf. também Cl 3,12; 1Pd 1,1; 2,9; Tt 1,1; Jd 1; Ap 1,4-6; 17,14), provavelmente possuem uma origem judaico-cristã. Trata-se de termos que são sinônimos, com os quais Paulo reivindica a plena dignidade eclesial das comunidades pagãs, que em tudo são iguais à Igreja-mãe de Jerusalém. O termo "santos" está mais ligado ao Espírito, e "eleitos" a Cristo ressuscitado, utilizando-se ou um ou outro, sempre no contexto de uma comunidade (o resto santo ou eleito) que tem consciência de estar vivendo o tempo final messiânico. São nomes usuais como o de "cristão" (o outro "Cristo", isto é, o outro "ungido", o consagrado), menos freqüente no Novo Testamento (At 11,26; 26,28; 1Pd 4,16). Os diferentes nomes inscrevem-se na teologia da aliança, renovada pelo Messias Jesus.[3] Todos esses títulos, alguns cristológicos e outros espirituais, lembram que a consagração a Deus por excelência é a do batismo, e a partir dele é que se deve compreender toda a eclesiologia.

O corpo de Cristo como modelo de comunhão

No entanto, é especialmente o título de "corpo de Cristo" (Rm 12,5; 1Cor 12,27) o que melhor expressa, a partir da forte cristologia do Espírito, a concepção eclesiológica paulina (Rm 1,4; 8,11). É o Espírito quem realiza em nós o que ele começou no judeu Jesus, sendo a eclesiologia o complemento da antropologia, e a experiência do Espírito a outra face da cristologia do Ressuscitado (Rm 8,9-11: "Se alguém não tem o Espírito de Cristo, não pertence a Cristo"; 1Cor 6,17; 12,3-6: "[...] ninguém será capaz de dizer: 'Jesus é Senhor!', a não ser sob influência do Espírito Santo"). O Crucificado é quem dá sua personalidade ao Espírito; por isso, não basta o carisma isolado contra o entusiasmo de alguns carismáticos. A comum experiência do Espírito implica a integração em um corpo cristológico e de mútuo serviço, que é a Igreja.

Tanto a antropologia quanto a eclesiologia paulina estão marcadas pelo corpo. Deus habita no corpo pessoal (1Cor 6,13-19; 2Cor 5,16) e comunitário (1Cor 3,16; 6,15-16; 12,12). Aquele que tem o Espírito pode esperar em um corpo espiritual além da morte (1Cor 6,13-14; 15,35-40.51-54; 2Cor 4,16-17; 5,1-6), pois a conduta situa a pessoa na esfera da carne ou na do espírito. O Espírito é o vínculo comum entre os membros do corpo eclesial, e o que obriga a uma conduta coerente (1Cor 6,15-19). A relação entre o corpo e o Espírito é determinante para resolver os problemas morais e eclesiais. Quanto mais se acentua o valor

---

[3] BERGER, K. Volksversammlung und Gemeinde Gottes. Zu den Anfänge der Christlicher Verwendung von ekklesia. *ZThK*, n. 73, pp. 189-195, 1976; BERGER, K. Kirche. In: *TRE*, 18. 1989. v. 2, pp. 210-211; CAMPBELL, J. Y. The Origin and Meaning of the Christian Use of the Word ekklesia. *JThS*, n. 49, pp. 130-142, 1948.

eclesiológico da cristologia, mais se "desindividualiza" o carisma em favor da comunidade.[4] Essa dinâmica é que permite repropor a teologia do povo de Deus: "[...] todos nós, judeus ou gregos, [...] fomos batizados num só Espírito, para formarmos um só corpo", tanto judeus, quanto gentios (1Cor 12,13). Aquele que pertence a Cristo em seu corpo eclesial, também é descendente de Abraão (Gl 3,28), embora não na linha étnica, mas espiritual. Convergem a eclesiologia do povo de Deus e a do corpo de Cristo, a valoração salvífica (soteriológica) da morte de Cristo e a consciência de que o Espírito de Deus é derramado sobre todos, como sinal da chegada do final dos tempos.

O conceito de corpo possui conotações políticas e filosóficas na cultura greco-romana, especialmente no estoicismo e nas tradições gnósticas, tanto no sentido de solidariedade dos vários membros do corpo social, quanto no da unidade de todas as partes da sociedade, que são duas acentuações caracteristicamente paulinas. Da mesma forma como todas as partes do corpo humano são necessárias e cada uma contribui com a totalidade, o mesmo ocorre com a sociedade (filosofia estóica) e também com a Igreja, na qual cada cristão, a partir do seu carisma e lugar, oferece a sua contribuição para o bem do corpo eclesial (Rm 12,4-8; 1Cor 12,12-30). Paulo uniu a cristologia do novo Adão (Rm 5,12-21; 1Cor 15,21-28.45-49), que via Cristo como o "pai" de uma nova humanidade, e a concepção corporativa de Israel, a qual remete aos "Pais" do povo (que, segundo a mentalidade patriarcal da época, são os que representam todos os membros). Unindo ambas as concepções, fica fácil chegar à eclesiologia do corpo de Cristo. Com Cristo surge uma "nova criatura" (o cristão) e

---

[4] BERGER, K. Geist/Heiliger Geist/Geistesgaben. In: *TRE*, 12. 1984. v. 3, pp. 184-196; SCHWEIZER, E. σῶμα. In: *ThWNT*, 7. 1964. pp. 1064-1079; KÄSEMANN, E. *Leib und Leib Christi*. IDEM. Tübingen, 1933; *Paulinische Perspektiven*. 2. Aufl. Tübingen, 1972. pp. 178-210; BEST, E. *One Body in Christ*. London, 1955; HAINZ, J. *Ekklesia*. Regensburg, 1972. pp. 261-267; WILCKENS, U. Christus der letzte Adam und Menschensohn. In: IDEM. *Jesus und der Menschensohn*. Freiburg, 1975. pp. 387-403; OEPKE, A. Leib Christi oder Volk Gottes bei Paulus? *ThLZ*, n. 79, pp. 363-368, 1954; MÜHLEN, H. *Una mystica Persona*. München, 1968, pp. 74-172; DUNN, *Jesus and the Spirit*, cit., pp. 259-342; KÜNG, *La Iglesia*, cit., pp. 196-230; 246-314; HASENHÜTTL, *Charisma, Ordnungsprinzip der Kirche*, cit., pp. 93-128.

uma "nova humanidade" (a Igreja), que recebeu a boa notícia da ressurreição de Jesus e do estabelecimento da morada de Deus (Espírito Santo) no meio dos homens. Daí a afirmação de que haja um novo povo, o de Cristo, que substitui e ao mesmo tempo realiza Israel. A Igreja é o corpo comunitário de Cristo, formado por muitos membros e comunidades.

O Espírito, por sua vez, é o "vigário do Ressuscitado", isto é, aquele que o torna presente e o atualiza. Não há mediação possível entre a comunidade eclesial e Cristo ressuscitado à margem do Espírito. Por isso, onde não há Espírito, não pode fazer-se presente o Ressuscitado, nem existir a Igreja. A carismaticidade da Igreja e a pneumaticidade ou espiritualidade da cristologia são os elementos básicos da teologia paulina, e em geral da visão de Deus presente nas primeiras Igrejas. A referência ao Espírito é constitutiva para a eclesiologia, e não um simples elemento conjuntural do qual se pode prescindir. O Espírito é o alento divino, é a inspiração que permite vincular a vida e obra de Jesus a um projeto do qual surge a própria Igreja. Por isso, a Igreja acontece, é um evento baseado em uma experiência, mais do que uma instituição. Pode-se falar de "eclesiogêneses" a partir de Israel, sendo Jesus, Cristo ressuscitado e o Espírito de Deus, que estabelecem tanto a continuidade quanto a descontinuidade entre o movimento cristão e a "religião-mãe", isto é, o judaísmo.

Partindo do corpo de Cristo, surge uma eclesiologia de comunhão, tanto no âmbito interno (assembléia na qual todos são membros ativos) quanto no externo; a Igreja de Cristo é uma comunhão de comunidades eclesiais, sem que nenhuma Igreja particular possa fechar-se em si mesma nem pretenda impor sua particularidade como a forma universal de ser da Igreja de Cristo. Foi essa a tentação da Igreja-mãe de Jerusalém, a qual se opôs à eclesiologia paulina, porque rejeitava a judaização das Igrejas gentias. A dupla dinâmica — cristológica de filiação e eclesiológica de fraternidade — determina a constituição trinitária da Igreja, como comunidade una e múltipla, igual e diferente, assemblear e institucional. É o Espírito que transforma a comunidade, assim como acontece com o pão e o vinho eucarísticos. A realidade humana e natural da Igreja, como o pão e o vinho da eucaristia, adquire um novo significado ao incorporar todos os membros a Cristo ressuscitado. A existência de Cristo ressuscitado é atualizada comunitária e eucaristicamente, sem que as realidades humanas e naturais sejam negadas, mas adquirindo uma nova significação (Gl 3,14.27-28; 1Cor 12,12-13). O grupo de pessoas se constitui em comunidade cristã a partir de um processo de espiritualização e de cristologização, gerador de discípulos.

Essa teologia expressa o significado teológico da Igreja, fazendo parte de seu "mistério" e oferecendo um horizonte para avaliar as suas diversas realizações históricas. Não se pode confundir a Igreja enquanto realidade teológica com suas distintas concretizações sociológicas, adotadas ao longo dos séculos. Uma é a realidade da Igreja, e outra é a dos diferentes modelos organizativos, estruturais e culturais por ela assumidos em cada época. Tanto do ponto de vista diacrônico, histórico, quanto do ponto de vista sincrônico, sistemático, a Igreja de Cristo não se identifica com qualquer forma particular de organização e de estruturação, nem do passado (nem mesmo com o modelo tridentino, que é simplesmente um dos modelos que lhe foram dados), nem de alguma Igreja particular existente. A Igreja de Cristo "subsiste" em suas plurais realizações históricas, mas não se identifica com nenhuma delas. Da mesma forma, nenhuma Igreja cristã concreta realiza plenamente aquilo que a Igreja é.

A Igreja, corpo de Cristo

No Antigo Testamento, a concepção do "grande eu" supõe uma oscilação dialética constante entre o indivíduo e o grupo. Com o Novo Testamento, essa dialética encontra de alguma forma o seu lugar no fato de que o pneuma de Cristo é identicamente o mesmo no Cristo e nos cristãos [...]. À luz do dogma da Trindade, o conjunto dos dados bíblicos pode ser recapitulado na fórmula "uma pessoa" (um Espírito) em múltiplas pessoas (no Cristo e nos cristãos). Essa fórmula compreende a concepção do "grande eu", na medida em que o Espírito é concebido como Espírito de Cristo; ela expressa, ao mesmo tempo, a razão mais profunda da unidade entre Cristo e os cristãos (H. Mühlen, *El Espíritu Santo en la Iglesia*, Salamanca, 1974, pp. 218-219).

A eclesiologia paulina é incompatível com a uniformização e imposição do modelo da Igreja romana em escala universal, que ocorreu a partir do século XI e acabou se impondo no segundo milênio. A perda de influência da eclesiologia paulina foi o requisito necessário para passar de uma eclesiologia de comunhão para outra, a que parte da reforma gregoriana, na qual uma Igreja particular deixou de ser vista como o centro da comunhão das Igrejas, para pretender tornar-se o modelo a ser copiado pelas demais Igrejas. O Concílio Vaticano II rompeu com essa concepção e reforçou de novo o modelo de comunhão inerente ao título de "corpo de Cristo", mas tropeça na resistência a uma reforma das estruturas vigentes, fruto de uma eclesiologia particularista (romana), verticalista (derivada do primado do papa entendido como monarquia pontifícia) e hierárquica (centrada na hierarquia).

A comunidade é um corpo coeso e articulado, que mantém a unidade nas diferenças, contra o individualismo que busca uma relação privativa com Deus. Inicialmente, via-se cada cristão como representante de toda a comunidade; por essa razão, havia uma estreita conexão entre os sacramentos, a Igreja e a conduta prática de cada membro. Pertencer a uma comunidade era equivalente a ser cristão, porque não se concebia aquilo que hoje chamamos de "cristãos não-praticantes", muito menos os "pagãos batizados", que são típicos de uma sociedade pós-confessional, na qual a religião é um elemento a mais da identidade cultural. Não havia cristão sem comunidade, nem ministros ou carismáticos "livres"; o contexto eclesial era dado pela pertença comunitária. O processo de privatização que se seguiu acabou com essa eclesiologia, que passou a ser uma metáfora sem conteúdo real.

Partindo da idéia do corpo de Cristo constituído por muitos membros, é possível também o "reconhecimento do outro", a igual dignidade de todos os cristãos, para além das diferenças carismáticas e ministeriais. Todos somos iguais em dignidade, a dignidade cristã, dada pelo batismo; todavia, nem todos temos a mesma função na Igreja, mas cada um tem seu ministério e seu carisma específico. Terrível seria que um só ministério quisesse absorver todos os demais, ou que os carismas de alguns levassem, na teoria ou na prática, à anulação dos demais. O reconhecimento mútuo passa pela aceitação das diferenças e, a partir delas — não à sua custa —, busca a unidade na comunhão, que não equivale à homogeneidade. Onde há uniformidade não é necessária a comunhão, a qual pressupõe a diversidade; mas a uniformidade anula a própria idéia de corpo de Cristo.

Tendo como ponto de partida a presença do Ressuscitado e seu Espírito, Paulo não só desenvolve uma intensa mística pessoal (Gl 3,27; Rm 13,14), como também uma teologia comunitária na qual, em princípio, deviam ser superadas todas as diferenças naturais ou sociais, ao se integrar em um só corpo (Gl 3,27-29; 1Cor 12,3-31). Paulo põe as bases da "eclesiologia eucarística" da época patrística ao vincular o corpo comunitário e o eucarístico, sublinhando suas conseqüências práticas, que impedem a discriminação dos pobres (1Cor 10,16-17; 11,27-29). Essa forte vinculação entre eucaristia, eclesiologia e serviço aos mais fracos (1Cor 12,22-24) é também típica da teologia lucana acerca da última ceia e das refeições na Igreja. Jamais se poderá esquecer que o "cuidado dos pobres" está vinculado, em toda a Igreja antiga, à prática sacramental, da qual se recebiam as coletas, e que a capacidade da Igreja para ter um patrimônio legitimava-se precisamente a partir da solidariedade comunitária para com os mais fracos, o que foi acentuado por Paulo em sua teologia do corpo de Cristo. Porque somos um corpo, é preciso participar do pão e do vinho do Senhor, que é o dom de Deus, e aprender a partilhar aquilo que se é e aquilo que se tem. Não é aceitável um ritual da eucaristia que não reflita o sentido comunitário e participativo de toda a Igreja (contra o clericalismo imperante na celebração dos sacramentos), nem uma celebração na qual se manifestem as mesmas discriminações sociais ou econômicas, como acontecia em Corinto. A celebração da eucaristia deve ser um fermento da transformação da sociedade, e não se transformar em sua legitimação. Da forma como celebramos os sacramentos — afirma indiretamente Paulo e explicitamente a tradição posterior —, assim também concebemos a Igreja e sua presença na sociedade.

Uma Igreja de carismáticos

A igualdade baseia-se na dignidade comum de todos os cristãos, o que inclui a variedade de carismas e ministérios inspirados pelo Espírito (1Cor 12,4-11). "Carisma" é provavelmente um neologismo paulino para indicar um dom ou graça do Espírito. No Novo Testamento, esse termo só é encontrado em suas cartas e nas de seus discípulos (1Tm 4,14; 2Tm 1,6; 1Pd 4,10). A teologia dos carismas reflete a concepção paulina da salvação e o significado da própria Igreja. Tudo é dom e graça, tanto para Israel (Rm 11,29) quanto para os cristãos (2Cor 1,11-12). O evangelho paulino é o da graça, contraposto à justificação humana por meio das obras, e a "justiça" é o dom por excelência (Rm 5,15-17), juntamente com a vida eterna (Rm 6,23).[5] Para Paulo, é inconcebível uma Igreja sem carismas, discernimento e participação comunitária. A acolhida do Espírito é o substitutivo da circuncisão, como sinal de consagração a Deus.

Por isso, o batismo cristão distingue-se do batismo judeu mediante a vinda do Espírito, e o discernimento leva à superação da lei, escrita agora nos corações (Rm 2,27-29; 7,6; 2Cor 3,6; Fl 3,3). Somente uns poucos fazem a experiência do Ressuscitado e por ele são enviados (os apóstolos), mas todos os cristãos recebem o Espírito. Os dons carismáticos são comunitários e não específicos da hierarquia. Tanto a teologia paulina quanto a lucana e a joanina sublinham que todos podem e devem ter

---

[5] "Carisma" é um termo raro no judaísmo e no helenismo. Trata-se de um neologismo paulino, a partir da raiz comum *"charis"* (graça), utilizada mais de cem vezes, a do verbo *"charizomai"* (presentear, doar); cf. CONZELMANN, H. χάρις χάρισμα. In: *ThWNT*, 9. 1973. pp. 381-390; 393-397; SCHÜTZ, J. H. Charisma. In: *TRE*, 7. 1981. v. 4, pp. 688-693; HAHN, F. Charisma und Amt. *ZthK*, n. 76, pp. 409-499, 1979; SCHÜRMANN, H. *Ursprung und Gestalt*. Düsseldorf, 1970. 236-267; BALTHASAR, *Ensayos teológicos*, cit., pp. 369-384; HASENHÜTTL, *Charisma, Ordnungsprinzip der Kirche*, cit., pp. 101-161; BROCKHAUS, U. *Charisma und Amt*. Wuppertal, 1972; DUNN, *Jesus and the Spirit*, cit., pp. 199-342; KÄSEMANN, E. Geist und Geistesgaben im Neuen Testament. In: *RGG*, 2. 1958. pp. 1272-1279; KÄSEMANN, E. Amt und Gemeinde im Neuen Testament. In: IDEM. *Das kirchliche Amt im Neuen Testament*. Darmstadt, 1978. pp. 173-204; RENDTORFF, T. (Hrsg.) *Charisma und Institution*. Gütersloh, 1985; SCHNACKENBURG, R. Charisma und Amt in der Urkirche und heute. *MthZ*, n. 37, pp. 233-248, 1986; WENNEMER, K. Die charismatische Begabung der Kirche nach dem Hl. Paulus. *Scholastik*, n. 34, pp. 503-525, 1959; HERTEN, J. Charisma-Signal einer Gemeindetheologie des Paulus. In: HAINZ, *Kirche im Werden*, cit., pp. 57-89; IDEM, *Ekklesia*, cit.; KÜNG, H. La estructura carismática de la Iglesia. *Concilium*, n. 2, pp. 44-65, 1965; HAINZ, *La iglesia*, cit., pp. 182-246.

experiências de Deus. Ou seja, a mística não é algo extraordinário, reservado a algumas figuras excepcionais, mas faz parte da experiência comum cristã. É o que muito acertadamente K. Rahner observa quando afirma que o cristão do futuro precisa ser um místico, isto é, alguém com experiência de Deus, ou não seremos cristãos. Os carismas não são algo de excepcional, como também não o é a vivência de Deus; pelo contrário, são o sinal que legitima a comunidade como um organismo vivo.

A unidade provém da comunhão, ou seja, da cooperação a partir da diversidade de carismas (1Cor 12,8-11), e não com base na uniformidade que afoga as diferenças. À medida que aumentou o perigo das heresias e do sincretismo, caminhou-se sempre mais na linha de robustecer a unidade (Ef 4,13-16). Começou também a diminuir a valoração positiva das diferenças (Ef 4,3-6), o que era característico da teologia paulina. Contudo, a diversidade é o sinal distintivo dos carismáticos. A pertença eclesial está subordinada à experiência cristológica e espiritual, embora não haja carisma que não se manifeste na comunidade. A Igreja não é o primário e o original, mas o segundo e o subordinado, embora seja algo necessário. É a Igreja que deve subordinar-se a Cristo, ao Evangelho e a seu espírito, e não vice-versa.

Tudo provém de Deus, e carismas são tanto as capacidades naturais (1Cor 1,4-7; 7,7) quanto as sobrenaturais (Rm 1,11; 1Cor 12,1; 14,12). O novo estilo existencial abrange o antropológico e o comunitário (1Cor 12-14). Na perspectiva paulina, e em geral na perspectiva cristã, não há contraposição entre o Deus criador e os dons naturais, por um lado, e o redentor com os espirituais, pelo outro. Tudo é graça, a partir de uma existência consagrada a Deus e aos outros, seguindo os passos de Jesus. É isso que explica a tendência que se pode notar no final do século I de converter os carismas em virtudes éticas, perdendo a referência teocêntrica e espiritual em favor do enfoque antropológico e moral. Não há dúvida de que esse deslocamento provocou um empobrecimento eclesiológico. Seu ponto forte reside no fato de não estabelecer um dualismo radical entre o natural e o sobrenatural, entre o antropológico e o teológico, como ocorreu posteriormente na história cristã. A graça de Deus possibilita um novo estilo de vida, e os carismas não são algo próprio de uma minoria de místicos e ascetas, tampouco da hierarquia, mas a forma normal de existência cristã. A partir disso, é preciso compreender a validez dos movimentos carismáticos atuais, que procuram recuperar uma dimensão quase perdida da Igreja, assim como a atualidade da exortação paulina para que o entusiasmo pela presença do Espírito não obscureça a necessidade do compromisso.

Quando Deus se faz presente em um grupo, seus membros transformam-se em sujeitos ativos, criativos e participativos, cada um segundo o carisma recebido, que está em função de sua forma de vida (Rm 12,3-8). Para nós, os carismas constituem um fenômeno extraordinário como conseqüência do processo individualista e de perda do espírito, que se deu no cristianismo. O elemento carismático-profético não só diz respeito à vida da Igreja, mas também à sua estrutura, pois o Espírito é instituidor da Igreja e os carismas são o seu princípio de estruturação.[6] Estamos acostumados a ver a Igreja mais como uma instituição do que como uma comunidade, e mais como uma estrutura ministerial do que como um grupo de carismáticos que receberam diferentes dons, pois tendemos a ver o Espírito como um mero meio a serviço da salvação que nos foi trazida pelo Ressuscitado, em lugar de conceder espaço à atividade própria do Espírito que age onde e como quer, freqüentemente em pessoas que estão na base da Igreja e não no cume hierárquico...

A re-judaização do cristianismo está em relação com o fato de deslocar o discernimento espiritual, pessoal e comunitário, que torna todos membros ativos da Igreja, em favor da mera autoridade. O próprio Concílio Vaticano II aplicou aos bispos o mandato do discernimento atribuído por Paulo a toda a comunidade (*Lumen gentium* 12; cf. 1Ts 5,19-21), restringindo assim a validade universal da proposta paulina e estabelecendo um dualismo: o da autoridade que discerne e da comunidade que

---

[6] CONGAR, *La parole et le souffle*, cit., pp. 112-132; KLOSTERMANN, F. *Gemeinde, Kirche der Zukunft*. Freiburg, 1974. pp. 95-116; NISSIOTIS, N. A. La pneumatologie ecclésiologique au service de l'unité de l'Église. *Istina*, n. 12, pp. 323-340, 1967.

obedece. Na teologia paulina, isso não é possível. Paulo jamais se escuda em seu cargo, sem mais nem menos, para implantar suas diretrizes, mas raciocina e procura convencer.[7] Ele não quer dominar sobre a fé dos seus membros (2Cor 1,24), mas pretende fazer com que toda a comunidade possa discernir com ele. A participação e o protagonismo de todos é a outra face da doutrina dos carismas que, por sua vez, está vinculada à idéia da justificação pela graça e não pelas obras da lei. Daí a importância do discernimento dos espíritos, que é a tarefa da consciência pessoal, a qual não se pode delegar a ninguém nem, muito menos, substituir.

Na eclesiologia houve a tendência de ver a Igreja como o "prolongamento da encarnação do Verbo" (Möhler), mais do que como o prolongamento da unção e consagração de Jesus pelo Espírito, que é o que Paulo acentua. Freqüentemente a eclesiologia foi desenvolvida na perspectiva de uma cristologia sem espírito, o cristomonismo, com o conseqüente empobrecimento da imagem de Deus, de Cristo, do Espírito e da própria Igreja. Por isso, uma Igreja que marginaliza os carismas se opõe ao Espírito e acaba substituindo este por uma autoridade sacralizada, que se transforma em instância última. A limitação da ação do Espírito redunda sempre em prejuízo da comunidade e mais concretamente dos leigos, e a disciplina se paga com a perda da criatividade pessoal. Para Paulo, como também para todo o Novo Testamento, os carismas não se opõem aos ministérios, nem à hierarquia, mas são o espaço no qual os ministérios se desenvolvem, os quais nunca podem ser exercidos fora de um contexto comunitário e participativo. Não há membros ativos — os ministros — e membros passivos — os leigos —, mas uma comunidade com a participação de todos. A decadência da eclesiologia paulina não corresponde somente ao final de uma época, das origens da Igreja, mas também a um empobrecimento essencial do cristianismo, cujas conseqüências estamos ainda sofrendo. Veremos a seguir como esse declínio carismático está ligado aos primeiros protestos antiinstitucionais na Igreja.

---

[7] ESTRADA, Juan A. *La Iglesia: ¿institución o carisma?* Salamanca, 1984. pp. 46-53.

Tanto em Paulo quanto — e sobretudo — nos escritos posteriores, enaltece-se a Igreja como corpo de Cristo, que se torna presente no Espírito. No entanto, opôs-se a teologia da cruz e a eclesiologia da missão ao entusiasmo transbordante de alguns membros das comunidades. O importante não são os carismas extraordinários, mas uma práxis fundamentada no amor (1Cor 13), desautorizando a importância dada pelos gnósticos ao conhecimento, o qual não possui nenhum valor sem a caridade. Os carismas são distintos; todos eles, todavia, provêm de um só Espírito e de um único Deus (1Cor 12,2-6; Rm 12,4-6), identificando assim a ação de Cristo ressuscitado com a do Espírito (2Cor 3,17; 1,21-22). Os melhores carismas são os que mais contribuem para o amor e para a edificação da Igreja, afirma Paulo reiteradamente (1Cor 12,25). Ocorre que, para Paulo, todo dom é também uma tarefa. O carisma vem de Deus e leva a constituir quem o recebe em dom para os demais, em lugar de fechar-se sobre si mesmo.

Em suas comunidades havia uma tendência característica de todas as religiões: o afã pelos prodígios e milagres (1Cor 12,9-10.28-30), pelos dons que geram entusiasmo, como falar línguas inspiradas ou ter conhecimentos extraordinários (1Cor 1,5; 2,6; 12,8.10.30). Há uma tendência humana para o maravilhoso e entusiasta, para aparições e êxtases, para o misterioso e original, coisas contra as quais Jesus teve que lutar e contra as quais o próprio Paulo reagiu. Os melhores carismas (1Cor 12,31) são os que mais servem para a construção da comunidade (1Cor 14,4.12.40), os que melhor expressam o amor (1Cor 13,1-8.13; Rm 12,9-10), sinal distintivo da presença de Deus, e os que refletem a opção pelos mais fracos (1Cor 12,22.26; Rm 12,5), o que representa a característica por excelência da concepção cristã. Paulo luta contra essa tendência natural ao maravilhoso e ao prodigioso, que encontra um amplo espaço nas religiões e que é alimentada pelo entusiasmo gerado pela ressurreição de Cristo. A isso Paulo contrapõe sua teologia da cruz.

Uma Igreja de profetas

Nas listas de carismáticos, destaca-se uma tríade: "Assim, na Igreja, Deus estabeleceu, primeiro, os apóstolos; segundo, os profetas; terceiro, os que ensinam" (1Cor 12,28-31). A lista continua enumerando funções e não pessoas ("[...] depois, dons diversos: milagres, cura, beneficência, administração [...]": 1Cor 12,28). Não há dúvidas de que essa tríade correspondia aos ministros mais importantes da comunidade, todos eles com uma origem carismática. Os apóstolos são particularmente importantes no contexto da missão e expansão do cristianismo; deles nos ocuparemos mais detalhadamente. Unidos a eles, porém, aparecem os profetas e mestres, que foram muito importantes na Igreja primitiva. No Novo Testamento, fala-se 59 vezes dos "profetas", referindo-se aos do Antigo Testamento, os quais constituem um grupo compacto, cujos escritos foram muito utilizados pelos cristãos para demonstrar o messianismo de Jesus. Todavia, também se alude a profetas cristãos. Na realidade, a profecia está relacionada com a expectativa final dos tempos, com a importância que se dava aos mistérios e ao conhecimento de Deus (visões, revelações etc.) e com a experiência do espírito como sinal da chegada do tempo final anunciado.[8]

Já nos Atos dos Apóstolos a ressurreição é vinculada ao cumprimento da promessa de Joel (Jl 2,19-27; 3,1-5), segundo a qual o Espírito seria derramado sobre todos. Daí em diante fala-se no ressurgimento do espírito de profecia (At 2,17-18; 15,32; 19,6). O profeta cristão não só profetiza os acontecimentos futuros (At 11,28-30; 21,10-11; Ap 22,6), mas é também aquele que comunica a vontade do Ressuscitado à sua comunidade (Ap 19,10: "o testemunho de Jesus é o espírito da profecia"). A profecia abrange desde o conhecimento divino até a capacidade exortativa e pastoral. Esses profetas eram carismáticos itinerantes que desempenhavam

---

[8] Dautzenberg, G. Propheten, Prophetie. In: *TRE*, 27.1997. pp. 503-511; Friedrich, G. προφήτης. In: *ThWNT*, 6. 1959. pp. 829-863; Merklein, H. Der Theologe als Prophet. *NTS*, n. 38, pp. 402-429, 1992; Greeven, H. Propheten, Lehrer, Vorsteher bei Paulus. *ZNW*, n. 44, pp. 1-43, 1952-1953; Aune, D. E. *Prophecy in Early Christianity and the Ancient Mediterranean World*. Gran Rapids (Michigan), 1983; Müller, U. B. *Prophetie und Predigt im Neuen Testament*. Gütersloh, 1975; Boring, M. E. *Sayings of the Risen Jesu*. Cambridge, 1982.

um importante papel na área de Antioquia, à qual provavelmente pertence o evangelho de Mateus (Mt 7,15-23; 10,41; 23,34) e a *Didaqué** (*Did.*, 11,3; 12,1-5; 13,2-4; 15,1-2). Muitos desses profetas, como aconteceu também com os apóstolos, acabaram residindo em algumas comunidades e nelas ocuparam um lugar de destaque como seus ministros (At 13,1-3; *Did.*, 12,3). Juntamente com os apóstolos e os mestres, versados na Escritura, os profetas foram os personagens-chave na expansão do cristianismo e na orientação das comunidades (At 11,27-28; 13,1-3; 15,32; 21,8.11; *Did.*, 11,3-6). Os profetas foram aqueles que mantiveram a tensão sobre a vinda próxima do Senhor até o final da época neotestamentária (2Ts 2,2; 1Tm 4,1-3; 1Jo 4,1-6).

Essa importância dada aos profetas no cristianismo primitivo não ocorre somente na eclesiologia das cartas paulinas e na teologia lucana, mas tem suas raízes na valoração cristã de Jesus, ao qual em repetidas ocasiões foi dado o título de profeta (Mc 6,15 par.; 8,28 par.; Mt 21,11.46; 26,68; Lc 7,16.39; 24,19; Jo 4,19; 6,14; 7,40.52; 9,17). Os evangelhos sinóticos aceitam ditos e interpretações proféticas, aplicadas à vida terrena de Jesus. Não há dúvida de que essa visão, atestada por todos os evangelhos, corresponde à sua imagem pública. Ele não só era vinculado ao profeta João Batista, mas era visto como o profeta escatológico esperado por algumas correntes do judaísmo (Dt 18,15-18; cf. Mc 6,15; 8,28; Lc 24,19; At 3,22-26; 7,37; Jo 1,21.23.25-26; 6,14; 7,40). Até seu destino final na cruz é comparado com o dos profetas que o antecederam (Lc 13,33-34; Mt 23,37; 1Ts 2,15), ressaltando assim o paralelismo entre a sua vida e o destino dos profetas. Jesus é o mestre por excelência de todos os ministérios, mas de modo especial o é para os profetas ("O testemunho de Jesus é o espírito da profecia": Ap 19,10; 1Pd 1,10-11).[9]

---

* Storniolo, T. & Balancin, E. M. (Orgs.) *Didaqué*; o catecismo dos primeiros cristãos para as comunidades de hoje. São Paulo, Paulus, 1992.

[9] Aune, *Prophecy in Early Christianity and the Ancient Mediterranean World*, cit., pp. 153-88; Boring, *Sayings of the Risen Jesu*, cit., pp. 137-182; Campenhausen, H. von. *Kirchliches Amt und geistliche Vollmacht in den ersten drei Jahrhunderten*. Tübingen, 1953. pp. 195-234; Castillo, J. M. Jesús profeta de Israel. In: Sicre, J. L.; Castillo, J. M.; Estrada, J. A. *La Iglesia y los profetas*. Córdoba, 1989. pp. 79-98.

Esse é o posicionamento ao qual Paulo adere (1Cor 12,3; 14,24-25), em um contexto de pluralidade de carismas, no qual a profecia acaba sendo a mais valorizada: "[...] aspirai aos dons do Espírito, principalmente à profecia" (1Cor 14,1-5.22-25; Rm 12,6). O próprio Paulo não só é o apóstolo, que depois serviu de modelo para os ministros institucionais, mas é também o protótipo do profeta (1Cor 13,2; 14,6.18). Em Antioquia, foram escolhidos e enviados dois apóstolos (Paulo e Barnabé) dentre os "profetas e mestres" (At 13,1-3), o que demonstra que na Igreja primitiva não havia uma delimitação clara entre apóstolo, profeta e mestre. Tais funções podiam ser desempenhadas pelas mesmas pessoas, dependendo das circunstâncias históricas e comunitárias. A existência dos profetas na comunidade era um sinal legitimador da Igreja diante do próprio Israel (Rm 12,6; 1Ts 5,20; 1Cor 11,2-16), mas havia a necessidade de que fosse integrado à comunidade, em vez de ser considerado como um dom pessoal e exclusivo (1Cor 14,3.29-32.37-40). A Igreja é profética, tanto quanto apostólica, e foi fundada sobre os apóstolos e os profetas, sem que possa renunciar a nenhum deles.

Na Antigüidade, o profetismo centrava-se na interpretação dos sinais divinos, nos êxtases de pessoas inspiradas ou possuídas por espíritos, que prognosticavam o futuro, e na mântica ou arte da adivinhação. Não havia uma fronteira definida entre a magia e o profetismo, embora o profeta estivesse mais próximo dos videntes e dos adivinhos — que ainda perduram em nossa cultura — do que das personalidades do Antigo Testamento. O profetismo cristão tomou as devidas distâncias das vivências que anulavam a personalidade do profeta e contra os entusiasmos que excitavam os indivíduos, insistindo na funcionalidade comunitária da profecia.[10] Havia uma diferença fundamental entre o profetismo judaico — que anunciava a futura chegada do Messias — e o profetismo cristão, que se concentrava

---

[10] Segundo Eusébio, um dos critérios do século II para discernir entre os verdadeiros e os falsos profetas era o fato de que os primeiros não falam quando estão em êxtase (Eusébio, *Hist. eccl.*, V, 17, 1). Sobre as diferenças entre o profetismo pagão e o cristão, cf. BACHT, H. Wahres und Falsches Prophetentum. *Bibl*, n. 32, pp. 237-262, 1951; BACHT, H. Die Prophetische Inspirations in der Kirchlichen Reflexion der vormontanistischen Zeit. *Scholastik*, n. 19, pp. 1-18, 1944.

em uma interpretação cristológica das Escrituras e dos próprios profetas, aproximando-se assim da função dos mestres ou doutores. O profeta podia iluminar uma situação comunitária a partir de uma revelação ou de uma interpretação da Escritura; por isso, era um líder nato da Igreja.

Contudo, os profetas cristãos também tinham uma perspectiva de futuro, a da segunda vinda triunfal do Ressuscitado, e possuíam em comum com os antigos profetas a consciência de serem perseguidos e de que muitos acabariam no martírio (Mt 5,11-12; 23,30-37; Lc 6,22-23; 11,47-51; 13,33-34; 1Ts 2,15; Ap 11,6-7; 16,6; 18,20.24). A Igreja toda sentia-se herdeira dos profetas de Israel e considerava as perseguições uma bem-aventurança para todos os cristãos, especialmente para os seus profetas.[11] Por essa razão, Paulo adverte a comunidade de que mantenha uma ordem pela qual todos os membros possam profetizar (1Cor 14,31), destacando que não se tratava de um carisma dado a uma minoria seleta. A importância da profecia, de origem judaica e palestina, manteve-se no contexto helenista, apesar das dificuldades apresentadas à sua inculturação em uma realidade ávida por sensações e prodígios, o que conduziu ao entusiasmo pela glossolalia, isto é, o dom das línguas. Se a glossolalia — falar línguas estrangeiras — pressupõe a inspiração do Espírito, segundo a doutrina da época, a profecia, juntamente com a inspiração (1Cor 13,2.12; 14,2.30; 2Cor 12,1-5), exigia também a interpretação e a avaliação comunitária (1Cor 12,10; 14,29). Como todos os dons, a profecia estava subordinada ao amor (1Cor 13,2; 2Cor 12,6). Enquanto a cultura grega punha o acento no conhecimento, a judaica colocava-o na liberdade, e a cristã, no discernimento e no seguimento.

O progressivo declínio da eclesiologia paulina

As cartas deuteropaulinas — isto é, dos discípulos de Paulo que escreveram refugiando-se em seu nome e em sua autoridade, até aproveitando

---

[11] LODS, M. *Confesseurs et martyrs*. Sucesseurs des prophètes dans l'Église des trois premiers siècles. Neuchâtel, 1958. pp. 10-11.

fragmentos de cartas autênticas de Paulo — mostram a evolução de mentalidades e atitudes. A tensão escatológica, o "já mas ainda não", bem como a expectativa de futuro, deram lugar a uma revalorização do presente. Se estávamos "mortos por causa dos nossos pecados" e submetidos ao poder do mal, agora Deus "nos ressuscitou com Cristo e com ele nos fez sentar nos céus, em virtude de nossa união com Cristo Jesus" (Ef 2,4-6; Cl 2,12-14; 3,1-4). Paulo vinculava o atual estar mortos com Cristo, pelo batismo, à participação em sua ressurreição no futuro (Rm 6,4-5). Ou seja, ele exortava a imitar Cristo crucificado com a esperança na ressurreição final. Por outro lado, essas cartas puseram o acento na graça que já era comunicada, em consonância com a cristologia triunfal que defendiam. Elas não negam a esperança do final dos tempos, mas revalorizam a salvação presente ("É por graça que fostes salvos": Ef 2,5). O futuro iria mostrar plenamente uma mudança que já havia acontecido ("Quando Cristo, vossa vida, se manifestar, então vós também sereis manifestados com ele, cheios de glória": Cl 3,4).

Dessa forma, as esperanças de salvação sofreram um processo de transformação e de espiritualização. A dinâmica histórico-messiânica, para a qual ainda apontavam as correntes apocalípticas, abre passagem aqui à idéia de um mistério salvífico que já havia acontecido e que se revelava progressivamente, o que fez com que a perspectiva de futuro deixasse de ser essencial.[12] Ou seja, o acento já não era posto em uma práxis histórica em nome da construção do reinado de Deus ou da proximidade da vinda de Cristo, mas em uma espiritualização da mensagem cristã. A graça já havia chegado, isto é, havia sido individualizada, pois perdera-se a preocupação

---

[12] Sigo aqui a exposição de KLEIN, G. Eschatologie, cit., pp. 286-287; BECKER, J. Erwägungen zur apokaliptischen Tradition in der paulinischen Theologie. *EvTh*, n. 30, pp. 593-609, 1970; LINDEMANN, A. *Die Aufhebung der Zeit*. Gütersloh, 1975; ERNST, J. Von der Orstgemeinde zur Grosskirche. In: HAINZ, *Kirche im Werden*, cit., pp. 123-142; HOPPE, R. Theologie und Ekklesiologie im Epheserbrief. *MThZ*, n. 46, pp. 231-246, 1995; MERKLEIN, H. *Christus und die Kirche*. Stuttgart, 1973; IDEM. Paulinische Theologie in der Rezeption des Kolosser- und Epheserbriefes. In: KERTELGE & LOHFINK, *Paulus in den neutestamentlichen Spätschriften*, cit., pp. 25-69; SCHLIER, H. *Die Zeit der Kirche*. 4. Aufl. Freiburg, 1966. pp. 159-186; 287-308; MEYER, R. P. *Kirche und Mission in Epheserbrief*. Stuttgart, 1977; CERFAUX, L. *La théologie de l'Église suivant saint Paul*. Paris, 1965. pp. 249-322; STEGEMANN, E. Alt und Neu bei Paulus und in den Deuteropaulinen (Kol-Eph). *EvTh*, n. 37, pp. 508-536, 1977.

em mudar o mundo e a sociedade para adequá-los às exigências de Cristo e de seu reino. O elemento profético-messiânico abriu espaços para a espiritualidade e para o testemunho pessoal, com uma forte dose de intelectualismo e de insistência no conhecimento do mistério de Deus.

Pode ser que essa postura seja a que é combatida em uma carta da escola paulina (2Ts 2,1-12), na qual os cristãos são advertidos em não pensarem que o dia do Senhor seja iminente e em não se deixarem seduzir por manifestações e pretensas revelações do Espírito. Em fins do século I, se impôs uma forte corrente entusiasta, que deixou suas marcas na Carta aos Efésios e na Carta aos Colossenses. Tal corrente afirmava que já podiam ser notados os efeitos da ressurreição e que Deus havia revelado plenamente o seu mistério, até então oculto. A Segunda Carta aos Tessalonicenses opõe-se a essa tendência e combate os carismáticos entusiastas, recordando os obstáculos e perseguições pelos quais as comunidades estavam passando. A carta exorta à perseverança, na espera da vinda triunfal do Ressuscitado, que se estende no tempo, não considerando a ressurreição como algo já realizado, contrariamente ao que era defendido pelos entusiastas.

Também nas cartas pastorais encontramos uma advertência contra os que "desviaram-se da verdade, afirmando que a ressurreição já se realizou e, assim, arruinaram a fé de alguns" (2Tm 2,18). É claro que o cristianismo encontrava-se em um processo de acomodação à nova situação, oscilando entre aqueles que queriam reinterpretar a ressurreição como um acontecimento meramente espiritual, que já se havia consumado, e os que entravam em desespero porque se davam conta de que a vinda do Cristo triunfante estava demorando. As cartas pastorais oscilam entre a reinterpretação intelectual da Parusia, isto é, a consideração da chegada triunfal do Ressuscitado como uma "epifania" ou manifestação futura de algo que já havia acontecido (1Tm 6,14; 2Tm 4,1; Tt 2,13), e o fato de vê-la como plenamente realizada no presente histórico das comunidades (2Tm 1,10; Tt 2,11; 3,4). Em qualquer um dos casos, volta-se atrás, em relação à expectativa de futuro, tão presente na proposta paulina, em favor de uma salvação atual.

No final do século I, produziu-se uma segunda variante no cristianismo. A primeira foi a de mudar o anúncio do Reino, esperado por Jesus, pela proclamação de Cristo ressuscitado, anunciando que se esperava a sua vinda imediata como Juiz e Senhor. A segunda modificação se dá agora. Os efeitos da vinda de Cristo ressuscitado já podem ser notados, porquanto Deus comunica seus mistérios às pessoas. Não era mais necessário esperar uma salvação futura, visto que, no máximo, o futuro revelaria plenamente o que já estava sendo vivido. O próprio conceito de salvação mudou. Já não se põe tanto o acento na presença do Espírito e nos diversos carismas, quanto em levar uma vida virtuosa e de acordo com as exigências do cristianismo. Se o anúncio do Reino e a proclamação do Ressuscitado eram dirigidos essencialmente a comunidades que viviam com uma forte tensão sobre o futuro, esperando pelo Senhor (*Maranatha*, vem, Senhor!), agora se trata de algo que é comunicado aos discípulos de forma mais individual, sobretudo aos que haviam recebido um conhecimento especial dos mistérios divinos.

Uma Igreja profética

A verdadeira obediência nasce da verdade e conduz à verdade. O que falta à Igreja não são os homens eloqüentes, mas sim homens que amem da mesma maneira a obediência e a humildade, como amam a própria verdade. O que falta são os homens que dêem um testemunho sereno, não obstante todos os obstáculos. O que falta são homens que demonstrem maior amor pela Igreja do que pela própria comodidade.

[...]

Ao que já dissemos, acrescente-se ainda que, além do amor e da solicitude, deve-se ter em conta que a verdade possui também os seus direitos e que a mesma verdade está bem acima do que é útil. Daí se deduz a necessidade do carisma profético e do testemunho. Se se quisesse esperar fossem evitados todos os erros contra a verdade, correr-se-ia o perigo de jamais permitir que a verdade fosse dita (J. Ratzinger, *O novo povo de Deus*, São Paulo, Paulus, 1974, p. 248).

Nesse contexto, há um redimensionamento da dinâmica carismática das Igrejas. Os apóstolos e profetas já faziam parte do passado, pois haviam posto os fundamentos da Igreja (Ef 2,20). Esta se apresentava, então, como o espaço privilegiado do Reino; Paulo e seus colaboradores eram os chamados a construir o reinado de Deus (Cl 4,11), que também se chama "de Cristo" (Ef 5,5). O Reino deixa de ser uma promessa e um dom futuro, porque é uma realidade do presente, que se inicia na Igreja e depende do trabalho apostólico. Nesse contexto, muda também a idéia a respeito do profeta. O conhecimento profético é o do mistério de Cristo e consiste na incorporação dos gentios à Igreja (Ef 3,5-6). Vincula-se assim ao evangelho paulino, que consiste na sabedoria escondida de Deus que se revela a todas as pessoas (1Cor 2,6-16; Rm 11,11-32), com um mistério conhecido pelos profetas, os quais são, juntamente com os apóstolos, os agentes da missão. Ambas as cartas acentuam que a Igreja é uma comunidade mista, composta de judeus e de pagãos (Ef 2,11-12), apresentando-a como a meta universal do plano de Deus. Como Lucas o fez a seu modo, embora em um contexto de entusiasmo escatológico e de especulação idealista, aqui se prepara o terceiro artigo do símbolo de fé, aquele sobre a Igreja (Ef 1,22-23; 4,12-13), na qual se crê e para a qual se crê.

A categoria de mistério adquire um realce cada vez maior quando relacionada com uma intelectualização e uma espiritualização da idéia de salvação. A esperança messiânica e profética, à qual estão ligadas as correntes apocalípticas que acentuam a mudança da sociedade e do ser humano por meio de uma intervenção de Deus na história, abre espaço para uma visão mais individual, mais mistagógica e antropológica, e mais distante da utopia histórica. Paulo vincula a história à escatologia, esperando que Cristo destrua as potências do mal e submeta tudo a Deus (1Cor 15,23-28). Aqui, pelo contrário, esse domínio sobre o mal já aconteceu, e isso é o que tem que ser anunciado precisamente pela Igreja. A idéia de que estamos em um tempo de luta, no qual as potências do mal ainda não estão submetidas, não se encaixa com a cristologia triunfal que se impõe no último quarto do século I. Para esta, o essencial é que a vitória sobre o mal já aconteceu, embora fosse necessário fechar os olhos para a difícil situação das comunidades e pôr o acento no entusiasmo espiritual dos indivíduos.

A partir daí pode-se entender a importância assumida pela Igreja como uma entidade quase equivalente ao Reino prometido (Deus Pai nos transferiu "para o reino do seu Filho amado": Cl 1,13). Faz-se alusão ao triunfo de Cristo sobre as potências presentes e futuras que dominam o mundo (segundo a mitologia clássica), constituído como "cabeça da Igreja", que é seu corpo, e de cuja plenitude tudo está repleto (Ef 1,20-23; 3,10). Se em Paulo a luta contra as potências do mal é mantida até a vitória final do Ressuscitado (1Cor 15,23-28), em Efésios e Colossenses essa submissão é um fato já consumado, a partir do qual se explica a plenitude da própria Igreja (Ef 1,20-23; 4,8-16; Cl 2,12.15.20). A Igreja e o reino de Cristo nunca são identificados expressamente, mas indiretamente sim, porquanto se vincula sua vitória sobre as potências que dominam o ser humano à sua constituição como cabeça da Igreja. O Reino de Deus é cristologizado e eclesiologizado ao mesmo tempo, ou seja, é vinculado estreitamente a Cristo e à Igreja.

Conseqüentemente, a Carta aos Efésios e a Carta aos Colossenses irão desenvolver a teologia paulina do corpo, colocando o acento naquele que é cabeça, Cristo (Ef 1,22-23; 2,14-22; 4,13-16; Cl 1,18-20; 2,19), paralelamente aos teóricos e filósofos da cultura romana, que reforçavam a autoridade em relação ao conjunto da sociedade, vendo os seus dirigentes (por exemplo, César) como cabeças. Paulo empregou a metáfora do corpo para referir-se a Igrejas concretas, enquanto agora é usada em sentido universal. Além disso, Paulo conservou a transcendência de Cristo sobre a Igreja, na qual ele se tornava presente por meio do Espírito, enquanto agora Cristo é parte da mesma Igreja, a cabeça dela, reforçando assim o vínculo entre cristologia e eclesiologia. A metáfora da pedra angular, aplicada a Cristo, reforça também a estreita união entre cristologia e eclesiologia (Ef 2,18-22; cf. 1Pd 2,4-6), confirmada ao se unir o título de "santos" à morte redentora de Cristo, que purifica a Igreja (Cl 1,12-14.21-22; Ef 2,11-19). A eclesiologia se move entre a idéia do corpo vivo e o de uma construção edificada sobre a rocha, que é Cristo, em uma interação constante entre cristologia e eclesiologia, ambas em uma perspectiva ideal.

Mais tarde, generalizou-se o conceito de Igreja como algo genérico, não referido a nenhuma comunidade concreta, mas à entidade eclesial enquanto tal,[13] sobretudo porque esta já se tornara uma entidade celestial (Ef 2,5-6; Cl 2,12-14), sendo sua mera existência um testemunho para o mundo. A missão consiste em revelar o mistério conhecido pela Igreja, que se anuncia a todos (Ef 1,9; 3,3-4.9; 5,32; 6,19). A importância dada à eclesiologia na Carta aos Efésios e na Carta aos Colossenses é tanta, que a própria salvação depende da Igreja. As cartas eclesiologizam as realidades cristológicas, e o esquema de presente e futuro, próprio da escatologia e da missão, transforma-se agora no esquema de cima e de baixo, para acentuar que a Igreja já participa das realidades divinas (Ef 1,3-4; 2,6). A história já não é mais vista a partir do esquema de uma cronologia de salvação, preparada em Israel, realizada na época de Jesus e que deve consumar-se quando ocorrer a segunda vinda de Cristo. Agora, o esquema predominante é o de Cristo triunfante e da Igreja celestial, que se comunicam com a Igreja terrena e se tornam presentes nela. A Igreja já não é mais uma realidade testemunhal, nem um instrumento do Reino de Deus.

O triunfo final do Ressuscitado é posto em conexão com o amadurecimento da própria Igreja, sem manchas nem rugas (Ef 5,22-27). Passa-se assim da cristologia para uma eclesiologia triunfalista. Estamos muito distantes da afirmação de que a Igreja é a "casta rameira", submetida às mesmas tentações de Jesus. Põe-se em primeiro plano uma visão teologal da Igreja, ao invés de se falar, como Paulo o fazia, das comunidades concretas, com seus desvios e pecados. Há aqui uma espiritualização da Igreja, que terá amplas repercussões históricas. A Igreja sem manchas e rugas é a Igreja santa, enquanto obra do Deus trinitário, mas as Igrejas concretas são pecadoras e *semper reformandas*. As Igrejas, enquanto realidades históricas, são sempre criticáveis e mutáveis; somente a Igreja enquanto

---

[13] "Temos o dever de discordar desses profetas de calamidades, que estão sempre anunciando infortúnios, como se fosse iminente o fim dos tempos" (João XXIII, *Discurso de abertura do Concílio Vaticano II*, 11/10/1962).

realidade teológica não o é. O problema aparece quando as duas são identificadas para defender a santidade da Igreja, já que esta provém de Deus, com o objetivo de impedir a crítica a suas realizações humanas, que não são santas, e sim submetidas ao pecado. O espiritualismo eclesiológico já tem precedentes nas cartas deuteropaulinas, que se distanciam do posicionamento de Paulo.

Também nas cartas pastorais encontramos um deslocamento da idéia paulina dos carismas, vistos por Paulo como sinal da presença do Espírito sobre a comunidade. O que Lucas apresentou em Pentecostes foi desenvolvido na teologia paulina como uma dimensão essencial da Igreja. Por outro lado, nas cartas pastorais, escritas na passagem do século I para o II, fala-se do carisma como algo transmitido pela imposição das mãos de um ministro, escolhido no concurso dos profetas (1Tm 4,14; 2Tm 1,6). Nas cartas petrinas, aproximadamente da mesma época, é ainda mantido o contexto carismático, comunitário e ético das comunidades paulinas (1Pd 4,10). O modelo paulino vai perdendo gradualmente força, porque sua estrutura se torna insuficiente para afrontar os problemas internos (heresias e cismas) e externos (a missão e a substituição dos apóstolos) que surgiram na Igreja, no final do século I. Não se trata de contrapor as cartas pastorais às paulinas, como se tivéssemos que decidir entre elas, mas de estar atentos ao curso histórico e aos novos desafios colocados à instituição, para compreender a progressiva evolução do carisma.

Os últimos testemunhos da sobrevivência dos profetas

É importante ainda a presença da profecia na *Didaqué*, obra escrita no final do século I e contemporânea a outros escritos tardios do Novo Testamento. Nela se conserva ainda a tríade paulina de apóstolos, profetas e mestres (*Did.*, 11,3.6.8-11; 13,1-4; 15,1-2), mantendo-se a tradição dos profetas itinerantes da Igreja primitiva (*Did.*, 11,1-3.7; 13,1). É uma comunidade na qual os profetas têm um papel muito importante, que impede que eles possam ser julgados quando falam em espírito (*Did.*, 11,7). São eles, provavelmente, que presidem a celebração da eucaristia (*Did.*, 10,6-7), que orientam a distribuição de esmolas (*Did.*, 11,9.12) e que recebem as primícias da comunidade, "pois eles são vossos sumos sacerdotes" (*Did.*, 13,3). Nessa comunidade, ainda não se fez a passagem de uma dinâmica carismática e profética para a institucional e ministerial. Começa-se a utilizar uma terminologia sacerdotal para membros concretos da comunidade, o que nunca acontece no Novo Testamento, mas não para os ministros, e sim para os profetas. Trata-se de uma boa demonstração de que a idéia do ministério sacerdotal ainda não estava clara na Igreja.[14]

O problema de discernir entre verdadeiros e falsos profetas — fato que preocupa as comunidades de fins do século I —, resolve-se apelando para a coerência de seu estilo de vida e para o seu desprendimento (*Did.*, 11,8-12), embora lhes seja reconhecido o direito do sustento por parte da comunidade (*Did.*, 13,1.3.5-7). Somente quando faltam os profetas — e por meio desse detalhe já se pode notar a consciência do seu caráter esporádico nas igrejas (*Did.*, 13,4) — será preciso "escolher bispos e diáconos" para que "administrem o ministério dos profetas e mestres" (*Did.*, 15,1-2; cf. At 13,1-2). Provavelmente, nessa comunidade há uma transição de carismáticos itinerantes para carismáticos fixos, que nela permanecem. Está ocorrendo também a substituição da direção carismática das comunidades por ministros escolhidos por estas; quer dizer, está se institucionalizando o carisma em um contexto missionário no qual se perdeu a expectativa da proximidade do final dos tempos. A inculturação em uma cultura racionalista, marcada pela filosofia grega, favorece a desconfiança para com os profetas.

O próprio Apocalipse, provavelmente mais tardio do que a *Didaqué*, se apresenta como livro de um profeta (Ap 1,3; 22,7.10.18-19) e como uma exortação de Deus às Igrejas por meio do profeta (Ap 1,10-11). Pode ser que se esteja procurando preservar a profecia como fenômeno cristão, no momento histórico em que está ocorrendo o seu declínio, pois

---

[14] CASEL, O. Prophetie und Eucharistie. *JLW*, n. 9, pp. 1-19, 1929; PETERSON, E. La leitourgia des prophètes et des didascales à Antioche. *RecSR*, n. 36, pp. 577-579, 1949; DE HALLEUX, A. Les ministères dans la Didaché. *Irénikon*, n. 53, pp. 5-29, 1980.

o autor se apresenta como o profeta do tempo final (Ap 10,11; 19,10; 22,9-10). Da mesma maneira que os escritos proféticos do judaísmo completaram o Pentateuco e mantiveram sua influência quando se produziu o desaparecimento dos profetas, o mesmo acontece com o Apocalipse. Também outros escritos, como a *Didaqué*, alinhavam os cristãos na fila dos profetas bíblicos (*Did.*, 11,10). O Apocalipse ressalta que os profetas conhecem o mistério de Deus (Ap 10,7) e que recebem sua recompensa final (Ap 11,18; 16,6; 18,20.24).

A literatura cristã posterior manteve esporádicas alusões aos profetas. Nas cartas de Inácio de Antioquia só se faz referência a eles como vinculados a Jesus Cristo (*Fil.*, 5,2; *Magn.*, 8,2; 9,2), provavelmente porque eram vistos como figuras do passado.[15] Em meados do século II, Justino argúi, em seu diálogo com um judeu, sobre o fato de que o dom da profecia existe hoje entre os cristãos e que isso deveria levá-lo a compreender que os dons dados ao povo de Israel haviam sido transferidos a eles (Justino, *Diál.*, 82,1; 87,5-6; 88,1. Cf. também *1Apol.*, 36,1). Por seu lado, Milcíades, um discípulo de Justino, defende que, segundo a doutrina paulina, "é necessário que o carisma da profecia permaneça em toda a Igreja até a Parusia final" (Eusébio, *Hist. eccl.*, 17,4). E o Pastor de Hermas, ele próprio uma figura profética, que tinha visões (*Vis.*, III,8,10-11; *Mand.*, XII,3,2-3), precisa entregar suas anotações aos presbíteros (*Vis.*, II,2) e lê-las na Igreja, colocando-se entre os presbíteros que a presidem (*Vis.*, II,3). Ele se situa na presidência da comunidade antes dos próprios presbíteros (*Vis.*, III,1,8). Pergunta-se ainda como discernir entre o falso e o verdadeiro profeta (Hermas, *Mand.*, XI,7-9; *Vis.*, III,1,8), e a seguir continua se considerando como um carismático (*Mand.*, XI,7-8.12.16), já que a profecia é uma manifestação do Espírito (*Mand.*, XI,10). Os profetas têm um papel essencial na construção da Igreja (*Comp.*, IX,15,4) e são similares em importância aos próprios ministros, aos quais dão instruções.

---

[15] DULLES, A. La sucesión de los profetas en la Iglesia. *Concilium*, n. 34, pp. 56-58, 1968; FRIEDRICH, G. Propheten und Prophezeien im Neuen Testament. In: *ThWNT*, 6. 1959. pp. 829-858; COTHENET, E. Prophétisme dans le Nouveau Testament. In: *DBS*, 8, 1972. pp. 1322-1337.

Tais escritos, de meados do século II, testemunham a manutenção dos profetas junto aos presbíteros.

Já no final do século II, Irineu de Lyon adverte que não se deve expulsar a autêntica profecia da Igreja por medo da falsa (*Adv. haer.*, III,9,9). Por sua vez, Clemente de Alexandria fala das profecias como um sinal permanente do Espírito (*Strom.*, VII,16), embora ressalte que tiveram mais importância nas origens da Igreja do que na atualidade (*Eglogae proph.*, 23,1,3). Também se faz menção aos profetas nas cartas pseudo-clementinas (*Hom. Clem.*, II,11), escritos judaizantes do século III que vêem Jesus como o último dos profetas, enviado por Deus para purificar a religião judaica. Tais testemunhos demonstram que foi mantida a consciência da importância da profecia na Igreja, embora nem tanto a existência real de profetas nela. Essas alusões esporádicas não escondem, contudo, o gradual declínio do profetismo ao longo do século II. De fato, quando o *Pastor de Hermas* menciona os vários cargos comunitários (bispos, presbíteros, diáconos, mestres), não enumera entre eles os profetas (*Herm(v).*, III,5), ao contrário do que faz a *Didaqué*, talvez porque ainda se trate de carismáticos que atuam espontaneamente, sem qualquer designação ou institucionalização. Tampouco faz alusão a eles Inácio de Antioquia, que associa o espírito de profecia ao ministério episcopal, o que ocorre também no martírio de Policarpo.[16] Orígenes, por sua vez, em sua controvérsia com Celso, um autor pagão que atacava o cristianismo, afirma que "não havia em sua época profetas semelhantes aos antigos, pois caso contrário, como antes ocorrera, as suas profecias teriam sido consignadas pelos que as tinham recebido e admirado".[17] Em meados do século III, desapareceram os profetas dentro da Igreja.

---

[16] INÁCIO DE ANTIOQUIA, *InFild*, 7,1; 5,2; *MartPol.*, 16,2: "Bispo da Igreja católica de Esmirna, com espírito de apóstolo e profeta. E é assim que toda palavra que saiu de sua boca ou já se cumpriu ou irá se cumprir com certeza".

[17] ORÍGENES, *Contra Celsum*, 7,8.11. Ainda há profetas nas pseudo-clementinas, e Clemente de Alexandria (*Stromata*, VII,16) afirma que os profetas são um sinal do Espírito; cf. DAUTZENBERG, G. Spätere Hinweise auf Prophetie. In: *TRE*, 27. 1997. pp. 510.

Pouco a pouco foi se firmando a idéia de que os profetas pertenciam ao passado ("o número dos profetas está completo")[18] e que atualmente eram bispos que tinham o espírito de profecia, embora se afirmasse também que a profecia iria durar até o final dos tempos, como um dom permanente. Passou-se da nomeação de ministros com a participação dos profetas (1Tm 4,14) à substituição dos profetas pelos ministros (*Did.*, 15,1) e, finalmente, à concentração do espírito de profecia no ministério episcopal. Isso fica confirmado quando se denomina o bispo e mártir Policarpo como um "doutor apostólico e profético" (*Martirio*, 16,2). Cipriano de Cartago é quem melhor exprime essa evolução, pois nele convergem o carisma e o ministério, a profecia e o magistério episcopal, as visões espirituais e a doutrina apostólica. O Espírito se manifesta por meio do bispo, que é quem inspira a fórmula usual dos sínodos: "Pareceu-nos, sob a inspiração do Espírito Santo e depois das advertências, que o Senhor nos fez com muitas e manifestas visões [...]".[19]

Manteve-se assim a teoria segundo a qual a Igreja era composta de apóstolos e profetas, mas fez-se convergir ambas as funções nos mesmos cargos ministeriais. De fato, o profetismo converteu-se em uma das funções dos ministros, contrariamente à tradição inicial. Dessa forma, conseguiu-se controlar uma tradição perigosa, não só em virtude de suas possibilidades cismáticas e heréticas, mas também porque os carismáticos em geral, e os profetas em particular, alimentavam um espírito inconformista e criativo, criticando o controle episcopal sobre as comunidades. A mesma tendência à assimilação e à instalação na sociedade romana, que

---

[18] *Fragmento Muratori*, 79; cf. De Journel, R. *Enchiridion Patristicum*, p. 107. Este texto é do final do século II. A expressão é ambígua. Pode significar que foi fechado o número dos profetas, referindo-se aos do Antigo Testamento, ou incluir os profetas cristãos, como o sugere a menção dos apóstolos. Nessa mesma linha, há uma discussão sobre o fato de Hipólito de Roma, nos inícios do século III, ver a profecia como algo fechado — como afirma também a respeito do cânon das Escrituras —, ou, pelo contrário, mantê-la ainda aberta, embora rejeitasse os montanistas. Essa problemática, objeto de controvérsias entre os especialistas, é analisada por Ash, J. L. The Decline of Ecstatic prophecy in the Early Church. *ThSt*, n. 37, pp. 245-247; 227-252, 1976; Crehan, J. H. Priesthood, Kingship and Prophecy. *ThSt*, n. 42, pp. 217-224, 1981; Trevett, Ch. Prophecy and Antiepiscopal Activity. *JEH*, n. 34, pp. 1-18, 1983; Aune, *Prophecy in Early Christianity and the Ancient Mediterranean World*, cit., pp. 189-232.

[19] Cipriano, *Epistolae*, 57,1; 7,4-7; 9,4; 68,9-10.

gradualmente se impôs nos séculos II e III, gerou a resistência dos profetas e dos carismáticos. Daí a necessidade de controlá-los. A Igreja antiga viveu um processo evolutivo paralelo ao do judaísmo, no qual os rabinos substituíram os profetas, vendo neles meros antecessores, e criaram um cânon fechado das Escrituras (alternativo ao dos cismáticos judeu-cristãos, que por sua vez criaram o Novo Testamento).[20]

Essa evolução concentrou a pluralidade de funções e de carismas da Igreja primitiva nos ministros. O processo de institucionalização trouxe consigo o desaparecimento dos carismáticos, que se subtraíam ao controle episcopal, como é o caso dos profetas. De fato, um dos critérios fundamentais para discernir entre os falsos e os verdadeiros profetas será, mais tarde, a sua subordinação ao ministro e a sua concordância com a doutrina apostólica, transmitida pelos bispos. É por isso que não se critica em si o dom da profecia, já que este se encontra amplamente confirmado no Novo Testamento, mas procura-se canalizá-lo em favor dos ministros. O próprio fato de que havia sido criado um cânon de escritos inspirados — o Novo Testamento — implicava que já se havia encerrado a época da revelação, contra os profetas hereges, gnósticos e montanistas que proliferaram no século II. A nova situação levou a um distanciamento da profecia carismática, e se considerou um traço específico do espírito profético a capacidade de interpretar corretamente a Escritura, o que era uma função própria dos bispos enquanto sucessores dos apóstolos. O magistério episcopal substituiu o incontrolado magistério dos profetas.

Esse declínio do profetismo deve ser posto também em relação com a decadência da expectativa sobre o final dos tempos. No Novo Testamento ocorre algo semelhante às promessas do Antigo Testamento. A aliança entre Deus e seu povo assumiu novas perspectivas e horizontes à luz dos acontecimentos históricos. A Igreja foi tomando progressivamente as devidas distâncias da proximidade do final dos tempos (1Ts 1,10; 1Cor

---

[20] MEYER, R. P. Prophetentum und Propheten im Judentum der hellenistic-römischen Zeit. In: *ThWNT*, 6. 1959. pp. 813-828; AUNE, *Prophecy in Early Christianity and the Ancient Mediterranean World*, cit., pp. 103-152; CAMPENHAUSEN, *Kirchliches Amt und geistliche Vollmacht in den ersten drei Jahrhunderten*, cit., pp. 209-210.

15,50-55), que passou a ser um tema característico das seitas, enquanto a grande Igreja, em suas diversas comunidades, punha o acento na evangelização e na missão, como algo prévio à chegada do tempo final. O aspecto milenarista, apocalíptico e de urgência profética do movimento cristão durou até o século II e foi determinante para o surgimento das primeiras heresias cristãs. Na Igreja oficial, passou-se progressivamente da proximidade do Reino ao atraso indefinido: "[...] para o Senhor, um dia é como mil anos, e mil anos como um dia. O Senhor não tarda a cumprir sua promessa, como alguns interpretam a demora. É que ele está usando de paciência convosco, pois não quer que ninguém se perca. Ao contrário, quer que todos venham a converter-se" (2Pd 3,8-9; *1Clem.*, 23,3-5). A literatura cristã de fins do século I e inícios do século II procurou manter a esperança da segunda vinda de Cristo, mas retardando-a indefinidamente. Foram os profetas dos movimentos heréticos aqueles que permaneceram fiéis à expectativa da proximidade do fim dos tempos.

O atraso na segunda vinda de Cristo legitimou-se como anunciado pelos próprios profetas cristãos (Justino, *Apol.*, I,52) e foi justificado pela necessidade de evangelizar os gentios (Justino, *Apol.*, II,6,1): "Deus demora em levar a cabo a confusão e a destruição do universo por causa da semente dos cristãos, recém-lançada no mundo"; *Diál.*, 39,2). Passamos assim de uma religião com uma forte tensão escatológica a uma religião missionária; da expectativa inicial da chegada do reinado de Deus e do juízo final à admoestação a viver uma vida ética, austera e impregnada de valores cristãos; e do entusiasmo escatológico, que se traduzia na experiência do Espírito, à desconfiança contra os carismáticos e profetas, suspeitos de heresia, de sincretismo e de serem causa de cismas. Essa mudança obrigou a uma reestruturação da teologia da comunidade. Uma coisa é dispor de um grupo para resistir por um curto espaço de tempo, antes da chegada final do Ressuscitado; outra é prepará-lo para uma missão imprecisa, diante de uma chegada adiada indefinidamente.

No contexto apocalíptico e escatológico, ou seja, no marco da urgência profética diante da chegada do tempo final, era a cristologia que tinha relevância. No final do século I, pelo contrário, o acento foi posto sobre perseverança, disciplina e prolongamento da missão de Jesus por parte da Igreja. Daí a estreita conexão entre cristologia e eclesiologia nos últimos escritos do século I, como na Carta aos Hebreus, na qual se vincula a cristologia do sumo sacerdote, que é o Filho de Deus (Hb 4,14), entronizado à sua direita (Hb 1,3: "Tendo feito a purificação dos pecados"), com a eclesiologia dos "filhos" (Hb 2,10; 12,5-8). A Igreja é apresentada como a "casa de Deus" na terra, construída pelo Messias Jesus (Hb 3,1-6; 10,21). A idéia da casa de Deus, que tem suas raízes em uma tradição do Antigo e do Novo Testamento (Nm 12,1-7; Os 8,1; 9,8.15; Mt 16,18; 1Cor 3,9.11; Ef 2,19-22; 1Tm 3,15), transforma-se agora na base da exortação à perseverança, combinando eclesiologia com cristologia ("Cristo, porém, foi fiel como o filho posto à frente da sua casa. E sua casa somos nós, desde que conservemos até o fim a confiança e a altivez da esperança": Hb 3,6). Se Jesus passou de pregador do Reino de Deus a objeto da pregação cristã, no século II pôs-se o acento na construção da Igreja e no desenvolvimento da missão, passando para um segundo plano a cristologia messiânica do Espírito. Em conseqüência disso, o movimento profético foi definhando até quase se extinguir. Essa alergia aos profetas permaneceu, em parte, até hoje.

Tertuliano, no final do século II, sublinha que os cristãos pedem a Deus pelo imperador e para que se atrase o tempo final (*Apologético*, 32,1; 39,2). Passou-se do *Maranatha* (Vem, Senhor!) e do "venha o teu Reino" para a progressiva instalação no mundo, em um contexto de missão e de crescente aproximação ao Império Romano. A própria derrota judaica dos anos 70 e depois a guerra do ano 130 contribuiu para o apaziguamento e para o declínio das correntes profético-messiânicas, como também aprofundou o confronto entre judeus e hereges judeu-cristãos. É evidente que aqui se operou um deslocamento da mensagem evangélica, que devia ser atualizada e reinterpretada em um novo contexto histórico e social. A inculturação no Império Romano, que foi o requisito para a sua evangelização e progressiva cristianização, trouxe consigo também a romanização da Igreja e sua conseqüente mundanização, assimilando estruturas, instituições, valores, ritos e ideologias da sociedade na qual ela se desenvolvia. Essa evolução era inevitável e em alguns aspectos — sobretudo quando se compara com a expansão colonial do cristianismo no segundo milênio — foi exemplar, apesar das deficiências que hoje observamos.

Esse processo, no entanto, provocou também uma perda progressiva da expectativa messiânica e uma gradual e crescente institucionalização do cristianismo. Acabou-se olhando com suspeita para os movimentos proféticos no interior da Igreja. Posteriormente, a expectativa profético-messiânica da chegada do tempo final transformou-se na doutrina acerca daquilo que acontece depois da morte. É preciso preparar a alma para que ela vá para o "céu", em vez de afirmar, como Jesus, que o Reino dos Céus se faz presente em nossa história humana. Ainda se mantinha a consciência de que os cristãos deviam transformar o mundo a partir do Evangelho, construindo assim o Reino de Deus, mas a evolução seguia na linha de que o cristianismo pusesse o acento no "além" e não no "aquém". Essa perda de consciência escatológica é encoberta com a exortação ao comportamento moral.

A fórmula do reinado de Deus perdeu conteúdo no cristianismo e foi carregada com os mais diversos significados, geralmente espiritualistas e morais. Na realidade, hoje, tanto quanto no cristianismo do Império Romano, quase ninguém espera a chegada última de Cristo, e o seu seguimento não é avaliado a partir de uma perspectiva messiânica e profética. O "venha o teu Reino" ou o *Maranatha*, "Vem, Senhor!" foram transformados em mera fórmula litúrgica, própria do advento ou de outros momentos do ano, referida essencialmente ao passado e com simples conotações morais e espirituais para o presente. Em conseqüência disso, a Igreja, enquanto comunidade e hierarquia, não se preocupa tanto em manter a ânsia do Reino e uma dinâmica profética de contestação ao mundo, quanto em exortar à ortodoxia doutrinal, às virtudes morais e à disciplina em um contexto sociocultural não-cristão. O estilo das pregações, homilias e exortações do clero é determinado por essa orientação. Da mesma forma que no judaísmo os rabinos substituíram os profetas, assim também no cristianismo há a tendência de substituí-los por especialistas, teólogos e eruditos, dos quais se esperam a legitimação e a difusão da doutrina hierárquica, mais do que uma interpelação profética, solidária e crítica a toda a Igreja.

Não é de estranhar que, nesse contexto, quando ressurge, a profecia tenha mais um sentido pré-cristão, como um anúncio de juízo e de condenação, do que o sentido que tinha no tempo de Jesus (a boa notícia do Reino que chega para os pobres, enfermos e pecadores). No cristianismo, são abundantes as profecias milenaristas e calamitosas sobre o juízo divino e sobre a condenação dos pecadores, freqüentemente deslocando-se as exortações a um compromisso profético que leve à transformação da sociedade. As revelações de Deus (ou de Cristo, ou da Virgem ou dos santos) parecem estar todas marcadas hoje pela ameaça de grandes castigos, como ocorria com João Batista, mais do que pelo anúncio do reino de Jesus. João XXIII criticava os "profetas de calamidades", que só viam negatividade e pecado no curso da história humana e da própria Igreja.[21] Infelizmente, essa é a tendência que prevalece em uma Igreja que vive em uma profunda crise de passagem de milênio, que tem saudades dos velhos tempos do nacional-catolicismo e que conserva reminiscências do antimodernismo, que a marcou nos últimos dois séculos. Nesse contexto, fica difícil para a Igreja oferecer esperança, ânimo e estímulos proféticos às mulheres e homens de nossa cultura. Em lugar de manter a crítica à sociedade como o lado oposto do compromisso com as vítimas da injustiça e do pecado, anatemizam-se os vícios sociais a partir de uma perspectiva moral e espiritual, quando não moralista e espiritualista, que está marcada pelo pessimismo histórico e às vezes por uma concepção de vida mais burguesa do que cristã.

É no Terceiro Mundo, no contexto dos grupos de base e dos cristãos mais críticos em relação à ordem social, que mais se conserva a força crítica do profeta Jesus e sua orientação libertadora. A força crítica do Evangelho continua sendo palavra de esperança para os despossuídos e

---

[21] Remeto-me a KLEIN, G. Eschatologie, cit., pp. 288-291; VIDAL, S. *Los escritos originales de la comunidad del discípulo "amigo" de Jesús*. Salamanca, 1997. pp. 22-36.

fonte de temores para os poderosos deste mundo (Lc 1,51-53). Contudo, essa força crítica freqüentemente surge na periferia da Igreja e desperta receios em uma autoridade por vezes pouco aberta à interpelação e à autocrítica. Mudou o contexto da profecia cristã, sobretudo por uma maior atenção às estruturas sociais e pela mudança produzida no potencial humano e em sua capacidade destrutiva, mas não a sua raiz messiânica — as bem-aventuranças para os pobres e oprimidos — fincada em uma teologia da cruz. O profeta critica a partir da ânsia de justiça, que para o cristão passa pela chegada do Messias e se legitima a partir da solidariedade com os oprimidos.

Esse é o núcleo central de uma teologia da história que não vê os sofrimentos das gerações passadas como algo concluído e acabado, mas que as relaciona com a esperança do final dos tempos. Os pobres, os oprimidos, os marginalizados e os pecadores são os destinatários naturais do Evangelho do Reino e devem sê-lo da Igreja. A teologia do reinado de Deus vincula a memória da paixão de Cristo a todas as vítimas do passado a partir da promessa do Deus criador e salvador, revelado no Antigo Testamento, do libertador Jesus e do Espírito que inspira a Igreja. A promessa do reinado de Deus é a utopia cristã por excelência, e dela alimentam-se todos os projetos de salvação que surgiram na história. Por isso, quando a comunidade cristã perde sua herança profético-messiânica, que parte do Messias e profeta Jesus, então os grandes perdedores são os destinatários natos da mensagem: os pobres e os pecadores.

O protesto do carisma contra a institucionalização

No século II houve uma revitalização das correntes proféticas e carismáticas, alentadas por movimentos filosóficos, como o neoplatonismo e o neopitagorismo, que promoviam os oráculos e as revelações divinas. Apesar dos problemas criados pelos falsos profetas, era muito difícil eliminar uma tradição carismática que havia sido considerada como constitutiva do cristianismo no Novo Testamento. Houve duas grandes tentativas de superar a perda de dinâmica carismática e profética: a primeira foi assumida e integrada dentro do cânon do Novo Testamento e corresponde ao grupo dos escritos joaninos, enquanto a segunda acabou em heresia e constitui-se na alternativa mais radical ao cristianismo nos séculos II e III: o montanismo. Ambas foram uma séria crítica à institucionalização da Igreja do final do século I. A primeira corrente tentava reformar esse processo a partir de uma nova injeção carismática; a segunda, por sua vez, rechaçava uma Igreja sem profetas e carismáticos, acabando por voltar-se contra os seus ministros, sua doutrina e suas instituições.

O protesto interno: os escritos joaninos

O declínio dos profetas e carismáticos na Igreja, assim como o paralelo crescimento dos ministros — que pouco a pouco passaram do exercício de funções eclesiais imprecisas à assunção de cargos instituídos e bem delimitados, unido ao progressivo declínio da expectativa escatológica — produziu uma reação dentro da própria Igreja oficial, cujo testemunho mais explícito é constituído pelo quarto evangelho e pelas cartas joaninas. O quarto evangelho foi escrito na passagem do século I para o II, embora haja autores que o datem mais tardiamente. Ele é contemporâneo aos escritos que conhecemos como sendo dos "padres apostólicos", isto é, que não entraram no cânon do Novo Testamento. O evangelista conhecia o processo de institucionalização que estava em andamento, o qual reforçava os ministérios e a doutrina, à custa da eclesiologia carismática.

Não sabemos quem é o autor desse evangelho. Provavelmente, o personagem ao qual se alude nos evangelhos como "discípulo amado" é uma figura simbólica, quiçá o discípulo anônimo de João Batista que acompanhava André, quando eles conheceram Jesus (Jo 1,35.37.40). De qualquer modo, ele é o herói da comunidade, cuja concepção teológica representa.[22] É muito improvável que se trate de um discípulo histórico

---

[22] CULLMANN, O. *Der johanneische Kreis*. Tübingen, 1975. pp. 67-88; BROWN, R. E. *A comunidade do discípulo amado*. São Paulo, Paulus, 1984. pp. 31-35.

de Jesus, pois a geração das testemunhas já havia desaparecido no final do século I. Contudo, no evangelho faz-se alusão a um testemunho direto, ao qual a comunidade está ligada (Jo 1,14; 1Jo 1,1-3), mesmo sem a menor alusão ao fato de que esse discípulo seja um dos doze, os quais não desempenham quase nenhum papel no evangelho. Durante a vida pública de Jesus, eles são mencionados somente quando se fala da eucaristia (Jo 6,67), omitindo-se a escolha e o envio dos doze. E depois da ressurreição, faz-se referência a Tomé como um dos doze (Jo 20,24), recolhendo assim a tradição primitiva. Há um contraste entre a importância dos doze nos sinóticos e sua escassa significação para o quarto evangelho.

O próprio estilo do evangelho, muito diferente dos sinóticos, mostra-nos uma linguagem, uma teologia e algumas tradições distantes das que foram seguidas pelos outros evangelistas. Embora o autor do evangelho tenha suas próprias fontes históricas, ele recria a pessoa de Jesus à luz de sua própria compreensão da ressurreição. As peculiaridades de sua teologia devem ser vistas em relação à nova situação da Igreja depois do desaparecimento das testemunhas de Jesus. João interpreta a vida de Jesus a partir de uma chave espiritual e ressurrecional, na qual provavelmente convergiram diferentes fontes redacionais que ele mesmo misturou e uniu.[23] Pode ser que ele tenha combinado uma cristologia mais tradicional (capítulos 2-3) com uma mais renovadora e triunfalista, baseada na filiação divina de Jesus e em sua preexistência (capítulos 5 e 6), como uma síntese dos diversos grupos presentes em sua comunidade.[24] Pode-se observar em seu evangelho uma forte influência da teologia judaica sobre a sabedoria divina, assim como de especulações filosófico-teológicas de origem hebraica, grega, talvez gnóstica, sobre a palavra de Deus e sua preexistência.

---

[23] Rissi, *Die Theologie des Hebräerbriefs*, cit., pp. 117-121.

[24] É essa a reconstrução proposta por R. E. Brown, *A comunidade do discípulo amado*, cit., pp. 35-41. Cf. também Marty, J. L. *History and Theology in the Fourth Gospel*. New York, 1968; Idem. Glimpses into the History of the Johannine Community. In: Colloquium Biblicum Lovaniense. *L'Évangile de Jean*. Gembloux, 1977. pp. 149-175; Oriol Tuñí, J. La vida de Jesús en el evangelio de Juan. *RLT*, n. 3, pp. 3-44, 1986.

Esses elementos foram postos a serviço da cristologia, a fim de iluminar a pessoa e o significado de Jesus. Uma vez mais, o Jesus histórico mesclou-se com o Cristo da fé. O evangelho joanino nos apresenta a fé de sua Igreja, isto é, sua compreensão de Cristo e a eclesiologia que dela deriva. Tanto a omissão de tradições históricas importantes como os acentos de seu evangelho obedecem a uma teologia premeditada. Por um lado, há uma vinculação com a tradição histórica primeva (Jo 19,35; 21,24); por outro, todavia, a maior perspectiva histórica permite que se apresente um significado teológico novo da vida e da obra de Jesus. Essa interpretação é legitimada pela experiência do Espírito, aqui chamado de Paráclito, que permite ir além daquilo que Jesus disse e fez. O autor adapta a vida de Jesus às necessidades de sua época.

Quanto à tradição recebida, a liberdade com a qual ele se comporta fundamenta-se na relação íntima (mística) com o Senhor e na inspiração do Espírito, que é superior a toda dependência com respeito a uma tradição oficial. A escatologia é também crucial para esses escritos joaninos. Combina-se uma escatologia do presente (a salvação de Cristo já chegou) e uma espiritualização do Reino: "[...] quem escuta a minha palavra e crê naquele que me enviou possui a vida eterna e não vai a julgamento, mas passou da morte para a vida" (Jo 5,19-25). Mas há expectativas de futuro (Jo 5,25-29; 6,39.40.44.54: "[...] que eu não perca nenhum daqueles que ele me deu, mas os ressuscite no último dia"; 11,24-26; 12,48). Cristo é a ressurreição e a vida ("[...] vem a hora, e já chegou, em que os mortos ouvirão a voz do Filho de Deus e os que a ouvirem viverão": Jo 5,25; 3,16-18). O esquema da ida e do retorno de Cristo foi mudado pelo de sua morte e ressurreição (venho e retorno ao Pai), em lugar do esquema usual de sua segunda vinda.

Embora tenham sido conservados alguns elementos da antiga escatologia, como o indicam algumas expressões de Cristo na última ceia, o acento é posto na encarnação e ressurreição de Cristo, com a qual começava o final dos tempos, em lugar de se acentuar que a ressurreição está incompleta até a chegada final de Cristo, como o afirmavam Lucas e

Paulo.[25] A ressurreição e o juízo (Jo 3,17-18; 5,30; 8,16.26.50; 12,48; 16,11) já aconteceram, ao invés de serem perspectivas de futuro, pelo que o evangelho aproxima-se dos entusiastas dos quais se fala em outros escritos neotestamentários (Ef 2,5-6; Cl 2,12; 2Tm 2,18: "Desviaram-se da verdade, afirmando que a ressurreição já se realizou e, assim, arruinaram a fé de alguns"). Da mesma forma que a humilhação e a glória de Cristo ocorrem simultaneamente, assim também acontece com a ressurreição e a exaltação. A cristologia integra a escatologia ao preço de espiritualizá-la (já estamos no tempo final), razão pela qual não se vê nenhum problema com o atraso do final esperado.[26]

A passagem do tempo ficou relativizada em função de uma cristologia marcada pela oposição entre a luz e as trevas, que é também uma espiritualização. A epifania ou manifestação da divindade de Cristo impregna sua vida pública e sobretudo sua paixão, na qual transparece a glória divina que irradia em seus padecimentos. A crueza da paixão nos sinóticos abre espaço aqui para um relato no qual a realeza e a filiação divina de Jesus transfiguram os próprios sofrimentos. Na realidade, há uma relativização de sua paixão e até de sua morte, pois tais acontecimentos são narrados a partir da perspectiva de que se sabe que são mera passagem para a ressurreição. O presente é o tempo salvífico por excelência, no qual é preciso decidir-se por Cristo, cuja primeira vinda é uma "manifestação" ou revelação do próprio Deus. Ao identificar Jesus, personagem histórico, com o Logos divino (preexistente e mediador na criação), para acentuar a identidade entre Jesus e Deus (Jo 1,9-14; 3,16-17; 14,2-4.11.20;

---

[25] Essa é a postura defendida por C. F. Moule, The individualism of the Fourth Gospel, in *NovT*, n. 5, pp. 171-190, 1962. Quanto a estudos gerais sobre a eclesiologia do quarto evangelho, recomendo: BROWN, *A comunidade do discípulo amado*, cit.; IDEM. *The Gospel according to John*. New York. v. 1, p. 166, CV-CXX-VII; CULLMANN, O. *Der johanneische Kreis*, cit.; KÄSEMANN, E. *El testamento de Jesús*. Salamanca, 1983; LE FORT, P. *Les structures de l'Église militante selon saint Jean*. Genève, 1970; BURSCHE, H. van den. L'Église dans le quatrième évangile. In: IDEM. *Aux origines de l'Église*. Paris, 1964. 64-85; DAHL, N. A. The johannine Church and History. In: KLASSEN, W. & SNYDER, G. (Eds.). *Current Issues in New Testament Interpretation*. New York, 1962. pp. 124-142; FEUILLET, A. *Études Johanniques*. Paris, 1962. pp. 152-174; SCHWEIZER, E. *Church Order in the New Testament*. London, 1961. pp. 117-136.

[26] Käsemann, *El testamento de Jesús*, cit., pp. 50-71.

17,3-5), muda-se também a relação entre morte, ressurreição e segunda vinda. Todas entram em fusão, e a vida de Jesus é transfigurada a partir dessa chave de interpretação.

Isso não quer dizer que não haja uma perspectiva cronológica (Jo 4,21-23.35-38; 6,39; 16,8; 17,20; 20,21), mas que as distintas etapas históricas perdem peso a partir de uma perspectiva de plenitude marcada pela revelação de Deus em Cristo. Não havia grande preocupação com a fidelidade histórica às palavras do Senhor, e sim uma reinterpretação livre, a partir da tradição legitimadora do "discípulo amado". O perigo está no fato de que o simbolismo e a profundidade dessa cristologia levem a uma mitificação do personagem histórico em favor de uma construção teológica próxima às correntes entusiastas. As críticas joaninas contra os docetas, os quais negam a humanidade de Jesus ou querem separá-la do Verbo de Deus encarnado (1Jo 2,22-23; 4,2-3.15; 5,5-6; 2Jo 7), indicam que esse perigo era real e que se manifestava no próprio círculo joanino. Tal tendência é bloqueada por um forte acento concedido à paixão em sua cristologia e pela orientação para uma salvação além da morte, apesar de que se insista na opção presente por Cristo (Jo 11,25-26; 12,25; 14,3).[27]

Reforça-se a importância do espírito

Todavia, é sobretudo a vinda do Paráclito depois da morte e ressurreição que assinala a orientação para o futuro e a vigência do entusiasmo ressurrecional (Jo 14,25-26; 16,4-15). João manteve-se distante da perspectiva histórica de Lucas, que claramente diferencia ressurreição de Pentecostes, enquanto agora ambas não só coincidem (Jo 20,21-23), como também se manifestam ao longo da vida pública de Jesus. O "segredo messiânico" de Marcos, em cujo evangelho somente os maus espíritos reconhecem a divindade que Jesus irradia, converte-se aqui em uma reve-

---

[27] KLEIN, G. Das wahre Licht sheint schon. *ZthK*, n. 68, pp. 261-326, 1971; BOISMARD, M. E. L'Évolution du thème eschatologique dans les traditions johanniques. *RB*, n. 68, pp. 507-524, 1961.

lação constante da divindade por meio do seu enviado. A história de Jesus é a da própria Palavra de Deus que vem a este mundo para divinizar o homem ("A quantos, porém, a acolheram, deu-lhes poder de se tornarem filhos de Deus": Jo 1,12; 3,16-17). O capítulo 17 combina a cristologia de aniquilamento com a de exaltação de Cristo. A escatologia do presente (já teve lugar o juízo final com as reações provocadas pela vinda de Cristo) inscreve-se no marco de sua ausência histórica, que é suprida com a assistência do Espírito. O Jesus terreno, o Exaltado e o Verbo divino preexistente convergem em um mesmo sujeito, ao qual é preciso abrir-se na fé (Jo 17,20.25; 20,29). O não-reconhecimento de sua glória, a partir de sua humanidade, foi o pecado dos judeus.

O evangelista não narra tanto a vida de Jesus, quanto a de Jesus, o Cristo, pois a cristologia pascal impregna totalmente a vida do personagem histórico. É evidente que o evangelista possui suas próprias fontes históricas, às quais recorre para narrar a vida de Jesus, mas estas são integradas em sua peculiar teologia. É isso que causa algumas omissões significativas sobre os sinóticos. É o caso, por exemplo, da ausência de uma mensagem social e das preferências pelos pobres, provavelmente porque tais tensões sociais não ocorriam na comunidade joanina.[28] O mesmo pode-se dizer dos pecadores. O que é mais significativo em sua cristologia é o seu forte pneumatocentrismo. Ou seja, o quarto evangelho é, por antonomásia, o evangelho do Espírito, justamente quando mais distância se tomava, na Igreja, de uma cristologia do Espírito e de uma eclesiologia pneumática.

O Paráclito converte-se aqui naquele que prolonga e atualiza a ação de Jesus (Jo 7,39; 14,16-18) e que é co-constituinte da comunidade de discípulos: "Tenho ainda muitas coisas a vos dizer, mas não sois capazes de compreender agora. Quando ele vier, o Espírito da Verdade, vos conduzirá à verdade plena" (Jo 16,12-13; 14,12.17: "[...] fará as obras que eu faço, e fará ainda maiores do que estas"). As ações pascais da

---

[28] GONZÁLEZ BLANCO, A. Tensiones políticas, económicas y sociales en la sociedad cristiana a fines del siglo primero. *Rev. Int. de Sociología*, n. 33, pp. 43-47; 7-50, 1975.

Igreja são vinculadas à promessa do Espírito. O último ato de Jesus é a doação do espírito (Jo 19,30: "[...] disse: 'Está consumado'. E, inclinando a cabeça, entregou o espírito"); essa doação, todavia, não é o resultado de seu triunfo, como o propõe Lucas (Lc 23,46; At 2,33), porque a cruz já é a glorificação de Jesus (Jo 3,14; 8,28; 12,23-28.32-34; 13,1.31-32; 17,1; 19,30).

Tanto para Lucas quanto para João, Jesus é o único que possui o espírito (Jo 1,32-33). Por isso, seu corpo é o novo templo no qual se torna presente a glória (Jo 1,14.51; cf. Gn 28,12.16-17; Jo 2,19-21; 4,24-26) e a majestade de Deus (a *Shekinah*). O mesmo evangelista afirma que os discípulos "ainda não tinham o Espírito" porque Jesus não havia sido glorificado (Jo 7,39; 16,7). Esse espírito é aquele que o mundo não pode receber e que permanecerá com os discípulos (Jo 14,16-18), com o que o evangelista se opõe a uma cristologia e a uma eclesiologia des-pneumatizadas, como as que começam a ser desenvolvidas no final do século. Isso é confirmado quando Cristo ressuscitado os envia com a potência do Espírito (Jo 20,21-23). O texto de Mateus no qual se confere a Pedro o poder de perdoar os pecados (Mt 16,19) — poder estendido posteriormente a toda a comunidade (Mt 18,18) — transforma-se aqui em uma ação do Ressuscitado, que lhes confere essa faculdade ao dar-lhes o Espírito (Jo 20,22-23). Ambos os evangelistas recolhem provavelmente a mesma tradição, que Mateus coloca na boca do Jesus histórico como anúncio de algo futuro, enquanto João, com maior fidelidade histórica, vincula-a à ressurreição.

Para João, o tempo da Igreja e o do Espírito convergem, como em Lucas e Paulo, mas ele acentua tanto a unção de Cristo, que é próprio de Lucas, quanto a de todos os discípulos (Jo 7,39; 16,8-15; 1Jo 2,20-27). A distinta compreensão cristológica repercute na teologia do Espírito. No evangelho de João, a chegada do Paráclito é o sinal do triunfo de Cristo ressuscitado. Pelo contrário, nas cartas paulinas, o Espírito aguça a esperança do tempo final, que ainda não chegou: "[...] também nós, que temos as primícias do Espírito, gememos em nosso íntimo, esperando a condição filial, a redenção de nosso corpo. Pois é na esperança que fomos salvos" (Rm 8,23-24; 2Cor 5,1-5).[29] Contra a desconfiança que se percebe no final do século acerca da inspiração do Espírito, ergue-se a sólida doutrina do Espírito nos escritos joaninos, que leva até a apresentar Jesus como o primeiro Paráclito (Jo 14,16; 1Jo 2,1; cf. Rm 8,27.34), radicalizando a relação entre ambos.

A importância do Espírito, em João, é comparável à concedida por Lucas, nos Atos, aos apóstolos e à eclesiologia carismática paulina, mas com a diferença de que aqui se sublinha mais a autonomia do Paráclito em relação ao próprio Cristo ressuscitado. Não há dúvida de que o evangelista se esforça por manter a dimensão espiritual da Igreja, apesar da ameaça de heresias e cismas por parte dos carismáticos. Isso fez com que o evangelho e as cartas joaninas se tornassem muito populares entre os gnósticos do século II, enquanto houve resistências à admissão de tais escritos no cânon neotestamentário da Igreja, até que sua teologia fosse acolhida por Irineu de Lyon, no final do século II.[30] O conceito de ortodoxia e de heterodoxia no século II ainda era flutuante, até que se chegou a um consenso entre as Igrejas, o que produziu um cânon comum das Escrituras, algumas estruturas ministeriais aceitas por todos e alguns sacramentos que foram o núcleo do culto cristão.[31]

Elementos distintivos da eclesiologia de João

O evangelho de João uniu a cristologia da exaltação e a entronização de Jesus com a Igreja como casa de Deus (Jo 14,2; 8,35-36), acentuando a mediação do Paráclito: Cristo está presente em Espírito na comunidade (Jo 14,3.15-21.27-28). A morte e a ressurreição de Cristo abrem aos seus o acesso à casa de Deus. Há um claro parentesco entre a união de cristo-

---

[29] CHEVALIER, M. A. *Le Souffle de Dieu, le Saint-Esprit dans le Nouveau Testament*. Paris, 1978. v. 1; IDEM. La fondation de l'Église dans le Quatrième Évangile (Jn 19,25-30). *ETRel*, n. 58, pp. 343-354, 1983; CHEVALIER, M. A. Apparentements entre Luc et Jean en matière de pneumatologie. In: *A cause de l'Évangile*. (Mélanges à J. Dupont). Paris, 1985. pp. 377-408.

[30] SMITH, D. Moody. Johannine Christianity: Some Reflections on its Character and Delineation. *NTS*, n. 21, pp. 222-248, 1974-1975.

[31] WENGST, K. *Häresie und Orthodoxie im Spiegel des ersten Johannesbriefes*. Gütersloh, 1976. pp. 15-62; VIELHAUER, P. *Geschichte der urchristlichen Literatur*. Berlin, 1975. pp. 468-510.

logia e eclesiologia na Carta aos Hebreus e nos escritos de João, o qual, para alguns autores, provém de círculos próximos. A eclesiologia foi mudando desde o final do século I, pois as necessidades organizativas aumentavam à medida que a Igreja crescia em número e em extensão geográfica, muito mais devido à progressiva necessidade de legitimar a Igreja diante das autoridades romanas, que viam com suspeitas e hostilidade o desenvolvimento do movimento cristão. O evangelista enraíza na vida de Jesus decisões pascais, para dessa forma legitimá-las cristologicamente. Assim, por exemplo, a missão na Samaria, iniciada pelos helenistas (At 8,1.4-5.12-14.25), converte-se aqui em uma missão do próprio Jesus (Jo 4,35-44 contra Mt 10,5: "Não deveis ir aos territórios dos pagãos, nem entrar nas cidades dos samaritanos"). Há também uma base cristológica para a missão aos gentios ("Tenho ainda outras ovelhas, que não são deste redil; também a essas devo conduzir, e elas escutarão a minha voz, e haverá um só rebanho e um só pastor": Jo 10,16; 12,20-23.32). Ambos os grupos — samaritanos e pagãos — provavelmente fazem parte da Igreja na qual são redigidos esses escritos. A comunidade joanina é um grupo sincrético, inculturado na Ásia Menor e que se opôs frontalmente ao judaísmo oficial. Eles estão próximos à teologia heterodoxa dos samaritanos e ao grupo dos cristãos helenistas.[32]

Por isso, eles defendem um culto sem templos, em espírito e em verdade (Jo 4,21-24.26; cf. At 7,48-51), e a Cristo como o novo templo no qual Deus se faz presente (Jo 1,14.51; 2,21-22). Israel perdeu a sua condição de povo de Deus e se converteu em uma etnia a mais, a dos "judeus", que é denominação por eles recebida no evangelho (Jo 1,19;

---

[32] Para Cullmann, há um parentesco entre os helenistas, liderados por Estêvão, o judaísmo liberal e o círculo joanino. Além disso, ele os vincula aos samaritanos e admite a influência de correntes heterodoxas judaicas (Qumrã, batistas, ebionitas) e helenistas (gnósticos e mandeístas). Em relação à Igreja oficial, ministerial, eles mantêm uma postura de reconhecimento e de respeito, mas defendem a sua própria teologia e os acentos específicos de sua compreensão cristológica, pneumática e eclesiológica. O desenvolvimento do cristianismo os aproxima cada vez mais da linha teológica dos sinóticos e de Paulo, sem renunciar a seus traços peculiares; cf. CULLMANN, O. *Der johanneische Kreis*, cit., pp. 41-66. Ver também BROWN, R. *A comunidade do discípulo amado*, cit., pp. 11-23; IDEM. Johannine Ecclesiology. The Community Origins. *Interpretation*, n. 31, pp. 379-393, 1977.

2,6.13.18-20; 3,1.22.25; 4,9.22; 5,1.10.15-18; 6,4.41.52; 7,1-2.11.13.15.35 etc.). Isso justifica também as constantes alusões a Moisés (Jo 1,17.45; 3,14; 5,45-46; 6,32; 7,19.22-23; 8,5; 9,28-30; cf. At 3,22; 6,11; 13,38; 21,21; 26,22; 28,23) e a Abraão (Jo 8,33.37-40.52-53.56-58; cf. At 3,13.25; 13,26) para sublinhar sempre a superioridade de Jesus. O problema do relacionamento entre a Igreja e Israel está definitivamente superado na comunidade joanina e se projeta na própria vida de Jesus como uma rejeição global. Ao mesmo tempo, procura-se explicar costumes e simbolismos judaicos aos membros da comunidade que não os compreendem (Jo 5,1; 6,4; 7,2: as festas dos "judeus"). A polêmica entre a Igreja e a sinagoga, sobretudo depois da guerra judaica, é o pano de fundo de muitos dos traços cristológicos do evangelho, que acentuam a unidade entre Cristo e Deus, para além do messianismo judaico.

Chama a atenção a escassez de alusões ao reinado de Deus nesse evangelho (só em Jo 3,3-5; 18,36), a qual, em parte, é suprida pela alusão à realeza de Jesus (Jo 1,49; 6,15; 12,13-15), ressaltada, sobretudo, durante a paixão (Jo 18,33-39; 19,3.14-15.21-22). Nesse evangelho, reflete-se o processo de como o pregador do Reino se transforma no objeto de pregação da Igreja: a vida de Jesus, vista a partir da ressurreição, mais do que a pregação do Reino, constitui o centro da evangelização cristã. Passa-se do evangelho do Reino de Deus à proclamação de Cristo rei. Há também uma grande omissão a referências eclesiais que têm grande valor nos sinóticos. É o caso, por exemplo, do conceito de "apóstolo", que jamais é aplicado a qualquer discípulo, mas unicamente a Cristo, como enviado do Pai (Jo 13,16: "[...] o enviado [apóstolo] não é maior do que aquele que o enviou", no contexto do lava-pés).

Destaca-se também o caráter individualista do discipulado. Põe-se o acento no indivíduo, já que o que interessa é a relação entre Cristo e o discípulo; mas há também alusões comunitárias indiretas, que sempre derivam da cristologia (o pastor e o rebanho, a videira e os ramos, os seus etc.). Os conceitos eclesiológicos tradicionais abrem espaço aqui para outros de maior raiz cristológica, embora não possam esconder o seu significado eclesial. A idéia da "videira e dos ramos" é uma imagem paralela ao conceito paulino de corpo de Cristo e tem como pano de fundo a concepção judaica de que Israel é a vinha de Deus (Is 5,1-7; 27,2-6; Jr 2,21; Sl 80,9-16). Trata-se de uma versão joanina da idéia paulina do novo povo de Deus, acentuando aqui a relação entre Cristo e cada um dos membros.

Se a cristologia é pneumática, também o é a eclesiologia. Todos possuem o espírito (Jo 3,5; 7,39), enquanto o mundo não pode recebê-lo (Jo 14,17). João não conhece uma inspiração particular, por parte do Espírito, para os apóstolos ou para os doze, mas faz dela o sinal distintivo de todos os batizados (Jo 3,5-6). A forte vinculação posta por Lucas entre Jesus e o Espírito, no nascimento e no início de sua vida (Lc 1–3), é suprida aqui por João com a referência ao Logos divino (Jo 1,1-18), enquanto Cristo e o Espírito agem simultaneamente na vida pública (Jo 6,63; 7,39). Ao contrário do que acontece em Paulo, não são os aspectos morais que o interessam, mas o ensinamento do Paráclito, o qual nos permite compreender o verdadeiro significado das palavras de Jesus (Jo 2,22; cf. 14,17.26; 15,26; 16,13), oferecidas por João em seu próprio evangelho.[33]

João não está interessado em expor as estruturas da Igreja, muito menos as ministeriais, mas em mostrar o tipo de relações que devem existir entre cada discípulo e Cristo. Por isso, multiplicam-se as menções individuais (Jo 1,35.40-41.43-45; 3,1; 4,7). No evangelho, não há alusões a cargos nem a ofícios, tampouco a ministérios eclesiais. Não interessam os cargos (o único por ele mencionado é o de Judas: Jo 12,6), mas o tipo de relações existentes entre os discípulos. Todos os discípulos recebem o "Espírito da Verdade, [que] vos conduzirá na verdade plena" (Jo 16,13), e não só alguns, como os apóstolos. Por isso, o traço que mais é acentuado no discípulo amado é o da intimidade e conhecimento de Jesus (Jo 13,23-25; 19,25-27; 20,8; 21,22), como modelo para a sua própria comunidade.

---

[33] BERGER, Geist/Heiliger Geist/Geistesgaben, cit., pp. 192-193; LE FORT, *Les structures de l'Église militante selon saint Jean*, cit., pp. 75-96; SCHNACKENBURG, *La iglesia en el Nuevo Testamento*, cit., pp. 131-134; O'GRADY, J. F. Johannine Ecclesiology: A Critical Evaluation. *BTBib*, n. 7, pp. 36-44, 1977; D'ARAGON, J. L. Le caractère distintif de l'Église johannique. In: IDEM. *L'Église dans la Bible*. Bruxelles, 1962. pp. 53-66.

No círculo dos escritos joaninos, não é a figura de Pedro a fundamental, mas a do "discípulo amado", que tem claros traços carismáticos e proféticos (Jo 13,23; 20,8-9; 21,20-24) no contexto da vinda do Paráclito, que é o que completa e confirma o que Jesus lhes ensinou (Jo 16,13). Os demais discípulos, no entanto, simbolicamente representados por Pedro, têm fé, mas uma fé fragmentária (Jo 1,50; 14,9; 16,29-32; 20,24-29). Só o discípulo amado alcança a plenitude da fé e do conhecimento de Jesus (Jo 13,25; 19-27; 20,8; 21,23-24). Provavelmente o capítulo 21 foi acrescentado mais tarde ao evangelho, para sublinhar a figura de Pedro como representante da estrutura ministerial apostólica (Jo 21,15-17) e do discípulo amado como o representante da estrutura carismática. Se Pedro representa o ministério institucional, definido pelo pastoreio, pelo amor e pelo martírio (Jo 21,15-19), João simboliza aquele que conhece a intimidade de Jesus, a testemunha por excelência (na ceia e na paixão), que oferece seu testemunho nesse evangelho (Jo 21,23-24).[34]

O batismo e a eucaristia mostram a presença do Ressuscitado na comunidade e constituem o embrião daquilo que será o culto posterior cristão, que já parece desenvolver-se na comunidade joanina. Aqui é o próprio Jesus quem mostra o significado cristológico e eclesiológico de ambos os sacramentos (Jo 6,32-58; 19,34), embora se omita a alusão à eucaristia na última ceia. O que interessa não é tanto estabelecer como Cristo instituiu o sacramento, quanto o seu sentido de serviço e de atenção para os mais fracos, simbolizado pelo lava-pés (Jo 13,12-20). O acento é posto no significado salvífico e de serviço dos sacramentos, não no fato de sua instituição. Mais do que ações eclesiais, são sinais que têm sua origem em Jesus, nos quais sempre se destaca seu conteúdo cristológico.[35] João está muito

---

[34] BROWN, R. Other Sheep not of this Fold. The johannine Perspectivity on Christian Diversity in the Late First Century. *JBL*, n. 97, pp. 17-18, 1978; LE FORT, *Les structures de l'Église militante selon saint Jean*, cit., pp. 138-157.

[35] KLOS, H. *Die Sakramente im Johannesevangelium*. Stuttgart, 1970. pp. 94-101; KÄSEMANN, *El testamento de Jesús*, cit., pp. 108-119; BROWN, R. The johannine Sacramentary reconsidered. *ThSt*, n. 23, pp. 182-206, 1962; O'GRADY, J. F. Individualisme and johannine Ecclesiology. *BTBib*, n. 5, pp. 247-261, 1975; MUSSNER, F. Kultische Aspekte im johanneischen Christusbild. *LJ*, n. 14, pp. 185-200, 1964.

longe de ver os sacramentos como "meios de graça", como instituições objetivas; ele sempre os remete à sua raiz cristológica.

Uma das grandes deficiências da eclesiologia joanina reside em sua teologia da missão muito recortada e pouco explicitada, apesar de que, em seu evangelho, todos os discípulos são escolhidos (Jo 15,16) e enviados pelo próprio Jesus (Jo 17,18-19). No entanto, ele não vincula Pentecostes e missão, como o faz Lucas, ressaltando somente que o Espírito é dado a todos, sem insistir na missão, na linha de Mateus ou de Lucas (Jo 19,30; 20,22-23).[36] Na realidade, não há uma atitude missionária, mas muito mais uma atitude de testemunho e de perseverança diante de um mundo hostil. Acentua-se a inimizade dos judeus contra Jesus (Jo 5–12), que levou muitos a se unirem a ele (Jo 2,23-25; 6,60-66; 7,1-5; 8,30-33.59), insistindo na oposição dos fariseus (Jo 12,42-43). Pode ser que as dúvidas e medos desses judeus simpatizantes de Jesus em seu evangelho reflitam as dos cristãos judaizantes de sua comunidade, indecisos diante de uma cristologia que diviniza Jesus e de uma eclesiologia que rompe com a sinagoga.

O evangelista dá um tom predestinacionista aos acontecimentos: optam por Jesus os que o Pai lhe deu, os que foram escolhidos por Deus (Jo 1,11-13; 13,18; 15,16.19; 17,6.9.24). A hostilidade crescente, encontrada pelos cristãos no final do século I, tanto da parte das autoridades judaicas quanto romanas, levou os escritos dessa época (cartas deuteropaulinas, Carta aos Hebreus, cartas pastorais, cartas de Pedro etc.) a acentuar a perseverança sem renunciar à missão. Este último aspecto é o que falta nos escritos joaninos, os quais insistem sobretudo em preservar a identidade cristã, em conservar a tradição que haviam recebido e em manter a estrutura carismática. A unidade é o dom de Cristo aos seus (Jo 17,22-23) e deve ser a forma privilegiada de testemunho diante do mundo. A preocupação com as heresias e com os cismas que ameaçam a comunidade nunca leva a descentralizá-la em favor dos ministros, nem a

---

[36] CHEVALIER, M. A. Pentecôtes lucaniennes et Pentecôtes johanniques. *RSR*, n. 69, pp. 301-314, 1981; WOLL, D. Bruce. *Johannine Christianity in Conflict*. Chico (California), 1981.

questionar sua orientação espiritual e vertical.[37] A Igreja é a síntese dos dois tipos de cristãos — o judeu-cristão e o pagão —, o que é explicitado quando Jesus fala de diversas classes de ovelhas e de outros discípulos (Jo 10,16.26-29; 18,37). O evangelho proclama uma Igreja mista, na qual se reflete a Igreja joanina.[38]

Quanto ao mundo, sublinha-se o confronto (Jo 14–17), acentuando-se a perseguição de Jesus e a perseguição futura que os seus discípulos sofrerão e que os seus estão predestinados a reconhecê-lo (Jo 17,6-26). Por isso, há uma articulação entre encarnação e missão de Jesus, entre a cruz e a rejeição dos seus. O evangelho contrapõe a coesão e a fraternidade dos discípulos, aos quais chama de amigos (Jo 15,14-15; cf. 3Jo 15), à hostilidade do mundo (Jo 17,15-16). A unidade da comunidade é também um dom de Deus, e não o resultado de uma tradição comum ou de um ofício apostólico (Jo 17,20-23). O amor é um mandamento aos seus (Jo 17,23-26; 1Jo 2,9-11), e não um imperativo em relação ao mundo: "Não ameis o mundo, nem o que há no mundo. Se alguém ama o mundo, não está nele o amor do Pai" (1Jo 2,15-17), embora Deus tenha enviado seu Filho ao mundo por amor (Jo 3,16). Depois da vinda de Jesus, produziu-se o reconhecimento e a rejeição do Filho; por isso, não se exorta ao amor pelos inimigos (contra Mt 5,43-47; Rm 12,14-21), mas à fraternidade cristã (Jo 15,17) e à unidade comunitária (Jo 17,22-23). Há consciência das dissensões entre cristãos, porém nunca se recorre à autoridade do cargo como fator de unidade, mas à oração para que Deus faça de todos um, unindo a pluralidade e a comunhão (Jo 17,20-21).

Dentro da comunidade dos discípulos, destaca-se o papel privilegiado outorgado às mulheres, como ocorre com os grupos proféticos (At 21,9; 1Cor 11,5) e carismáticos do século II.[39] A samaritana crê em Jesus e consegue que outros creiam nele mediante sua palavra (Jo 4,29-30.39-42), atitude típica dos discípulos de Jesus (Jo 17,20-24). Também Marta

---

[37] GOPPELT, L. The Nature of the Early Church. In: KLASSEN & SNYDER, *Current Issues in New Testament Interpretation*, cit., pp. 193-209.

[38] Chevalier, La fondation de l'Église dans le quatrième Évangile, cit., pp. 343-354.

[39] Brown, *A comunidade do discípulo amado*, cit., pp. 193-209.

confessa Cristo solenemente (Jo 11,27), em contraste com a confissão de Pedro nos sinóticos, aqui omitida. Entre as testemunhas da ressurreição, é Maria Madalena que tem a primazia, pois a conhece (Jo 20,16), e é aquela que é enviada por ele aos seus discípulos (Jo 20,17-18). É o Apóstolo dos apóstolos, título que lhe foi dado mais tarde, na Igreja patrística. Da mesma forma, ressalta-se a presença das mulheres na paixão (Jo 19,25), destacando-se o papel positivo de sua mãe (que nunca é chamada de Maria) durante a sua vida pública, em contraste com a hostilidade dos sinóticos contra os membros da família de Jesus.

A maternidade de Maria é espiritual e se baseia no seguimento e não no fato biológico; por isso, em sua vida pública, ela é apresentada como uma pessoa que crê (Jo 2,1-3.5.12) e como a que recebe o discípulo amado na cruz (Jo 19,25-27). No calvário, Maria representa os verdadeiros israelitas, que constituem o Israel fiel que se abre a Jesus (Jo 1,41.45.47; 4,22; 5,39.42; 7,40-42; 10,24; 12,13), enquanto João, o discípulo, representa a nova geração que será testemunha de Jesus até que ele venha (Jo 21,24) e que, ao receber a mãe de Jesus, assume com ela a tradição que representa. As correntes espirituais são as que mais destacam o papel da mulher, contra a tendência mais institucional que busca limitar o seu papel na Igreja. A importância concedida às mulheres no quarto evangelho é outro sinal da proximidade desse grupo de escritos às correntes proféticas e carismáticas de sua época.

As deficiências do protesto joanino

O grupo de escritos joaninos é o último testemunho, dentro do Novo Testamento, da sobrevivência de uma concepção pneumática, escatológica e radical do cristianismo. As cartas de João mostram as conseqüências e os perigos da teologia joanina.[40] Por um lado, é preciso revalorizar a

---

[40] LE FORT, *Les structures de l'Église militante selon saint Jean*, cit., pp. 17-77; WENGST, *Häresie und Orthodoxie im Spiegel des ersten Johannesbriefes*, cit., pp. 15-62; CONZELMANN, H. Was von Anfang war. In: ELTESTER, W. (Hrsg.) *Neutestamentliche Studien für R. Bultmann*. Berlin, 1954. pp. 194-201; PASTOR PIÑEIRO, F. Comunidad y misterio en las epístolas joaneas. *EE*, n. 52, pp. 39-71, 1977; SATAKE, A. *Die Gemeindeordnung in der Johannesapokalypse*. Neukirchen, 1966.

tradição contra os entusiastas que se aferram ao presente e querem arrasar o passado, pondo em perigo a própria memória de Jesus (1Jo 2,7.24; 3,11; 2Jo 5-6). As cartas interpretam o presente como "a hora derradeira", na qual aparece o Anticristo e os seus (1Jo 2,18). Os conflitos são vistos em uma perspectiva teológica, como se estivesse já acontecendo o combate final entre o espírito do mal e Cristo, exortando à perseverança a partir de um horizonte aberto à sua vinda futura, a do triunfo final (1Jo 2,28; 3,2; 4,17). As cartas joaninas se vêem obrigadas a combater de novo o entusiasmo exultante dos que anunciam que já aconteceu a ressurreição, insistindo na abertura para o futuro: "Caríssimos, desde já somos filhos de Deus, mas nem sequer se manifestou o que seremos! Sabemos que, quando Jesus se manifestar, seremos semelhantes a ele, porque o veremos tal como ele é" (1Jo 3,2-3). A esperança e a expectativa de futuro adquirem um novo realce em relação ao evangelho. Isso se acentua mais no Apocalipse, claramente orientado para o futuro, mas que mantém a idéia joanina de que o presente não é mera preparação para o futuro, e sim que o tempo final já começou, embora não tenha chegado ainda à sua plenitude. Toda a história é vista a partir de Cristo como "alfa e ômega, começo e fim" dos tempos (Ap 21,1-8).

Nas cartas joaninas, em relação ao evangelho, as tensões intracomunitárias aumentam (1Jo 2,18-19) e se coloca o problema a respeito do critério utilizado para distinguir as heresias (1Jo 2,26; 3,7-8). A comunidade procura desligar-se das correntes entusiastas que negam a humanidade de Cristo, apelando para a doutrina reta e para o Espírito, sem mencionar o controle dos ministros, como fazem as cartas pastorais. Mantém-se a primazia eclesial do Espírito, que é dado a todos (1Jo 2,20-21; 4,13), e afirma-se polemicamente que os cristãos não necessitam de mestres que lhes ensinem (1Jo 2,27), talvez como resposta à tendência da grande Igreja a fortalecer o ministério do ensinamento. É possível também que essa afirmação seja uma resposta aos falsos profetas (1Jo 4,1-3). O problema de toda eclesiologia exclusivamente carismática é este: como encontrar critérios objetivos, para além da pura subjetividade pessoal, para discernir entre as diferentes doutrinas. Exorta-se a permanecer na "doutrina reta", como nas pastorais, e a comunidade não deve acolher os que não a possuem (2Jo 9–11). Todavia, não há ministro algum que vele por ela; basta a tradição original, identificada com a do autor da carta (1Jo 1,1-3; 2,7.24; 3,11), que é a testemunha qualificada (1Jo 1,1-4; 4,6).

Naturalmente, isso não resolve os problemas. Apelar para a tradição não basta, pois juntamente com a joanina, há outras, ortodoxas (como a paulina, a lucana, a das pastorais etc.) e heterodoxas (como as gnósticas, maniquéias e montanistas). A tradição poderia ser um critério suficiente, na melhor das hipóteses, quando houvesse um consenso universal sobre a correta. Mas isso é justamente o que se discute nas próprias cartas, porque o mero carisma não basta como fator legitimador. Há tensão entre um chamado ao discernimento comunitário, sem recorrer a institucionalização alguma, e um apelo à tradição, identificada com a do autor joanino, que se constitui em critério objetivo para a avaliação. Identifica-se o próprio testemunho com a palavra de Deus ("Quem conhece a Deus, escuta-nos; quem não é de Deus não nos escuta. Nisto distinguimos o espírito da verdade e o espírito do erro": 1Jo 4,6), que é precisamente o que discutem os seus adversários. A insistência paulina no discernimento comunitário é confirmada (1Jo 2,19-22.27; 4,6), mas não há o contrapeso do testemunho e da autoridade apostólica. Mantém-se a tensão entre a importância da estrutura ministerial em outras Igrejas e o forte individualismo carismático desses escritos, como depois o defendem os grupos gnósticos, que valorizam muito o evangelho joanino.[41]

Na segunda e terceira cartas joaninas é mencionada a tensão entre um ministro, Diótrefes, que preside uma Igreja local (3Jo 9–10), e um círculo de discípulos que são presididos por um "presbítero ou ancião" (2Jo 1; 3Jo 1). É provável que esse ancião desconhecido seja uma figura carismática[42] e que se contraponha o valor positivo do carismático ao autorita-

---

[41] KLAUCK, H. J. Gemeinde ohne Amt? Erfahrungen mit der Kirche in den johanneischen Schriften. *BZ*, n. 29, pp. 193-220, 1985; KÄSEMANN, E. *Exegetische Versuche und Besinnungen*, I, cit., pp. 168-187; TAEGER, J. W. Der konservative Rebell. Zum Widerstand der Diotrephes gegen den Presbyter. *ZNW*, n. 78, pp. 267-287, 1987.

[42] Brown, *A comunidade do discípulo amado*, cit., pp. 97-114.

rismo do ministro Diótrefes. Essa interpretação concordaria com a defesa de uma eclesiologia carismática contra os que sublinham a autoridade dos cargos ministeriais. Todavia, também poderia representar uma autoridade eclesial supralocal, um presbítero que se opõe ao sectarismo do ministro local Diótrefes. Mas o presbítero não o excomunga, nem amotina a sua comunidade contra ele, nem o declara herege. Só indica que recrimina sua conduta autoritária (3Jo 9) e por três vezes se respalda na autoridade da Igreja (3Jo 6,9-10). Em qualquer caso, a tensão entre dois tipos de autoridade — a ministerial e a carismática, a do cargo e a do testemunho experiencial — reaparece nas cartas. A autoridade pessoal do carismático resulta, com toda a clareza, insuficiente para resolver a divisão entre os cristãos, já que há um choque de mentalidades e de teologias.

As tensões das cartas joaninas mostram os perigos de uma eclesiologia baseada *somente* nos carismáticos, no discernimento comunitário e no igualitarismo de todos. Surge facilmente a tendência ao gueto, típica dos grupos espirituais, a hostilidade contra os grupos cristãos mais favoráveis à abertura e ao diálogo com os não-crentes, e o perigo do farisaísmo espiritual, que leva esses grupos minoritários a se considerarem superiores aos demais cristãos, rejeitando os próprios pecados (1Jo 3,6-9), contra o que reagem as cartas (1Jo 1,8-9). Há uma tensão entre o imperativo comunitário de não pecar e a realidade que apela para Cristo como Paráclito, o qual advoga pelos nossos pecados diante do Pai (1Jo 2,1-2.12).[43] O farisaísmo dos grupos espirituais fechados, os quais acentuam o radicalismo do evangelho, foi sempre a outra face de sua coesão, pureza ética e ortodoxia doutrinal.

Grupos radicais como os joaninos são necessários como um corretivo, uma interpelação e uma exortação para a grande Igreja, muito mais ameaçada de mundanização, relaxamento nas exigências éticas e instalação acomodatícia. Mas o igualitarismo carismático e comunitário é insuficiente para resolver os problemas eclesiais, como bem se percebe nessas cartas.

---

[43] BOGART, J. *Orthodox and Heretical Perfectionism in the Johannine Community as evident in the First Epistle of John*. Missoula, 1977.

Daí a importância dos ministérios, da abertura às outras Igrejas e da autocrítica contra a tendência a legitimar-se em função de pretensas comunicações do Espírito (1Jo 2,1; 3,6; 4,7). Por isso, na Igreja antiga, houve uma longa discussão sobre o valor dos escritos joaninos. Alguns grupos cristãos rejeitavam tais escritos e não queriam que fizessem parte do cânon do Novo Testamento, precisamente por causa de sua desconfiança acerca dos profetas e carismáticos. No final do século II, Irineu de Lyon ainda precisa defendê-los contra ataques no interior da própria Igreja.[44] Ao aceitá-los dentro do Novo Testamento, não só se canonizou a pluralidade eclesiológica como constitutiva do cristianismo, contra as tendências posteriores à homogeneidade, mas também estabeleceu-se um contrapeso à forte tendência institucional, perceptível desde o último quarto do século I.

Esse conjunto de escritos é a última tentativa, dentro do Novo Testamento, de conservar uma estrutura carismática e uma cristologia do Espírito, cada vez mais ameaçada pela própria evolução eclesial. O ponto forte dessa eclesiologia é a defesa de uma concepção igualitária e carismática da Igreja, que não rejeita os cargos (cujo modelo simbólico é Pedro), mas os relativiza e os subordina radicalmente ao serviço comunitário. É uma tentativa de bloquear a dinâmica, amplamente atestada nas cartas pastorais, em favor de cargos autônomos, legitimados por uma referência aos apóstolos e que cada vez mais adquirem destaque para a comunidade discipular. Tais escritos procuram manter a velha tradição profética e carismática, sempre mais debilitada. Por isso, os escritos joaninos são um testemunho privilegiado da tensão existente entre instituição e carisma, como uma tensão constitutiva da Igreja.

---

[44] "[Outros] não admitem essa forma do evangelho segundo João, na qual o Senhor prometeu que enviaria o Paráclito. Mas eles rejeitam, ao mesmo tempo, o evangelho e o espírito profético. São verdadeiramente pobres de espírito que, por não quererem admitir falsos profetas, expulsam da própria Igreja o espírito de profecia [...]. Não é necessário sublinhar que esses mesmos espíritos não aceitam tampouco o apóstolo Paulo. Isso porque em sua Primeira Carta aos Coríntios ele fala com detalhes dos dons proféticos e conhece varões e mulheres que profetizam na Igreja. Além disso, com essa atitude pecam contra o espírito de Deus e caem no pecado irremissível" (Irineu, *Adv. haer.*, III, 11,9).

O protesto externo: a heresia montanista

O processo de institucionalização, o desenvolvimento dos ministérios, a progressiva perda de referência do Espírito, assim como a crescente subordinação da comunidade aos cargos, não foram aceitos por todos os grupos cristãos. Juntamente com os escritos joaninos, surgiram também outros escritos, os dos montanistas, que propunham uma alternativa mais radical em nome da "nova profecia". Eles não só denunciaram os perigos do declínio dos carismas, mas também combateram a evolução histórica e teológica que havia ocorrido desde o final do século I.[45] O movimento surgiu na Ásia Menor — que é também o lugar de origem dos escritos joaninos, provavelmente na Frígia, até a metade do século II — e se estendeu posteriormente pelo norte da África, de onde se propagou para o sul da Europa. Vinha de uma Igreja com uma forte presença de judeu-cristãos, na qual se conservavam muito vivas as expectativas escatológicas da proximidade do final dos tempos, aguçadas pelas perseguições.

Essa Igreja tinha uma forte corrente profética, na qual tiveram um papel de destaque algumas mulheres, sobretudo Priscila e Maximila, que se apresentavam como testemunhas de Cristo, como sua "palavra, seu espírito e sua força". O movimento era composto por carismáticos, que eram arrebatados pelo Espírito e enriquecidos com uma infinidade de êxtases, oráculos, visões e profecias. O líder e fundador do movimento foi Montano, o qual se apresentou como um porta-voz do Paráclito ("Olhe, o homem é como uma lira, e eu a toco como com uma corda. O homem dorme e eu o desperto"), que exortava os fiéis a se prepararem para o final dos tempos com penitência, jejum e disposição para o martírio.

---

[45] A melhor coletânea de fontes montanistas é a de P. De Labriolle, *Les sources de l'histoire du Montanisme*, Paris, 1913. Uma informação muito rica é a que se encontra em Eusébio de Cesaréia, na parte IV, 27 e na parte V de sua *História eclesiástica*. Sua perspectiva é apologética e distorce as informações; cf. BARDY, G. Introduction. In: IDEM. (Ed.) *Eusèbe de Césarée*. Histoire ecclésiastique. Paris, 1987. v. 4, pp. 94-95; BACHT, H. Montanismus. In: *LthK*, 7. 1962. pp. 578-580; BACHT, H. Die prophetische Inspiration in der kirchlichen Reflexion der vormontanistischen Zeit. *Scholastik*, n. 19, pp. 1-18, 1944; ALAND, K. Montanismus. In: *RGG*, 4, 1960. pp. 117-118; ALAND, K. *Kirchengeschichtliche Entwürfe*. Gütenberg, 1960. v. 1, pp. 105-148; EHRHARDT, A. *Die Kirche der Märtyrer*. München, 1932. pp. 227-267.

Era um movimento "milenarista", penitencial e profético, que visava devolver à Igreja o radicalismo profético perdido. A urgência de se preparar para o tempo final levava ao entusiasmo pelo celibato e ao menosprezo pelo matrimônio.

Eram seus êxtases e arrebatamentos místicos o que mais inquietava as Igrejas, as quais os acusavam de "antinaturais, irracionais e ininteligíveis", enquanto os montanistas recorriam às Escrituras, especialmente às cartas paulinas, para provar a validez de tais comunicações do Espírito (At 10,10; 11,5; 22,17; 1Cor 12–14). Por seu lado, os seus adversários apelavam para a ordenação e inteligibilidade dos carismas, que o próprio Paulo propunha, dentre os quais se incluía que as mulheres não falassem em público. Impugnava-se também o anúncio da iminente chegada do Senhor.[46] O movimento estendeu-se rapidamente e encontrou muitos adeptos na baixa classe média e entre os comerciantes, difundindo-se pelas Igrejas do Ocidente, desde a Espanha até a própria Roma. Formaram-se assim grupos de agitadores nas igrejas, as quais eram por eles criticadas por sua falta de carismáticos e pela ausência de revelações do Espírito. A vinda do Espírito, evidenciada pela abundância de carismas, provava a proximidade da chegada de Cristo.

Procurou-se refutá-los apelando-se para o critério de seu estilo de vida, como se fazia com os falsos profetas, mas eles impressionavam pelo seu radicalismo austero e pela sua disposição para o martírio. Eles respondiam acusando os bispos de serem "assassinos dos profetas", recorrendo a textos das Escrituras.[47] O movimento atraiu muitos cristãos, entre eles o teólogo Tertuliano,[48] que tentou conciliar a tradição carismática e o

---

[46] Labriolle, *Les sources de l'histoire du Montanisme*, cit., pp. 93-96; 115-116.

[47] Uma boa síntese do montanismo é a apresentada por: FREND, W. C. Montanismus. In: *TRE*, 23. 1994. pp. 271-279; BARDY, G. Montanisme. In: *DthC*, 10. 1929. pp. 2355-2370. Ver também CAMPENHAUSEN, H. von. *Kirchliches Amt und geistliche Vollmacht in den ersten drei Jahrhunderten*, cit., pp. 204-210; ALAND, *Kirchengeschichtliche Entwürfe*, cit., Gütersloh, pp. 105-148; FREND, W. C. Montanism. *RSLR*, n. 20, pp. 521-537, 1983/1984; ASH, J. L. The Decline of Ecstatic Prophecy in the Early Church, cit., pp. 227-252.

[48] BENDER, W. *Die Lehre über den Hl. Geist bei Tertullian*. München, 1961; LIEBAERT, J. Communion spirituelle et Institution dans l'Église avant le IV siècle. *Acan*, n. 25, pp. 157-168, 1981.

ministério institucional, o qual apresentava como um testemunho pessoal. Seus escritos sobre jejum, segundo matrimônio, e castidade, bem como outros escritos sobre disciplina eclesiástica e penitência, refletem a mentalidade montanista. O Paráclito, segundo a concepção de Tertuliano, não vinha para trazer novidades, pois a doutrina já havia sido transmitida pelos apóstolos, mas uma forma de vida mais perfeita e uma práxis e disciplina eclesial mais severa. Por isso, ele rejeita a prática geral do perdão dos pecados. Embora a Igreja tenha capacidade para perdoar pecados, em muitos casos não deveria exercê-la; ele também não aceita que os sacerdotes tenham esse poder individual, já que somente o Espírito pode perdoar. Dessa forma, Tertuliano combina o rigorismo, a "carismaticidade" da Igreja e o constante apelo ao Espírito, em detrimento até da cristologia.[49]

No fim do século II, o movimento se consolidou, construindo-se uma rede de Igrejas bem organizadas que fizeram concorrência à da Igreja católica. Os escritos joaninos, que insistem nos ensinamentos do Paráclito, e os paulinos (1Cor 13,9-10) foram os que lhes serviram para que se legitimassem diante das Igrejas. O entusiasmo dos montanistas pelo quarto evangelho, por eles considerado como o do Espírito, foi uma das causas da resistência de muitos cristãos em admitir a inclusão dele no cânon do Novo Testamento. A Igreja respondeu ao movimento com uma série de concílios e com a excomunhão dos hereges. O acento foi posto no discernimento entre falsos e verdadeiros profetas, tomando-se por critério o consenso com a hierarquia e com a tradição apostólica. Elaborou-se também uma literatura apologética contra o montanismo, que atualmente é a que nos oferece a maior informação indireta sobre o movimento. Trata-se, evidentemente, de uma informação parcial e distorcida, que narra as coisas a partir da perspectiva "ortodoxa".

Um dos paradoxos é o fato de que o movimento, no final, acabou sofrendo um processo de institucionalização e de centralização hierárquica como a única via de subsistência para resistir à perseguição da

---

[49] Bender, W. *Die Lehre über den Hl...*, cit., pp. 150-169.

Igreja oficial. O que começou como um protesto antiinstitucional, acabou institucionalizando-se para subsistir. Esse movimento, que se tornou uma alternativa à Igreja oficial, perdurou até o século IV, o que demonstra a sua vitalidade. Foi o precursor de outros movimentos posteriores, que também surgiram buscando o radicalismo evangélico e em protesto contra uma Igreja instalada. O donatismo mesclou-se aos montanistas, e assim misturados eles perduraram até o final do século VI, na África e na Ásia Menor. Essa junção teve efeitos negativos para a Igreja católica, pois gerou uma reação antiprofética e anticarismática. Por outro lado, favoreceu indiretamente o processo de institucionalização e o controle episcopal da liturgia.[50]

Mártires e confessores como herdeiros dos profetas

Essa tradição profética produziu na Igreja uma grande desconfiança contra os profetas e carismáticos, assim como confirmou os preconceitos antifeministas do cristianismo da época. Contudo, a convergência entre o testemunho profético como um sinal do Espírito e a crítica evangélica radical à própria Igreja, como ocorreu no caso dos montanistas, encontrou herdeiros em primeiro lugar entre os mártires, aos quais havia sido prometido o Espírito em meio às perseguições (Mc 13,11; Mt 10,19-20; Lc 12,11-12; At 7,54-55).[51] Os mártires foram os santos por excelência da comunidade cristã, aos quais se atribuiu o mesmo Espírito conferido aos profetas.[52] O martírio é um combate contra o espírito do mal e se

---

[50] As conseqüências reacionárias produzidas pelo montanismo são analisadas por A. Ehrhardt, *Die Kirche der Märtyrer*, München, 1932, pp. 265-336.

[51] SLUSSER, M. Martyrium. In: *TRE*, 22. 1992. v. 3/1, pp. 208-212; RORDORF, W. & SOLIGNAC, A. Martyre. *Dspir*, 10.1980. pp. 718-737; LODS, *Confesseurs et Martyrs...*, cit.; MARTIN, A. La réconciliation des lapsi en Egypte. *RSLR*, n. 22, pp. 256-269, 1986; DAMME, D. van. Martyc-Xpictianoc. Überlegungen zur ursprünglichen Bedeutung des altkirchlichen Märtyrertitels. *FZPhTh*, n. 23, pp. 286-303, 1976; CAMPENHAUSEN, H. von. *Die Idee des Martyriums in der Alten Kirche*. 2. Aufl. Göttingen, 1964; JACOB, R. Le martyre, épanouissement du sacerdoce des chrétiens, dans la littérature patristique jusqu'en 258. *MSR*, n. 24, pp. 57-83; 153-172; 177-209, 1967; KÖTTING, B. Die Stellung des Konfessors in der Alten Kirchen. *JAC*, n. 19, pp. 7-23, 1976; EHRHARDT, *Die Kirche der Märtyrer*, cit.

[52] Diversos testemunhos da presença do Espírito entre os mártires podem ser encontrados no artigo de R. Jacob, Le martyre, épanouissement du sacerdoce des chrétiens... cit., pp.187-189.

assemelha às tentações dos profetas, culminando no próprio Jesus. O martírio é a forma suprema da imitação de Cristo. Os mártires, que tinham morrido confessando sua fé, e os "confessores", depois da tortura, eram vistos como testemunhas privilegiadas de Cristo, aos quais eram atribuídos dons proféticos (visões, êxtases, milagres etc.). Eram "os mais dignos de conhecer os mistérios divinos" (Orígenes), sucedendo aos apóstolos e profetas paulinos (1Cor 2,1.7; 4,1; 13,2; 14,2; 15,51; Ef 3,3.9; 6,19; Cl 4,3).[53]

O termo "confessores" é um neologismo cristão, que remete à afirmação de Jesus sobre confessá-lo ou negá-lo diante dos homens (Mt 10,32; Mc 8,38; Lc 9,26; 12,8-9). Trata-se de um termo constante dos escritos martirológicos. O cristão confessa que Jesus é o Filho de Deus, primeiramente contra os gnósticos e docetas das cartas joaninas e de Inácio de Antioquia,[54] e mais tarde, no século III, contra as autoridades que perseguem os cristãos. Por isso, inicialmente não havia distinção entre o mártir e o sobrevivente ao martírio, embora desde o ano 250 a estes últimos se aplicasse o termo de "confessor". Para tais mártires e confessores, devia-se ter o mesmo respeito dedicado aos profetas, embora também fosse necessário distinguir entre eles. O martírio não bastava; exigia-se também a ortodoxia doutrinal e a pertença à Igreja.

Esses confessores presidiam a Igreja juntamente com a hierarquia, e em algumas comunidades concedia-se a eles uma honra maior que a oferecida aos próprios presbíteros.[55] Eles tinham a função de reconciliar os pecadores, sobretudo os "lapsos", os que haviam apostatado da fé, com

---

[53] Uma coletânea desses milagres, visões, êxtases etc., na literatura sobre o martírio, pode ser encontrada em M. Lods, op. cit., pp. 29-33.

[54] Um estudo detalhado de como foi se ampliando a confissão cristã, desde seu sentido inicial no Novo Testamento até o testemunho diante dos hereges, pode ser encontrado em H. von Campenhausen, Das Bekenntnis im Urchristentum, in ZNW, n. 63, pp. 210-253, 1972.

[55] Hermas, *Vision.*, III, 1,8-9; 2,1-2: Hermas é exortado a sentar-se com os presbíteros, mas a deixar os lugares da direita "para aqueles que já agradaram a Deus e sofreram pelo seu nome". Não se sabe com certeza se os presbíteros são já um cargo ou se ainda está em vigor a antiga concepção de anciãos da comunidade. Hermas dá a preferência aos profetas sobre os presbíteros (conservando ainda a estrutura carismática), e subordina ambos ao mártir, que preside em um lugar de destaque, juntamente com os anteriores.

suas orações e suas cartas de paz.[56] O pano de fundo teológico dessa atividade eclesial deve ser posto na função de juiz concedida aos mártires na Igreja antiga, com base nos textos que afirmam que eles se sentariam juntamente com Cristo para julgar (Mt 19,28; Lc 22,30; 1Cor 6,2; Ap 20,4). A partir daí, surge o culto aos mártires como intercessores junto a Deus pela Igreja e pelos defuntos. Isso se estendia aos confessores, mártires viventes, que exerciam uma função judicial e intercessora pelos pecadores, paralela à dos bispos.[57] Daí as inevitáveis tensões entre as competências do bispo e as dos confessores. Por um lado, estes combatiam os esforços dos bispos para controlar a readmissão dos apóstatas às comunidades; por outro, os próprios confessores encontravam-se divididos em correntes rigoristas ou indulgentes para com os *lapsos*.

Os choques tornaram-se freqüentes na prática,[58] pois a teoria teológica não questionava nem os poderes episcopais, nem o direito dos confessores a interceder e mediar em favor dos que caíram. Dessa maneira, os confessores são um claro exemplo do protagonismo eclesial de alguns seculares na Igreja, cuja autoridade carismática pessoal fazia sombra à própria hierarquia. Essa função dos "confessores" foi sendo limitada pouco a pouco, em favor dos bispos. Cipriano os fazia participar, juntamente com os ministros, nas deliberações sobre a recepção dos apóstatas,

---

[56] Eusébio, *Hist. eccl.*, V, 1,45-46: "Os mártires davam a graça aos que não o eram. Foi uma grande alegria para a virgem mãe (a Igreja) receber vivos aqueles que havia rechaçado de seu seio mortos. Com efeito, por eles os apóstatas foram medidos de novo e foram concebidos e reanimados pela segunda vez. Aprenderam a confessar a sua fé"; "[Os mártires] não demostraram arrogância para com os caídos, mas socorreram os mais necessitados [...]": *Hist. eccl.*, V, 2,6-7; VI, 42,5.

[57] Cipriano, *Ep.*, 23: "Sabeis que todos nós juntos temos dado a paz a quem lhes têm dado conta de sua conduta depois dos delitos, e queremos que torneis conhecida esta decisão aos demais bispos. Desejamos que vós estejais em boa concórdia com os santos mártires"; *Ep.*, 22: "A todos aqueles aos quais o Senhor dignou-se chamar a uma tão terrível perseguição, enviamos unanimemente a reconciliação por carta a todos em bloco [...]. Por isso, irmão, peço-te que [...] depois de exporem a causa diante do bispo e de cumprirem a exomologese, lhes seja dada a reconciliação e não somente a estes, mas aos que sabeis que nos são queridos". Essa prática foi mais freqüente na África do que em outras partes do Império. Vários testemunhos de como os confessores reconciliavam os apóstatas com a Igreja podem ser encontrados em A. Martin, *La réconciliation des lapsi en Egypte*, cit., pp.260-264.

[58] Eusébio, *Hist. eccl.*, VI, 42,5: O bispo Dionísio se pergunta: "Devemos seguir o parecer e a opinião dos mártires e julgá-los favoravelmente de forma imediata, sendo bons com aqueles dos quais eles se compadeceram? Ou devemos declarar injusto o seu juízo e suprimir suas determinações?"

mas não permitia que eles atuassem independentemente da autoridade episcopal. Mais tarde, suas decisões transformaram-se em rogos e recomendações ao bispo, que mantinha sua autoridade última.[59] Os confessores outorgavam também cartas de recomendação aos cristãos que deviam se dirigir a outras comunidades, o que incomodava os bispos que reclamavam para si o monopólio de tais cartas. No cânon 25 do Sínodo de Elvira (300) e no cânon 10 de Arles (314) decidiu-se que essas cartas dos confessores só poderiam ser aceitas caso trouxessem o visto do bispo, para que assim se evitasse confusão de pessoas.

Os confessores exerciam também um autêntico "poder de chaves" sobre os pecadores, junto aos bispos. Se é verdade que os bispos eram os ministros do sacramento da penitência, que era público e se realizava no contexto da assembléia eclesial, os confessores também o exerciam enquanto "homens apostólicos", em virtude de sua responsabilidade espiritual pela comunidade.[60] Essa é uma boa demonstração de como ainda

---

[59] Cipriano, *Ep.*, 34,3: "Se algum de nossos presbíteros ou diáconos ou dos transeuntes ousar comunicar-se com os lapsos antes de nossa sentença, seja separado de nossa comunicação até que em nossa frente defenda a razão de sua conduta temerária"; *Ep.*, 55,5: "Depois estudar-se-á a causa dos lapsos, deliberando juntamente com os bispos, presbíteros, diáconos, confessores e leigos que se mantiveram firmes"; 33,1-2: "A Igreja repousa sobre os bispos, e toda a sua ação é regida por estes mesmos chefes. Ficando isso estabelecido pela lei divina, é surpreendente que alguns tenham chegado à temerária audácia de escrever-me que dirigiam suas cartas em nome da Igreja" [...]. "Escreveram-me alguns dos lapsos que são humildes [...], e embora houvessem recebido um bilhete dos mártires para que finalmente o Senhor admitisse sua satisfação, escreveram-me que reconhecem seu pecado, que fazem uma verdadeira penitência e que não pensam, de forma imprudente e temerária, em apressar a sua reconciliação, mas que esperam nossa presença". Apesar de suas reservas para com os confessores, nunca é posto em questão o seu direito a fornecer cartas de reconciliação (*Ep.*, 18,1). A práxis dos confessores oscila entre a autonomia, a intercessão e a recomendação, e a petição ao bispo para que os exima da correspondente penitência. Era mais fácil reconciliar os leigos apóstatas do que os membros do clero. Estes, em muitos casos, eram readmitidos na Igreja; todavia, de fato, ficavam reduzidos ao estado laical e perdiam sua posição litúrgica.

[60] Os poderes apostólicos para a reconciliação dos pecados eram do bispo: "Que tenha o poder de remeter os pecados, segundo o espírito do sacerdócio soberano; que distribua as partes, seguindo vosso mandato, e que desligue todo vínculo segundo o poder que destes aos apóstolos" (Hipólito, *Trad. apost.*, 3). Ver também *Didascalia*, 5; 9; Tertuliano, *De pud.*, 1,6; 18,17; Cipriano, *De lapsis*, 19. Tais poderes eram reconhecidos aos "confessores", enquanto herdeiros em espírito do poder de chaves: Eusébio, *Hist. eccl.*, VI, 2,5: "Defendiam todos e não acusavam ninguém, desligavam todos e não ligavam ninguém"; Tertuliano, *Scorpiace*: 10, lhes dá o título de "homem apostólico"; *De pudicitia*, 21,17; 22,3-4; cf. LODS, *Confesseurs et martyrs...*, cit., pp. 67-72; DASSMANN, E. *Sündenvergebung durch Taufe, Busse und Märtyrerfürbitte in den frühchristlicher Frommigkeit und Kunst*. Münster, 1973. pp. 163-183; CAMPENHAUSEN, *Kirchliches Amt und geistliche Vollmacht in den ersten drei Jahrhunderten*, cit., pp. 135-162; 234-261.

se mantinham na eclesiologia a dupla referência a Cristo e ao Espírito, apesar do processo de concentração de funções nos ministros que se havia verificado na Igreja. Dentre todos, Cipriano destaca-se por suas reservas para com essa prática eclesial, apesar de não reconhecer o caráter intercessor dos mártires. Seus problemas com os confessores[61] e seu forte episcopalismo levaram-no a limitar ao máximo a autoridade dos primeiros, amplamente aceita na Igreja antiga. Da mesma forma que o bispo recebe o título de "homem espiritual", próprio dos profetas e mártires, assim também foi reconhecido a estes um poder profético e apostólico. O martírio dos apóstolos e o ensinamento apostólico dos mártires favoreceram a interação entre a autoridade episcopal e a dos confessores.

O caráter carismático dessas testemunhas da fé fica evidente também no fato de que aqueles confessores que haviam testemunhado sua fé nas perseguições não precisavam da imposição das mãos para serem ordenados presbíteros. Seu testemunho era a melhor prova de que haviam recebido o Espírito da ordenação.[62] Isso demonstra até que ponto era afiançada pela Igreja a idéia de que o ministério e o martírio dependiam do Espírito. Essa situação mudou a partir da primeira perseguição geral com

---

[61] Cipriano recrimina a independência de alguns confessores, os quais qualifica de piores do que os apóstatas, por romperem a unidade da Igreja "e tratarem de separar as ovelhas do pastor". "Não se deve permitir que sejam ouvidos seus impropérios e querelas, nem que joguem veneno contra os irmãos e sacerdotes de Deus": Cipriano, *De unitate*, 19-21.

[62] "Se um confessor esteve numa prisão com correntes pelo nome (de Deus), que não se lhe imponham as mãos para o ministério de diácono ou de presbítero, pois por sua confissão é digno do sacerdócio": Hipólito, *Trad. apost.*, 9: B. Botte: SC, 11,41. Pelo contrário, se aquele que deu testemunho nas perseguições não sofreu ou foi deixado em liberdade, então não tem direito ao ministério, embora tenha direito à honra por parte da comunidade. Essa disposição não se limita a mera teoria, havendo testemunhos de que foi posta em prática com confessores que foram integrados à ordem dos presbíteros (Eusébio, *Hist. eccl.*, III, 20,6; III, 32,6). Essa confissão diante do martírio foi a que fez com que Calixto entrasse para o sacerdócio, e mais tarde se tornasse bispo de Roma, sem que jamais se fale que lhe foram impostas as mãos para a ordenação presbiteral. Há outros casos de confessores que depois foram eleitos como bispos, sem nenhuma referência a uma prévia ordenação presbiteral. Essa regra é mantida ainda nos cânones de Hipólito (336-340). No cânon sexto, afirma-se que esse confessor "foi encontrado digno por Deus para o presbiterado. Portanto, ele não deve ser consagrado pelo bispo, pois sua confissão é sua consagração. No entanto, se ele se tornar bispo, então sim deverá ser consagrado". A tradição é mantida ainda no séc. V, no *Testamentum Domini*; cf. KÖTTING, B. Die Stellung des Konfessors in der Alten Kirche, cit., pp. 14-22; VOGEL, C. Le ministre charismatique de l'eucharistie. Approche rituelle. In: PONTIFICIO ATENEO S. ANSELMO. *Ministères et célébration de l'eucharistie*. Roma, 1973. pp. 191-198; VOGEL, C. A propos d'un ministère charismatique de l'Eucharistie. *RDC*, n. 23, pp. 347-356, 1972.

Décio (249-251), que gerou um grande número de confessores. Admitir os que solicitavam o grau de presbítero, assim como se fazia anteriormente, tornava-se inviável diante da quantidade potencial de candidatos e da dificuldade ocasionada pelo caso das mulheres. Por essa razão, restringiu-se o acesso ao ministério.[63] Cipriano via o testemunho dos confessores como um sinal da presença do Espírito e os considerava como carismáticos, mas subordinando-os aos ministros ordenados. Pouco a pouco eles foram perdendo o direito de serem dispensados da ordenação. Durante certo tempo, foi-lhes concedido o título honorífico de presbítero e uma quantia mensal, como aos ministros, mas sem que eles pudessem exercer funções presbiterais. Passou-se do direito ao ministério, pois era suficiente o testemunho martirial de que eles tinham o Espírito, ao mero título honorífico, para finalmente chegar ao desaparecimento de ambos.

Os monges como herdeiros dos mártires

A partir do século IV, encerra-se o ciclo dos mártires na Igreja. Uma nova corrente começou a se fazer notar como a herdeira da tradição carismática: o monacato. Da mesma forma que os mártires eram vistos como herdeiros da tradição profética, assim também os monges o eram em relação aos mártires.[64] Do século IV em diante, com o fim das perseguições, estendeu-se o título aos ascetas, monges e ministros, como um indicativo de santidade de vida. Desde a segunda metade do século IV, são abundantes as inscrições com o título de "bispo e confessor", ressaltando a santidade do personagem. O que inicialmente era um título de

---

[63] Nas *Constituições da Igreja do Egito*, que constituem uma versão ampliada da *Tradição apostólica*, de Hipólito, não só se exige a ordenação do confessor para o episcopado, mas até para o presbiterado. Posteriormente, passou-se a exigir até mesmo que eles fossem ordenados para receber o diaconato: *Constit. apostol.*, VIII, 23,3. Pertencer aos confessores dá preferência para ser escolhido como candidato à ordem presbiteral e episcopal. Segundo Hegésipo, os parentes do Senhor foram escolhidos para dirigir certas Igrejas em sua dupla condição de mártires e de parentes (Eusébio, *Hist. eccl.*, III, 20,6).

[64] Os monges são crucificados (João Crisóstomo, *In Matthaeum*, 68; PG 58, 643) e continuam a vida dos mártires (*Pachomii vita prima*, 1; João Cassiano, *Conf.*, XVIII, 7) A idéia de que a vida monacal é um martírio não só impregna os apotegmas dos Padres do monacato, como também a teologia posterior ao século IV; cf. SOLIGNAC, A. Martyre. In: *DS*, 10. 1980. pp. 734-735; MICHEL, P. Monachisme. In: *DS*, 10, 1980. p. 1552.

uma Igreja perseguida, passou a converter-se em denominação de vida ascética e virtuosa.

Desde o início do século III, concretamente com Clemente de Alexandria, Orígenes e Tertuliano, foi elaborada uma doutrina da perfeição, tornada acessível a todos e elevada a nível de martírio, reservado a poucos.[65] Surgiu assim a idéia de um martírio espiritual ou incruento, que constitui a base das doutrinas de Antônio, Pacômio e Macário, que são padres do monacato. O monge assemelha-se ao mártir, porquanto é o "soldado de Cristo" e o "atleta de Deus", que combate contra o espírito do mal. O martírio e o monacato foram vistos como um segundo batismo, e a imitação dos mártires foi uma meta da vida monacal. O conceito da profissão monástica como um segundo martírio remete ao próprio Pacômio. Provavelmente é o que também afirma santo Atanásio, quando escreve a vida de santo Antônio, o pai dos monges, afirmando que lhe foram perdoados os seus pecados no momento em que ele se consagrou a Deus na vida monástica.[66]

Ambos, martírio e monacato, surgiram da comunidade e eram constituídos por leigos. Da mesma forma que há leigos "confessores" que, finda a perseguição, se integraram às fileiras dos presbíteros e bispos, o mesmo ocorreu no monacato. Passou-se da rejeição inicial à admissão de clérigos para a progressiva e lenta clericalização das comunidades monacais, muito mais no Ocidente do que no Oriente. Algumas correntes ilustradas do monacato — por exemplo, Evrágio — defendiam que os monges

---

[65] MALONE, W. E. *The Monk and the Martyr. The Monk as the successor or the Martyr.* Washington, 1950; IDEM. The Monk and the Martyr. In: STEIDLE, B. (Ed.) *Antonius Magnus eremita.* Roma, 1956. pp. 201-228; FRANK, K. S. (Hrsg.) *Aksese und Mönchtum in der Alten Kirche.* Darmstadt, 1975; IDEM. Vita apostolica und Dominus apostolicus. In: SCHWAIGER, G. (Hrsg.) *Konzil und Papst.* München, 1975. pp. 27-36; FLEW, R. Newton. *The Idea of Perfection in Christian Theology.* Oxford, 1968; BOUYER, L. *Introduction à la vie spirituelle.* Paris, 1960. pp. 136-158; BULTOT, R. *Christianisme et valeurs humains.* Leuven-Paris, 1963. v. 3; FESTUGIÈRE, A. J. *Les moines d'Orient I:* culture ou sainteté. Paris, 1961. v. 1, pp. 16-21; VOGÜE, A. de. Les procès des moines d'autrefois. *Christus,* n. 12, pp. 113-128, 1965.

[66] Atanásio, *Vita S. Antonii,* 65; PG 3,533 A-B. Na época do Pseudo-Dionísio já se fala de "sacramento da perfeição monástica", em clara analogia ao sacramento do batismo. Essa idéia tem uma ampla recepção dentro e fora da literatura monacal; cf. MALONE, E. The Monk and the Martyr, cit., pp. 210-224; IDEM. *The Monk and the Martyr...,* cit., pp. 122-131.

eram os homens espirituais por excelência e que, seguindo a tradição dos confessores, estavam acima dos próprios clérigos. Foi isso que causou a rejeição inicial ao fato de que eles fossem ordenados presbíteros.[67] Da mesma forma que existiram tensões entre os confessores e os bispos, assim também os monges converteram-se em testemunhas espirituais que arrastavam o povo, com voz crítica e autônoma em relação à hierarquia. Isso justifica a tendência de santo Atanásio e de são Basílio a escolher monges como bispos, para que convergissem a autoridade carismática e a ministerial.

A ascese monacal contrastava com a crescente mundanização da Igreja institucional. Os monges tentaram realizar o reinado de Deus a partir de uma comunidade que seguia as pegadas de uma Igreja primitiva idealizada e exaltada. Por um lado, pôs-se o acento na renúncia incondicional aos bens como expressão radical da rejeição do mundo e da consagração à perfeição. A pobreza real transformou-se em uma forma de imitação da Igreja primitiva (At 4,32-35), para depois acentuar progressivamente o despojamento individual dos bens. Dessa forma, o superior transformou-se no representante espiritual da divina Providência, que cuidava das necessidades de todos, e no proprietário legal dos bens comunitários. Também aqui se percebe a passagem de uma práxis carismática e individual para outra institucional e comunitária.[68] A isto se acrescentou a virgindade para consagrar-se de forma imediata a Deus e como sinal da tensão pelo final dos tempos. Quando no século IV essa esperança desapareceu, viu-se na virgindade e na continência um meio de acelerar a extinção da espécie humana, isto é, de apressar o tempo da vinda de Cristo, uma idéia que também foi desenvolvida pelo montanismo. A isto se acrescentou, logicamente, o apreço de toda a tradição cristã pela virgindade como valor do reinado de Deus e forma de imitação de Jesus.

---

[67] Dihle, A. Demut. *RAC*, n. 3, p. 769, 1957; cf. PsDion. Areop., *Ep.*, 8; Joh. Cass., *Con.*, 1.4,1.

[68] Büchler, B. *Die Armut der Armen*. Über die ursprünglichen Sinn der mönchlichen Armut. München, 1980; Vogüe, A. de. La pauvreté dans le monachisme occidental du IV au VIII siècle. *Ccist*, n. 46, pp. 177-185, 1984; Ruggieri, G. Dalla povertà all'uso e alla proprietà dei beni. *CrSt*, n. 5, pp. 131-150, 1984.

Desse modo, foram mantidos o radicalismo carismático e uma forma de vida que rompia com os moldes da vida no mundo, com o fim de se preparar para a futura vinda de Cristo.[69]

Finalmente surgiu a obediência, que no início exigia disponibilidade para deixar-se guiar pelo guru ou pai espiritual, mas que posteriormente converteu-se em um símbolo de humildade e no sacrifício por excelência do monacato (obedecer como um cadáver), convergindo com a exigência hierárquica de submissão à autoridade institucional. O que se requeria de um pai espiritual é que ele tivesse o Espírito e fosse capaz de discernir. Foi esse primado do carismático sobre o jurídico-institucional que mais tarde mudou com a figura do abade, que passou a ser o "superior" ao invés de ser o "pai espiritual", embora ambas as correntes fossem mantidas na teologia monacal. A obediência transformou-se na expressão fundamental da humildade e da imitação de Cristo.[70] O monacato não pôs o acento na transformação do mundo, mas na renúncia a ele. O seguimento de Cristo foi canalizado para uma espiritualidade rigorista, impregnada do platonismo e do estoicismo, hostil ao corpo e com uma mística que levava a imitar a vida angélica. Dessa forma criou-se um grupo à parte, com um estilo de vida que o distanciou dos leigos, para os quais foi desenvolvida uma espiritualidade mínima, que "transigia" com a vida no mundo, com o dinheiro e com o matrimônio.[71]

O monacato, em um primeiro momento, e as ordens religiosas depois, mantiveram-se como uma reserva carismática dentro da Igreja, com uma relativa autonomia em relação à autoridade hierárquica. Muitas das

---

[69] LACARRIÈRE, J. *Les hommes ivres de Dieu*. Paris, 1961. pp. 29-38. A virgindade era vista como um combate semelhante ao do martírio, já desde o século III. Santo Ambrósio afirma que a virgindade é elogiável não só "porque se encontra nos mártires, mas porque ela mesma faz mártires" (santo Ambrósio, *De virginibus*, 1,10). Essa é uma das razões da virgindade no monacato; cf. MALONE, *The Monk and the Martyr...*, cit., pp. 59-60; IDEM. The Monk and the Martyr, cit., p. 201.

[70] FRANK, K. S. Gehorsam. *RAC*, n. 9, pp. 418-430, 1976; EDMONS, H. Abt. *RAC*, n. 1, pp. 50-55, 1950; DIHLE, Demut, cit., pp. 765-775; BAMBERG, C. Geistliche Führung im Frühen Mönchtum. *GuL*, n. 54, pp. 276-290, 1981; MAGNARD, P. La liberté chrétienne dans les spiritualités de l'obéissance. *VS*, n. 144, pp. 213-226, 1990.

[71] HAUSHERR, I. Vocation chrétienne et vocation monastique selon les Pères. In: IDEM. *Laïcs et vie chrétienne parfaite*. Roma, 1963. pp. 33-115.

correntes renovadoras e propulsoras do radicalismo evangélico surgiram em ambientes monacais ou neles encontraram acolhida e impulso. Além disso, as comunidades monacais estiveram especialmente próximas ao povo, tendo contribuído de forma essencial para a piedade e para a religiosidade popular. A história do carisma na Igreja não pode ser escrita à margem da vida monacal (religiosa), que tem no catolicismo o papel das seitas dentro do protestantismo. Ambas representam o carisma no interior da Igreja institucional, embora muitas seitas evangélicas tivessem criado outras Igrejas.[72]

O mais negativo desse processo é o distanciamento entre o monacato — seguido posteriormente pela vida religiosa — e os leigos, para constituir uma corrente à parte, por vezes como uma "Igreja dentro da Igreja". Os monges foram, juntamente com a hierarquia, o grupo protagonista da Igreja, os primeiros representando o carisma, e os outros, a instituição, ambos freqüentemente unidos sob a figura de bispos e presbíteros monges, relegando o leigo a "cristão de segunda fila".[73] Esse caráter exclusivista e elitista do monacato limitou sua fecundidade carismática. Também bloqueou sua possibilidade de contrapeso ao processo de institucionalização da Igreja, preservando seu caráter comunitário e laical, precisamente o que era pretendido pelos escritos joaninos, pelas correntes montanistas e pelos mártires, correntes decididamente laicais e comunitárias.

A tensão constitutiva entre o carisma e a instituição

Um dos elementos constitutivos dos escritos fundacionais do cristianismo é o seu caráter conflitivo, tenso e às vezes paradoxal. Já em cristologia falamos de Jesus e de Cristo, de ressurreição e de encarnação; de

---

[72] Analisando as diferentes correntes e suas tipologias, podem-se constatar os pontos comuns existentes entre os escritos joaninos, as heresias montanistas e donatistas e o monacato. Um estudo clássico sobre o tema é o de: TROELTSCH, E. *Die Soziallehren der christlichen Kirchen und Gruppen.* Tübingen, 1977. v. 1, pp. 90-105; 358-426; 794-848; IDEM. *Gesammelte* Schriften, cit., v. 2, pp. 146-182. Cf. também TURCOTTE, P. A. L'Église, la secte, la mystique et l'ordre religieux. *Eet*, n. 20, pp. 77-98, 1989; SÉGUY, J. *Christianisme et société.* Paris, 1980.

[73] Analisei esse processo em *La espiritualidad de los laicos*, 2. ed., Madrid, 1995, pp. 87-99.

homem-Deus; de cristologia ascendente (Marcos) e descendente (joanina); de cristologia do Verbo e do Espírito; de títulos messiânicos e de filiação. O mesmo ocorre na eclesiologia: a Igreja tem sua origem em Jesus, mas se constitui depois de sua morte; tem uma dimensão cristológica, mas também pneumatológica ou espiritual; depende da vida de Jesus, mas é posterior; é apostólica e profética; carismática e também institucional; funda-se nos doze, mas o grande apóstolo é Paulo; tem suas raízes judaicas, mas é também pagã; é una e múltipla, comunhão de tradições heterogêneas, algumas incompatíveis entre si. Este caráter apresenta dois problemas para a Igreja: o de sua unidade e diversidade, e a tensão entre carisma e instituição.

Algumas tensões no Novo Testamento

O movimento cristão possui diferentes dimensões, não permitindo que se fique com uma delas ignorando as demais. A idéia de uma Igreja harmônica, homogênea e com uma doutrina comum aceita por todos, impôs-se na eclesiologia, apesar de não corresponder nem à história, nem à teologia. A Igreja é vista como o resultado do crescimento a partir de uma semente inicial, como uma árvore que gera diversos ramos. E considera-se a história como um progresso ininterrupto, que se aproveitou das próprias crises e heresias como de um fator de crescimento doutrinal e estrutural. A Igreja atual representaria o término desse desenvolvimento. A meta seria a mesma para todos, e a identidade seria universal e uniforme.

A compreensão idealista da evolução encerra um "positivismo" eclesiológico e foi reforçado na atualidade pelo modelo de Igreja como "sociedade perfeita", termo tirado dos tratados políticos do século XVIII, que teve ampla repercussão na eclesiologia dos séculos XIX e XX. A Igreja enquanto sociedade perfeita tende a ser comparada com a sociedade estatal, pondo o acento no governo, na hierarquia, que de cima controla, dirige e orienta todo o corpo eclesial. Desta eclesiologia surgiram os atuais "concordatos", ou seja, os acordos estabelecidos entre os governos das duas sociedades, a estatal e a eclesial. Conseqüentemente, a Igreja é identificada com o papa e com os bispos, enquanto a comunidade passa para segundo plano, transformando-se em objeto da atenção pastoral da hierarquia. Não há aqui lugar algum para o conflito, que sempre foi visto como o resultado do pecado, geralmente da desobediência dos fiéis à hierarquia.

Essa visão encobre as tensões do cristianismo primitivo e os conflitos eclesiológicos no Novo Testamento. Não só o avanço dos estudos bíblicos no catolicismo, como também a maior compreensão histórica da eclesiologia levaram a impugnar essa eclesiologia em favor de outra que seja capaz de assumir as diferenças. A catolicidade passa pelo testemunho de como se pode viver em comunhão, respeitando a pluralidade de culturas, tradições e línguas. É o que subjaz à idéia da Igreja como "nova humanidade", como comunidade aberta com pretensões universais. A partir dos traços característicos de cada cultura, é possível ser cristão sem que a fé anule as construções socioculturais. A mesma Igreja cristã existe entre os judeu-cristãos e entre os pagão-cristãos, na Ásia e na Europa, no século I e no II, mas isso não implica o fato de que as formas de organizar-se, de celebrar os sacramentos ou de fazer teologia sejam idênticas. O cânon do Novo Testamento consagra a pluralidade de Igrejas como mediação necessária para chegar à única Igreja de Cristo. Não há uma só eclesiologia, mas diversas e contrapostas que, relacionando-se, criam equilíbrio e modificam a unilateralidade de cada uma separadamente. Não há um cânon homogêneo, nem uma unidade sem tensões.

Surgiu assim a eclesiologia de comunhão, fruto da renovação bíblica, histórica e teológica. O problema reside no fato de que tal concepção não responde à realidade atual da Igreja, o que faz com que cresça cada vez mais a distância entre o que é ensinado pela teologia (a que foi mais receptiva a tais contribuições, pois subsiste a tradicional, que simplesmente passou por uma modernização terminológica, mas continuou mantendo o esquema hierarquizado anterior ao Vaticano II) e as atuais estruturas da Igreja. Há crise porque se produziu um bloqueio da dinâmica transformadora do Concílio Vaticano II. A minoria conciliar tradicional converteu-se, no âmbito oficial, em maioria pós-conciliar.

A instituição a serviço do carisma

O estudo do Novo Testamento levou a um redimensionamento da institucionalidade da Igreja. No segundo milênio havia prevalecido um enfoque sociológico da Igreja, instituída por Jesus Cristo com uma estrutura hierárquica claramente delimitada e, por isso mesmo, irreformável. A fundamentação cristológica da Igreja como instituição reduzia o Espírito a ser a "alma" da Igreja, canalizado na atuação da hierarquia e dos sacramentos. Não havia espaço nem para as descontinuidades históricas, nem para as diferenças teológicas. Tampouco havia espaço para a criatividade da Igreja nas épocas históricas, já que tudo tinha no próprio Cristo o seu ponto de partida, embora fosse só em forma germinal, como uma semente que devia se desenvolver. Também não havia nenhuma possibilidade de impugnar a evolução da Igreja, que respondia à vontade de Deus.

Essa concepção eclesiológica eliminava a atividade autônoma do Espírito. Partia-se do Filho, como enviado do Pai, o qual concedia o Espírito. A cristologia não só havia integrado em si mesma a atividade do Espírito Santo,[74] como também, em boa parte, havia se desenvolvido à margem da vida e da obra de Jesus. Tudo tinha seu ponto de partida em um plano de Deus, realizado pelo seu Filho eterno, e a salvação centrava-se na encarnação, morte e ressurreição. A atividade eclesial do Espírito ficava reduzida ao mínimo: inspirar a hierarquia e assegurar que os sacramentos fossem meios para receber a graça. O sacramento da ordem e o da confirmação conferiam o Espírito, o primeiro para o governo hierárquico da Igreja e o segundo para a vida laical.

Uma eclesiologia carismática e profética era inviável, e o acento foi posto na instituição visível da Igreja. O esquema tradicional da teologia foi o seguinte: Cristo é aquele que dá o Espírito (*De Christo capite, De gratia capitis*), canalizado para a hierarquia a partir de Pedro e dos apóstolos, continuando depois no papa e nos bispos, e nos sacerdotes e diáconos.

---

[74] A manutenção e conseqüências dessa eclesiologia no catolicismo foi analisada por KEHL, M. *Kirche als Institution*. Frankfurt, 1976. pp. 67-88; SERRARD, P. *The Greek East and the Latin West*. A Study in the Christian Tradition. London, 1959. pp. 61-72.

Os ministros são, segundo o seu grau, os "representantes de Cristo" (o *alter Christus*). Trata-se de uma eclesiologia descendente e verticalista, típica dos tratados eclesiológicos do século XIX. A concepção sacramental, simbólica e espiritual da Igreja antiga deu lugar à concepção jurídica e administrativa. Os ministros converteram-se no instrumento quase único do Espírito Santo. Os próprios sacramentos perderam o significado simbólico e espiritual, em favor de um realismo coisificante, que por vezes degenerou em magia. A instituição eclesiástica transformou-se em causa formal e instrumental da Igreja, como dizia a neo-escolástica. Os efeitos dessa concepção perduram até hoje.[75]

Atualmente a eclesiologia move-se em um contexto diferente. A criatividade do Espírito Santo, a revalorização do carismático e o retorno à comunidade marcam as linhas da eclesiologia. Ao mesmo tempo, as ciências humanas valorizam cada vez mais a importância das instituições contra as concepções individualistas do ser humano. Dependendo de como são postos os acentos, pode-se deduzir a eclesiologia de cada autor.[76] O problema reside no fato de alcançar o equilíbrio entre ambas as dimensões, entre o cristológico e o espiritual, o institucional e o carismático, a tradição e o acontecimento inesperado.[77]

---

[75] Congar, Y. Pneumatologie ou Christomonisme dans la tradition latine? In: VV. AA. *Ecclesia a Spiritu Sancto edocta*. Mélanges à G. Philips. Gembloux, 1970. pp. 41-63; Congar, Y. *El Espíritu Santo*. Barcelona, 1983. pp. 272-304; Idem. Pneumatología dogmática. In: Lauret, B. & Refoulé, F. *Iniciación a la práctica de la teología*. Madrid, 1984. v. 2, pp. 463-493; Colombo, G. Cristomonismo e pneumatologia o cristocentrismo e Trinità. *Theologia*, n. 9, pp. 189-220, 1984.

[76] Kehl estuda os diversos acentos de três eclesiologias representativas: as de Hans Küng, de K. Rahner e de Urs von Balthasar; cf. Kehl, *Kirche als Institution*, cit.; Leuba, J. L. *L'institution et l'événement*. Neuchâtel, 1950. pp. 83-111; Klostermann, F. *Kirche: Ereignis und Institution*. Freiburg, 1976; Liegé, P. A. Place à l'institution dans l'Église. In: Descamps, *L'Église: institution et foi*, cit., pp. 173-194; Rahner, K. *Das Dynamische in der Kirche*. Freiburg, 1961. pp. 38-74; Idem. Bemerkungen über das Charismatische in der Kirche. In: Idem. *Schriften zur Theologie*. Einsiedeln, 1970. v. 9, pp. 415-431.

[77] Essa é a contribuição da antropologia cultural (por exemplo, de A. Ghelen e de H. Schelsky), da filosofia dos sistemas e da comunicação (N. Luhmann e J. Habermas) e da sociologia do conhecimento (como as de P. Berger e Luckmann). A eclesiologia precisa dialogar com essas disciplinas e aplicar seus resultados ao trabalho teológico; cf. Dullaart, L. *Kirche und Ekklesiologie*. München, 1975. pp. 26-96; Kehl, *Kirche als Institution*, op. cit., pp. 23-67.

Do carisma à institucionalização

Por um lado, Jesus foi um mestre carismático, isto é, alguém inspirado pelo Espírito (desde seu nascimento e concepção, a partir do batismo e ao longo de sua vida pública). Sua autoridade baseou-se em sua inspiração por meio do Espírito, e interpretou livremente as Escrituras judaicas sem submeter-se a nenhuma autoridade teológica. A espontaneidade e a criatividade proféticas marcaram sua mensagem. Por isso, pode-se falar de Jesus como de um mestre carismático. Sua legitimidade não provém de um saber religioso institucional, muito menos de uma aprendizagem teológica ou de um cargo institucional. Os evangelhos, precisamente, destacam sua índole laical e profética, em contraposição aos sacerdotes e às escolas rabínicas. Os discípulos identificam-se com a pessoa do mestre, não com uma doutrina ou com um cargo.

Essa mesma "carismaticidade" e inspiração se dá posteriormente com alguns personagens-chave da Igreja pascal, como é o caso de Paulo. De Jesus a Paulo, o que está em primeiro lugar é a inspiração do Espírito. Por essa razão, a origem do cristianismo é carismática. E isso continua depois nas comunidades, nos apóstolos e nos demais ministérios. A Igreja é evento, acontecimento do Espírito, e os carismas são indiscutíveis na Igreja, sobressaindo-se dentre estes o apostolado e o profetismo, que são os primeiros enunciados nas listas e nos dois grupos de pessoas que mais influenciaram na evolução das Igrejas. Juntamente com eles, adquiriram especial relevância os mestres ou doutores e os evangelistas. Também eles interpretaram as Escrituras e as adaptaram livremente às necessidades de suas Igrejas, a partir da revelação do Ressuscitado e da inspiração do Espírito. Não narram simplesmente uma história, mas recriam a história para dar-nos o seu significado.

Isso é evidente no quarto evangelho, que é o mais tardio e o mais criativo, mas trata-se também de um elemento determinante nos sinóticos. Nenhum deles nos oferece uma mera história ou cronologia da vida de Jesus; pelo contrário, todos possuem uma teologia própria, a partir da qual interpretam os acontecimentos. O Jesus da história se esconde por trás da teologia de cada evangelista, servindo de ponto de partida, mas deixando espaço para a criatividade inspirada de cada um deles. Neste sentido, também os evangelhos são pneumáticos, criações pessoais, obras nas quais há grande dose de liberdade, criatividade e espontaneidade.

O carisma é determinante para a Igreja, e tudo vai surgindo a partir da inspiração do Espírito, até as novas Escrituras. Por isso, a Igreja é trinitária, cristológica e pneumática ao mesmo tempo. Se não há Espírito, não há Igreja, pois o primeiro é a iniciativa divina que se comunica, transforma as pessoas e as torna fundamento (Cristo, os apóstolos, os profetas). A "carismaticidade" é a própria essência da Igreja, constituída por "ungidos" (cristãos) que dão testemunho de uma experiência que mudou suas vidas. A experiência de Deus encontra-se no início de qualquer movimento religioso, e o problema de sua legitimação não se resolve por nenhum critério institucional, mas a partir dos frutos que os legitimam (At 4,7.16.19; 5,38-39: "[...] não vos preocupeis com estes homens e deixai-os ir embora. Porque, se este projeto ou esta atividade é de origem humana, será destruída. Mas, se vem de Deus, não conseguireis destruí-los").

Contudo, não se pode falar de "carismaticidade" sem aludir à sua institucionalidade. Ambas estão vinculadas e interagem. Por um lado, o fundador religioso parte de dada instituição, a sua religião de origem, no interior da qual ele procede a uma revisão, seleção, crítica e transformação. O judeu Jesus está marcado por instituições de seu tempo (as Escrituras judaicas, a história de Israel, os costumes e tradições de sua sociedade, a autoridade sacerdotal e rabínica etc.), diante das quais ele toma posição. Ninguém é neutro, nem parte do zero, pois todos estamos situados socialmente e condicionados pela cultura e pela história. O carisma sempre tem uma dimensão humana, é uma criação sociocultural, embora seja um dom de Deus. Deus inspira, mas o sujeito humano é quem interpreta essa comunicação a partir de sua própria biografia.

O carisma é lido a partir do passado e condicionado pelo presente histórico. Não se trata de algo atemporal, mas refere-se à sua época e, enquanto sinal dos tempos, é uma resposta criativa a um problema ou necessidade que surgiu. A criatividade do carisma é divina, pelo fato de este ser inspirado, mas é também humana enquanto síntese daquilo que é carismático, recolhendo muitas influências indiretas e não-conscientes. A religião cristã não somente está cheia de influências judaicas por causa de Jesus, mas também por causa de Paulo, dos outros apóstolos e das comunidades. Queiramos ou não, o cristianismo deriva do judaísmo, embora surja como um protesto profético, e as instituições judaicas são chaves para compreendê-lo. O carisma puro, sem influências institucionais, não existe, não passando de uma enteléquia imprópria da condição humana.

Todavia, além disso, a instituição é interna à própria evolução do cristianismo. Por um lado, há uma tradição oral, que serviu de pano de fundo para a elaboração escrita dos evangelhos. O cânon do Novo Testamento foi a primeira grande instituição normativa, norma normatizante, por meio da qual foi estabelecida a identidade da Igreja. A comunidade eclesial existe antes de um cânon de documentos escritos. As comunidades selecionaram, dentre os escritos disponíveis, aqueles nos quais se reconhecia a vida de Jesus ou a interpretação autorizada dos grandes apóstolos. Em alguns casos, foram escolhidos escritos autênticos; noutros, os de seus discípulos. Lucas indica claramente ser um compilador de tradições, que ele próprio selecionou (Lc 1,1-4; At 1,1-2), apesar da importância por ele concedida às testemunhas oculares dos tempos iniciais (At 1,21-22). Surgiu assim uma instituição com autoridade, cujo fruto é o cânon neotestamentário.

Isso nos leva à segunda grande instituição normativa do cristianismo, a instituição pessoal dos apóstolos, que falavam com uma autoridade baseada na própria revelação: "Paulo, apóstolo — não por iniciativa humana nem por intermédio de nenhum homem, mas por Jesus Cristo e por Deus Pai, que o ressuscitou dos mortos" (Gl 1,1). Os discípulos escolhidos por Jesus e os enviados pelo Ressuscitado tornaram-se a fonte autorizada da tradição e os que forneceram às comunidades os critérios de ação. Eles representam uma autoridade que remete ao próprio Deus, que não é o resultado do consenso comunitário. Por isso, o seu evangelho não pode ser posto em discussão por ninguém, nem sequer por um anjo ou Espírito (Gl 1,8-9). A doutrina e o ministério apostólico são as duas faces dessa autoridade institucional. A partir daí pode-se ver como surgiram a teologia da sucessão apostólica e os ministérios. A Igreja não é um mero agrupamento de indivíduos justapostos; ela tem sua origem na autoridade apostólica.

Há um círculo hermenêutico: as "origens" são reconstruídas a partir de uma criação posterior, o cânon do Novo Testamento, mas este elemento posterior é um desenvolvimento do inicial. Não existe acesso ao Jesus histórico sem passar pelos escritos, que nos apresentam o Cristo da fé. Temos acesso a esse Jesus a partir do eclesial, a partir da fé comunitária, mas o eclesial está a serviço do Jesus histórico. Não há Escritura sem Igreja, mas esta só subsiste enquanto inspirada pelo Espírito e normatizada pelas Escrituras. A base foi o consenso de todas as Igrejas (não só de suas hierarquias), que aceitaram um conjunto mínimo de escritos e adotaram um modelo ministerial. As próprias estruturas institucionais exigiram discernimento e foram objeto de discussão por parte das Igrejas. Elas foram aceitas porque se acreditava que eram inspiradas pelo Espírito e porque remetiam à vida e à obra de Jesus Cristo. Em outras palavras, tinham uma origem carismática e institucional ao mesmo tempo.

Quanto maior se tornava a expansão missionária, mais a institucionalização tornava-se inevitável, pois quanto maior é o grupo, maior também é a necessidade de organização e mais importância adquirem os dirigentes. Trata-se de uma lei da condição humana, conseqüentemente válida para as Igrejas e para qualquer agrupamento de pessoas. A missão no Império Romano, as perseguições e os cismas e heresias favoreceram a institucionalização. Quanto maior o êxito do movimento carismático, mais necessário se tornava organizá-lo, isto é, institucionalizá-lo. A inculturação no Império levou a assumir suas estruturas jurídicas, administrativas e políticas. Já não era mais suficiente a espontaneidade pessoal; era necessário assumir o contexto sociocultural em que os cristãos estavam vivendo.

Podemos mencionar também uma terceira institucionalização. Estamos falando daquela que levou a criar uma estrutura sacramental que serviu de alternativa ao culto judaico e pagão do Império Romano. Criou-se uma liturgia, com o batismo e a eucaristia como sacramentos maiores, porque ambos sintetizavam a morte e a ressurreição de Jesus. Surgiu assim uma estrutura sacramental e eclesial: uma eclesiologia eucarística e uma concepção batismal da vida, que levou a novas instituições, como o catecumenato, e a estabelecer mais especificamente as funções dos ministros e o papel da comunidade na celebração sacramental. Essa estrutura sacramental inspirou o próprio direito canônico, que surgiu da práxis, isto é, dos costumes transformados em regras normativas. A objetividade da norma contribui para a ordem comunitária e preserva do individualismo anárquico e do caos. Por isso, toda comunidade tem uma dimensão institucional, que livra o ser humano de ter que improvisar constantemente.[78] O homem é um ser sociocultural; portanto, apóia-se em instituições e tradições que determinam sua identidade individual e social. A ordem institucional nos serve também para sabermos como nos comportar e quais são as expectativas que os outros têm em relação a cada membro da comunidade. Especialmente os valores sociais (o "imaginário sociocultural") e os ritos contribuem para vincular a identidade de cada pessoa à sua sociedade de pertença.[79] É preciso superar a ingenuidade de uma comunicação direta e imediata de Deus que não esteja humanamente condicionada pela biografia, pelo lugar social, pela ideologia e pelo contexto sociocultural ao qual se pertence. As mediações institucionais são condições necessárias que possibilitam a liberdade, contrárias a um imediatismo entre Deus e o homem, que não respeitaria a condição humana e suas mediações.

---

[78] GELLARD, J. Valeurs religieuses et adhésion à l'Institution. *Acan*, n. 27, pp. 37-53, 1983; CASTORIADIS, C. Institution de la société et de la religion. In: DRAVASA, É et alii. *Religion, société et politique.* Mélanges à J. Ellul. Paris, 1983. pp. 3-18.

[79] HUIZING, P. A Igreja institucional. *Mysterium Salutis,* Petrópolis, v. 4, n. 2, pp. 130-136, 1977; HÖHN, H. J. Gnade vor Recht? *FZPhTh*, n. 33, pp. 345-290, 1986; JIMÉNEZ URRESTI, T. I. Por una eclesiología de la institucionalidad de la Iglesia sobre la justificación teológica del Derecho Canónico hoy. *REDC*, n. 35, pp. 5-91, 1979. Uma excelente visão panorâmica das várias correntes que representam a base do direito na Igreja pode ser encontrada em: KRÄMER, P. *Theologische Grundlegund der kirchlichen Rechts.* Trier, 1977; DOMBOIS, H. *Recht und Institution.* Stuttgart, 1979. v. 2; LEGRAND, H. M. Grâce et Institution dans l'Église. In: DESCAMPS, *L'Église: institution et foi,* cit., pp. 139-172.

O carisma e a instituição

A fé em Cristo vive-se comunitariamente, o que exigirá algum tipo de estrutura para expressar esse comunitarismo. O segundo elemento importante é o processo de institucionalização da Igreja, motivado sobretudo pelo atraso da Parusia. Quando a Igreja foi tomando consciência de que deveria viver na história, acelerou o processo de institucionalização. A instituição concede um corpo ao carisma, até integrando a profecia, e no nível da ação oferece um corpo que torna mais marcadamente eficaz aquilo que os profetas expõem como linha de ação. A Igreja-instituição, embora um tanto ambígua, é uma necessidade histórica. Todo carisma que exista na Igreja e queira ser eficaz, deverá pagar o preço social representado pela instituição (J. Sobrino, *La conflictividad dentro de la Iglesia*, *Selecciones de Teología*, n. 65, p. 50, 1978).

O ordenamento eclesiástico visava regulamentar a comunidade; tratava-se de uma construção humana, como é o caso de todos os sacramentos, mas ao mesmo tempo remetia-se à inspiração do Espírito. Instituição e carisma, referência ao próprio Cristo e criação comunitária, humana, determinam todos os sacramentos. O mesmo ocorre, de forma subordinada, com o direito eclesial.[80] O desenvolvimento dos sacramentos durou vários séculos, muito mais do que os processos institucionais anteriores, que também superaram os limites da geração apostólica. Sem eles não haveria Igreja, nem identidade cristã. A "carismaticidade" e a institucionalidade da Igreja se complementam; ambas ocorrem desde o primeiro momento e sem elas não é possível a sobrevivência do próprio cristianismo. A pluralidade de teologias do Novo Testamento abriu espaço tanto para as Igrejas quanto para as seitas cristãs (fundamentalmente baseadas nas eclesiologias paulina e joanina), como também para a mística

---

[80] Essa tríplice orientação do cristianismo foi analisada por E. Troeltsch, *Die Kirche, Entwicklungsziel der im Evangelium beschlossenen soziologischen Struktur*, in Heinz, *Das Problem der Kirchenentstehung in der deutschen protestantischen Theologie des 20. Jahrhunderts*, cit., pp. 74-100. Uma crítica teológica ao esquema tripartido de Troeltsch foi elaborada por: CONGAR, Y. *Falsas y verdaderas reformas en la Iglesia*. Madrid, 1953. pp. 285-292; TURCOTTE, *L'Église, la secte, la mystique et l'ordre religieux*, cit., pp. 77-98.

individual, que deu preferência aos escritos joaninos. Essa tríplice orientação do cristianismo, Igrejas, seitas e mística tem suas raízes no Novo Testamento.[81]

Humanos são o carisma e a instituição, já que ambos estão enraizados na história pessoal e coletiva dos protagonistas, e também são divinos, porquanto inspirados por Deus. A oposição entre carisma e instituição é insustentável, pois a institucionalização do carisma é a única forma de garantir a sua sobrevivência. Uma Igreja unicamente carismática não tem base no Novo Testamento e pressupõe uma concepção meramente invisível e espiritual da comunidade, na qual não há lugar para o direito, para as normas e para as instituições, que seriam contrárias à sua essência. Essa Igreja não existe a não ser nas elaborações dos teólogos, jamais tendo acontecido na realidade, nem há exemplos contrários na história. Toda comunidade confronta-se com o dilema: institucionalizar-se ou morrer.[82]

O conflito entre o carisma e a instituição

A instituição é uma mediação essencial, é o carisma encarnado em estruturas e está a seu serviço.[83] Por isso, pode-se falar em "catolicismo

---

[81] Essa antítese foi defendida por R. Sohm, e daí em diante tem sido objeto de uma longa controvérsia teológica; cf. SOHM, R. Begriff und Organisation der Ekklesia. In: KERTELGE, K. *Das kirchliche Amt im Neuen Testament*. Darmstadt, 1977. pp. 45-60; HARNACK, A. *Entstehung und Entwicklung der Kirchenverfassung und des Kirchenrechts in den zwei ersten Jahrhunderten*. Leipzig, 1910. pp. 143-186; CONGAR, Y. R. Sohm nous interroge encore. *RSPhTh*, n. 57, pp. 263-294, 1973; NARDONI, E. Charism in the Early Church since Rudolf Sohm: an Ecumenical Challenge. *ThSt*, n. 53, pp. 646-662, 1992; KRÄMER, *Theologische Grundlegung der kirchlichen Rechts*, cit., pp. 47-62; DOMBOIS, H. *Das Recht der Gnade*. Witten, 1969. vv. 1 e 2; HOFFMANN, J. Grace et institution selon Hans Dombois. *RSPhTh*, n. 52, pp. 645-676, 1968; n. 53, pp. 41-69, 1969.

[82] SCHÜRMANN, H. Die neubundliche Begründung von Ordnung und Recht in der Kirche. *ThQ*, n. 152, pp. 303-316, 1972; RAHNER, K. Institution und Freiheit. In: IDEM. *Schriften zur Theologie*, cit., 1972, v. 10, pp. 115-133.

[83] KÜNG, H. Der Frühkatholizismus im Neuen Testament als kontroverstheologisches Problem. *ThQ*, n. 132, pp. 385-424, 1962; KÜNG, *La Iglesia*, cit., pp. 216-230; LUZ, U. Erwägungen zur Entstehung des Frühkatholizismus. *ZNW*, n. 65, pp. 88-111, 1974; SCHULZ, S. *Die Mitte der Schrift*. Stuttgart, 1976. pp. 384-402; FAZEKAS, L. Kanon im Kanon. *ThZ*, n. 37, pp. 19-34, 1981; SOHM, R. *Wesen und Ursprung des Katholizismus*. Leipzig, 1912. pp. 24-68; IDEM. Begriff und Organisation der Ekklesia, cit., pp. 45-60. A proposta de Sohm transformou-se em uma referência clássica para a teologia protestante, que a assumiu embora criticamente: A. Harnack, *Entstehung und Entwicklung der Kirchenverfassung und des Kirchenrechts in den zwei ersten Jahrhunderten*, cit., pp. 143-155; 173-186. Käsemann reconhece o catolicismo prematuro do Novo Testamento, mas procura avaliar

prematuro no Novo Testamento",[84] já que o processo institucionalizante, em sua dupla dimensão, doutrinal e ministerial, dá-se já no próprio Novo Testamento: cartas deuteropaulinas (Efésios e Colossenses), cartas pastorais, cartas de Pedro etc. As raízes do catolicismo remontam, no mínimo, a Lucas e à escola paulina. Ou seja, a passagem do carisma para a instituição começa a ocorrer já no interior do Novo Testamento, embora haja uma pluralidade de enfoques. Em Paulo e em João ressalta-se uma eclesiologia do Espírito; nas cartas pastorais, pelo contrário, põe-se o acento no aspecto institucional. Há uma evolução que deve ser respeitada, sem opor a mais expressiva "carismaticidade" das origens à institucionalização mais marcante do final. É verdade que, no decorrer do catolicismo, a importância foi posta nas cartas pastorais e nos Atos dos Apóstolos, e que hoje procuramos recuperar a tradição carismática paulina e joanina; todavia, não se pode colocar em oposição esses conjuntos de escritos, nem eliminar a tensão dinâmica por eles suscitada. Todos servem de inspiração à Igreja, e o equilíbrio surge quando eles se complementam e são confrontados.

Não fica clara também a distinção que alguns fazem entre o carisma como elemento essencial da Igreja e o institucional como mero instrumento regulador, secundário e sem valor essencial. O institucional prolonga o carismático, que ao sobreviver se institucionaliza.[85] Por isso, a instituição é a condição *sine qua non* para salvar o carisma. Ambos são, por outro lado, manipuláveis e podem servir como instrumento de domínio

---

todos os escritos a partir da primazia concedida aos escritos paulinos: KÄSEMANN, E. Amt und Gemeinde im Neuen Testament. In: IDEM, *Exegetische Versuche und Besinnungen*, cit., 4. Aufl., 1965. v. 1. pp. 109-134; IDEM. Begründet der neutestamentliche Kanon die Einheit der Kirche. In: IDEM, op. cit., pp. 214-223. Segundo a perspectiva católica, cf. CONGAR, R. Sohm nous interroge encore, cit., pp. 263-294; NARDONI, Charism in the Early Church since Rudolph Sohm, cit., pp. 646-662; SCHÜRMANN, Die neubundliche Begründung von Ordnung und Recht in der Kirche, cit., pp. 303-316.

[84] BARTSCH, C. *Frühkatholizismus als Kategorie historisch-kritischer Theologie*. Berlin, 1980. pp. 21-42; KEHL, *Kirche als Institution*, cit., pp. 88-122.

[85] A distinção entre domínio carismático e institucional provém de Max Weber e teve ampla repercussão na sociologia; cf. WEBER, M. *Gesammelte Aufsätze zur Religionssoziologie*. 6. Aufl. Tübingen, 1972. v. 1, pp. 267-273; IDEM. *Economía y sociedad*. México, 1969. v. 1, pp. 170-203; IDEM. op. cit., v. 2, pp. 707-753; 847-849.

das consciências e como plataforma para a própria subjetividade. A submissão ao mestre carismático pode degenerar em uma seita fechada e no fanatismo religioso. Na medida em que se apela para a experiência de Deus que cada um faz, facilmente se tende a pensar que a própria subjetividade tem uma origem divina. Conseqüentemente, autodiviniza-se a própria consciência e se faz do mestre fundador uma instância absoluta e inapelável. Todos conhecemos os efeitos destrutivos das "lavagens cerebrais" praticadas pelas seitas fechadas, precisamente em nome da consciência divina do fundador. Daí a necessidade do discernimento, da crítica e da autocrítica, bem como do diálogo e da abertura ao exterior, para não cair em uma dinâmica auto-suficiente e intransigente.

As instituições também possuem uma patologia própria, amplamente estudada pela sociologia e pelas ciências humanas, e que deve servir para refletir sobre a própria Igreja. Por um lado, tendem à rotinização do carisma, isto é, a substituir a experiência carismática por uma série de princípios e normas facilmente controláveis e manejáveis. A experiência é sempre imprevisível e, em última instância, incontrolável. Em geral, as instituições têm receio dos místicos e carismáticos, especialmente quando eles exercem uma crítica profética na religião em que surgem. Daí a tendência dos gestores e administradores à objetivação, à disciplina e ao controle. Prefere-se o funcionário ao místico, sobretudo nos postos de maior responsabilidade. O aspecto problemático dessa tendência é este: a liderança de uma comunidade exige sempre capacidade de irradiação e de atração, especialmente quando se trata de comunicar uma experiência viva.

A autoridade carismática contrapõe-se à institucional enquanto a primeira se estabelece sobre relações pessoais de identificação, nas quais o líder é o ideal para os seus seguidores (como acontecia no caso de Jesus). Trata-se de uma autoridade moral, incondicional, absoluta, própria de pequenos grupos com relações muito interpessoais e com forte conteúdo emotivo. É isso o que as torna instáveis, o que provoca a crise quando morre o fundador e o que favorece o surgimento de uma tradição que institucionaliza o carisma. Por outro lado, a autoridade institucional baseia-se em uma ordem legal, em uma tradição e em algumas competências atribuídas. A autoridade depende do grau hierárquico, e suas funções são determinadas pelo cargo, ao qual se ascende por designação ou por eleição (por parte da comunidade, como ocorria na Igreja antiga, ou de um superior, como ocorre na eclesiologia atual). A autoridade institucional é estabelecida partindo-se da primazia da disciplina e da ordem, e é assimétrica, enquanto possui uma relação de superioridade/submissão a respeito dos subordinados.[86]

Nas cartas pastorais encontramos indícios de como a institucionalização vai nessa linha. Nela, as pessoas não são representativas; elas se escondem por trás do cargo, permitindo que o poder institucional possa ser anônimo e impessoal, como ocorre na burocracia de funcionários. Aqui o importante já não é a personalidade criativa, intuitiva e espontânea, mas o gestor eficaz, racional e responsável, marcado pelo sentido do dever e pela lealdade à instituição que representa. O administrador e o gestor (ambos títulos integráveis no conceito de "bispo") são mais necessários quanto mais numeroso e complexo for o grupo, precisamente o que ocorreu com o cristianismo do final do século I.

Evidentemente não é impossível combinar elementos do líder carismático e da autoridade institucional. Na realidade, os bons dirigentes participam de ambas as dinâmicas. Mais ainda, quanto mais for impessoal e anônima a autoridade dominante de uma coletividade, mais se tornará necessário que haja um líder com elementos carismáticos que permita a identificação pessoal e uma adesão que vá além das normas. Foi o que tornou populares personalidades eclesiais como João XXIII e João Paulo II, que combinam elementos das duas tipologias. Contudo, esse fenômeno não é o mais freqüente na sociedade e na Igreja. De fato, as qualidades do carismático são, na maioria das vezes, as de messias e profeta, enquanto para a hierarquia exige-se uma personalidade bem mais

---

[86] Alguns estudos ilustram a complexidade do carisma, que revitaliza a instituição, a qual o limita mas ao mesmo tempo o torna eficaz; cf. SÉGUY, J. Sattler et Loyola: ou deux formes de radicalisme religieux au XVII siècle. In: LIENHARD, Marc. *The Origins and Characteristics of Anabaptism*. Den Haag, 1977. pp. 105-125; IDEM. Charisme, sacerdoce, fondation: autour de L. M. Grignion de Monfort. *Social Compass*, n. 29, pp. 5-24, 1982.

racional, organizativa e sistemática. Quando ambas as qualidades coincidem em alguma pessoa, surge um líder excepcionalmente inspirador (carismático) e eficaz (gestor), como aconteceu, por exemplo, com Agostinho, Inácio de Loyola ou Teresa de Jesus no catolicismo, ou com Lutero e Calvino no protestantismo.[87] Por outro lado, freqüentemente os fundadores carismáticos são deficientes organizadores, como aconteceu com Francisco de Assis ou José de Calasanz, gerando-se fortes tensões e crises em seus movimentos, em razão de seu excepcional carisma e sua limitada capacidade organizativa.

Dentro da patologia das instituições, encontra-se a tendência que toda instituição tem para a burocracia e para o crescimento. Por sua própria dinâmica, as instituições tendem a crescer e a aumentar suas competências sobre a vida de seus membros.[88] Se o carisma favorece o conflito e até mesmo a desordem — e isso é próprio de subjetividades contrapostas —, a instituição tende à racionalização da vida, à regulamentação que facilmente se transforma em uma casuística complexa. As inevitáveis necessidades reguladoras e organizativas são assim transformadas em leis cada vez mais minuciosas, que podem acabar asfixiando a criatividade pessoal. Em grande parte, o mal-estar do catolicismo deve-se ao fato de que Igreja cresceu exageradamente do ponto de vista institucional, burocratizando seus ministérios e regulamentando demais a vida de seus membros.[89] Daí a ânsia de maior liberdade e proximidade pessoal das autoridades, que leva à busca de uma Igreja mais carismática, com mais "gurus", isto é, mestres espirituais, e menos funcionários eclesiásticos. Há nostalgia por relações mais livres, espontâneas e comunitárias, que sirvam de contra-

---

[87] BUCKLEY, W. *La sociología y la teoría moderna de los sistemas.* Buenos Aires, 1977. pp. 239-243; KAUFMANN, F. A Igreja como organização religiosa. *Concilium*, n. 91, pp. 58-68, 1974.

[88] "Aos olhos de muitos concidadãos, a Igreja se apresenta como uma organização burocrática, centralizada e distante das necessidades pessoais do homem de hoje. Isso provoca a perda da autoridade moral diante dos grandes problemas do mundo e seu distanciamento da vida do indivíduo. Então a Igreja coloca-se automaticamente próxima de outras grandes organizações, como o Estado ou as autoridades supranacionais"; cf. KAUFMANN, F. X. *Theologie in soziologischer Sicht.* Freiburg, 1973. p. 107; WIEDENHOFER, S. *Das katholische Kirchenverständnis.* Graz, 1992. p. 23.

[89] EYT, P. L'antijuridisme et sa portée dans la vie récente de l'Église. *Acan*, n. 27, pp. 17-24, 1983; DEFOIS, G. L'Église, acteur social. In: DESCAMPS, *L'Église: institution et foi*, cit., pp. 57-90.

peso ao processo de massificação e ao próprio tempo de isolamento do indivíduo na sociedade atual. É isso o que leva ao anseio por uma Igreja primitiva idealizada, somente carismática, sem autoridades, nem poderes, que na realidade nunca existiu, mas que representa um sintoma do mal-estar eclesial atual. Só a transformação estrutural da Igreja pode tornar possível a superação do idealismo antiinstitucional que cresce em muitos cristãos.[90]

Há também uma tendência conservadora nas instituições, as quais procuram sobreviver, embora tenham deixado de ser funcionais, e acabam transformando-se em fins em si mesmas.[91] Dá-se uma reconversão interna, pela qual os meios se transformam em fins e vice-versa. Por exemplo, há congregações religiosas que foram fundadas para servir os pobres. No entanto, com o passar do tempo, suas instituições, como as obras educativas, deixaram de servi-los, embora para eles tenham sido fundadas (por causa da mobilidade social, da expansão urbana, do aumento da classe média ou da própria evolução da congregação) e de fato perderam sua finalidade fundacional. Normalmente isso não leva a abandonar tais obras ou a transformá-las, mas a reconverter o carisma fundador para justificar o fato de que continuem sendo conservadas. É o que ocorre também com instituições eclesiais que em outros séculos foram válidas, mas que hoje se tornaram obsoletas e pouco adaptadas à sociedade. Impõem-se os interesses estabelecidos institucionalmente e redimensiona-se a doutrina para defender o *status quo*.

Para superar essas patologias, é preciso distinguir entre a possível origem divina de uma instituição, enquanto inspirada e querida por Deus, e

---

[90] A transformação dos meios em fins pertence à patologia da institucionalidade da Igreja; cf. CONGAR, Y. Religión institucionalizada. In: SIMPOSIO SOBRE LA TAREA TEOLÓGICA con que se enfrenta hoy la Iglesia. *Las cuestiones urgentes de la teología actual*. Madrid, 1970. pp. 193-219; KEHL, M. ¿A dónde va la Iglesia? Santander, 1997. pp. 65-79.

[91] RAHNER, K. *Sobre el concepto de 'ius divinum' en su comprensión católica*. Escritos de Teologia. Madrid, 1964. v. 5, pp. 247-273; HUIZING, P. A Igreja institucional. *Mysterium Salutis*, Petrópolis, v. 4, n. 4, pp. 142-152, 1977; PETER, C. J. Dimensions of ius divinum in Roman Catholic Theology. *ThST*, n. 34, pp. 227-250, 1973; DULLES, A. Ius Divinum as an Ecumenical Problem. *ThST*, n. 38, pp. 681-708, 1977; NEUMANN, J. Erwägungen zur Revision des kirchlichen Gesetzbuches. *ThQ*, n. 146, pp. 286-304, 1966.

a estrutura histórica concreta em que se plasmam.[92] A constituição "divina" da Igreja realiza-se em organizações humanas falíveis, mutáveis e provisórias.[93] Por essa razão é que o Concílio Vaticano II afirma que a Igreja de Cristo (realidade teológica) subsiste na Igreja católica (realidade histórica concreta), sem qualquer identificação precisa. Contudo, é freqüente utilizar o primeiro elemento (a realidade teológica da Igreja) para legitimar o segundo (a forma concreta que ela tem de realizar-se em um lugar e época determinada), estabelecendo uma identidade entre ambos. Cai-se assim em um "monofisismo eclesiológico", que identifica a Igreja com Deus sem mais nem menos, defendendo o *status quo* eclesial como irreformável pelo fato de ser divino.[94] Não se pode negar que essa forma teológica de argumentar é "ideológica", isto é, encobre a realidade ao invés de iluminá-la e se presta à manipulação das consciências e ao autoritarismo institucional, que rejeita toda crítica. Falha então a consciência histórica, já que a identidade se dá na mudança. Por isso, o carisma é essencial como correlato da autoridade, e esta não pode ser entendida como uma instância autárquica e muito menos oposta à comunidade. Quando isso ocorre, perde-se a "carismaticidade", e a autoridade se converte em mero poder sobre as consciências.

Esses aspectos sociológicos devem também ser levados em conta para que se possam analisar o processo da Igreja no final do século I, a perda da dimensão carismática e profética e a progressiva institucionalização. Os que se apegam aos ministérios, no entanto, tendem a identificar as necessidades comunitárias com os seus próprios interesses, sem se dar

---

[92] Isso é demonstrado historicamente por P. Granfield, The Church as Institution: A reformulated Model, in *JES*, n. 16, pp. 425-447, 1979.

[93] OHLIG, K. H. Metas teológicas para a reforma da Igreja. *Concilium*, n. 73, pp. 314-324, 1972.

[94] É o que subjaz às análises de Max Weber sobre o domínio carismático, patriarcal e burocrático. Mas Weber se concentra no "domínio", exatamente o que não deve ocorrer na Igreja, que possui unicamente autoridade, ou seja, capacidade moral para influir nos outros. Jesus lutou contra o domínio dos sacerdotes e rabinos, aos quais contrapôs sua autoridade moral. Só um ministério integrador e libertador pode ser compatível com a índole carismática da Igreja: VEN, *Kontextuelle Ekklesiologie*, cit., pp. 305-312; KEHL, M. *La Iglesia*. Salamanca, 1996. pp. 360-372; NEUNER, P. Ekklesiologie. Die Lehre von der Kirche. In: BEINERT, W. (Hrsg.) *Glaubenszugänge*. Paderborn, 1995. v. 2, p. 463; DULLAART, *Kirche und Ekklesiologie*, cit., pp. 102-133; 184-190.

conta de que a ideologia do poder leva a proteger o cargo de toda crítica externa e ainda mais da interna. Os que vivem do cargo não podem ser críticos em relação a ele, nem na sociedade, nem na Igreja; daí a necessidade de estarem abertos à crítica externa e a conveniência de que os postos de responsabilidade não sejam vitalícios, mas sejam assumidos por um determinado período de tempo, como acontece nas ordens religiosas. O fato é que o aprendizado, a capacidade de corrigir e a sintonia com o ambiente dificilmente podem ser mantidos por pessoas que permanecem por muito tempo em um cargo, e menos ainda quando se trata de pessoas anciãs, que tendem a valorizar mais o passado do que as demandas (muitas vezes incompreensíveis para os que têm idade avançada) que partem do presente social e eclesial. Passamos assim da autoridade da fé à fé na autoridade, do testemunho do líder que arrasta à imposição daquele que exerce a autoridade em virtude de um ofício.

Por isso, as eclesiologias institucionalizantes tendem a ressaltar os elementos normativos (tradição, ministérios, doutrina apostólica, disciplina e ordem) e a limitar os espirituais (carismas, profetas, liberdade e consciência pessoal). O carisma é ameaçado pela instituição, que dela necessita e a qual procura preservá-lo. Conseqüentemente se produz uma perda da experiência espiritual inicial, em favor da objetivação eclesiológica. Essa foi a grande ameaça do último quarto de século, que gerou o protesto montanista, de um lado, e o joanino, do outro. O primeiro quis mudar o processo e voltar aos inícios, recorrendo à negação do institucional. Os escritos joaninos, por sua vez, tentaram manter a referência ao Espírito, aos carismas e aos profetas, para que a institucionalização não acabasse empobrecendo a Igreja. Trata-se de escritos que chamam a atenção para um perigo e que procuram corrigi-lo, sem negar as referências institucionais, mas sublinhando a importância dos carismáticos e de toda a comunidade.

Embora tenham fracassado em seu intento, já que a institucionalização se impôs e acabou se perdendo o protagonismo comunitário e o papel relevante dos profetas, esses movimentos preservaram para a posteridade a dimensão carismática da Igreja e foram a reserva crítica da qual beberam muitos movimentos posteriores. A dupla herança paulina e joanina impediu o triunfo total da institucionalização, em detrimento do carisma. Por isso, depois de épocas de institucionalização, sempre surgem movimentos reformadores, que buscam um novo equilíbrio mais aberto aos carismas e às iniciativas da base. A história do cristianismo, e concretamente da eclesiologia, em grande parte é a da tensão entre carisma e instituição, que marca duas orientações permanentes e essenciais da Igreja.

Como surgiram os apóstolos e os ministros

Jesus anunciou e instaurou o Reino de Deus, e a Igreja primitiva surgiu sob a inspiração do Espírito, depois da ressurreição. Essas foram as linhas de força constitutivas da Igreja, resultado de uma complexa evolução, caracterizada por uma nova concepção de Deus, que levou ao monoteísmo trinitário; por uma fusão dos judeus e dos gentios, que formaram um corpo misto, o novo povo de Deus; e por uma maneira diferente de entender a relação com Deus, na qual o discernimento — conseqüência da presença habitadora do Espírito — substituiu a mera obediência à lei, e o sacrifício de uma vida entregue aos outros ocupou o lugar do antigo culto sacerdotal. A partir daqui já podemos falar da "Igreja" em contraposição à "sinagoga", do cristianismo como religião diferente do judaísmo e da missão da Igreja como substitutivo da expectativa do Reino de Deus. A Igreja surgiu como resultado de um processo histórico, inspirado por Deus, sem que haja momentos fundacionais concretos, nem uma fundação realizada por Jesus, mas um processo comunitário. A Igreja deriva da vida de Jesus, mas é fruto da inspiração do Espírito Santo.

Tendo isso como ponto de partida, é preciso analisar como surgiram os ministérios, que relação eles têm com Jesus e qual é o marco eclesiológico no qual eles se desenvolveram. Precisamos estar atentos para a evolução histórica e teológica, ao invés de pressupor uma fundação direta e imediata dos ministérios por parte do próprio Jesus. Os ministérios não podem ser compreendidos à margem da eclesiologia, como resultado isolado do sacramento da ordem. Pelo contrário, houve um nascimento e um desenvolvimento dos ministérios a partir da própria Igreja, de onde nasceu posteriormente o sacramento da ordem. Estudaremos como surgiram diversos tipos de ministérios a partir de diferentes eclesiologias, como se desenvolveram no Novo Testamento e se transformaram mais tarde, como conseqüência da inculturação do cristianismo na sociedade romana. Daremos atenção também, em um capítulo posterior, ao papel da mulher nesses ministérios, assim como aos fatores que influenciaram na progressiva decadência e limitação do protagonismo feminino, por parte das Igrejas, até o seu desaparecimento.

Identidade e origem dos apóstolos

A apostolicidade da Igreja é uma das características do credo dos apóstolos. A Igreja sempre teve consciência de que sua origem está relacionada aos apóstolos, embora não haja um consenso exegético nem teológico, nem sequer no Novo Testamento, sobre quem eram os apóstolos, que é o específico de sua identidade, e em que sentido eles provêm de Jesus e da Igreja primitiva. Ao se abordar o problema das origens e da identidade dos apóstolos, volta a ressurgir o problema da continuidade e descontinuidade entre Jesus e a Igreja primitiva. No curso da análise de como surgiu a comunidade de discípulos de Jesus e, a partir dela, a Igreja, fizemos alusões esporádicas às diferentes teologias do apostolado existentes no Novo Testamento. Iremos proceder agora a uma reflexão mais sistemática sobre essas teologias, avaliando-as eclesiologicamente, com o objetivo de analisar, a partir disso, o nascimento dos ministérios na Igreja.

Na exegese atual,[1] encontramos duas posturas principais contrapostas. A primeira é a convencional: estabelece uma conexão direta, ou pelo

---

[1] O termo "apóstolo" é empregado, em grego, em um sentido não-pessoal (carta de acompanhamento, passaporte, envio, envio de uma frota etc.) e como "enviado". Não é um termo religioso; é pouco provável que tenha inspirado o uso técnico cristão. Alguns autores, já desde são Jerônimo, fazem derivar tal conceito da instituição judaica da *Schaliah* (1Sm 25,40), isto é, o envio de alguns representantes por parte de comunidade ou de pessoa, com instruções para essa missão. Trata-se de uma espécie de vigários daquilo que representam: "O enviado de um homem é como ele próprio". Na década de 70, há testemunhos de apóstolos enviados pelo Sinédrio para recolher coletas e visitar as comunidades da diáspora. Esta instituição judaica pode ter influenciado a Igreja primitiva, incluindo Jesus; cf. ROLOFF, J. Apostel, Apostolat, Apostolizität. In: *TRE*, 3. 1978. pp. 430-445; ROLOFF, J. *Apostolat, Verkündigung, Kirche*. Gütersloh, 1965; RENGSTORF, K. H. ἀποστέλλω, ἀπόστολος. In: *ThWNT*, 1. 1933. pp. 397-448; KLEIN, G. *Die Zwölf Apostel*. Göttingen, 1961. pp. 49-52; 22-65; TRILLING, W. Die Entstehung des Zwölferkreises. In: SCHÜRMANN, *Die Kirche des*

menos indireta, entre o Jesus histórico e os apóstolos posteriores. A segunda, pelo contrário, acentua a descontinuidade entre ambos: os apóstolos surgiram na Igreja pascal, por inspiração do Espírito, por causa do posicionamento de Paulo, por decisão das próprias comunidades ou em conseqüência de influências externas, como os gnósticos, que ofereceram à Igreja um modelo por ela copiado. Para avaliar essas diferentes posturas, estudaremos a relação entre Jesus e os apóstolos, a partir da pluralidade de enfoques dos evangelhos, para depois estudarmos o seu papel na Igreja primitiva.

Jesus e os apóstolos

O primeiro elemento que precisamos analisar é o da relação com Jesus. Já sabemos que não há consenso entre os evangelhos quando se pretende determinar quem eram os "doze", em que consistia seu significado e se foram apóstolos no sentido pleno da Igreja pascal. Marcos é quem mais emprega a denominação "os doze" (11 vezes), enquanto Mateus a usa oito e Lucas, sete. No entanto, os evangelhos dão uma distinta significação teológica aos doze, cada um a partir de sua própria teologia. Vamos resumir as diferentes posturas dos evangelhos.

Marcos estabeleceu uma distinção entre os doze e o restante dos discípulos, apresentando uma lista dos doze que não coincide nem com a de Mateus, nem com a de Lucas.[2] Para Marcos, os doze simbolizam a tentativa renovadora de Jesus para Israel, já que o número possui um significado teológico para o judaísmo, tanto no Antigo Testamento quanto na literatura apócrifa e em Qumrã, englobando todas as tribos de Israel.[3] Depois de ter

---

Anfangs, cit., pp. 201-222; Hasenhüttl, *Charisma, Ordnungsprinzip der Kirche*, cit., pp. 162-185; Campenhausen, H. von. Der Urchristliche Apostelbegriff. In: Idem. *Das Kirchliche Amt im Neuen Testament*. Darmstadt, 1977. pp. 237-278; Schütte, H. *Amt, Ordination und Sukzession im Verständnis evangelischen und katholischen Exegeten und Dogmatiker der Gegenwart*: sowie in Dokumenten ökumenischer Gespräche. Düsseldorf, 1974. pp. 24-43.

[2] Klein, *Die Zwölf Apostel*, cit., pp. 202-217; Mateos, J. *Los doce y otros seguidores de Jesús en el evangelio de Marcos*. Madrid, 1982; Rigaux, B. Los doce apóstoles. *Concilium*, n. 34, pp. 7-18, 1968; Schmahl, *Die Zwölf im Markusevangelium*, cit.

[3] Schmahl, op. cit., pp. 36-41.

narrado como eles foram constituídos por Jesus ("Jesus [...] chamou os que ele quis; e foram a ele. Ele constituiu então doze [...]": Mc 3,13-19), sempre usa o artigo no plural — "os doze" — para referir-se ao grupo. Eles foram também enviados ("para que ficassem com ele e para que os enviasse — ἀποστέλλω — a anunciar a Boa-Nova, com o poder de expulsar os demônios": Mc 3,14-15). Marcos, portanto, faz uma distinção entre o grupo amplo dos discípulos e "os doze", aos quais dá destaque nos momentos mais importantes (Mc 4,10; 6,7; 9,35; 10,32.41; 11,11; 14,17). Judas também é freqüentemente designado como "um dos doze" (Mc 3,19; 14,10.20.43). Os doze são uma fração dos discípulos; muitas vezes fala-se deles indistintamente (Mc 6,30.35.41), mas eles constituem um grupo à parte.

Da mesma forma que Jesus é o enviado do Reino, como o considera João apresentando-o como o apóstolo ou enviado de Deus, assim também eles o são de Jesus, que rejeita outros que pretendem acompanhá-lo (Mc 5,18). Contudo, eles não têm o monopólio da pregação e dos exorcismos ("[...] vimos alguém expulsar demônios em teu nome. Mas nós o proibimos, porque ele não andava conosco": Mc 9,38-39). O contexto é o de Jesus enviado, cujo envio (apostolado) continua nos doze, aos quais deu várias instruções sobre sua missão (Mc 6,7-13.30), que consistia em pregar, curar e expulsar demônios. Enviou-os dois a dois, como era o costume da Igreja primitiva, o que pode ter influenciado na apresentação do chamamento aos pares, no início dos evangelhos (Mc 1,16-20 par.). No final da missão "os *apóstolos* se reuniram junto de Jesus e lhe contaram tudo o que tinham feito e ensinado" (Mc 6,30). É a única vez que lhes é dado esse nome. Ainda não se trata de um título, pois Marcos o usa para resumir sua tarefa missionária. Essa missão é dirigida estritamente aos judeus, assim como a de Jesus, mas já há alusões a uma pregação universal, que abre o horizonte de sua missão (Mc 13,10; 14,9).

O que é característico dos doze (Mc 4,10; 11,11; 14,10.20.43), em relação aos discípulos, é a missão e o acompanhamento mais estreito que eles têm por parte de Jesus, embora as linhas gerais de ensinamento aos discípulos e aos doze sejam as mesmas, incluindo-se os anúncios da paixão (Mc 8,27-31; 9,31: aos discípulos; 9,35; 10,32-33: aos doze). Desde a visita ao templo, depois da entrada em Jerusalém, até a preparação da ceia, os doze são mencionados unicamente como seus acompanhantes (Mc 11,11–14,12). Entre os doze, havia três discípulos que se destacavam: Pedro, Tiago e João (Mc 5,37; 9,2; 14,33; cf. também 1,16-19.29; 13,3, em que se fala também de André). São as testemunhas de como se irradia a divindade de Jesus e mais tarde serão mencionados como personagens relevantes da Igreja primitiva. Ou seja, Marcos faz uma distinção entre os doze e os discípulos, reconhecendo que os primeiros foram enviados por Jesus. Por isso os chama de "apóstolos" ao serem enviados, mas não lhes atribui o título de apóstolos, como se se tratasse de algo permanente, nem há a menor indicação sobre um apostolado eclesial pascal. O que interessa a Marcos é o significado dos apóstolos enquanto símbolo do novo Israel. Quanto ao mais, a apresentação que Marcos faz dos discípulos e o reduzido grupo dos doze não apresentam grandes diferenças, exceto no que concerne ao grau de intimidade com Jesus e proximidade a ele.

Mateus e Lucas seguiram perspectivas diferentes em seus evangelhos, acolhendo essa tradição e completando-a com as suas próprias informações. Mateus simplificou a relação existente entre os doze e os discípulos, e os chamou de "os doze discípulos" (Mt 10,1.5; 11,1; 19,28; 20,17; 26,14.20), ressaltando assim a função simbólica do discipulado para Israel. Geralmente ele utiliza o termo vago "os discípulos", 73 vezes, enquanto somente uma vez os chama de "apóstolos" durante a vida de Jesus (Mt 10,1-2: "Chamando os doze discípulos [...] Estes são os nomes dos doze apóstolos"). Nunca mais eles serão chamados de apóstolos, título no qual Mateus não tem qualquer interesse particular. No entanto, ele menciona a função apostólica depois da ressurreição como algo confiado a toda a comunidade: o mandato do Ressuscitado é o de ir e fazer "discípulos entre todas as nações" (Mt 28,19), dirigindo-se a todos os discípulos e não a um número reduzido, os doze. Mateus está interessado na relação que existe entre Jesus, seus discípulos e Israel; por outro lado, ele não tem especial interesse em quem deveriam ser os apóstolos da Igreja pascal. Os doze discípulos, ou seja, todos, representam o Israel fiel, aberto a Jesus e à sua vinda como Filho do Homem (Mt 19,28; Ap 21,12-14).

Uma opinião diferente é a de Lucas,[4] preocupado precisamente em especificar quem e em que consiste ser apóstolo da Igreja pascal. Para ele, o relacionamento com Israel possui um interesse menor, pois trata-se de um problema já resolvido (Lc 22,28-30). O termo "apóstolo" é utilizado seis vezes no evangelho, contra uma única vez nos demais evangelhos, e 28 vezes nos Atos dos Apóstolos, o que prova o seu grande interesse pela questão. Ao criar o termo "os doze apóstolos", formulação típica de Lucas, descreve detalhadamente as instruções a eles passadas por Jesus, acrescentando à pregação do Reino e às curas — que é o que sublinham Mateus e Marcos —, o anúncio do Evangelho, o que representa um elemento típico da identidade apostólica na Igreja primitiva (Lc 9,2.6; cf. At 5,42; 8,25). A apostolicidade futura dos doze é sublinhada também na última ceia, se compararmos com o relato de Marcos e de Mateus, acentuando-se a perspectiva de participar no Reino de Deus, quando se sentarem com Cristo ressuscitado, para julgar as doze tribos de Israel (Lc 22,14-18.28-38).

Ou seja, o termo "apóstolo" possui um significado escatológico: eles desempenharão um papel juntamente com Cristo, no final dos tempos. Pedro e seus companheiros são, além disso, os administradores da comunidade (Lc 12,42-46; cf. Mt. 24,45-51; 1Cor 4,1-2). Lucas apresenta os apóstolos como personagens identificados já na época do discipulado, e sublinha que sua identidade provém do próprio Jesus, em contraste com o desinteresse de Marcos e de Mateus em esclarecer o termo "apóstolo". Ele estabelece uma continuidade entre os apóstolos pascais e os escolhidos por Jesus dentre o grupo mais amplo da comunidade (Lc 6,12-16; 24,48; At 1,2.8.26; 4,19; 10,42). O apóstolo é aquele que recebeu instruções de Jesus mesmo (At 1,2-3) e testemunha sua vida e ressurreição (At 1,21-22; 10,41; 13,31). Ou seja, o apóstolo foi escolhido por Jesus e confirmado por Cristo ressuscitado.

---

[4] Kränkl, E. Paulus und die Auferweckungszeugen nach der Apostelgeschichte. In: Hainz, *Kirche im Werden*, cit., pp. 205-215; Roloff, *Apostolat, Verkündigung, Kirche*, cit., pp. 169-199.

Essa preocupação em determinar a identidade dos apóstolos corresponde aos problemas eclesiológicos do final do último quarto do século I, justamente quando foi escrito o livro dos Atos. Começa-se a sentir a necessidade de dotar a Igreja de instituições adequadas para perseverar na missão, e Lucas apresenta a sua proposta. Ele pertence à geração posterior à de Jesus, que já vive de tradições. Daí a importância de transmitir fielmente a tradição, que o próprio evangelista recebeu (Lc 1,2-4). Trata-se de manter vivo o ensinamento de Jesus, visto agora como "doutrina apostólica" (At 2,42). As preocupações eclesiológicas aumentam, precisamente porque estava desaparecendo a geração das testemunhas de Jesus, e Lucas preocupa-se em determinar quem eram as testemunhas autorizadas (At 10,39-42), pela simples razão de que havia discussões entre os cristãos sobre os que tinham a autoridade na Igreja e em que consistia essa autoridade.

Em sua obra, os apóstolos atuam como grupo, em colegialidade, tanto no evangelho (Lc 9,1-6.10), quanto, mais tarde, na Igreja (At 1,2.26; 2,37.42; 4,33-35; 5,2.12.40; 6,2.6; 8,1.14; 9,27; 11,1; 15,2-23; 16,4). Ao contrário dos outros discípulos, eles são enviados dois a dois (Lc 10,1), segundo o costume judaico e o uso do evangelho de Marcos (Mc 6,7). Da mesma forma que os "doze discípulos" formavam um grupo simbólico, idealizado pelo evangelista Mateus, assim também ocorre com os "doze apóstolos", os quais se distinguem dos discípulos em geral. Lucas os apresenta como um modelo ideal para a Igreja primitiva, suavizando os traços negativos do evangelho de Marcos (Lc 8,11 par.; Mc 4,13; Lc 8,24 par.; Mc 4,38.40; Lc 9,43 par.; Mc 9,28; Lc 18,25 par.; Mc 10,24-26; Lc 18,34 par.; Mc 10,32; Lc 22,31-34 par.; Mc 14,26-31; Lc 22,45 par.; Mc 14,37-41; Lc 22,60 par.; Mc 14,71). O mesmo ocorre depois no livro dos Atos: apresenta-se uma Igreja ideal, que partilha os bens e se reúne em torno dos apóstolos (At 2,42-47; 4,32-35; 5,12-16), embora, por outro lado, nos sejam narradas algumas tensões, confrontos e problemas que projetam sombras sobre esses enunciados idílicos. A Lucas, não obstante seja o maior historiador dentre os evangelistas, não lhe interessam tanto os personagens históricos quanto oferecer modelos idealizados para as gerações posteriores. Isso é próprio também de Mateus, e os acentos dependem da eclesiologia de cada autor. Quanto maior a distância das origens, mais peso tem a idealização da comunidade.

Muitas vezes Lucas utiliza o título geral de "os apóstolos", sem mencionar expressamente que está se referindo aos doze (At 2,37.42-43; 4,33.35-36; 5,18-29; 8,1.14.18; 9,27; 11,1; 14,4.14; 15,2.4.6.22-23; 16,4), pois para ele trata-se de termos equivalentes. Além disso, ele distingue entre o envio dos apóstolos e o dos 72 discípulos, ambos feitos por Jesus (Lc 10,1.17.23), o que o leva a desenvolver indiretamente a idéia de um grupo de apóstolos escolhidos dentre os discípulos (Lc 6,13). No evangelho, apresenta-se uma série de cenas com pessoas que participam da missão de Jesus e que, não obstante isso, não são apóstolos (Lc 8,1-3.38-39; 9,49-50.59-62; 10,1). Desse modo, ele constrói uma estrutura que antecipa o Atos dos Apóstolos. Há uma dupla missão: a dos apóstolos de Jesus Cristo, que são a suma autoridade e têm uma missão judaica, e a dos "apóstolos-missionários", enviados pelos doze apóstolos e pela Igreja de Jerusalém aos gentios, dentre os quais se encontra o próprio Paulo. Da mesma forma que Jesus enviou de um modo diferenciado os doze apóstolos e os 72, assim também há uma diferença entre os missionários das Igrejas e os apóstolos de Jesus Cristo.

Para Lucas, os apóstolos foram estabelecidos pelo próprio Jesus, e o fato de terem sido testemunhas de sua vida é um requisito essencial para ter autoridade apostólica (Lc 1,2; 6,13-17; 9,1.10; 11,49; 24,44-49; At 1,2.21-22.26; 6,2.6; 10,39-41:

> "[...] somos testemunhas daquilo que Jesus fez na região dos judeus e em Jerusalém [...] Mas Deus o ressuscitou [...] e concedeu-lhe que se manifestasse, não a todo o povo, mas às testemunhas designadas de antemão por Deus: a nós, que comemos e bebemos com Jesus, depois que ressuscitou dos mortos").

Segundo Lucas, até Paulo reconhece, em suas pregações, a importância apostólica dos que testemunham Jesus (At 13,31: "[...] e durante muitos dias, ele foi visto por aqueles que o acompanharam desde a Galiléia até Jerusalém e que agora são suas testemunhas diante do povo"). Para ser apóstolo, é preciso ser testemunha de Jesus e enviado do Ressuscitado. Distingue-se entre as testemunhas da ressurreição que não foram testemunhas de Jesus (Lc 24,33-35), e os apóstolos (Lc 24,48-49), os quais testemunharam ambos.

Os doze são apóstolos em sentido absoluto. Antes mesmo de terem sido enviados por Jesus, eles receberam esse título (Lc 6,13); isso justifica que seja escolhido um para completar o grupo dos doze antes de receberem o Espírito (At 1,22.25-26). O que em Marcos e em Mateus era uma função bem concreta, o envio aos judeus, aqui se transformou em uma autoridade permanente. São eles que assumem o protagonismo e a direção da comunidade depois da ascensão. Os apóstolos não são ministros de uma Igreja local, mas possuem uma função universal. São irrepetíveis, por terem sido o grupo privilegiado por Jesus; por isso, uma vez substituído o traidor Judas, para que o reconstituído grupo dos doze recebesse a confirmação do Espírito, não se faz mais alusão a nenhuma sucessão dos doze apóstolos. Tanto Mateus quanto Lucas recolhem a tradição anterior, mescla de Marcos e de suas próprias fontes, dando-lhe seu enfoque particular, de acordo com os interesses teológicos de cada um.

Nos três evangelhos mistura-se o fato histórico, a escolha dos doze por parte de Jesus e o significado teológico, que muda em cada evangelho: os doze são o núcleo dos discípulos e o modelo de uma autoridade como serviço (Marcos), uma representação do novo Israel (Mateus) e o embrião do futuro colégio apostólico (Lucas). Historicamente, parece difícil negar que "os doze", enquanto entidade ou grupo diferenciado, fizeram parte dos apóstolos de Jesus Cristo (Mt 28,16-20; Jo 21). Assim o aceita Paulo, provavelmente recolhendo uma antiga tradição da Igreja de Jerusalém (1Cor 15,5: "Apareceu a Cefas, e depois aos Doze"; Gl 1,17: "[...] os que eram apóstolos antes de mim"). Contudo, isso não quer dizer que cada um dos doze fosse um apóstolo importante das Igrejas. O fato de que não conheçamos os nomes de todos indica que alguns desempenharam um papel pascal irrelevante.

Foi mantida a recordação da importância teológica dos doze enquanto grupo; em termos de individualidades, todavia, somente alguns se destacaram. É por isso que desses não sabemos nem como se chamavam (Mc 3,16-19; Mt 10,2-26; Lc 6,14-16; At 1,13).[5] Historicamente é confiável o fato de que estiveram entre as testemunhas do Ressuscitado. No entanto, enquanto indivíduos, nem todos tiveram um papel importante; os poucos que se destacaram, são mencionados explicitamente, como Pedro, André ou João. Mais ainda, é provável que, quando Paulo esteve em Jerusalém, os doze já tivessem sido deslocados enquanto autoridade última da Igreja, em favor de um círculo mais amplo, entre os quais se encontrava Tiago, irmão do Senhor, que não pertencia aos doze (Gl 1,18-19; 1Cor 15,7-8; At 15,6-13.22-23). A autoridade em Jerusalém parece recair sobre ele (1Cor 15,7; Gl 1,19; At 21,17; 15,13), que permaneceu nessa cidade, enquanto Pedro foi um apóstolo itinerante (Gl 2,7.11).

Nos evangelhos não há alusões a uma possível sucessão dos apóstolos. Esse problema não foi colocado até o final do século I, uma vez morta a geração apostólica. O que importa é a sua significação teológica como embrião da Igreja e como representantes da autoridade. Historicamente não se pode provar que Jesus lhe tenha dado uma missão eclesial pascal, mas que os enviou a Israel no contexto da pregação do Reino. Os evangelistas, que escreviam em uma época posterior, na qual já havia surgido a Igreja como entidade diferenciada de Israel, projetaram sobre eles, ainda durante a vida de Jesus, algumas das funções e tarefas desempenhadas pelos apóstolos pascais. Mateus sublinhou o seu significado judaico, e Lucas, a sua função apostólica. Embora os apóstolos tenham surgido na Igreja pascal, Lucas os vê já prefigurados pelos doze e retrospectivamente lhes atribui a identidade apostólica.

O complexo problema de Paulo como apóstolo

Para Lucas, Paulo é um apóstolo de segundo escalão, designado e enviado pelas Igrejas (At 11,25-26; 12,25; 13,1-3; 14,1-4.14; 15,22) e legitimado por Jerusalém e pelo colégio apostólico (At 9,26-30; 15,2-4; 21,17-18), sem que sua visão do Ressuscitado lhe dê dignidade igual à dos autênticos

---

[5] BROWN, R. Episkope und Episkopos: The New Testament Evidence. *ThSt*, n. 41, pp. 322-325, 1980.

"apóstolos", aos quais ele está subordinado.[6] O Espírito o escolhe e o envia por meio das Igrejas, e Lucas separa sua conversão de seu envio, diferentemente do testemunho paulino (Gl 2,7-9; 1Cor 1,17; 3,10; 15,8-10; Rm 1,5; 2Cor 5,20), incorporando-o à Igreja pela mediação de Ananias (At 9,12-17; 22,12-16). Segundo Lucas, o envio deve-se a uma visão posterior do Ressuscitado, depois que Ananias o batizou (At 22,17-18.21), embora em outra narração Lucas recolha a versão paulina, na qual a aparição do Ressuscitado no caminho para Damasco e o seu envio são um único acontecimento (At 26,12-18). O Espírito o escolhe na Igreja de Antioquia para a missão entre os gentios, sendo enviado por essa Igreja com a imposição das mãos (At 13,2-4). Somente daí em diante, e em um contexto missionário, fala-se de Paulo e de Barnabé como "apóstolos" (At 14,4.14). É a única ocasião em que Lucas emprega esse termo nos Atos para alguém que não faz parte do grupo dos doze. Esse apostolado, todavia, para Lucas, é só de origem espiritual — isto é, pneumático — e eclesial.

A idéia de apóstolo

Há um primeiro ponto sobre o qual parece que se tenha conseguido certa unanimidade: os textos dos sinóticos que falam de "os apóstolos" são redacionais e não permitem afirmar que Jesus mesmo lhes tenha atribuído esse título. Tal título supõe o testemunho sobre a ressurreição e Pentecostes [...]. De tudo isso se deduz que, histórica e criticamente, "os apóstolos" e "os doze" não podem ser identificados pura e simplesmente [...]. Lucas tende a identificar os apóstolos com os doze, tendência que será confirmada pelo Apocalipse (Ap 21,14) e que parece ser testemunhada antes de Lucas e no próprio Paulo (Gl 1,17), todavia sem que esse uso seja sistemático ou exclusivo [...]. Mas em Paulo, e até uma vez nos Atos (At 14,4.14), o qualificativo "apóstolo" é dado a outras pessoas além dos doze [...]. Se considerarmos a data respectiva dos textos paulinos e lucanos, não parece que o título de apóstolo tenha sido reservado, em um primeiro momento, aos doze, sendo estendido mais tarde a outros. É bem mais

---

[6] LÖNING, Paulinismus in der Apostelgeschichte, cit., pp. 157-201; ROLOFF, Apostolat, Verkündigung, Kirche, cit., pp. 199-211. Roloff distingue entre a integração de Paulo na Igreja e sua subordinação aos apóstolos, que ele não aceita.

provável que tenha ocorrido o contrário (Y. Congar, *Propriedades esenciales de la Iglesia*, *Mysterium Salutis*, Madrid, IV/1, pp. 548-549, 1973).

Não que Lucas seja antipaulino, já que na segunda parte do livro dos Atos Paulo é apresentado como o protagonista indiscutível da expansão cristã; a questão é esta: tanto seu apostolado quanto sua doutrina são discutidos e impugnados por muitos (Gl 1,6-8; 2,4.12; Rm 15,30-31; 16,17; 2Cor 3,1; 11,13.22), e Lucas não o coloca no mesmo patamar dos doze. Provavelmente seus adversários judaizantes pertenciam à Igreja de Jerusalém (2Cor 3,1; 11,22), embora não fossem enviados por ela, e apelam para a inspiração do Espírito (2Cor 10,10; 11,6; 12,1.12). Paulo os chama ironicamente de superapóstolos, eventualmente também com um pano de fundo polêmico indireto em relação aos doze (2Cor 11,5.13; 12,11). O apóstolo, enquanto missionário das Igrejas, está muito próximo aos profetas itinerantes (At 11,27; 13,1-4; 1Cor 12,28), e nas cartas paulinas é posto em paralelo aos profetas do Antigo Testamento (Gl 1,16; cf. Jr 1,5; Rm 1,5; Fl 2,15-16; cf. Is 49,6). Lucas não quer reduzir a autoridade apostólica à mera inspiração do Espírito. Por outra parte, os escritos paulinos e a estrutura carismática de suas Igrejas constituíram uma boa plataforma para as correntes gnósticas, sincretistas e heterodoxas, que se infiltraram na Igreja, sobretudo em fins do século II (2Pd 3,16: "Ele [Paulo] trata disso em todas as suas cartas, se bem que nelas se encontrem algumas coisas difíceis, que homens sem instrução e vacilantes deformam [...] o que fazem também com as demais Escrituras"). Daí a necessidade de consolidar a doutrina apostólica, o que é feito pelas cartas pastorais, restringindo-a em relação aos carismáticos e missionários das Igrejas, o que Lucas pretende com sua teologia.

Em contraste com essa visão lucana, os escritos paulinos[7] apresentam Paulo com uma autoridade equivalente à de outros apóstolos, em cuja lista ele está incluído (Gl 1,15.17; 1Cor 9,1; 15,3-5). Ele defende que sua doutrina está em harmonia com a dos demais (Gl 2,9; 1Cor 15,11), em-

---

[7] ROLOFF, J. *Apostolat, Verkündigung, Kirche*, cit., pp. 38-125; 135-137; CAMPENHAUSEN, *Kirchliches Amt und geistliche Vollmacht in den ersten drei Jahrhunderten*, cit., pp. 32-58.

bora cada qual possua um âmbito missionário diferenciado: os doze, os judeus, ele, os gentios. Sempre defende sua autonomia em relação à Igreja de Jerusalém (Gl 1,18.21-22; 2,1), com a qual busca a comunhão, todavia sem admitir qualquer tipo de subordinação (Gl 1,16-17; 2,6-7.10). Quando visita Jerusalém, não o faz movido por uma convocação provinda de lá, como o pretende Lucas, mas por uma revelação divina, a fim de comunicar-lhes o Evangelho que havia recebido (Gl 2,2). Paulo reivindica que é um apóstolo de Cristo, enquanto testemunha e enviado do Ressuscitado, da mesma forma que os demais apóstolos, que o antecederam (Mc 16,15-20; Mt 28,16-20; Lc 24,47-49; At 1,8; Jo 20,19-23; 21,15-18), recusando-se a ser considerado um apóstolo por autoridade humana, isto é, um simples missionário da Igreja (Gl 1,1.11-12.17.19.22).

Provavelmente ele era menos considerado por não ter conhecido Jesus (2Cor 11,5; 12,11), ou seja, por não ser testemunha de Jesus. A isso ele responde que não lhe interessa o que eram antes os apóstolos (Gl 2,6), distinguindo, portanto, entre testemunhas de Jesus e apóstolos, porque para ele decisivo mesmo é o envio por Cristo ressuscitado. No entanto, a união e a harmonia por ele pretendidas com os demais apóstolos não são tão claras, como o demonstra o conflito com Pedro e com Barnabé, em Antioquia (Gl 2,2.11-14). Paulo procura dissimular também as divergências existentes entre os apóstolos e as Igrejas, como ocorre em outros escritos do Novo Testamento. Em suas cartas, ele não as nega, mas as apresenta na perspectiva mais favorável possível. O fato de que em suas cartas posteriores não haja outras alusões a Antioquia, apesar de ele ter trabalhado lá, e que tampouco ele jamais afirme ter se reconciliado posteriormente com Pedro e Barnabé, pode ser um indício de seu fracasso nessa Igreja. O mesmo esforço de Paulo em delimitar os âmbitos missionários acabou entrando em confronto com as intervenções da Igreja de Jerusalém, que procurava influenciar em suas comunidades (Rm 15,20; 2Cor 10,14).[8] Paulo defende sua autoridade apostólica e argumenta para fazê-lo, sem escudar-se nela. Ele quer convencer, e não se impor.

---

[8] HOLMBERG, B. *Paul and Power*. Lund, 1978. pp. 13-57.

Em suas cartas, Paulo intitula-se "apóstolo do Cristo Jesus, por vontade de Deus " (1Cor 1,1; 2Cor 1,1; cf. também Rm 1,1; Gl 1,1; essa denominação é mantida mais tarde em Ef 1,1; Cl 1,1), pois a prova do seu apostolado não são os milagres, os prodígios ou a eloqüência (2Cor 11,5-6; 12,1-6.12-13), mas a autoridade recebida. Os únicos elementos postos em destaque em sua defesa são os seus padecimentos pelo Evangelho (1Cor 4,9-13; 15,31-32; 2Cor 4,7-12; 11,23-28; 13,4; Gl 6,17) e sua fecundidade apostólica (1Cor 9,1; 2Cor 3,1-3; 1Ts 2,1-9). Seu testemunho pessoal e sua eficácia missionária confirmam o seu envio por parte de Cristo, assim como a verdade "de seu evangelho" (Rm 2,16; 16,25), da mesma forma que acontecia com os profetas (Rm 10,14-17; 1Cor 15,1.3). Em sentido absoluto, o apóstolo se considera como um representante (vigário) do próprio Cristo, sem que esse termo adquira o sentido jurídico posterior, desenvolvido pelos papas; é preciso entendê-lo no contexto de sua mística apostólica e de sua idéia da imitação de Cristo.[9] Por outro lado, Paulo utiliza também o conceito de apóstolo em um sentido amplo, ou seja, designando também enviados das Igrejas (2Cor 8,23; Fl 2,25), colaboradores seus (1Cor 9,6; 2Cor 8,16-23), carismáticos das comunidades (1Cor 12,28-30) e outras personalidades cuja origem não conhecemos (Rm 16,7). Inicialmente o conceito de apóstolo era algo amplo e impreciso, pois ainda não havia recebido a carga dogmática que lhe seria posta mais tarde, na época patrística. Por isso, não há consenso nem precisão na hora de defini-lo, embora as alusões a Cristo ressuscitado sejam algo comum, tanto para os que defendem a tradição paulina, quanto a lucana. Ocorre que a identidade do apóstolo foi estabelecida na Igreja primitiva, não por Jesus, que só enviou os seus discípulos para a missão de Israel.

Essa diferença de tradições nos mostra a vaguidade do termo. Não há um número concreto de apóstolos, e há dúvidas no momento de se precisar quem são eles em sentido estrito, com uma autoridade que remonta ao

---

[9] KERTELGE, K. Offene Fragen zum Thema "Geistliches Amt" und das neutestamentliche Verständnis von der "Repraesentatio Christi". In: SCHÜRMANN, *Die Kirche des Anfangs*, cit., 1977, pp. 583-606; KERTELGE, K Das apostelamt des Paulus, sein Ursprung und seine Bedeutung. *BZ*, n. 14, pp. 161-181, 1970.

próprio Cristo, e quem são em sentido derivado, isto é, enquanto enviados pelas Igrejas (com autoridade delegada), ou enquanto carismáticos inspirados pelo Espírito que se transformaram em apóstolos itinerantes, porém sem reclamar uma autoridade própria e absoluta. O que demonstra que os apóstolos nem foram instituídos por Jesus, nem são o resultado de um planejamento de toda a Igreja. Eles surgiram a partir da experiência da ressurreição, provavelmente como personalidades singulares, e posteriormente se formou o conceito teológico global de apóstolo — sobre o qual haveria distintas posturas — aplicado a um grupo impreciso de pessoas.

O triunfo final da teologia paulina

A postura paulina foi referendada pelas cartas deuteropaulinas (Efésios e Colossenses), pelas cartas pastorais e pelo Apocalipse, como também pela *Didaqué* e pela *Segunda Carta de Policarpo*, no século II. O fato de que tenham sido escritas cartas refugiando-se em sua autoridade apostólica demonstra que esta foi crescendo em importância e prestígio depois da morte dos apóstolos. Na passagem do século I para o II, Paulo transformou-se em modelo apostólico por antonomásia, revelando a todos o mistério de Cristo (Ef 3,1-7) por seu mandato e não por mera revelação pessoal (Gl 1,15-16). Progressivamente deixou de ser um apóstolo controvertido, para transformar-se em modelo apostólico por excelência. Por sua vez, os apóstolos foram vistos, juntamente com os profetas, como o fundamento da Igreja (Ef 2,20; 3,5; 4,11), deslocando as alusões ao próprio Cristo como alicerce sobre o qual os apóstolos construíram (1Cor 3,10-12). O desenvolvimento da eclesiologia é paralelo ao da cristologia: Cristo é a plenitude (*pleroma*) de Deus, e a Igreja, de Cristo. Isso leva a unir a teologia dos apóstolos e a dos ministros e a chamar Paulo de "ministro da Igreja" (Cl 1,25). Do mesmo modo, afirma-se que Cristo dá seus dons à Igreja nos ministérios (Ef 4,10-12), para que esta cresça.[10] O apóstolo serve de modelo para os ministros.

---

[10] ROLOFF, *Apostolat, Verkündigung, Kirche*, cit., pp. 104-125; IDEM, Apostel, Apostolat, Apostolizität, cit., pp. 440-441; MERKLEIN, H. *Das Kirchliche Amt nach dem Epheserbrief*. München, 1973. pp. 115-117; 156-158; 201-202; 224-232. LÖWE, H. Bekenntnis, Apostelamt und Kirche im Kolosserbrief. In: BORNKAMM, *Kirche*, cit., pp. 299-314.

As cartas pastorais, escritas no final do século I, são as que melhor expressam como foi se impondo a concepção apostólica defendida por Paulo. Nelas ele é reconhecido como um apóstolo universal, e sob seu nome escuda-se o autor das cartas, apesar de terem sido escritas décadas depois de sua morte. Temos aqui uma teologia de Paulo como apóstolo e mestre, que confirma sua aceitação e seu prestígio na Igreja do final daquele século. É o que leva o autor dessas cartas a refugiar-se em sua autoridade para difundir a própria teologia. Da mesma forma que Jesus passou de pregador do Reino a Filho de Deus, objeto da pregação apostólica, assim também Paulo, de último dos apóstolos, passou a tornar-se "o apóstolo", sem maiores especificações, síntese da tradição e modelo para os ministros das Igrejas. São cartas dirigidas a dois conhecidos colaboradores de Paulo, Timóteo (Rm 16,21; 1Cor 4,17; 16,10; 2Cor 1,19; Fl 1,1; 2,19; 1Ts 1,1; 3,2.6; 2Ts 1,1) e Tito (2Cor 2,13; 7,6.13-14; 8,6.16.23; 12,18; Gl 2,1.3), aos quais Paulo confere autoridade.

As cartas refletem a situação da Igreja depois da morte dos apóstolos — ameaçada por heresias, sobretudo pela gnose (1Tm 1,3-4; 4,7; 6,4-5.20; Tt 1,16) —, como Colossenses (Cl 2,8.16-23). Havia cismas, especialmente o dos judaizantes (Tt 1,10-16; 1Tm 1,7; 4,2-3; 2Tm 2,14.23), e tensões causadas por falhas organizativas das comunidades (1Tt 1,10-11; 2Tm 3,6-7). As cartas pastorais têm uma clara preocupação doutrinal e disciplinar. Refletem os perigos pelos quais a Igreja de fins do século I estava passando, como também algumas debilidades da eclesiologia paulina.[11] A eclesiologia carismática, que acentua o discernimento, a variedade de carismas e os profetas e mestres, abria espaço para gnósticos e judaizantes, que mudavam a doutrina e rompiam a unidade.

---

[11] Wanke, J. Der Verkündigte Paulus der Pastoralbriefe. In: Ernst, *Dienst der Vermittlung,* cit.,1977, pp. 165-189; Trümmer, P. *Die Paulustradition der Pastoralbriefe.* Frankfurt, 1978. pp. 161-226; Idem. Corpus paulinum-Corpus pastorale. In: Kertelge & Lohfink, *Paulus in den neutestamentlichen Spätschriften,* cit., pp. 70-121; Lohfink, G. Die Normativität des Amtsvostellung in den Pastoralbriefen. *ThQ,* n. 157, pp. 93-101, 1977; Lohfink, G. Paulinische Theologie in der Rezeption der Pastoralbriefe. In: Kertelge & Lohfink, op. cit., pp. 70-121; Schlier, *Die Zeit der Kirche,* cit., pp. 129-147; Roloff, *Apostolat, Verkündigung, Kirche,* cit., pp. 232-272; Schütz, H. G. *Kirche in Spät-neutestamentlicher Zeit.* Bonn, 1964. pp. 88-94; 114-125; Brox, N. *Die Pastoralbriefe.* Regensburg, 1979. pp. 55-77.

As cartas procedem apologeticamente, utilizando textos do Antigo Testamento (1Tm 5,17-18; 2Tm 2,11.19) e valorizando o conhecimento das sagradas Escrituras desde a infância (2Tm 3,14-15). Provavelmente havia muitos judeu-cristãos. Fala-se de Paulo como de uma pessoa que serviu a Deus com consciência pura, assim como aprendeu dos seus antepassados (2Tm 1,3), e se rejeitam os hereges, que se opõem a Paulo como antigamente se opuseram a Moisés (2Tm 3,8). Afirma-se também que a lei é boa se for usada convenientemente (1Tm 1,8-9) e aplicável aos rebeldes, que são ímpios e sem religião (1Tm 1,9-11). Não há dúvida de que está se tentando apresentar Paulo em linha de continuidade com a tradição anterior judaica, mais do que como alguém que provoca rupturas. Na medida em que Paulo se transforma em um modelo para todos os ministros e no protótipo de apóstolo, os seus traços mais controvertidos vão sendo corrigidos.

Os grupos com os quais o autor das cartas se confronta afirmavam que a ressurreição já estava acontecendo (2Tm 2,18) e que viviam em um marco exultante de liberdade. O entusiasmo espiritual foi um dos grandes problemas da Igreja do século I. Já havia sido resolvido o problema do atraso do final dos tempos. A Igreja vivia entre a "manifestação" (epifania) do passado (2Tm 1,9-10; Tt 2,11; 3,4) e a esperança de futuro (1Tm 6,14; 2Tm 4,8.18; Tt 2,13). A tensão paulina diante da proximidade do tempo final cede lugar aqui a uma clara consciência missionária (1Tm 2,4; 4,10; Tt 2,11). Embora a carta seja dirigida aos colaboradores de Paulo e não às comunidades, deu-se grande relevância à "Igreja de Deus", já transformada em uma comunidade autônoma e universal (1Tm 3,5.15), à qual foram aplicados predicados como "casa de Deus", "coluna" e "fundamento da verdade" (1Tm 3,15). Esses textos mostram como a reflexão sobre a Igreja em si mesma, e não somente sobre os seus membros, adquiria uma relevância cada vez maior. A eclesiologia ia ocupando cada vez mais o centro das atenções dos escritos neotestamentários de fins do século I. Chega-se até a falar de como "a Igreja", não algumas pessoas concretas, precisa atender às viúvas (1Tm 5,16), seguindo o exemplo dos profetas e do próprio Jesus.

Nesse contexto, Paulo é "o apóstolo" (1Tm 2,7; 2Tm 1,11) e "o mestre" ("διδάσκαλος") indiscutível (1Tm 2,7; 2Tm 1,11), ao qual havia sido confiado o Evangelho (1Tm 1,11). Essa apresentação de Paulo, sem o menor questionamento de seu apostolado ou de seu magistério, é a resposta da carta aos mestres carismáticos (2Tm 4,3; Tt 1,11). A tradição adquire um grande valor e Paulo é também o guardião da tradição que ele recebeu (1Tm 6,20; 2Tm 1,12.14). Desse modo, tomam-se as devidas distâncias da valorização dos carismáticos (Rm 12,7; 15,2.4), em favor de um "ensinamento apostólico", contraposto ao dos hereges e cismáticos (1Tm 4,1; 2Tm 4,3; cf. Ef 4,14; Cl 2,22). Os mestres não são mais os carismáticos; em vez disso, o ensinamento está reservado aos apóstolos e ministros: é um "depósito", termo profano com um sentido legal e normativo, que foi transmitido pelo próprio Paulo (1Tm 6,20). Seus colaboradores devem conservá-lo (1Tm 1,10; 4,6.13.16; 2Tm 3,10.16; Tt 1,9; 2,1.7.10). A idéia paulina de que a fé surge pela pregação (Rm 10,17) transforma-se aqui em "conhecer as santas Escrituras que levam à salvação" (cf. 2Tm 3,15).

A fé deixa de ser vista como uma atitude existencial e dinâmica, confiar-se em Deus ou em Cristo, traço específico dos evangelhos, para se transformar em algo objetivo e mais estático, em uma crença (1Tm 1,9; 2,7; 3,9; 4,1.6; 5,8; 6,10.12.21; 2Tm 1,13; 2,18; 3,8; 4,7; Tt 1,4.13) ou em uma virtude ou comportamento moral (1Tm 2,15; 4,12; 6,11; 2Tm 2,22; 3,10; Tt 2,2). A relação pessoal com Cristo, o seguimento de Jesus e a imitação de Cristo convertem-se agora em receber, conservar e transmitir um ensinamento correto, isto é, apostólico. O processo de institucionalização de fins do século I, do qual as cartas pastorais são um testemunho privilegiado, carrega consigo um deslocamento do existencial e relacional, próprio de um movimento com predomínio carismático, para o objetivo e doutrinal, próprios de uma Igreja com autoridade, com uma doutrina definida e com uma organização madura.

As cartas pastorais utilizam preferencialmente o termo *didascalia* para sublinhar a autoridade magisterial do próprio Paulo. Esse é um conceito normativo, preferido ao termo *didaché* (2Tm 4,2; Tt 1,9), que também é usado para "ensinamento" em sentido geral, e que é mais usado no Novo Testamento e nos escritos paulinos (Rm 6,17; 16,17; 1Cor 14,6.26). Não se quer deixar qualquer resquício de um ensinamento que não derive da autoridade apostólica. Só Paulo pode interpretar o Evangelho e aplicá-lo às comunidades, e seus colaboradores devem conservar sua doutrina e exortar e repreender, conformando-se a ela (Tt 2,15; 2Tm 1,13). Indiretamente, estabelece-se assim a distinção entre o ensinamento apostólico (paulino) e o ensinamento posterior dos ministros, que não podem acrescentar nem mudar nada. Dessa base sairá a doutrina segundo a qual a revelação se encerra com os escritos do Novo Testamento, que são a norma por excelência, enquanto as tradições dogmáticas posteriores estão subordinadas a ela. Não se menciona, contudo, que a pretensa "doutrina apostólica" difere da do próprio Paulo, sob cuja autoridade se refugia. O que é apresentado como uma doutrina paulina é, na realidade, o resultado de uma evolução teológica que vai além de Paulo e que não é compartilhada por outros escritos canônicos, como os joaninos.

Por outro lado, passar de uma adesão pessoal e carismática a uma identificação com uma doutrina objetiva e claramente delimitada implica uma opção teológica: a de limitar a criatividade e espontaneidade dos membros da Igreja, inspirados pelo Espírito, em favor da disciplina, da submissão à autoridade e da homogeneidade doutrinal. Essa é a opção das cartas pastorais de fins do século I. Nelas se encontram muitas expressões com as quais Paulo e seus colaboradores admoestam, ensinam, pregam, exortam, testemunham etc. Nas cartas, há cerca de cinqüenta citações nesse sentido, a maior concentração de todo o Novo Testamento, em contraste com a freqüência e diversidade de termos carismáticos encontrados nas cartas paulinas. As cartas pastorais, apesar da pretendida autoria paulina, têm uma orientação eclesiológica diferente. Testemunham a passagem de uma eclesiologia carismática para uma outra institucional e deixam transparecer os problemas eclesiais que causaram essa mudança. As cartas pastorais não só põem as bases da "doutrina apostólica", na forma de um depósito a ser defendido, como também, indiretamente, preparam a "sucessão apostólica", que se desenvolveu mais tarde, em fins do século II.

O nascimento dos ministérios na Igreja

Na época em que são elaborados os escritos do Novo Testamento, já existem diversos ministérios cristãos que podem ser percebidos nas Igrejas. Nos evangelhos não há uma alusão direta aos ministérios, já que estes surgiram na Igreja primitiva, enquanto Jesus simplesmente constituiu uma comunidade de discípulos como preparação do Reino. Contudo, apresentando os discípulos, os evangelistas têm como pano de fundo a realidade de suas próprias comunidades, tentando indicar indiretamente em que consistem e como devem evoluir os ministérios, a partir de Jesus. Partindo daí, podemos deduzir alguns dados fragmentários sobre os ministérios nas diferentes Igrejas, embora não tenhamos uma informação completa sobre eles, sobre as pessoas designadas para assumi-los e sobre a teologia em que se fundamentam.[12]

É preciso diferenciar, por um lado, uma estrutura ministerial que coexiste com a apostólica e que posteriormente acaba assumindo algumas das funções exercidas pelos apóstolos; e, por outro, os diversos modelos organizativos concretos, assumidos pelas comunidades. Em sua maioria, foram tomados da sociedade judaica e greco-romana, e são variáveis, pouco estáveis e mais aceitos na prática do que refletidos teologicamente. Sempre houve uma estrutura ministerial nas comunidades, mas vários modelos organizativos. Ao longo da missão, alguns foram reforçados, outros abandonados. Ou seja, no Novo Testamento há uma estrutura ministerial imprecisa e historicamente mutável, enquanto a existência de ministros como responsáveis da comunidade está presente em todos os escritos e correntes, sendo normativa para a Igreja posterior. Ela reduz-se a indicar como hão de se configurar tais ministérios, segundo as necessidades eclesiais e missionárias das diversas épocas.

De qualquer modo, podemos distinguir duas grandes correntes ministeriais: a primeira, proveniente da tradição hebraica, é composta por

---

[12] Uma visão das várias tendências da exegese atual em relação aos ministérios do Novo Testamento é oferecida por W. G. Kümmel, Das Urchristentum, II, Arbeiten zu Spezialproblemen: Ämter und Amtsverständnis, in *ThRundschau*, n. 52, pp. 111-154, 1987.

"presbíteros ou anciãos", considerados, todos eles, como "diaconias ou serviços". Trata-se de termos técnicos e institucionais já consolidados no judaísmo da época cristã. O termo "presbítero" do Novo Testamento não deriva do ambiente cultual, mas da sinagoga e da direção das comunidades. Só no Apocalipse fala-se de uma ação litúrgica de presbíteros na Jerusalém celestial (Ap 4,4-11; 5,6-10.14).[13] As comunidades judaicas eram governadas por uma associação de anciãos ou senadores, que representavam as várias famílias e eram os encarregados da organização comunitária. Revestiam-se de uma especial importância para os judeus dispersos pelo Império Romano, e garantiam a unidade e a coesão comunitária das comunidades hebraicas em um contexto sociocultural que muitas vezes lhes era hostil, como acontecia em muitas cidades do Império.

A segunda corrente ministerial depende da cultura greco-romana e consta de bispos (prefeitos, diretores, gestores, administradores) e diáconos (domésticos, criados, servos), que são dois termos profanos. Designam determinadas funções da sociedade romana, sem todavia serem cargos institucionais no sentido que os da tradição hebraica possuem. Os bispos tinham uma função de inspetor, vigia ou administrador; eram os altos funcionários, que controlavam as cidades com funções diretivas. O nome também era dado aos encarregados da administração de sociedades leigas e religiosas. Na cultura helenista, dava-se o título de bispos a alguns deuses padroeiros de cidades, pessoas ou associações. Trata-se de um nome profano e sem significado cultual, embora seja aplicado também a cargos religiosos.[14]

---

[13] Cf. BORNKAMM, G. πρέσσβυς πρεσβύτερος. In: *ThWNT*, 6. 1959, pp. 663-667; 651-683; BROCKHAUS, *Charisma und Amt*, cit.; DIX, G. The Ministry in the Early Church. In: IDEM. *The Apostolic Ministry*. 2. ed. London, 1947. pp. 183-303; HAINZ, *Ekklesia*, cit.; KERTELGE, *Das kirchliche Amt im Neuen Testament*, cit.; SCHNACKENBURG, R. *Schriften zum Neuen Testament*. München, 1971. pp. 247-267; KÄSEMANN, *Exegetische Versuche und Besinnungen*, cit., pp. 101-134; SCHLIER, H. *Der priesterliche Dienst*. Freiburg, 1970. v. 1.

[14] O termo "bispo" (inspetor, administrador) provém da tradição civil romana. Alguns defendem a possível influência do *mebaqquer* ou "vigia" essênio e helenista (Damasco), que lembra os "pastores" da comunidade, no Antigo Testamento (Ez 34,11). É possível que tenha sido utilizado em Antioquia. As funções administrativas do "bispo" eram pouco precisas; cf. LEMAIRE, A. *Les ministères aux origines de l'Église*. Paris, 1971. pp. 17-35; 191-200; ROLOFF, J. Apostel, Apostolat, Apostolizität, cit., pp. 430-433; HAINZ, J. Die Anfänge des Bischofs-und Diakonenamtes. In: IDEM. *Kirche im Werden*, cit., pp. 94-102; BEYER, H. W. ἐπίσκοπος. In: *ThWNT*, 2. 1935. pp. 604-617; DASSMANN, E. Zur Entstehung des Monoepiskopats. *JAC*, n. 17, pp. 74-90, 1974.

Por sua vez, o título de diácono aplicava-se aos servidores ou domésticos das grandes casas. Provavelmente surgiu como um ministério específico relacionado com as refeições comunitárias (At 6,2) e para atender aos pobres (Rm 16,1; 2Cor 8,4; 9,1; 1Tm 3,8). Lucas apresentou o diaconato como algo que surgiu a partir da experiência do Espírito, que eles já tinham antes de receber a imposição das mãos (At 6,3.5.8.10), e por designação da comunidade, que os apresentou aos apóstolos (At 6,6). Essa origem carismática não elimina a sua institucionalização posterior, sobretudo depois da expulsão dos helenistas de Jerusalém.[15] Pode ter havido uma influência da organização diaconal judaica, visto que junto ao arquissinagogo havia também um ministro que o ajudava, como acontece com o diácono em relação ao bispo. Contudo, o termo é freqüente na cultura greco-romana e provavelmente foi tomado dela. No Novo Testamento, trata-se de um termo muito fluido, já que é utilizado para designar em geral um ministério, incluído o dos apóstolos, como também para designar um ministério concreto (como ocorre, por exemplo, nas cartas pastorais).[16]

Os ministérios de origem judaico-cristã

Os evangelhos nos fornecem apenas indicações breves e de passagem sobre os ministérios, tendo como referência o significado e as funções dos discípulos durante a vida de Jesus. Não lhes interessa quem são as pessoas que devem exercê-los, mas a forma de realizá-los (Mc 6,8-11 par.). Marcos, no contexto da renúncia a tudo no seguimento de Jesus (Mc 8,35; 10,29), dá especial importância à pregação do Evangelho a todo o mundo (Mc 13,10; 14,9; 16,14-15), assim como à catequese da comunidade (Mc 4,11-13.23-25.34). Essas funções, na Igreja pascal, darão lugar aos evangelistas e aos mestres ou doutores. Já vimos que na perspectiva da teologia de Marcos destaca-se a importância dada ao

---

[15] Dunn, *Jesus and the Spirit*, cit., pp. 176-182.

[16] Beyer, H. W. διακονέω, διακονία, διάκονοσ. In: *ThWNT*, n. 2. 1935. pp. 81-93; Colson, J. *La fonction diaconale aux origines de l'Église*. Paris, 1960; Gaechter, P. Die Sieben. *ZKTh*, n. 74, pp. 129-166, 1952.

serviço e à rejeição das disputas para ocupar um lugar relevante. Trata-se de uma advertência feita pelo evangelista à sua comunidade, na qual, eventualmente, já estava começando a luta por postos de dignidade.[17]

A identificação feita por Mateus entre os doze e os discípulos faz convergir nos mesmos personagens o papel de modelo para a comunidade e de ministros. Pedro é o indivíduo que melhor representa os aspectos positivos e negativos do discípulo e do ministro (Mt 16,18-19; 18,18). Os ministérios se inserem em um contexto comunitário e fraternal (Mt 18,1-22; cf. Mc 9,33-37.41-50), com Mateus insistindo no perigo de deserções e abandonos (Mt 24,10-12), porque a sua comunidade judeu-cristã está sendo perseguida pelas autoridades judaicas. A observação sobre os verdadeiros e falsos profetas (Mt 7,15-23) provavelmente reflete também as preocupações eclesiais da década de 70, quando começam a surgir heresias e cismas provocados por profetas carismáticos. Já sabemos que Mateus está preocupado especialmente com a doutrina, razão pela qual se dá grande valor aos mestres e doutores, que sabem interpretar a Escritura à luz de Cristo. A missão aos gentios também já é anunciada de forma simbólica e indireta (Mt 2,1-2; 8,11-12) e é confirmada pelo Ressuscitado (Mt 28,19).[18] Com muita probabilidade, o contexto do evangelista Mateus é o da região de Antioquia, onde a Igreja era governada por apóstolos das Igrejas, profetas e mestres (At 11,19-26; 13,1-2; Gl 1,11.21).

A continuidade entre Jesus e a Igreja é assegurada por Lucas mediante os doze apóstolos. Sua função é missionária e diretiva, valendo pela unidade da Igreja e pela coesão comunitária (At 4.32-35; 5,1-12.42). Eles agem como grupo, como um colégio apostólico, que com a Igreja de Jerusalém, reunida em assembléia e presidida por Tiago e pelos presbíteros (At 15,4.6.12.22-23), dirigem a missão aos judeus e aos pagãos. Por sua vez, a vinculação da Igreja apostólica com a que a sucedeu depende dos ministérios, apresentados por Lucas como uma estrutura derivada

---

[17] DELORME, J. El evangelio según Marcos. In: IDEM. (Ed.). *El ministerio y los ministerios según el Nuevo Testamento*. Madrid, 1974. pp. 148-171.

[18] LÉGASSE, S. El evangelio según S. Mateo. In: DELORME, *El ministerio y los ministerios según el Nuevo Testamento*, cit., pp. 174-194.

dos apóstolos.[19] Os ministérios surgem como "serviços", porque os doze apóstolos não podem atender a todas as necessidades da Igreja (At 6,1-7). Lucas nunca fala de diáconos, mas de "diaconias", isto é, de serviços ou ministérios, provavelmente tendo como pano de fundo Jesus como servidor dos discípulos (Lc 22,26-27; cf. Jo 13,14-17). Todos os ministérios são diaconias, até o ministério apostólico (At 1,17.25: tomar parte desse serviço [diaconia] e apostolado). Paulo também emprega abundantemente o conceito de diaconia para falar dos ministérios, incluindo também o dele mesmo (Rm 11,13; 12,7; 15,31; 1Cor 12,5; 16,15; 2Cor 4,1; 5,18; 6,3; 8,4), já que inicialmente o termo não designava um cargo preciso, mas a índole servidora de cada cargo e função.

A teologia lucana dos ministérios é a seguinte: o ministério apostólico (At 1,25) busca dar continuidade ao serviço de Jesus na ceia, pondo-se a servir à mesa (Lc 22,27). Para Lucas, deve-se dar a primazia à oração e à pregação (At 6,3-4; cf. Lc 10,38-42). Por essa razão a Igreja é descrita em oração e escutando o ensinamento dos apóstolos (At 2,42). As necessidades comunitárias, todavia, originam os diversos ministérios (diaconias: serviços), que derivam dos apóstolos e não se limitam ao serviço dos necessitados. Os sete escolhidos recebem a imposição das mãos dos apóstolos (At 6,6) e exercem muitas atividades. Não se deve entendê-los no sentido do "diaconato" da Igreja posterior, visto que eram ajudantes dos bispos. Embora servissem de referência e de justificação teológica para os diáconos dos séculos seguintes, será preciso esperar Irineu de Lyon, em fins do século II, para encontrar um texto que identifique os diáconos com "os sete" do livro dos Atos (At 6,2-4). Neste, os designados não se limitam a servir às mesas, mas são pregadores, evangelistas e missionários (At 6,5.8-13; 7,1-56; 8,4-13.26-40). O mesmo ocorre em outros escritos que lhes atribuem diversas funções comunitárias (1Cor 16,15; Rm 16,1-2; Fl 2,25).

---

[19] KLEIN, *Die Zwölf Apostel*, cit., pp. 162-185; GEORGE, A. La obra de Lucas: Hechos y Evangelio. In: DELORME, op. cit., pp. 195-225; LEMAIRE, *Les ministères aux origines de l'Église*, cit., pp. 38-72; DUPONT, J. Les ministères de l'Église naissante d'après les Actes des Apôtres. In: PONTIFICIO ATENEO S. ANSELMO, *Ministères et célébration de l'Eucharistie*, cit., 1963, pp. 94-148; ROLOFF, *Apostolat, Verkündigung, Kirche*, cit., pp. 211-236.

Ou seja, os sete ministros, escolhidos pela comunidade e enviados pela imposição das mãos (At 6,5-6) — com o que Lucas mantém a derivação e subordinação dos ministérios para com os apóstolos —, são o modelo da diversidade de ministérios ocorrida na comunidade helenista, depois de fugir de Jerusalém (At 8,1.4). O número sete designava também o número de responsáveis pela sinagoga das comunidades judaicas da diáspora do Império Romano. Sete é o número de perfeição para os judeus e para os cristãos (Mt 12,45; 15,37; 18,22; 22,25-28; Mc 16,9; Lc 8,2; Ap 1,4.11.16; 4,5; 5,1.6; 8,2; 10,3; 12,3; 13,1; 17,1), sendo também usado para simbolizar o mundo pagão (At 13,19; Ap 17,3.7.9.11). De fato, sete são os ministros dos helenistas, cuja perseguição foi a causa da missão fora de Israel. Não há dúvida de que o número sete, assim como o número doze, possui um significado simbólico, o da plenitude de ministérios que há em cada Igreja.

Junto a esses ministros da ramificação helenista da Igreja, surgem os presbíteros, que são os anciãos ou senadores do povo judeu (Lc 7,3; 22,52; At 4,5.8.23; 6,12; 23,14; 24,1; 25,15). São os membros de um grupo ou associação, com tarefas econômicas, sociopolíticas e religiosas. Eram os responsáveis pelas comunidades, impregnadas por uma concepção patriarcal e familiar da autoridade. Tratava-se de um cargo profano de grande relevância no judaísmo, um ministério consolidado, adotado pela comunidade de Jerusalém (At 11,30; 14,23; 15,2.4.6.22-23; 16,4; 21,18) e posteriormente aceito pelas demais Igrejas. É significativo que nem nas comunidades judeu-cristãs, nem nas pagão-cristãs se faça referência aos ministros com os títulos específicos da religião judaica ou de outras religiões do Império.[20] Isso se deve à nova concepção do culto e do sacerdócio, que pertencia a todos os membros da comunidade e não somente a alguns deles. Nenhum ministro recebe, no Novo Testamento, o título de sacerdote. Lucas mostra os "anciãos" como um grupo dirigente ativo, unido aos apóstolos, enquanto Paulo não os menciona por ocasião de

---

[20] Um catálogo desses termos ausentes no Novo Testamento pode ser encontrado em J. Delorme, Diversidad y unidad de los ministerios según el Nuevo Testamento, in IDEM, *El ministerio y los ministerios según el Nuevo Testamento*, cit., pp. 293-294.

sua visita a Jerusalém (Gl 2,1.6-10). O que lhe interessa é o reconhecimento dos apóstolos, e não o de uma associação dirigente da Igreja local, provavelmente o mais próximo dos grupos tradicionais.[21]

A imposição das mãos também se deve a um uso judaico. Indica a transmissão do Espírito a uma pessoa. Inicialmente, foi o gesto usado para estabelecer os "setenta anciãos" dirigentes de Israel (Nm 11,16-17.24-25) e, mais tarde, para Josué (Nm 27,15-23; Dt 34,9). Posteriormente, foi utilizado para os enviados das comunidades e para a ordenação de rabinos e levitas (Nm 8,10). O cristianismo o adotou para a instauração dos apóstolos (At 1,15-26), dos ministros (At 6,6) e dos presbíteros (At 14,23; 20,28-32), assim como para enviar os apóstolos das Igrejas (At 13,1-3; cf. 2Cor 8,19). No entanto, esse gesto não deve ser entendido no forte sentido dogmático de "ordenar", que ele terá quando for criado o sacramento da ordem, mas como um gesto simbólico, utilizado na cultura judaica também para curas (Mt 9,18; Mc 6,5; 7,32; 8,23-25; 16,18; Lc 4,40; 13,13; At 9,12.17; 28,8) e bênçãos (Mt 19,15). É utilizado também no batismo (At 8,14-18; 19,6), para expressar a comunicação do Espírito. Essa é a base bíblica na qual se apóia o uso dogmático posterior, que fez da imposição das mãos o gesto por excelência da ordenação dos ministros cristãos (1Tm 4,14; 2Tm 1,6).[22] No Novo Testamento, contudo, o principal é o batismo, a única consagração com uma legitimação cristológica e pneumática, enquanto a ordenação carecia do significado sacramental por ela adquirido nos séculos seguintes.[23]

Da mesma forma que, nos Atos, Paulo pertence à segunda geração apostólica e está submetido aos doze apóstolos, assim também é ele quem estabelece presbíteros nas Igrejas (At 14,23; 20,17-38), seguindo o modelo da Igreja-Mãe de Jerusalém. Lucas representa aqui a tradição judaico-

---

[21] ROLOFF, J. Amt, Ämter, Amtsvertändnis. In: *TRE*, 2. 1978. v. 4, pp. 512-515; 509-533; BORNKAMM, "πρέσβυς πρεσβύτεροσ", cit., pp. 662-665; 651-683; CAMPENHAUSEN, *Kirchliches Amt und geistliche Vollmacht in den ersten drei Jahrhunderten*, cit., pp. 80-88.

[22] LOHSE, E. *Die Ordination im Spätjudentum und im Neuen Testament*. Göttingen, 1951.

[23] Idem, Ibidem; KÄSEMANN, *Exegetische Versuche und Besinnungen*, cit., 1964, v. 1, pp. 101-108; QUINN, J. D. Die Ordination in den Pastoralbriefen. *Com*, n. 10, pp. 410-420, 1981; KNOCH, O. Die Funktion der handauflegung im Neuen Testament. *LJ*, n. 33, pp. 222-235, 1983.

cristã, na qual os apóstolos e os presbíteros são os cargos por excelência. Ambos provêm da tradição hebraica, em seu duplo significado de missionários e de responsáveis pela comunidade. Lucas ressalta assim a continuidade entre a atividade dos apóstolos e a dos presbíteros, legitimados pelos próprios apóstolos, mas nunca menciona uma sucessão apostólica e sempre mantém uma diferença absoluta entre os apóstolos de Jesus Cristo e os ministros das Igrejas. Os presbíteros de Jerusalém acompanham os apóstolos na tomada de decisões, com uma dupla função legisladora e diretiva.

Além desses ministros, nas Igrejas havia outros, tais como os evangelistas (At 21,8), os profetas (At 11,27; 13,1; 15,32; 21,10) e os doutores (At 13,1). Outros escritos tardios judeu-cristãos do Novo Testamento refletem também a existência de ministros, os quais são chamados de "chefes ou dirigentes" (Hb 13,7.17.24). Ou seja, eles são nomeados com um título profano e se fala em sua "carreira" (Hb 13,7-8), exortando a comunidade a imitar sua fé e a obedecer-lhes (Hb 13,7.17). Todavia, jamais lhes é dado o título de "sacerdote", tampouco o de "pastor", denominações reservadas a Cristo na Carta aos Hebreus. Eles são os pregadores da Palavra de Deus, com funções de vigilância (Hb 13,17), embora ainda continuem existindo outros mestres ou doutores (Hb 5,11-12). A progressiva concentração de funções comunitárias nos ministros não implica o fato de que todos eles as exerçam. É possível que, em algumas Igrejas de fins do século I, devido ao problema das heresias, a pregação fosse o mais importante, enquanto a liderança pastoral das Igrejas recaísse sobre outras pessoas, até que ambas fossem unificadas, como ocorreu nas cartas pastorais. A carta foi escrita por um membro ausente da comunidade (Hb 13,19), com o estilo próprio de um documento de uma Sinagoga helenista, exortando-se à perseverança, durante as perseguições (Hb 10,32-39; 11,1.39-40; 12,1-3.25.28).[24]

---

[24] PERROT. CH. La epístola a los Hebreos. In: DELORME, *El ministerio y los ministerios según el Nuevo Testameöyo*, cit., pp. 114-131; SCHÜTZ, *Kirche in Spät-neutestamentlicher Zeit*, cit., pp. 55-83; 138-143; GRÄSSER, E. Das wandernde Gottesvolk. Zum Basimotiv der Hebräerbriefes. *ZNW*, n. 77, pp. 160-179, 1986; SCHÜRMANN, *Orientierung am Neuen Testament*, cit., pp. 149-150.

Por outro lado, na carta de Tiago alude-se aos presbíteros que oram pelos enfermos e depois os ungem com óleo (Tg 5,14). Há também mestres, e exorta-se a comunidade para que não haja muitos pretendentes ao cargo (Tg 3,1-2).[25] Os ministérios vão transformando-se em cargos cada vez mais apetecíveis em proporção à progressiva inculturação das Igrejas na sociedade helenista. Pouco a pouco, o horizonte do serviço abre espaço para o da dignidade, preparando o caminho para o surgimento da "hierarquia". Há diversidade de ministérios, e os que existem são pouco definidos. Criou-se uma práxis ministerial e comunitária, que posteriormente foi submetida a uma reflexão teológica e a uma uniformização.

Os ministérios de origem pagão-cristã

Também as comunidades paulinas aparecem organizadas com diferentes ministérios, cujo vocabulário é rico e duvidoso, prova de que se trata de ofícios e cargos não consolidados. Além do mais, é preciso levar em conta o longo elenco que nelas se faz de funções e ministérios de origem carismática (apóstolos, profetas, mestres, evangelistas etc.). Muitos desses ofícios carismáticos mais tarde se transformarão em ministérios institucionais da Igreja, mas aqui conservam ainda a dupla origem cristológica e espiritual. Paulo não estabelece nenhuma contraposição entre ministérios institucionais e carismáticos (Rm 12,6-7; 1Cor 12,4-6: diversidade de carismas e diaconias), mas vê todos os ofícios, cargos, funções e ministérios como inspirados por Cristo e pelo Espírito ("Pois o Senhor é o Espírito, e onde está o Espírito do Senhor, aí está a liberdade": 2Cor 3,17). A eclesiologia paulina é carismática, e o único cargo que se destaca de forma absoluta é o de "apóstolo de Jesus Cristo", no qual ele também se inclui.

---

[25] Cothenet, E. La epístola de Santiago. In: Delorme, *El ministerio y los ministerios según el Nuevo Testamento*, cit., pp. 145-147.

No entanto, apesar de sua eclesiologia carismática e de seu ministério apostólico, Paulo aceita os cargos e ministérios de suas Igrejas.[26] Em conseqüência disso, exorta os tessalonicenses a terem "consideração para com aqueles que se afadigam entre vós e, no Senhor, vos presidem e admoestam" (1Ts 5,12-15). A seguir, dá instruções aos dirigentes para que animem os fracos, consolem os aflitos e admoestem os revoltosos de acordo com as demais tradições do Novo Testamento (At 20,28-31). Também os profetas edificam, exortam e consolam (1Cor 14,3), porque em algumas comunidades são eles que têm voz ativa. Essa carta aos tessalonicenses provavelmente é o documento mais antigo do Novo Testamento. A presença de ministros que presidem é compatível com a eclesiologia carismática, baseada no discernimento comunitário, à qual se faz referência depois da exortação aos ministros (1Ts 5,19-23).

Há ainda outros ministros, os colaboradores de Paulo enviados às comunidades (1Ts 3,2; 1Cor 16,10-12; Rm 16,21-23; Fl 2,19.22-23), aos quais se designa como servidores (*diaconoi*), cooperadores e administradores dos mistérios de Deus (1Cor 3,5.9; 4,1). A maioria deles eram ministros itinerantes, que instruíam as Igrejas e deviam ser bem recebidos por elas (1Cor 4,17; 16,10-11). Entre seus ajudantes, estão os que foram enviados pelas comunidades (Fl 2,25; 4,3), incluídos os apóstolos das Igrejas (2Cor 8,23; Rm 16,7). Havia também ministérios que surgiam espontaneamente, como os de uma família (1Cor 16,16-17) que se pôs a serviço de uma comunidade; Paulo exorta os seus leitores a submeterem-se a eles. Inclui também entre seus colaboradores o casal Áquila e Prisca (Rm 16,3; 1Cor 16,19; cf. At 18,2.18.26; 2Tm 4,19). Há também catequistas, que têm o direito de ser mantidos pela comunidade (Gl 6,6).

---

[26] KERTELGE, K. Der Ort des Amtes in der Ekklesiologie des Paulus. In: VANHOYE, *L'Apôtre Paul*, cit., pp. 184-202; LEMAIRE, *Les ministères aux origines de l'Église*, cit., pp. 73-109; JAUBERT, A. GRELOT, P. LEMAIRE, A. Las epístolas de Pablo. In: DELORME, *El ministerio y los ministerios según el Nuevo Testamento*, cit., 1975, pp. 23-74; HAINZ, J. Amt und amtsvermittlung bei Paulus. In: IDEM, *Kirche im Werden*, cit., pp. 109-122; PESCH, R. Estructuras del ministerio en el Nuevo Testamento. *Istina*, n. 16, pp. 437-452, 1971; VÖGTLE, A. Exegetische Reflexionen zur Apostolizität des Amtes und zur Amtssukzession. In: SCHÜRMANN, *Die Kirche des Anfangs*, cit., pp. 529-582; ROLOFF, *Apostolat, Verkündigung, Kirche*, cit., 1965. pp. 125-135; CAMPENHAUSEN, *Kirchliches Amt und geistliche Vollmacht in den ersten drei Jahrhunderten*, cit., pp. 59-75.

Muitos desses ministérios são nomeados de passagem, com breves alusões, pois Paulo não tem interesse em especificar quem são, quais suas funções e qual o grau de autoridade dos ministros.

Fica claro, no entanto, que os ministros locais das Igrejas nem sempre surgem por designação de Paulo, mas que ele aceita os escolhidos ou reconhecidos espontaneamente pelas comunidades. Para Paulo, o essencial é a comunidade, da qual surge a pluralidade de ministérios e carismas, por ele reconhecidos e aceitos. A única coisa que ele faz é estabelecer critérios, os quais indicam como devem funcionar os ministérios e carismas, como o fez o próprio Jesus, pois não está preocupado tanto com quem possui a autoridade nas diversas Igrejas, mas com a forma de exercê-la. Não se trata de dignidades, mas de serviços, e jamais se fala que sejam escolhidos pela imposição das mãos. A dimensão comunitária é mantida em todos os ministérios: ele dirige todas as suas cartas às comunidades, apela à responsabilidade de todos e censura a comunidade — não alguns ministros especificamente — pelos escândalos que nela existem (1Cor 5,2-7.11-13; 2Cor 2,6).

Dentro dessa riqueza e diversidade de ministérios, própria de comunidades pequenas, nas quais todos se conhecem e onde os cargos surgem sem um plano estabelecido nem uma autoridade que os determine, têm especial importância os "bispos" (sempre no plural) e os "diáconos". Em Filipos, os diáconos já são cargos estabelecidos, como é o caso da diaconisa Febe (Rm 16,1), em contraposição ao uso geral do termo (servidores) em outras cartas (Rm 13,4; 15,8; 1Cor 3,5; 2Cor 3,6; 6,4; 11,15.23; Gl 2,17). Por isso, ele escreve à comunidade dos filipenses com seus bispos (*episcopoi*) e diáconos (Fl 1,1), que são os responsáveis pela comunidade.[27] É a única vez que Paulo dirige uma carta a uma comunidade com os seus ministros, o que é um indício da importância que eles têm nela. O contexto indica claramente que se trata de ministros que dirigem a comunidade, cuja autoridade Paulo aceita, sem que tenha sido ele a designá-los. Contudo, não se pode projetar sobre eles a teologia posterior a

---

[27] HAINZ, Die Anfänge des Bischofs- und Diakonenamtes, cit., pp. 91-107.

respeito do episcopado, que é fruto de um processo evolutivo que durou até fins do século II.

Essa importância crescente dos ministérios é confirmada observando-se o desenvolvimento da teologia nas cartas da escola paulina, isto é, em Efésios e Colossenses, que já possuem uma pretensão de universalidade, embora sejam dirigidas a uma Igreja local (Cl 4,16). A ordem de Paulo para que suas cartas fossem lidas em público (1Ts 5,27) transforma-se aqui em cartas dirigidas a várias Igrejas.[28] Trata-se de cartas de um discípulo de Paulo, embora alguns exegetas defendam que a Carta aos Colossenses contenha material paulino autêntico, na totalidade ou em parte. O autor dirige-se à comunidade e menciona seus colaboradores (Cl 4,7-11), dentre os quais contam-se alguns designados por Paulo (Cl 4,7) e outros escolhidos pela comunidade (Cl 4,9). É mantida a primazia dos apóstolos e profetas como fundamento da Igreja, cuja pedra angular é Cristo (Ef 2,19-22), aludindo-se também à ação do Espírito.

Nessa comunidade ainda não havia a desconfiança posterior contra os profetas. Estes, juntamente com os apóstolos, eram receptores do mistério de Cristo (Ef 3,1-7; cf. Gl 1,12.15). Ambos os ministérios haviam sido constituídos por Deus mesmo. Por isso, não se pode falar somente de Igreja apostólica, como acontecerá mais tarde com o credo cristão, mas de Igreja apostólica e profética. Os profetas têm também funções litúrgicas (1Cor 14,3-4.15-17.22). Posteriormente eles serão mencionados na *Didaqué* como os encarregados de presidir a eucaristia. A freqüente trilogia paulina — apóstolo, profeta e mestre —, que analisamos ao estudar a eclesiologia carismática, pode ter-se originado em Antioquia (At 11,27-28; 13,1-2; 15,35-39). Na Carta aos Efésios, acrescenta-se a essa trilogia o binômio "evangelistas e pastores" (Ef 4,11), que possivelmente tiveram a preferência sobre os três,[29] sem que

---

[28] Bony, P. La epístola a los Efesios. In: Delorme, *El ministerio y los ministerios según el Nuevo Testamento*, cit., pp. 75-91.

[29] Lemaire, *Les ministères aux origines de l'Église*, cit., pp. 128-129; Jaubert; Grelot; Lemaire, Las Epístolas de Pablo, cit., 1975, pp. 69-71; Hasenhüttl, *Charisma, Ordnungsprinzip der Kirche*, cit., pp. 208-222.

fossem especificadas as funções de cada um. São autênticos ministérios que provêm de Cristo.

A Carta aos Efésios reduz a lista mais ampla de Paulo a dois serviços: a pregação (apóstolos, profetas, evangelistas e doutores) e a liderança (apóstolos, pastores e colaboradores de Paulo), embora se tornem cada vez mais relevantes os ministérios que conservam a tradição.[30] Passamos assim do Espírito e de seus carismas nas comunidades paulinas para a referência a Cristo ressuscitado como instituidor dos ministérios. A Igreja está em pleno processo de cristologização do Espírito e de substituição da dinâmica carismática pela dinâmica institucional. Nas cartas, fala-se de diáconos concretos (Cl 1,7; Ef 6,21), que poderiam ser uma referência a cargos estabelecidos, embora também se conservasse o sentido geral de diaconia como serviço (Cl 1,23.25; Ef 3,7). Em nenhuma das cartas paulinas, tampouco em Efésios e Colossenses, fala-se de presbíteros, apesar da quantidade e variedade de ministérios que se fazem presentes nessas comunidades. Essa terminologia é própria das comunidades judaico-cristãs, enquanto os pagão-cristãos têm ministérios inspirados na sociedade greco-romana.

A fusão dos presbíteros com os bispos

As cartas pastorais, escritas em fins do século I, refletem uma fase tardia do desenvolvimento ministerial e uma transformação da teologia paulina dos ministérios.[31] Por um lado, o ministério transformou-se em

---

[30] MERKLEIN, *Das Kirchliche Amt nach dem Epheserbrief*, cit., pp. 224-232.

[31] SAND. A. Anfänge einer Koordinierung verschiedener Gemeindeordnungen nach der Pastoralbriefen. In: HAINZ, *Kirche im Werden*, cit., pp. 215-238; SCHÜTZ, *Kirche in Spät-neutestamentlicher Zeit*, cit., pp. 94-114; MERKLEIN, *Das Kirchliche Amt nach dem Epheserbrief*, cit., pp. 383-393; LOHFINK, Die Normativität des Amtsvostellung in den Pastoralbriefen, cit., pp. 101-106; SCHLIER, H. A Igreja segundo as epístolas pastorais. *Mysterium Salutis*, Petrópolis, v. 4, n. 1, pp. 150-155, 1975; SCHLIER, H. *Le temps de l'Église*. Tournai, 1961. pp. 140-157; BROX, *Die Pastoralbriefe*, cit., pp. 147-161; DORNIER, P. & LEMAIRE, A. Las epístolas pastorales. In: DELORME, *El ministerio y los ministerios según el Nuevo Testamento*, cit., pp. 92-113; SCHNACKENBURG, *La Iglesia en el Nuevo Testamento*, cit., pp. 115-123; ANTÓN, *La Iglesia de Cristo...*, cit., pp. 628-651; HASENHÜTTL, *Charisma, Ordnungsprinzip der Kirche*, cit., pp. 222-232; 245-263; ROLOFF, *Apostolat, Verkündigung, Kirche*, cit., pp. 232-272; TRÜMMER, *Die Paulustradition der Pastoralbriefe*, cit., pp. 383-393; CAMPENHAUSEN, *Kirchliches Amt und geistliche Vollmacht in den ersten drei*

um cargo apetecível, e são indicadas as qualidades requeridas para desempenhá-lo. Trata-se de um "ofício" consolidado, e não de um mero serviço funcional e espontâneo. É elaborada uma lista de qualidades que tem muitos paralelos na literatura helenista. São os requisitos para aquele que aspira a um cargo com autoridade social, pois o ministro deve ser também um bom cidadão:

> [...] se alguém aspira ao episcopado (*episkopé*) está desejando um trabalho valioso. Pois é preciso que o bispo seja irrepreensível, casado uma só vez, sóbrio, ponderado, educado, hospitaleiro, apto para o ensino, que não seja dado ao vinho nem violento; pelo contrário, que seja manso, pacato, não cobiçoso; que dirija bem a própria casa e saiba manter os filhos na submissão, com toda a dignidade. Com efeito, quem não sabe governar a própria casa, como poderá cuidar da igreja de Deus? Que não seja um neófito, para não acontecer que se ensoberbeça e incorra na mesma condenação que atingiu o diabo. É preciso que ele receba testemunho favorável dos que não pertencem à comunidade, para que não venha a cair em descrédito e no laço do diabo (1Tm 3,1-7).

Origem dos ministérios

O ministério sacerdotal está também marcado por essa estrutura trinitária da Igreja [...]. Se o ministério for entendido só cristologicamente, aparece sob o signo da *auctoritas* e da *potestas* (*Christi*). Se for concebido só pneumatologicamente, é um serviço dentre os demais serviços pneumatológicos dentro da Igreja [...]. Para a compreensão do ministério não se pode partir, portanto, nem só de Cristo (tendência da teologia ocidental), nem só da comunidade carismática como obra do Espírito (perigo da teologia do ministério na Reforma), mas do Pai que envia Cristo e o Espírito em unidade inseparável, para fundar o seu povo (G. Greshake, *Ser sacerdote*, Salamanca, 1995, pp. 101-102).

Jahrhunderten, cit., pp. 82-90; 116-129; MÜHLSTEIGER, J. Zum Verfassungsrecht der frühkirche. *ZKTh*, n. 99, pp. 129-155, 1977. Mühlsteiger aceita a fusão entre a estrutura presbiteral e a episcopal, mas vê o presbítero como um título funcional e o bispo como um cargo pastoral. Somente alguns presbíteros teriam um cargo episcopal. Uma tese semelhante é defendida por R. Brown, Episkope und Episkopos..., cit., pp. 333-385. Essa postura é rara na exegese atual.

As cartas pastorais refletem como os bispos e diáconos, aos quais se faz referência na Carta aos Filipenses, converteram-se em cargos estáveis, para os quais são requeridas virtudes cívicas. Há duas coisas que chamam a atenção. Fala-se em episcopado, no singular. Poder-se-ia pensar que já aqui temos o "bispo monárquico", isto é, um bispo que preside o colégio dos presbíteros e que se destaca sobre eles, como na segunda metade do século II. Contudo, o sentido não é esse, e sim o da menção de um cargo, o episcopado, estabelecendo-se as qualidades dos candidatos. É por isso que se usa o singular, aquele que quer ser bispo, que tem capacidades para tanto. Isso é confirmado na carta a Tito (Tt 1,5-9), na qual se passa do plural ao singular na descrição do cargo. Há alguns comentaristas, no entanto, que admitem a possibilidade de que já se esteja favorecendo a figura do bispo hierárquico (um presidente do presbitério, claramente diferenciado dos presbíteros e com funções que estes não têm), embora nas cartas ainda se trate de um processo embrionário.

As qualidades exigidas para ser bispo são, todas elas, profanas, e não se menciona nada específico de um cargo religioso. O bispo é o inspetor ou vigia, do qual se exigem as capacidades usuais para o cargo na cultura greco-romana. Na seqüência do texto, semelhantes qualidades são requeridas para os diáconos:

> Os diáconos, igualmente, devem ser pessoas decentes, homens de palavra, não viciados no vinho nem afeitos a lucros torpes. Saibam guardar o mistério da fé graças a uma consciência pura. Será preciso, primeiro, examiná-los; depois, caso não haja nada a censurar-lhes, é que assumirão as funções de diácono. Suas esposas também sejam honestas, não maldizentes, sóbrias, fiéis em tudo. Os diáconos sejam casados uma só vez, eduquem bem seus filhos e saibam dirigir sua própria casa. Os que tiverem exercido bem a sua função alcançarão para si uma posição honrosa e se sentirão muito seguros na fé que têm no Cristo Jesus (1Tm 3,8-13; 4,6).

O catálogo de qualidades requeridas é também grego, e as comunidades assumem esse ideal cultural e lhe dão um valor teológico. Da mesma forma aceitou-se a ordem política e social romana, legitimando suas autoridades civis (1Tm 2,1-3). As cartas pastorais, como também a Primeira Carta de Pedro, refletem a situação de comunidades inculturadas no helenismo, nas quais há unidade entre a vida doméstica e a eclesial. Por isso, as qualidades requeridas para o cargo representam exigências civis da cultura patriarcal doméstica.[32]

Os diáconos deixam de ser um serviço geral para transformar-se agora no cargo auxiliar dos bispos, embora suas funções ainda não estejam claras; certamente eles têm tarefas administrativas, assistenciais (1Tm 3,8) e catequéticas (1Tm 3,9). Dentre os diáconos, são nomeadas mulheres (1Tm 3,11), como ocorre também em Rm 16,1. Nessa época ainda havia mulheres diaconisas. Não sabemos se está sendo feita uma alusão a esse fato quando se afirma:

> Seja inscrita no grupo das viúvas somente aquela que tiver não menos de sessenta anos, seja casada uma única vez e conhecida por suas obras, a saber: soube educar seus filhos, foi hospitaleira, lavou os pés dos santos, socorreu as pessoas em dificuldades e dedicou-se a todo tipo de boa obra (1Tm 5,9-10).

As "viúvas" são uma das categorias sociais estabelecidas nas comunidades, e não temos clareza em suas funções e competências. É possível que algumas delas exercessem a atividade de diaconisas nas Igrejas e que se esteja fazendo alusão a elas nessa passagem. De qualquer modo, nas cartas paulinas e pastorais o ministério não é monopólio dos varões.

A alusão aos bispos e diáconos corresponde à tradição das cartas paulinas, cujos ministérios (bispos e diáconos) são fruto da influência greco-romana. Contudo, essas cartas aludem também aos presbíteros (1Tm 5,17-19; Tt 1,5), que são os ministros próprios das comunidades judaico-cristãs. Jamais se fala neles nas cartas paulinas, que se movem no contexto dos pagãos. Além disso, quando se faz referência ao cargo de bispo (1Tm 3,2), não se fala dos presbíteros; e vice-versa: quando se faz referência aos presbíteros, não se menciona o bispo (1Tm 5,17). Trata-se de

---

[32] VERNER, D. C. *The Household of God*. Chico (California), 1983.

dois nomes diferentes, cada um deles proveniente de uma teologia e de uma cultura distintas, aplicadas às mesmas pessoas. Por isso, na Carta a Tito, passa-se, na mesma passagem, da menção aos presbíteros à alusão ao cargo episcopal, sem distinção de pessoas:

> Eu te deixei em Creta para organizares o que ainda falta e constituíres presbíteros em cada cidade, conforme as instruções que te dei, a saber: o candidato seja isento de acusação, casado uma só vez, tenha filhos crentes que não se possam acusar de devassidão e que não sejam rebeldes. Pois é preciso que o bispo, como administrador de Deus, seja isento de acusação, não seja arrogante, nem colérico, nem dado ao vinho, nem violento, nem avarento; seja, pelo contrário, hospitaleiro, amigo do bem, prudente, justo, piedoso, disciplinado, apegado à palavra digna de fé segundo o ensinamento, a fim de ser capaz, tanto de exortar na sã doutrina, como de refutar os que a contradizem (Tt 1,5-9).

Passa-se dos presbíteros ao cargo episcopal, e as qualidades exigidas são idênticas, porque se referem às mesmas pessoas. São exortados a perseverar na unidade doutrinal e eclesial (1Tm 6,11-16).[33] As funções eclesiais convertem-se progressivamente em cargos. As cartas pastorais, com muita probabilidade, refletem a situação da Igreja em fins do século I, na qual há a fusão de comunidades judaico-cristãs e pagão-cristãs, e judeus palestinos e helenistas. Ou seja, há uma fusão entre as grandes correntes eclesiais, uma integração de comunidades e tradições que durante decênios foram diferentes e que agora se mesclam em um modelo de Igreja que engloba todos. Nesse contexto, há uma equiparação entre os ministérios de raiz judaica e os de raiz pagã, entre os presbíteros de origem palestina e o grupo de bispos mencionados por Paulo na Igreja de Filipos. Bispos e presbíteros passam a ser termos equivalentes. Ao mesmo tempo desaparece o título eclesial de apóstolos, que fica reservado às grandes figuras da primeira época. Em fins do século I, assistimos ao desapareci-

---

[33] KÄSEMANN, E. La formule néotestamentaire d'un parénèse d'ordination dans 1Tim 6,11-16. In: IDEM. *Essais exégétiques*. Neuchâtel, 1972. pp. 111-121; CAMPENHAUSEN, *Kirchliches Amt und geistliche Vollmacht in den ersten drei Jahrhunderten*, cit., pp. 116-129.

mento da geração apostólica em favor de uma terceira geração, que só conhece ministros de Igrejas locais e missionários eclesiais itinerantes.

Essa fusão se dá também em outros escritos do Novo Testamento. Lucas apresenta Paulo despedindo-se dos ministros de Éfeso, quando se encaminha para Jerusalém, de onde não mais voltará; dirigindo-se a eles, Paulo os chama uma vez de presbíteros (At 20,17: "[...] mandou convocar os presbíteros daquela Igreja") e outra de bispos (At 20,28: "Cuidai de vós mesmos e de todo o rebanho sobre o qual o Espírito Santo vos estabeleceu como guardiões, como pastores da Igreja de Deus"). Quando Lucas descreve a fase final da Igreja, com Paulo caminhando para Jerusalém, de onde partirá para Roma, produz-se a equivalência entre presbíteros e bispos. Tanto em Tt 1,5-9 como em At 20,17.28.31, Paulo é apresentado dando instruções aos ministros e pedindo-lhes que, como pastores, se preocupem com o rebanho que lhes foi confiado, usando o verbo "episcopar" (*episcopountes*). A insistência em que sejam fiéis à doutrina e preservem a unidade da Igreja é comum nos textos do último quarto do século I.[34]

Para Lucas, tanto o episcopado (At 1,20) quanto o presbiterado (At 11,30) descendem da autoridade apostólica, que para ele é a dos doze apóstolos, enquanto nas cartas pastorais essa autoridade apostólica é paulina. Nas cartas pastorais, Paulo é quem legitima o ofício dos presbíteros (Tt 1,5), de forma paralela ao dos presbíteros-bispos em Lucas (At 14,23; 20,17.28). Por outro lado, afirma-se que Timóteo recebeu o carisma por imposição das mãos do grupo de presbíteros e por designação profética (1Tm 4,14), enquanto em outra passagem o suposto Paulo o

---

[34] SCHÜRMANN, H. *Traditionsgeschichtliche Untersuchungen zu den Synoptischen Evangelien*. Düsseldorf, 1968. pp. 310-340; SCHNACKENBURG, R. Episkopos und Hirtenamt (zu Apg 20,28). In: KERTELGE, *Das kirchliche Amt im Neuen Testament*, cit., pp. 418-441; BROWN, *Episkope und Episkopos...*, cit., pp. 322-338; IDEM. *Priest and Bishop*. New York, 1970. pp. 59-86 [Ed. bras.: *Sacerdote e bispo*, São Paulo, Loyola, 1987]; LEMAIRE, A. L'Église apostolique et les ministères. *Revue de Droit Canonique*, n. 22, pp. 19-46, 1973; TRILLING, W. Zum Amt im Neuen Testament. In: SCHWEIZER, E. (Festsch.). *Die Mitte des Neuen Testaments*. Göttingen, 1983. pp. 317-344; SCHÜTTE, *Amt, Ordination und Sukzession im Verständnis evangelischen und katholischen Exegeten und Dogmatiker der Gegenwart...*, cit., pp. 236-250.

exorta a "reavivar o carisma que Deus te concedeu pela imposição de minhas mãos" (2Tm 1,6). Não há contradição entre ambos os textos: no primeiro apresenta-se a dupla designação e ordenação nas Igrejas locais, com participação de profetas e de presbíteros, e no segundo concede-se validez apostólica à ordenação com Paulo.

O mesmo acontece quando se faz referência à instauração de presbíteros.[35] O ordenando recebe a tradição apostólica (2Tm 2,2), apresenta a sua confissão diante de várias testemunhas (1Tm 6,12) e lhe é transmitido o carisma e o ministério pela imposição das mãos (2Tm 1,6; 1Tm 4,14). As cartas refletem a forma usada pelas comunidades para escolher e ordenar ministros, costume que se legitima dando-lhe confirmação paulina (apostólica). Desse modo se estabelece um vínculo teológico entre apostolado e ministérios, que sempre estão em função da comunidade que os escolhe. O mesmo ocorre também com Timóteo e Tito, que são os que continuam o ensinamento e as tradições de Paulo. Por isso Tito recebe o encargo de finalizar a obra de organização e de constituição de presbíteros nas cidades (Tt 1,5), e Timóteo deve transmitir o ensinamento recebido de Paulo a outros, "pessoas de confiança, que sejam capazes de ensinar a outros" (2Tm 2,2).

Timóteo (que é chamado de evangelista: 2Tm 4,5) e Tito não são nem apóstolos, nem bispos-presbíteros, mas colaboradores de Paulo e modelos (1Tm 6,1-11) para todos os cargos, como o próprio Paulo. A Timóteo cabe também a função de julgar os presbíteros e exigir que a acusação contra eles seja avalizada por várias testemunhas (1Tm 5,19; cf. Mt 18,16). Ainda não há sucessão apostólica no sentido de sucessão no cargo, mas já está sendo preparada a evolução posterior dos séculos II e III. A continuidade no ensinamento e nos cargos, bem como a legitimação apostólica de ambos, é cada vez mais clara. A institucionalização converte-se assim na melhor resposta às heresias e aos cismas que ameaçam a Igreja (1Tm 4,1), razão da insistência na perseverança dos ministros (1Tm 1,18-

---

[35] LEMAIRE, *Les ministères aux origines de l'Église*, cit., pp. 130; 126-138.

20; 4,14-16; 2Tm 1,6-14; 3,14). O ministério deve ser o instrumento para salvaguardar "a sã doutrina"; todavia, ainda não se determina a posterior estrutura ministerial de uma tríade, formada por bispos, presbíteros e diáconos.

Trata-se de um governo colegiado, associativo e presidencial, para o qual começam a surgir vários aspirantes. Afirma-se, além disso, que "os presbíteros que dirigem bem a comunidade sejam distinguidos com dupla remuneração, principalmente os que se dedicam à pregação e ao ensino" (1Tm 5,17). É possível que houvesse anciãos (presbíteros) que já não exercessem um ministério, mas dos quais exigissem o zelo pela dignidade do cargo. Essa passagem também poderia ser interpretada neste sentido: nem todos os presbíteros presidem e somente alguns têm uma função pastoral (episcopal); o texto, todavia, é obscuro e não há confirmação dessa hipótese. Os presbíteros-bispos assumem progressivamente a função dos profetas e doutores, como acontece também no documento *Didaqué* (*Did.*, 15), que corresponde à mesma época. Além disso, provavelmente eles começaram a receber honorários, "pois a Escritura diz: [...] 'o trabalhador merece o seu salário'" (1Tm 5,17-18). Dessa forma, o cargo começa a acumular funções, sobretudo a pregação e o ensinamento, que nas cartas paulinas correspondem a diversos ministérios.

A autoridade exercida pelo próprio Paulo tem continuidade com seus colaboradores e ministros, embora de forma limitada. Há uma perda de protagonismo da comunidade que continua nos séculos posteriores. Passa-se de uma Igreja comunitária e com a participação de todos, para uma outra, na qual o acento é posto nos cargos. Mas esse processo é muito lento e se realiza sobretudo no século III. Paulo aceita em suas cartas que sua autoridade seja completada pelo discernimento comunitário, pois ele não quer dominar sobre a fé dos membros da Igreja (2Cor 1,24). Por outro lado, nas cartas pastorais desenvolve-se um modelo de autoridade paternalista e vertical, sem que haja contrapesos comunitários. Inicia-se assim a passagem de uma comunidade estruturada a partir da pluralidade de carismas à concentração de funções nos cargos que presidem a comunidade. Os séculos II e III confirmam essa tendência.

Da eclesiologia carismática aos ministérios

A potencialização dos ministérios pode ser observada também em outro escrito tardio de clara influência paulina, a Primeira Carta de Pedro, que combina uma estrutura nitidamente comunitária e carismática (1Pd 2,5; 4,7-11: todos, na Igreja, receberam um carisma), com ministérios de terminologia judaico e pagão-cristã.[36] É uma carta que tem evidente parentesco com as cartas paulinas, mas que foi escrita sob a autoridade de Pedro e não de Paulo. Quiçá porque a autoridade do primeiro seja menos discutida do que a do segundo nas Igrejas. Dirige-se a Igrejas que pertencem ao território missionário paulino (1Pd 1,1), e nela se faz referência a um colaborador paulino, Silvano (1Pd 5,12; cf. 1Ts 1,1; 2Ts 1,1; 2Cor 1,19), que também pode ser o Silas ao qual alude Lucas (At 15,22.32.34.40; 18,5). O fato de que um apóstolo se dirija a várias comunidades da Ásia Menor é um indício de sua autoridade universal, superior à dos ministros locais das Igrejas. Pode ser que a carta seja dirigida a judeu-cristãos, que fugiram da Palestina depois da guerra contra os romanos e se dispersaram por todo o Império. A carta pode provir também de círculos romanos, influenciados por Pedro e relacionados com os paulinos (1Pd 5,1.12-13). As freqüentes citações do Antigo Testamento na carta, unidas aos títulos eclesiais de procedência judaica (1Pd 1,1.16; 2,5.9-10), reforçam a hipótese de uma carta dirigida a possíveis leitores judeu-cristãos.

O suposto Pedro, nome sob o qual se refugia o autor da carta, dirige-se "aos anciãos entre vós", denominando-se "ancião como eles" (1Pd 5,1.5). Dessa forma, faz-se de Pedro o protótipo dos presbíteros, assim como acontecia com Paulo nas cartas pastorais. Posteriormente se dará um passo a mais, em fins do século II, fazendo-se de Pedro o modelo dos bispos monárquicos que governam as Igrejas, apresentando-o como o primeiro bispo de Roma e ignorando o fato de que o apóstolo é um ministro itinerante e não de uma Igreja local. Cristo também é apresentado

---

[36] COTHENET, E. La primera epístola de Pedro. In: DELORME, *El ministerio y los ministerios según el Nuevo Testamento*, cit., pp. 132-145.

como o "bispo das vossas almas" (cf. 1Pd 2,12.25). Já encontramos aqui uma tendência a ver o episcopado, que nessa carta continua sendo idêntico ao presbiterado, em relação a Cristo,[37] que é também o "Pastor supremo" (1Pd 5,4), isto é, o modelo absoluto para os ministros. A tendência a cristologizar os ministérios leva a chamar os bispos de vigários de Cristo, que mais tarde irá se converter em um título do papa.

Nesses escritos tardios, percebe-se que começam os conflitos com os ministros, que não devem utilizar seu cargo para obter dinheiro (1Pd 5,2). Tais exortações aos ministros são repetidas constantemente, tanto nas cartas de fins do século I quanto nos textos cristãos do século II. Também os jovens precisam submeter-se aos anciãos (presbíteros), mas estes não devem dominar autoritariamente sobre a comunidade, e sim servir-lhes de exemplo (1Pd 5,3-5). O ministério é um poder outorgado por Deus (1Pd 4,11), mas os presbíteros não devem cumprir seu ministério por mera obrigação (1Pd 5,2). Significativamente, ressalta-se o sacerdócio de todo o povo, nunca o de um ministro (1Pd 2,5.9-10). Os sacrifícios espirituais aos quais se faz alusão devem ser interpretados na linha do sacerdócio existencial de todos os membros da Igreja. Isso é particularmente importante em uma carta em que Cristo é apresentado como o pastor supremo, modelo dos ministérios.[38]

Essa carta não dá destaque à conservação da sã doutrina, como o fazem as cartas pastorais, mas à perseverança durante as perseguições (1Pd 1,6-7; 2,12-15; 3,14-17; 4,1.4.12.19; 5,8-10), que são relativizadas pela proximidade do tempo final (1Pd 1,5; 4,7.16). Mantém-se ainda a

---

[37] BROWN, *Priest and Bishop*, cit., pp. 14-20; SCHÜTTE, *Amt, Ordination und Sukzession im Verständnis evangelischen und katholischen Exegeten und Dogmatiker der Gegenwart...*, cit., pp. 44-48; 250-269; ELLIOT, J. P. *The Elect and the Holy*. Leiden, 1966; IDEM. *A home for the Homeless*. London,1982. pp. 267-295 [Ed. bras.: *Um lar para quem não tem casa*; interpretaçãp sociológica da Primeira Carta de Pedro. São Paulo, Paulus, 1985]; BROX, N. *Der erste Petrusbrief*. Zürich, 1979. pp. 225-237.

[38] SCHRÖGER, F. *Gemeinde im 1 Petrusbrief*. Passau, 1981. pp. 114-119; IDEM. Die Verfassung der Gemeinde des ersten Petrusbrief. In: HAINZ. *Kirche im Werden*, cit., pp. 239-252. Algumas observações críticas à idéia de que se quer impor a estrutura presbiteral, ao invés de pressupô-la, são apresentadas por A. Vögtle, in *MThZ*, n. 28, pp. 167-168, 1977. Cf. também BROX, N. *Der erste Petrusbrief*, cit., Neukirchen, pp. 225-237.

expectativa da vinda próxima de Cristo, insistindo-se em que eles são perseguidos pelo simples fato de serem cristãos (1Pd 2,20; 4,15-16), exortando-os a viver como peregrinos e forasteiros no mundo (1Pd 1,1; 2,11). Trata-se de uma comunidade urbana instável e heterogênea, provavelmente composta por migrantes camponeses (1Pd 1,17; 2,11) que sofrem a hostilidade do ambiente circundante (1Pd 4,15-17). Busca-se dar coesão interna à comunidade por meio da disciplina (1Pd 2,18–3,7; 5,1-5) e reforçar seu compromisso de fé. Os apelos aos presbíteros para que não se aproveitem das comunidades, como também as referências aos esposos e aos jovens (1Pd 2,18–3,7; 5,5), apresentam claros paralelismos com a Carta aos Efésios, com as cartas pastorais e com os documentos posteriores do século II. Em todos os escritos há um empenho para reforçar a disciplina e fortalecer os cargos.

Nas cartas de Pedro são aplicados às comunidades diversos títulos hebraicos (eleitos, santos, povo de Deus etc.: 1Pd 1,1.16; 2,5.9-10), com alusões a uma Igreja doméstica, isto é, que se reúne na casa de um dos cristãos. Daí o título de "edifício espiritual" (1Pd 2,4-5) ou de "casa de Deus" (1Pd 4,17), de ampla ressonância no Antigo e no Novo Testamento, e que se constitui em uma chave essencial para a organização da Igreja nos primeiros séculos.[39] Seus membros são camponeses ou grupos desligados da sociedade, chamados de cidadãos do povo de Deus (1Pd 2,4-10; 5,2). As Igrejas têm êxito porque oferecem elementos de solidariedade e integração social a muitas pessoas que vivem à margem das sociedades do Império. Combina-se uma eclesiologia de fraternidade (1Pd 2,17; 5,1.9) com a exigência de submissão aos presbíteros que presidem, para garantir a estabilidade comunitária. A idéia paulina de corpo de Cristo é substituída aqui pela idéia da casa construída por Deus. Dentre os carismas, destaca-se o de "falar palavras de Deus" (1Pd 4,11), com provável refe-

---

[39] A habitação é o núcleo das Igrejas domésticas, compostas de várias dezenas de cristãos (em um sistema parecido com o das "comunidades eclesiais de base"). Freqüentemente o cabeça da família é quem preside; cf. R. Aguirre, *La casa como estructura base del cristianismo primitivo: las iglesias domésticas*, in *EE*, n. 59, pp. 27-51, 1984; G. Lohfink, Die Christliche Familie-eine Hauskirche?, in *ThQ*, n. 163, pp. 227-229, 1983. Uma visão panorâmica pode ser encontrada em H. J. Klauck, *Hausgemeinde und Hauskirche im frühen Christentum*, Stuttgart, 1981.

rência aos profetas (1Pd 1,10-12) e evangelistas (1Pd 1,12.25). Menciona-se também o carisma do serviço (diaconia: 1Pd 4,11).

Essa consciência de provisoriedade no mundo e de esperança firme na vinda próxima do Senhor é que faz com que a preocupação com a organização dos ministérios não seja tão forte quanto nas cartas pastorais, e que seja mantida uma concepção carismática da Igreja, apesar da necessidade de uma autoridade que sustente a comunidade em meio às suas dificuldades (1Pd 4,10-11; 5,1-6). Isso demonstra que nem todas as comunidades do final do século I seguiram a linha adotada pelas cartas pastorais, deslocando o aspecto carismático em favor do institucional, embora as heresias e cismas ocorressem em ambas as Igrejas. A Primeira Carta de Pedro une o modelo eclesiológico carismático, próprio das cartas paulinas, à organização presbiteral judaico-cristã, à qual se acrescenta a função episcopal.

A partir dos dados globais do Novo Testamento, podemos afirmar que há uma função episcopal (de liderança, vigilância e inspeção) que é comum a presbíteros e a bispos, pois ambos ainda não são diferenciados; além disso, trata-se de uma função coletiva ou colegiada. As diversas concretizações e a diferenciação de funções posteriores correspondem às Igrejas que surgiram mais tarde.[40] Não há um plano estabelecido de antemão e muito menos diretrizes dadas por Jesus, e sim diversidade de estruturas ministeriais com relação às diferentes tradições culturais. Nem sequer há um processo controlado e estabelecido pelos apóstolos. Os ministérios surgiram a partir dos apóstolos e das próprias comunidades. Por inspiração do Espírito, alguns se puseram livremente a serviço das Igrejas. A fusão final das correntes judaico e pagão-cristãs identificou a organização presbiteral com a episcopal, ambas mantendo seu caráter colegiado, sua subordinação aos apóstolos e sua superioridade sobre os diáconos.

---

[40] É preciso distinguir entre instituição "de direito divino" e organização de direito humano (eclesial) mutável. Cf. ESTRADA, *La Iglesia: ¿institución o carisma?*, cit., pp. 141-168; SESBOÜÉ, B. Ministerios y estructura de la Iglesia. In: DELORME, *El ministerio y los ministerios según el Nuevo Testamento*, cit., pp. 322-327; 372-385; DENIS, H. Episcopado, presbiterado, diaconato. In: DELORME, op. cit., pp. 434-437; KEARNEY, P. O Novo Testamento estimula uma ordem eclesiástica diferente? *Concilium*, n. 80, pp. 1278-1289, 1972.

Isso implica que não podemos recorrer à vontade ou intencionalidade de Cristo para determinar a identidade e as funções dos ministros. Jesus escolheu doze varões "para sentar-vos em doze tronos, para julgar as doze tribos de Israel" (Mt 19,28; Lc 22,30). Mas o simbolismo dos doze como representantes do novo Israel não autoriza ninguém a tirar conclusões sobre os ministérios. Os doze não têm sucessores, nem sequer entre os apóstolos, e a escolha dos doze varões dentre os discípulos deve ser compreendida à luz do simbolismo patriarcal de Israel. O sacerdócio ministerial não é deduzido dos doze, que representam o Novo Israel. Os doze tampouco são identificados com os apóstolos, embora façam parte deles, e os apóstolos, por sua vez, não são identificados com os ministros que surgem por iniciativa das comunidades, pela escolha dos apóstolos ou por iniciativa própria, com o reconhecimento das Igrejas. Os ministérios episcopal e presbiteral não são o resultado do fato de Jesus ter ordenado os doze, o que ele não fez, mas surgem como uma criação eclesial, inspirada pelo Espírito e condicionada pelos modelos de autoridade judaicos e greco-romanos.

Tais considerações podem ser aplicadas também à problemática ministerial atual, sobretudo quando se considera o ministério à luz do debate sobre o sacerdócio da mulher. Não se trata de dizer que Jesus não ordenou mulheres, mas sim que ele tampouco ordenou varões, no sentido que entendemos agora o sacramento da ordem. Não se pode passar dos doze aos apóstolos, e destes aos bispos e presbíteros, como se tudo se devesse a um plano ou a uma intencionalidade de Cristo. Na realidade, a idéia do sacerdócio ministerial está vinculada à celebração da eucaristia como símbolo por antonomásia do culto cristão, e não sabemos quem presidia a celebração da eucaristia, nem há indicações sobre quem Jesus designou para isso. Somente em um sentido indireto e amplo podemos afirmar que Cristo fundou a Igreja e determinou os ministérios. Na realidade, a Igreja constituiu os ministérios, buscando salvar a doutrina e dar continuidade às funções dos apóstolos.

Os ministérios das Igrejas locais

Da mesma forma que a Igreja é o resultado de um processo evolutivo, inspirado por Deus, assim também os ministérios. O que é comum a todos é o seu caráter diaconal, quer dizer, trata-se de serviços às Igrejas, e não de dignidades pessoais. Todo dom de Deus, de origem cristológica ou do Espírito, é dado para os demais. No Novo Testamento há uma grande variedade de Igrejas, cada uma com sua própria concepção dos ministérios. Em algumas ocasiões, estes surgem por iniciativa das comunidades; em outras, por decisão dos apóstolos; em outras ainda, algumas pessoas põem-se a exercer um ministério com o reconhecimento factual de suas comunidades. Provavelmente esta última alternativa era a mais freqüente no início das comunidades. Alguns dos primeiros convertidos puseram suas casas e pessoas a serviço da Igreja nascente. Partindo de dados fragmentários contidos no Novo Testamento, podemos agora analisar como surgiram os ministérios da Igreja, concretamente a tríade bispo, presbíteros e diáconos.

O importante é a comunidade, não os ministérios em si mesmos; e estes surgiram em função do crescimento da Igreja. Mais do que isso, não se pode dizer nada em geral sobre eles. Não é possível delimitá-los (quem pode ter acesso a eles, quando e como se pode fazê-lo), com base em uma expressa intenção de Cristo ou dos apóstolos, pois isso não aparece no Novo Testamento. A Igreja foi criando e desenvolvendo os ministérios para atender às novas exigências que iam surgindo. Desde fins do século I, as diversas Igrejas tenderam para um modelo comum e universal, que acabou se impondo gradualmente.

Surge o bispo como sucessor dos apóstolos

Nos escritos tardios do Novo Testamento que fazem alusão aos presbíteros e aos bispos (Atos dos Apóstolos, cartas de Pedro e cartas pastorais), não se estabelece nenhuma diferença de funções nem de identidade entre eles. Trata-se de ministérios locais equiparáveis, alguns de tradição marcadamente judaica e palestina, outros provenientes de comunidades pagãs e helenistas. A fusão de ambos os grupos de Igrejas no contexto da expansão missionária de fins do século I trouxe consigo a integração dos ministérios. Os ministros atuavam colegiadamente no âmbito de uma eclesiologia de comunhão, inspirando-se também em associações, colégios e ordens da sociedade romana e judaica. As Igrejas faziam parte da sociedade, e os cristãos, enquanto cidadãos do Império, inspiraram-se em suas estruturas administrativas e jurídicas para criar sua própria organização. As sociedades judaica e romana ofereceram modelos e sugestões, que foram aceitos e transformados pelos cristãos. Essa interação entre sociedade e teologia tem sido constante nas diversas etapas históricas da eclesiologia. A Igreja sempre foi influenciada pela cultura e pela sociedade em que vivia.[41]

O sinédrio e o senado foram modelos para a constituição de associações dos presbíteros ou bispos, com um pano de fundo patriarcal. Junto com a função colegiada ou associativa, subsistia a tendência de que houvesse um chefe, presidente ou principal, que atuasse como porta-voz do colégio e exercesse funções de representação e de liderança dentro dele. Foi isso que conduziu ao "bispo monárquico", isto é, um presidente do colégio dos presbíteros — inicialmente designado e provavelmente estabelecido pelos próprios presbíteros —, que pouco a pouco foi se diferenciando do restante do presbitério e acumulando funções. Dessa forma, ao longo do século II, foram postas as bases da trilogia clássica de cada Igreja particular ou local: um bispo que presidia como cabeça, um colégio de presbíteros que o acompanhava na direção das comunidades e um colégio de diáconos que assistiam diretamente o bispo. No século II foram criadas essas estruturas, que analisaremos brevemente, e nos séculos III e IV foram desenvolvidas as diferentes funções e significados de cada uma delas.

O primeiro documento a ser analisado é a *Didaqué*, datado de fins do século I. Nesse escrito, admoesta-se a comunidade para que eleja "bispos e diáconos", para que lhes administrem o ministério dos profetas e mestres

---

[41] Fries, H. Modificação e evolução histórico-salvífica da imagem da Igreja. *Mysterium Salutis*, Petrópolis, v. 4, n. 2, pp. 5-59, 1975; Eyt, P. Vers une Église démocratique? *NRT*, n. 91, pp. 597-613, 1969.

(*Did.*, 15,1). Pede-se também que eles sejam tratados com honra e dignidade (*Did.*, 15,2). Trata-se, portanto, de uma Igreja local com ministérios helenistas — já que os presbíteros não são nomeados —, provavelmente pertencente à área de Antioquia. Havia carismáticos itinerantes, apóstolos, profetas e doutores (*Did.*, 11,1-6), e alguns queriam instalar-se na comunidade, a qual tinha a obrigação de mantê-los (*Did.*, 13,1-4.6). Os bispos e diáconos precisam ser sustentados "porque também eles lhes administram o ministério dos profetas e mestres" (*Did.*, 15,1). É uma comunidade governada por um colégio de bispos e não por um único bispo monárquico, com a tendência de substituir os carismáticos por ministros institucionais, embora ainda se dê a primazia aos profetas.[42]

Um segundo testemunho dessa época nos vem da *Primeira carta de Clemente aos coríntios*, escrita em torno do ano 100 e enviada, juntamente com alguns delegados, "pela igreja de Deus que mora em Roma" à Igreja de Corinto (*1Clem.*, 63,3; 65,1). Nessa Igreja paulina, havia tensões com os ministros (*1Clem.*, 1,1; 47,6; 57,1; 54,2; 59,1), e alguns deles haviam sido destituídos (*1Clem.*, 44,4.6). Já sabemos que Corinto era uma Igreja com uma forte estrutura carismática. Provavelmente a passagem do carisma para a instituição gerou revoltas contra os ministros. A carta procura consolidar a autoridade dos chefes (*1Clem.*, 54,1) e preservar a ordem hierárquica. Os ministros algumas vezes são chamados de bispos, sempre no plural (*1 Clem.*, 42,4; 44,1.4), em outras, de presbíteros (*1Clem.*, 1,3; 44,5; 47,6; 57,1), sem que se façam distinções entre ambos, como ocorre também nos Atos dos Apóstolos, nas cartas pastorais e na Primeira Carta de Pedro. É uma comunidade na qual se faz a fusão das duas grandes tradições de ministros em um colégio de presbíteros-bispos e de diáconos.[43] Não há a menor alusão a um bispo singular

---

[42] Alguns pensam que não ocorra de fato a trilogia antioquena de profetas, doutores e mestres, mas que os três títulos se refiram às mesmas pessoas, que atuam na forma de itinerantes; cf. HALLEUX, A. Les ministères dans la Didachè. *Irénikon*, n. 53, pp. 5-29, 1980.

[43] CAMPENHAUSEN, *Kirchliches Amt und geistliche Vollmacht in den ersten drei Jahrhunderten*, cit., pp. 91-103; KÜNG, *La Iglesia*, cit., pp. 473-498; PESCH, R. Amtsstrukturen im Neuen Testament. In: HÄRING, H. & NOLTE, J. *Diskussion um Hans Küng, Die Kirche*. Freiburg, 1971. pp. 133-154; DEJAIFVE, G. Die Frage des Amtes. In: HÄRING & NOLTE, op. cit., pp. 98-106; CONGAR, Y. Die Kirche von H. Küng. In: HÄRING & NOLTE, op. cit., pp.155-175.

que presida, apesar da clara orientação patriarcal desse documento (*1Clem.*, 1,3).

Clemente procura estabelecer a ordem e preservar a autoridade. Os ministros são os chefes da comunidade; é preciso submeter-se a eles e tributar-lhes a honra devida (*1Clem.*, 1,3). Sua argumentação teológica é a seguinte: Cristo é o enviado de Deus, que por sua vez mandou os apóstolos, e estes estabeleceram em cada Igreja os primeiros convertidos como "bispos e diáconos" (*1Clem.*, 42,1-5), seguindo o testemunho das Escrituras e de Moisés (*1Clem.*, 42,5–43,1-6). O fato de que os primeiros convertidos tenham sido também ministros das comunidades é bastante verossímil até para as comunidades paulinas. A originalidade é a alusão ao testemunho de Moisés e das Escrituras judaicas. Clemente prossegue em sua argumentação: estabeleceram também que, quando estes morressem, fossem sucedidos por outros varões (*1Clem.*, 44,2-3). Por isso, a comunidade não podia destituí-los (*1Clem.*, 44,3-6). A alusão à tradição judaica é um testemunho claro de como o cristianismo se inspira nos modelos judaicos. Também há traços dessa influência na *Didaqué*.[44] Clemente não só utiliza os apóstolos para legitimar os ministros, como também aplica a Deus imagens episcopais, apresentando o Deus criador como *Epíscopo* (vigilante) de todo espírito (*1Clem.*, 59,3). Começa-se assim, desde já, a estabelecer um vínculo direto entre Deus e os ministros, o que posteriormente será reforçado por Inácio de Antioquia, do mesmo modo como se fazia de Cristo o modelo do ministro nas tardias cartas de Pedro, no contexto do Novo Testamento.

A esse posicionamento, acrescentam-se outros argumentos teológicos: o Senhor quer que as oferendas e ministérios sejam dados com ordem e no tempo prescrito por aqueles que ele mesmo determinou, e cada um deve ocupar seu lugar (*1Clem.*, 40,1-5; 41,1). Clemente defende a ordem comunitária, inspirando-se na ordem natural — com uma argumentação de clara conotação estóica (*1Clem.*, 20) —, na disciplina do exército

---

[44] Jaubert, A. Thèmes levitiques dans la prima Clementis. *VigChr*, n. 18, pp. 193-203, 1964.

(*1 Clem.*, 37) e na harmonia do corpo humano (*1 Clem.*, 38). A metáfora paulina do corpo aqui já não é usada para harmonizar os carismas, mas para legitimar uma ordem ministerial querida por Deus, que não deve ser alterada, embora ainda se mantenha a idéia de que cada ministério está ligado a um carisma (*1 Clem.*, 38,1). A idéia paulina de unidade eclesial ("Um só Deus, um só Cristo e um só Espírito de graça foi derramado sobre nós") utiliza-se aqui para lutar contra aqueles que não aceitam os ministros (*1 Clem.*, 44,6-9). É provável que a carta de Clemente tenha tido êxito em Corinto. No ano 170, o bispo de Corinto comenta a acolhida obtida por essa carta e como ainda era lida publicamente na igreja, durante os ofícios divinos.

A carta estabelece uma estreita continuidade entre os apóstolos e os ministros, tendo claros paralelos com as cartas pastorais nas quais Paulo ordena Timóteo e Tito, e indiretamente os bispos e presbíteros. Recorre-se aos apóstolos para defender os presbíteros. Contudo, Pedro e Paulo são, na carta, modelos de conduta cristã para todos, sem qualquer alusão aos ministros (*1 Clem.*, 5–6). Estes são escolhidos com o consentimento da comunidade (*1 Clem.*, 44,3), a qual, entretanto, posteriormente não pode destituí-los porque eles foram instituídos pelos apóstolos ou por outros ministros que os sucederam, com o respaldo da Igreja. Nessa carta, há um claro avanço em comparação com as cartas pastorais. Nelas se punha o acento no depósito da tradição (*paradosis*), que deveria ser mantido fielmente; o ministério estava a serviço da doutrina apostólica. Agora, no entanto, a sucessão ministerial adquire valor em si mesma.

Bispos de Igrejas particulares

Em primeiro lugar, do legítimo pluralismo existente na Igreja pode-se concluir que, se os direitos do episcopado não podem ser anulados, não é somente por serem *iuris divini*; e não se pode concluir que só os direitos dos bispos particulares não podem ser restringidos, pois se isso fosse feito com todos e com cada um dos bispos seria a mesma coisa que suprimir o conteúdo *iuris divini* do episcopado, e então os bispos, em grupo, seriam rebaixados ao nível de subalternos

> do papa. E não é só isso; segue-se daí que os direitos dos bispos, enquanto representam e tornam praticamente possível o legítimo pluralismo na Igreja, são nela uma realidade que deve ser protegida e desenvolvida positivamente, proteção e desenvolvimento que o próprio papa deve pôr em prática e favorecer (K. Rahner & J. Ratzinger, *Episcopado y primado*, Barcelona, 1965, pp. 117-118).

Começa assim a delinear-se aquilo que mais tarde se denominará "sucessão apostólica".[45] Naturalmente essa teologia da sucessão não provém nem de Jesus, nem de Paulo, pois representa o resultado da evolução histórica e teológica. A idéia da sucessão (*diadoché*) era freqüente no helenismo e no judaísmo para assegurar a continuidade doutrinal de um ensinamento ou de um cargo. Falava-se da sucessão de personagens importantes (Alexandre Magno, Augusto, Moisés, pontífices etc.) e de doutrinas (sucessão de mestres filosóficos, profetas, magos, rabinos etc.). Essas listas sucessórias foram utilizadas pelos gnósticos e hereges carismáticos para legitimar suas doutrinas, referindo-as aos apóstolos, a grandes figuras da Igreja primitiva ou a profetas. A doutrina — isto é, o depósito apostólico — era legitimada mostrando-se a continuidade sucessória no cargo, e ambas eram referidas aos apóstolos. Não esqueçamos que se falava também da sucessão dos profetas, dos mártires e dos mestres (especialmente na Igreja de Alexandria). A primeira aparição dos termos tradição apostólica e sucessão apostólica deu-se nos escritos gnósticos, antes que fossem utilizados pelas Igrejas episcopais.[46]

As Igrejas locais remetiam-se a seus fundadores, possivelmente a apóstolos ou a grandes personagens do cristianismo, que davam prestígio a suas comunidades. Hegésipo, cerca do ano 180, foi o primeiro a mencionar

---

[45] JAVIERRE, A. M. *El tema literario de la sucesión. Prolegómenos para el estudio de la sucesión apostólica.* Zürich, 1963; IDEM. *La primeira diadoché de la patrística y los ellógimoi de Clemente Romano.* Torino, 1958; IDEM. Orientación de la doctrina clásica sobre la sucesión apostólica. *Concilium*, n. 34, pp. 19-30, 1968; JAVIERRE, A. M. Temática de la sucesión de los apóstoles según los documentos de los primeros siglos. In: CONGAR, Y. & DUPUY. B. D. *El episcopado y la Iglesia universal.* Barcelona, 1966. pp. 161-213; KÜNG, H. Algunas tesis sobre la naturaleza de la sucesión apostólica. *Concilium*, n. 34, pp. 31-39, 1968.

[46] DIX, G. *Le ministère dans l'Église ancienne.* Neuchâtel, 1955. pp. 44-46.

uma sucessão dos bispos de Roma.[47] O bispo surgiu do presbiterado, como presidente e porta-voz, emancipando-se depois e assumindo a liderança. Uma série de fatores favoreceram a passagem de um governo colegiado para um governo presidencial. Por um lado, os conflitos que surgiam entre os membros da associação e a necessidade de uma instância disciplinar decisória quando não havia consenso. Por outro lado, a crescente comunicação epistolar entre as Igrejas fez com que crescesse a figura daquele que escrevia em nome de uma delas, ao qual posteriormente as demais Igrejas se dirigiam. As listas episcopais surgiram em clara oposição aos gnósticos e hereges, para defender a pureza da doutrina, fazendo-a retroceder aos apóstolos e aos "bispos".[48] Ao serem elaboradas as listas episcopais das Igrejas importantes, em fins do século II, enumerou-se uma sucessão de bispos desde os apóstolos até o momento atual, para assim testemunhar a ortodoxia doutrinal e a apostolicidade de cada Igreja. Tais listas foram inventadas quando havia lacunas, ou simplesmente quando ainda governava um colégio de bispos-presbíteros. Escolhiam o nome de um presbítero de destaque, às vezes o redator de uma carta, e o apresentavam retrospectivamente como bispo monárquico em uma data em que essa função ainda não existia. Por essa razão, os nomes que constam nas listas episcopais que conservamos não coincidem.[49]

---

[47] Segundo Eusébio de Cesaréia, Hegésipo testemunhou que em todas as Igrejas "recebeu a mesma doutrina". Quando chegou a Roma, ele estabeleceu uma sucessão ministerial até Aniceto (Eusébio, *Hist. eccl.*, IV, 22, 1-3). O próprio Eusébio narra como Aniceto, quando foi visitado por Policarpo, referia-se a seus antecessores como "aos presbíteros anteriores a ele", o que é um sinal de que ainda não havia um bispo na Igreja romana (Eusébio, *Hist. eccl.*, V, 24,16); cf. CAMPENHAUSEN, *Kirchliches Amt und geistliche Vollmacht in den ersten drei Jahrhunderten*, cit., pp. 163-195.

[48] Irineu de Lyon é o primeiro a empregar o termo "epíscopo" para o bispo singular, no Ocidente, seguindo a linha traçada pelos escritos de Inácio de Antioquia, no Oriente, afirmando claramente a sucessão episcopal: "É pela sucessão episcopal que a verdade vem a nós e a tradição dos apóstolos se manifesta ao mundo inteiro [...] Nós podemos enumerar os bispos que foram instituídos pelos apóstolos e seus sucessores até nós" (*Adv. haer.*, III, 3,1). Cf. também *Adv. haer.*, IV, 26,5.

[49] Irineu é um dos primeiros a criar uma dessas listas ou catálogos episcopais. "É nessa ordem e por essa sucessão, que a tradição dos apóstolos e a pregação da verdade chegaram até nós" (*Adv. haer.*, III, 3,2). Seu ponto de partida é a idéia de que Pedro e Paulo são os fundadores da Igreja romana (*Adv. haer.*, III, 3,1-2), e transmite uma lista dos bispos dessa Igreja que começa com Lino ("e eles transferiram o cargo episcopal a Lino"), mencionado por Paulo na carta a Timóteo (2Tm 4,21), e na qual coloca Clemente em terceiro lugar, até chegar a Eleutério, "que ocupa o duodécimo lugar". Irineu conclui afirmando que "na mesma ordem e no mesmo ensinamento, a tradição que vem dos apóstolos na Igreja e a pregação da verdade chegaram até nós" (Irineu, *Adv. haer.*, III,

As Igrejas eram apostólicas pela doutrina e pelo ministério, como o provam as listas de bispos. O que importava inicialmente era a apostolicidade de cada Igreja, sinal de sua ortodoxia, e não a figura do ministro, que não podia separar-se da comunidade à qual pertencia. No segundo milênio do cristianismo, isolou-se a tradição doutrinal (sobretudo na Igreja ortodoxa) e a sucessão ministerial (sobretudo na Igreja católica), o que fez com que a sucessão apostólica se transformasse em uma legitimação de cada bispo individualmente, mais do que em um sinal da continuidade entre as comunidades e a doutrina e ministério dos apóstolos. Na Igreja antiga, nem a tradição apostólica, nem a sucessão devem ser vistas como auto-suficientes ou isoladas. Ambas remetem às Igrejas, que são em seu conjunto apostólicas e se refletem na celebração da eucaristia, com uma referência à Igreja local e universal ao mencionar o bispo local, e posteriormente o patriarca ou o papa, no cânon eucarístico.[50]

É preciso ter presente, além disso, que, conforme Irineu de Lyon, os presbíteros também possuem a sucessão apostólica.[51] Não devemos esquecer que inicialmente não havia distinção entre bispos e presbíteros. Irineu tenta pôr em estreita ligação a estrutura presbiteral, que ainda

---

3,3; Eusébio, *Hist. eccl.*, V, 6,1-5). Sobre os catálogos episcopais, cf. FRANK, K. SUSO. Bischöfe und Laien in der Glaubensüberlieferung. *Diakonia*, n. 17, pp. 149-156, 1986; FÁBREGA ESCATLAR, V. *La herejía vaticana*. Madrid, 1996. pp. 42-52.

[50] ZIZIOULAS, J. D. La continuité avec les origines apostoliques dans la conscience théologique des Églises orthodoxes. *Istina*, n. 19, pp. 65-94, 1974; Congar, Y. Apostolicité de ministère et apostolicité de doctrine, reaction protestante et tradition catholique. In: HÖFER, J. *Volk Gottes*. Freiburg, 1967. pp. 84-110; CONGAR, Y. Composantes et idées de la succession apostolique. *Oecumenica*, pp. 61-80, 1966.

[51] Irineu, *Adv. haer.*, IV, 26,2: "Por isso, é preciso ouvir os presbíteros que há na Igreja. Eles são os sucessores dos apóstolos, como já o demonstramos, e com a sucessão no episcopado receberam o seguro carisma da verdade"; "é preciso vincular-se a estes que conservam a sucessão dos apóstolos e com o grau presbiteral oferecem uma palavra santa e uma conduta irrepreensível" (*Adv. haer.*, IV, 26,2); "os presbíteros que estão na Igreja, já que junto deles pode ser encontrada a doutrina dos apóstolos" (*Adv. haer.*, IV, 32, 1; III, 3,3). Ele se dirige ao bispo de Roma, Vítor, mencionando "os presbíteros que antes de Soter presidiram a Igreja que tu governas hoje, isto é, Aniceto, Pio etc." (recolhido por Eusébio, *Hist. eccl.*, V, 24,14). Também em uma carta a Florino, menciona-lhe "os presbíteros que foram antes de nós, que viveram com os apóstolos e que nos transmitiram tais doutrinas" (Eusébio, *Hist. eccl.*, V, 20,4). O bispo Dionísio de Alexandria, por sua vez, refere-se aos "presbíteros que o precederam" (Eusébio, *Praep. Evang.*, 7,19). Essa concepção é mantida em outros escritos do século III, tais como a *Didascalia* e as *Constituições apostólicas*; cf. RIUS-CAMPS, J. Los presbíteros, como contradistintos del obispo, sucesores de los apóstolos según una singular tradición siriaca. *Laurentium*, n. 34, pp. 209-225, 1993.

existia em algumas Igrejas do final do século II, e o crescente ascenso dos bispos. Ele afirma que a sucessão apostólica é tanto presbiteral quanto episcopal; e apresenta ao mesmo tempo uma lista de bispos de Roma posteriores a Pedro, como se a Igreja romana sempre tivesse sido governada por um único bispo, e não por um colégio de presbíteros. Mais tarde, nas listas romanas subseqüentes, fez-se de Pedro um bispo local romano, colocando-o como o primeiro da lista. Pedro, de apóstolo, transformou-se no primeiro ministro de Roma, o que não possui qualquer fundamento histórico. O mesmo aconteceu depois em Constantinopla, no século IV, quando se atribuiu sua fundação ao apóstolo santo André, ou ainda, alguns séculos mais tarde, com são Tiago de Compostela, reivindicando-se sua origem apostólica em pleno século VIII.

A *Carta de Clemente de Roma aos coríntios* não faz a mínima alusão ao seu suposto episcopado na Igreja romana, nem se dirige a nenhum bispo de Corinto. A carta se intitula "da Igreja de Deus, que mora em Roma", para a que reside em Corinto, e sempre que se faz menção à autoria da carta, utiliza-se o plural. É a comunidade que escreve, e Clemente é só o seu porta-voz, sem ser seu bispo. No entanto, depois seu nome fará parte das listas como bispo de Roma. A idéia popular, segundo a qual Pedro foi o primeiro papa da Igreja e de que Roma foi governada desde o princípio por um bispo e não por um colégio de presbíteros, não tem fundamento histórico sólido nem fundamento teológico suficiente, tomando-se por base a evolução histórica dos ministérios. Tampouco é aceitável que os apóstolos tenham sido os primeiros bispos, como foi afirmado mais tarde, no século VI, e como foi recolhido no próprio código do imperador Justiniano. Por seu lado, Hipólito de Roma, que morreu em 235, vincula o rito de consagração episcopal à idéia da sucessão apostólica. Na mesma linha, encontra-se o testemunho de Tertuliano, com um claro significado jurídico.[52] A sucessão apostólica, referida ao conjunto dos apóstolos e não a um determinado, adquire cada vez mais importância para todos os bispos.

---

[52] HIPÓLITO, *Trad. apost.*, 2-4; TERTULIANO, *Praescr.*, 20,32; 37; cf. CAMPENHAUSEN, *Kirchliches Amt und geistliche Vollmacht in den ersten drei Jahrhunderten*, cit., pp. 185-194. JILEK, A. Bischof und Presbyterium. Zur Beziehung zwischen Episkopat und Presbyterat im Lichte der Traditio apostolica Hypolyts. *ZKTh*, n. 106, pp. 376-401, 1984; DIX, *Le ministère dans l'Église ancienne*, cit., pp. 37-49.

O bispo como pastor da Igreja local

Um terceiro testemunho importante do século II é o das *Cartas de Inácio de Antioquia*, que morreu durante o reinado do imperador Trajano (98-117). Inácio mantém ainda uma eclesiologia carismática, pela qual todo cristão é portador de Deus, de Cristo e do santo (*Ef.*, 9,2), assim como um imitador de Deus (*Magn.*, 10,1; *Ef.*, 1,1; *Trall.*, 1,1). Daí, a luta contra o envaidecimento por causa dos carismas que cada um tem (*Ef.*, 18,1; *Trall.*, 4,1; 7,1; *Polic.*, 4,3; 5,2; *Sm.*, 6,1). O bispo, porém, é agora o primeiro carismático e ora para que não falte nenhum carisma (*Polic.*, 2,2). Há um pano de fundo paulino em suas cartas, que no entanto se diferencia de Paulo pelo seu episcopalismo e porque sua mística não é referida ao Espírito, pois é Cristo quem nos dá o carisma (*Ef.*, 17,2). As cartas são marcadas pela presença de Cristo ressuscitado na comunidade, como ocorre com as cartas joaninas, e pela estreita ligação estabelecida entre o cargo institucional e o próprio Cristo: é Cristo quem "episcopeia" a comunidade (*Rom.*, 9,1). A eclesiologia carismática transforma-se aqui em teologia mística, mais cristológica do que pneumática, culminando no cargo episcopal (carismático e místico ao mesmo tempo). Partindo de ambos os enfoques, reforça-se o processo institucional e o ministério do bispo.[53]

O bispo é o doutor da Igreja, e a comunhão com ele preserva do erro e da heresia (*Trall.*, 6-7; *Fil.*, 3), já que é ele o garante da unidade. Como representante e porta-voz de Deus, é ele também quem vigia o culto, e sem sua autorização não se pode celebrar a eucaristia, o batismo e o matrimônio (*Sm.*, 8,1-2; *Polic.*, 5,2). Inácio exorta a que nada se faça na Igreja sem contar com ele (*Sm.*, 8,1) e que todos sigam o bispo como Jesus Cristo ao Pai (*Sm.*, 8,1-2), pois o bispo representa Deus (*Magn.*, 6,1; *Trall.*, 2,1; *Sm.*, 8,1) e Cristo (*Ef.*, 6,1; *Trall.*, 2,1). Contudo, ele distingue entre a autoridade episcopal e a dos apóstolos ("Não lhes dou

---

[53] HASENHÜTTL, *Charisma, Ordnungsprinzip der Kirche*, cit., pp. 293-304; CAMPENHAUSEN, *Kirchliches Amt und geistliche Vollmacht in den ersten drei Jahrhunderten*, cit., pp. 105-116; COLSON, J. *L'Evêque dans les communautés primitives*. Paris, 1951. pp. 91-108.

mandatos como Pedro e Paulo; eles foram apóstolos e eu não sou mais do que um condenado à morte [...]": *Trall.*, 3,1-3) e nunca utiliza a terminologia de sacerdote para o bispo. Tampouco afirma que o bispo seja o sucessor dos apóstolos, e aceita que o presbitério represente o colégio dos apóstolos (*Magn.*, 8,1; *Sm.*, 8,1; *Trall.*, 3,1), embora eles tenham que obedecer ao bispo (*Magn.*, 3,1; *Sm.*, 8,1; *Trall.*, 2,1). Tanto nos escritos de Inácio de Antioquia quanto mais tarde, durante o século III, há uma concepção colegiada do bispo com o seu presbitério, anterior à idéia que surgirá posteriormente, a do colégio universal de todos os bispos.[54]

Em suas cartas, há claramente um bispo monárquico, com os presbíteros formando um senado que lhe é submisso (*Magn.*, 3,1; 6,1). Em cada comunidade deve haver um bispo (*Fil.*, 4,1) e jamais se fala dos presbíteros sem mencioná-lo, pois eles presidem juntamente com o bispo e são sua coroa espiritual (*Magn.*, 6,2; 13,1; *Sm.*, 8,1; 12,2). A figura do bispo emerge com autoridade sobre o colégio presbiteral, mas ambas ainda se associam intimamente (*Ef.*, 4,2) e têm uma função conjunta disciplinar e de unidade na Igreja (*Fil.*, 8,1). Na carta aos tralianos insiste-se em que a comunidade se submeta tanto ao bispo quanto aos presbíteros, talvez porque haja resistências comunitárias a essa crescente autoridade (*Trall.*, 2,2; 12,2; 13,2).[55] Essas cartas não somente pretendem defender a autoridade do bispo sobre o presbitério, mas também sobre a comunidade. Estamos em plena institucionalização, e nem todas as Igrejas acolhem sem objeções a emancipação de seus ministros e a tendência a um bispo que esteja acima do presbitério. Do mesmo modo que há um Deus,

---

[54] VILELA, A. Le presbyterium selon St. Ignace d'Antioche. *BLE*, n. 74, pp. 161-186, 1973; VILELA, A. *La condition collegiale des prêtes au III siècle*. Paris, 1971; LUTTENBERGER, G. H. The Priest as a Member of Ministerial College. *RthAM*, n. 43, pp. 5-63, 1976; LUTTENBERGER, G. H. The decline of Presbyteral Collegiality and the Growth of the individualization of the Priesthood (4th-5th Centuries). *RthAM*, n. 48, pp. 14-58, 1981.

[55] PERLER, O. El obispo, representante de Cristo según los documentos de los primeros siglos. In: CONGAR & DUPUY, *El episcopado y la Iglesia universal*, cit., pp. 31-67; ROUSSEAU, O. La doctrina del ministerio episcopal y sus vicisitudes en la Iglesia de Occidente. In: CONGAR & DUPUY, op. cit., pp. 260-287; SCHÖLLGEN, G. Monepiskopat und monarchischer Episkopat. *ZNW*, n. 77, pp. 146-151, 1986; SCIPIONI, L. I. *Vescovo e popolo*. Milano, 1977; WAGNER, G. O único Bispo e seu presbitério na visão da teologia ortodoxa oriental. *Concilium*, n. 71, pp. 19-27, 1972; NAUTIN, L'évolution des ministères au II et au III siècle. *RDC*, n. 23, pp. 47-58, 1972.

assim também deve haver um bispo; com isso, a mística e a contemplação de Deus são postas a serviço do episcopado monárquico.[56]

Esses escritos exerceram uma grande influência teológica na Igreja. Surpreende o fato de que tais textos, datados de meados do século II, indiquem tão claramente a existência de um bispo monárquico, do qual não há traços em escritos contemporâneos, e que sua teologia do episcopado seja tão desenvolvida e detalhada. Na Igreja antiga, tal concepção só é comparável à teologia de Cipriano de Cartago (de meados do século III). A crítica especializada discute há tempos o fato de essas afirmações episcopais serem originais de Inácio ou, pelo contrário, serem interpolações postas em seus escritos por um redator posterior, com o objetivo de legitimar o bispo monárquico com sua autoridade, de forma semelhante ao que aconteceu no Novo Testamento com os escritos de Paulo e de outros apóstolos.[57] Provavelmente estamos diante de escritos autênticos com interpolações de séculos posteriores, que aproveitaram os escritos inacianos para enaltecer a autoridade do bispo sobre os presbíteros e de ambos sobre o povo e lhe dar solidez (*Ef.*, 2,2; 20,2; *Magn.*, 6,2; 7,1; *Trall.*, 2,2; 13,2). Na Antigüidade, esse tipo de procedimento era freqüente, e há muitos exemplos semelhantes, seja na literatura romana, seja na cristã. As cartas de Inácio de Antioquia são o primeiro testemunho de como se estabeleceu o ministério episcopal, presbiteral e diaconal da Igreja. Con-

---

[56] É o que ocorre na *Didascalia*, de meados do século III e que provém da Síria, na qual o bispo representa Deus Pai (*Didascalia*, II, 20,1; II, 28,9; II, 32,3), os diáconos são um reflexo de Cristo e os presbíteros, uma imagem do colégio apostólico, tal como ocorre nas cartas de Inácio. A função de Cristo pode ser representada por um colégio, mas a simbologia monoteísta, sobretudo no período pré-niceno, corresponde ao bispo monárquico. Daí a importância da concepção de Deus como favorecedor do bispo singular em cada Igreja; cf. DASSMANN, E. *Ämter und Dienste in den frühchristlichen Gemeinden*, Bonn, 1994, pp. 49,73. No entanto, essa postura é questionada por Schillebeeckx. A questão torna-se problemática caso as citações episcopais presentes nas cartas de Inácio não provenham dele, mas sejam interpolações posteriores; cf. SCHILLEBEECKX, E. The Changing Meaning of Ministry. *Cross Currents*, n. 33, p. 439, 1983.

[57] Entre os especialistas, parece haver acordo sobre as interpolações episcopais, mas não no momento de datar as cartas e de determinar quais documentos inspiraram essas falsificações; cf. RIUS-CAMPS, J. La interpolación en las cartas de Ignacio. *RCT*, n. 2, pp. 285-371, 1977; JOLY, R. *Le Dossier d'Ignace d'Antioche*. Bruxelles, 1979. pp. 75-86; 121-127; GRYSON, R. Les lettres attribuées à Ignace d'Antioche et l'apparition de l'épiscopat monarquique. *RTL*, n. 10, pp. 446-453, 1979; DUPUY, B. Aux origines de l'épiscopat. *Istina*, n. 27, pp. 269-277, 1982.

tudo, em sua carta à Igreja de Roma não menciona o bispo, ao contrário de sua prática habitual, provavelmente porque nessa época ainda não existisse um bispo singular na Igreja romana, ao qual ele pudesse dirigir-se ao escrever-lhe.[58] Inácio a qualifica como Igreja "que preside na capital", que foi "posta como cabeça da caridade" (*Rom.*, prólogo), provavelmente aludindo à hospitalidade romana com os cristãos de outras comunidades do Império e à ajuda econômica dada a outras Igrejas mais pobres. No tempo em que a carta foi escrita, ainda não havia nem bispo presidindo a Igreja romana, nem qualquer pretensão de primazia por parte desta.

Restam dois testemunhos importantes do século II. O primeiro deles é a *Carta de Policarpo aos filipenses*, escrita entre 110-130, e que provavelmente é o resultado de duas cartas reunidas. Nessa Igreja ainda há uma estrutura presbiteral. Como nas cartas pastorais, enumeram-se as qualidades que estão faltando nos candidatos ao presbiterado (*Fil.*, 5,6) e ao diaconato (*Fil.*, 5), e exorta-se a que se submetam a eles. Faz-se alusão também a um presbítero destituído pela comunidade, que deve fazer penitência juntamente com sua mulher, provavelmente por causa de abusos econômicos (*Fil.*, 11,1-2). O bispo jamais é mencionado, e Policarpo é ainda um co-presbítero (a carta foi escrita por "Policarpo e pelos presbíteros que estão com ele": *Fil.*, prólogo), já que ainda não foi efetivado o distanciamento entre o presidente do colégio e o próprio colégio.[59] A passagem de uma estrutura colegiada para um bispo presidente foi lenta, pois o governo colegiado existia nessa Igreja desde a época paulina (*Fil.*, 1,1).[60]

---

[58] LEMAIRE, *Les ministères aux origines de l'Église*, cit., pp. 165-178.

[59] Trata-se do testemunho de Irineu de Lyon, transmitido por Eusébio de Cesaréia, segundo o qual Policarpo é um "presbítero apostólico" e não um bispo (*Hist. eccl.*, V, 20,7). Apesar do episcopalismo das cartas de Inácio de Antioquia, ao escrever a Policarpo ele o saúda como bispo da Igreja de Esmirna, ou melhor, "posto ele mesmo sob a vigilância ou episcopado de Deus Pai e do Senhor Jesus Cristo" (*Polic.*, prólogo). Há uma tentativa de apresentar Policarpo como bispo, mas evita-se uma menção explícita do título, provavelmente porque ele, embora se destaque como líder do colégio dos presbíteros, ainda não seja um bispo.

[60] Segundo Schillebeeckx e Herrmann, na segunda metade do século II há colégios de anciãos na Ásia Menor que são presididos por um ou dois líderes ou arcontes, utilizando-se os termos "ecônomo" e "bispo" para o supervisor ou encarregado da administração. Pode-se constatar assim a tendência a um líder monárquico, que possa favorecer a passagem de um presbítero a um bispo monárquico, pela inter-relação da Igreja com a sociedade romana: SCHILLEBEECKX, The

Por último, precisamos mencionar os escritos de Hermas, de meados do século II.[61] Trata-se de um livro que é preciso catalogar como um apocalipse cristão. A Igreja de Roma ainda era governada por um colégio de presbíteros (*Vis.*, II,4,2-3; III,1,8), que são denominados "dirigentes" (*Vis.*, II,2,6) e se sentam nas primeiras cátedras (*Vis.*, III,9,7; III, 5,1). Recriminam-se também os diáconos que se aproveitam do dinheiro por eles administrado (*Comp.*, IX,26,2) e dão-se instruções aos bispos (no plural) a respeito de como administrar a economia (*Comp.*, IX,27,2). É bem conhecida a riqueza da Igreja de Roma, onde residia uma importante comunidade, como também a atenção dada por ela aos necessitados. Daí a insistência junto ao colégio presbiteral ou episcopal (ainda não havia distinção entre ambos) para que a administrasse fielmente. As disputas para ocupar as primeiras posições devem-se exclusivamente ao fato de que ainda não havia um bispo que exercesse a presidência da comunidade (*Comp.*, VIII,7,4; *Vis.*, III,9,7). A disciplina e os problemas econômicos foram motivações que favoreceram a passagem de uma administração colegiada para uma presidencial.

No século III, a *Didascalia* ou *Doutrina dos Doze Apóstolos* (primeira metade do século III) e as *Constituições apostólicas* (380), ambas pertencentes à Síria, reafirmam plenamente a autoridade do bispo monárquico, que se impôs desde fins do século II.[62] Esse processo criou um

---

Changing Meaning of Ministry, cit., pp. 441-442; HERRMANN, H. *Ecclesia in re publica: Die Entwicklung der Kirche von pseudo-staatlicher zu staatlich inkorporierter Existenz.* Frankfurt, 1980. pp. 25-29. Cf. também CAMPENHAUSEN, *Kirchliches Amt und geistliche Vollmacht in den ersten drei Jahrhunderten*, cit., p. 130, n. 1; GRIFFE, E. De l'Église des apôtres à l'Église des presbytres. *BLE*, n. 78, pp. 81-102, 1977.

[61] O cânon de Muratori (fins do século II) afirma o seguinte: "Muito recentemente, em nossos tempos, na cidade de Roma, Hermas escreveu *O pastor*, ocupando a cátedra da Igreja de Roma, como bispo, seu irmão Pio". O cânon de Muratori, no entanto, coloca algumas datas para o suposto episcopado de Pio que são incompatíveis com as dos escritos (de 140 a 150). Por outro lado, não há nesses escritos o menor indício de que o irmão de Hermas tenha sido bispo de Roma. Provavelmente está-se recolhendo uma tradição equivocada, utilizada para preencher lacunas em sua lista de bispos.

[62] *Didascalia*, II, 1-2; II, 6,5; *Constit. apost.*, II, 1-4; "A propósito dos bispos, eis aqui o que temos recebido de Nosso Senhor: em todo distrito, o pastor que for instituído como bispo para as Igrejas deverá ser irrepreensível, irreprovável [...]; pode ser também um homem jovem, desde que seja doce, temente a Deus e calmo [...]". Apresenta-se uma lista de qualidades do bispo, e ao longo do livro II são desenvolvidas as suas funções. No livro VIII, 5,3-9, é apresentada a oração de consagração do bispo: "Tu que deste instituições à Igreja pela encarnação do teu Cristo, com o testemunho

modelo unitário, que progressivamente foi se impondo em todas as Igrejas locais. No Egito, contudo, no século III ainda persistiam comunidades regidas por colégios de presbíteros. Eram eles que escolhiam e até provavelmente consagravam o bispo como presidente do colégio, quando se começou a passar para o regime episcopal.[63] O presbitério escolhia o candidato a presidente dentre seus membros. Pode ser também que o instalasse como bispo monárquico, seguindo a tradição romana, inicialmente sem necessidade de uma consagração especial. Quando começou a ser realizado um rito de consagração, é possível que o bispo tenha sido consagrado pelo conjunto dos presbíteros, que lhe impunham as mãos,

---

do Paráclito, por teus apóstolos e por nós os mestres, os bispos estabelecidos pela tua graça; tu que desde o princípio havias previsto sacerdotes para ocupar-se do teu povo". O pano de fundo veterotestamentário é muito claro. O bispo é o sacerdote real, o primeiro depois de Deus, que não precisa prestar contas aos leigos (*Didascalia*, VI, 2,14). No século IV, as tradições litúrgicas designam o presbítero como sacerdote e o bispo como sumo sacerdote. A invocação ao espírito para conferir o sacerdócio é mais freqüente no Oriente; cf. GY, P. M. La Théologie des prières anciennes pour l'ordination des évêques et des prêtes. *RSPhTh*, n. 58, pp. 599-617, 1974.

[63] Há testemunhos que recolhem a tradição do Egito por são Jerônimo: "Em Alexandria, os presbíteros chamavam sempre bispo a um de seu grupo, ao qual escolhiam e punham à frente, assim como o exército escolhe o general ou imperador, ou como os diáconos escolhem seu arquidiácono [...] Que faz o bispo, excetuando-se a ordenação, que o presbítero não possa fazer? [...]. Além disso, todos são sucessores dos apóstolos" (são Jerônimo, *Epístola a Evángelo*, 146,1: CSEL 56, 308-310; "Quid enim facit, excepta ordinatione episcopus, quod presbyter non facit?": *Ep.*, 146,2), Santo Epifânio reconhece, no início do século IV, que os presbíteros de Alexandria gozavam de uma situação privilegiada, e autores posteriores o confirmam. No Egito, a constituição presbiteral persiste até Demétrio em todas as cidades, pois há um único bispo de todo o Egito. Alguns arianos acusaram santo Atanásio de ter sido consagrado pelo presbítero, e este, por sua vez, recusa outros pela mesma razão. No *Testamentum Domini nostri Jesu Christi*, do século V, pede-se que seja escolhido um do círculo dos bispos, o qual deve impor as mãos sobre o ordenando e orar sobre ele, mas rejeita-se que isso seja feito pelo conjunto dos presbíteros. Tendo-se feito a distinção entre ambos, a diferença reside no fato de que somente ao bispo é concedida a faculdade de ordenar (*Can. Hippolyti*, IV, 32: "Episcopus in omnibus rebus aequiparebitur presbytero, excepto nomine cathedrae et ordinatione, quia potestas ordinandi ipsi non tribuitur"). Houve uma longa discussão sobre o sentido dessas consagrações do bispo por parte do presbitério, que alguns autores reduzem a mera escolha, sem admitir a consagração, embora não se discuta que o bispo emerge do presbitério como seu presidente e acaba concentrando as funções; cf. TELFER, W. Episcopal Succession in Egypt. *JEH*, n. 3, pp. 1-13, 1952.; KEMP, E. W. Bishops and Presbyters at Alexandria. *JEH*, n. 6, pp. 125-142, 1955; LÉCUYER, J. Le problème des consécrations épiscopales dans l'Église d'Alexandrie. *BLE*, n. 65, pp. 241-257, 1964; LÉCUYER, J. La succession des évêques d'Alexandrie aux premiers siècles. *BLE*, n. 70, pp. 81-99, 1969; VOGEL, C. Primatialité et synodalité dans l'Église locale durant la période anténicéenne. In: IDEM. *Aspects de l'Orthodoxie*. Paris, 1981, p. 59; LOHSE, E. Die Ordination im Spätjudentum und im Neuen Testament. In: KERTELGE, *Das kirchliche Amt im Neuen Testament*, cit., pp. 511-515; VILELA, *La condition collegiale des prêtres au III siècle*, cit., pp. 173-179.

como poderia ser o caso em Alexandria, ou que ele tenha sido consagrado pelos bispos das Igrejas vizinhas, visto ser a regra geral do cristianismo. Em Alexandria (Egito) é onde melhor se percebe o fato de que inicialmente não havia distinção entre o bispo e o presbítero.[64] O Novo Testamento não fornece nem o fundamento para o bispo monárquico, nem a diferença entre episcopado e presbiterado. Tampouco se fala de um sacerdócio de primeiro grau e outro de segundo grau, provenientes de Jesus, atribuindo o primeiro ao bispo e o segundo ao presbítero. Nem se estabelece a sacramentalidade do episcopado como diferente do presbiterado.[65]

Na perspectiva neotestamentária, tudo fica aberto às decisões da Igreja, à luz da evolução histórica e teológica. São Jerônimo e santo Agostinho,[66]

---

[64] "Um dos bispos será encontrado digno, enquanto todos permanecem de pé, colocando as suas mãos sobre aquele que deve tornar-se bispo, e rogando sobre ele". Essas informações são recolhidas posteriormente nas *Constituições apostólicas*, VIII, e nos *Cânones de Hipólito*, II, 10: "Deinde eligatur unus ex episcopis et presbyteris, qui manun capiti ejus imponat, et orens dicens"; cf. H. Achelis, *Die Canones Hippolyti*, Leipzig, 1981, pp. 40-41. Nesses textos mantém-se ainda o colégio de bispos presbíteros, dentro da tradição presbiteral episcopal, passando indistintamente do conceito de presbítero ao de bispo e vice-versa.

[65] Assim o reconhece P. Grelot, Réflexions générales autour du théme du Symposium: le ministre de l'Eucharistie, in PONTIFICIO ATENEO S. ANSELMO, *Ministères et célébrations de l'Eucharistie*, cit., pp. 59-77. Na mesma linha, H. Schütte, Der Minister Eucharistiae ausserhalb der apostolischen Sukzession. Zur Möglichkeit einer presbyteralen Sukzession, in Pontificio Ateneo, op. cit., pp. 210-249.

[66] "Sou informado de que um infeliz caiu na loucura de antepor os diáconos aos presbíteros, isto é, aos bispos. O apóstolo ensina claramente que os bispos e os presbíteros são o mesmo [...]. Escuta outro texto no qual, com meridiana clareza, demonstra-se que o bispo e o presbítero são iguais [...]. Posteriormente escolheu-se um só que se pusesse à frente dos demais como remédio contra o cisma [...]. Que faz o bispo, se excetuarmos a ordenação, que o presbítero não o faça? [...]. Quanto ao mais, todos são sucessores dos apóstolos" (são Jerônimo, *Epístola a Evángelo*, 146,1: CSEL 56, 308-310). São Jerônimo aceita a distinção de ofícios ou ministérios entre o bispo e o presbítero (contudo, não fica claro que se trata de duas ordens diferentes); todavia, isso não se deve a uma decisão divina, mas a um simples costume da Igreja. Tornou-se um presbítero superior aos outros para acabar com as dissensões ocorridas na Igreja (são Jerônimo, *Comm. in Tit.*, 1,5; PL 26,562). Da mesma forma, Jerônimo afirma que, nas cartas pastorais, presbíteros e bispos significam o mesmo, pois ambos possuem a mesma ordem sacramental: "Porque a ordem de um e de outro é de igual valor, já que tanto um como o outro atualizam o corpo e o sangue de Cristo" (são Jerônimo, *Ep.*, 146,1: PL 22,1193; *Ep.*, 146,2: CSEL 56,311; *Ep.*, 69,3: CSEL 54,682-85; *Comm. in Tit.*, 1,5: PL 26,562). Em carta ao presbítero são Jerônimo, santo Agostinho reconhece que, "embora atendendo ao grau de honra que o costume da Igreja estabeleceu, o episcopado é superior ao presbiterado; contudo, em muitas coisas Agostinho é inferior a Jerônimo" (Agostinho, *Ep.*, 82: PL 33,190).

o Ambrosiaster[67] e outros autores influentes dos séculos posteriores, como santo Isidoro de Sevilha,[68] defenderam a igualdade inicial entre presbítero e bispo, que a diferença entre ambos devia-se a um simples costume da Igreja. Alguns padres da Igreja puseram a diferença específica entre o bispo e o presbítero no poder do primeiro de ordenar, que lhe havia sido concedido para evitar dissensões e afirmar a autoridade. Contudo, conhecemos exceções a essa práxis, devido à concepção, própria do direito romano, segundo a qual cada membro do colégio pode transmitir a outro aquilo que ele possui.[69] Na Idade Média, até o século XVI, encontramos casos de sacerdotes que eram abades de um mosteiro e que ordenavam presbíteros os seus monges, com autorização papal, embora não

---

[67] O Ambrosiaster defende suas teses em um documento dirigido contra "a jactância dos diáconos romanos", até o ano 380. Sua tese é a da igualdade entre bispos e presbíteros: "O apóstolo Paulo prova que por presbítero se entende um bispo, pois ele instrui Timóteo, ao qual ordenou presbítero, a respeito de que pessoas deveriam se tornar bispos. Quem é o bispo senão o primeiro presbítero, isto é, o sumo sacerdote?" (Ambrosiaster, *Liber Quaestionum*, cap. 101,5: CSEL 50,196). Acrescenta, além disso, que, quando um bispo se dirige ao presbitério, ele os chama de "co-presbíteros" e "co-sacerdotes", ressaltando a igualdade. Além disso, em seu *Comentário às epístolas de Paulo*, acrescenta que "depois do episcopado mencionou a ordem do diaconato. Que explicação pode-se dar disso a não ser que a ordem dos presbíteros e dos bispos é a mesma? [...]. O bispo é simplesmente o chefe entre os presbíteros" (*In 1Tim.*, 3,8-10: PL 17,470). Para o Ambrosiaster, foi a Igreja que instituiu os diversos ministérios e ofícios, "de tal maneira que nosso sistema presente não corresponde em todos os aspectos aos escritos do apóstolo" (*In Eph.*, 4,11: PL 17,388). No começo, o primeiro presbítero no colégio tornou-se bispo, segundo seu grau, depois foi elevado ao episcopado pelo voto dos presbíteros, não por seu grau, mas por seus méritos (*In Eph.*, 4,11: PL 17,388); cf. LUTTENBERGER, The decline of the Presbyteral Collegiality and the Growth of the individualization of the Priesthood (4th-5th Centuries). *RecTam*, n. 48, pp. 37-41, 1991; LÉCUYER, J. Aux origines de la théologie thomiste de l'Épiscopat. *Gregorianum*, n. 35, pp. 56-89, 1954; LÉCUYER, J. Les étapes de l'enseignement thomiste sur l'épiscopat. *Rthom*, n. 57, pp. 29-52, 1957.

[68] "Os presbíteros, assim como os bispos, presidem a Igreja e consagram a eucaristia. Originalmente, segundo são Paulo, eram a mesma coisa; agora, no entanto, reserva-se aos bispos o poder de ordenar e consagrar, para preservar a harmonia eclesial e sustentar a autoridade" (santo Isidoro, *De ecclesiasticis officiis*, II, cap. 7,1-4: PL 83,787).

[69] O cânon 5 do Concílio de Sevilha (615) proíbe os presbíteros de ordenar um presbítero ou um diácono, sinal de que a prática estendia-se até o século VII. Santo Alberto Magno e Alexandre de Hales, por sua vez, rejeitam que o episcopado seja um grau sacramental distinto do presbiterado; cf. ROUSSEAU, O. La doctrina del ministerio apostólico y sus vicisitudes en la Iglesia de Oriente. In: CONGAR & DUPUY, *El episcopado y la Iglesia universal*, cit., pp. 260-266; LÉCUYER, Aux origines de la théologie thomiste de l'Épiscopat, cit., pp. 56-89; FERNÁNDEZ, A. Obispos y presbíteros: historia y doctrina de la diferenciación del ministerio eclesiástico. *Burgense*, n. 18, pp. 357-418, 1977; LOPEZ MARTÍNEZ, N. La distinción entre obispos y presbíteros. In: XXII SEMANA ESPAÑOLA DE TEOLOGÍA. *Teología del episcopado: outros estudios*. Madrid, 1963. pp. 85-156; GARCÍA BARBERENA, T. Colegialidade no plano diocesano: o presbiterado ocidental. *Concilium*, n. 8, pp. 12-25, 1965.

houvessem recebido o episcopado.[70] A distinção entre episcopado e presbiterado é clara desde o século III, mas não o é a sua fundamentação teológica, como também não há clareza sobre as funções concernentes a cada um. O problema continua existindo, em boa parte, até hoje, sem que haja consenso entre os cristãos (entre as diversas confissões), nem dentro da própria teologia católica.

O Pseudo-Dionísio, isto é, Dionísio Areopagita (cerca do ano 500), foi decisivo para a posteridade, com sua teologia sobre o episcopado ser a plenitude do sacerdócio e possuir plenos poderes sobre as ordens inferiores. Segundo ele, o episcopado é também a origem e a fonte da qual surgem os ministérios, por instituição divina.[71] Contudo, a tradição contrária foi mantida com persistência no decorrer dos séculos. Ainda no Concílio de Nicéia (325) insistia-se em que cada comunidade só podia ter um bispo, indício claro de que ainda havia resistências à instituição de um bispo único. Pelo contrário, no ano 357, o imperador Constâncio II propôs a divisão do episcopado de Roma entre os rivais, mas a comunidade a rejeitou porque estava convencida de que só devia haver um bispo.[72] No século IV, impôs-se definitivamente o episcopado único em

---

[70] Cassiano refere-se ao presbítero Pafnucio, que o abade Daniel ordenou diácono e depois presbítero (Cassiano, *Con.*, IV,1). Posteriormente, há bulas papais concedendo a abades de mosteiros cistercienses o privilégio de ordenar presbíteros os seus monges, embora os abades fossem simples presbíteros. Tais documentos foram recolhidos no Denzinger-Schönmetzer 1145-46 ("diaconatus et presbyteratus ordines statutis a iure temporibus conferre libere et licite valerent"); 1290 ("singulis monachis eiusdem monasterii ac personis tibi abbati subiectis omnes etiam sacros ordines conferendi"). Tais ordenações, feitas por um presbítero, nunca foram impugnadas pela Igreja. Sobre a necessidade e relatividade da ordenação por parte do bispo, cf. Juan A. Estrada, *La Iglesia: ¿institución o carisma?*, cit., pp. 159-168. Por isso o Concílio de Trento, embora tenha definido a superioridade dos bispos sobre os presbíteros (D 967), não quis decidir se tal superioridade havia sido estabelecida por Cristo ou pela Igreja. O Concílio Vaticano II também não quis resolver essa questão. O sacerdócio presbiteral não deriva do bispo, mas de Cristo, e tem uma origem sacramental (CD 5; PO 7-8). O ministério sacerdotal é de "instituição divina", sendo exercido de forma distinta por aqueles que "desde a Antigüidade" são denominados bispos, presbíteros e diáconos (LG 28). Reconhece-se uma superioridade de fato, sem determinar sua origem cristológica ou eclesiológica. Tal indefinição abre possibilidades para o possível reconhecimento dos ministérios das Igrejas protestantes, que tiveram uma tradição presbiteral e não episcopal. Remeto ao meu livro *La Iglesia: identidad y cambio*, Madrid, 1985, pp. 210-215.

[71] Dionísio Areopagita, *Eccl. hier.*, 5: PG 3,505-506.

[72] Todavia, há casos conhecidos de cidades com dois bispos, embora se trate de exceções e estejam desaparecendo; cf. Adam, A. Kirchenverfassung, II: in der Alten Kirche. In: *RGG*, 3. 1959. p. 1540.

cada Igreja e a submissão do presbitério.[73] Essa evolução corresponde às estruturas da administração romana, centrada nas cidades, com órgãos colegiais que culminavam em um presidente do colégio. Esse presidente é o bispo, responsável pela unidade (Inácio de Antioquia), sucessor dos apóstolos e garante da doutrina (Irineu de Lyon) e, enfim, sumo sacerdote (Hipólito, Tertuliano).[74]

A concentração de funções organizativas e pastorais em um presbítero destacado dos demais favoreceu a passagem para a figura do bispo que residia na cidade e governava sobre o âmbito rural que a circundava. Contudo, junto com o bispo da cidade, havia bispos rurais, que tinham o direito a ter seu próprio presbitério e diaconato. Em lugar das paróquias rurais, havia episcopados. Alguns deles até assistiram ao Concílio de Nicéia (325) e eram subordinados ao bispo da cidade (como este em relação ao metropolita ou arcebispo da cidade mais importante). Somente a partir de meados do século IV impôs-se a tendência a um só bispo (o da cidade), transformando-se os demais em párocos.[75] Primeiro foi-lhes proi-

---

[73] Essa evolução foi exposta por: SCHILLEBEECKX, E. *Christliche Identität und kirchliches Amt.* Düsseldorf, 1985. pp. 149-196; MARTIN, J. *Der priesterliche Dienst* Die Genese des Amtspriestertums in der frühen Kirche. Freiburg, 1972. v. 3, pp. 87-119.

[74] Tertuliano foi o primeiro a chamar o bispo de sumo sacerdote (*De Bapt.*, 17), e Cipriano utilizou o termo "sacerdotal" para bispos e presbíteros, enquanto os *Cânones de Hipólito* o aplicaram somente aos bispos. Orígenes, por sua vez, deu o título de "sacerdotes" aos liturgos. Pouco a pouco constituiu-se uma analogia entre o clero e os mistagogos das religiões do Império, o que foi legitimado também com a teologia judaica ("É bom que saibamos que as tradições apostólicas foram tomadas do Antigo Testamento. Assim, o que foram Aarão e os seus filhos e os levitas no templo, é o que deve ser reivindicado pelos bispos, presbíteros e diáconos": são Jerônimo, *Ep.*, 146,2). Desse modo, sacerdotalizou-se o ministério (Eusébio, *Hist. eccl.*, X, 4,2: "Amigos de Deus, sacerdotes revestidos da túnica santa, impostos com a coroa celeste da glória, ungidos da unção divina, vestidos com a investidura sacerdotal do Espírito Santo"); cf. HARNACK, A. von. *Lehrbuch der Dogmengeschichte.* 4. Aufl. Tübingen, 1904. v. 1, pp. 459-462.

[75] A partir do século IV, os bispos rurais não podiam ordenar sem permissão do bispo principal da urbe ("Não é permitido aos co-bispos ordenar presbíteros e diáconos": cân. 13 do Concílio de Ancira). O cânon 14 do Concílio de Neocesaréia aplica ao bispo urbano o título de sucessor dos apóstolos, enquanto os bispos rurais o seriam dos 72 discípulos. Elaborou-se uma teologia que favorecia a hierarquia entre os próprios bispos, e depois o desaparecimento dos co-bispos rurais. O cânon 57 do Concílio de Laodicéia proibiu a instituição de co-bispos, e Sárdica determinou que fossem substituídos por um presbítero (cânon 6: "Com o fim de que a dignidade episcopal não seja aviltada, proíbe-se o estabelecimento de um bispo em uma cidade ou em uma aldeia na qual seja suficiente um presbítero"); cf. NAUTIN, P. L'évolution des ministères au II et au III siècle, cit., pp. 51-54, 1973; LUTTENBERGER, G. H. The decline of Presbyteral Collegiality and the Growth of the individualization of the Priesthood (4th-5th Centuries). *RthAM*, n. 48, pp. 15-19, 1981.

bido ordenar presbíteros e diáconos sem a permissão do bispo da cidade, e depois se decidiu que não seriam criados bispos nos povoados onde fosse suficiente a presença de um presbítero. O Concílio de Sárdica (343) ordenou que não fosse fundada nenhuma sede episcopal onde bastasse a assistência de um presbítero. Assumiu-se a estrutura urbana do Império Romano como base da estrutura episcopal. Os bispos das aldeias ressurgiram na Idade Média com as missões entre os bárbaros, mas desapareceram de novo no século X, devido aos crescentes abusos que criavam, dada a sua dependência dos senhores feudais, incluído o próprio bispo da cidade. No final, impôs-se a trilogia atual: um bispo que reside na cidade, um presbitério colegiado e o diaconato.

As funções dos ministros

Depois de termos analisado a evolução eclesiológica que levou ao surgimento dos ministérios na Igreja, assim como à progressiva diferenciação entre bispo e presbítero em um primeiro momento e depois à teologia da sucessão apostólica, que estabeleceu um vínculo direto entre o bispo e os apóstolos, precisamos estudar agora como se procedeu à determinação das funções do bispo, do presbítero e do diácono, bem como as relações que foram estabelecidas entre eles. Como veremos, a própria identidade eclesiológica de cada ministério foi sendo forjada no processo histórico, afetado tanto pela reflexão teológica quanto por fatores culturais e condicionamentos sociais. As distintas formas de organizar os ministérios na Igreja, que foram mudando ao longo dos séculos, são o resultado de uma evolução complexa, plural, e por vezes contraditória, com avanços e retrocessos que não permitem falar de um plano estabelecido e determinado desde o começo. O surgimento primeiro e a potencialização dos bispos em um segundo momento, os quais se emanciparam do colégio de presbíteros do qual provinham, afetou a estruturação das Igrejas locais. Juntamente com a função pastoral ou de governo, é preciso destacar a atividade magisterial dos bispos e a presidência no culto e nos sacramentos. Desde fins do século II, procura-se especificar aquilo que é o constitutivo da atividade do bispo, diferenciando-o cada vez mais dos presbíteros e afiançando sua autoridade sobre eles. Como veremos, esse não foi um processo linear, nem isento de resistência e tensões.

O bispo como mestre

Já vimos que na Igreja primitiva os mestres ou doutores eram carismáticos e juntamente com os apóstolos e profetas constituíam-se em um dos três carismas mais importantes (At 13,1-2; 15,1-2; 1Cor 12,28-29; 1Tm 2,7; Ef 2,20; 3,5; 4,11). Eles eram os intérpretes natos das Escrituras, os catequistas e formadores dos conversos, e os apologetas nas disputas com os judeus e com os pagãos.[76] Os bispos-presbíteros ocuparam-se do ensinamento desde o último quarto do século I (At 20,25-32; 1Tm 5,17; *Did.*, 15,1-2), recebendo também o título de mestres, embora se mantivesse a atividade magisterial dos profetas e outros carismáticos itinerantes ao longo dos séculos I e II (*Did.*, 13,2; 15,1; *Bern.*, 1,8; 4,9; *Herm(v).*, III,5,1; *Herm(s).*, IX,5,4; 16,5; 19,2; 25,2). Os mestres eram mais catequetas do que teólogos, próximos aos rabinos e sem autoridade institucional fixa, tendo como aval unicamente os seus conhecimentos e a sua influência moral, sobretudo os que pertenciam aos confessores e aos monges. Eles desempenhavam um papel importante nas Igrejas, participavam dos sínodos e colaboravam na tomada de decisões.

A atividade magisterial dos ministros, ressaltada nas cartas pastorais do Novo Testamento, facilitou a passagem para a teologia posterior do bispo como doutor e mestre, de forma análoga à dos ministros, que absorveram as funções magisteriais dos profetas.[77] O desenvolvimento dos gnósticos, que difundiam doutrinas heterodoxas, a teologia dos bispos

---

[76] SCHÜRMANN, H. Die geistliche Eigenart des Lehrdienstes und sein Verhältnis zu anderen geistlichen Diensten im neutestamentlichen Zeitalter. In: IDEM. *Orientierung am Neuen Testament...*, cit., pp. 115-156; GREEVEN, Propheten, Lehrer, Vosteher bei Paulus, cit., 1-43.

[77] No martírio do bispo-presbítero são Policarpo, fala-se dele como mestre "com espírito de apóstolo e profeta" (*Mart.*, 16,2), depois denominado "doutor apostólico e profético, bispo da Igreja católica de Esmirna" (Eusébio, *Hist. eccl.*, 15,39) e "presbítero bem-aventurado e apostólico" (*Hist. eccl.*, V, 20,7). Apostolicidade, magistério e episcopado ou presbiterado fazem dele o mestre por excelência, concentrando em si mesmo a legitimação carismática e a ministerial. O título de "presbítero doutor" é corrente na literatura cristã e Cipriano lhe dá a função de examinar os leitores (*Ep.*, 29,2).

como sucessores dos apóstolos e a desconfiança para com os carismáticos profetas facilitaram a substituição dos mestres leigos por cargos ministeriais. Sobretudo as escolas catequéticas e teológicas, muitas delas inspiradas nas estruturas das escolas filosóficas e gnósticas, representavam uma perigosa plataforma que os bispos tentavam controlar e submeter à sua autoridade e ao seu juízo doutrinal.[78]

A práxis episcopal foi inicialmente reivindicar a inspeção dos mestres e do ensinamento. Eles procuravam evitar discussões e controlar os mestres que agiam livremente, bem como os cristãos "perfeitos ou gnósticos", que afirmavam ter recebido seu ensinamento diretamente do Espírito, como o dizia Clemente de Alexandria.[79] Da mesma forma como o cânon do Novo Testamento surgiu para pôr um limite aos escritos que conhecemos como apócrifos, não aceitos pela Igreja, e o "credo apostólico ou símbolo da fé" como norma da ortodoxia doutrinal, assim também ocorreu uma concentração das funções magisteriais na pessoa do bispo. A passagem da tradição oral para a escrita foi completada com a passagem da instauração de um magistério interpretativo.[80] Em meados do século III, a maioria dos mestres já eram clérigos. Tampouco se pode esquecer de que os cristãos assistiam às escolas filosóficas e participavam no ensinamento profano da sociedade greco-romana. Isso favoreceu a apologética, a inculturação doutrinal e a missão do cristianismo no Império; porém tornava muito mais necessário o controle episcopal.

---

[78] É o que aconteceu com a escola de Taciano (Irineu, *Adv. haer.*, I, 28; Eusébio, *Hist. eccl.*, 5,13,4; 28). As escolas leigas desempenharam um papel importante nas comunidades quanto aos aspectos catequéticos e teológicos, mas constituíam um perigo para a autoridade e foram o germe de muitos confrontos comunitários. Em fins do século III e princípios do século IV, começam a ser controladas pelos bispos.

[79] Clemente de Alexandria, *Strom.*, I, 1,11. Os "mestres" foram uma forte instituição em Alexandria. No Ocidente, Tertuliano os menciona com os mártires e não com o clero (Tertuliano, *De praescrip. haer.*, 3) e subsistem nas aldeias como um grupo, junto aos presbíteros (Eusébio, *Hist. eccl.*, 7,24,6). O ensinamento dos leigos é mantido ainda no séc. IV: "O catequeta, quando for leigo, que ensine, contanto que seja honesto em sua conduta [...]" (*Const. apost.*, VIII, 32,17).

[80] São valiosos os estudos de A. Harnack, *Lehrbuch der Dogmengeschichte*, cit., 1909, pp. 337-341; Idem. *Die Mission und Ausbreitung des Christentum*, 4. Aufl., Leipzig, 1924, v. 1, pp. 346-357; 365-372. Cf. também Stempel, H. A. Der Lehrer in der Lehre des Zwölf Apostel. *VC*, n. 34, pp. 208-217, 1980; Bardy, G. Les écoles romains au second siècle. *RHE*, n. 28, pp. 501-532, 1932; Carpenter, J. Popular Christianity and Theologians in the Early Centuries. *JThS*, n. 14, pp. 294-310, 1963.

O bispo transformou-se no mestre por antonomásia, ao qual se subordinavam não só os mestres leigos, mas também os presbíteros. O ministério do ensinamento transformou-se em uma prerrogativa tipicamente episcopal, e no século IV surgiram as escolas episcopais, com as quais os bispos educavam o clero. Assim foram postas as bases de uma convergência entre a função magisterial, própria do ministério episcopal, e a dos estudiosos, que ensinavam teologia e interpretavam a Escritura com base na sua preparação e estudo. Uma característica da Igreja antiga é o fato de que muitos bispos foram também teólogos e pensadores, dentre os quais se destacam os "padres da Igreja". A designação para o episcopado de grandes teólogos facilitou a convergência entre os estudiosos e os bispos, afiançando a autoridade episcopal. A função magisterial transformou-se assim em uma das funções fundamentais do governo episcopal. Imediatamente esse ministério da palavra foi visto também como uma honra e uma dignidade, que assemelhava os bispos à autoridade dos magistrados romanos. Assim, por exemplo, o bispo Paulo de Samósata mandou construir um trono episcopal, o qual foi inicialmente rejeitado como incompatível com o cristianismo, para finalmente ser imitado pelos demais bispos e impor-se como um sinal de autoridade: a cátedra ou trono episcopal.[81]

A função sacerdotal do ministério

Junto com o ministério da palavra está o culto. Já sabemos que na época do Novo Testamento não há muitas indicações sobre o culto cristão, embora seja verdade que se dê realce ao valor da eucaristia para a práxis comunitária (1Cor 11,17-34). O primeiro documento importante sobre a eclesiologia subjacente ao culto é a *Didaqué*. Nela ainda havia

---

[81] A crítica suscitada pelo trono episcopal, semelhante à cadeira dos tribunos do Império, é recolhida por Eusébio de Cesaréia ("Mandou-se preparar para ele um estrado elevado e um trono, não como um discípulo de Cristo": *Hist. eccl.*, VII, 30,9). Posteriormente, santo Agostinho desenvolveu uma "teologia da cátedra" como uma estratégia contra os donatistas, embora em sua Igreja tenha sido relativizado esse princípio. Contudo, o trono acabou se impondo como um distintivo episcopal; cf. INSTINSTY, H. U. *Bischofstuhl und Kaiserthron*. München, 1955. pp. 11-25.

uma grande tensão escatológica (*Did.*, 16,1-8) e um grande apreço pelo ministério dos profetas, aos quais se faz alusão como a "vossos sumos sacerdotes" (*Did.*, 13,3). Provavelmente eram eles que presidiam os sacramentos, nos quais podiam "dar graças" livremente (*Did.*, 10,7). Deriva daí o seu título sacerdotal (que no Novo Testamento jamais é aplicado a um ministro) e o fato de que se exija que sejam pagas a eles as primícias, como no Antigo Testamento (*Did.*, 13,3). Provavelmente escolheram-se os bispos e diáconos para que suprissem os profetas e mestres nas eucaristias dominicais (*Did.*, 14,1; 15,2), quando começaram a escassear ambos os grupos de carismáticos, ou simplesmente se converteram em ministros locais. É inegável a tendência a substituir os profetas pelos ministros e a organizar a comunidade inspirando-se no sacerdócio do Antigo Testamento. A celebração da eucaristia acusa uma forte influência judaica e está em conexão com ela quando começa a ser utilizada pela primeira vez uma terminologia sacerdotal aplicada a pessoas concretas: os profetas e, em segundo lugar, os ministros.[82]

O influxo cultual do judaísmo sobre o cristianismo é também claramente perceptível na já mencionada *Primeira Carta de Clemente aos coríntios.* Clemente de Roma compara o ministério apostólico e o de seus sucessores com o dos sacerdotes do Antigo Testamento (*1Clem.*, 40; 42-44). Ele também se refere às funções dos sumos sacerdotes, dos sacerdotes ordinários e dos levitas, para contrapô-las às dos leigos ("o homem leigo, enfim, está ligado por preceitos leigos": *1Clem.*, 40,5). Alude-se até aos sacrifícios pelos pecados no templo de Jerusalém, para assinalar a cada um o seu lugar na Igreja (*1Clem.*, 41,1-4). Nessa mesma linha, destaca-se o significado cultual dos bispos, que oferecem os dons por analogia com os sacerdotes judeus (*1Clem.*, 44,4-6), utilizando-se para os ministros uma terminologia claramente litúrgica. Esse escrito, que vincula fortemente o sacerdócio cultual judaico e o ministério cristão, é um testemunho

---

[82] GAMBER, K. Die eucharistie der Didaché. *EL*, n. 101, pp. 33-59, 1987; CASEL, Prophecie und Eucharistie, cit., pp. 1-19; TALLEU, T. J. From Berakah to Eucharistia: A Reopening Question. *Worship*, n. 50, pp. 115-137, 1976.

isolado do século II, só parcialmente recolhido por Hipólito na tradição posterior. Não se afirma que os ministros cristãos sejam sacerdotes como os do Antigo Testamento, mas sim que eles são para a comunidade o equivalente daquilo que foram os levitas para o povo judaico.

Já não estamos mais na linha da Carta aos Hebreus, a da superação do culto judaico em favor do culto existencial de Cristo e de todos os cristãos, mas em continuidade com ele, o qual serve de referência para o estabelecimento da ordem na comunidade. O judaísmo e a sociedade greco-romana são as fontes de inspiração das doutrinas, instituições e ministérios da Igreja nascente, algumas vezes mantendo as linhas-mestras do radicalismo de Jesus e de Paulo, em outras seguindo escritos do Novo Testamento mais receptivos ao judaísmo (como o Evangelho de Mateus ou a Carta de Tiago) e aos elementos do ambiente greco-romano (como as pastorais). Esse influxo judaico é perceptível em Orígenes, que defende que os sacerdotes se concentrem nas coisas sagradas e se despreocupem com aquilo que é profano. O culto e o sacerdócio judaicos serviram para uma progressiva sacerdotalização dos ministérios, bem como para relegar os leigos a segundo plano.

A eucaristia converteu-se, com o batismo, no culto por excelência da comunidade cristã.[83] Inicialmente era celebrada no marco de um banquete, em um contexto de liberdade e espontaneidade próprio da celebração efetuada nas casas. No Egito, manteve-se esse costume até o século IV, apesar de que o cânon 28 do Concílio de Laodicéia tenha proibido a realização de refeições nas igrejas. Não se pode esquecer que durante os primeiros séculos havia somente "igrejas domésticas". É possível que os presbíteros tenham começado a ser presidentes dessas eucaristias domésticas, especialmente quando a comunidade era numerosa e não havia mais como se reunir em uma casa, o que levou a que se multiplicassem os

---

[83] JUNGMANN, J. *El sacrificio de la misa*. Madrid, 1953; IDEM. Was ist Liturgie? *ZKTh*, n. 55, pp. 83-102, 1931; JUNGMANN, J. Die Kirche in der lateinischen Liturgie. In: RAHNER, H. (Festsch.) *Sentire ecclesiam*. Freiburg, 1961. pp. 185-195; CONGAR, Y. La ecclesia o comunidad cristiana, sujeto integral de la acción litúrgica. In: IDEM. *La liturgia después del Vaticano* Madrid, 1969. v. 2, pp. 279-338; BOULEY, A. *From Freedom to Formula*. Washington, 1981. pp. 89-158.

banquetes eucarísticos.[84] Daí a importância dada ao bispo como fator de unidade, diante do perigo de que as Igrejas domésticas se transformassem em germe de divisão, e a reiterada importância da concelebração para expressar que havia somente uma Igreja e uma eucaristia, presidida pelo bispo. O bispo agia como um *pater familias* no contexto de uma igreja urbana, que entendia a si mesma como "casa de Deus" (1Tm 3,15) e como *familia Dei*.

Nos três primeiros séculos, não havia fórmulas escritas para a celebração dos sacramentos. Tanto os que presidiam quanto os profetas e a comunidade intervinham de forma criativa e livre, dentro de um marco convencional muito flexível. As primeiras orações escritas (*Didaqué, Tradição apostólica* etc.) eram só sugestões inspiradoras e instrumentais, carecendo de valor normativo. A liturgia variava de cidade para cidade, adequando-se à cultura e às necessidades de cada comunidade, até que no século IV foi estabelecida progressivamente a uniformidade de algumas regiões eclesiásticas, especialmente a dos patriarcados. Esse processo de uniformização foi muito lento, já que até o século IV não se havia estabelecido um cânon fixo, cujas origens remontam ao papa Dâmaso, provavelmente por influência da Igreja egípcia e síria. Na Espanha, a espontaneidade e liberdade na liturgia durou até o século VII, de tal forma que o rito moçárabe não conhecia um cânon fixo e universal. O declínio cultural do clero facilitou a passagem das improvisações aos escritos estabelecidos.

Essa liberdade existia também com relação à freqüência à celebração. Inicialmente a eucaristia era celebrada nas grandes festas; mais tarde, no século III, é que se generalizou sua prática semanal. O imperador Constantino estabeleceu em 321 a obrigação da missa dominical para os sol-

---

[84] Este poderia ser o contexto da seguinte exigência: "Segui todos ao bispo, como Jesus Cristo ao Pai, e ao colégio dos presbíteros como aos apóstolos; quanto aos diáconos, reverenciai-os como ao mandamento de Deus. Que ninguém, com exceção do bispo, faça nada que seja incumbência da Igreja. Só deve ser considerada válida aquela eucaristia celebrada pelo bispo ou por quem tenha a sua autorização" (*Sm.*, 8,1). Sobre a relação existente entre as eucaristias domésticas e o bispo, cf. DASSMANN, *Ämter und Dienste in den frühchristlichen Gemeinden*, cit., pp. 74-95; IDEM. Haus. II. In: *RAC*, 13. 1986. v. 2, pp. 897-901.

dados cristãos e proibiu o trabalho nos dias festivos. Houve muita resistência a essas exigências. Há vários sínodos, realizados nos séculos IV e V, que insistem na assistência à missa dominical e castigam os que dela se ausentam. Tome-se a título de exemplo o cânon 30 do Concílio de Elvira (em Granada), definindo "que sejam afastados da comunhão durante algum tempo" aqueles que, por três domingos, não assistirem ao culto. Contudo, até o século VI não se insiste na gravidade de não se assistir à eucaristia dominical.[85]

O aumento da freqüência às celebrações favoreceu não só a criação de formas fixas, mas também a colocação destas por escrito, como ocorreu em Roma na segunda metade do século IV. A expansão do cristianismo no século IV, a multiplicação de igrejas e a importância adquirida pelas basílicas fizeram com que a liturgia fosse adotando formas estabelecidas e normativas. Para isso também contribuiu a crescente influência do culto sabático judaico, que também exigia que as pessoas não trabalhassem e se abstivessem de relações conjugais no dia sagrado. Até o século IV, não é normal a eucaristia diária, que no Ocidente provém do Norte da Itália — provavelmente de Ambrósio de Milão — e que teve uma grande resistência em Roma, na Gália e na Espanha. A missa cotidiana deslocou a comunhão particular que era efetuada nas casas.

No começo, tanto a Igreja local quanto as eucaristias eram presididas por um colégio de presbíteros, quando a comunidade era suficientemente numerosa, e havia uma só eucaristia por dia e um único altar. Por isso, a concelebração dos presbíteros com o bispo é a fórmula tradicional da celebração eucarística.[86] Essa velha tradição, no entanto, não é confir-

---

[85] O cânon 47 do Concílio de Agde teve uma grande influência e inspirou a legislação jurídica posterior; cf. JUNGMANN, *El sacrificio de la misa*, cit., pp. 322-332; BÄREZ, R. Zur theologischen Dimension des Sonntagstgebotes. *Catholica*, n. 37, pp. 73-93, 1983; CALLAM, R. The frequency of Mass in the Latin Church ca. 400. *ThSt*, n. 45, pp. 613-650, 1984; TAFT, R. Freqüência da Eucaristia ao longo da história. *Concilium*, n. 172, pp. 19-35, 1982.

[86] LEGRAND, H. M. The Presidency of the Eucharist according to the Ancient Tradition. *Worship*, n. 53, pp. 413-438, 1979; LAURANCE, J. D. Le président de l'Eucaristie selon Cyprien de Carthage. *MD*, n. 154, pp. 151-165, 1983; TIROT, P. La concélébration et la tradition de l'Église. *EL*, n. 101, pp. 33-59, 1987; TIHON, P. De la concélébration eucharistique. *NRTh*, n. 86, pp. 579-607, 1964.

mada pelo Novo Testamento, nem há notícias dela até o século III. Não sabemos quem presidia as primeiras eucaristias cristãs, nem sequer se havia um presidente. Podemos deduzir só o seu caráter claramente comunitário, pois quando Paulo exorta os coríntios, em razão dos abusos ocorridos na eucaristia, não faz a menor alusão a ministros que a presidam e ao fato de que fossem responsáveis pelo que estava acontecendo (1Cor 11,17-34). Lucas menciona reuniões litúrgicas, nas quais se faz alusão unicamente aos profetas e mestres que a elas assistem (At 13,1-3).

A concelebração eucarística era feita de tal forma que o bispo improvisava as preces e os sacerdotes concelebravam em silêncio com o simples gesto de impor as mãos sobre as oferendas. Isso durou até o século VII, em Roma, quando todos os concelebrantes passaram a recitar as preces, embora com o predomínio da recitação do bispo. Na Igreja ortodoxa, as concelebrações em silêncio persistiram até o século XX. Nas cartas de Inácio de Antioquia, é o bispo quem preside a eucaristia (*Ef.*, 5,1; *Magn.*, 7,1; *Sm.*, 8,1), embora ele possa delegar a presidência a outro (*Sm.*, 8,1-2). Era costume também oferecer a presidência a um bispo convidado. A presidência da eucaristia é episcopal, enquanto os presbíteros são ministros pastorais e nunca figuras litúrgicas individuais. Justino foi quem deixou para a posteridade a figura do presidente da eucaristia como pastor da Igreja (*1Apol.*, 65; 67), o que é confirmado pela tradição de Hipólito e por Cipriano de Cartago.

A passagem para eucaristias presididas somente por presbíteros ocorreu sobretudo nas áreas rurais, que não podiam ser atendidas pelo bispo. Nas cidades, as perseguições e o aumento do número de membros da comunidade favoreceram a celebração de eucaristias de um presbítero no contexto já indicado de antigas Igrejas domésticas. Esse vínculo entre o bispo e os presbíteros é tão forte, que o papa Sirício (384-399) proibiu os presbíteros de celebrar individualmente a eucaristia caso não houvessem recebido o fermento, ou seja, o pão consagrado da missa episcopal.[87]

---

[87] NAUTIN, P. Le rite du fermentum dans les églises urbaines de Rome. *EL*, n. 96, pp. 510-522, 1982; JUNGMANN, J. *El sacrificio de la misa*, cit., 2. ed. pp. 1008-1009.

Esse é também o sentido da missa crismal, que exprime o vínculo entre o bispo e o seu presbitério, bem como a menção do nome do bispo nas preces eucarísticas. A eucaristia presidida pelo presbítero e a paróquia eram uma parte da Igreja à qual pertenciam, cujo chefe era o bispo com o seu presbitério.[88]

Mais tarde, paradoxalmente, a realidade mudou de forma radical. O bispo foi sobrecarregando-se cada vez mais de funções pastorais, administrativas, econômicas e magisteriais, e cada vez tinha menos tempo e energias para as funções cultuais. Passou-se de uma eclesiologia de comunhão a uma outra que pôs o acento nos poderes dos ministros, preparando assim a passagem do culto comunitário para o culto ministerial, com assistência mais passiva e receptiva por parte da comunidade. Desse modo, os presbíteros transformaram-se em ministros, por antonomásia do culto, reservando-se ao bispo a ordenação e a confirmação, como também a presidência da eucaristia em sua própria igreja urbana, que foi convertida em catedral.[89] Passamos assim de um bispo considerado como o liturgo por excelência, que presidia o governo colegiado das Igrejas, a um bispo que governava pessoalmente, relegando os presbíteros a presidentes individuais do culto e a meros subordinados no governo da Igreja. O incremento do número de membros da Igreja contribuiu para a burocratização do bispo, para o seu distanciamento do

---

[88] Cipriano de Cartago provavelmente é o primeiro a aludir à celebração da eucaristia por parte de um presbítero (*Ep.*, 5,2), embora ele procure sublinhar o aspecto colegiado da presidência da eucaristia: ZIZIOULAS, J. D. *L'être ecclésial*. Genève, 1983. pp. 111-135; 181-194; IDEM: Épiskopè et Épiskopos dans l'Église primitive. Bref inventaire de la documentation. *Irénikon*, n. 56, 1983. pp. 495-499; 484-502; BARDY, G. *La théologie de l'Église de st. Irénée au concile de Nicèe*. Paris, 1947. p. 284; BOTTE, B. Caractère collégial du presbyterat et de l'Épiscopat. In: IDEM. *Études sur le sacrement de l'Ordre*. Paris, 1957. pp. 103-107; GARCÍA BARBERENA, Colegialidade no plano diocesano: o presbiterado ocidental, cit., pp. 12-25.

[89] O papa Marcelo (308-309) organizou a Igreja de Roma em 25 paróquias, nas quais presidia o presbítero por causa da ausência do bispo. Em fins do século IV, generalizou-se a eucaristia presidida por um presbítero, e no século V criou-se um cânon escrito que devia ser usado obrigatoriamente, em lugar da espontaneidade do século IV. Enfim, o código de Justiniano conclui que a atividade específica dos clérigos é a liturgia (*Código Just.*, I, 3,4; I, 3,42); cf. LUTTENBERGER, The decline of Presbyteral Collegiality and the Growth of the individualization of the Priesthodd (4th-5th Centuries), cit., pp. 19-24; COOKE, B. *Ministry to Word and Sacraments*. Philadelphia, 1977. pp. 447-448.

culto e para a dissolução do estreito vínculo existente entre o bispo e o seu presbitério. O distanciamento entre o bispo e os fiéis também foi uma conseqüência do aumento de população, problema hoje agravado pelo forte crescimento demográfico, que tornou as dioceses cada vez menos governáveis.

Da mesma forma, o presbítero passou a não ser mais ordenado para um colégio presbiteral ou ordem, presidido pelo bispo, mas para um ministério em um lugar geográfico. Os presbíteros foram transformados em párocos. Já sabemos que no começo havia bispos de Igrejas rurais, que posteriormente foram substituídos por simples presbíteros. Não podemos esquecer que algumas Igrejas eram muito reduzidas; nelas havia inicialmente só um ministro ou bem poucos. Segundo Gregório de Nissa, na Igreja de Neocesaréia havia somente 17 cristãos quando Gregório, o Taumaturgo, foi nomeado bispo (em torno de 240). As Igrejas domésticas tinham poucos ou mesmo um único ministro, e o bispo era mais parecido com um de nossos párocos do que com os bispos atuais. As próprias Igrejas eram mais semelhantes às nossas comunidades de base do que às grandes dioceses do século XX, as quais eram impensáveis na Antigüidade. A tendência a multiplicar o número de presbíteros e a fazer com que houvesse um só bispo, o da cidade, culminou no IV Concílio de Latrão (1215), que ampliou os poderes do sacerdote-pároco, dando-lhe uma jurisdição paroquial com mais autonomia, análoga em sua ordem à do bispo em relação ao papa (embora o papa seja um bispo e faça parte da mesma *ordo* episcopal dos demais, o que não ocorre com o presbítero). A figura do pároco adquiriu contornos episcopais: ele governava sozinho em sua paróquia, às vezes encontrando-se muito distante da cidade na qual vivia o bispo e com pouca comunicação com ele. Ressaltou-se sua função cultual, embora originalmente ele fosse um pastor, mais do que um liturgo.[90]

---

[90] No séc. XIV, defende-se a plenitude ministerial do pároco, bem como sua "origem divina", continuando assim a tradição de são Jerônimo e do Ambrosiaster. Essa corrente da Igreja serviu de legitimação para que Lutero reclamasse a validez de ordenações presbiterais. Quando o assunto foi discutido no Concílio de Trento, utilizou-se uma fórmula ambígua ("[hierarchia] divina

Na Igreja antiga prevaleceu a eclesiologia eucarística.[91] Aquele que dirige a Igreja também preside a eucaristia, pois a Igreja "faz" a eucaristia, e esta configura a Igreja. Há uma grande interação entre eucaristia e Igreja. Da forma como se celebra a eucaristia, assim é a Igreja, e vice-versa. Por isso, a excomunhão implica simultaneamente o afastamento da comunidade e a exclusão do culto, que era sempre uma expressão de fé e de ortodoxia, não somente doutrinal mas sobretudo prática, estando relacionada ao estilo de vida. A reconciliação do excomungado, por sua vez, acontecia no contexto litúrgico: ele era admitido à comunhão eclesial e sacramental, podendo receber a comunhão. A eucaristia era também o espaço no qual se fazia o intercâmbio de relações com as Igrejas vizinhas, liam-se as cartas de outros bispos e comunicava-se a escolha de alguém para ser bispo. Tratava-se da expressão mais plena da Igreja-comunidade, na qual se confirmava a escolha dos candidatos ao ministério e na qual eles eram ordenados, nela refletindo-se assim a sucessão apostólica. Da forma como se celebram os sacramentos, assim é a Igreja.

---

ordinatione instituta, quae constat ex episcopis, presbyteris et ministris": DS 1776) para diferenciar o bispo do presbítero, precisamente porque se defendia que o ministério sacerdotal era tanto o presbiterado quanto o episcopado. Essa teologia foi mantida até o século XX, embora o Vaticano II fale de "sacerdócio de segundo grau ou de segunda ordem" e o subordine à plenitude do sacerdócio do bispo. A expressão "de segunda ordem" foi tomada do Antigo Testamento (2Rs 23,4) e é a versão atual das antigas afirmações do ritual romano sobre os sacerdotes como colaboradores da ordem episcopal, co-presbíteros, co-sacerdotes, cooperadores, co-ministros etc. O primeiro a usá-la foi Orígenes (245); mais tarde foi encontrada em uma inscrição fúnebre do ano 362 e generalizou-se no século V. Por outro lado, Teodulfo prefere falar dos presbíteros como de "bispos de segunda ordem". Evidentemente tal afirmação, que Rabano Mauro tornou clássica para a escolástica, não é uma definição dogmática, podendo ser corrigida no futuro, sobretudo à luz de uma teologia ecumênica e histórica do ministério; cf. VILELA, A. La notion traditionnelle des sacerdotes secundi ordinis des Origenes au decreet de Gratian. In: FACULTAD DE TEOLOGÍA DEL NORTE DE ESPAÑA. *Teología del sacerdócio.* Burgos, 1973. v. 5, pp. 31-66; SCHULZ, H. J. *Ökumenische Glaubenseinheit aus eucharistischer Überlieferung.* Paderborn, 1976. pp. 113-122; WAINWRIGHT, G. Quelques aspects théologiques de l'Ordination. *MD*, n. 139, pp. 31-72, 1979; KLEINHEYER, B. *Die Priesterweihe im römischen Ritus.* Trento, 1962. pp. 12-84; MOINGT, J. Caractère et ministère sacerdotal. *RSR*, n. 56, pp. 563-572, 1968; LÓPEZ MARTÍNEZ, La distinción entre obispos y presbíteros, cit., pp. 85-100; GARCÍA BARBERENA, Colegialidade no plano diocesano: o presbiterado ocidental, cit., pp. 12-25.

[91] No que concerne à eclesiologia eucarística, remeto ao meu estudo *Del misterio de la Iglesia al pueblo de Dios...*, cit., pp. 136-158. Cf. também ZIZIOULAS, *Being as Communion...*, cit., New York, pp. 209-246.

A eucaristia era chamada de *collecta*, que significa "reunião" ou "assembléia", da mesma forma que o termo *ecclesia*. Por isso, não se pode falar de uma eclesiologia comunitária mantendo-se ao mesmo tempo uma celebração clerical dos sacramentos, na qual o protagonismo recai quase exclusivamente sobre os ministros, em detrimento da comunidade, como ainda acontece atualmente. Na Igreja antiga, a eucaristia era sempre um acontecimento comunitário. Era inconcebível a figura de um presbítero celebrando-a a sós, como se fosse algo que se pudesse fazer de forma isolada, não obstante se tenha a intenção de representar toda a Igreja. Não há comunidade sem presbítero ou bispo, tampouco o inverso, pois a celebração sacramental expressa a pertença a uma Igreja e serve de critério no caso de ministros sem autorização reconhecida para representar sua Igreja. Pertence-se à Igreja na qual se comunga, pois há uma concepção relacional do ministro e não uma concepção individualista.

A figura de bispos que não têm comunidades, nem atuam como pastores, nem presidem as eucaristias das dioceses, mas que se dedicam exclusivamente a tarefas curiais, diplomáticas ou administrativas é desconhecida para a Igreja antiga. Trata-se de uma invenção medieval, que rompeu com a práxis milenar anterior e gerou protestos contínuos, primeiro entre os católicos e depois entre os membros das Igrejas cristãs ortodoxa e protestante. Atualmente isso continua suscitando um mal-estar entre os teólogos católicos e as Igrejas cristãs, e já provocou rejeições durante a época da celebração do Concílio Vaticano II. Supõe adjudicar um cargo pastoral a pessoas que jamais o exercerão, mudando o significado do episcopado de ministério eclesial para dignidade pessoal. Criou-se uma ficção jurídica: a de ordenar esses candidatos como bispos de Igrejas do passado, que já deixaram de existir. Desse modo fica mantido o formalismo segundo o qual cada nomeação episcopal é feita para uma Igreja concreta; todavia, de fato, evita-se a práxis da Igreja antiga (nem bispos sem comunidade, nem Igrejas sem bispos) em favor de pessoas com tarefas administrativas, burocráticas ou políticas, sem que se lhes prepare ou se lhes confira tarefa pastoral alguma. O problema permanece até hoje e coloca sérios questionamentos, tanto dentro da Igreja católica quanto — e sobretudo — nas outras confissões cristãs.

A progressiva importância das funções cultuais dos ministros, bem como a inculturação crescente no Império Romano, levou também a utilizar-se cada vez mais a terminologia sacerdotal para os ministros. A celebração freqüente da eucaristia e dos demais sacramentos por parte dos ministros favoreceu a aceitação da terminologia sacerdotal para os que presidiam. Não se pode esquecer, contudo, que o que se punha em primeiro plano não era o caráter sacerdotal do ministro, especialmente sublinhado a partir do século III por Hipólito, Tertuliano e Cipriano, mas a vinculação entre a presidência litúrgica e o governo da Igreja. Da mesma forma que se defendia o acesso dos mártires ou confessores ao ministério dos presbíteros, sem que houvessem sido ordenados, pois eles haviam dado testemunho de terem recebido o Espírito, assim também subsistia a antiga tradição que ressaltava o papel dos profetas e mestres no culto.

Juntamente com o desenvolvimento da função cultual, deu-se também uma sacerdotalização do ministro e do ministério cultual. No Novo Testamento, o termo "sacerdote" é usado somente para Cristo e para a comunidade em seu conjunto, o que foi mantido inicialmente, nos dois primeiros séculos. Em fins do século II, começou-se a descrever a função cultual como eminentemente sacerdotal. No início partia-se da concepção primitiva de que toda a comunidade celebra o culto. Por exemplo, Irineu de Lyon ressalta o caráter sacerdotal de todos os cristãos. No entanto, com a evolução histórica, o sacerdócio batismal dos cristãos foi perdendo força em favor das tarefas cultuais dos presbíteros.[92] Contribuiu para isso uma falsa teologia, baseada na idéia de que a vida consa-

---

[92] Um dos testemunhos mais claros é o das *Constituições apostólicas*, de fins do século IV e inícios do século V. A teologia hebraica é aplicada diretamente para diferenciar sacerdotes e leigos: "Proibimos também aos leigos usurpar uma função sacerdotal, como o sacrifício, o batismo, a imposição das mãos ou uma bênção, pequena ou grande. Que ninguém se atribua essa honra, e sim aquele que foi chamado por Deus (Hb 5,4). Porque a imposição das mãos do bispo é a que confere esta dignidade. Aquele que não tenha recebido o cargo e o atribua a si mesmo sofrerá o castigo de Ozias (2Cr 26)" (*Const. apost.*, III, 10, 1-3).

grada não é a vida cristã simplesmente, mas a daqueles que receberam a consagração do sacramento da ordem ou a daqueles que professam a vida religiosa. A idéia do caráter, enquanto uma marca ou um selo do sacramento, que perdura para sempre, inicialmente utilizada para ressaltar a consagração batismal, posteriormente foi usada para os ministros.

A idéia do caráter sacerdotal impôs-se, permitindo que o sacramento da ordem fosse visto como o princípio de estruturação da Igreja, em detrimento do batismo. O sacramento da ordem acabou sendo interiorizado, sendo visto como um dom ou uma graça outorgada pessoalmente, e sendo ritualizada, pois tal sacramento era visto como aquele que concedia uma potestade sagrada. Dessa maneira, foi sendo preparada a progressiva separação entre a eclesiologia e a teologia dos sacramentos.[93] A partir de fins do século II, começou-se a usar cada vez mais a terminologia sacerdotal para aplicá-la aos apóstolos, ao bispo e aos presbíteros, sempre em relação ao exercício do culto.[94] Essa associação entre sacerdócio e culto tem como pano de fundo sociocultural a concepção judaica e a das religiões do Império. Essa sacerdotalização levou também a ressaltar a consagração do bispo e dos presbíteros, isto é, a ordenação, em

---

[93] JUSTINO, *Diál.*, 116,3: "Ao modo daquele Jesus, a quem o profeta chama de sacerdote [...], somos a verdadeira linhagem dos sumos sacerdotes de Deus, como o próprio Deus o testemunha, dizendo que em todo lugar lhe oferecemos, nas nações, sacrifícios que lhe sejam agradáveis e puros. Pois bem, Deus não aceita sacrifícios senão dos seus sacerdotes". São todos os cristãos os que herdam o sacerdócio levítico e o culto sacrifical (Irineu, *Adv. haer.*, IV, 8,3; 17,5; 18,1). Mais tarde, o batismo foi superado pelo sacramento da ordem. O próprio conceito de "caráter" inicialmente indicava o selo, a marca ou a consagração batismal, enquanto mais tarde, por analogia, foi utilizado para o sacramento da ordem (santo Agostinho, Pseudo-Dionísio). Isso foi assumido por Pedro Lombardo, que o aplicou aos bispos e aos presbíteros. Essa sacerdotalização do caráter facilitou o esquecimento da consagração batismal e a desvalorização teológica do ministério da palavra no presbiterado e no episcopado. Trata-se de uma evolução histórica sem base no Novo Testamento, tendo sido uma das reivindicações da teologia protestante; cf. MOINGT, Caractère et ministère sacerdotal, cit., pp. 572-589; TILLARD, J. M. La qualité sacerdotale du ministère chrétien. *NRT*, n. 95, pp. 481-514, 1973.

[94] Progressivamente, aplicou-se o sacerdócio da Igreja aos ministros (Tertuliano, *De Bapt.*, 17; Hipólito, *Refut.*, 1,6); cf. SCHMITT, J. Sacerdoce judaïque et hierarchie ecclésiale dans les premières communautés palestiniennes. In: BOTTE, *Études sur le sacrement de l'Ordre*, cit., pp. 77-95; DIX, *Le ministère dans l'Église ancienne*, cit., pp. 25-29; VILELA, *La condition collegiale des prêtes au III siècle*, cit., pp. 387-406; SESBOÜÉ, B., Ministerio y sacerdocio. In: DELORME, *El ministerio y los ministerios según el Nuevo Testamento*, cit., pp. 437-446; DASSMANN, *Ämter und Dienste in den frühchristlichen Gemeinden*, cit., pp. 96-113; LUDWIG, E. Vom Presbyter zum Priester. In: HOFFMANN, P. (Hrsg.) *Priesterkirche*. Düsseldorf, 1987. pp. 96-131.

detrimento da escolha do candidato por parte da comunidade. A designação, no começo, detinha o significado principal, pois seguia-se a tradição romana segundo a qual bastava tomar posse de um cargo, após ser designado, para exercer a autoridade.[95]

O gesto ritual da ordenação é a imposição das mãos. Era uma tradição judaica aplicada aos rabinos, aos enviados das comunidades e a personagens leigos, sem ser uma função especificamente sacerdotal. Os cristãos começaram a utilizá-la em relação ao batismo, para finalmente transformá-la no ato característico da consagração dos sacerdotes cristãos, reservando-se a eles uma práxis que inicialmente tinha outro significado. A palavra "ordenação" (*ordinatio*) é um termo técnico, distinto do termo "consagração", usada no Império Romano para a nomeação dos funcionários imperiais. Passava-se a fazer parte de um ordenamento, estamento ou colégio, tanto na âmbito civil quanto no religioso. Nas religiões pagãs, uma pessoa se tornava sacerdote ao iniciar-se no cargo. O cristianismo uniu a ordenação e a consagração, a tradição romana e a práxis judaica, o significado ministerial e a imposição das mãos. Assim surgiu o sacramento da ordem e a teologia da identidade sacerdotal.[96]

---

[95] Não sabemos quando e como começou a se fazer distinção entre a escolha ou estabelecimento e a consagração do candidato; cf. E. Schillebeeckx, *El ministerio eclesial*, Madrid, 1983, pp. 83-94. No Egito, os presbíteros designavam o bispo-presidente, mas não está claro se eles o consagravam ou o estabeleciam no cargo. Os testemunhos ressaltam da mesma forma a escolha de todos e a consagração do bispo por parte de outros bispos vizinhos, enquanto os presbíteros são ordenados pelo bispo e pelo presbitério: "Que se ordene como bispo aquele que foi escolhido por todo o povo. Quando se tenha pronunciado o seu nome ou quando ele tenha sido aceito por todos, o povo se reunirá no domingo, na presença do colégio dos presbíteros e dos bispos. Com o consentimento de todos, que estes últimos lhes imponham as mãos, e que o colégio dos presbíteros permaneça sem fazer nada. Que todos guardem silêncio e roguem em seu coração para que desça o Espírito. Que um dos bispos presentes, segundo a demanda de todos, impondo a mão sobre o que recebe a ordenação episcopal, ore nestes termos" (*Trad. apost.*, 2). A consagração se impôs sobre a eleição.

[96] Lohse, Die Ordination im Spätjudentum und im Neuen Testament, cit., pp. 515-523; Hoffmann, L. A. L'Ordination juive à la veille du christianisme. *MD*, n. 138, pp. 7-48, 1979; Killmartin, E. J. Ministère et ordination dans l'Église chrétienne primitive. Ibid., pp. 49-92; Gy, P. M. Les anciennes prières d'Ordination. Ibid., pp. 93-122; Warkentin, M. *Ordination. A Biblical Historical View*. Grand Rapids, 1982. pp. 9-51. Não há consenso entre os especialistas sobre a dependência com respeito à ordenação judaica, nem sobre o significado da imposição das mãos no rabinato judaico. A oração de consagração dos presbíteros (*Trad. apost.*, 7) está inspirada claramente na tradição hebraica (Nm 11,16-17). Sobre o uso do termo no Império Romano, cf. Gy, P. M. Remarques sur le vocabulaire antique du sacerdoce chrétien. In: Botte, *Études sur le sacrement de l'Ordre*, cit., pp. 130-133.

Os primeiros testemunhos sobre o caráter sacerdotal do bispo e dos presbíteros (Hipólito, Tertuliano, Cipriano, Orígenes etc.) vinculam a administração dos sacramentos e o sacerdócio, utilizando preces e orações que se inspiram claramente no Antigo Testamento.[97] A sacerdotalização produzida no século III foi inicialmente do bispo, em conexão com o seu papel dirigente na oferenda dos dons e com a sua capacidade para perdoar os pecados e para reconciliar os pecadores com a comunidade. Mais tarde foi estendida aos presbíteros que, segundo Cipriano, representavam o culto levítico do Antigo Testamento. O emprego de conceitos sacerdotais deve ser visto em conexão com a importância crescente da eucaristia. O desaparecimento do templo e do culto judaico facilitou a visão da eucaristia como memorial e testamento do sacrifício de Cristo.

---

[97] Na *Tradição apostólica*, de Hipólito, há uma estreita analogia entre a ordenação do presbítero e a do bispo, que participam do mesmo sacerdócio e recebem o mesmo Espírito (*Trad. apost.*, 3,8), enquanto um diácono é ordenado *in ministerio episcopi*, e somente ele lhe impõe as mãos (*Trad. apost.*, 9). É todo o colégio de presbíteros que ordena o candidato ao presbitério (impondo-lhe as mãos), embora somente o bispo pronuncie a fórmula de consagração, fazendo alusão aos anciãos escolhidos por Moisés, os quais receberam seu espírito. A fórmula termina com uma oração por todo o presbitério. É preciso levar em conta, contudo, que nem Tertuliano nem Cipriano mencionam a imposição das mãos para os presbíteros e que, quando se referem à ordenação, o sentido pode ser claramente o de designar, nomear, estabelecer etc. Não há certeza de que na Igreja africana haja um rito de consagração de presbíteros até santo Agostinho, embora isso seja o mais provável, por analogia com outras Igrejas e com o rito de ordenação do bispo, aqui mencionado. A subordinação do presbítero ao bispo aumenta nos rituais romanos desde o século V, por exemplo, no sacramentário leonino e gregoriano, em reação ao presbiterianismo de Jerônimo (*Ep.*, 146). O pano de fundo é claramente veterotestamentário, e o ritual romano é o que mais evidencia a tipologia de Aarão e Moisés, ressaltando a idéia de que o bispo é sacerdote e chefe; por outro lado, os ritos orientais são mais apostólicos e missionários; cf. BOTTE, B. L'Ordre d'après les prières d'Ordination. In: IDEM, op. cit., pp 13-35; LÉCUYER, J. Épiscopat und presbyterat dans les écrits d'Hyppolite de Rome. *RSR*, n. 41, pp. 30-50, 1953; FAIVRE, A. La documentation canonico-liturgique de l'Église ancienne. *RevSR*, n. 205, pp. 204-219, 1980; n. 206, pp. 273-297, 1980; FAIVRE, A. Les communautés paléochrétiennes. *LumVie*, n. 167, pp. 5-25, 1984; SCHILLEBEECKX, E. *Christliche Identität und kirchliches Amt*, cit., pp. 167-172; GUERRA, M. Problemática del sacerdocio ministerial en las primeras comunidades cristianas. In: FACULTAD DE TEOLOGÍA DEL NORTE DE ESPAÑA. *Teología del Sacerdocio*, cit., 1969, v. 1, pp. 8-92; WAINWRIGHT, G. Quelques aspects théologiques de l'Ordination. *MD*, n. 139, pp. 31-72, 1979; KLEINHEYER, *Die Priesterweihe im römischen Ritus*, cit., pp. 26-142; ROUILLARD, P. Ministères et ordination en Occident. In: ROUILLARD, G. & FARNEDI, G. *Il ministero ordinato nel dialogo ecumenico*. Roma, 1985. pp. 107-124.

O fato de que se repetissem as palavras e gestos de Jesus na ceia, em um contexto de celebração e de rememoração, possibilitou a transferência de categorias sacrificais ao ministro, bem como a aceitação de que toda liturgia trata dos "mistérios" do cristianismo, como ocorria com as religiões pagãs. No caso da *Carta de Clemente de Roma*, não se fazia alusão ainda à qualidade sacerdotal dos ministros, mas unicamente recorria-se a uma analogia entre a ordem cultual judaica e a dos cristãos, a fim de manter a ordem e legitimar a autoridade. Agora, pelo contrário, não só foi introduzido um dualismo na comunidade cristã — o dos sacerdotes e leigos —, mas também utilizou-se maciçamente o arsenal sacerdotal e ritual judaico para aplicá-lo aos ministros cristãos da liturgia. Isso não quer dizer que se tenha perdido a idéia do sacrifício existencial de Cristo, que fez de sua vida um culto a Deus, nem que se tenha deixado de exortar os cristãos a seguirem seu exemplo, mas sim que o acento foi posto na eucaristia como cume das oferendas e sacrifícios, ficando em segundo plano o fato de que a compreensão cristã do sacrifício não correspondia nem à judaica, nem à pagã.

A teologia da ordenação, por sua vez, foi-se constituindo ao longo do século III, até cristalizar-se no século IV com o Concílio de Nicéia, que estabeleceu os critérios de demarcação do ministério episcopal e presbiteral. As cartas pastorais foram consideradas como a prova da transmissão de um carisma por meio da imposição das mãos (1Tm 4,14; 2Tm 1,6), e esse gesto foi considerado como a ação de ordenar bispos e presbíteros (*Atos de Pedro*, *Tradição apostólica*, santo Atanásio, são Basílio etc.). A imposição das mãos foi vista como uma consagração análoga à de Aarão (são Gregório Nazianzeno), Moisés ou Josué (Orígenes) e foi considerada como algo permanente do ordenado (santo Atanásio, são Gregório de Capadócia). Em alguns locais, como, por exemplo, na Síria, chegou-se a afirmar que o próprio Cristo ordenou os apóstolos, enquanto a maioria dos testemunhos contenta-se em afirmar que o rito de ordenação corresponde à vontade de Cristo. Essa teologia teve uma grande repercussão na teologia latina (há testemunhos desde são Jerônimo e Inocêncio I) e uma grande acolhida nos sacramentários do século VI. Desse modo, estabeleceu-se o caráter sacramental da ordenação, tendo como pano de fundo o sacerdócio do Antigo Testamento.[98]

Não resta dúvida de que essa evolução teológica deve ser vista no contexto da implantação do cristianismo no Império como uma religião com ritos, liturgia e ministros específicos. A inculturação desvirtuou o significado do sacerdócio cristão e amorteceu sua ruptura com o sacerdócio judaico como cargo consagrado e posto à parte, com funções de mediador.[99] É evidente que ocorreu uma re-judaização da concepção cristã do sacerdócio, mais tarde reforçada na Idade Média por uma compreensão sacrifical da vida de Jesus, que havia pago com o seu sangue o resgate dos pecados humanos. A espiritualidade sacerdotal centrou-se nos sacrifícios, nas renúncias e nas oblações a Deus.[100] O caráter permanente da ordenação tornava possível a deposição de um ministro — o qual podia ser excluído do exercício de suas funções —, mas não a reordenação, que só ocorria entre os hereges arianos. Um sacerdote podia ser reduzido ao estado laical, deixando de exercer o ministério (aquilo que hoje, impropriamente, denominamos de secularização), mas, caso lhe fosse restituído o sacerdócio, não era necessário ordená-lo de novo. O direito de destituição competia à comunidade, que tinha uma *potestas recusandi*[101]

---

[98] Os elementos essenciais da ordenação são a imposição das mãos e a oração consecratória. Mas não continuou sendo assim ao longo da evolução histórica. Serviu também de inspiração o ritual judaico de unção da cabeça e das mãos, que na alta Idade Média acabou prevalecendo e desbancando a própria imposição das mãos como gesto central da ordenação. Durante séculos se impôs a idéia de que o essencial era a transmissão dos "instrumentos" da ordem que se recebia, e não a imposição das mãos; cf. LEHMANN, K. Das theologische Verständnis der Ordination nach dem liturgischen Zeugnis der Priesterweihe. In: MUMM, R. & KREMS, G. (Hrgs.) *Ordination und Kirchliches Amt*. Paderborn, 1976. pp. 19-52.

[99] Essa teologia dominou o ensinamento católico: "Vejamos, antes de mais nada, a dignidade sublime do sacerdócio. Os bispos e os sacerdotes são, na realidade, os intérpretes e embaixadores de Deus, a quem visivelmente representam na terra [...]. Com razão os sacerdotes foram chamados não simplesmente de anjos, mas de deuses, por serem eles, entre os homens, os portadores da virtude e do poder do Deus imortal" (*Catecismo romano do Concílio de Trento*. Madrid, 1956, Parte II, 6,2, 612).

[100] Analisei essa espiritualidade e a cristologia que nela está presente em *La espiritualidad de los laicos*, cit., 1997, pp. 135-143; 170-192; *La imposible teodicea*, cit., pp. 165-182.

[101] "O povo deve afastar-se de um bispo pecador [...], sobretudo quando tem poder para escolher bispos dignos ou para recusar os indignos. Vemos que é de origem divina a escolha dos bispos na presença do povo, diante de todos, para que todos o aprovem como digno e idôneo por juízo e testemunho público [...]. É preciso que não se verifiquem as ordenações sacerdotais sem o conhecimento do povo que as assiste [...]. Tais homens (bispos depostos) podem ser admitidos à prática da penitência, mas devem ser removidos do clero e da dignidade episcopal" (Cipriano, *Ep. a Félix*, 67).

reconhecida universalmente. Ou seja, era a comunidade quem decidia se era o caso de se destituir um ministro, bispo ou presbítero. O papa Calixto tentou eliminar esse direito e torná-lo competência exclusiva do sínodo de bispos vizinhos. São Jerônimo e o Ambrosiaster são os que mais distinguiram entre a ordenação e o exercício do ministério.

Para santo Agostinho e os concílios africanos, a ordenação era algo permanente e inapagável até no caso dos excomungados e hereges, e era o que tornava válidos os sacramentos de uma comunidade. Contra isso colocava-se a opinião de são Cipriano e da maioria da tradição anterior, que rechaçava os sacramentos fora da Igreja. Santo Agostinho defende o "caráter" conferido para sempre, como ocorre no batismo, embora a idéia de um caráter indelével dos sacramentos — isto é, que eles são inapagáveis — não tenha sido aceita plenamente até a Idade Média. A velha idéia da Antigüidade a respeito do selo militar do soldado, que não se apaga, inspira aqui a transmissão do espírito ao batizado e ao ordenado.[102] Prevalece, conseqüentemente, a idéia de que no sacramento da ordem recebe-se um carisma pessoal e inapagável, embora haja autores — como é o caso de Cirilo de Alexandria e do Concílio de Éfeso — que afirmam que o bispo ou presbítero deposto não pode continuar juridicamente sendo considerado como tal.[103] Não havia consenso na Igreja

---

[102] "A própria força da palavra (que santifica a água do batismo) torna o sacerdote respeitável e honrado quando é segregado, por meio da bênção da comunidade, das pessoas comuns. Antes, ele era um dentre muitos do povo; agora, subitamente, ele aparece como líder, como presidente, como mestre da piedade e dirigente dos mistérios ocultos [...]. Aparentemente parece ser a mesma pessoa de antes; na realidade, ele foi transformado e melhorado por uma força e por uma graça invisível em sua alma" (Gregório de Nissa, *In bapt. Christi*: PG 46,582-583); cf. DASSMANN, *Ämter und Dienste in den frühchristlichen Gemeinden,* cit., pp. 114-127; CAMPENHAUSEN, H. von. *Tradition und Leben.* Tübingen, 1960. pp. 281-289.

[103] A decisão entre imposição das mãos e instalação no ministério deu-se de forma progressiva e descontínua, e só é clara nos textos jurídicos; nos textos litúrgicos, todavia, não é assim. Tanto o Código de Graciano como o III Concílio de Latrão (1179) não fazem alusão ao caráter indelével da ordenação. Até o século XII, a diferença existente entre redução ao estado laical (secularização) e suspensão das funções não se impôs na Igreja latina, enquanto a oriental manteve o princípio de economia que levava a aceitar a redução ao estado laical e a suprimir depois essas destituições, sem alusão ao caráter indelével. A idéia do caráter sacerdotal só pode ser sustentada no caso da tradição latina; quanto à oriental, só indiretamente, enquanto não há re-ordenação de secularizados; cf. VOGEL, C. L'Imposition des mains dans les rites d'Ordenation en Orient et en Occident. *MD*, n. 102, pp. 57-72, 1970; VOGEL, C Laica communione contentus. Le retour du presbytre au rang des laïcs. *RSR*, n. 45, pp. 56-122, 1973; CASTILLO, J. M. La secularización de

sobre o valor dos ministros hereges, e isso se pretendeu resolver com a idéia do caráter sacerdotal. Há um ministério em virtude da ordenação, e não em função da capacidade humana dos candidatos. Essa teologia do caráter assegura a validez dos sacramentos, à margem da pecaminosidade dos sacerdotes, e por outro lado respaldando a autoridade dos ministros em relação à comunidade. O aspecto negativo dessa concepção reside no fato de que contribuiu para o individualismo dos ministros, já que a validade dos sacramentos não dependia de sua integração na comunidade, mas de sua ordenação. Uma comunidade sem ministros não pode celebrar os sacramentos; por outro lado, um ministro legitimamente ordenado pode celebrá-los, embora não pertença a nenhuma comunidade.

No primeiro milênio do cristianismo, o determinante era o reconhecimento de uma Igreja, o que trazia consigo a aceitação de seus ministros como parte dela. Não era suficiente a ordenação ritual legítima, sendo necessário estar atento ao contexto eclesial, que dava validez a uma ordenação.[104] Isso foi mantido no Ocidente até o século XII; depois disso, no entanto, perdeu-se a eclesialidade dos ministros em favor de uma concepção individualista (a transmissão de uma potestade), dada automaticamente (*ex opere operato*). O renascimento do direito romano no século XII facilitou a separação entre ministério e Igreja local, entre consagração e jurisdição, entre sacerdócio batismal e ministerial, entre cargo e território. O ministério converteu-se em um valor em si mesmo, em uma potestade, sobretudo a de celebrar sacramentos, o que levou à proliferação de missas privadas, sem assistência do povo. A ordenação transformou-se em um privilégio: conferia um direito ao ministério e comportava uma renda econômica anexada ao "título de uma Igreja". Ao unir ofício e benefício, facilitou-se o acúmulo de ministérios, incluídos vários epis-

---

obispos y sacerdotes en la iglesia latina antigua. *RCatT*, n. 8, pp. 81-111, 1983; CROUZEL, H. La doctrine du caractère sacerdotale est elle en contradiction avec la tradition occidentale d'avant le XII siècle et avec la tradition orientale? *BLE*, n. 74, pp. 241-262, 1973; LÉCUYER, J. *Le sacrement de l'Ordination*. Paris, 1983. pp. 60-92.

[104] VOGEL, Le ministre charismatique de l'eucharistie. Approche rituelle, cit., pp. 207-209; Idem. Vacua manus impositio. L'inconsistance de la Chirotonie absolue en Occident. In: ALLMEN, J. J. et alii. *Mélanges liturgiques offerts a Dom B. Botte*. Leuven, 1972. pp. 511-524.

copados, na mesma pessoa. Favoreceu também a simonia, isto é, a compra de cargos eclesiásticos, bem como abusos econômicos que provocaram a Reforma protestante.[105] Fracassaram as tentativas do Concílio de Trento para devolver ao ministério o seu caráter comunitário e para proibir a ordenação em função do benefício econômico ou canonicato eclesiástico.

A dependência do bispo da Igreja local

O estreito vínculo entre bispo, presbítero e comunidade foi mantido durante os séculos III e IV na forma de escolha do bispo por todos, bem como no protagonismo crescente do clero, tanto na escolha quanto na ausência do bispo, embora também desempenhassem seu papel os bispos vizinhos, os quais vigiavam para que tudo sucedesse com ordem, segundo os cânones 4 e 6 do Concílio de Nicéia.[106] O papa Celestino I sustenta que não se escolha ninguém contra a vontade de sua comunidade, e o papa Leão, o Grande, afirma que se deve preferir como candidato aquele que tenha a maioria dos votos do povo e do clero. É possível que essa práxis eclesial se inspire no processo de designação de funcionários civis

---

[105] SCHILLEBEECKX, *El ministerio eclesial*, cit., pp. 101-111; IDEM. A comunidade cristã e seus ministros. *Concilium*, n. 153, pp. 99-138, 1980.

[106] "Que seja consagrado bispo aquele que foi escolhido pelo povo. Quando for dado a conhecer o seu nome e se ele aceitar, o povo deverá ser reunido em um sábado com o presbitério e com os bispos presentes. Com o consentimento de todos, estes devem impor-lhe as mãos" (Hipólito, *Trad. apost.*, 2); "Que seja consagrado bispo [...] aquele que foi escolhido pelo povo" (*Const. apost.*, VIII, 4,2). São Cipriano admite o direito teológico da comunidade a participar da escolha do bispo e da sua deposição (*Ep.*, 67,3: "Que ele tenha poder para escolher dignos sacerdotes e para recusar os indignos"), mas na prática favorece o papel do clero local e dos bispos vizinhos (*Ep.*, 55,8). Em caso de sede vacante, quem governava era o presbítero (Cipriano, *Ep.*, 8,1), de acordo com a concepção corporativa do sacerdócio. Não se fala da ação do Espírito na Igreja, mas da autoridade de Cristo, que é transmitida ao bispo como sacerdote e doutor. Utilizam-se termos jurídicos reservados ao imperador e aos magistrados, para definir a autoridade episcopal (*auctoritas, licentia et potestas*), mas reconhece-se a "honra sacerdotal" dos presbíteros, que formam o seu "conselho". Apesar de sua autoridade, mantém-se a co-responsabilidade entre o bispo, o presbitério e a comunidade: "Desde a tomada de posse em meu ministério episcopal, assumi o princípio de não tomar nenhuma decisão pessoal, sem contar com vosso conselho (o do presbitério) e com o consentimento da comunidade" (*Ep.*, 14,4); cf. CAMPENHAUSEN, *Kirchliches Amt und geistliche Vollmacht in den ersten drei Jahrhunderten*, cit., pp. 300-302; 292-323; VILELA, *La condition collegiale des prêtes au III siècle*, cit., pp. 253-338; CAMELOT, P. T. Die Lehre von der Kirche: Väterzeit bis ausschliesslich Augustinus. In: *HDG*, III/3b. Freiburg, 1970. v. 3, pp. 18-27.

romanos.[107] Há abundantes testemunhos sobre como a escolha popular prevaleceu aos candidatos do clero ou do episcopado, ou como o povo simplesmente escolhia por aclamação popular um candidato não previsto pelo clero, como ocorreu no caso de santo Ambrósio de Milão, ou no de Sisínio de Constantinopla.[108]

O cânon 18 do Sínodo de Ancira, por sua vez, determina que, no caso de uma comunidade não aceitar um bispo escolhido, devia-se optar pelo parecer comunitário. Outros sínodos, como o de Nicéia (cân. 4 e 6), Antioquia ou Laodicéia, sublinham o papel dos bispos vizinhos na escolha de um bispo, expressando, no entanto, uma grande resistência à intervenção do imperador. Contudo, a partir do século IV, há uma tendência constante a deslocar a escolha popular em favor do clero local e dos bispos vizinhos,[109] para posteriormente abrir espaço ao papel crescente da aristocracia laical. No primeiro milênio, o papa nunca nomeia os bispos, embora seja verdade que tenha havido intervenções bem localizadas do imperador e de leigos nobres e influentes que, com o passar do tempo,

---

[107] Cipriano é influenciado por Tertuliano, que distingue entre *ordo* e plebe, por analogia com o município romano. Há muitos paralelos entre a concepção ministerial cristã e os cargos da sociedade romana; cf. R. P. Hanson, Amt, Ämter, Amtsverständnis. In: *TRE*, 2. 1978. v. 3, pp. 533-552. Para Tertuliano, o bispo e os presbíteros formam o "consenso sacerdotal" e a "honra" é a magistratura, à qual se acede por meio da consulta popular. Por isso, ele rechaça um clero separado do povo (*De monogamia*, 12,1). Cipriano, que havia sido eleito bispo por sufrágio popular com a oposição de parte do clero, distingue entre clero e plebe (todavia, em alguns casos, identifica também Igreja e plebe: 59,6; 66,5; 67,5). É Deus quem escolhe o bispo, mas é necessário o testemunho dos bispos vizinhos, o parecer do clero e o sufrágio popular (*Ep.*, 43,1; 67,4-5). Há uma estreita relação entre o bispo e a sua comunidade; por essa razão, ele não admite bispos auxiliares, nem transferências episcopais, nem bispos titulares. O bispo deve agir sempre com o consentimento do povo e do conselho dos presbíteros (*Ep.*, 14,4; 16,4; 17,1; 19,2; 30,5; 31,6; 34,4; 67,4). Cipriano menciona três princípios para escolher um bispo: "O juízo divino, o sufrágio do povo e o consenso dos co-epíscopos" (Cipriano, *Ep.*, 58,5; 67,4-59). A nomeação de bispos assemelha-se claramente à instauração dos funcionários imperiais; cf. Speigl, J. Cyprian über das iudicium Dei bei Bischofseinsetzung. *RQ*, n. 69, pp. 34-38, 1974.

[108] Cf. Sotomayor, M. *Del giro constantiniano a la contestación laical (Siglos IV-IX)*. Madrid, 1998. pp. 7-10.

[109] Um bom exemplo de como muda o direito de escolha por parte dos leigos é o pronunciamento de Celestino I: "Temos ouvido que algumas cidades, quando ficam sem bispo, pedem que seja eleito alguém dentre os leigos. Tão vil crêem ser esse posto tão elevado, que imaginam possamos confiá-lo a quem não militou para Cristo, mas para o século [...] O povo deve ser instruído; não podemos deixar-nos guiar por ele. Nós devemos ensinar-lhe, se não o sabem, o que é lícito e o que não o é; não devemos consentir com eles" (Celestino I, *Epist.*, 5; ML 50, 436-437).

foram adquirindo importância junto ao clero, relegando a comunidade a um papel de aprovação ou de aclamação do candidato escolhido. Essa evolução foi alentada pela crescente importância do bispo como figura da Igreja universal, sobretudo com os sínodos e os concílios ecumênicos. Quando o bispo retornava dos concílios e comunicava suas decisões à Igreja local, ele agia como membro da Igreja universal. Influenciaram nisso também os alvoroços e as tensões que surgiam entre o povo, o que aconselhava a subtrair a escolha à assembléia eclesiástica.[110] A partir do século V, impôs-se a ordenação como o essencial. A ordenação deixou de significar designação ou nomeação, passando a ser sinônimo de "consagração" ou "bênção". No Oriente, adquiriram influência os bispos vizinhos, que eram os que ordenavam, sobre a própria escolha do bispo, enquanto a Igreja latina manteve a escolha feita pelo clero local e pelo povo. Como o ministério era um serviço, podia-se até obrigar alguém que não o desejasse a aceitá-lo. Havia uma forte pressão moral e por parte da opinião pública, que as autoridades não podiam esquivar; estas, por vezes, não viam com bons olhos a escolha popular, como ocorreu no caso de Cipriano de Cartago.[111]

Na época medieval, houve um progressivo deslocamento do direito de escolha do clero e do povo para o rei, apesar da resistência dos sínodos, inicialmente, e do papa Gregório VII, mais tarde, mediante a tentativa de

---

[110] HARTMANN, G. *Der Bischof, seine Wahl und Ernennung*. Graz, 1990. pp. 13-26; STOCKMEIER, P. Gemeinde und Bischofsamt in der Alten Kirche. *ThQ*, n. 149, pp. 133-145, 1969; STOCKMEIER, P. A eleição do bispo pelo clero e pelo povo na Igreja primitiva. *Concilium*, n. 157, pp. 6-14, 1980; GAUDEMET, J. De la elección a la designación de obispos. *Concilium*, cit., pp. 19-28; GAUDEMET, J. *Les élections dans l'Église latine des origines au XVII siècle*. Paris, 1979; ALBERIGO, G. Eleição, consenso, recepção na experiência cristã. *Concilium*, n. 77, pp. 845-855, 1972; KLEINHEYER, B. O consenso na liturgia: anotações aforísticas. *Concilium*, n. 77, pp. 866-875, 1972; GRYSON, R. Les élections écclésiastiques au III siècle. *Concilium*, n. 68, pp. 353-404, 1973; GRYSON, R. Les élections episcopales en Orient au IV siècle. *RHE*, n. 74, pp. 301-345, 1979; LEGRAND, H. M. O sentido teológico das eleições episcopais, segundo seu desenrolar na Igreja antiga. *Concilium*, n. 77, pp. 876-885, 1972; SCIPIONI, *Vescovo e popolo*, cit., pp. 49-96.

[111] Há muitos testemunhos de ordenações forçadas, narradas por Clemente de Alexandria, Cipriano, Cornélio, Basílio, Gregório Nazianzeno etc. Tais situações são freqüentes entre os monges ("Monachus qui dignus est ordinari non fiat sacerdos nisi coactus"), multiplicando-se no século V. Os bispos de Roma tinham a tendência, primeiro, a restringir e mais tarde a eliminar essa prática; cf. CONGAR, Y. Ordinations invitus, coactus, de l'Église antique au canon 214. *RSPhTh*, n. 50, pp. 169-197, 1966.

devolver a cada Igreja local suas competências eletivas. O primeiro Concílio de Latrão (1123) deu o direito de eleição ao capítulo catedralício, em detrimento do povo. O pano de fundo dessa mudança é a reforma gregoriana, que reservou os assuntos da Igreja ao clero, visando a evitar, com isso, a intromissão dos senhores leigos na Igreja. O Decreto de Graciano sustenta que "a escolha pertence ao clero, enquanto o povo dá o seu consenso". Por outro lado, os leigos notáveis, os senhores feudais, não podiam intervir na escolha (*Dist*. 62-63). O papa Inocêncio III, por sua vez, reconheceu o direito do povo a discordar da escolha dos canônicos, exigindo a renúncia do candidato escolhido. Essa síntese entre escolha por parte dos canônicos e consenso popular foi mantida nos séculos XII e XIII.

O papel dos papas era o de mera confirmação ou de sanção nos casos de abusos ou irregularidades, mas eles intervinham nas nomeações, salvo em casos excepcionais. Isso mudou no século XIV, com os papas de Avignon, que desenvolveram uma crescente política de intervenções papais, até que o papa Urbano V, no dia 4 de agosto de 1363, reservou para si as nomeações, em virtude de sua "plenitude de potestade" e de sua "solicitude por todas as Igrejas". Assim, rompeu-se a tradição do primeiro milênio, que no entanto ressurgiu com o conciliarismo e com o episcopalismo do século XV e se manteve em alguns lugares, como na Áustria e na Alemanha, até o século XIX, na forma de eleição por capítulo catedralício e confirmação papal. O Código de Direito Canônico de 1917 estabeleceu o direito universal do papa na escolha dos bispos, na prática tolerando os casos em que o Estado conservava o seu direito de escolha, ou pelo menos de apresentação.

Do século XV em diante, os papas outorgaram o direito de nomeação de bispos aos reis (Espanha, França, Portugal etc.), apesar das resistências do Concílio de Trento a essa práxis papal. Os concordatos modernos entre os papas e os estados mantiveram, com algumas variantes, essa práxis até o Concílio Vaticano II, o qual pediu a livre renúncia do Estado em favor do papa. A partir de então, cresceu o centralismo pontifício na escolha dos bispos, e os núncios concretamente assumiram o controle, embora a nomeação seja feita pela Congregação dos Bispos. Atualmente essa práxis suscita um crescente mal-estar na Igreja, originando fortes rejeições por parte de Igrejas locais ao candidato designado por Roma (Suíça, Alemanha, Áustria, Holanda etc.). Há uma crescente demanda por parte de Igrejas locais, de teólogos e também de bispos, para voltar a uma práxis com maior participação das Igrejas e do clero local. Não é conveniente rejeitá-la sob o pretexto de que a Igreja não é uma democracia, já que tal procedimento é confirmado por uma prática milenar.

A proibição da transferência de ministros

Na Igreja antiga, vigorava a norma segundo a qual um ministro era eleito por uma determinada comunidade, não podendo ser transferido de uma comunidade para outra. Se um presbítero deixasse uma Igreja e passasse para outra, era recebido na segunda como um membro a mais, mas reduzido ao estado laical, pois ele não poderia exercer o seu ministério sem ter sido escolhido pela Igreja.[112] No caso do bispo, há uma grande quantidade de cânones conciliares que proíbem que um bispo passe de uma Igreja a outra mais importante. O bispo "desposou" sua Igreja, e vem daí o simbolismo do anel episcopal, não podendo abandoná-la por outra. Essa prática começou a ser rompida no Oriente, pois os bispos queriam passar para Igrejas mais importantes ou ficar mais próximos da corte imperial de Constantinopla. Daí em diante começou a ser criada a teologia segundo a qual o ministro recebe uma ordenação absoluta, que o capacita para desempenhar seu ministério em qualquer lugar. Assim, foi criada a carreira episcopal, passando de uma Igreja menos importante para outra mais poderosa, perdendo-se o vínculo entre o bispo e a Igreja de origem.[113]

---

[112] O Concílio de Arles, inícios do século IV, determina que sejam depostos os presbíteros e diáconos que abandonam a diocese na qual foram escolhidos (cân. 21: "Quod si relictis locis suis ad alium se locum transferre voluerint, deponantur"), e o Concílio de Nicéia afirma que a transferência de uma sede episcopal para outra é um pecado. Tais proibições são repetidas em vários outros sínodos. Ainda no séc. XI, um bispo foi julgado e deposto simbolicamente depois de morto, porque havia ocupado a cátedra romana depois de ter sido bispo de outra cidade.

[113] STROTMANN, T. El obispo en la tradición oriental. In: CONGAR & DUPUY, El episcopado y la iglesia universal, cit., pp. 294-301; STOCKMEIER, P. La elección de obispos en la iglesia antigua. Concilium, n. 157, pp. 9-18, 1980.

A Igreja latina, pelo contrário, sempre condenou tais transferências durante o primeiro milênio, assim como a idéia das ordenações absolutas, com validade para todos os lugares, à margem da comunidade de pertença.[114] A partir do século XI, a prática feudal do acúmulo de cargos eclesiásticos e a intervenção papal na nomeação de bispos acabou com essa norma, embora no século XIII as transferências ainda sejam consideradas algo grave, que requeria a expressa aprovação papal. Em conseqüência disso, foi aceita a tese de santo Agostinho, segundo a qual os sacramentos conferidos por um ministro herege eram válidos se a sua ordenação fosse legítima, enquanto a teologia predominante anterior sustentava que o que tornava válidos os sacramentos era a sua eclesialidade, isto é, a pertença a uma Igreja, e não a legitimidade do ministro. Por um lado, quanto à clareza e à confiabilidade jurídica nos sacramentos, houve um ganho; por outro, quanto ao contexto comunitário e eclesial do sacramento da ordem, houve uma perda. As transferências de bispos eliminaram o vínculo existente entre eles e sua comunidade, favorecendo a "carreira" episcopal em função de dignidades, influência e retribuição econômica. O bispo transformou-se em um funcionário eclesiástico, que necessitava manter um bom relacionamento com o papa e com o governo, se quisesse prosperar.

---

[114] O cân. 6 do Concílio de Calcedônia (451) condenou a ordenação absoluta. Isso foi aceito pelo papa Leão I e se estabeleceu para todo o Ocidente a partir do século VI. Foi recolhido pelo Código de Graciano. Alexandre III mudou o cânon no III Concílio de Latrão (1179), dando-lhe o sentido de uma proibição para ordenar qualquer pessoa que não tivesse assegurada a sua subsistência econômica. A proibição podia ser dispensada se os bispos garantissem a subsistência econômica do candidato ordenado; cf. VOGEL, Vacua manus impositio. L'inconsistance de la Chirotonie absolue en Occident, cit., pp. 511-524; IDEM, Laica communione contentus. Le retour du presbytre au rang des laïcs, cit., pp. 56-122; IDEM. Chirotonie et Chirothésie. Importance et relativité du geste de l'imposition des mains dans la collation des Ordres. *Irénikon*, n. 45, pp. 7-21; 201-238, 1972.; Neumann, J. Wahl und Amtszeitbegrenzung nach kanonischen *Recht. ThQ*, n. 149, pp. 117-132, 1969.

Prerrogativas e privilégios do clero

Essas mudanças no âmbito episcopal ocorreram também no presbiterado. No século IV, o sacerdócio constitui-se como a meta hierárquica de uma carreira gradual, o que permitia a escolha de candidatos já provados e experimentados. Isso foi possível em virtude da ascensão social, representada pelo fato de se começar a fazer parte do clero, bem como em razão da abundância de candidatos. O problema não era a escassez do clero, e sim, na maioria das vezes, o excesso. A velha estrutura carismática transformou-se em uma estrutura funcional, e os carismas laicais converteram-se em "ordens menores", que culminavam no diaconato, sacerdócio e episcopado. Conseqüentemente, a partir do século V, as ordens menores foram vinculadas diretamente a Cristo como seu fundador.[115] Passamos de ministérios diferenciados, para os quais se escolhia diretamente um candidato (isto é, podia-se aceder ao episcopado sem passar antes pelo presbiterado, ou ao presbiterado sem antes receber o diaconato), a uma transição gradual na qual era necessário passar por todas as ordens prévias. O ministro se tornou semelhante aos funcionários do Império, transformando-se em clérigo.

A abundância de clero, como também a escassez, não depende só da graça divina e de que Deus inspire vocações, mas é condicionada também por fatores eclesiais e sociais, que favorecem ou limitam o número de ministros. Tais condições foram muito favoráveis nas Igrejas, sobretudo a partir do século IV, já que a carreira clerical não supunha necessariamente nem o celibato, nem a renúncia a uma profissão civil ou a atividades profissionais e sociais. Havia, além disso, uma boa correspondência

---

[115] ESTRADA, Juan A. *La identidad de los laicos*. 2. ed. Madrid, 1991. pp. 269-276; ANDRIEU, M. Les ordres mineurs dans l'ancien rit romain. *RSR*, n. 5, pp. 232-274, 1925; BOTTE, B. Le rituel d'Ordination des Statuta Ecclesiae Antiqua. *RThAM*, n. 11, pp. 223-241, 1939; CROCE, W. Die Niedere Weihen und ihre hierarchische Wertung. *ZKTh*, n. 70, pp. 257-314, 1948; CREHAN, J. H. The Seven Orders of Christ. *ThST*, n. 19, pp. 81-93, 1958; WILMAR, A. Les ordres du Christ. *RSR*, n. 3, pp. 305-327, 1923; FISCHER, B. Esquisse historique sur les Ordres mineurs. *MD*, n. 61, pp. 58-69, 1960; LÉCUYER, J. Ministères. In: *DS*, 10. 1980. pp. 1255-1267; FAIVRE, A. *Fonctions et premières étapes du cursus clerical*. Lille, 1975. v. 2; GAUDEMET, J. De la liberté constantinienne à une Église d'État. *RDC*, n. 23, pp. 59-76, 1972; GAUDEMET, J. L'Ordre dans la législation conciliaire de l'Antiquité. In: Botte, *Études sur le sacrement de l'Ordre*, cit., pp. 233-256.

entre as estruturas da sociedade e as funções do sacerdócio, o que aumentava o prestígio e a influência deste.

Um clero ou hierarquia segregada

A palavra "clero", que significa "porção, parte, sorte, lote" etc., era usada no Antigo Testamento para designar a tribo dos levitas, que não havia recebido parte nenhuma do território de Israel. Eles eram o "clero" ou lote consagrado ao Senhor, e tinham o direito a viver das oferendas que o povo oferecia para o culto, para o templo e para a manutenção do sacerdócio (Nm 18,20; Js 13,14.33). No Novo Testamento, narra-se a escolha do substituto de Judas: tiraram a "sorte" ("clero"), que caiu sobre Matias (At 1,17.26). É a única vez em que o termo "clero" é posto em relação com um cargo, pois "lote, parte" ou "herança do Senhor" era a comunidade cristã em seu conjunto, jamais alguns de seus membros (At 8,21; 26,18; Cl 1,12; 1Pd 5,3). No século III, Tertuliano e Orígenes começaram a usar o termo para referir-se aos cargos cristãos; no século IV, transformou-se em um título usual para os ministros. Surgem assim os "clérigos", contrapostos aos "leigos", que substituíram o antigo binômio "comunidade e ministérios", utilizado nos primeiros séculos.[116] Prevaleceu a concepção do Antigo Testamento, pela qual os clérigos têm ao Senhor como lote ou herança (são Jerônimo), utilizando-se essa forma para a bênção da tonsura clerical no pontifical cristão.[117]

---

[116] Também o termo "eclesiástico", que a partir de Tertuliano tornara-se um conceito aplicável a todos os cristãos para realçar sua pertença à Igreja, é empregado por Jerônimo, por Prisciliano e pelo Ambrosiaster como sinônimo de "clérigo"; cf. P. Franzen, "Ordenes sagradas", SM, n. 5, pp. 23-24, 1974; B. Dolhagaray, "Clercs", in DthC 1, 1911, v. 3, pp. 225-235. A contraposição entre clérigos e leigos é constante, tanto na teologia como no direito canônico; cf. ESTRADA, Juan A. Clérigos/laicos. In: FLORISTÁN & TAMAYO, Conceptos fundamentales del cristianismo, cit., pp. 173-178; NAUCK, W. Probleme des frühchristlichen Amtsverständnisses. ZNW, n. 48, pp. 200-220, 1957.

[117] Constantino, em carta ao procônsul Analino, afirma que os eclesiásticos que prestam serviço nas igrejas recebem o nome comum de "clérigos" (Eusébio, Hist. eccl., X,7) e o termo foi empregado em vários cânones conciliares, até nos do Concílio de Nicéia (cânones 1, 2 e 19; cf. Mansi, II. 668-69; 677). Uma coletânea de textos patrísticos pode ser encontrada em B. Dolhagaray, "Clercs", cit., pp. 225-228. Santo Agostinho aceita a origem levítica do termo, mas propõe a escolha de Matias como origem da aplicação do nome aos ministros. Santo Isidoro de Sevilha recolhe as tradições e as transmite à posteridade (Etym., VII, 12,1-2: PL 82,290; De ecclesiasticis officiis, II, 1: PL 83,777), mas utiliza textos neotestamentários que falam do sacerdócio de todos os cristãos (1Pd 2,9) para aplicá-los aos clérigos (De eccl. officiis, II, 4,4: PL 83,780).

Inicialmente, só os ministros eram o "clero cristão", e não os monges, embora mais tarde esse título fosse estendido a todos, a fim de integrá-los no foro eclesiástico. Essa idéia de um grupo separado e que tem o Senhor por herança favoreceu a revitalização, por parte dos ministros, da velha práxis dos dízimos e oferendas que Israel entregava a Deus e que serviam para a manutenção dos levitas. O sustento dos ministros adquiriu uma importância cada vez maior, como também o patrimônio da Igreja, engrandecido por doações e heranças e, a partir do século IV, por muitas concessões imperiais e isenções fiscais. Contudo, a legislação imperial tornou-se cada vez mais restritiva em relação aos testamentos e doações, devido aos abusos de alguns clérigos, que incitavam as damas piedosas a cederem à Igreja, como herança, parte ou mesmo a totalidade de seus bens, em vez de concedê-los aos herdeiros naturais. São Jerônimo e santo Agostinho recomendam aos fiéis que, ao fazerem seu testamento, elejam a Igreja como um dos herdeiros, e são Basílio aconselha que lhe seja entregue a metade da herança. É a "parte de Deus". Por outro lado, desde fins do século IV, é reconhecido à Igreja o direito de sucessão dos clérigos que morrem sem parentes próximos. Esse foi um dos motivos que mais contribuíram para impor o celibato aos sacerdotes.

As oferendas da comunidade eram vistas como a caixa dos pobres, que eram os destinatários preferenciais dos bens da Igreja e que serviam para legitimar o fato de que esta tivesse propriedades. O bispo era o administrador nato do patrimônio eclesiástico; embora o Concílio de Antioquia (332-341) pretendesse dar ao clero uma participação na administração dos bens, tal proposta não obteve aceitação na legislação posterior. A obrigação recaía sobre o bispo, que era também o responsável último da atenção aos pobres. Daí o seu título freqüente de "pai dos pobres". Com o passar do tempo, essa teologia foi mantida, mas foi adquirindo sempre mais importância a parte das oferendas consagrada aos ministros e ao culto, unida à que continuava sendo destinada aos pobres.[118] Desse modo, constituiu-se um patrimônio eclesiástico.

---

[118] O papa Gelásio legisla que o patrimônio deve ser dividido em quatro partes: entre o bispo, o clero, a manutenção da Igreja e os pobres. Cf. SCHÖLLGEN, G. Sportulae. Zu frühgeschichte des Unterhaltsanspruch der Kleriker. *ZKG*, n. 101, pp. 1-20, 1990.

Algo semelhante ao nome de clérigos aconteceu com o termo "hierarquia" (χιερά άρχή), que etimologicamente significa tanto "origem sagrada", quanto "sagrado domínio". Ou seja, trata-se de um conceito que indica primazia no tempo e poder de mando. Nas religiões pagãs, era aplicado às pessoas consagradas ao culto divino, que detinham um poder "sagrado" em virtude da sua relação privilegiada com Deus.[119] No Novo Testamento, o conceito de sagrado não é usado nem mesmo para Jesus, ao contrário do Antigo Testamento, que sacralizava pessoas e coisas relacionadas com a divindade. Somente uma vez fala-se das "Escrituras sagradas" (2Tm 3,15) para designar o conjunto do Antigo Testamento. Por outro lado, no período cristão, a terminologia sacral invadiu a Igreja, especialmente a partir da segunda metade do século IV, com um forte pano de fundo judaico e helenista. Sacralizaram-se os ministros, que passaram a ser pessoas sagradas, e se acentuaram os sinais e ritos que expressavam essa qualidade sagrada. Um deles é a "tonsura", que começou a ser utilizada no Oriente, numa imitação aos monges, e estendeu-se a Roma desde meados do século V. Generalizou-se também o costume de consagrar os altares com uma fórmula ritual inspirada no Antigo Testamento.

A idéia de "princípio", origem ou domínio tampouco foi usada para os cargos cristãos, pois tal idéia em si era incompatível com o conceito de serviço que determina todos os cargos e carismas. No Novo Testamento, fala-se unicamente em principados ou potestades que devem ser dominados por Cristo e submetidos a Deus (Ef 6,12), afirmando que Cristo é o "princípio" e primogênito dentre os mortos (Cl 1,18; Ap 3,14). Por outro lado, são eliminados todos os conceitos que traduzem a idéia de autoridade e poder para definir a autoridade.[120] "Hierarquia" é um termo contraposto a "diaconia", palavra utilizada nos escritos do Novo Testamento para designar os ministérios. Por isso, na época patrística insistiu-se

---

[119] ESTRADA, Juan A. Jerarquía. In: FLORISTÁN & TAMAYO ACOSTA, *Conceptos fundamentales del cristianismo*, cit., pp. 632-642; ESTRADA, *La espiritualidad de los laicos*, cit., pp. 135-151. Sobre a vinculação entre o conceito de hierarquia e o surgimento da carreira ministerial, cf. FAIVRE, A. *Naissance d'une Hierarchie, les premières étapes du cursus clérical*. Paris, 1977; KÜNG, *La Iglesia*, cit., pp. 461-468.

[120] CONGAR, Y. *Pour une Église servante et pauvre*. Paris, 1963. pp. 19-33.

no caráter ministerial ou diaconal da autoridade (Tertuliano, Orígenes, santo Agostinho) e foram usados muitos termos profanos que sublinhavam o aspecto de serviço e de utilidade (*praepositus, praelatus, praeesse, prodesse, utilitas* etc.).[121]

O termo "hierarquia" começou a designar as autoridades cristãs a partir do século VI e tem sua origem no Pseudo-Dionísio, também conhecido como Dionísio Areopagita. Trata-se de um escritor do início do século VI, que se apresentava como um suposto discípulo de são Paulo. Ele estabeleceu um paralelo entre a hierarquia celestial dos anjos e arcanjos e a da Igreja terrena, com vários mediadores entre Deus e as pessoas. Dessa forma, o Doctor Hierarchicus, título que lhe foi dado, introduziu um conceito não-cristão, de clara procedência neoplatônica, para designar uma Igreja vertical e hierarquizada, em contraste com a eclesiologia de comunhão precedente, que já possuía raízes em alguns testemunhos anteriores isolados. Não esqueçamos que o Pseudo-Dionísio defende uma teologia místico-jurídica, de claro substrato platônico, segundo a qual a Igreja terrena é a cópia da celestial, e os ministros assemelham-se às hierarquias angelicais. A isso, acrescente-se a ordem cósmica, posta por Deus no mundo, à qual corresponde também a ordem hierárquica celestial.[122] Da mesma forma que foram empregados títulos cristológicos celestiais, que acentuavam a preexistência de Cristo em Deus, antes da criação, para expressar a identidade e o senhorio de Jesus depois da ressurreição, assim também aconteceu com a Igreja, à qual foram aplicadas conotações celestiais e espirituais (*2Clem.*, 14,1-3; *InSm.*, 8,2; *Herm(v).*, 2,4,2).

É claro que muitas das imagens empregadas para enaltecer a Igreja foram tomadas da cultura greco-romana e têm raízes gnósticas, estóicas,

---

[121] Uma ótima coletânea desses termos profanos, que expressam a idéia de serviço e de como foram substituídos por outros termos hierárquicos e autoritários, que são os que dominaram da alta Idade Média em diante, é apresentada por CONGAR, Y. Algunas expresiones tradicionales de servicio cristiano. In: CONGAR & DUPUY, *El episcopado y la Iglesia universal*, cit., pp. 97-126; CONGAR, Y. La jerarquía como servicio según el Nuevo Testamento y los documentos de la tradición. In: CONGAR & DUPUY, op. cit., pp. 67-96.

[122] A "ordem" caracteriza a teologia do Pseudo-Dionísio; cf. ROQUES, R. *L'Univers dyonisien*. Paris, 1954.

mistagógicas, mitológicas etc., como ocorreu também com a cristologia do Novo Testamento, embora também tenham sido utilizadas muitas expressões do Antigo Testamento. No entanto, há um claro contraste não só entre essas imagens e as do Novo Testamento, como também no uso que se faz da idéia da Igreja como mãe, esposa ou corpo. Foi assim que surgiu a idéia da *ecclesia ab Abel*, isto é, da Igreja enquanto entidade preexistente, que faz parte do plano de Deus desde o começo da humanidade. E assim como as cristologias da ressurreição enalteciam a dignidade de Cristo e expressavam sua identidade divina, o mesmo aconteceu com a Igreja (ela é comparada com a lua, com a arca, com a alma, com uma barca, com a haste da cruz etc.). Há uma equiparação entre a Igreja celestial e a sua cópia terrena, que culmina em uma eclesiologia triunfalista e cósmica, exatamente o que se deu com a cristologia. A escatologia não determina a Igreja como uma "Igreja de Deus que habita como estrangeira" nas diversas cidades (*1Clem.*, Prólogo), mas sim a sua identidade espiritual, o seu triunfo terreno (confirmado no Império Romano) e a sua vinculação a Cristo rei.[123]

Os privilégios eclesiásticos

A idéia do "hierarca" estava apoiada nas mudanças socioeclesiais posteriores a Constantino. Não se pode esquecer, contudo, que a tendência a ressaltar o ministério como um cargo apetecível tem suas raízes nas cartas pastorais e foi aumentada no século III, quando se transformou em uma dignidade e em uma honra semelhante aos cargos romanos.[124]

---

[123] DASSMANN, *Ämter und Dienste in den frühchristlichen Gemeinden*, cit., pp. 4-10; KETTLER, F. H. Enderwartung und himmlischer Stufenbau um Kirchenbegriff des nachapostolischen Zeitalters. *TLZ*, n. 79, pp. 387-391, 1954; RAHNER, H. *Die Ekklesiologie der Väter*. Salzburg, 1964; MINEAR, P. *Images of the Church in the New Testament*. Philadelphia, 1960; DELAHAYE, K. *Ecclesia mater*. Paris, 1964; DIAS, P. V. & CAMELOT, T. *Historia de los dogmas*. Eclesiología. Escritura y patrística hasta san Agustín. Madrid, 1978. v. 3, 3 a-b, pp. 175-178; 205-215; BALTHASAR, *Ensayos teológicos...*, cit., pp. 175-238.

[124] A crescente interação entre a Igreja e a sociedade civil, que levou a acentuar a prepotência e o mandato do ministro, foi analisada por GUERRA, M. Cambio de terminología de "servicio" por "honor-dignidad" jerárquicos en Tertuliano y san Cipriano. In: FACULTAD DE TEOLOGÍA DEL NORTE DE ESPAÑA, *Teología del sacerdocio*, cit., 1972, v. 4, pp. 255-293; NAUTIN, P. L'évolution des ministères au II et au III siècle. *RDC*, n. 23, pp. 54-58, 1973.

Esse fato foi reforçado com a virada constantiniana. O imperador concedeu aos bispos muitas dignidades, atributos e honras dos senadores e das classes altas do Império Romano. Eles receberam o tratamento de "excelentíssimos, claríssimos, ilustríssimos, magníficos, pais do povo etc." e começaram a usar as insígnias imperiais e a praticar o cerimonial imperial da "genuflexão". A cátedra episcopal, que inicialmente teve uma origem litúrgica e docente, foi se assemelhando cada vez mais à sede dos altos dignitários do Império. Do século VII em diante, utilizou-se um ritual cortesão de incenso e de beija-mãos que acentuava a imagem principesca dos bispos. Silvestre, o bispo de Roma, por sua vez, usou o título de "gloriosíssimo", reservado ao imperador até o século VI, mas já utilizado no Concílio de Arles (314). Quando o imperador Teodósio renunciou ao título pagão de "pontífice máximo", por influência de santo Ambrósio, foram os metropolitas (os bispos das grandes cidades ou metrópoles do Império) que passaram a usá-lo. Só a partir do século XVI, transformou-se em um título exclusivo do papa. O papel judicial concedido por Constantino aos bispos os equiparava em dignidade aos funcionários imperiais. Já no Concílio de Nicéia, eles eram remunerados da mesma forma que os altos funcionários e eram chamados de amigos de César.

A mundanização da Igreja é anterior à época constantiniana, mas aumentou a partir dela. Primeiro os bispos foram igualados em importância aos senadores e à aristocracia do Império; mais tarde, com a queda do Império Romano, eles se transformaram nos seus únicos herdeiros. A Igreja, única instituição sobrevivente do Império, converteu-se na representante e defensora da cultura senhorial romana. A partir do século IV, generalizaram-se muitas insígnias e distinções que estabeleciam as diferenças entre o alto e o baixo clero.[125] Desde o século VI, os bispos calçavam "sandálias" ou sapatilhas pontificais, muito usadas na corte de Justiniano, e a dalmática, análoga à dos senadores. No século V, utilizavam o pálio, similar aos que são descritos nos dípticos consulares, que era

---

[125] O estudo mais completo que conheço é o de T. Klauser. *Der Ursprung der bischöflichen Insignien und Ehrenrechte*, 2. Aufl. Krefeld, 1953. Cf. também CONGAR, *Pour une Église servante et pauvre*, cit., pp. 43-53; 107-127.

outorgado pelo imperador, e a estola no século VII, na Gália, que era a insígnia dos grandes funcionários; quanto ao anel episcopal, não se tornou uma prática generalizada até o século VII, na Espanha. As honras litúrgicas do bispo (cortejo de presbíteros, presidência honorífica na celebração, uso de ornamentos e cerimônias copiadas da corte imperial) passaram a ser usadas na vida profana como distintivos do cargo. O báculo episcopal, que já era usado na Espanha no começo do século VII, foi utilizado pelos marechais e pelos altos dignitários da corte de Constantinopla. O bispo de Roma, por sua vez, começou a usar no século VIII a "férula" ou cetro, como também a "mitra" pontifícia, à qual posteriormente foram acrescentadas coroas, para transformá-la na tiara pontifícia, legitimada no século VIII como parte da *Donatio Constantini*.

Juntamente com as honras, vieram também os privilégios práticos, tanto os dos bispos quanto os dos clérigos, os quais foram liberados de todo empenho público para se dedicarem ao serviço divino.[126] A partir de fins do século IV, os bispos não podiam ser convocados em juízo por um tribunal secular, o que posteriormente foi ampliado para os presbíteros. Além disso, foram concedidos direitos judiciais aos cristãos acusados de algum delito, e eles começaram a exercer o direito de asilo e de indulto. Desde o século V, eles se tornaram membros do conselho que escolhia o "defensor da cidade", o qual protegia os cidadãos dos abusos dos funcionários. Ademais, foram outorgados privilégios fiscais e econômicos para as propriedades eclesiásticas e para os clérigos. Essa prática gerou abusos por parte dos comerciantes, que procuravam ser ordenados presbíteros para se livrarem da carga tributária. Tal isenção de impostos acabou sendo limitada por causa dos abusos dela derivados, até que o papa Gelásio proibiu o comércio aos clérigos.

Em fins do século V, surgiu uma falsa lista canônica que conjugava muitos supostos privilégios civis da hierarquia, procurando dar-lhes uma sanção teológica e eclesial, que exerceu grande influência nas listas surgidas

---

[126] Uma boa coletânea desses privilégios pode ser encontrada em GAUDEMET, J. *L'Église dans l'Empire romain. (IV-siècles)*, Paris, 1958, pp. 152-185; 282-321; SOTOMAYOR, *Del giro constantiniano a la contestación laical*, cit., pp. 15-17.

na alta Idade Média, tais como a do Pseudo-Isidoro. Também houve muitos bispos e teólogos que protestaram contra essa mundanização. São Gregório Nazianzeno lamentava que o ministério episcopal houvesse se convertido em um senhorio com grandezas e privilégios.[127] Esqueceu-se assim da patologia do poder, aquilo que santo Agostinho chama de "libido do poder",[128] que é inata à constituição humana e da qual a autoridade religiosa não está isenta. Dessa forma surgiu um alto e um baixo clero e uma hierarquia distanciada do povo, com sinais distintivos de sua dignidade.

Esse é o contexto histórico da batina ou veste talar do sacerdote, que começou a ser utilizada no sul da França como um distintivo clerical, sob os protestos do papa são Celestino. A partir do século VI, manteve-se a túnica romana contra a moda dos povos bárbaros, o que permitia a identificação do clero e a garantia dos seus privilégios civis. Como em tantas ocasiões históricas, o que inicialmente foi considerado um abuso sem precedentes transformou-se depois em uma norma universal, pois o que realmente havia mudado era o próprio significado dos ministros cristãos.[129] Não há dúvidas de que a veste talar ou a posterior batina contribuíram não só para o isolamento entre o clero e a comunidade, como também para a segregação do primeiro. Do mesmo modo, foi imposta uma veste litúrgica ao sacerdote, que anteriormente não a usava. A liturgia, sobretudo no Oriente, incorporou muitos elementos do cerimonial imperial (procissões, vestes, vasos suntuosos, luxo palaciano etc.) e das

---

[127] GREGÓRIO NAZIANZENO, são. *Oratio*, XII, 3: PG 35, 845; cf. STOCKMEIER, P. Das Amt in der Alten Kirche. In: ALTHAUS, H. (Hrsg.) *Kirche*. Freiburg, 1984. pp. 60-61; CONGAR, Y. Die historische Entwicklung der Autorität in der Kirche. In: *Probleme der Autorität*. Düsseldorf, 1967. pp. 154-163.

[128] AGOSTINHO (santo). *De civitate Dei*. I, 30,2.

[129] O papa Celestino I repreende os clérigos que procuram distinguir-se do povo com suas vestimentas, em carta dirigida aos bispos das províncias Vienense e Narbonense. Marca sua posição afirmando que "devemos nos distinguir do povo ou dos demais na doutrina, não na veste; na vida, não no hábito; na pureza da alma, não no cuidado externo. Porque, se começarmos a almejar novidades, espezinharemos os costumes que nos foram transmitidos pelos nossos pais para dar lugar a vãs superstições. Portanto, não há por que inculcar tais coisas na mente simples dos fiéis. É preciso ensiná-los, não jogar com eles. Não se deve impressionar-lhes a vista; o que se deve fazer é infundir os preceitos em sua mente" (Celestino I, *Epist. IV* [ano 428]: PL 50,429-431); cf. SOTOMAYOR, M. Sobre el pueblo y la jerarquía en los primeros siglos. *Proyección*, n. 26, pp. 271-280, 1979; TRICHET, L. *Le costume du clergé*. Paris, 1986.

tradições judaicas, que mais tarde foram a fonte de inspiração para o culto e para os vários rituais.

Da continência à lei do celibato

Um fator determinante do distanciamento entre o clero e o povo foi o celibato. Inicialmente não existia a lei do celibato. Era tese universal que "a Igreja admite o homem de uma só mulher, seja presbítero, diácono ou leigo. Se usar irrepreensivelmente do matrimônio, salvar-se-á engendrando filhos" (Clemente de Alexandria). O Concílio de Elvira (300), em Granada, tampouco o impôs, mas só exigia a continência aos clérigos, proibindo "o uso do matrimônio com suas esposas e a procriação de filhos" (cân. 33). Tentou-se estabelecer isso no Concílio de Nicéia (325), provavelmente por insistência de seu presidente, o bispo Osio de Córdoba; no entanto não foi aceito pela Igreja universal, a qual continuou durante séculos ordenando sacerdotes casados. No Concílio de Nicéia, alguns propuseram "introduzir uma nova lei na Igreja: que os ordenados, isto é, os bispos, os presbíteros e os diáconos, não dormissem com suas mulheres, com as quais haviam se casado quando ainda eram leigos". O bispo de Tebaida encabeçou a resistência e

gritou bem alto que não se devia impor aos homens consagrados esse jugo pesado. Dizendo que é também digno de honra o ato matrimonial e imaculado o próprio matrimônio; e que não prejudicassem a Igreja exagerando na severidade, porque nem todos podem suportar a ascese da impassibilidade, nem se ajudaria assim com eqüidade a temperança de suas esposas.[130]

A primeira coisa que se impôs foi proibir que um clérigo se casasse depois de ordenado e que os candidatos ao sacerdócio contraíssem

---

[130] Clemente, *Strom.*, III, 13: PG 8,1189. A respeito do Concílio de Nicéia, Eusébio, *Hist. eccl.*, I, 11: PG 67,101-4. Isso não impede que concílios do século IV proíbam o matrimônio de um presbítero já ordenado, embora se continue ordenando candidatos casados. (Conc. Trulano [692], cân. 13: *Mansi* XI, 947). Schillebeeckx defende que o cân. 33 do Concílio de Elvira é uma interpolação de fins do século IV e que a discussão de Nicéia provém de uma lenda romana que visava assegurar a purificação ritual: Schillebeeckx, *Christliche Identität und Kirchliches Amt*, cit., pp. 284-292. Sua postura obteve uma rejeição majoritária.

matrimônio com uma mulher viúva, repudiada ou não virgem, de acordo com o que prescreve o Antigo Testamento. Por sua parte, o imperador Justiniano, no século VI, proibiu a eleição de um bispo entre os sacerdotes casados que tivessem filhos, para que o patrimônio da Igreja não fosse dilapidado em favor de sua família. A insistência na abstenção de relações sexuais foi mantida na Igreja latina e teve motivos religiosos e culturais. A sexualidade era vista como algo impuro, exortando-se os presbíteros à continência: "Convém que os ordenados não despeçam suas mulheres, mas que as tenham como se não as tivessem, para que assim fique a salvo a caridade dos matrimônios e cessem as obras das núpcias" (Leão Magno, no ano de 458-459). Desempenhou um papel importante a influência dos sacerdotes do Antigo Testamento que serviam durante uma semana no templo e nesse período abstinham-se de manter relações sexuais com suas esposas. Quanto mais os sacerdotes cristãos, que celebravam freqüentemente o sacrifício de Cristo! Foram apresentadas também razões de pureza legal e ritual, que tinham como pano de fundo as correntes estóica e neoplatônica, que menosprezavam o corpo e denegriam a mulher, o que se reflete em diversas disposições conciliares. É preciso acrescentar também motivos de ordem prática, pois a ausência de filhos favorecia a disponibilidade pastoral dos sacerdotes e sua mobilidade apostólica.

A ineficácia da lei da continência dos clérigos casados fez dessas demandas da Igreja latina, na prática, letra morta. Eram muitos os clérigos casados com filhos, apesar das inúmeras sanções canônicas que lutaram contra isso. O processo chegou a seu término quando o Concílio de Pisa (1132) e o II Concílio de Latrão (1139) declararam nulo o matrimônio contraído por bispos, presbíteros, diáconos, subdiáconos, clérigos regulares e monges. Até então, o matrimônio dos clérigos ordenados, embora ilícito, era válido. Podia acarretar sanções, mas o matrimônio não era anulado. O celibato obrigatório — isto é, a lei que proibia a ordenação de pessoas casadas — pôde ser imposto a partir da criação dos seminários tridentinos, nos quais estudavam muitos candidatos ao sacerdócio que eram célibes. Em 1610, a Sagrada Congregação do Concílio estabeleceu a norma segundo a qual "os casados, enquanto durar o matrimônio, não podem ser promovidos à primeira tonsura"; daí em diante, tal proibição foi mantida repetidamente até hoje. Trata-se de uma lei, portanto, que somente se impôs em uma parte da Igreja católica, no clero de rito latino, o qual possui apenas quatro séculos de vigência.[131] Essa lei suscitou a partir de então protestos, críticas e rejeições, transformando-se atualmente em um dos maiores impedimentos da Igreja de rito latino para recrutar um número suficiente de candidatos ao sacerdócio. Por outro lado, os sacerdotes católicos de rito oriental não estão obrigados à lei do celibato.

Os diáconos como auxiliares do bispo

Embora os bispos e os presbíteros fossem os ministros mais importantes das Igrejas locais, os diáconos desempenharam nelas também um papel relevante. Durante a época patrística, delineou-se a base teológica de seu ministério e foram delimitadas as suas funções. Nas cartas de Inácio de Antioquia, os diáconos são os ministros de grau inferior, submissos ao bispo e aos presbíteros (*InMag.*, 2; *InSm.*, 8,1). Não só eram ministros de uma Igreja local, mas itinerantes, e exerciam a função de mensageiros entre as comunidades (*InFil.*, 10,1; 11,1-2; *InSm.*, 11,2-3; 12,1). Nas cartas de Inácio, é realçado o seu caráter de servidores das Igrejas, rejeitando-se que fossem meros assistentes domésticos (*InTrall.*, cf. At 6,2-4.8; 19,22). Ao longo do século III, o conceito de diácono, que servia para designar qualquer ministro cristão, converteu-se em um termo técnico para designar os ajudantes diretos do bispo. Eram os ministros que assistiam o bispo na administração dos bens eclesiásticos.[132] A popularidade deles era tanta que, freqüentemente, por exemplo em Roma, o arquidiácono, o assistente principal do bispo no controle das finanças, era

---

[131] Clemente, *Strom.*, III,13: PG 8,1189. Sobre o Concílio de Nicéia, Eusébio, *Hist. eccl.*, I, 11: PG 67,101-4. Há uma série de concílios, a partir do século IV, que proíbem o matrimônio de um presbítero já ordenado, embora continuem sendo ordenados sacerdotes já casados (Conc. Trulano [692], cân. 13: *Mansi* XI, 947).

[132] Klauser, T. Diakon. In: *RAC*, 3. 1957. pp. 888-909; Harnack, *Entstehung und Entwicklung der Kirchenverfassung und des Kirchenrechts in den zwei ersten Jahrhunderten*, cit., pp. 92-96.

a pessoa chamada a suceder o próprio bispo. Muitos eram os bispos que haviam recebido a consagração episcopal como diáconos, sem antes passarem pelo grau de presbítero. Gregório VII, no século XI, foi o primeiro diácono que, ao ser eleito bispo de Roma, fez-se antes ordenar presbítero.

Há também casos em que se encontrava vacante um episcopado, como ocorreu em Roma, em 250, depois do martírio do papa Fabiano, e eram eles que governavam e representavam a Igreja romana, o que motivou os protestos do bispo Cipriano de Cartago, muito estrito promotor da submissão dos presbíteros ao bispo, e dos diáconos a ambos. Ocorre que tanto o presbiterado quanto o episcopado constituem o sacerdócio, o que não acontece com o diaconato, embora em casos excepcionais fossem concedidas aos diáconos funções cultuais reservadas somente aos presbíteros.[133] Por essa razão tornaram-se freqüentes as rixas e tensões entre os presbíteros e os diáconos, havendo a necessidade da intervenção de sínodos — por exemplo, o de Arles e o de Nicéia —, para proibir que diáconos influentes presidissem com os sacerdotes, distribuíssem a comunhão aos presbíteros e celebrassem a eucaristia.[134]

A multiplicação de ambos os colégios, o presbiteral e o diaconal, fez com que os diáconos deixassem de ser os ministros adjuntos do bispo para pôr-se às ordens do clero paroquial. Inicialmente, os ministros dos presbíteros não eram os diáconos, mas os acólitos (seguidores), que eram seus ajudantes pessoais e não tinham funções específicas, como era o caso dos leitores ou dos exorcistas. Por outro lado, os presbíteros começaram a se transformar em assistentes do bispo, não só no governo e no ministério da Palavra, como também nas tarefas materiais e assistenciais, que no começo estavam reservadas aos diáconos. A multiplicação do

---

[133] Em caso de ausência de presbíteros e bispos, os diáconos podem reconciliar com a Igreja os lapsos e impor-lhes as mãos (Cipriano, *Ep.*, 18,1). Uma excelente síntese da eclesiologia ciprianica é a de L. Dattrino, L'Ecclesiologia di san Cipriano nel contexto della chiesa del III secolo, In *Lateranum*, n. 50, pp. 127-150, 1984.

[134] Concílio de Arles, cân. 15: "De diaconibus quos cognovimus multis locis offerre, placuit minime fieri debet". Leão I aplica a "dignidade do ministério sacerdotal" aos presbíteros e diáconos (Leão I, *Ep.*, 6,6: PL 54,620), mas ressalta a subordinação do diácono: Botte, Le rituel d'Ordination des Statuta Ecclesiae Antiqua, cit., 58-61; Dix, *Le ministère dans l'Église ancienne*, cit., p. 59.

número de sacerdotes foi um fator decisivo na diminuição — em número e em importância — dos diáconos, pois muitas de suas funções passaram a ser exercidas pelos primeiros.

Em meados do século III, Cornélio informa sobre a situação da Igreja de Roma: nela, há 46 presbíteros, sete diáconos, sete subdiáconos e 52 exorcistas, leitores e porteiros, assim como mais 1500 viúvas e indigentes sustentados pela comunidade.[135] Deve-se ter presente que a Igreja romana, nessa época, tinha entre trinta a cinqüenta mil cristãos; portanto, havia uma grande abundância de clero, o qual estava bem integrado no povo. O bispo Fabiano havia dividido a cidade em sete regiões, confiadas a sete diáconos e a sete subdiáconos, diretamente responsáveis pelas comunidades junto ao bispo. Essa administração diaconal foi inspirada na organização civil romana, que havia dividido a cidade em 14 regiões. Os diáconos e subdiáconos encarregavam-se da atenção aos pobres. Essa clara estrutura assegurava aos diáconos as condições para exercerem uma grande influência, freqüentemente maior do que a dos próprios presbíteros, mais numerosos e que não estavam organizados de forma racional, mas que dependiam das paróquias (nas quais havia vários presbíteros). A fundação das paróquias dependia de um "patrão" que as apoiasse financeiramente, e surgiam de forma espontânea e irregular. As lacunas da administração romana na instauração dos ministérios são evidentes e também permanentes na institucionalização da Igreja católica. A "diocese" era uma unidade administrativa política. Diocleciano dividiu o Império em 12 dioceses, que abrangiam várias províncias e que equivaliam, em termos eclesiásticos, aos patriarcados. Por outro lado, o território do bispo, inicialmente, era a "paróquia", e somente a partir do século XIII se impôs o termo "diocese".

---

[135] Eusébio, *Hist. eccl.*, VI, 43,11; cf. Gülzow, H. Kallist von Rom. Ein Beitrag zur Soziologie der römischen Gemeinde. ZNW, n. 58, pp. 99-103, 1967; Dassmann, *Ämter und Dienste in den frühchristlichen Gemeinden*, cit., pp. 171-177; Domagalski, B. Römische Diakone im 4 Jht. In: Plöger, J. G. & Weber, H. J. (Hrsg.) *Der Diakon*. Freiburg, 1980. pp. 47-55.

Conclusão

Dessa maneira surgiram os ministérios na Igreja. É inegável o seu caráter histórico e evolutivo, bem como sua dependência de fatores teológicos, sociológicos e culturais próprios da sociedade romana. Foi a Igreja que criou os ministérios a partir de uma leitura teológica pluralista e por vezes não harmonizada. Só em sentido amplo pode-se afirmar que os ministérios foram criados por Cristo, porquanto se remetem aos discípulos e aos apóstolos como fonte de inspiração teológica e estrutural. Não que tenha havido uma intencionalidade por parte de Jesus que possamos captar de forma intuitiva, mas é preciso assumir a história com suas contingências e descontinuidades, para a partir daí mostrar a gênese da Igreja. É preciso manter também a distinção entre uma instituição necessária, tal como a ministerial, e suas realizações históricas. A confusão entre validade teológica de uma estrutura ou instituição — por exemplo, o ministério sacerdotal — e sua concretização empírica, em cada época histórica, é muito freqüente e favorece um espiritualismo de claras conotações ideológicas, isto é, encobridoras das defasagens existentes. O ministério sacerdotal dos presbíteros e bispos também não pode deslocar o sacerdócio dos batizados (LG 10: ambos estão relacionados entre si e participam, cada um a seu modo, do sacerdócio de Cristo). Essa realidade exige que se trate a comunidade como maior de idade, eliminando as conotações patriarcais e filiais que impregnaram o ministério na época romana.

Pretender manter uma estrutura fundada, de fato, sobre o direito e o domínio, própria da sociedade romana, e revesti-la de uma linguagem teológico-ministerial e comunitária, como às vezes acontece na atualidade, conduz ao esvaziamento do significado cristão dos ministérios, à crescente perda de credibilidade da autoridade na Igreja e à potencialização das tendências centrífugas daqueles que se identificam com os valores cristãos e se distanciam da Igreja como instituição. Em grande parte, a crise da autoridade atual provém dessas contradições, pois o que tem necessidade de reformas é o próprio modelo de ministério hoje vigente. Passou-se dos princípios teológicos à realidade empírica institucional, como se ambos fossem equivalentes; da legítima autoridade a um exercício autoritário do cargo; e, às vezes, do ministério ao domínio, apesar da crítica feita por Jesus à autoridade na religião judaica. Hoje essa exigência aumenta, porque estamos conscientes do caráter unilateral desempenhado pela potencialização da hierarquia, porque temos maior sensibilidade comunitária e democrática (perfeitamente integrável à origem cristológica e pneumática da autoridade institucional cristã) e porque o peso desmedido adquirido pela autoridade é uma das causas essenciais da divisão entre os cristãos, da perda de credibilidade do cristianismo e da ineficácia missionária do testemunho eclesial. O amor pela Igreja não passa pela subordinação do Evangelho ao *status quo* eclesial, mas pela transformação do segundo, a fim de ajustá-lo às demandas do primeiro.

COMO SURGIU O PRIMADO DO PAPA

Uma vez analisados os ministérios das Igrejas locais, precisamos nos deter sobre quando e como surgiu o ministério de Pedro e quais foram as suas funções. Com isso, entramos no âmbito das estruturas da Igreja universal; dentre estas, o primado do bispo de Roma possui especial relevância. Hoje, mais do que nunca, temos consciência da importância e do valor desse ministério, sobretudo no contexto atual de globalização e mundialização em que vivemos, mas também em vista das dificuldades nele implícitas. O próprio Paulo VI expressou claramente as contradições e aporias do ministério papal, ao afirmar que este se havia convertido no grande obstáculo existente para a união das Igrejas.

Neste breve estudo, vamos distinguir três problemas diferentes. Por um lado, é preciso analisar o ministério de Pedro no Novo Testamento, qual é sua relação com os outros apóstolos e com as várias Igrejas, e até que ponto pode-se falar de seu significado para a Igreja posterior. Em um segundo momento, precisaremos analisar como, quando e por que surge a teologia da sucessão de Pedro. Esse já não é um problema do Novo Testamento, mas da tradição posterior. Aqui já há um salto de Pedro para os seus sucessores. Nesse contexto, surge o terceiro problema, que é o da primazia do bispo de Roma sobre o conjunto das Igrejas. Por um lado, é preciso avaliar essas pretensões, quais são suas conseqüências e como se fundamentam. Por outro lado, precisamos considerar como reagiu o conjunto da Igreja universal diante delas, até que ponto e onde foram aceitas, e quais foram as suas conseqüências. Temos, portanto, três problemas diferentes: se há, de alguma forma, uma primazia de Pedro no conjunto dos apóstolos e das Igrejas, se há um ministério petrino dentro da sucessão apostólica e se o bispo de Roma pode reclamar para si, pessoalmente, esse ministério, de forma diferente em relação aos demais bispos.

Hoje nos encontramos em um momento crítico. Subsistem, na Igreja católica, diferentes concepções acerca do primado, de seu papel e de sua significação. O primado está sendo submetido a uma forte discussão teológica, em função das diversas eclesiologias existentes. Isso ocorre especialmente no diálogo ecumênico entre as Igrejas cristãs. É preciso levar em conta também que esse ministério evoluiu histórica e teologicamente em sua forma e em suas pretensões. Nem tudo o que foi pretendido por Roma foi aceito pelo conjunto das Igrejas, como também nem tudo o que aconteceu historicamente foi teologicamente válido. É lógico que não podemos abordar aqui todos os problemas que se entrecruzam ao tratarmos do ministério petrino e do papel do primado na Igreja. Limitar-nos-emos a apresentar os grandes traços desse desenvolvimento, ressaltando os problemas colocados em cada época e expondo as grandes linhas do primado papal na Igreja atual, à luz dos dados do Novo Testamento, da evolução histórico-dogmática e das necessidades e problemas vigentes.

O papel de Pedro no Novo Testamento

Um problema fundamental é o do Jesus histórico. O Novo Testamento expressa a fé das primitivas comunidades cristãs. É-nos apresentado o Cristo da fé, visto na perspectiva da ressurreição e projetado sobre a vida do Jesus terreno. O Jesus histórico está escondido sob o Cristo da fé e, em boa parte, suas lacunas desapareceram no conjunto de reflexões e interpretações feitas pelos cristãos. Contudo, não há acesso possível a Jesus a não ser a partir do testemunho do Novo Testamento. Encontramo-nos simultaneamente com Jesus e com o Cristo, sem que possamos separar claramente o que pertence à história do judeu Jesus e o que é interpretação comunitária. Algo semelhante ocorre com Pedro. É preciso distinguir entre o judeu Simão e o Pedro cristão, entre o personagem da vida de Jesus e o apóstolo da Igreja. Ambos são a mesma pessoa, mas as afirmações sobre eles correspondem a diferentes etapas de sua vida. O problema está no fato de que, no Novo Testamento, tudo é misturado, e a significação de Pedro é projetada retrospectivamente na vida do discípulo de

Jesus, o judeu Simão. É importante dar-se conta, além disso, de que nem todos os escritos do Novo Testamento possuem a mesma valoração a respeito de Simão, nem do Pedro posterior. Há divergências entre eles, por vezes conflitivas e irreconciliáveis. Tudo isso é preciso levar em conta quando se tenta reconstruir a evolução histórica e teológica de Pedro e se distingue entre sua identidade, por um lado, e suas funções apostólicas e eclesiais, por outro.[1]

Simão, discípulo e apóstolo nos evangelhos

A figura de Simão é condicionada pela apresentação feita por Marcos, o mais antigo, que posteriormente foi utilizada pelos demais evangelistas. Simão e André eram irmãos e trabalhavam como pescadores, mas foram chamados como os primeiros discípulos para se tornarem "pescadores de homens" (Mc 1,17-18). Marcos dá destaque a um grupo de três discípulos (Pedro, Tiago e João), que acompanham Jesus nos momentos importantes de sua atividade pública: na cura da filha de Jairo (Mc 5,37), na transfiguração (Mc 9,2-13) e na oração feita no Getsêmani (Mc 14,32-42). No discurso apocalíptico de Jesus também os três são mencionados, juntamente com André, o irmão de Simão (Mc 13,3). Ao se estabelecer a lista dos doze, Pedro é o primeiro a ser nomeado; já naquela ocasião Jesus lhe pôs o nome de Pedro (Mc 3,14-16). Ele é também o último do qual se fala no evangelho de Marcos: narra-se uma aparição celestial às mulheres, com uma mensagem "a seus discípulos e a Pedro" (Mc 16,7).

Não há dúvidas de que, no evangelho, Pedro é o porta-voz dos discípulos, como o demonstram várias cenas (Mc 8,27-33; 9,2-6; 10,28-30; 11,20-

---

[1] A bibliografia sobre o ministério petrino no Novo Testamento é imensa. Uma boa síntese é a oferecida pelo volume coletivo de: BROWN, R.; DONFRIED K. P.; REIMANN, J. (Hrsg.) *Pedro en el Nuevo Testamento*. Santander, 1976; PESCH, R. Lugar e sentido de Pedro na Igreja do Novo Testamento. *Concilium*, n. 64, pp. 425-434, 1971; CULLMANN, O. pe,tros, khfa,j. In: *ThWNT*, 6. 1959. pp. 99-112; MUNDLE, W. pe,tra. In: *TBLNT*, 1. 1967. pp. 312-314; GRÄSSER, E. Neutestamentliche Grundlage des Papsttums? In: IDEM. (Hrsg.) *Papsttum als ökumenische Frage*. München-Mainz, 1979. pp. 33-58; BLANK, J. Petrus und Petrusamt im Neuen Testament. In: Ibid., pp. 59-103; SCHNACKENBURG, R. Die Stellung des Petrus zu den anderen Aposteln. In: XIII THEOLOGISCHE KONFERENZ, *Konziliarität und Kollegialität. Das Petrusamt*, cit., pp. 115-127; KARAVIDOPOULOS, J. Peter in the New Testament. In: *TD*, 44. pp. 149-154, 1997.

22; 14,26-31; 16,7), enquanto em outras passagens lhe é concedido um protagonismo especial (Mc 1,29-31.35-38). Contudo, essa liderança petrina não leva o evangelista a idealizá-lo ou a engrandecê-lo. Pelo contrário: há uma ênfase especial em ressaltar os seus traços negativos; ele tem uma imagem pervertida do messianismo de Jesus e recebe dele o duro qualificativo de "satanás" (Mc 8,27-33). Na ceia, há uma profecia de Jesus sobre suas negações (Mc 14,29-31), apresentadas imediatamente depois com crueza (Mc 14,66-72), e um contraste entre o chamado vocacional a seguir Jesus e o seguimento "de longe", depois da prisão (Mc 14,54). Também se contrapõe à confissão de Jesus diante do sumo sacerdote (Mc 14,61-62) e à tríplice negação de Pedro diante da serva do sumo sacerdote (Mc 14,66), ambas precedidas pelas três vezes em que Jesus admoesta Pedro e os discípulos, ao encontrá-los dormindo no horto (Mc 14,37.40-41).

Pedro personifica os discípulos, no seguimento, até o pátio do sumo sacerdote (Mc 14,54) e na fuga. Por sua vez, o anjo do sepulcro envia as mulheres a Pedro e aos discípulos (Mc 16,7), enquanto Mateus e Lucas não o mencionam pessoalmente. No evangelho de Marcos há um especial interesse por ele, mas não está claro se isso ocorre por causa do discípulo concreto ou se, pelo contrário, trata-se de um modelo que simboliza todos os discípulos. Sua fidelidade e fraquezas refletiriam a conduta de todos, como protótipo daquilo que significa ser discípulo. É provável que no evangelho estejam sendo misturadas ambas as tradições, o interesse pessoal e o significado simbólico. Todavia, não há a menor alusão ao seu apostolado posterior na Igreja, eventualmente com a exceção de uma alusão indireta a ele ao chamá-lo de "pescador de homens" (Mc 1,17), o que também pode ser visto em conexão com o envio dos doze para a missão em Israel.

O retrato de Pedro no evangelho de Mateus

No evangelho de Mateus, escrito na década de 70, constata-se um enorme interesse por Simão, insistentemente denominado Pedro (nome proferido cinco vezes mais do que o seu nome materno), ao contrário do evangelho de Marcos. Mateus nos fornece o seu nome, Simão, e acrescenta "chamado Pedro" (Mt 4,18; 10,2), indicando que este era um apelativo ou sobrenome, traduzido do aramaico "Cefas" (pedra). Pedro é um dos dois primeiros discípulos (Mt 4,18-19), o primeiro da lista dos "doze apóstolos" (Mt 10,2) e aquele que toma a palavra em nome de todos (Mt 15,15; 17,24-27; 18,21-22; 19,27), embora Mateus mencione, muito mais do que Marcos, a atividade grupal dos discípulos em torno de Jesus, sem fazer alusões pessoais. Há passagens em que Marcos fala dos discípulos, e Mateus nomeia especificamente Pedro, e vice-versa. Há também cenas que mostram uma clara tendência a enaltecê-lo: só ele anda sobre as águas como Jesus (Mt 14,28-31), confessa expressamente a sua divindade, recebe uma promessa pessoal (Mt 16,16-19) e paga juntamente com ele o tributo ao templo (Mt 17,24-27). Mantém-se a mescla entre sua importância pessoal e seu significado como modelo do discípulo, o que posteriormente será ressaltado por alguns comentaristas do evangelho, como é o caso de Orígenes. Já vimos, analisando a eclesiologia dos evangelhos, que Mateus redige o seu em uma época em que o discípulo se transformou em um modelo cristão, o que influencia em sua apresentação de Pedro. Mateus demonstra uma clara tendência idealista e harmonizadora em relação a Marcos, o que transparece também no que diz respeito à figura de Simão Pedro.

Aquilo que mais teve relevância foi a famosa confissão de Pedro e a resposta de Jesus: "[...] tu és Pedro, e sobre esta pedra edificarei a minha igreja, e as forças da morte não poderão vencê-la. Eu te darei as chaves do Reino dos Céus, e tudo o que ligares na terra será ligado nos céus, e tudo o que desligares na terra será desligado nos céus" (Mt 16,16-19). Poucas passagens há na Bíblia que tenham tido tanta importância teológica e tenham suscitado mais comentários, embora, durante os primeiros séculos, esse texto tenha sido praticamente ignorado. O que mais surpreende nessa passagem é o fato de que não tenha paralelos no Novo Testamento, nem seja conhecida pelos demais evangelhos.[2] A promessa de

---

[2] Exerceram grande influência os estudos de: VÖGTLE, A. Jesus und die Kirche. In: KARRER, O. (Festsch.) *Begegnung der Christen*. Stuttgart, 1959, pp. 54-81; VÖGTLE, A. Zum Problem der Herkunft von Mt 16,17-19. In: SCHMID. *Orientierung an Jesus...*, cit., pp. 37-93; IDEM. Exegetische Erwägungen über das Wissen und Selbsbewusstsein Jesu. In: RAHNER, K. (Festsch.) *Gott in Welt*. Freiburg, 1964. v. 1, pp. 620-626; SCHMID, J. Messiasbekenntnis und Petrusverheissung. *BZ NF*, n. 1, pp. 252-272, 1957; n. 2, pp. 85-103, 1958. Cf. também KERTELGE, K. Die eine Kirche Jesu Christi im Zeugnis des

Jesus refere-se ao futuro, e nela se fala em fundar a Igreja (embora saibamos que a Igreja teve uma origem trinitária, depois de um longo processo histórico e teológico). Também se fala em ligar e desligar em um contexto jurídico e de autoridade, como a que posteriormente reclamaram para si as autoridades eclesiásticas. O evangelista Mateus é o único a utilizar o termo "Igreja" (Mt 16,18; 18,17) e a fazer alusão ao batismo em nome do Pai, do Filho e do Espírito Santo (Mt 28,19), que é uma fórmula claramente eclesial. Mateus escreve para a sua comunidade, pondo retrospectivamente em Jesus e nos "doze" alguns traços da Igreja primitiva. É isso o que explica a origem e o significado dessa passagem.

O fato histórico é apresentado por Marcos. Jesus se dirige aos discípulos e lhes pergunta sobre aquilo que as pessoas pensam dele. Pedro responde em nome dos discípulos e o confessa como o Messias (Mc 8,29). Lucas e Mateus corrigem Marcos e fazem com que Pedro o confesse como o "Cristo de Deus" (Lc 9,20) ou como "Cristo, o Filho de Deus" (Mt 16,16), transformando assim a fé messiânica de Pedro e dos discípulos em confissão da divindade de Jesus (que não se conhece até à ressurreição). Essa diversidade na confissão pode ser notada também na resposta de Jesus. Marcos coloca logo a seguir outra passagem, na qual Pedro interpreta mal o messianismo de Jesus e se opõe ao fato de que ele vá a Jerusalém para sofrer ao invés de ir para triunfar — fato que Pedro esperava que acontecesse. Por isso, Jesus o repele como instrumento de satanás (Mc 8,33). Essa encenação é coerente com Marcos, que apresenta os discípulos tentando Jesus para desviá-lo de seu caminho de sofrimento. Lucas omite essa rejeição de Jesus a Pedro, apresentando tudo na forma de uma exortação geral: quem se envergonhar de Jesus, será repudiado por ele; quem quiser salvar a própria vida, irá perdê-la (Lc 9,21-27). Mateus a recolhe (Mt 16,23), mas a compensa com uma promessa de futuro que engrandece o próprio Pedro.

Neuen Testaments. *Catholica*, n. 33, pp. 265-279, 1981; Trilling, W. Ist die katholische Primatslehre Schriftgemäss? In: Denzler, G. et alii. *Zum Thema Petrusamt und Pappstum*. Stuttgart, 1970. pp. 51-61; Trilling, W. Implizite Ekklesiologie. In: Ernst, W. (Hrsg.) *Dienst der Vermittlung*. Leipzig, 1976. pp. 155-160; Pesch, R. Das Messiasbekenntnis des Petrus (Mc 8,27-30). *BZ NF*, n. 17, pp. 178-195, 1973; n. 18, pp. 20-35, 1974; Hahn, F. Die Petrusverheissung (Mt 16,18f) In: Kertelge, *Das kirchliche Amt im Neuen Testament*, cit., pp. 543-563.

O que em Marcos era uma má confissão que gerou o repúdio de Jesus, Mateus o transforma em confissão de divindade e promessa de futuro. Essa redação é uma criação do evangelista Mateus, o qual apresenta um fato histórico ocorrido depois da cruz. É provável que o texto não seja invenção pessoal sua, mas que recolha uma tradição mais antiga. Depois da morte de Jesus, iniciou-se um processo de desintegração da comunidade de discípulos. O fracasso final do mestre gerou uma dinâmica de dispersão e de dissolução da comunidade. Provavelmente muitos discípulos começaram a fugir dela por medo das autoridades religiosas. É possível que a passagem dos discípulos de Emaús reflita a situação de ânimo da comunidade, depois do fracasso sofrido ("[...] esperávamos que fosse ele quem libertaria Israel; mas, com tudo isso, já faz três dias que todas essas coisas aconteceram": Lc 24,21), embora o texto seja uma criação de Lucas. Jesus havia reunido uma comunidade em torno de si, que se desestrutura quando ele falta. Passamos de uma dinâmica de atração centrípeta, ao redor de Jesus, para outra centrífuga, de dispersão, que ameaça a comunidade enquanto tal.

Pedro no Novo Testamento

Pode-se dizer que no primeiro século do cristianismo existiu uma tradição vinculada a Pedro. Em suas origens, essa tradição caracterizava-se por alguns conteúdos teológicos centrais (o querigma da morte e da ressurreição de Jesus, fato do qual Pedro era indubitavelmente a testemunha mais autorizada) e por uma postura intermediária entre a de Tiago e a de Paulo, quando se tratou de resolver a questão da vigência da lei para os cristãos. Todavia, essa tradição, jamais foi conservada em estado puro, tendo se misturado com outras tradições, até dar lugar à tradição hegemônica da grande Igreja católica. A figura de Pedro aparece, cada vez mais, como autoridade capaz de criar unidade dentro da Igreja. Sob essa autoridade, colocam-se primeiro a tradição joanina e depois a das Igrejas paulinas (S. Guijarro, "La trayectoria y la geografía de la tradición petrina durante los tres primeros siglos cristianos", in R. Aguirre (ed.), *Pedro en la Iglesia primitiva*, Estella, 1991, p. 27).

Então, ocorre a um apóstolo a primeira manifestação do Ressuscitado, a primeira epifania a Pedro, da qual falam as demais tradições (1Cor 15,5). Em conseqüência disso, não só começa a propagar-se a notícia de que o Crucificado ressuscitou, mas inverte-se a tendência e todos começam a unir-se ao redor de Pedro e dos discípulos. Pedro transforma-se no fundamento, na rocha, sobre a qual se constitui o embrião da Igreja, que é a comunidade. Daí o seu apelativo "pedro" (a pedra) em conexão com a sua experiência da ressurreição e com a sua função eclesial. Mateus recolhe esses acontecimentos e os apresenta como uma cena da vida histórica de Jesus, como uma profecia de futuro: é freqüente que fatos ocorridos depois da cruz modifiquem a apresentação da própria vida pública de Jesus. Por exemplo, o relato da caminhada sobre as águas, que pode recolher uma tradição sobre a ressurreição (Jo 21,1-25). O mesmo ocorre, segundo alguns comentaristas, com a passagem da transfiguração (Mt 17,1-9), que Mateus personaliza e centraliza em Pedro : "[...] vou fazer aqui três tendas" (Mt 17,4), em lugar do plural "[...] vamos fazer três tendas" de Marcos e de Lucas, os quais sublinham o fato de que Pedro não sabia o que estava dizendo (Mc 9,6; Lc 9,33), omitido por Mateus.

Temos, já aqui, um claro interesse na fundamentação da Igreja. Mateus a põe em Pedro, por analogia com outros textos do Novo Testamento que fazem dos apóstolos o fundamento da Igreja (Ef 2,20; Ap 21,14), ou que singularizam o papel de Pedro como coluna (Gl 2,9). A idéia de fundamento tem raízes na tradição rabínica judaica. Nela se fala de Abraão como da rocha sobre a qual Deus fundou o mundo, ou então ele é citado como a rocha da qual Deus extraiu Israel (Is 51,1-3). Há uma confluência de tradições judaicas ao redor da construção de um novo templo sobre uma rocha imperecível, capaz de resistir às forças do mal (Is 28,16-18). A comunidade de Qumrã havia assumido essa idéia, ressaltando a concepção da comunidade como edifício perdurável. Tais representações, assim como a da Igreja como um edifício ou construção (Mt 5,14; 1Cor 3,9-17; 2Cor 6,16; 1Pd 2,4-8), podem ter sido a base tradicional para essa passagem petrina (Mt 16,16-18), a partir da idéia de que a comunidade é o novo templo e de que Pedro é a rocha sobre a qual o Senhor construiu.[3] A exegese dos essênios pode ter sido também a referência teológica para ver a comunidade como o lugar da presença do Senhor (Mt 18,20; 28,20), edificada em torno de Pedro.

Esse simbolismo reforça Pedro como representante dos discípulos e primeira autoridade na comunidade. Mateus desenvolve uma cuidadosa teologia da autoridade, na qual se contrapõe o comportamento da hierarquia religiosa com o que devem ter os discípulos (Mt 23,8-11). Isso explica também os perigos que estão à espreita de Pedro: depois da advertência de que os anjos lançarão no fogo os escandalosos (Mt 13,41-42), Pedro escandaliza o próprio Jesus (Mt 16,23). O evangelista nunca apresenta Pedro com uma autoridade diferente da dos demais discípulos, embora, isto sim, ele lhe dê destaque pessoalmente. Todos eles reconhecem a filiação divina de Jesus antes da confissão de Pedro (Mt 14,33) e são chamados bem-aventurados por Jesus, como ele (Mt 13,16). Todos receberam a mesma autoridade jurisdicional de Pedro, o "poder de ligar e de desligar, de perdoar os pecados" (cf. Mt 18,18), são enviados à missão eclesial (Mt 28,16-20) e contam com a proteção de Cristo (Mt 18,20; 28,20). Nunca se faz de Pedro um caso isolado do conjunto, mas ele personifica individualmente aquilo que todos são. A exceção está relacionada com o futuro: somente a ele é dirigida a promessa de construir a Igreja sobre sua pedra.

O perfil apostólico de Pedro em Lucas

Também em Lucas reforça-se Pedro, dessa vez em correspondência com as funções por ele desempenhadas nos Atos dos Apóstolos. Em seu evangelho, Lucas o denomina de Pedro 18 vezes, e de Simão 11 vezes, usando uma só vez o nome "Simão Pedro" (Lc 5,8); todavia, começa a chamá-lo de Pedro somente depois de narrar a passagem na qual Jesus escolheu os doze discípulos para torná-los apóstolos (Lc 6,14), confirmando assim a origem apostólica do nome "Pedro". São significativas as

---

[3]   MUSZYNSKI, H. *Fundament. Bild und Metapher in den Hadschriften aus Qumrán*. Roma, 1975. pp. 206-233; GRAPPE, C. *D'un temple à l'autre*. Paris, 1992. pp. 88-115.

convergências e as diferenças entre o evangelho de Lucas e o de Mateus. Lucas omite a passagem que alude à dispersão do rebanho e ao escândalo dos discípulos (Mc 14,27; Mt 26,31), substituindo-a por esta afirmação de Jesus: "Vós sois aqueles que permaneceram comigo em minhas provações" (Lc 22,28). Ele também silencia sobre a fuga dos discípulos quando Jesus foi preso (Mc 14,50) e afirma que Pedro o segue de longe (Lc 22,54). A fuga de Simão transforma-se em um seguimento a partir da debilidade, o que seria a causa de sua negação de Jesus (Lc 22,54-62). Quem lesse o evangelho de Lucas sem dispor de outra informação sobre os fatos narrados poderia muito bem pensar que os discípulos permaneceram junto de Jesus (Lc 24,21.33.48-49). Quanto mais tardios são os evangelhos, maior é a tendência a apresentar uma visão idealizada que sirva de modelo para as respectivas Igrejas, pondo na boca de Jesus profecias que correspondem a acontecimentos que se verificaram depois de sua morte.

Lucas ignora a crítica de Jesus depois da confissão de Pedro (Lc 9,21). Por outro lado, ele recolhe uma tradição, ignorada por Mateus e por Marcos, segundo a qual Pedro recebe de Jesus a missão de confirmar na fé os irmãos ("Simão, Simão! Satanás pediu permissão para peneirar-vos, como se faz com o trigo. Eu, porém, orei por ti, para que tua fé não desfaleça. E tu, uma vez convertido, ampara os teus irmãos": Lc 22,31-32). Também aqui é encenado na vida de Jesus, em forma de profecia, aquilo que corresponde a um acontecimento histórico, ou seja, as tentações de Pedro, a sua conversão posterior e o seu papel de afiançar a comunidade depois da aparição do Ressuscitado. Ao narrar a cena do horto, Lucas desculpa os discípulos, afirmando que eles estavam um tanto adormecidos em razão da tristeza que sentiam (Lc 22,45), omitindo que Jesus os exorta a orar. Nos Atos dos Apóstolos, volta-se a mostrar como Pedro confirma os seus irmãos, pois ele assume a liderança depois da morte de Jesus (At 1,15) e defende Paulo e Barnabé contra os judaizantes, em Jerusalém (At 15,7-12). Há convergência entre Lucas e Mateus ao sublinhar-se o decisivo papel de Pedro depois da morte de Jesus, o que provavelmente corresponde à realidade histórica, embora eles acabem divergindo na forma de fazê-lo. Cada um recorre a uma tradição ignorada pelo outro. Pedro é o último apóstolo nomeado em seu evangelho (Lc 24,34) e o primeiro mencionado no livro dos Atos (At 1,13). Além disso, é o único evangelho a fazer referência explícita a uma aparição do Ressuscitado a Pedro (Lc 24,34). Para Lucas, o importante é a missão apostólica, dentro da qual se enquadra o significado de Pedro como o apóstolo que acompanhou Jesus e que foi testemunha de sua ressurreição.

Nem o primeiro discípulo, nem o mais importante

Uma imagem diferente é a apresentada pelo evangelho de João. Já sabemos que se trata do evangelho mais tardio, e que João recolhe uma tradição mística e espiritual que se contrapõe ao peso institucional e apostólico dos demais. Não é estranho que o perfil de Pedro divirja substancialmente do perfil apresentado nos outros evangelhos. Uma vez mais constatamos que a teologia de cada evangelista se reflete em sua forma de contar a história, que muda ao ser confrontada com os problemas cristológicos e eclesiológicos de suas comunidades. João escreve quando já se desenvolveu o processo institucional da Igreja, quando surgem as primeiras críticas e reservas a essa evolução e quando a figura de Pedro já se havia transformado na do apóstolo mais universal e mais aceito. Daí o interesse especial em que se constitui o seu retrato peculiar de apóstolo.

Mantém-se a tradição sinótica de André como um dos dois primeiros discípulos de Jesus (Jo 1,35-38), mas o outro acompanhante não é mais Simão, que se une a Jesus por intermédio de seu irmão André (Jo 1,41-42), e sim um personagem anônimo. Provavelmente se esteja falando daquele que depois será mencionado como o discípulo amado (Jo 13,23; 19,26; 20,2; 21,7.20), o preferido do evangelho e o modelo do discípulo, diferentemente do que ocorre nos sinóticos. É a ele que Jesus revela a identidade do traidor, a pedido de Pedro, que deve recorrer à sua mediação (Jo 13,24), enquanto nos demais evangelhos esse fato é revelado a todos em conjunto, sem singularizar ninguém (Mc 14,20; Mt 26,23). Esse mesmo discípulo anônimo é aquele que acompanha Jesus com Simão Pedro até o palácio do sumo sacerdote, aquele que entra com Jesus e que sai para chamar Simão (Jo 18,15-16), que a seguir irá negar Jesus. Por outro lado, o discípulo amado é o único que permanece ao pé da cruz (Jo 19,25-27). O contraste entre a proximidade do discípulo e Pedro é evidente. Esse discípulo é também aquele que correu com Simão até o sepulcro aberto, esperou-o para entrar e, quando entrou, "viu e creu" (Jo 20,8), antes mesmo que acontecesse qualquer aparição. Isso implica no fato de que também não foi Pedro o primeiro a ter fé na ressurreição. Da mesma forma, é esse discípulo quem reconhece, por primeiro, o Ressuscitado, depois da pesca milagrosa, comunicando-o a Pedro (Jo 21,7).

Tampouco é Pedro o primeiro a reconhecê-lo como Messias e como Cristo, ao contrário do que ocorre nos demais evangelhos (Jo 1,41). Jesus, no entanto, muda-lhe o nome assim que o conhece, com uma fórmula que lembra a de Mateus ("Tu és Simão, filho de João. Tu te chamarás Cefas (que quer dizer Pedro)": Jo 1,42). Não é narrada a passagem dos sinóticos em que Pedro confessa a Jesus, mas põe-se em cena outra situação semelhante. Jesus faz o discurso eucarístico, "muitos discípulos o abandonaram e não mais andavam com ele", e então ele pergunta aos doze se também eles querem ir embora. Pedro responde por todos: "A quem iremos, Senhor? Tu tens palavras de vida eterna. Nós cremos firmemente e reconhecemos que tu és o Santo de Deus" (Jo 6,66-67). De novo, Pedro responde em um momento crítico, em que os discípulos fraquejam. Não há a rejeição de Jesus a um Pedro covarde, a quem ele chama de satanás (Mc 8,33; Mt 16,23), pois no evangelho de João só acontece isso com Judas, o traidor: imediatamente depois dessa confissão de Pedro, Jesus faz alusão ao fato de que entre os doze há um "diabo" (Jo 6,70); e o evangelista o refere a Judas. O vínculo entre satanás e Pedro passa a ser o vínculo de Judas.

Ou seja, não se pode deduzir que o evangelista João renegue Pedro, nem que apresente dele uma imagem negativa; mas, para ele, o mais destacado dentre os discípulos é o discípulo amado. Não pela sua liderança na comunidade, jamais mencionada, mas pela sua proximidade e intimidade com Jesus, exatamente o que o evangelista sempre sublinha como o elemento essencial do discípulo. A imagem tradicional de Pedro como líder é mantida, mas ele é apresentado também como exemplo da incompreensão dos discípulos a respeito de messianismo de Jesus. Em seu evangelho, é Pedro quem corta a orelha do servo do sumo sacerdote (Jo 18,10-11), em vez do desconhecido do qual falam os demais evangelhos (Mc 14,47; Mt 26,51; Lc 22,50). É Pedro também quem protesta e não aceita que Jesus lave os seus pés (Jo 13,8), pois não entende sua paixão e se revolta contra ela. Nenhum evangelista cai no culto à personalidade e mostra um Pedro fraco, contraditório e pouco confiável no seguimento. Mas em João ressalta-se mais a figura do contraste de Pedro com o discípulo amado, sem se negar a importância de Pedro. É Jesus aquele que lhe põe o nome de Cefas (Jo 1,40-42), que lhe lava os pés (Jo 13,6-11), que prediz as suas negações (Jo 13,36-38) e que lhe anuncia que beberá do seu cálice (Jo 18,11). Além disso, como acréscimo aos outros evangelhos, diz que aonde Jesus vai ele não pode ir, mas que o seguirá no futuro (Jo 13,36), provavelmente aludindo, como na passagem do cálice, ao seu martírio.

Nessa mesma linha é preciso colocar a passagem final, que é um acréscimo posterior ao evangelho, na qual Pedro confirma por três vezes seu amor a Cristo, neutralizando suas negações anteriores, mas sem cair na presunção de dizer a Jesus que o ama mais do que os outros discípulos. A queda de Pedro é equilibrada porque Cristo lhe confia a tarefa de apascentar o seu rebanho. Indiretamente, concede-lhe um posto de responsabilidade na Igreja (Jo 21,15-17), como em Mateus, mas de forma diferente, estabelecendo um paralelo entre Jesus, o bom pastor (Jo 10,1-18), e Pedro, pastor do seu rebanho, como ocorre em outra tradição tardia (1Pd 5,1-4). Faz-se alusão explícita ao seu martírio (Jo 21,18-19) em paralelo com o de Jesus (Jo 12,32-33; 18,32). A liderança de Pedro, modelo dos pastores da Igreja, contrasta com o testemunho do discípulo amado (Jo 21,20-23), que representa a experiência espiritual reforçada pelos escritos joaninos. Já sabemos que os escritos joaninos, à diferença dos montanistas, não acusam a Igreja apostólica, nem rejeitam o processo institucional, que já aconteceu, mas procuram somente equilibrá-lo, insistindo na importância do Espírito e dos carismas. Esse conflito eclesial influencia na apresentação de Pedro, cuja liderança e cuja autoridade são reconhecidas, mas ao qual não se concede o posto de modelo de discípulo e de preferido por Jesus. Tal lugar é reservado ao discípulo "que dá testemunho destas coisas, o mesmo que as pôs por escrito. Nós sabemos que seu testemunho é verdadeiro" (Jo 21,24). A tradição joanina, em última instância, faz referência a um testemunho espiritual e místico, e não ao testemunho oficial apostólico, representado por Pedro.

As funções do apóstolo Pedro na Igreja primitiva

O segundo livro de Lucas, o da Igreja, concede um valor especial a Pedro, que se transforma no apóstolo dos gentios, já que é ele quem batiza os primeiros não-judeus (At 10,44-48), quem apóia a missão da Igreja entre os gentios (At 15,7-11.14) e quem defende Paulo contra as acusações dos judaizantes (At 11,2.4.18). Lucas apresenta Pedro como missionário das Igrejas (At 9,32.38), seguindo assim um plano traçado pelo próprio Deus (At 10,5.18.32). É ele quem dá o passo decisivo depois de compreender que as proibições alimentares e as purificações haviam sido anuladas. Recebe uma comunicação pessoal do Espírito, que por três vezes o incita a comer, ao que ele resiste também por três vezes (At 10,10-16). Pedro põe obstáculos à voz do Espírito, fica "duvidoso e pensativo" depois da visão (cf. At 10,17) e se expõe a negar o Espírito como anteriormente negara Jesus. Meditando sobre aquela voz, é exortado pelo Espírito a ir à casa dos gentios, onde ocorre sua definitiva conversão: "De fato, estou compreendendo que Deus não faz discriminação entre as pessoas" (At 10,34). Ele precisou vencer as resistências para entrar em uma casa impura (At 10,19-21.25-29), já que a ação do Espírito acabou destruindo a sua concepção judaica (At 11,2.4.7.13).

Os Atos dos Apóstolos são, em sua primeira metade, os atos de Pedro e dos outros. Daí o simbolismo de sua prisão (At 12,3.5), como a do Senhor, enquanto toda a Igreja ora por ele. Deus responde a essas petições com um anjo que o liberta (At 12,6-11) e o devolve à Igreja (At 12,14.16.18). Desde o primeiro momento ele é o líder da incipiente Igreja e é quem propõe a eleição de Matias para cobrir o lugar deixado por Judas, mas não é ele quem decide, pois da eleição participa toda a comunidade (At 1,23-26).

Ele assume a liderança tomando a palavra depois da experiência de Pentecostes (At 1,13.15; 2,14.37-38) e é também, juntamente com João, aquele que faz milagres (At 3,1.4.6; 9,34.39-43), faz o primeiro discurso ao povo judeu (At 3,11-26), presta contas ao Sinédrio (At 4,8-13.19), intervém nos primeiros conflitos comunitários (At 5,3.8-9), protagoniza as primeiras curas (At 5,15) e toma a palavra diante das autoridades, depois de ter compartilhado a prisão com os demais companheiros (At 5,29). Esse protagonismo petrino é confirmado pelas alusões feitas de passagem sobre a atividade da Igreja, usando-se a expressão "Pedro e os apóstolos" (At 2,37; 8,20; 9,32.34.38-40). As andanças de Pedro, especialmente os seus milagres, sempre têm um pano de fundo cristológico, com paralelismos indiretos que sublinham o que é semelhante, como ocorre também na narração do martírio de Estêvão ou na missão de Paulo.

O livro dos Atos dedica-se, em sua primeira parte, a Pedro, e na segunda, a narrar as correrias apostólicas de Paulo. O essencial, no entanto, já ocorreu na primeira parte: o anúncio a Israel, a abertura aos pagãos, a ruptura com as purificações e com alimentos impuros, a aceitação da missão entre os gentios por parte da Igreja, a perseguição judaica contra os cristãos, o surgimento de uma Igreja pagã em Antioquia etc. Nota-se também uma evolução quando se apresenta a Igreja de Jerusalém: começa com os doze apóstolos (At 2,37), passando depois aos apóstolos e aos presbíteros (At 15,4.6.22-23; 16,4), para enfim chegar a Paulo, que encontra Tiago (At 21,18-19). É possível que, com essa ordem, Lucas esteja aludindo à evolução histórica da Igreja de Jerusalém. Aquilo que inicialmente surgiu sob a tutela do grupo dos apóstolos, mudou mais tarde em favor de Tiago, assistido por um colégio de anciãos. Trata-se de uma estrutura que posteriormente pode ter inspirado a idéia de um bispo com o seu presbitério, embora aqui o destaque seja dado somente a Tiago. É também o grupo dos apóstolos, em Jerusalém, que decide enviar Pedro e João para a Samaria (At 8,14), em vez de a iniciativa ser tomada por Pedro, que é o líder, mas não é quem governa o colégio apostólico.

Essa visão lucana não corresponde à realidade histórica original, nem pode ser integrada com o que se narra nas cartas paulinas. Paulo reclama para si o título de apóstolo dos gentios (Rm 15,16), relegando Pedro ao apostolado da circuncisão (Gl 2,7-8). Nas comunidades paulinas, há controvérsias sobre a validade do apostolado de Paulo, e há grupos que contrapõem Cefas, nome aramaico de Pedro (Jo 1,42), e Paulo (1Cor 1,12; 3,22). Quando Paulo menciona os privilégios dos apóstolos, reclamando-os para si, faz também referência pessoal a Cefas (1Cor 9,5; Gl 1,18), como também ao narrar as aparições do Ressuscitado (1Cor 15,5). Para Paulo, Cefas é um apóstolo primordial, uma coluna da Igreja (Gl 2,9) com um prestígio pessoal, não somente por ser membro dos doze. Paulo não esclarece de onde vem o nome "Cefas", se de Jesus, de Cristo ressuscitado ou da Igreja. Provavelmente ele o adota por ser um título estabelecido e usual na Igreja, ao converter-se para o cristianismo.

A importância concedida a Pedro explica o valor dado por Paulo à comunhão com ele e aos problemas acarretados pelo fato de ele se negar a partilhar da mesa com os gentios quando apareceram pessoas vindas de Jerusalém (Gl 2,11.14). O exemplo de Pedro é determinante para os membros de sua comunidade, e Paulo o repreende diante daquilo que lhe parece uma covardia e uma infidelidade ao Evangelho. Por um lado, Paulo reivindica não só a sua autonomia, afastando-se daqueles que alardeiam ter conhecido Jesus, ao passo que somente ele conheceu o Ressuscitado (Gl 2,6), mas também o fato de que, embora seja o menor e último dos apóstolos, possui a mesma dignidade deles (1Cor 15,8-10). Por outro lado, ele precisa reconhecer o peso efetivo e teológico de Pedro, bem como o valor de um reconhecimento seu por parte de Pedro e dos apóstolos. As afirmações do livro dos Atos, que reduzem Paulo a missionário e apóstolo das Igrejas, uma vez que Pedro foi legitimado como o apóstolo dos gentios, não podem contudo ser harmonizadas com a teologia paulina, nem com o seu "evangelho" sobre a superação da lei (Gl 1,7-9).[4]

Lucas escreve no último quarto do século I e atribui a Pedro o que historicamente foi reivindicado e gerado por Paulo: a desjudaização do

---

[4] MÜLLER, Der Paulinismus in der Apostelgeschichte, cit., pp. 157-201; LÖNING, Paulinismus in der Apostelgeschichte, cit., pp. 202-234.

cristianismo e a superação da teologia da lei a partir da revelação por ele recebida. Por outro lado, não há a menor alusão lucana a um vínculo entre Pedro e Roma, o que, isso sim, ocorre com Paulo (At 28,16-30), provavelmente porque Lucas não conhece a tradição da atividade e martírio de Pedro em Roma, que começa a desenvolver-se de forma explícita e direta a partir da segunda metade do século II e à qual poderiam fazer referência indiretamente outras tradições do Novo Testamento, que recorrem à morte testemunhal de Pedro.

A teologia lucana exerceu grande influência na Igreja antiga, e a imagem de Pedro e de Paulo por ela transmitida foi adotada no século II, em detrimento da alternativa paulina. O livro dos Atos foi utilizado na luta contra a gnose e contra as correntes judaizantes, reivindicando Paulo, não obstante isso significasse subordiná-lo a Pedro. Santo Irineu de Lyon, que via Lucas como um companheiro de Paulo, o Cânon de Muratori, Clemente de Alexandria, Orígenes, Tertuliano e outros, até Eusébio de Cesaréia, aceitaram o retrato de Pedro e de Paulo aí apresentado.[5] A imagem harmônica da teologia lucana era a mais adequada para combater tanto os que defendiam uma teologia radical refugiando-se em Paulo, os marcionitas no século II, quanto os judaizantes, que consideravam a teologia paulina uma traição ao judaísmo. Da mesma forma que as cartas pastorais se refugiam na autoridade de Paulo para legitimar o processo de institucionalização de fins do século I, assim também Lucas utiliza Pedro para harmonizar a teologia paulina com a de Tiago, contribuindo desse modo para a estabilidade da Igreja.

As cartas pastorais apresentaram Paulo como o defensor da tradição apostólica, enquanto Lucas utiliza Pedro para salvar a herança paulina. Ambos antepõem os interesses teológicos e eclesiais à verdade histórica. Foi isso o que fez com que Paulo fosse aceito e inserido no cânon, sob os protestos do radicalismo judeu-cristão, e que não se visse contraposição nenhuma no fato de pô-lo em paralelo com Tiago, sempre sob a sombra de Pedro. A polêmica antipaulina foi mantida durante os séculos II e III

---

[5] MÜLLER, Der Paulinismus in der Apostelgeschichte, cit., pp. 170-193.

por meio de escritos polêmicos que o acusavam de ser um grego convertido ao judaísmo, o qual ele acabou combatendo por ter fracassado em suas ambições.[6] Junto a esses grupos judeu-cristãos que permaneceram à margem da grande Igreja, há também uma ramificação judaico-cristã dentro da Igreja que manteve a hostilidade a Paulo. Um bom exemplo disso são as cartas pseudoclementinas, isto é, um conjunto de escritos da primeira metade do século III, com acréscimos posteriores (século IV).

Em tais escritos, há uma suposta carta de Pedro a Tiago em que o primeiro adverte o segundo contra o "inimigo", isto é, contra Paulo. Segundo as cartas pseudoclementinas, Paulo proclama a superação da lei e, para legitimar-se, atribui falsamente essa doutrina ao próprio Pedro.[7] Ou seja, ainda no século III há cristãos que acusam Paulo de traição e de ter a pretensão de se legitimar, apoiando-se na autoridade de Pedro. Os escritos opõem as visões paulinas aos ensinamentos petrinos, admoestando o suposto Paulo a se submeter ao ensinamento de Pedro, aludindo assim ao confronto de Gl 2,11. Rejeitam o fato de que Paulo seja um verdadeiro apóstolo, concluindo que não se deve aceitar nenhum apóstolo, profeta ou mestre que não se submeta ao ensinamento de Tiago, o

---

[6] Esse é o testemunho de Epifânio (*Haereses*, 30,16,8; 28,5,3), no qual ele faz alusão a um escrito dos ebionitas que exalta Tiago e condena Paulo. Não está claro se os ebionitas haviam rompido definitivamente com a Igreja ou se eles ainda se mantinham dentro dela. Também Irineu de Lyon os menciona como grupo que só admite o evangelho de Mateus, e que rejeita Paulo em razão de este condenar a lei (*Adv. haer.*, 1,26,2), enquanto Orígenes (*Contr. Cels.*, 5,65) e Eusébio de Cesaréia (*Hist. eccl.*, 3,27,4; 4,29,4) fazem referência a outros grupos judaizantes que também rejeitam Paulo; cf. SAND, A. Überlieferung und Sammlung des Paulusbriefe. In: KERTELGE & LOHFINK, *Paulus in den neutestamentlichen Spätschriften*, cit., pp. 11-24; WANKE, Der Verkündigte Paulus der Pastoralbriefe, cit., pp. 165-169; LÜDEMANN, G. Zum Antipaulinismus im frühen Christentum. *EvTh*, n. 40, pp. 437-455, 1980; STRECKER, G. Nachtrag. In: BAUER, W. *Rechtgläubigkeit und Ketzerei im ältesten Christentum*. 2. Aufl. Tübingen, 1963. pp. 245-288. Sobre a importância do judeu-cristianismo nos primeiros séculos, cf. DANIÉLOU, J. *Théologie du Judéo-Christianisme*. Paris, 1958.

[7] *Epístola de Pedro*, 2,2-4; 2,6. O "homem inimigo" é claramente Paulo (*Rec.*, I, 70,1: "homo quidam inimicus"). Da mesma forma contrapõem-se Pedro e Paulo (*Hom.*, II, 17,3), rejeitando-se as visões paulinas em favor da ortodoxia de Pedro (*Hom.*, XVII, 13-19) e de Tiago (*Hom.*, XI, 35,3-6; *Rec.*, IV, 34-35). Sempre que se faz alusão a Paulo, empregam-se metáforas, mas todos os comentaristas estão de acordo em afirmar que, por trás dessas alusões, esconde-se o apóstolo Paulo, cuja autoridade eclesial é combatida porque ele prega um Evangelho livre da lei; cf. STRECKER, G. *Das Judenchristentum in den pseudoklementinen*. 2. Aufl., Berlin, 1981. pp. 187-196; DASSMANN, E. *Der Stachel im Fleisch*. Münster, 1979. pp. 283-286.

irmão do Senhor, ao qual foi confiada a direção da comunidade de Jerusalém. Dessa forma, a autoridade de Tiago suplanta a de Paulo, e se apresenta uma aliança sua com Pedro, contra as heresias de Paulo.

Os escritos pseudoclementinos são, portanto, um bom testemunho de como Pedro foi utilizado contra Paulo pelos judeu-cristãos mais radicais. Uma prova a mais do prestígio de que goza Pedro entre os próprios seguidores de Tiago, já que eles o apresentam como um dos seus. A frente antipaulina é muito ampla, tendo a dupla bifurcação dos que lutam contra os gnósticos, que se apóiam nos carismas paulinos, e dos judaizantes, que protestam contra o radicalismo de Paulo. A rejeição é muito diferenciada, e em alguns escritos apócrifos o que se quer é simplesmente subordiná-lo aos doze, a Pedro e a Tiago (como é o caso dos *Atos de Pedro* ou da *Epistola apostolorum*), ou apresentá-lo aderindo a Pedro (como o faz Lucas), enquanto outros impugnam seu cristianismo. Não se pode esquecer que nos primeiros séculos o conceito de heresia é muito difuso, sem que haja clareza nisto: quem tinha a ortodoxia e quem não a tinha. O desenvolvimento dogmático e eclesial se deve, dentre outros fatores, precisamente à necessidade de estabelecer critérios contra as heresias. Durante séculos houve insegurança sobre os escritos que deveriam estar no Novo Testamento e os que dele não deveriam fazer parte, como também sobre os ortodoxos e os heréticos. Nesse contexto, adquire maior significação a polêmica que girava em torno de Paulo e da importância de contar com o apoio de Pedro.[8]

A visão lucana de Pedro é a que corresponde à situação eclesial de fins do século I. Nela, a figura de Pedro foi crescendo e adquirindo cada vez mais importância, o que não se pode afirmar a respeito de Paulo, que continua suscitando grandes resistências no cristianismo. De fato, as cartas petrinas do Novo Testamento refletem uma teologia carismática,

---

[8] O estudo mais completo sobre essa falta de clareza é o de W. Bauer, *Rechtgläubigkeit und Ketzerei im ältesten Christentum*, cit. Bauer sustenta, a meu ver erroneamente, que as cartas pastorais foram escritas precisamente para inserir Paulo na Igreja, apresentando-o como propulsor dos ministérios e da institucionalização (pp. 215-238), posicionando-se contra a sua apropriação por parte dos marcionitas. Cf. também CONZELMANN, H. *Théologie du Nouveau Testament*. Paris, 1969. pp. 311-313.

claramente paulina; contudo, refugiam-se sob a autoridade de Pedro e não sob a de Paulo. A primeira carta de Pedro foi escrita da Babilônia (1Pd 5,13), que é também o nome que Roma recebe no Apocalipse, e que, segundo a tradição eclesial, é o lugar do martírio conjunto de Pedro e de Paulo. Na segunda carta se alude ao martírio de Pedro (2Pd 1,12-15); é apresentado na primeira como o bom pastor da comunidade (1Pe 5,1-5), com uma teologia que lembra a joanina (Jo 21,15-19), e a de Paulo despedindo-se dos presbíteros de Éfeso (At 20,28). A carta adquire relevância universal precisamente por refugiar-se na autoridade de Pedro.

O mesmo não acontece com Paulo, no entanto, do qual não se fala na primeira carta de Pedro e que é indiretamente censurado na segunda. Nesta, o suposto Pedro afirma que nenhuma profecia da Escritura pode ser objeto de interpretação pessoal (2Pd 1,20-21); diz ainda que Paulo escreveu "segundo a sabedoria que lhe foi dada", mas que em suas cartas "há algumas coisas difíceis, que homens sem instrução e vacilantes deformam, para sua própria perdição" (2Pd 3,15-16). Ou seja, o suposto Pedro critica os escritos paulinos e sua teologia particular, indicando que são escritos difíceis e que perverteram os hereges. O problema reside na própria teologia paulina, que gera contestação e rejeição em uma parte da Igreja em fins do século I. A luta contra os falsos profetas e carismáticos (2Pd 3,1-10) é a que domina o cenário da Igreja desde o final do século I. Diante da irrupção dos gnósticos, dos marcionitas, dos montanistas e de outras heresias, é preciso limitar a teologia paulina, o seu radicalismo e o seu apelo ao Espírito. É isso o que a segunda carta de Pedro faz, corrigindo as "falsas interpretações" da teologia paulina com base na autoridade de Pedro, que teria poder para estabelecer a interpretação correta.

A importância do apóstolo Tiago

A segunda frente eclesial, juntamente com as heresias dos gnósticos, é a dos conservadores judeu-cristãos. Estes não só questionam o radicalismo paulino como uma heresia e um sacrilégio, negando que ele seja um apóstolo igual aos outros, mas defendem Tiago como o primeiro dos apóstolos, colocando-o não somente acima de Paulo mas também acima de Pedro.[9] Tiago era um dos quatro "irmãos de Jesus" (Mc 6,3; Mt 13,55; Gl 1,19), o que foi nomeado em primeiro lugar e que não pertencia ao grupo dos doze. A família e os irmãos de Jesus tomaram as devidas distâncias dele e de sua missão (Mc 3,21.31-35; 6,3 par.; Jo 7,3-5.10; Mt 10,36; cf. Mq 7,6), incluindo Tiago. Contudo, Tiago é mencionado como uma das testemunhas da ressurreição (1Cor 15,7), e se diz que, quando Paulo foi visitar Pedro, não viu nenhum outro apóstolo a não ser Tiago, o irmão do Senhor (Gl 1,19). A literatura apócrifa, por sua vez, afirma que ele era filho de José, o pai de Jesus, o que também é afirmado por Flávio Josefo.[10] Não há dúvidas sobre a sua importância na Igreja de Jerusalém, pois quando Pedro é libertado da prisão pede que o avisem (At 12,17), e Paulo o reconhece como uma das colunas da Igreja, juntamente com Pedro e com João (Gl 2,9).

Na assembléia da Igreja de Jerusalém, na qual era debatida a superação da lei e a passagem aos gentios, tanto Pedro quanto Paulo defendiam uma libertação total (At 15,9-11), enquanto Tiago tinha uma postura mais restritiva; e condicionou sua aprovação a uma série de cláusulas para os conversos gentios, remetendo-se à autoridade de Moisés (At 15,13-21). A decisão adotada confirmava Tiago e não Pedro (At 15,28-29). Quando, no livro dos Atos, faz-se referência à Igreja de Jerusalém, menciona-se expressamente Tiago (At 12,17; 15,13; 21,18), como Paulo em suas cartas (1Cor 15,7; Gl 1,19), o qual não esconde que é perseguido por pessoas ligadas a Tiago (Gl 2,12), embora seja incerto o fato de que

---

[9] RUCKSTUHL, E. Jakobus. In: *TRE*, 16. 1987. pp. 485-488; BLINZLER, J. Brüder Jesu. In: *LthK*, 2. 1958. pp. 714-717; BROWN, R. & MEIER, J. P. *Antioch and Rome*. New Testament Cradles of Catholic Christianity. New York, 1983. pp. 36-44; 66-72; 92-139; KITTEL, G. Die Stellung des Jakobus zu Judentum und Heidenchristentum. *ZNW*, n. 30, pp. 145-157, 1931; PRATSCHER, W. Der Herrenbruder Jakobus und sens Kreis. *EvTh*, n. 47, pp. 228-244, 1987.

[10] Essa informação foi recolhida por Eusébio de Cesaréia: "Tiago, o chamado irmão do Senhor, pois era também o filho de José, o pai de Cristo, com o qual contraiu matrimônio a virgem Maria, que foi concebida pelo Espírito Santo" (*Hist. eccl.*, II, 1,2). Por sua vez, também Clemente de Alexandria e Orígenes chamavam assim a Tiago, sob a influência de escritos apócrifos como o *Proto-evangelho de Tiago* e o *Evangelho de Pedro*. Flávio Josefo o chama de "irmão de Jesus, o chamado Cristo, que se chamava Tiago" (*Ant.*, XX, 9,200).

Tiago se identifique com a postura de seus seguidores mais radicais. Tiago foi quem recebeu Paulo quando este visitou a cidade e informou sobre a sua missão entre os gentios (At 21,18). É evidente que ele tinha uma grande autoridade na Igreja, pois recebia visitantes e tomava decisões mesmo não pertencendo aos doze. Inicialmente ele aparece ligado aos apóstolos; mais tarde age sozinho, como líder da Igreja. Não sabemos quais eram suas atribuições na Igreja universal, nem na Igreja local de Jerusalém, embora Eusébio de Cesaréia afirme anacronicamente que "lhe havia sido dada pelos apóstolos a sede episcopal de Jerusalém", e ainda que Pedro e João não disputaram com ele esse trono episcopal, seguindo a tendência de equiparar aos apóstolos os bispos posteriores.[11]

Sua importância em Jerusalém deve-se à sua permanência na cidade, enquanto Pedro é um missionário que não reside em uma igreja local (Gl 2,11-15). Provavelmente Tiago garantiu sua autoridade em Jerusalém, quando Pedro abandonou a Igreja depois da perseguição de Herodes Antipas, a qual não atingiu o grupo estrito de judeu-cristãos seguidores de Tiago, e sim os de Pedro (At 12-17), tal como aconteceu inicialmente, quando foram perseguidos os helenistas e foram deixados em paz os judeu-cristãos palestinos. A partir dos anos 40, Tiago e os presbíteros parecem dirigir a comunidade de Jerusalém, enquanto Pedro e Paulo aparecem mais vinculados ao grupo dos cristãos de Antioquia. Dessa forma, surgem duas lideranças que representam duas correntes do cristianismo primitivo, a dos judeu-cristãos e a dos pagão-cristãos. Para ambas, a figura de Pedro é importante, e não a de Paulo nem a de Tiago, respectivamente combatidos pelos grupos rivais. Não se pode esquecer tampouco que Jerusalém é a primeira Igreja, seja no plano histórico como no teológico, até a destruição da cidade, e que nela eram resolvidos os problemas apresentados por outras Igrejas, como Antioquia, Éfeso ou as demais Igrejas paulinas, às quais Tiago envia delegados (1Cor 9,5; Gl 1,6-7; 2,12; At 21,18-21).

---

[11] Eusébio, *Hist. eccl.*, II, 1,2-3; II, 23,1; VII, 19.

A própria carta canônica de Tiago, escrita por um discípulo que se escuda em sua autoridade, é dirigida "às doze tribos dispersas pelo mundo" (Tg 1,1) com uma clara pretensão universalista, que não se reduz a uma Igreja local. Se há uma Igreja primaz no século I, essa Igreja é a de Jerusalém, embora seja anacronismo projetar sobre ela a situação posterior, dos séculos III e IV. Na mesma perspectiva, é preciso colocar a coleta feita nas Igrejas para sustentar a de Jerusalém (Gl 2,10; 1Cor 16,1; 2Cor 8,3-4; 9,1.12; Rm 15,25; At 19,21-22; 24,17); esse gesto, além de ser um sinal de solidariedade cristã, poderia ser visto como um substitutivo cristão da velha práxis judaica dos impostos em favor do templo de Jerusalém,[12] assim como uma demonstração do reconhecimento do primado moral e teológico dessa Igreja. A figura de Tiago está ligada aos que querem preservar o valor da lei contra o radicalismo rupturista de Paulo. Na tradição posterior, ele recebe o nome de "Tiago, o justo", numa alusão às suas grandes virtudes, e também de "Tiago, servo de Deus" (Tg 1,1), e até o de "baluarte ou insígnia do povo". Ele é apresentado com traços claramente judaizantes, nos quais se misturam lenda e realidade histórica, o que no entanto revela o seu grande significado para os judeu-cristãos.

Hegésipo mostra-o em boas relações com a comunidade judaica, o que lhe permite usar vestes sacerdotais e entrar no santuário do templo para orar, até morrer apedrejado pelas autoridades, enquanto pedia perdão a Deus por elas. Esse relato lendário estabelece um vínculo entre o seu martírio e a queda de Jerusalém diante das tropas de Vespasiano.[13] Por outro lado, o historiador Flávio Josefo conta que ele foi assassinado pelo sumo sacerdote Anananos II, que pertencia ao grupo dos saduceus,

---

[12] Essa é a interpretação de E. Stauffer, Zum Kalifat des Jakobus, in *ZRGG*, n. 4, pp. 204; 193-214, 1952. Cf. também GRAPPE, *D'un temple à l'autre*, cit., pp. 82-86; HENGEL, M. Jakobus der Herrenbruder-der erste Papst? In: (Festsch. für G. Kümmel zum 80. Geburtstag) *Glaube und Eschatologie*. Tübingen, 1985. pp. 71-104.

[13] Eusébio, *Hist. eccl.*, II, 23,4-25. Hegésipo o apresenta com claros traços sacerdotais: foi santificado no seio de sua mãe, não bebia vinho, nunca fez a barba, só ele podia entrar no santuário, não usava vestes de lã, mas as sacerdotais de linho etc. O relato de seu martírio tem paralelos com a paixão de Cristo, seu pedido de perdão pelo pecado do povo e a queda de Jerusalém como castigo divino (Eusébio, *Hist. eccl.*, II, 23, 18-20).

o qual aproveitou a ausência do governador romano Albino.[14] O mesmo Josefo narra que Tiago era bem-visto por alguns judeus, provavelmente fariseus, e é possível que se esforçasse por manter boas relações com eles. Essa é a tradição que possui mais verossimilitude histórica, mas as lendas a ele atribuídas, engrandecendo-o, sublinham sua importância histórica e teológica como mediador entre os judeus e os judeu-cristãos.

Por isso, no apócrifo *Evangelho dos hebreus*, ou seja, um relato que não foi aceito no cânon das Escrituras, antepõe-se uma aparição do Ressuscitado a Tiago, antes de acontecer isso a Pedro, dando-lhe assim também a primazia, em oposição aos escritos canônicos que a atribuem a Pedro. Além disso, ele é apresentado como o único apóstolo que nunca havia tido dúvidas sobre a ressurreição, fato de que não se tem a menor referência no Novo Testamento.[15] Trata-se de um personagem singular, o único que reúne o parentesco com o Jesus terreno e a aparição do Ressuscitado. É normal que isso desempenhasse um papel na política eclesial de seu tempo. Muitos escritos apócrifos deram destaque ao magistério de Tiago e ressaltaram que ele foi o primeiro a ser mencionado ao se estabelecer a lista dos apóstolos (Gl 2,9), embora haja outros manuscritos ocidentais que alterem essa ordem (Tiago, Cefas e João) em favor de Pedro (Pedro, Tiago e João). Tanto a ordem das listas como a das vocações e aparições adquirem cada vez mais valor teológico e refletem as divergências existentes entre as diferentes Igrejas e grupos cristãos. O mesmo ocorre com o lugar dos escritos do cânon, que antepõem a carta de Tiago às do próprio Pedro na ordem do Novo Testamento.

Há até alguns autores que sustentam a tese de que os círculos judeu-cristãos tentaram estabelecer um califado ou cristianismo dinástico ao redor de Tiago e de seus sucessores, apelando para a dinastia dos parentes de Jesus. Sabemos que alguns desses parentes passaram a integrar a Igreja primitiva depois da ressurreição, que viajavam pelas comunidades

---

[14] FLÁVIO JOSEFO, *Ant.*, XX, 9,1. Provavelmente a sua morte ocorreu no ano 62. Cf. LÜDEMANN, Zum Antipaulinismus im frühen Christentum, cit., p. 448.

[15] *Evangelho dos hebreus* (segundo são Jerônimo), 17; cf. SANTOS OTERO, A. *Los evangelios apócrifos.* 6. ed. Madrid, 1988. p. 38.

com suas mulheres (1Cor 9,5) e que alguns deles conservavam com zelo sua genealogia como parentes do Senhor. Durante o reinado de Domiciano, foram citados para serem julgados por suas pretensões de pertencer à linhagem de Davi, como acontecia no caso de Jesus, e, depois de serem deixados livres, desempenharam um papel de liderança nas Igrejas, como confessores e parentes do Cristo.[16] Nunca se afirma que eram eles que governavam as Igrejas, embora não restem dúvidas de que gozassem de prestígio e autoridade em virtude do parentesco. A base dessa interpretação dinástica é o testemunho de Hegésipo, recolhido por Eusébio de Cesaréia, segundo o qual, depois do martírio de Tiago, o irmão do Senhor, "o filho de seu tio Simão, filho de Clopas, foi estabelecido como bispo, porque era primo do Senhor",[17] tendo sido escolhido para suceder Tiago pelos parentes e apóstolos do Senhor. Hegésipo tinha especial interesse em ressaltar a sucessão episcopal como uma garantia contra os hereges. Ao considerar Tiago como bispo de Jerusalém, apressa-se em dar-lhe um sucessor e um herdeiro de sua doutrina, o qual fica inscrito na lista dos bispos de Jerusalém.[18] As tardias cartas pseudoclementinas não hesitam em chamá-lo de "bispo, arcebispo e bispo dos bispos".[19] Ou seja, uma vez mais projeta-se anacronicamente sobre personagens do passado, em especial sobre os apóstolos, os cargos episcopais que vão surgindo pouco a pouco na Igreja.

---

[16] Eusébio, *Hist. eccl.,* I, 7,14; III, 20,1-6; III, 32,5. Eusébio também recolhe a informação sobre outro parente do Senhor, Simeão, que foi bispo de Jerusalém e sofreu o martírio (*Hist. eccl.,* III, 32,6; IV, 22,4: "Todos o preferiram como segundo [bispo] porque era irmão do Senhor"). Ele menciona também outro relato de Hegésipo, no qual dois descendentes de Judas, irmão do Senhor segundo a carne, compareceram em Roma diante de Domiciano, acusados de linhagem davídica. "Quando foram libertados, eles dirigiram as Igrejas ao mesmo tempo como mártires e como parentes do Senhor" (III, 20,6). Trata-se de uma lenda que confirma a existência de uma tradição favorável à dinastia, do tipo das famílias sacerdotais do judaísmo.

[17] Eusébio, *Hist. eccl.,* III, 11; III, 22. Sobre o presumível califado cristão, cf. HARNACK, *Entstehung und Entwicklung der Kirchenverfassung und des Kirchenrechts in den zwei ersten Jahrhunderten,* cit., pp. 24-28; CAMPENHAUSEN, H. von. Die Nachfolge des Jakobus. Zur frage eines urchristlichen Kalifats. *ZKG,* n. 63, pp. 133-144, 1950/1951; STAUFFER, Zum Kalifat des Jakobus, cit., pp. 193-214.

[18] Eusébio, *Hist. eccl.,* IV, 5,3. Fala-se de uma sucessão de 15 bispos, todos hebreus (IV, 5,2). Alguns autores até propõem que o terceiro da lista, Justino, também fosse parente do Senhor, embora essa hipótese seja bastante improvável.

[19] *Ep. Petri ad Jacobum Inscr.,* 1; 3 *Rec.,* 1,68: "Iacobum episcoporum principem sacerdotum princeps".

Historicamente não se pode falar de bispos monárquicos em Jerusalém, até o século III; ademais, Tiago não era bispo, mas apóstolo. A lista foi criada mais tarde com a finalidade de estabelecer a sucessão episcopal em Jerusalém, como ocorreu em outras Igrejas. A alusão aos parentes do Senhor poderia ter conotações dinásticas para os judeu-cristãos radicais; todavia, é bastante improvável, dado que não temos nenhuma outra notícia. É verossímil, contudo, que tenha havido na Igreja primitiva uma rejeição a essas pretensões genealógicas dos parentes do Senhor, que outros aceitavam, e que esse distanciamento tenha influenciado na apresentação dos próprios evangelhos canônicos, os quais mostram a rejeição de Jesus a seus laços de carne e de sangue e sua opção pelos discípulos como sua verdadeira família, em contraste com a de seus parentes (Mc 3,21-22.31-35; 6,1-5; Jo 7,3-6). Contudo, os evangelhos de Mateus e de Lucas tendem a amenizar o distanciamento crítico entre Jesus e sua família, provavelmente porque alguns de seus membros eram pessoas conhecidas e respeitadas na Igreja primitiva quando foram compostos os evangelhos. É claro que o maior contraste é o de Maria, a mãe do Senhor, que aparece como uma figura relegada e distante durante a vida pública de Jesus, em contraste com a veneração posterior da Igreja primitiva, da qual dão mostras os próprios evangelhos da infância de Mateus e de Lucas.

Lucas escreve em um contexto eclesial no qual há a necessidade de se fazer frente às demandas dos judaizantes, que eram os mais radicais dentre os judeu-cristãos, e às pretensões paulinas, optando, em ambos os casos, por afirmar a autoridade de Pedro. Há um conflito de interpretações do significado da vida e da mensagem de Jesus em relação ao judaísmo e ao paganismo, buscando-se uma mediação com base em uma valorização teológica de Pedro. Não se recorre a Jesus, pois ele não havia deixado qualquer indicação sobre como resolver tais problemas, já que não preparou o surgimento da Igreja, mas a chegada do Reino, embora depois ele se tornasse uma referência permanente para a Igreja. É preciso encontrar outras personalidades que possam dar critérios, e Pedro foi o escolhido por ter sido aceito tanto pelos judeu-cristãos mais estritos quanto pelos pagão-cristãos mais radicais. Daí a sua idoneidade como apóstolo universal e como garante da unidade da Igreja, ameaçada pelas duas correntes em confronto.

Isso demonstra que, com o passar do tempo, a figura de Pedro adquire uma relevância teológica cada vez maior na Igreja, que vai muito além de sua importância como personagem histórico, e que essa significação não só faz dele um modelo daquilo que significa ser apóstolo, mas designa-lhe uma função especial, a de garantir a unidade da Igreja. Essa função é exercida por ele depois da morte de Jesus, por ser a primeira testemunha da ressurreição e o destinatário ao qual todos se dirigem, contando as experiências que haviam tido. Mais tarde ele volta a exercê-la depois de sua própria morte, sendo o apóstolo da unidade diante do perigo de cisma suscitado pelo confronto entre os seguidores de Tiago e os de Paulo. Para nenhum deles Pedro é o apóstolo preferido, e sim Tiago (Tg 1,1) e Paulo respectivamente, mas todos aceitam sua importância universal e sua garantia apostólica como um sinal de ortodoxia e de eclesialidade. O mesmo ocorre nos escritos joaninos, que não fazem dele o primeiro discípulo, lugar concedido ao discípulo amado, mas que reconhecem sua autoridade apostólica.

Pedro é o apóstolo da unidade, mas o conceito mesmo de apóstolo é pascal, não sendo possível recorrer a Jesus como aquele que projetou a ação petrina, que é incompreensível sem a posterior inspiração do Espírito e sem a iniciativa particular de Pedro. Já sabemos que no Novo Testamento não há consenso nem sobre quem são os apóstolos, nem sobre quais seriam os critérios para se determinar quem pode ser um apóstolo, nem sequer sobre as competências apostólicas. Distingue-se, de fato, entre Pedro, os onze, Tiago e Paulo, e o restante dos apóstolos, carismáticos e missionários das Igrejas, todavia sem se estabelecer uma demarcação estrita, nem refletir sobre o que os une e o que os separa. Pedro, no entanto, é aceito por todos. É inegável o fato de que há uma continuidade entre a liderança de Simão Pedro no círculo dos discípulos de Jesus e o apóstolo da Igreja posterior à páscoa. Ele é o protótipo do apóstolo, sem que haja o menor traço de um culto à personalidade, nem de uma idealização de sua figura que passe por cima de sua debilidade e de suas limitações pessoais.

As funções e o significado de Pedro variam segundo as comunidades, e não há um consenso, nem uma única teologia. Pedro é reivindicado mais tarde tanto pelas heresias que defenderam uma cristologia doceta, isto é, aqueles que negavam a "realidade humana" de Cristo em favor de um Verbo divino que não havia sofrido na cruz (como o *Apocalipse de Pedro* ou a *Carta de Pedro a Felipe*, que foi encontrada na biblioteca gnóstica de Nag Hammadi), quanto por seus adversários ortodoxos (*InSm.*, 3,1-3). O mesmo aconteceu na disputa — que dividiu a Igreja — entre os que defendiam uma única penitência depois do batismo, como os montanistas, e os que aceitavam uma práxis mais misericordiosa ou laxista. Para dirimir suas disputas, ambos os grupos reivindicavam a autoridade de Pedro e seu significado exemplar de pecador arrependido. O poder de ligar e desligar, isto é, de perdoar os pecados, era considerado como um poder específico de Pedro, e os dois grupos remetiam-se à sua autoridade para garantir a validez de sua práxis. O mesmo ocorre no que concerne à missão entre os gentios, reivindicando Pedro e os doze como seus propulsores e procurando reconciliar Paulo e Pedro (como ocorre no livro dos Atos ou nas cartas petrinas) ou confrontá-los entre si (como o fazem as seitas e os grupos antipaulinos).

Esse afã em refugiar-se na figura petrina e utilizá-la para defender posturas ideológicas confrontadas demonstra como vai se engrandecendo a imagem de Pedro nos séculos I e II.[20] Poderiam ser colocados exemplos semelhantes quando se tratou de elucidar os conflitos cristãos em torno do valor salvífico da lei ou sobre o significado da hierarquia, que analisaremos a seguir. Pedro se converteu no confessor da fé, no apóstolo e pastor por antonomásia e no legitimador das Escrituras, principalmente das cartas petrinas, embora saibamos que elas foram escritas por um desconhecido, provavelmente um cristão mais identificado com a eclesiologia paulina. Pedro influenciou também no evangelho de Marcos, que,

---

[20] Remeto ao excelente estudo de C. Grappe, *Images de Pierre aux deux premiers siècles*, Paris, 1995, pp. 72-76; 96-103; 118-122; 291-295. Ele mostra como Pedro foi uma figura controvertida e muito utilizada no cristianismo primitivo, misturando-se assim a sua teologia com o personagem histórico.

segundo uma tradição posterior, havia sido só o seu intérprete, pondo por escrito aquilo que ouviu do apóstolo. O mesmo acontece com a tradição de Mateus, que lhe concede uma relevância excepcional, não testemunhada nos demais evangelhos. Partindo de Pedro, tornou-se possível articular Tiago e Paulo em uma Igreja comum, o que tirava dos hereges marcionitas a autoridade de Paulo, na qual eles se amparavam, e dos hereges judaizantes o favorecimento de Tiago. O martírio de Pedro e de Paulo em Roma reforçava mais ainda esse papel de unidade e estabilidade em uma Igreja dividida por grandes diferenças doutrinais e práticas.

A figura de Pedro serviu também de pretexto para um grande número de devoções, escritos apócrifos e teologias. A Igreja oficial serviu-se de Pedro como princípio teológico da própria hierarquia, a partir da sucessão apostólica, enquanto os gnósticos o transformaram em receptor de muitas revelações secretas, que posteriormente haviam sido transmitidas a eles. A religiosidade popular o contemplava como missionário, santo milagroso e protetor da Igreja. Ressaltavam-se suas origens humildes, sua condição pecadora, seu testemunho martirial e seu papel de receptor da revelação. Do século II em diante há uma grande quantidade de escritos apócrifos sobre ele: o *Evangelho de Pedro*, os *Querigmas de Pedro*, os *Atos de Pedro*, o *Apocalipse de Pedro*, as *Tradições das cartas pseudoclementinas* etc. A maioria deles teve uma boa difusão, sobretudo na Igreja oriental, enquanto no Ocidente encontraram certa rejeição por causa do uso que deles faziam os hereges.[21] No entanto, tais documentos testemunham a importância de Pedro para as pessoas simples. Essa religiosidade popular constituiu-se na base para a teologia que foi construída em torno dele, como ocorreu na alta Idade Média, quando os papas fomentaram a devoção a são Pedro, como instrumento para suas reivindicações políticas e eclesiais.

---

[21] Eusébio, *Hist. eccl.*, III, 3,2: "Sabemos que estes livros não foram em absoluto transmitidos entre os escritos católicos e que nenhum escritor eclesiástico, nem entre os antigos nem entre os modernos, serviu-se dos testemunhos neles contidos". Sobre a difusão de Pedro nos apócrifos e lendas, cf. FRÖHCLICH, K. *Petrus*. In: *TRE*, 26. 1996. v. 2, pp. 273-278.

Por outro lado, Pedro não foi chefe da Igreja de Jerusalém, tampouco das comunidades paulinas. Também não se pode falar de uma relação de assimetria, muito menos de obediência, de Paulo, Tiago ou João, para citar somente três apóstolos relevantes, para com Pedro. Tampouco há quaisquer pretensões por parte de Pedro de controlar a vida das Igrejas, mas sua atividade apostólica e sua relevância teológica concretizam-se em um contexto claramente grupal, colegiado e missionário. É evidente que Pedro não foi bispo de nenhuma Igreja, assim como não o foram Tiago, Paulo ou João. Eles eram apóstolos, e a atividade petrina não aparece circunscrita a nenhuma Igreja especificamente. Também não há no Novo Testamento alusões a uma sucessão de Pedro, nem pessoal em um bispo concreto, nem coletiva no conjunto dos bispos, embora se possa afirmar, isto sim, que em fins do século I a sua figura tenha adquirido uma relevância universal. O desenvolvimento dogmático posterior deve ser compreendido à luz dessa importância crescente de Pedro como figura teológica, ao longo do Novo Testamento.

Unidade e pluralidade eclesiológica do Novo Testamento

O cânon do Novo Testamento reflete uma grande quantidade de correntes, teologias e Igrejas. Precisamente porque Jesus não fundou nem determinou como deveria ser a Igreja, houve um grande espaço para a criatividade das comunidades dos apóstolos e dos mestres que escreveram os documentos que hoje formam o Novo Testamento. Este, assim como a Bíblia em seu conjunto, não é um livro, mas uma biblioteca, que recolhe os livros canônicos de diferentes comunidades cristãs. O cânon do Novo Testamento é fruto de uma seleção, na qual acabaram sendo incluídos aqueles escritos que foram aceitos por todas as Igrejas depois de um longo período de vacilação, dúvidas e discussões, pois nem todos os escritos obtiveram inicialmente um consenso favorável para transformar-se em escritos fundadores do cristianismo. Esse cânon do Novo Testamento sanciona teologicamente um modo de Igreja pluralista e unitário, no qual a comunhão não está livre de confrontos e no qual os conflitos de interpretação estão na ordem do dia. Se as Igrejas houvessem sido uniformes em sua teologia e em suas instituições, ministérios e práticas, não teria sido necessário um forte desenvolvimento institucional, que começou praticamente de imediato. Mas precisamente a Igreja do Novo Testamento não é uniforme, nem centralizada. Nela coexistem distintos grupos que deixaram sua marca nos escritos, cada um deles com sua própria cristologia e eclesiologia.

De uma forma pedagógica, e inevitavelmente simplificadora, podemos estabelecer quatro grandes correntes no cristianismo primitivo, bem como três grandes focos de irradiação missionária e teológica: Jerusalém, Antioquia e Roma.[22] Por um lado, há uma corrente judaico-cristã radical que propugna a plena observância da lei para os gentios e insiste na necessidade da circuncisão (At 11,2; 15,5; Gl 2,4; Fl 1,15-17). É o grupo dos judaizantes ou zelosos da lei (Mt 5,17-20; 23,2-3), que depois continuou em movimentos heréticos, tais como o dos ebionitas, que exaltavam o apóstolo Tiago. Eles constituem o grupo mais radicalmente antipaulino, e sua literatura teve escassa aceitação no Novo Testamento, embora tenham deixado marcas isoladas (Mt 10,5-6; 15,24). Conhecemos muitos desses escritos judaizantes por meio da literatura apócrifa.

Juntamente com eles, emerge outra tradição mais moderada, por vezes mesclada à primeira. Eles mantêm prescrições legais mínimas para os conversos (At 15,20.29) e não insistem na necessidade da circuncisão. Essa é provavelmente a postura defendida por Tiago (At 15,20-23; Gl

---

[22] Recolho aqui, basicamente, as orientações de Brown sobre a pluralidade neotestamentária, embora em alguns pontos concretos eu não partilhe de suas conclusões; cf. BROWN, *As Igrejas dos Apóstolos*, cit.; BROWN & MEIER, *Antioch and Rome...*, cit., DUNN, J. D. G. *Unity and Diversity in the New Testament*. Philadelphia, 1977; COLLINS, R. F. Aperçus sur quelques Églises locales à l'époque du Nouveau Testament. *MD*, n. 165, pp. 7-47, 1986; HAHN, F.; KERTELGE, K.; SCHNACKENBURG, R. *Einheit der Kirche. Grundlegung im Neuen Testament*. Freiburg, 1979. pp. 9-93; RADDATZ, A. Die Kircheneinheit in apostolischer Zeit. In: IV-V THEOLOGISCHE KONFERENZ. *Ökumene, Konzil, Unfehlbarkeit*. Innsbruck, 1979. pp. 108-116; SCHWEIZER, *Church Order in the New Testament*, cit; KÄSEMANN, *Exegetische Versuche und Besinnungen,* cit., pp. 262-268; CULLMANN, *Einheit durch Vielfalt*, cit.; LANNE, Unité et diversité, cit., v. 2, pp. 16-46; KRENTZ, Fidelity in Variety: Forms of the Church in the New Testament, cit., pp. 73-82.

2,12) e da qual o próprio Pedro se aproximou, buscando uma solução de compromisso para os judeu-cristãos. Também Barnabé parece próximo a essa corrente (At 11,22-23) e acabou fazendo frente comum com Pedro diante da postura mais exigente de Paulo (Gl 2,13). Provavelmente esse é também o espaço no qual se move o evangelho de Mateus, que tomou as devidas distâncias entre as tradições judaicas e os compromissos purificatórios (Mt 15,11), porque redigiu seu evangelho depois da destruição de Jerusalém e depois da ruptura definitiva dos cristãos.

Mateus retoca o evangelho de Marcos: ele o complementa com as contribuições provenientes de uma tradição palestina e de correntes helenistas e pagão-cristãs da Igreja de Antioquia. Esforça-se por reconciliar a lei com Jesus, a partir de uma interpretação baseada na primazia do amor e na necessidade de buscar a plenitude da lei. Combina a tendência reformista judaico-cristã com a rupturista pagão-cristã, polemizando tanto contra os fariseus e escribas judeus quanto contra os liberais carismáticos, que apregoavam a superação da lei. Por outro lado, Mateus está aberto aos pagãos, pois provavelmente o evangelho foi escrito em Antioquia, e procura fundamentar com as Escrituras judaicas o messianismo de Jesus, seguindo a orientação dos profetas e doutores daquela Igreja (At 13,1; Mt 13,52). Também a *Didaqué* poderia pertencer a essa corrente judaico-cristã, com um judaísmo muito mais mitigado do que o de Mateus (*Did.*, 6,2; Mt 5,43-48; 11,28-30), pois pertence a uma época teológica posterior. Contudo, mantêm-se a validade dos jejuns, em contraposição a Mateus (*Did.*, 8,1; cf. Mt 6,16-18), e uma casuística sobre como celebrar a liturgia cristã (*Did.*, 7,1-2; 8,2-3).

Inácio de Antioquia alude diretamente ao evangelho de Mateus em diversas ocasiões, algo que não ocorre com Lucas ou com Marcos, o que é um bom indício de que o evangelho foi elaborado ou pelo menos foi difundido nessa área geográfica. A tendência petrina do evangelho de Mateus pode estar relacionada com essa orientação para o compromisso da ala moderada judaico-cristã. A própria promessa de Jesus a Pedro, que só é encontrada em seu evangelho, poderia implicar um distanciamento dos seguidores de Tiago, alguns dos quais, com o passar do tempo, foram se radicalizando cada vez mais e se aproximando dos judaizantes radicais. No judaísmo antioqueno, é possível que tenha havido um presidente e um colégio de anciãos, que serviu de referência para a figura do bispo monárquico, mais tarde surgido nas cartas de Inácio, e que seria também o pano de fundo de uma teologia dos ministérios judeu-cristãos. Nas cartas de Inácio de Antioquia, o bispo e os presbíteros seriam os que teriam substituído os profetas e mestres da etapa inicial da Igreja antioquena. Também a Carta de Tiago pode ser proveniente desse judeu-cristianismo moderado, com certa polêmica sobre os que defendem uma fé que justifica, à margem das obras (Tg 2,14-26). O evangelho de Marcos reflete uma clara teologia petrina, apesar de não esconder nenhum dos defeitos e debilidades de Pedro, e é provável que tenha sido escrito em um lugar muito conhecido e freqüentado, o que facilitou a difusão desse evangelho e seu aproveitamento posterior por parte de Mateus e de Lucas.

O terceiro grupo estaria representado por Paulo, que não aceita compromissos no que se refere à lei, à circuncisão e à separação entre Igreja judeu-cristã e pagão-cristã (Gl 2,13-14). No livro dos Atos ele é apresentado no templo e observando as festas judaicas (At 20,6.16; 21,26), e até faz-se alusão ao fato de que ele circuncida o judeu Timóteo (At 16,1-3; cf. Gl 2,3). Tal postura, que entra em choque com o radicalismo de suas cartas, poderia ser o resultado da teologia harmonizante e de compromisso de Lucas, que estaria procurando tornar Paulo aceitável aos judeus moderados, ou poderia representar uma etapa biográfica inicial do próprio Paulo, que mais tarde se tornaria radical na rejeição de Israel. Poderia afirmar-se também que Paulo era radical ao defender os direitos dos gentios cristãos, mas nem tanto no que diz respeito aos judeu-cristãos (2Cor 11,22; Fl 3,5; At 9,29), o que seria uma das causas dos problemas por ele enfrentados na Igreja de Jerusalém e de que ele fosse visto como unilateral.

A pluralidade de Igrejas

Há cristãos, obviamente, que ainda rejeitam a existência de diferenças no Novo Testamento. Alguns adotam tal posição apoiados numa teoria rígida de inspiração divina, que não leva em conta a situação humana dos escritos do Novo

> Testamento e que insiste em dizer que sua mensagem precisa ser uniforme, já que somente a voz de Deus pode ser ouvida. Outros rejeitam a diversidade do Novo Testamento porque projetam sobre o primeiro século uma situação ideal, segundo o que Jesus planejara a Igreja, na qual os apóstolos tinham um só coração e um pensamento único a propósito de como pôr em prática as diretrizes recebidas do Mestre, e uma Igreja em que os únicos que divergiam eram os perturbadores da ordem, condenados pelos autores do Novo Testamento. Com a maioria dos exegetas — católicos romanos e protestantes —, acho que nenhuma dessas objeções ultraconservadoras feitas contra as diferenças encontradas no Novo Testamento pode ser sustentada com base em dados evidentes. Eu iria mais longe ainda: religiosamente falando, nenhuma delas é uma solução particularmente boa e, na verdade, ambas têm sido prejudiciais ao desenvolvimento de uma instância cristã madura, capaz de reconhecer e valorizar as peculiaridades (R. Brown, *As Igrejas dos Apóstolos*, cit., p. 187).

A Primeira Carta de Pedro poderia provir dessa corrente, embora também possa originar-se do segundo grupo, o dos judeu-cristãos moderados. Nela se reflete a teologia paulina e são citados os companheiros de Paulo (1Pd 5,12-13; cf. At 15,22-27; 12,12). Sua teologia carismática é equilibrada por uma clara valorização de Pedro, cuja autoridade é legitimada pela carta (1Pd 1,1-2) e por uma abertura moderada às tradições judaicas que prosseguem na Igreja cristã (1Pd 2,6-10). Há também paralelismos entre a teologia da Carta aos Romanos e a carta petrina (Rm 12,1; cf. 1Pd 2,2.5.12), o que demonstra que entre o judeu-cristianismo moderado e o paulinismo não radical existem claros pontos de contato e de proximidade, embora tenham diferentes orientações. Exatamente o contrário do que acontece no século II com o marcionismo, que representa a ala radical e herege da tradição paulina, reforçando o antijudaísmo que, de forma mais mitigada, está presente em outros escritos, como os joaninos. Nos escritos paulinos, assim como nos joaninos, há abertura e crítica dos gnósticos e espirituais, os quais, ao que parece, foram muito ativos em algumas comunidades, como é demonstrado pelas cartas aos coríntios e pelas deuteropaulinas aos efésios e aos colossenses. No interior de cada corrente há influências de vários tipos, que impedem uma clara delimitação dos escritos.

Essa corrente paulina é a mais representada no Novo Testamento e a que teve continuidade nas cartas redigidas sob a suposta autoridade de Paulo. Na Carta aos Romanos, provavelmente escrita em Corinto, Paulo desenvolve uma teologia mais abrandada e conciliatória em relação ao judaísmo e à lei, do que a defendida, por exemplo, na Carta aos Gálatas. É possível que ele esteja procurando agradar os judeus de Roma, mais liberais do que os de Jerusalém, além de estar consciente de que essa Igreja foi fundada por outros (Rm 15,20-24). É possível que ele tenha sofrido o martírio em Roma devido a uma denúncia dos judaizantes (Rm 16,17-18; At 28,17.22.24-25), podendo estar aludindo a esse fato a posterior carta de Clemente de Roma quando afirma que Paulo e Pedro morreram por ciúmes e inveja (*1Clem.*, 5,2-7; 6,1).[23] A própria Carta aos Filipenses pode ter sido escrita em Roma e não em Éfeso, e nela se refletiriam a prisão de Paulo e os ataques dos judaizantes (Fl 1,14-15; 3,2-11). Também nessa linha poderíamos colocar a Carta aos Efésios, na qual se alude a uma comunidade de judeus e cristãos (Ef 2,12-16.18-22; cf. Rm 11,23-27.30-32), enquanto Colossenses é mais próxima a Paulo, e há autores que pensam que ela recolha autênticos fragmentos paulinos.

As cartas pastorais também refletem um paulinismo moderado, já claramente integrado ao processo de institucionalização da Igreja de final de século. A herança paulina é a mais pluralista, e os escritos diferem de forma substancial em sua teologia sobre o judaísmo e na abertura às demais correntes não-paulinas. A *Primeira Carta de Clemente* também mostra a fusão entre a herança judaica e a pagão-cristã, com alusões ao culto judaico como exemplo para os ministros cristãos. Por ser dirigida aos cristãos de Corinto, a carta recolhe boa parte da tradição paulina, como, por exemplo, a exortação a obedecer as autoridades civis, como ocorre na Carta aos Romanos e na Primeira Carta de Pedro. Essa herança paulina está ligada a uma maior valorização daquilo que é judaico. O peso da herança paulina é muito desigual nos escritos do Novo Testamento. Por vezes ela foi posta em conexão com elementos carismáticos e

---

[23] BROWN & MEIER, *Antioch and Rome...*, cit., pp. 125-127.

gnósticos, como é o caso da Carta aos Efésios e da Carta aos Colossenses, e em outras ocasiões com tradições judaico-cristãs, como na *Primeira Carta de Clemente*.

O quarto grupo seria o dos helenistas, que teriam em Estêvão o seu herói. Eles inicialmente diferenciavam-se de Paulo (At 9,29) e punham o acento na superação do templo, do culto e do sacerdócio judaico. Os Atos dos Apóstolos recolhem de forma positiva essa teologia, com a qual Lucas se distancia do templo (Lc 24,53; cf. At 28,25-28), apresentando-o como o resultado de um processo de reflexão teológica, cujo porta-voz é Estêvão. Os grupos joaninos estão próximos a essa postura e se caracterizam pela ruptura com o judaísmo, pela mística cristológica e pela importância dada ao Espírito: os sacramentos são cristologizados, para distanciar-se do culto judaico. O quarto evangelho aproxima-se da cristologia de Efésios e Colossenses, mas distancia-se deles por sua rejeição global dos judeus. O Apocalipse é claramente anti-romano (ao contrário da Primeira Carta de Pedro, da Carta aos Filipenses, ou de Lucas); todavia, aqui os apóstolos são valorizados muito mais do que nos escritos joaninos. Tanto estes quanto a tradição helenista ressaltam a destruição do templo e sua substituição pelo Ressuscitado (Jo 2,19; At 6,14).

A idéia da missão, em João, é muito limitada ao favorecimento da coesão da fraternidade cristã. A forte estrutura carismática tem um claro interesse cristológico mais do que eclesiológico, embora se acentue uma teologia do discipulado em relação aos ministérios ou ofícios institucionais. Pode ser que ele seja influenciado por uma teologia de samaritanos convertidos ao cristianismo, que davam mais valor a Moisés do que a Davi. Também a Carta aos Hebreus, que pode ter sido escrita para judeu-cristãos que tinham saudades do velho culto hebraico, coliga-se à teologia helenista na crítica ao templo, ao sacerdócio levita e ao culto sacrifical. Talvez essa carta tenha sido escrita para judeus de Roma por um discípulo de Paulo. Nela há uma forte valorização da humanidade de Cristo, o que a distancia da cristologia joanina. Mais tarde, tais elementos tiveram continuidade na *Carta de Barnabé*, na *Carta a Diogneto* e no apologeta Aristides, todos eles muito críticos em relação ao culto judaico.

Essas diversas correntes demonstram que o Novo Testamento apresenta uma história do cristianismo primitivo fortemente impregnada de teologia. Há uma pluralidade de cristianismos a partir do centro unificador dado pelas cristologias. A vida, as obras e o significado de Jesus são transmitidos de forma pluralista, e os limites do cânon são evidenciados pelos escritos não-canônicos. Alguns deles foram contemporâneos dos canônicos e recebidos pela Igreja como apostólicos ou apologéticos. Houve dissensões sobre quais deles deveriam ser aceitos no Novo Testamento, conservados como tradição posterior ou excluídos do cristianismo, constituindo aquilo que conhecemos como apócrifos. Não se pode estabelecer uma clara demarcação entre o nascimento do catolicismo e a situação anterior do cristianismo, nem entre a época carismática e a institucional, ou entre a abertura ao judaísmo e o fechamento da missão judaica.

A velha polêmica sobre uma possível degeneração do cristianismo sofreu uma modificação substancial depois da leitura crítica e histórica do Novo Testamento. Passou-se do fato de pôr um corte na época constantiniana — como se com Constantino começasse a transformação do cristianismo —, para uma datação anterior. Hoje o problema está em determinar qual é o núcleo do Novo Testamento, quais são os escritos essenciais e quais os secundários, e até que ponto Paulo é o centro do Novo Testamento ou só um dos seus pilares fundamentais. Tiago, Paulo, João e Pedro não são somente quatro figuras importantes do cristianismo primitivo, mas representantes de quatro teologias. Não há dúvida de que, dentre essas teologias, a petrina foi a que alcançou maior consenso entre as Igrejas. Isso não quer dizer que tenham sido anuladas as tradições paulinas, joaninas ou de Tiago, mas que a significação essencial de Pedro foi a de mediar e buscar a unidade, ameaçada por tensões eclesiais. Daí a progressiva ascensão e importância da teologia petrina no Novo Testamento.

O Novo Testamento reflete uma evolução histórica e teológica que não admite cortes, impugnações nem seleções, como as que se pretende fazer hoje. A partir de fora, procedemos seletivamente à avaliação desse fato e ao estabelecimento de etapas artificiais e que dependem de nossos critérios de avaliação.[24] Na realidade, o Novo Testamento, da mesma forma que a Bíblia em seu conjunto, reflete o amadurecimento religioso de algumas comunidades que se sentem enraizadas em Jesus, o que é interpretado de forma diferente, de acordo com a história, com a cultura e com as tradições teológicas de cada uma. Assim surgiu a Igreja e o cristianismo. Não é admissível uma harmonização que oculte sua complexa pluralidade. Os escritos devem ser entendidos como cristalizações de uma experiência religiosa dinâmica e aberta, submetida a constantes evoluções e interações. Por isso, há tensões, contradições e polarizações entre os escritos. A morte do fundador e a eclosão de uma forte experiência espiritual foi o que possibilitou essa multiplicidade de escritos e de teologias. À sua luz, adquire maior relevância o significado teológico de Pedro, que vai muito além de sua realidade histórica.

Eclesiologia de comunhão e primado do papa

As origens do cristianismo em Roma não são claras. Nela havia uma forte colônia de judeus — que alguns autores calculam em torno de cinqüenta mil — que poderia ter sido o ponto de partida para a expansão do cristianismo. Paulo esteve prisioneiro em Roma (At 28,15-16.30-31), enquanto as tradições a respeito da estada de Pedro e de seu subseqüente martírio com Paulo, sob o governo de Nero, remontam à segunda metade do século II. Nada sabemos de sua vida em Roma, de sua pregação e das circunstâncias de seu martírio, a não ser algumas esporádicas alusões feitas por alguns escritores do século III, cujo valor histórico é pouco confiável porque nelas se mesclam lendas, devoções e comentários de segunda mão.[25] A maioria dos cristãos conhecem as lendas apócrifas,

---

[24] KÄSEMANN, *Exegetische Versuche und Besinnungen*, cit., 4. Aufl., 1965, v. 1, pp. 214-236; HEINZ, *Das Problem der Kirchenentstehung in der deutschen protestantischen Theologie des 20 Jahrhunderts*, cit.

[25] Segundo uma tradição recolhida por Eusébio, no século IV, e que remonta a Clemente de Alexandria, o evangelho de Marcos seria um resumo da pregação de Pedro em Roma (*Hist. eccl.*, II, 15; VI, 14,6). Essa opinião não é aceita hoje pela maioria dos comentaristas, embora alguns sustentem, isso é verdade, que o evangelho possa ter sido escrito em Roma. Isso tampouco está

como os *Atos de Pedro*, que narram as aventuras de Pedro em Roma, sua luta com Simão, o Mago, sua tentativa de fugir para reencontrar Cristo e seu retorno para ser crucificado de cabeça para baixo. Tais relatos carecem de valor histórico. Pertencem muito mais à religiosidade popular do século III.

Os inícios da Igreja de Roma

Não sabemos quando ocorreu a passagem de um governo colegiado de presbíteros-bispos para um bispo monárquico que presidisse a Igreja. Já temos conhecimento de que a carta de Clemente foi enviada pela "Igreja de Deus que mora em Roma" à de Corinto (*1Clem.*, 63,3; 65,1), sem que haja a menor alusão ao bispo. O mesmo diga-se das cartas de Inácio de Antioquia, que não nomeia o bispo quando se dirige a Roma, apesar de sua insistência em ressaltar a importância do bispo em cada Igreja. O primeiro testemunho que faz alusão ao bispo de Roma é o *Fragmento Muratori*, de fins do século II, o qual afirma que Hermas é o irmão de Pio, bispo de Roma. Todavia, esse suposto bispo nunca é mencionado nos escritos de Hermas e parece pouco provável que, sendo este um escravo (*Vis.*, I,1), tivesse um irmão bispo. Nem Irineu, nem Tertuliano, nem Orígenes fazem a menor referência a isso, embora conheçam os escritos de Hermas.

As diversas listas episcopais romanas que conhecemos são tardias e não coincidem nem nos nomes, nem na cronologia. Provavelmente

---

claro. As primeiras alusões ao martírio de Pedro e de Paulo são de meados do século II (*1Clem.*, 5; *InRom.*, 4,3), mas somente em fins do século II se afirma que a Igreja de Roma foi fundada por ambos os apóstolos (Irineu, *Adv. haer.*, III, 3,1; Eusébio, *Hist. eccl.*, II, 25,8). Tertuliano e Jerônimo falam também da pregação e do martírio de ambos no mesmo dia, enquanto Eusébio transmite uma informação dada pelo presbítero Gaio, segundo a qual haviam sido encontrados os restos de ambos na Via Ostiense, em torno do ano 200 (Eusébio, *Hist. eccl.*, II, 25,6). A atual Basílica de São Pedro remete a uma velha construção do imperador Constantino, e esta é possível que tenha surgido por ocasião do achado desses restos mortais, aos quais Gaio se refere. A morte de Pedro e de Paulo em Roma não foi questionada na tradição dos primeiros séculos, embora não tenhamos certeza sobre o momento histórico em que ela ocorreu, provavelmente em torno do ano 64 a 66; cf. FRÖCHLICH, Petrus, cit., pp. 275-276; BROWN & MEIER, *Antioch and Rome...*, cit., pp. 92-104; 191-201; KIRSCHBAUM, E. *La tumba de San Pedro y las catacumbas romanas.* Madrid, 1954. pp. 30-56.

foram criadas para mostrar a continuidade episcopal a partir de personagens conhecidos dessa Igreja, apresentados como bispos. Irineu pôs Lino como primeiro bispo de Roma; para Tertuliano, foi Clemente (segundo ele, ordenado pelo próprio Pedro). Outras listas, de meados do século III, já partem de Pedro como o primeiro bispo da Igreja romana, transformando-o assim no primeiro hierarca de uma Igreja local. A afirmação de Jerônimo, recolhida posteriormente por Eusébio, segundo a qual Pedro viveu durante 25 anos em Roma e teve Lino e Cleto como auxiliares (que mais tarde teriam sido seus sucessores), é incompatível com a tradição histórica, que data sua morte sob o império de Nero, na década de 60. Há muitas listas sucessórias semelhantes em outras Igrejas importantes, como é o caso de Antioquia, Alexandria e Jerusalém, as quais não possuem valor histórico confiável no que se refere à enumeração das pessoas e à sua cronologia.[26]

Em Roma, a sucessão episcopal provavelmente surgiu na segunda metade do século II.[27] A comunidade judaica romana carecia de um governo centralizado e estava dispersa em uma dúzia de sinagogas, o que torna mais verossímil a demora no surgimento do bispo monárquico na Igreja romana. Por conseguinte, não há uma sucessão episcopal inicial, nem a sucessão apostólica pode ser entendida de forma mecânica. Quem tem importância é a Igreja de Roma como tal, pelo fato de ser capital do Império e pela sua importância econômica e política; por ser uma Igreja muito conhecida, tendo vínculos com todas as demais Igrejas (como o demonstra a *Carta de Clemente de Roma aos coríntios*); por sua hospitalidade e generosidade (Inácio de Antioquia afirma que ela foi posta como cabeça na caridade, e isso é corroborado por Dionísio de Corinto); e sobretudo pela sua dupla relação apostólica com Pedro e Paulo. Irineu de Lyon afirma que todos devem estar de acordo com essa Igreja, que é a

---

[26] Um bom estudo dessas listas episcopais romanas é o de E. Caspar, *Geschichte des Papsttum;. Römische und Imperium Romanum*, Tübingen, 1930, v. 1, pp. 7-16.

[27] Vries, W. de. Die Entwicklung des Primats in den ersten drei jahrhunderten. In: Arbeitsgemeinschaft Ökumenischer Universitätsinstitute (Hrsg.) *Papsttum als ökumenische Frage*. München, 1979. pp. 114-116.

que tem "a principalidade mais potente", em provável alusão à sua apostolicidade e também à solidez de sua doutrina, que contrastava com as difundidas pelos gnósticos. Tais testemunhos evidenciam a importância da Igreja romana desde o século II. Além disso, trata-se de uma Igreja que conta com importantes recursos econômicos, empregando-os no atendimento aos pobres e aos visitantes de outras Igrejas, e sempre foi famosa sua excelente administração e eficiência, como corresponde à capital de um grande império.

Contudo, disso não se pode deduzir nem uma primazia jurídica, nem uma primazia apostólica da Igreja romana. Tampouco há nela a menor alusão a Pedro para sustentar quaisquer direitos sobre as demais Igrejas. Da mesma forma que o fazem outras Igrejas principais, ela intervém nos assuntos que afetam todos os cristãos e mantém relações epistolares com as demais Igrejas, sem que disso se possa deduzir qualquer tipo de direito ou privilégio. Vítor I (189-199) interveio em um conflito com as Igrejas da Ásia Menor, que não aceitavam o calendário litúrgico utilizado em Roma. Já anteriormente, pelo mesmo motivo, haviam ocorrido tensões entre Policarpo de Esmirna e o bispo Aniceto. Vítor ordena que sejam celebrados sínodos para resolver essa questão, ameaçando com a excomunhão as Igrejas que não aceitarem esse calendário. Temos aqui uma clara intervenção autoritária fora de Roma; no entanto, sem falar que podem ser citados casos semelhantes de bispos de outras Igrejas importantes que excomungavam aqueles com os quais entravam em conflito, sua intervenção não foi aceita pelas demais Igrejas. O próprio Irineu, que louvava a principalidade da Igreja romana, rejeita essa intervenção do papa Vítor, não lhe concedendo qualquer direito de intervir autoritariamente em outras Igrejas.[28]

No século III, há uma crescente tomada de consciência de seus bispos, que começam a estender sua autoridade dentro e fora de sua Igreja.

---

[28] Brox, N. O conflito entre Aniceto e Policarpo. *Concilium*, n. 71, pp. 28-35, 1972; Anastasiou, I. E. Idee und historische Entwicklung des Petrisamtes vor Nikaia. In: Theologische Konferenz *Konziliarität und Kollegialität...*, cit., pp. 142-154; Vries, W. de. Primat und Kollegialität auf den Synoden von Nikaia. In: Theologische Konferenz, op. cit., pp. 155-161.

Tertuliano confronta-se com um bispo, por ele chamado ironicamente de "bispo dos bispos" e "pontífice máximo", quando este quer estabelecer nas Igrejas uma práxis penitencial menos rigorosa do que a pretendida por Tertuliano.[29] Todavia, é muito discutido o fato de ele estar se referindo a Calisto de Roma (217-222) ou ao bispo de Cartago, a qual era uma importante cidade africana na época. Além disso, temos cartas ocasionais de bispos de Roma que confirmam decisões tomadas por outras Igrejas, que lhes haviam sido comunicadas, seguindo uma práxis habitual entre as Igrejas importantes. Nada há de extraordinário nessas relações epistolares. Os primeiros testemunhos sobre uma primazia romana datam da época de Cipriano de Cartago. Ele é o primeiro a falar de uma "cátedra de Pedro" em Roma, e intervém aprovando a atitude do papa Cornélio (251-253) com relação aos lapsos, isto é, os apóstatas da fé durante as perseguições. O papa tende à tolerância e à flexibilidade contra Novaciano, e Cipriano o apóia e ressalta sua autoridade apostólica.

Segundo Cipriano, todos os bispos são sucessores de Pedro. É ele quem, pela primeira vez na história, utiliza a passagem de Mt 16,16-18 para legitimar a autoridade não do bispo de Roma em particular, mas a de todos os bispos em geral. Para ele, a Igreja é "a cátedra fundada pelo Senhor sobre Pedro", da qual participam todos os bispos.[30] Cipriano é o episcopalista mais decidido do século III, e ninguém como ele afirmou a

---

[29] Tertuliano, *De pudicitia*, I, 6: "O pontífice máximo, o bispo dos bispos, promulga um edito [...]". É muito discutido o fato de se tratar de uma referência a Calisto de Roma ou ao bispo de Cartago; cf. Quasten, J. *Patrología*. 2. ed. Madrid, 1968. v. 1, pp. 535-536.

[30] Por um lado, "os demais apóstolos eram aquilo que Pedro era, todos dotados da mesma participação solidária de honra e poder"; por outro lado, "a Pedro foi outorgado o primado, e com isso fica evidenciada uma só Igreja e uma só cátedra. E todos são pastores, mas o rebanho é um só, apascentado por todos os apóstolos em unânime concórdia. Aquele que abandona a cátedra de Pedro, sobre a qual está alicerçada a Igreja, irá crer que está dentro da Igreja?" (*De Cathol. Eccl. Unitate*, 4; *Ep.*, 59,7,3); "Nosso Senhor, cujos preceitos devemos respeitar e observar, ao ordenar que os homens se submetam ao bispo e ao plano da Igreja, fala no evangelho e diz a Pedro: 'Eu te digo que tu és Pedro e sobre esta pedra [...]' (Mt 16,16-19). Daqui parte, por meio da série de tempos e sucessões, a escolha de bispos e a organização da Igreja, de modo que a Igreja descansa sobre os bispos, e toda a sua atuação é regida por estes mesmos chefes" (*Ep.*, 33,1; 75,16; *De Cathol. Eccl. Unitate*, 4). Para Cipriano, todos os bispos participam da cátedra de Pedro, não só o de Roma, e todos os apóstolos possuem o mesmo poder dado a Pedro. Há comunicação com Roma, em função da unidade da Igreja, mas não um reconhecimento jurisdicional de seu poder.

soberania do bispo em sua Igreja. Contudo, a alusão feita por ele à passagem de Mt 16,16-18 voltou-se contra ele próprio quando teve um confronto com o papa Estêvão I (254-257). O papa exige, recorrendo à sua autoridade pessoal em virtude da sucessão de Pedro, que ele abandone sua atitude de "rebatizar" os hereges quando estes ingressam na Igreja católica. É a primeira vez que um papa exige obediência a um bispo (de uma Igreja ocidental, ou seja, que pertence ao patriarcado de Roma), baseando-se na sucessão de Pedro. Cipriano lhe responde que Pedro jamais exigiu um primado e muito menos que lhe obedecessem.[31] Nenhum bispo pode obedecer a outro e nenhum pode comportar-se como "bispo dos bispos" (aludindo ao título irônico usado por Tertuliano). Firmiliano de Cesaréia apóia Cipriano contra o papa, ao qual também ataca por este se considerar o "sucessor de Pedro".[32] Cipriano mantém sua atitude e é apoiado também pelo bispo de Alexandria, que escreve ao papa para que ele aceite o pluralismo eclesial, sem excomunhões nem enfrentamentos.[33] Resta o fato de que pela primeira vez vincula-se o papa a Pedro em função da promessa escrituralística de fundar a Igreja. Até o século IV, não volta a ressurgir essa teologia pró-papal, desconhecida no Novo Testamento.

Por outro lado, há dados que mostram a crescente consciência petrina do bispo de Roma no século III, e as alusões a Pedro multiplicam-se nos documentos dessa Igreja. Estêvão I reabilita dois bispos espanhóis que

---

[31] Na carta 74, Cipriano informa o bispo Pompeu a respeito de sua disputa com o bispo de Roma, censurando-o com dureza; cf. DAVIDS, A. Um ou nenhum. Doutrina de Cipriano sobre Igreja e tradição. *Concilium*, n. 71, pp. 36-41, 1972; CASPAR, *Geschichte des Papsttum...*, cit., pp. 72-83; 90-92.

[32] "Encho-me de indignação ante essa necessidade tão manifesta e clara de Estêvão, pois quem se gloria da dignidade de seu episcopado e defende sua posição de sucessor de Pedro, sobre o qual estabeleceu o fundamento da Igreja [...]. Estêvão, que se gloria de ter a cátedra de Pedro por sucessão, não se move por zelo nenhum contra os hereges" (Firmiliano a Cipriano, *Ep.*, 75,17,1-2).

[33] A negativa de Cipriano à aceitação da reconciliação dos hereges sem batismo, contrária ao parecer do papa Estêvão (254-257), foi recolhida na carta 75. Não se pode esquecer que Cipriano é o primeiro a falar dos cismáticos que recorrem à "cátedra de Pedro e à Igreja preeminente, de onde provém a unidade sacerdotal", sem disso deduzir a primazia do bispo de Roma na Igreja, pois "a cada pastor foi concedida uma porção do rebanho que ele deve dirigir e governar. De sua conduta, ele deve prestar contas somente a Deus" (*Ep.*, 59,14; 72,3; 55,8). Para Cipriano, todos os bispos são iguais em direitos e independentes. "Contanto que se mantenha o laço da concórdia e permaneça a fidelidade indissolúvel à unidade da Igreja católica, cada bispo dirige e regulamenta sua administração, devendo prestar contas de suas intenções a Deus" (*Ep.*, 55,21).

haviam sido depostos por um sínodo, e o próprio Cipriano reconhece indiretamente o direito de intervenção papal quando pede que seja deposto o bispo de Arles.[34] Roma começa a tornar-se uma instância à qual se recorre quando há conflitos nas Igrejas do Ocidente. No século III, há intervenções que denotam sua autoridade na Igreja latina, embora só intervenha em casos excepcionais, tendo necessidade de aceitar a independência de bispos — como o de Cartago — que se negam a aceitar suas decisões. A autonomia da Igreja africana em relação ao papa serviu de freio à expansão papal, mas isso se perdeu com a invasão dos vândalos e posteriormente com a aniquilação do cristianismo por parte dos árabes no norte da África. Tais acontecimentos históricos favoreceram a crescente influência da Igreja de Roma no Ocidente, embora o papa não interviesse nos assuntos internos de cada Igreja, exceto em casos excepcionais de conflitos.

Não se pode esquecer que o bispo de Roma possui três âmbitos distintos de autoridade: enquanto bispo de uma Igreja local, a romana, enquanto patriarca do Ocidente (onde ele exerce uma autoridade semelhante à dos bispos de Alexandria e de Antioquia em seus patriarcados) e enquanto primaz da Igreja universal. Sua autoridade em Roma é indiscutível, uma vez que se impôs a idéia segundo a qual cada Igreja deve ter somente um bispo, contra as pretensões dos antipapas. Sua primazia no Ocidente também se desenvolve progressivamente, mais na prática do que na teoria, sendo cada vez mais freqüente o recurso a ela quando há enfrentamentos entre as Igrejas ou conflitos episcopais. Por outro lado, até o século IV não há pretensões de primazia sobre as Igrejas orientais.

O primeiro bispo dentro da Igreja universal

O problema eclesiológico torna-se mais complicado a partir do século IV, por causa das intervenções dos imperadores, tanto a favor de Roma quanto de sua rival, Constantinopla. A eclesiologia passa a ser parte da

---

[34] *Ep.*, 68.

política imperial, o que faz o poder político transformar-se em um fator decisivo para as estruturas eclesiais. Não devemos esquecer que na Igreja antiga é o imperador, junto com seus delegados — e não o papa — quem convoca e preside os concílios, incluindo os ecumênicos, quem custeia e acompanha o seu desenvolvimento e quem sanciona os decretos dogmáticos e lhes dá força de lei no Império. Durante os séculos IV e V, há abundantes editos imperiais com penas e sanções para os hereges e cismáticos; são os próprios papas que freqüentemente recorrem à autoridade imperial para que intervenha nos conflitos eclesiais e atue contra os hereges. A partir da conquista de Roma por parte dos bárbaros (455), também os imperadores do Oriente favoreceram a liderança de Roma como meio para influenciar no Ocidente e resistir à pressão dos invasores. Essa política imperial facilitou a mundanização do papado e o desenvolvimento de suas pretensões eclesiais como primado.

O direito romano constituiu-se na base do direito cristão, da mesma forma que foram adotadas as estruturas políticas e administrativas do Império. Assim, formou-se uma cúria romana, similar à imperial, e começou-se a utilizar expressões de autoridade e poder próprias do estilo da corte. Do século IV em diante, começa um novo capítulo da eclesiologia. O edito de tolerância do imperador Constantino e os primeiros sínodos ecumênicos facilitaram a passagem de uma confederação de Igrejas autônomas para uma Igreja universal, reunida em concílios e estruturada em cinco grandes patriarcados ou regiões eclesiásticas, cada uma com sua própria tradição, direito, liturgia e autonomia episcopal. O cânon 6 do Concílio de Nicéia determinou que as Igrejas de Alexandria, Antioquia e Roma eram as principais e exerciam um controle sobre as demais Igrejas de seu âmbito territorial. A Igreja de Jerusalém recebeu também um grau honorífico, mas de fato carecia de importância política e eclesial.

Em virtude dos cânones do Concílio de Nicéia, Roma promoveu no século IV a autoridade dos bispos metropolitas, os das Igrejas mais importantes, e a participação deles na escolha dos bispos de sua província eclesiástica. Procurava-se assim consolidar uma estrutura eclesiástica que correspondesse à do Estado romano. No século V, pelo contrário, Roma apoiou o clero local e o povo na escolha de bispos, contra a pressão dos metropolitas que tinham se tornado muito poderosos.[35] Roma começa a multiplicar suas intervenções nas demais Igrejas, com uma consciência de autoridade cada vez maior. A partir do século V, usou-se o termo "principado" para designar o poder papal.[36] Posteriormente, o cânon 3 do Concílio de Constantinopla (381) reconheceu a nova Roma, isto é, Constantinopla, como o segundo posto na primazia honorífica, depois da velha capital do Império. O imperador Teodósio II concedeu a Constantinopla, no ano 421, no Oriente, os mesmos direitos dos quais desfrutava Roma no Ocidente. Isso foi confirmado e ampliado no âmbito jurisdicional pelo cânon 28 do Concílio de Calcedônia, no ano 451, apesar dos protestos contrários por parte de Roma.

O princípio subjacente a essas decisões conciliares é o da importância política da cidade, que determina a do bispo (cânon 17 do Concílio de Constantinopla), enquanto o papa Leão I não o aceita apelando para a sua dupla apostolicidade e para a sua antigüidade como a fonte de seus direitos e grau. Da mesma forma que Roma sucedeu a Jerusalém enquanto centro do cristianismo, agora Constantinopla, como nova capital, reivindica as funções desempenhadas por Roma. Se até o século IV prevalece a idéia da apostolicidade das Igrejas, que dá a primazia a Roma, Antioquia e Alexandria, agora o acento é posto na preeminência do bispo, enquanto sucessor de Pedro, assim como em dar a essa sucessão um conteúdo jurídico e administrativo que antes não existia. É ali que se dá o choque de teologias, onde os conflitos entre Igrejas passam a ser conflitos entre bispos.[37]

Surge assim uma teologia de direitos e de jurisdição que é a base a partir da qual se desenvolveu a teologia do primado do papa. O patriarca

---

[35] SPEIGL, J. Das entstehende Papsttum, die Kanones von Nizäa und die Bischofseinsetzungen in Gallien. In: SCHWAIGER, *Konzil und Papst*, cit., pp. 43-61.

[36] AUBERT, J. M. Modèles politiques et structures d'Église. *RSR*, n. 71, pp. 169-173, 1983; STANILOAE, D. Die Entstehung des Petrusamtes in orthodoxer Sicht. In: THEOLOGISCHE KONFERENZ, *Konziliarität und Kollegialität...*, cit., pp. 136-141; GAUDEMET, *L'Église dans l'Empire romain (IV-V siècles)*, cit., pp. 410-416.

[37] Esse confronto de teologias foi analisado por J. Ratzinger, *O novo povo de Deus*, cit.

de Constantinopla e, em geral, as Igrejas orientais procuram limitar tais pretensões jurisdicionais dos papas, deixando-as somente como uma questão de honra e de autoridade moral. Roma, pelo contrário, pretende dar conteúdo material à sua primazia. Na realidade, o reconhecimento dos direitos papais varia segundo os vaivéns da situação política e eclesial. O Concílio de Sárdica (343) estabelece que existe um direito de apelação a Roma quando há graves conflitos nas Igrejas; por exemplo, a deposição de um bispo. Essa decisão nunca foi aceita pelos orientais e o Concílio nunca foi reconhecido como ecumênico, ou seja, com validade universal. De fato, as próprias Igrejas orientais apelam para o bispo de Roma quando crêem que este será favorável a eles em suas disputas com outras Igrejas, mas o rejeitam quando não precisam do seu apoio.

Por seu lado, o imperador Graciano (378) confirma com um decreto o direito de apelação a Roma para todo o Ocidente, ficando o Oriente para Constantinopla. Essa política imperial favorece a autoridade de ambas para intervir nas "causas maiores", isto é, nos conflitos graves das Igrejas, respeitando sempre a autonomia destas na vida ordinária. Mais tarde, Valentiniano III, imperador do Ocidente, proclama em 445 a primazia do bispo de Roma sobre a Igreja universal, enquanto seu colega Teodósio II, imperador do Oriente, só o reconhece como patriarca do Ocidente e o adverte de que não se misture nos assuntos das Igrejas orientais. Não há um governo centralizado da Igreja, mas uma estrutura patriarcal — os cinco patriarcados — que preside a comunhão de Igrejas e intervém nos assuntos importantes. Os quatro primeiros concílios ecumênicos, todos convocados pelo imperador, refletem o confronto entre a concepção colegiada e sinodal da autoridade por parte do Oriente e as tentativas romanas de primazia pessoal. Jamais se chegará a um consenso nesse ponto, pois cada uma das partes possui uma teologia de Pedro, uma diferente concepção de sua sucessão e uma distinta interpretação de quais deviam ser as funções do bispo de Roma, tanto no âmbito de patriarca, quanto no de primado.

Roma intervém cada vez mais nos problemas das Igrejas orientais; por exemplo, apoiando Atanásio contra os seus adversários, incluindo o próprio imperador. O Concílio de Éfeso (431) reúne-se por causa do conflito suscitado entre o patriarca de Constantinopla, Nestório, e o de Alexandria, Cirilo. Roma intervém a favor do segundo, e quando o Concílio decide destituí-lo e declará-lo herege, os delegados papais tentam fazer com que essa decisão conciliar seja vista como uma aceitação da decisão papal. Isso não é aceito nem mesmo pelo próprio Cirilo, pois ele não admite a jurisdição papal para a Igreja universal. O Oriente dá sempre a preferência para as decisões dos concílios ecumênicos, que representam a eclesiologia de comunhão, enquanto os papas Júlio I (337-352) e Inocêncio I (401-417) se esforçam por adquirir um direito de veto ou de confirmação de seus decretos. A tensão entre o concílio ecumênico e o primado papal foi mantida até hoje e reflete as diferentes teologias.

Nesse contexto, podemos compreender que já não se trata simplesmente do ministério petrino, nem do problema de sua sucessão a bispo de Roma (como o afirmam os papas) ou a todos os bispos (como o sublinham são Cipriano, santo Agostinho e o conjunto das Igrejas orientais). O problema agora é o conjunto de competências de cada bispo em particular e dos patriarcas em geral e, dentro dessa estrutura, as funções e atribuições do bispo de Roma. Se no Novo Testamento não se pode falar de uma autoridade de Pedro sobre os demais apóstolos, agora sim é que há uma pretensão de autoridade que vai muito além daquilo a que o próprio Pedro aspirava. É claro que, para resolver o problema, não se pode apelar para a Escritura, embora tenham sido utilizadas várias passagens para legitimar os diversos posicionamentos no conflito, mas apelar para o reconhecimento por parte das Igrejas. A própria idéia do primado é ambígua, pois pode ser entendida em sentido honorífico e litúrgico, como o pretende o Oriente, ou em sentido jurisdicional e administrativo, como o reclama o Ocidente. Também não há acordo sobre a existência de um primado eclesial ou de algo que derive do Cristo. A própria sucessão de Pedro tem um sentido coletivo na maioria das Igrejas, todos os bispos são sucessores de Pedro, enquanto em Roma se lhe dá um sentido pessoal restrito.[38]

---

[38] Dias, & Camelot, *Historia de los dogmas...*, cit., pp. 215-223; 228-233.

Os papas desenvolveram sistematicamente suas pretensões de autoridade por meio de títulos, insígnias e símbolos que a ressaltaram. O papa Dâmaso (366-384), espanhol, adotou o título de "pontífice da religião" e recebeu do imperador o direito de julgar os bispos do Ocidente em casos conflitivos. As velhas traduções latinas usavam o título de "pontífice" para o sacerdócio judaico, e até fins do século IV não foi utilizado por nenhum bispo. O pontífice era o intermediário ou mediador (aquele que estende a ponte ou aquele que prepara o caminho) entre Deus e as pessoas, assim como a suprema autoridade religiosa (e não simplesmente um *primum inter pares*). Foi um título imperial, em função do qual o imperador intervinha nos assuntos eclesiais, até que o Imperador Graciano renunciou a ele no ano de 382. Depois disso, esse título se tornou usual, e ainda em 425 aplicou-se a santo Agostinho o título de "sumo pontífice". O papa Leão I foi quem utilizou pela primeira vez o título pagão de "pontífice máximo" ou "sumo pontífice", que daí em diante foi usado amplamente pelos papas renascentistas e reservado pelo Concílio de Trento para o papa. O fato de que primeiro os bispos e depois o papa usassem esse título é um sinal da mudança que estava acontecendo no ministério episcopal.[39]

Além disso, Dâmaso reivindicou para si o título de "sede apostólica", embora até meados do século IV toda sede episcopal fosse apostólica. Do século V em diante, generaliza-se o título de "primeira sede" para Roma. Dâmaso apela pela segunda vez na história à promessa feita a Pedro (Mt 16,16-19) para legitimar suas pretensões jurídicas em relação a Constantinopla, ao que se opõem santo Ambrósio de Milão e santo Hilário de Poitiers no Ocidente. Seu sucessor, o papa Sirício (384-399), utilizou o título de "senhor apostólico" e reclamou para si uma "solicitude" ou "cuidado" por todas as Igrejas, o que lhe dava o direito de nelas intervir. Sucedeu-o Anastásio I (399-401), que chamava Pedro de "príncipe dos apóstolos", apoiando-se em Cassiano e Jerônimo. Anastásio I, em seus

---

[39] STOCKMEIER, P. Die Übernahme des Pontifex-Titulus in Spätantiken Christentum. In: SCHWAIGER, *Konzil und Papst*, cit., pp. 75-85; MAROT, H. La collégialité et le vocabulaire episcopale du V au VII siècle. In: CONGAR, Y. *La collegialité episcopale*. Paris, 1965. pp. 59-98.

decretos, utilizou o estilo jurídico imperial (discernimos, decretamos, constituímos etc.) e afirmou que a autoridade papal é, por si mesma, criadora de direito. Os pronunciamentos papais transformaram-se em fonte normativa da legislação, seguindo assim a tradição política que concedia aos soberanos a potestade de criar normas jurídicas. As coleções de decretos papais no século V prepararam o direito pontifício, que se converteu em uma das fontes canônicas e políticas do Ocidente.

Essa sistemática consolidação da autoridade papal prosseguiu no século V. Inocêncio I (401-417) afirma que toda a autoridade dos bispos vem de Pedro e que o papa tem poder para modificar as resoluções dos sínodos. Bonifácio I (418-422) une o título de "principado", que era reservado ao imperador, ao de "sede apostólica", afirmando que a jurisdição romana estende-se a todo o Oriente. A imagem paulina da cabeça e dos membros, que até o Ambrosiaster aplicava-se exclusivamente a Cristo, agora é adotada para designar a relação existente entre a Igreja romana e as demais Igrejas. Por outro lado, Optato de Milevo (370) é o primeiro a estabelecer uma equivalência entre a palavra aramaica *Cefas* e a latina *Caput*, o que foi recolhido por Isidoro de Sevilha e constituiu-se no argumento fundamental para sustentar a monarquia absoluta papal no século XII.[40]

Tais pretensões culminaram no pontificado do papa Leão I, o Grande (440-461), que fez da identidade entre Pedro e o papa a fonte de seu poder indiscutível. A aclamação com a qual o Concílio de Calcedônia aceitou a postura defendida por Roma foi interpretada pelo papa como um reconhecimento de sua autoridade universal. Seu prestígio se tornou garantido quando ele conseguiu parar Átila às portas de Roma. O papa começou a substituir o imperador como protetor da cidade de Roma e adotou o cerimonial da corte imperial, que passou a ser o cerimonial da corte pontifícia. O papa Gelásio I (492-496) afirmou que o papa tem autoridade até sobre os concílios e proibiu qualquer apelação contra as decisões da Igreja de Roma. Dessa forma, a consciência do primado foi se tornando cada vez mais patente, e os papas ampliaram suas compe-

---

[40] CONGAR, Y. *Études d'ecclésiologie médiévale*. London, 1983. pp. 5-42.

tências e direitos. O papa é o único patriarca do Ocidente, ao contrário do que ocorria no Oriente, onde vários competiam entre si, o que facilitou sua crescente importância e poder. Além disso, a Igreja norte-africana, que era a que mais tinha consciência de sua própria autonomia, foi a primeira a desaparecer por causa das invasões dos bárbaros (455) e dos árabes (689). Esses acontecimentos favoreceram a penetração da teologia romana.[41]

Roma era, fora de discussão, a primeira Igreja, assim como um referente doutrinal e disciplinar para as Igrejas ocidentais, embora os sínodos e a escolha de bispos ocorressem sem a intervenção de Roma. Havia um forte sentido de colegialidade, que se expressava na vinculação entre os bispos de cada província e os concílios provinciais ou regionais. A comunhão com Roma foi um elemento fundamental de ortodoxia, pelo menos a partir de Irineu de Lyon, o que não eliminava dissensões e conflitos concretos, como o que ocorreu com o bispo Cipriano de Cartago.[42] O bispo de Roma exercia uma autoridade indiscutível e direta sobre a Itália central (a Itália suburbana, da qual o papa era o metropolita) e em geral sobre toda a Itália, de uma forma semelhante à do bispo de Alexandria em relação a todo o Egito. Na Itália central, o papa atuava como metropolita ou arcebispo, presidindo o sínodo romano e consagrando os bispos das cidades de sua província eclesiástica, que hoje chamaríamos de arquidioceses, os quais lhe prestavam um juramento de obediência. No norte da Itália, havia Igrejas com autonomia de Roma, especialmente a de Milão, e do século V em diante as de Aquiléia e Ravena.

As províncias eclesiásticas ocidentais eram autônomas naquilo que concerne à eleição, à consagração e ao governo dos bispos. Todavia, à parte as leis canônicas de seus concílios provinciais e nacionais (tais como os famosos concílios visigodos de Toledo), aceitavam os decretos dos papas e os reconheciam como tribunal de apelação. Nos séculos VI e VII,

---

[41] GAUDEMET, *L'Église dans l'Empire romain (IV-V siècles)*, cit., pp. 416-451; STOCKMEIER, P. Dans Petrusamt in der frühen Kirche. In: DENZLER, *Zum Thema Petrusamt und Papsttum*, cit., pp. 61-79.

[42] TIMOSEFF, G. Die Idee des Stuhles Petri in ihrer Entwikklung in vornikäischer Zeit. In: THEOLOGISCHE KONFERENZ, *Konziliarität und Kollegialität*, cit., pp. 131-136.

houve uma decadência das províncias, causada pelas invasões dos bárbaros e pela ruína do Império. Os papas procuraram estabelecer uma espécie de patronato romano, sobretudo na Itália, favorecendo, nas escolhas dos bispos, os candidatos mais aptos e unindo dioceses que haviam ficado sem população em conseqüência das invasões. Tais intervenções, no entanto, foram esporádicas e localizadas, obedecendo a uma situação de emergência, sem nunca questionar a autonomia ordinária das Igrejas.[43]

A conflituosidade se manteve no Oriente, que aceitava a sua primazia honorífica, mas defendia zelosamente sua autonomia canônica, litúrgica, administrativa e jurisdicional. O papa fracassou quando tentou ampliar suas prerrogativas ocidentais em direção ao Oriente. Neste, a Igreja era vista como uma pentarquia: cinco patriarcados, todos autônomos e em comunhão com os demais, sem admitir um governo central da Igreja nem a intervenção de Roma nas demais Igrejas. Por outro lado, a concepção oriental é mística e sacramental, não jurídico-administrativa como a romana. Para os orientais, a autoridade provém do sacramento da ordem; por essa razão, eles rejeitam o fato de que o papa tenha mais autoridade do que o restante dos bispos. Eles só admitem uma primazia litúrgica e honorífica. Isso levou ao conflito posterior. O Oriente manteve a sua eclesiologia, enquanto Roma procurou estender suas competências na linha de uma eclesiologia universal, tendo o papa por chefe. As prerrogativas que ele tinha como arcebispo de Roma sobre os bispos de sua província foram estendidas progressivamente a toda a Itália e mais tarde a todo o Ocidente, e suas competências como patriarca do Ocidente abrangeram o Oriente. A história dessa extensão do poder pontifício é também a das rupturas da Igreja, primeiro entre o Oriente e o Ocidente, entre a Igreja latina e a ortodoxa, e depois entre os católicos e os protestantes. Mas essa história já não é a da Igreja antiga, e sim a da época medieval.

---

[43] MAROT, H. Descentralização estrutural e primado na antiga Igreja. *Concilium*, n. 7, pp. 13-23, 1965; MAROT, H. Unidad de la Iglesia y diversidad geográfica en los primeros siglos. In: CONGAR & DUPUY, *El episcopado y la Iglesia universal*, cit., pp. 515-536; CONGAR, Y. Conscience ecclésiologique en Orient et en Occident du VI au XI siècle. *Istina*, n. 6, pp. 202-217, 1959; CONGAR, Y. Geschichtliche Betrachtungen über Glaubensspaltung und Einheitsproblematik. In: ROESTE, M. & CULLMANN, O. *Begegnung der Christen*. Stuttgart, 1960. pp. 405-414.

A monarquia pontifícia e a origem de um governo central

A tradição patrística deixou o legado de uma teologia do primado, sobretudo a partir do século V, e de uma falta de consenso em torno de suas funções. Na época medieval surgiu um novo modelo: a monarquia pontifícia de começos do segundo milênio, com antecedentes desde os séculos VI a X. Por um lado, havia um novo contexto histórico, causado pela ruína do Império Romano (476) e pela irrupção dos povos bárbaros. Desaparecera também a potente Igreja visigoda hispânica (711), que tinha fortes vínculos políticos e teológicos com Bizâncio e que era muito zelosa de sua autonomia. A divisão do Ocidente em um conjunto de reinos nacionais independentes, assim como a destruição das estruturas comunicativas do Império, favorecia a independência concreta das Igrejas em relação a Roma.

Por seu lado, os papas assumiram a administração de Roma, embora dependessem do imperador de Bizâncio. Este intervinha diretamente em muitos assuntos da Igreja romana (cesaripapismo) e favorecia o patriarca de Constantinopla, rival do papa, que se apresentava como o patriarca ecumênico, isto é, universal. Essa situação gerou entre o papa e o imperador um distanciamento progressivo, que atingiu o seu auge na segunda metade do século VIII. De um lado, os carolíngios (Carlos Martelo), que eram mordomos de palácio e haviam dado um golpe de estado contra a legítima dinastia merovíngia na França, foram reconhecidos pelo papa Zacarias (751) como novos e legítimos reis dos francos. Seu sucessor, o papa Estêvão II (752-757), consagrou o novo monarca carolíngio (Pepino, o Breve) e proibiu, sob pena de excomunhão, que fosse escolhido um sucessor fora de sua família, "já que ele havia sido confirmado pela mediação do apóstolo e havia sido consagrado mediante seu representante, o papa".[44] Surgiu assim uma aliança entre o novo rei franco — ao qual o papa concedeu o título de "patrício romano" (que só podia ser concedido a imperadores) — e o papa.

---

[44] *Clausula de unctione Pippini.* MGH SS.RR., Merov, I, 465.

Por outro lado, os carolíngios, que haviam conquistado a Itália lombarda e bizantina, entregaram aos papas o ducado de Roma e outros territórios. Os papas passaram a ser os novos soberanos temporais sob a proteção do rei dos francos, o qual o papa via como "defensor da cidade ou da Igreja (romana)". Essa mudança foi consumada quando o papa Leão III aliou-se com Carlos Magno e o consagrou imperador do Ocidente (800). Dessa forma, o papa se independentizava do imperador de Bizâncio, e este se encontrava diante de um concorrente novo, Carlos Magno, que era um usurpador, e com um papa rei que havia traído seu legítimo senhor de Bizâncio. Não podemos esquecer que toda a alta Idade Média está marcada pelas relações de vassalagem de reis, príncipes e nobres, nas quais se inscreve a nova posição do papa.[45] Começa assim a época dos papas reis que tentaram ampliar seus territórios, os quais até o século XI foram chamados de "patrimônio de são Pedro". Os papas escreviam aos reis francos como se fosse o próprio são Pedro quem devesse ser defendido e protegido.[46] Essa identificação de são Pedro com o papa, o qual se aproveitava da enorme popularidade daquele entre os povos bárbaros, como "porteiro do céu", fez com que o título de "vigário de são Pedro" se tornasse o preferido dos papas.[47]

Os papas adotaram também uma série de medidas para consolidar seu poder temporal, imitando os césares romanos e os imperadores de

---

[45] Caspar, E. *Pippin und die Römische Kirche*. Darmstadt, 1973. pp. 180-205; Ullmann, W. *Die Machtstellung des Papsttums im Mittelalter*. Graz, 1960. pp. 79-114; Idem. *A Short history of the papacy in the Middle Ages*. London, 1972. pp. 71-78; Ewin, E. *Die Abwendung des Papsttums vom Imperium und seine Hinwendung zu den Franken (KKG III/1)*. Freiburg, 1966. pp. 19-30; Kempf, F. *Di Päpstliche Gewalt in der mittelalterlichen Welt (MHP 21)*. Roma, 1959. pp. 158-167.

[46] Há um grande número de cartas do Codex Carolinus que fazem referência às obrigações contraídas pelo rei com são Pedro, que escreve ao rei pedindo-lhe proteção: "Tamquam presentaliter in carne vivus adsistens coram vobis ego apostolus Dei Petrus": MGH *Epp.*, III, 502; pp. 489-502.

[47] Vigário como "aquele que ocupa o lugar de" ou "representa a". A partir de são Leão Magno, "vigário de Pedro" é o título utilizado pelos papas dos séculos V e VI e conservado até o século XII. O sentido é que os santos e personagens celestiais intervinham nos assuntos terrenos da Igreja e que as doações a um santo eram propriedade deste. São Pedro tornava-se presente em seu sucessor papal. A isto se acrescenta a tendência germânica de ver as Igrejas como referidas a uma pessoa (Igrejas próprias); cf. Corti, G. *Il papa vicario di Pietro*. Brescia, 1966; Congar, Y. Títulos dados al papa. *Concilium*, n. 108, pp. 194-206, 1975; Ewig, E. Der Petrus-und Apostelkult im Spätrömischen und frankischen Gallien. *ZKG*, n. 71, pp. 1-61, 1960.

Bizâncio. Do século IX em diante, os papas começaram a seguir uma cronologia própria para datar os sucessivos reinados pontifícios, cunharam moedas com esfinge papal (desde 1048) e criaram uma chancelaria e corte pontifícia. Começaram também a outorgar títulos nobres e a mudar de nome quando, em fins do século X, tomaram posse do trono pontifício. A nova cerimônia de entronização incluía elementos característicos dos francos (como as laudes reais) e dos bizantinos (coroação e procissão até o palácio lateranense). A corte pontifícia assimilou as insígnias (a coroa, a capa etc.) e as cerimônias da corte bizantina, como a genuflexão diante do imperador. Inicialmente eram os papas que a faziam diante do imperador, como o papa Leão III diante de Carlos Magno, mas mais tarde esse gesto transformou-se em um cerimonial pontifício.[48] Bizâncio serviu de modelo para o cerimonial romano já que, desde 687 até 752, dos treze papas que viveram, somente dois eram romanos; os demais eram de língua grega, alguns dos quais filhos de funcionários imperiais. Tanto a liturgia pontifícia quanto o cerimonial da corte sofreram a influência de Bizâncio, substituindo o ritual mais sóbrio e simples dos séculos anteriores.[49]

A monarquia papal foi mundanizada, mesclando o espiritual e o temporal. O trono do bispo de Roma era cobiçado por outros bispos, e desde fins do século IX aumentaram os casos de bispos de outras dioceses que se transferiam para a de Roma, contrariando as proibições conciliares e a tradição anterior, que mantinha o princípio do desposório entre o bispo e a diocese que o havia escolhido. A mudança está relacionada ao sistema feudal, no qual os cargos eclesiásticos eram uma prebenda temporal e política. Essa é a base da luta entre o papa e o imperador do Sacro Império Romano Germânico pela liderança do Ocidente, que determinou toda

---

[48] GUSSONE, N. *Thron und Intronisation des Papstes von den Anfängen bis zum 12 Jht.* Bonn, 1978. pp. 150-212; CONGAR, Y. *El servicio y la pobreza en la Iglesia.* Barcelona, 1964. pp. 108-110; 120; KLAUSER, *Der Ursprung der bischöflichen Insignien und Ehrenrechte,* cit., pp. 22-30; 42-44; SALMON, P. *L'Office divin au Moyen Âge.* Paris, 1967. pp. 138-144; ULLMANN, *Die Machtstellung des Papsttums im Mittelalter,* cit., pp. 453-464; 480-499.

[49] RICHARDS, J. *The Popes and the papacy in the early Middle Ages.* London, 1979. pp. 269-283; 476-552; JUNGMANN, *El sacrificio de la misa,* cit., pp. 103-113.

a política da Idade Média. Criou-se uma teologia segundo a qual os papas consagravam o imperador e podiam escolher entre vários candidatos.[50] Apareceram também muitos documentos falsos, tais como o *Constitutum Constantini*, muito utilizado do século VIII ao século XI, no qual se afirma que Constantino converteu-se ao cristianismo e doou aos papas o diadema (que se transformou na tríplice coroa pontifícia, usada até o papa Paulo VI) e as insígnias imperiais (cetro, manto de púrpura, bastão, faixa ou pálio* etc.), o palácio lateranense e a soberania sobre os territórios romanos (conservada até 1870, data da reunificação da Itália). Segundo o padre Congar, esse documento "é uma das falsificações que mais mal fez à Igreja, já que favoreceu uma evolução da ideologia papal num sentido de potência política e de grandeza imperial".[51]

Teve grande influência também a doutrina do papa Gelásio I (492-496), a qual afirma que na cristandade há uma autoridade sagrada, a espada espiritual, e uma potestade real, a espada secular, e que a segunda está submetida à primeira.[52] A partir daí, surgiram as pretensões pontifícias de tutelar os reis, que culminaram nas conhecidas afirmações de Inocêncio III comparando o papa e o imperador com o sol e com a lua

---

[50] João VIII (872-882) exige poder escolher, entre os candidatos, quem será o imperador. Trata-se de um privilégio da sede apostólica, e o imperador é defensor da Igreja, razão pela qual recebe uma espada do papa na cerimônia de coroação; cf. Ullmann, *Die Machtstellung des Papsttums im Mittelalter*, cit., pp. 22-23; Baar, P. A. Van den. *Die Kirchliche Lehre der Translatio Imperii Romani*. Roma, 1956. pp. 17-19.

* Faixa de lã branca com cruzes pretas. (N. R.)

[51] O texto pode ser encontrado em C. Mirbt & K. Aland, *Quellen zur Geschichte des Papsttums und des römischen Katholizismus*. 6. Aufl., Tübingen, 1967, v. 1. pp. 251-256; cf. Congar, Y. *L'Ecclésiologie du Haut Moyen Âge*. Paris, 1968. pp. 198; 197-202; Ewig, E. Das Bild Constantin des Grossen in abendländischen Mittelalter. *HJ*, n. 74, pp. 29-37, 1955; Ullmann, *Die Machtstellung des Papsttums im Mittelalter*, cit., pp. 114-133. Este documento foi completado com a idéia da "translação do Império", que foi uma teoria muito empregada pelos papas Inocêncio III e Inocêncio IV no século XIII, mas que tem suas raízes na segunda metade do século IX. Segundo ela, o Império Romano havia sido trasladado do Oriente para o Ocidente pela autoridade papal, com vistas à defesa da Igreja. O papa conservava essa faculdade.

[52] Gelásio I, *Ep.*, XII, 2: Thiel 851; cf. Ullmann, *Die Machtstellung des Papsttums im Mittelalter*, cit., pp. 22-42; Caryle, A. J. *A History of Medieval Political Theory in the West*. Edimburg, 1950. v. 1, pp. 182-192; Ensslin, W. Auctoritas and Potestas. *HJ*, n. 74, pp. 661-668, 1954; Stickler, A. M. Il Gladius negli Atti dei Concili e dei Rr. Pontefici sino a Graziano e Bernardo di Clairvaux. *Salesianum*, n. 13, pp. 414-445, 1951.

respectivamente. Essa teologia serviu também para a convocação do papa para as cruzadas, que punham a espada secular a serviço da espada espiritual, primeiro contra os infiéis da Terra Santa e depois contra os hereges dentro da própria Igreja. Essa utilização do poder temporal a serviço das causas espirituais remete ao próprio santo Agostinho[53] e foi também um elemento da Inquisição, na qual o poder temporal estava subordinado ao poder espiritual.

O primado do papa

Ao término do nosso trabalho, expressamos sem rodeios nossa convicção: o "primado" romano pertence ao mistério da Igreja peregrina na terra. Não se pode prescindir dele sem atentar contra o plano de Deus. Contudo, é preciso se perguntar se, apesar de generosas e sinceras afirmações, a realização de tal "primado" não continua sendo feita à custa de outro atentado, desta vez contra o episcopado. O bispo de Roma é a sentinela que "vela" pelo povo de Deus — e nisto consiste sua função específica —, mas que, muitas vezes, em lugar de pôr de sobreaviso os bispos, os autênticos pastores da Igreja de Deus, prefere atuar como se fosse ele o único verdadeiramente responsável. O Vaticano II reafirmou o papel insubstituível que corresponde ao bispo. Todavia, as instituições jurídicas postas em marcha a partir de então não conseguiram fazer com que as afirmações conciliares se concretizassem totalmente em fatos. O bispo de Roma continua agindo em certa "solidão"; trata-se da mesma solidão que propiciou os *Dictatus papae* de Gregório VII (J. M. Tillard, *El obispo de Roma*, Santander, 1986, pp. 243-244 [Ed. bras.: *O bispo de Roma*, São Paulo, Loyola, 1985]).

---

[53] Santo Agostinho possui uma concepção ministerial do poder político: os príncipes são um instrumento a serviço de Deus e um remédio contra a natureza humana, pervertida pelo pecado. Essa subordinação da ordem natural à sobrenatural é que conduz à intervenção do imperador contra os hereges: ARQUILLIÈRE, H. X. *L'Augustinisme politique*. Paris, 1934. pp. 1-22; 68-72; IDEM. Réflexions sur l'essence de l'Augustinisme politique. In: CONGRÈS INTERNATIONAL AUGUSTINIEN. (Ed.) *Augustinus Magister*. Paris, 1954. v. 2, pp. 991-1001.

Episcopalismo medieval e monarquia espiritual

Esses elementos da monarquia pontifícia também se fizeram sentir no âmbito eclesiológico.[54] A época da alta Idade Média (séculos VI a X) é claramente episcopalista e conciliar. As Igrejas nacionais eram governadas colegiadamente, sob a suprema autoridade dos reis, e os concílios eram as assembléias do reino, que tratavam tanto os assuntos espirituais quanto os temporais. Havia uma completa autonomia das Igrejas em relação ao bispo de Roma, que unicamente de forma localizada e isolada podia intervir em sua dupla qualidade de patriarca e de primaz.[55] A eclesiologia da época era agostiniana: Pedro é o princípio apostólico, do qual derivam todos os bispos. A Igreja era estruturada em províncias eclesiásticas, governadas por um arcebispo e por vários bispos, com uma grande dependência do primeiro. Na Igreja, havia uma grande consciência episcopal, com estatutos que regulavam as relações entre o arcebispo e os bispos,[56] muitos dos quais pertencentes à nobreza feudal. Havia também uma espiritualidade episcopal influenciada pelo monacato, que revitalizou muitas Igrejas.[57]

Em relação a Roma, havia uma aceitação clara do primado papal, mas também uma defesa cerrada da própria autonomia, resistindo às pressões e tentativas de intervenção dos papas e de seus legados. O grande campeão da eclesiologia episcopalista é Hincmar de Reims, indubitavelmente uma das figuras teológicas e organizativas mais importantes da

---

[54] Analisei a evolução do primado nessa época em "Evolución del papado y eclesiología medieval (s. VI-X)", in Augusto Segovia et alii, *Miscelánea Augusto Segovia*, Granada, 1986, pp. 83-144. Remeto a esse estudo como complementação.

[55] No que concerne à Igreja visigoda: cf. SEYOURNÉ, P. *Le dernier Père de l'Église: Saint Isidore de Seville*. Paris, 1929. pp. 86-95; 117-136; GONZÁLEZ, T. La iglesia desde la conversión de Recaredo hasta la invasión árabe. In: GARCÍA VILLOSLADA, R. Et alii. *Historia de la Iglesia en España*. Madrid, 1979. v. 1, pp. 491-563. A respeito da época carolíngia, o estudo mais importante é o de: MORRISON, K. F. *The Two Kingdoms*. Ecclesiology in Carolingian Political Though. Princeton, 1964; ULLMANN, W. *The Carolingian Renaissance and the Idea of Kingship*. London, 1969.

[56] CONGAR, *L'Ecclésiologie du Haut Moyen Âge*, cit., pp. 138-187.

[57] HEINZELMANN, M. *Bischofsherrschaft in Gallien*. München, 1976. pp. 185-211; PRINZ, F. *Askese und Kultur*. München, 1980. pp. 75-91; BORST, A. (Hrsg.) *Mönchtum, Episkopat und Adel zur Gründungszeit des Klosters Reichenau*. Sigmaringen, 1974. pp. 433-452; FICHTENEAU, H. *Das karolingische Imperium*. Zürich, 1949. pp. 113-127; 164-177.

alta Idade Média. Hincmar reconhece as competências do primado no que concerne à convocação dos concílios e como tribunal de apelação para os assuntos importantes. Admite também que os papas possam promulgar leis gerais, mas rejeita a idéia de uma monarquia papal, e subordina as decisões papais à tradição e à recepção das Igrejas locais.[58] Ou seja, ele defende a eclesiologia tradicional majoritária, pois esta era a dominante no Ocidente e mais ainda no Oriente.

Para deter essa eclesiologia, os papas tomaram uma série de iniciativas. Por um lado, tentaram dar mais poder a alguns bispos importantes e vinculá-los à sede romana, a fim de contrapô-los aos bispos primazes das Igrejas nacionais, que eram os da capital do reino. O pálio — ou faixa — usado pelos altos funcionários da corte imperial, é o símbolo entregue a esses arcebispos (que é o novo nome recebido pelos metropolitas, a partir do século VI) como sinal de sua vinculação à sede romana. Inicialmente o pálio era usado pelos bispos orientais, que o recebiam de seu arcebispo, e no Ocidente pelo bispo de Roma, que podia outorgá-lo a outros bispos italianos. Nos tempos de são Gregório Magno, ainda era necessária a permissão do imperador para concedê-lo, pois tratava-se de um símbolo imperial. No ano de 514, pela primeira vez ele foi concedido a um não-italiano, o bispo de Arles, o qual o papa nomeou seu vigário para a Gália. O mesmo ocorreu mais tarde com o arcebispo de Sevilha, na Espanha, para deter a influência do arcebispo de Toledo, primaz do reino visigodo. O pálio acabou convertendo-se em um sinal distintivo dos arcebispos, concedido por Roma e mantido até hoje. A tática romana foi a de fortalecer os bispos que contrariavam o poder do bispo primaz (o de Toledo, na Espanha dos visigodos, e o de Reims, no reino franco), que dependiam do rei e defendiam sua autonomia de Roma.

Grandes papas como são Gregório Magno enviaram missionários aos povos bárbaros, como santo Agostinho de Canterbury na Inglaterra e são Bonifácio na Alemanha, concedendo-lhes direitos nos territórios por eles

---

[58] MORRISON, *The Two Kingdoms*, cit., pp. 78-115; TAVARD, G. H. Episcopacy and Apostolic Succession according to Hincmar de Reims. *ThSt*, n. 34, pp. 594-623, 1973.

evangelizados, como também aos seus sucessores. Além disso, são Bonifácio fez um juramento de fidelidade ao papa como se ele fosse um bispo de sua província eclesiástica. Foi criada assim uma série de sedes episcopais dependentes de Roma, com prerrogativas e poderes concedidos por esta. A partir do ano 744, o papa Zacarias concedeu o pálio aos arcebispos das novas dioceses criadas entre os bárbaros, e depois o próprio Carlos Magno exigiu que todos os arcebispos de seu reino recebessem o pálio e o título do papa. Já no século IX, os papas Nicolau I e João VIII afirmavam que o pálio era necessário para ser metropolita; e João VIII afirmava que a faixa somente podia ser outorgada depois de ter sido ouvida a profissão de fé dos candidatos, que ainda eram escolhidos pelas Igrejas locais. Dessa maneira, aquilo que começou como uma mera questão honorífica outorgada por Roma a alguns bispos, acabou transformando-se em algo necessário para se chegar ao arcebispado. Assim, os papas começaram a controlar os arcebispos e a estabelecer com eles relações de dependência.

Do século IX ao XI, acrescenta-se a exigência papal segundo a qual, antes de se conceder o pálio, é preciso receber uma quantidade de dinheiro como óbolo para são Pedro, e começa-se a usar a fórmula "concedemos o arcebispado" para os bispos italianos que recebem o pálio. Esses bispos passam a usar o título de "vigários papais", como se a sua jurisdição viesse do papa e não da Igreja local que os havia escolhido. A partir de 1063, os bispos metropolitas juram obediência ao papa utilizando uma fórmula que imita o juramento feudal e aumentam as exigências para que viajem diretamente para Roma a fim de receberem o pálio. Com o recebimento deste, acontece aos bispos algo análogo à unção ou consagração papal dos príncipes, que deixou de ser um símbolo religioso para transformar-se em condição necessária para exercer o poder. O juramento de fidelidade dos arcebispos ao papa, generalizado no século XII, foi estendido posteriormente aos simples bispos, com Inocêncio III.[59] Pouco a pouco, foram sendo postas

---

[59] Remeto ao excelente estudo de: Martí Bonet, J. *Roma y las iglesias particulares en la concesión del palio a los obispos y arzobispos de occidente.* Barcelona, 1976; Pacaut, M. *Histoire de la papauté.* Paris, 1976. pp. 63-68. Sobre os diferentes conteúdos e etapas do juramento de fidelidade ao papa, cf. Gottlob, T. *Der Kirchliche Amtseid der Bischöfe.* Bonn, 1936. pp. 42-74.

as bases de uma eclesiologia, segundo a qual o papa é quem governa a Igreja universal, sendo transformado em seu bispo, título empregado até nossos dias, enquanto os bispos não só estão subordinados ao papa, mas também dele dependem para chegarem a sê-lo. Trata-se de uma concepção totalmente desconhecida na Igreja antiga.

Nessa nova eclesiologia, desempenhou um papel importante o direito, que se apoiava no costume e na tradição. Por essa razão, as coleções canônicas e as coletâneas de documentos antigos, que eram conservadas em Roma, tiveram uma grande função teológica. Durante os séculos VI e VII, houve um grande esforço para conservar e organizar os arquivos papais, que deu seu fruto nos séculos VIII e IX. Desde o século VII já existia um bibliotecário e uma livraria pontifícia, e no ano de 829 foi nomeado um bispo como bibliotecário. Esses arquivos possuem grande importância, porque foram enviados pelo papa a reis e príncipes, contribuindo assim para a homogeneização e romanização de todo o Ocidente. Carlos Magno fez da coleção adriana, enviada pelo papa, a base de sua própria legislação,[60] e do "sacramentário gregoriano" o modelo da liturgia do Império. Dessa forma, houve uma romanização progressiva das Igrejas, às custas das tradições canônicas e litúrgicas autóctones. Na Espanha produziu-se uma romanização no século XI, por meio dos monges de Cluny, que praticamente eliminou o rito moçárabe. Na criação da Europa como um espaço cultural homogêneo, os papas desempenharam um papel de destaque enquanto instância reconhecida internacionalmente.[61]

Juntamente com esses arquivos, que garantem a importância da tradição e a excelente organização da administração papal, é preciso sublinhar a influência eclesiológica dos documentos falsos, como aconteceu com a doação de Constantino no âmbito político. Em torno do ano 850, foram compostos, provavelmente na França, os conhecidos *Falsos isidorianos*, que recolhem uma grande quantidade de decretais, cânones,

---

[60] RICHARDS, *The Popes and the papacy in the early Middle Ages*, cit., pp. 289-306; FOLLIARD, D. A reforma carolíngia: uniformidade em vista da unidade. *Concilium*, n. 164, pp. 56-61, 1981.

[61] Folliard, "A reforma carolíngia...", cit., pp. 56-61.

textos de concílios e pronunciamentos papais. Essa coleção contém 115 documentos totalmente falsos, que são atribuídos aos papas, e 125 autênticos, que no entanto estão cheios de interpolações tardias, assim como decretos imperiais, aos quais foram acrescentadas numerosas correções. Essa coleção tem dois claros propósitos: robustecer a autoridade dos bispos sobre os senhores leigos, e a do papa sobre os bispos. A autoridade do papa é apresentada como anterior à dos concílios; são projetadas na Antigüidade as prerrogativas e exigências papais do século XI. O papa se transforma na fonte do direito para toda a Igreja, acima da própria tradição, sustentando-se que o poder jurisdicional não é dado a todos os bispos — como o defende a tradição antiga e medieval —, mas unicamente ao papa. Por sua vez, a Igreja de Roma é apresentada não só como cabeça, mas como "mãe de todas as Igrejas". Esses documentos foram aceitos pela Igreja de Roma no ano 864 e posteriormente utilizados por Gregório VII em sua luta para reformar a Igreja e consolidar a autoridade papal. Foram também integrados no código de Graciano (dos 324 textos recolhidos, 313 são falsos), que constituiu a base do direito medieval, e foram mantidos no direito canônico até o século XIX.[62] Ou seja, uma parte do direito canônico que tem estado vigente na Igreja baseava-se em documentos que hoje conhecemos como falsos, os quais foram fundamentais para legitimar a monarquia pontifícia.

A reforma do papado

Existem aqueles que contestam, no sentido etimológico e tradicional do termo, que significa testemunho. Dito de outra forma, cristãos que testemunham no interior da Igreja em nome do próprio Evangelho e do patrimônio comum, a fim de que fique sem mancha e sem rugas. Até quando as suas reclamações coincidem com as dos revoltosos eles diferem. Fazem como eles, mas na Igreja, um processo

---

[62] Y. Congar sublinha a importância que esses escritos tiveram no processo de concentração de poderes no papa; cf. CONGAR, *L'Ecclésiologie du Haut Moyen Age*, cit., pp. 226-232; FOURNIER, P. & LE BRAS, G. *Histoire des collections canoniques en Occident depuis les Fausses Décretales jusqu'au Décret de Gratian*, Paris, 1931. v. 1, pp. 127-233; GARCÍA Y GARCÍA, A. *Historia del derecho canónico,* Salamanca, 1967. v. 1, pp. 297-303; 329-332; 420-421.

contra o juridicismo, não contra o direito; contra o autoritarismo, não contra a autoridade; contra o legalismo, mas não contra a lei; contra a esclerose, mas não contra a ordem; contra a uniformidade, mas não contra a unidade. A insatisfação é mais notada em relação à cúria romana, mas atinge toda autoridade. As pessoas que detêm o cargo atenuam ou exasperam tais repreensões, segundo o seu grau de abertura ou de renovação conciliar; todavia, para além das pessoas, é ao próprio sistema que se faz referência, ao mecanismo institucional e sociológico da Igreja em nosso tempo. Os filhos fiéis da Igreja não questionam a autoridade do papa, mas o sistema que o aprisiona e o torna solidário com a menor decisão das congregações romanas, leve ou não a sua assinatura. É almejável que se consiga libertar o próprio papa do sistema, sobre o qual existem queixas há vários séculos, sem que se chegue a desembaraçar-se e a desfazer-se dele. Pois se os papas passam, a cúria permanece (L. J. Cardenal Suenens, "L'unité de l'Église...", *Informations Catholiques Internationales*, v. 15, p. 336, 15/5/1969).

O papa mais centralizador daquela época foi Nicolau I (858-867), cujo pontificado partia da idéia de desenvolver o "principado petrino".[63] Seus adversários o acusam de tornar-se apostólico entre os apóstolos e imperador sobre toda a terra, em razão de suas exigências políticas e eclesiais. Ele defende que a Igreja romana é a quintessência da Igreja universal, já que contém tudo aquilo que "Deus estabeleceu que contivesse e fosse recebido pela Igreja universal".[64] Sublinha a dupla apostolicidade da Igreja romana, "nosso apostolado",[65] e rejeita o papel do patriarca de

---

[63] HALLER, J. *Nicolaus I und Pseudoisidor*. Stuttgart, 1936. pp. 140-151; AMMAN, E. L'Époque carolingienne. In: FLICHE, A. & MARTIN, V. (Éds.) Paris, 1937. pp. 367-395; AMMAN, E. Nicolás I. In: *DTC*, 11. 1931. pp. 506-526; CONGAR, *L'Ecclésiologie du Haut Moyen Âge*, cit., pp. 187-246.

[64] Nicolau I, MGH *Epp.*, VI, n. 86; 88; 90, pp. 447; 478; 480. Ele reinterpreta a teoria das duas espadas, do papa Gelásio. Pedro apóstolo é aquele que tem as duas espadas e o próprio papa serve-se do imperador para extirpar o mal. Dessa forma, Nicolau I transforma-se em um dos precursores das teorias do século XIV acerca do poder dos papas sobre os imperadores; cf. MGH *Epp.*, VI, n. 123, p. 641.

[65] Os bispos se referem ao seu apostolado desde o século V. Nicolau I é o primeiro papa que começa a utilizá-lo sistemática e pessoalmente ("nosso apostolado"), inaugurando a tradição papal de referi-lo duplamente a Pedro e a Paulo (MGH *Epp.*, VI, n. 88, p. 296). Os papas do século XI reivindicam a exclusividade contra os outros bispos, como ocorre com os outros títulos papais que inicialmente eram usados por todos os bispos; cf. MAROT, H. Le vocabulaire épiscopale du V au VII siècle. In: CONGAR, *La collegialité épiscopale*, cit., pp. 70-75.

Constantinopla em favor do primado que pode intervir no Oriente, tanto no âmbito doutrinal quando no disciplinar. Nicolau I parte da Igreja universal, por ele identificada com a Igreja romana, enquanto o Oriente parte da Igreja local e vê a universal como a comunhão das Igrejas locais. Nicolau I tende a ver a Igreja como uma província governada pelo papa, enquanto o Oriente rechaça a monarquia papal e se apóia no imperador de Bizâncio. Assim se prepara o cisma do século XI.[66] No Ocidente, Nicolau I exige uma subordinação absoluta dos arcebispos e fomenta as apelações dos bispos e do clero de Roma contra os direitos dos metropolitas, cada vez mais tolhidos pelas intervenções papais.[67]

Essa concepção de uma monarquia espiritual papal é completada por João VIII (872-882), que defende o fato de o papa ter uma "solicitude universal" por toda a Igreja, enquanto a dos bispos é somente parcial. Esse contraste — que arruina a eclesiologia de santo Agostinho e de são Cipriano, que então eram as dominantes — se generaliza com os *Falsos isidorianos* e foi assumido por alguns canonistas do século XI. O papa Inocêncio III o assumiu de forma sistemática.[68] Rompeu-se assim com a eclesiologia antiga da apostolicidade dos bispos e sua responsabilidade universal, que se expressa no concílio ecumênico. Durante o segundo milênio, manteve-se uma eclesiologia que via os bispos com uma autoridade do papa, parcial e delegada. Será necessário esperar o Concílio Vaticano II para que se volte a acentuar a responsabilidade plena de todos os bispos, membros do colégio episcopal.

---

[66] As concepções universalista e monárquica confluem em Nicolau I; cf. MGH Epp., VI, n. 88, p. 475; n. 78, pp. 412-413; n. 29, p. 296; cf. CONGAR, *L'Ecclésiologie du Haut Moyen âge*, cit., pp. 216-221; PACAUT, *Histoire de la papauté*, cit., pp. 82-84.

[67] A sede romana é, em relação às outras Igrejas, como o sol no universo (MGH *Epp.*, VI, n. 103, p. 611). Esta imagem foi utilizada mais tarde pelo papa Inocêncio III para contrapor a autoridade papal e o poder real como o sol em relação à lua. O poder episcopal deriva do papa, que é a fonte (MGH *Epp.*, VI, n. 18, p. 285; n. 99, p. 593). Nicolau I representa o auge de uma tendência já iniciada por outros papas do século IX, como foi o caso de Gregório IV, o qual afirmava que o papa não é um irmão dos bispos, mas um pai (MGH *Epp.*, V, n. 17, p. 228). O processo continua na época carolíngia; cf. MORRISON, *The Two Kingdoms...*, cit., pp. 257-264.

[68] RIVIÈRE, J. In partem sollicitudini. Évolution d'une formule pontificale. *RSR*, n. 5, pp. 210-231, 1925; CONGAR, op. cit., pp. 232-244.

Em seu intento de afiançar a autoridade papal sobre os bispos, João VIII quis instaurar um delegado permanente do papa na França e na Alemanha (um prelúdio dos futuros núncios), o que gerou os protestos do episcopado. A teologia subjacente às suas intervenções é a de que o papado é a fonte do poder legislativo e jurídico dos bispos e que a Igreja romana é "a cabeça do orbe e a mãe de todos os fiéis".[69] Tais pretensões continuaram mais tarde com são Pedro Damião e com o cardeal Humberto, inspiraram a reforma gregoriana e foram assumidas pelo papa Inocêncio III. Constituíram um elemento decisivo na ruptura entre a Igreja ocidental e a oriental. As Igrejas do Oriente protestaram contra uma Igreja mãe e senhora, que reduzia as demais a escravas, que fazia do papa o cabeça, em lugar de Cristo, e que levaria a uma romanização de todas as Igrejas.[70] Inicialmente foi mantida a velha eclesiologia e seu direito subjacente, mas as intervenções papais foram incrementadas nas Igrejas, sobretudo no controle sobre as escolhas de bispos.[71]

O controle progressivo dos mosteiros e das congregações religiosas teve grande importância eclesiológica. Durante os séculos VIII e IX, os mosteiros dependiam dos senhores leigos (reis, condes, duques) e eclesiásticos (bispos), os quais concediam aos abades essas propriedades, sob a forma de feudo, prestando juramento de fidelidade e obrigando-se ao pagamento do "serviço feudal". O movimento reformador, a partir do século VIII, procurou proteger a sede de Roma contra a dependência feudal, e foram fomentadas as "doações a são Pedro" a fim de que os papas lhes dessem sua "proteção apostólica", tal como aconteceu com Cluny, no início do século X. Dessa forma, os mosteiros foram subtraídos

---

[69] MGH *Epp.*, VII, n. 78, p. 74. João VIII afirma que a Igreja de Roma tem o principado universal, é real e sacerdotal ao mesmo tempo por ser a santa sede, e tem um domínio sobre o mundo (MGH *Epp.*, VII, n. 205, p. 165; n. 67, p. 61; n. 78, p. 74). Há um deslizamento progressivo da perspectiva episcopal para a real, e até para a imperial; cf. ULLMANN, *Die Machtstellung des Papsttums im Mittelalter*, cit., pp. 321-329; MORRISON, *The Two Kingdoms...*, *cit.*, pp. 263-269.

[70] CONGAR, Y. *Historia de los Dogmas*. Eclesiología. Madrid, 1976. 3 v., 3c-d, pp. 55-57.

[71] DE LA TOUR, P. Imbart *Les élections épiscopales dans l'Église de France du IX au XII siècles*. Paris, 1891. pp. 134-166; CONGAR, *L'Ecclésiologie du Haut Moyen Âge*, cit., pp. 234-235; IDEM, Conscience ecclésiologique en Orient et en Occident du VI au XI siècle, cit., pp. 213-217.

ao domínio feudal por meio de isenções de vários tipos, não somente para com a nobreza leiga, como também para com os bispos. Essa "isenção canônica", mantida até hoje, permitiu que os mosteiros se tornassem um espaço reformador na Igreja e que os papas contassem com uma rede na cristandade, diretamente dependente de sua autoridade. Os bispos perderam o controle sobre os mosteiros de suas próprias Igrejas.

Pode-se afirmar que, na alta Idade Média, foram postas as bases da monarquia pontifícia, embora se deva esperar a reforma gregoriana para que ela se realize. Nasce assim o "soberano pontífice"; e o ministério petrino formou-se a partir de um modelo organizativo, que não só é instância de unidade entre as Igrejas, mas também estrutura de domínio. Mudou-se assim dramaticamente o equilíbrio da Igreja antiga, que permitia ligar intimamente o primado papal com a colegialidade episcopal, representada pelos sínodos, com a pentarquia de patriarcados e com a autonomia das províncias. As conseqüências disso apareceram no segundo milênio.[72]

A reforma eclesiológica

O que até agora havia sido uma corrente eclesiológica minoritária, defendida pelos papas, transformou-se na eclesiologia dominante no século XI. Vários fatores favoreceram a mudança. Por um lado, no século XI produziu-se a ruptura, que se revelaria definitiva, entre as Igrejas do Oriente e as do Ocidente. O bispo de Roma e o de Constantinopla excomungaram-se mutuamente (1057), agravando suas diferenças eclesiológicas. A isto se uniu o movimento das cruzadas e a criação de um patriarcado latino em Jerusalém, o que exasperou os orientais. Aquilo que ini-

---

[72] "Como a hierarquia culmina, por sua vez, no papado, e essa culminação se entende novamente como *origo, fons e radix*, devem os ministérios eclesiásticos, sobretudo o mais importante, o múnus episcopal, sua existência ao mandatário supremo [...]. A Igreja é o estado do papa. A Igreja é, no fundo, única diocese, com o papa na ponta; os bispos são os seus vigários. A Igreja se constitui a partir do papa, todas as leis da vida derivam do poder papal, do qual emanam. O romano é o elemento específico da Igreja — da *ecclesia romana* se forma a cúria romana": FRIES, H. A Igreja como império. *Mysterium Salutis*, v. 4, n. 2, Petrópolis, p. 24, 1975.

cialmente foi um conflito entre patriarcas, transformou-se em divisão interna do cristianismo, pois as teologias latina e grega haviam se tornado irreconciliáveis. A concepção do primado foi o fator fundamental da dissensão.[73] A partir de então, perdeu-se a distinção entre primado e patriarca do Ocidente. De fato, identificou-se a Igreja com a ocidental, esquecendo-se a eclesiologia de comunhão das tradições orientais.

Ao mesmo tempo, no Ocidente, surgiu um forte movimento reformador para independentizar a Igreja do controle dos senhores feudais. O episcopado era um cargo não só eclesiástico, mas também secular, um cargo feudal com muitos benefícios econômicos. O bispo, ao assumir o cargo, jurava fidelidade ao seu senhor feudal e recebia dele o bastão episcopal e também o anel. Disso surgiram as simonias ou compras de cargos eclesiásticos, assim como a inevitável secularização de uma hierarquia identificada com a aristocracia. O mesmo ocorria com outros cargos eclesiásticos, como os canonicatos. Os cônegos, inicialmente, eram aqueles que estavam inscritos no elenco do bispo, diferenciando-se daqueles que dependiam dos senhores leigos. Os senhores feudais apropriaram-se desses canonicatos, que estavam ligados a grandes benefícios econômicos.[74] Foi por essa razão que a reforma da Igreja exigiu a independência dos leigos. A isso acrescentavam-se as lutas entre o imperador e o papa. O papa era um vassalo do imperador, mas tinha domínios em dois terços da Itália, o que provocou o confronto entre ambos os poderes. Por sua vez, o imperador controlava a escolha do papa e reivindicava seu direito

---

[73] SPITERIS, J. *La critica bizantina del primato Romano nel secolo XII*. Roma, 1979; CONGAR, Y. Quatre siècles de désunion et d'affrontement. *Istina*, n. 12, pp. 131-152, 1968.

[74] Até a reforma gregoriana, os capítulos eram dominados por membros da nobreza, e muitos párocos eram vagantes e desempregados. Daí a importância de eliminar os direitos dos senhores leigos. As intervenções papais multiplicaram-se em meados do século XII, mas os efeitos da reforma duraram pouco. A partir de meados do século XIII, houve uma política de concessão de benefícios e canonicatos aos protegidos pelos representantes do papa. Em 1265, o papa Clemente IV determinou que todo benefício de um titular morto ficasse subordinado a Roma. Os papas de Avignon (João XXII, Bento XIII e Urbano V) acabaram com as resistências capitulares, e o controle papal se transformou em uma de suas maiores fontes de renda: LE BRAS, G. Le clergé dans les dernières siècles au Moyen Âge (1150-1450). In: LE BRAS, G. et alii. *Prêtres d'hier et d'aujourd'hui*. Paris, 1954. pp. 153-181.

de intervenção nos assuntos eclesiais. O movimento reformador,[75] amplamente apoiado pelos mosteiros, procurava um papa que livrasse a Igreja de sua dependência laical.

É precisamente o que se conseguiu com Gregório VII (1073-1085), o gestor da "reforma gregoriana", que pôs as bases definitivas para uma monarquia papal centralizada e independente. Os antigos textos espirituais da Escritura converteram-se em conceitos jurídicos e legais, e surgiu uma mística jurídica, da qual se fez derivar a eclesiologia e a política.[76] Os famosos *Ditados do papa*, de Gregório VII, referem-se tanto ao espiritual quanto ao temporal; o papa é o único a ter o direito de usar insígnias imperiais, de que lhe beijem os pés todos os príncipes, de depor imperadores e de desligar do juramento de fidelidade os súditos dos maus príncipes. À sede de Pedro foram submetidos todo principado e todo poder no mundo inteiro. Conseqüentemente, Gregório VII depôs e excomungou o imperador, fomentou os vínculos de vassalagem de numerosos reinos com Roma, dentre eles os da Espanha, e proibiu que qualquer cargo eclesiástico fosse outorgado por um leigo. A cúria romana associou-se à do imperador, contra a qual lutava.[77] O pano de fundo dessa

---

[75] O movimento reformador unia diversas correntes. Propugnava uma nova eclesiologia, na qual a Igreja se identificava com os eclesiásticos e rejeitava a influência dos leigos. O centro do sacerdócio era posto no sacramental-cultual: LAUDAGE, J. *Priesterbild und Reformpasttum im 11 Jahrhundert*, Köln/Wien, 1984, pp. 304-317; CONGAR, Y. "Der Platz des Papsttums in der Kirchenfrömmigkeit der Reformer des 11 Jhts", in Rahner, *Sentire ecclesiam*, cit., Innsbruck, pp. 196-217. Dava-se destaque a Cluny. "O fundador havia feito doação de Cluny aos apóstolos Pedro e Paulo [...], representou uma situação de Igreja supranacional, de observância unitária, apoiada sobre a monarquia pontifícia e submetida ao seu magistério [...], contém a idéia romana de Roma-*caput*, e que todas as demais Igrejas deviam seguir a cabeça como membros seus e adaptar-se a ela": CONGAR, *Historia de los Dogmas*, cit., p. 51.

[76] CONGAR, Die historische Entwicklung der Autorität in der Kirche, cit., pp. 163-172.

[77] O poder legislativo do imperador (*Quidquid principi placuit*) passou para os rescritos, editos e leis pontifícias. O Código de Graciano aplicou ao papa os elementos do Código Civil que tratavam dos poderes do imperador. Essa teologia pontifícia imperial culmina no papa Bonifácio VIII (*Ego sum Caesar, ego sum imperator*). A teologia da realeza de Cristo, desenvolvida nos séculos XIII e XIV, serviu para legitimar essa imitação do Império por parte da cúria papal. Foram criados o consistório (que substituiu o sínodo a partir de meados do século XIII) e o auditório imperial (Alexandre III). Clemente IV trata os seus legados como pró-cônsules com direitos imperiais, e Inocêncio III reinterpretou a "doação de Constantino" como uma restituição. O direito romano converteu-se em arsenal legislativo a serviço do domínio papal; cf. LE BRAS, G. Le droit romain au service de la domination pontificale. *NRHDF*, n. 27, pp. 377-398, 1949; LEFEBVRE, C. *L'Âge Classique (1140-1378)*. Sources et Théorie du Droit. Paris, 1965. pp. 133-166.

teologia é o de uma ordem hierárquica estabelecida por Deus, na qual o inferior deve submeter-se ao superior (influência do Pseudo-Dionísio) e a humildade é a virtude principal.

Nessa teologia são incluídos os reis — que recebiam uma consagração que por séculos foi considerada um sacramento —, os quais, no entanto, eram leigos e submetidos ao poder espiritual. Desse modo conquistou-se a liberdade do clero em relação aos nobres e ao imperador, mas com o preço de assim se pôr as bases do poder sacerdotal, de identificar a Igreja com os clérigos, relegando os leigos a ser o povo cristão e de estabelecer a teologia do poder direto e indireto dos papas na ordem secular.[78] A mística sobrenatural de Gregório VII degenerou em teoria jurídica sobre o poder temporal dos papas, que lutavam pela hegemonia na cristandade. Não se pode esquecer que, nessa época, o religioso e o secular estavam misturados, e não havia possibilidade de se estabelecer uma clara distinção entre a Igreja e o Estado, entre o papa e o monarca.[79] A partir do século XII, generalizou-se uma política de acordos com os monarcas, para estabelecer os respectivos direitos do rei na Igreja e do papa na sociedade, limitou-se a justiça secular pelo foro eclesiástico e foram negociados os impostos sobre os bens da Igreja.

Os novos direitos do primado

No que concerne ao âmbito espiritual, cristalizou-se uma nova eclesiologia, diferente da do primeiro milênio. Na opinião de Congar, trata-se da mudança eclesiológica mais importante ocorrida na história do catolicismo.[80] A passagem de Mt 16,16-19 foi interpretada como fundamen-

---

[78] TELLENBACH, G. *Libertas. Kirche und Weltordnung im Zeitalter des Investitursstreits.* Stuttgart, 1936. pp. 109-150; 174-192; KEMPF, F. Das mittelalterliche Kaisertum. In: MAINAUVORTRÄGE. *Das Königtum.* Lindau, 1956. pp. 230-242; PACAUT, M. *La théocratie.* Paris, 1957. pp. 63-102.

[79] RUPP, J. *L'Idée de chrétienté dans la pensée pontificale des origines à Innocent III.* Paris, 1939.

[80] "Gregório VII esboçou, desse modo, os traços de uma eclesiologia jurídica, dominada pela instituição papal. Sua ação determinou a maior mudança que a eclesiologia católica jamais tinha conhecido": CONGAR, *Historia de los Dogmas*, cit., p. 59. Uma ótima síntese é a apresentada por L. F. Meulenberg, *Der Primat der römischen Kirche im Denken und Handeln Gregors VII,* La Haya/Roma, 1965.

tação do poder do papa para ligar e desligar. Nada era subtraído ao seu poder. A ordem, a justiça e a submissão a Deus passavam pela obediência ao papa, que se transformou em critério eclesiológico absoluto. Essas pretensões foram resumidas também nos *Ditados do papa* (1057), uma lista de afirmações que condensam as linhas de força da eclesiologia do segundo milênio.[81] Elas dizem respeito à monarquia espiritual: o papa é o único que pode ser chamado de bispo universal e depor bispos e read-miti-los. Seu legado presidia o concílio, embora não fosse bispo. Ele é o único que pode criar novas leis, bispados e dioceses, transferir bispos de uma diocese para outra, ordenar clérigos a seu critério e aprovar sínodos. O papa não pode ser julgado por ninguém, ninguém pode apelar de suas decisões e os assuntos importantes de cada Igreja devem ser apresentados a ele, pois a Igreja romana nunca errou e, segundo a Escritura, nunca irá se equivocar. Do papa procede todo o poder da Igreja; ele é o único legis-lador, fonte e norma de todo o direito. Como o papa é o *princeps ecclesiae*, é tão soberano e livre em relação à lei quanto o próprio imperador.

Essa concepção foi recolhida posteriormente pela tradição teológica e levou à conhecida afirmação de são Tomás de Aquino: o papa é *quasi rex in regno suo* e exerce no reinado eclesiástico a plenitude de potestade.[82]

---

[81] O texto pode ser encontrado em Mirbt & Aland, *Quellen zur Geschichte des Papsttums und des römischen Katholizismus*, cit., pp. 282-283. O documento começa com a afirmação de que a Igreja romana foi fundada por Cristo, embora não pretenda, como o fazem outros reformadores, que as demais Igrejas derivem da Igreja romana por intermédio de Pedro. As conseqüências absolutistas desse posicionamento foram analisadas por: Hoffmann, K. *Der Dictatus Papae Gregors VIII*. Paderbon, 1933 (cf. especialmente as pp. 97-141); Laarhoven, J. Christianitas et réforme grégorienne. *Studi Gregoriani*, n. 6, pp. 33-93, 1959; Nitschke, A. Die Wirksamkeit Gottes in der Welt Gregors VII. *Studi Gregoriani*, n. 5, pp. 135-163, 1956; Tellenbach, *Libertas. Kirche und Weltordnung im Zeitalter des Investiturstreits*, cit., pp. 151-192; Ullmann, *Die Machtstellung des Papsttums im Mittelalter*, cit., pp. 383-452; Black, A. Influência do conceito de monarquia absoluta sobre o modo de conceber e exercer a autoridade papal. *Concilium*, n. 77, pp. 936-944, 1972; Meulenberg, L. F. Gregório VII e os bispos: centralização do poder? *Concilium*, n. 71, pp. 51-61, 1972.

[82] Tomás de Aquino. *In Sentent. Petri Lombardi*, IV, dist. 20, q. 1, a.4. sol. 33; cf. Kempf, F. Das Problem der Christianitas im 12. und 13. Jahrhundert. *HJ*, n. 79, pp. 104-123, 1959; Ladner, G. The concepts of ecclesia and christianitas and their Relation to the idea of papal plenitudo potestatis from Gregory VII to Boniface. In: Kempf, F. *Sacerdozio e Regno da Gregorio VII a Bonifacio VIII*. Roma, 1954. pp. 49-78; Benson, R. L. *The Bishop elect*. A Study in Medieval Ecclesiastical Office. Princeton, 1968. pp. 3-20.

Foram eliminadas progressivamente as instâncias intermediárias entre o papado e as Igrejas locais, em favor de um controle direto dos episcopados, capítulos catedralícios e mosteiros.[83] Inocêncio III (1198-1216), no âmbito eclesial, e Bonifácio VIII, no âmbito secular, são os pontífices que melhor sintetizam a concepção absolutista da monarquia pontifícia.[84] Foi codificado o direito às dispensas pontifícias; unificou-se a liturgia eliminando-se outros ritos, como o moçárabe; exigiu-se dos arcebispos que retirassem o pálio em Roma e prestassem juramento; ampliou-se a isenção dos mosteiros para com a autoridade dos bispos e multiplicaram-se os legados papais para intervir nos assuntos de outras Igrejas. Foram criadas, além disso, coleções canônicas, nas quais foram inseridos os falsos decretais do século IX, que começavam com a frase "Sobre a potestade e o primado da Santa Sé". Os concílios particulares e as Igrejas locais deixaram de ser uma fonte do direito comum em favor do papado. Enquanto o Oriente só conhecia um direito canônico de origem sinodal, o Ocidente orientou-se cada vez mais para o direito papal. Dessa forma, agravou-se o conflito entre as confissões cristãs.

Além disso, o jurídico se impôs sobre o sacramental, e o tratado de eclesiologia surgiu como teologia das diferentes potestades do papa e da hierarquia na Igreja e na sociedade. Da mesma forma, ampliaram-se as competências que estavam relacionadas com os episcopados, como também foram aumentadas as atribuições do papa no âmbito espiritual e moral. No século XIII, reservou-se ao papa o perdão de alguns pecados graves, a dispensa dos votos religiosos e a excomunhão. A canonização dos santos, freqüentemente feita por aclamação popular, deixou de ser competência das respectivas Igrejas para se tornar um direito

---

[83] LE BRAS, G. Institutions ecclésiastiques de la chrétienté médiévale. In: LE BRAS, G.; FLICHE, A.; MARTIN, V. *Histoire de l'Église*. Tournai, 1964. v. 12/2, pp. 311-327.

[84] Inocêncio III manda nos bispos "em virtude da obediência", atribuindo-se o poder de aprovar as transferências de bispos para outras sedes episcopais. Além disso, apresenta o papado como cabeça do "orbe cristão": cf. KEMPF, F. *Papsttum und Kaisertum bei Innocenz III.* Roma, 1954. pp. 280-314; TILLMANN, H. *Papst Innocenz III.* Bonn, 1954. pp. 27-38; 258-267; PENNINGTON, K. *Pope and Bishops*. Pennsylvania, 1984. pp. 13-74; MACCARRONE, M. *Studi su Innocenzo III.* Padova, 1972. pp. 223-327.

pontifício,[85] assim como o direito a promulgar indulgências. A eclesiologia concentrou-se nos direitos da Igreja de Roma e passou-se dela para a pessoa do papa.[86] Depois veio Agostinho Trionfo, que afirma que o papa é um nome jurisdicional ou de autoridade, e que se poderia ser papa sem ser bispo de Roma. Ou seja, não somente se criou a monarquia absoluta do papa, mas também tendeu-se a emancipá-lo da própria Igreja de Roma, que era a que lhe conferia o primado.

Houve uma reação contra essa eclesiologia por parte dos teólogos, do clero, dos bispos e dos cardeais, que defendiam a autonomia das Igrejas e denunciavam as inovações e rupturas dessa nova eclesiologia.[87] Os teólogos tradicionais defendiam os direitos dos bispos e das Igrejas locais, procurando harmonizar o poder papal e o do imperador como um dualismo querido por Deus. Afirmavam que a autoridade jurídica derivava dos ministros de Cristo e dos apóstolos (e não do papa) e rejeitavam o fato de que o papa fosse um monarca universal, remetendo-o à sua função de bispo de Roma, com o seu presbitério, e ao fato de que todos os bispos formam um corpo ou colégio universal. Os episcopalistas eram os herdeiros da teologia do primeiro milênio e os precursores dos grandes movimentos conciliaristas dos séculos posteriores.

A Reforma tem suas raízes nessas correntes corporativas e colegiadas. Fracassando o episcopalismo, ressurgiu a tendência que protestava contra esse predomínio do primado papal no conciliarismo dos séculos XIV e XV; e ao fracassar este, voltou-se a repropô-la de forma radicalizada

---

[85] A exclusividade papal na canonização dos santos parte do século XI, mas só adquiriu valor jurídico com Alexandre III e foi sancionada por Gregório IX (1234) e Inocêncio III. Há a idéia subjacente de que somente o papa tem a potestade divina de criar um santo. A identificação do papa com os poderes de Pedro garantia-lhe essa potestade celestial; cf. ULLMANN, W. Romanus Pontifex indubitanter efficitur Sanctus. Dictatus papae 23 in Retrospect and Prospect. *Studi Gregoriani*, 6, pp. 229-264, 1961.

[86] CONGAR, Y. Ecclesia romana. *CrSt*, n. 5, pp. 225-244, 1984.

[87] A controvérsia entre as ordens mendicantes e o clero secular concentrou-se em torno do papado. Os mendicantes defendiam um primado centralizado e universal, precursor do Estado moderno centralizado. A maioria do clero secular se opunha a isso e apelava para a superioridade do concílio sobre o papa (conciliarismo) e para o primado da Escritura contra a interpretação papal; cf. RATZINGER, *O novo povo de Deus*, cit.

com o protestantismo.[88] Ou seja, a reforma de Gregório VII permitiu à Igreja sair da dependência dos leigos. Enquanto conjuntura histórica, foi um êxito; todavia, converteu-se na base de uma eclesiologia nova que reforçou a ruptura com a Igreja oriental e acabou criando uma nova divisão com os protestantes. A transformação do ministério petrino em monarquia papal foi saldada assim com um efeito contrário ao que era pretendido pela teologia do primado: em lugar de velar pela unidade da Igreja, acabou se transformando em causa fundamental de divisão, cujos efeitos perduram até hoje.

Os títulos do papa

Nessa mesma linha, devem ser considerados os novos nomes exclusivos que os papas reivindicaram. A mudança do nome do batismo por outro programático para o pontificado começa a ocorrer desde João XII (955-964).[89] Até o século XI, os papas utilizavam o título de "sucessor" ou "vigário de Pedro", proveniente dos papas dos séculos V e VI. O próprio Gregório VII tinha uma mística de identificação do papa com Pedro, porteiro do Reino dos Céus, que é a usada por ele para defender os direitos "de Pedro", tanto na área secular, quanto na religiosa. O título de "vigário de Cristo", pelo contrário, era atribuído livremente aos bispos desde a era patrística e, com menos freqüência, também aos sacerdotes. Não era um título usual, mas sim esporádico, com um sentido espiritual e moral.

---

[88] Houve uma dupla frente política e eclesiológica; a primeira defendia o poder real, e a segunda, os bispos, arcebispos e cardeais diante da primazia absoluta do papado. Um estudo clássico é o de: KANTOROWICZ, E. H. *The King's two Bodies*: a studie in medieval polithical Theologie. Princeton, 1957 [Ed. bras.: *Os dois corpos do rei*; um estudo sobre teologia política medieval, São Paulo, Companhia das Letras, 1998]; ULLMANN, *Die Machtstellung des Papsttums im Mittelalter*, cit., pp. 500-519; 553-598; IDEM. *The Origins of the Great Schism*. London,1967. pp. 170-190; TIERNEY, B. *Foundations of conciliar Theory*. Cambridge, 1955. pp. 132-154; A colegialidade na Idade Média. CONCILIUM, n. 7, pp. 5-12, 1965; A idéia de representação nos concílios medievais do Ocidente. *Concilium*, n. 187, pp. 32-40, 1983; WALTHER, H. G. *Imperiales Königtum, Konziliarismus und Volkssouveranität*. München, 1976; CONGAR, Y. M. Quod omnes tangit, ab omnibus tractari et approbari debet. *RHDF*, n. 35, pp. 210-259, 1958; WEILER, A. A autoridade e o governo da Igreja na Idade Média. Exame bibliográfico. *Concilium*, n. 7, pp. 96-106, 1965.

[89] HERGEMÖLLER, B. U. *Die Geschichte der Papstnamen*. Münster, 1980. Antes de João XII, há somente o caso de um papa que mudou de nome — João II (533-535) —, por ter um nome pagão.

Também aos reis era dado indistintamente o título de "vigários de Deus" e de "vigários de Cristo", sobretudo entre os anglo-saxões.

A corrente reformadora dos séculos XI e XII, começando por são Pedro Damião, foi a primeira a usá-lo para o papa, e Eugênio III (1145-1153) o empregou pela primeira vez em um documento público, embora no século XII ainda prevalecesse a denominação de "vigário de Pedro". Os bispos continuaram utilizando-o até o século XIII, embora os canonistas e teólogos ressaltassem que o papa possuía o título de forma preferencial, até que no século XIV transformou-se em um título exclusivamente papal. Contudo, o título de "vigário de são Pedro" perdurou até o século XVI, enquanto "vigário de Cristo" adquiriu um claro caráter político com Inocêncio IV (1243-1254), que, baseado na soberania de Cristo, reclamava o direito de dispor dos bens temporais, bem como de exercer potestade sobre os reis e até sobre os infiéis, quando contradissessem o direito natural. Dessa maneira, a denominação de "vigário de Cristo" não só se converteu em pontifícia, mas adquiriu um sentido político muito diferente da que tinha no primeiro milênio.[90] Hoje há uma forte corrente teológica em favor de que o papa renuncie a esse título medieval, impugnado pela Igreja ortodoxa e pelos protestantes.

Algo semelhante ocorreu com o título de "apostólico", que durante o primeiro milênio foi muito usado para os bispos e desde 1049 transformou-se em um termo usado exclusivamente para o papa, causando a excomunhão do arcebispo de Santiago de Compostela, que insistia em usá-lo. O título acentuou o papel magisterial do papa (mestre, legislador, juiz e rei) e serviu de inspiração aos canonistas para estabelecer as competências do magistério pontifício.[91] O título de "papa universal" foi

---

[90] O estudo mais completo é o de MACCARRONE, M. *Vicarius Christi*. Storia del titolo papale. Roma, 1952. pp. 85-154; IDEM. Il Papa Vicarius Christi. In: VV. AA. *Miscellanea Pio Paschini*. Roma, 1948. v. 1, pp. 427-500. Cf. também WILKS, M. Papa est nomen iurisdictionis: Augustinus Triumphus and the papal Vicariate of Christ. *JthS*, n. 8, pp. 71-91; 256-271, 1957; VRIES, de. Vicarius Christi. Der Primat des Bischofs von Rom im ersten Jahrtausend. *StdZ*, n. 203, pp. 507-520, 1985.

[91] WILKS, M. *The Apostolicus and the Bishop of Rome*. *JthS*, n. 13, pp. 290-317, 1962; n. 14, pp. 311-354, 1963. As mudanças ocorridas na função magisterial do papa refletem-se também no fato de que se respeita mais a sede episcopal; cf. MACCARRONE, M. Die Cathedra Sancti Petri im Hochmittelalter. Vom Symbol des päpstlichen Amtes zum Kultobjekt. *RQ*, n. 76, pp. 137-172, 1981.

também usado nessa época, na linha de uma Igreja universal, cujo bispo é o papa. O título de "papa" (pai) era usado em Roma para abades, bispos e patriarcas. Começou a ser utilizado como título de honra do bispo de Roma desde meados do século V, mas somente com Gregório VII transformou-se em um termo exclusivo do bispo de Roma.[92] Os papas reformadores do século XII usaram também a velha fórmula de "servo dos servos de Deus", criada por Gregório I como resposta ao título de "patriarca ecumênico", aplicado ao bispo de Constantinopla.[93] Sem dúvida, trata-se do título mais evangélico de todos os que foram utilizados para o papa.

Um novo modelo de eleição dos papas

Esta é também a época em que mudou o modo de eleger o papa. A teologia tradicional defendia um governo corporativo da Igreja de Roma, representado pelo papa e por seu senado, que era o órgão representante do presbitério. Os cardeais eram os diáconos, párocos e bispos da província eclesiástica romana, que tinham funções litúrgicas nas basílicas romanas. Inicialmente eram sete e representavam o presbitério romano. Desde Nicolau II, intervinham na eleição do papa como eleitores principais. Recaindo sobre eles o controle da eleição papal, adquiriram uma importância crescente. Visto que eram os representantes do clero da província eclesiástica romana, mantinham o antigo princípio eclesiológico de que a Igreja local escolhia o seu bispo. O papa Alexandre III reservou a votação aos cardeais bispos, exigindo dois terços dos votos para a escolha, desde 1179. Essa práxis tirava o direito de voto dos presbíteros e diáconos *incardinados* (por isso eles eram chamados cardeais) na Igreja de Roma. Ao mesmo tempo, Alexandre III começou a nomear cardeais outros bispos romanos, fomentando a transferência

---

[92] CONGAR, Títulos dados al papa, cit., pp. 194-206; MOORHEAD, J. Papa as Bishop of Rome. *JEH*, n. 36, 337-350, 1985; GUERRA, M. Los nombres del papa. In: FACULTAD DE TEOLOGÍA DEL NORTE DE ESPAÑA, *Teología del sacerdocio,* cit., v. 15, 1982.

[93] SOTOMAYOR, M. El rechazo del título de papa universal por parte de Gregorio Magno. In: *Miscelanea Historiae Pontificiae*, 50, pp. 57-77, 1983; KUTTNER, S. Universal Pope or Servant of God's Servants: the canonists, papal Tittles, and Innocent III. *RDC*, n, 35, pp. 109-135, 1981.

de bispos de uma diocese para outra mais importante, o que era proibido na Igreja antiga.

Desse modo, a Igreja de Roma perdeu o controle sobre a escolha do papa, que foi assumido por um cardinalato cada vez mais internacional. Os papas dos séculos XII e XIII substituíram a função do cardinalato — que era a de compor o senado da Igreja romana — pela função de representar a cristandade. A mudança da função litúrgica por eles desempenhada inicialmente, enquanto eram designados para as basílicas e paróquias romanas, para exercer outra função política e eclesial, a de eleger o papa, tornou seu número insuficiente. Progressivamente foram aumentando os títulos cardinalícios de bispos e presbíteros de outras Igrejas, o que lhes permitia aspirar ao pontificado e participar dos conclaves romanos. O bispo de Roma passou a ser eleito pelos cardeais representantes de outras Igrejas, e o papa, por sua vez, controlava cada vez mais a escolha dos bispos de outras Igrejas e nomeava os cardeais. Assim a Igreja romana perdeu o controle sobre a eleição de seu bispo, escolhido pela Igreja universal, na mesma medida em que o poder do papa aumentou, ao designar bispos, e o seu monopólio foi assegurado na designação de cardeais. O papa ganhou em poder e autonomia, em relação à sua Igreja romana e às demais Igrejas, ao mesmo tempo que se perdeu a eclesiologia antiga.[94]

Em 1274, foram fixadas as condições em que deveriam ser celebrados os conclaves, começando a se desenvolver a teologia segundo a qual os cardeais, e não os bispos, são os verdadeiros sucessores dos apóstolos, e os próprios patriarcas são inferiores a eles. O que inicialmente era uma dignidade honorífica, ameaçava se transformar na estrutura essencial de sucessão apostólica. Afortunadamente, essa tentativa não vingou, embora tenha havido, isso sim, um deslocamento do poder dos arcebispos em favor dos cardeais como os bispos mais importantes da Igreja. Essas medidas foram revolucionárias. Em parte, conseguiram que a escolha papal

---

[94] KLEWITZ, H. W. *Reformpapsttum und Kardinalkolleg*. Darmstadt, 1957; LE BRAS, Institutions ecclésiastiques de la chrétienté médiévale, cit., pp. 309-310; 340-348; CONGAR, Y. Notes sur le destin de l'idée de collégialité épiscopale en Occident au Moyen Âge (VII-XVI siècles). In: IDEM. *La collegialité épiscopale*, cit., pp. 109-129.

ocorresse independentemente do imperador. Porém, por outro lado, fizeram com que cada eleição papal se transformasse em um assunto importante da política européia, já que os monarcas procuravam garantir para si próprios um pontífice que lhes fosse favorável, utilizando os cardeais nacionais como grupo de pressão em favor de seus interesses. Posteriormente, algumas nações conquistaram o direito de veto na eleição papal, como foi o caso da Espanha, da França e do império austríaco. Na teologia atual, há um amplo debate sobre o fato de ter chegado o momento de mudar esse modelo de eleição do papa, seja para devolver tal escolha à Igreja de Roma, para reforçar a colegialidade e a eclesiologia de comunhão, ou dando esse poder de escolha aos representantes dos episcopados nacionais.

Conclusão: por uma renovação do primado do papa

Esse rápido estudo do ministério petrino em um primeiro momento e do ministério papal em um segundo, até inícios do segundo milênio, permite tirar algumas conseqüências teológicas.[95] Da mesma forma que o ministério sacerdotal não pode ser deduzido diretamente da intencionalidade de Jesus, mas é necessário compreendê-lo como o resultado de um longo processo histórico e teológico, assim também ocorre no que se refere ao ministério papal. Por um lado, o Novo Testamento oferece uma sólida base para falar em sentido amplo de um ministério de unidade, de uma liderança do apóstolo Pedro na Igreja primitiva e de uma revalorização crescente de seu significado e de suas funções no Novo Testamento. Não há, no entanto, um primado de Pedro sobre Paulo, Tiago ou outros apóstolos, e sim um governo conjunto de todos, com diferentes áreas apostólicas de influência e com distintas teologias. Pedro, todavia, é o único apóstolo cuja influência engloba as correntes eclesiológicas contrapostas. Tampouco há, no Novo Testamento, a menor alusão a uma sucessão de Pedro e muito menos ele é apresentado como bispo de qualquer Igreja local, Roma incluída.

---

[95] Dentre a inumerável bibliografia sobre o tema, destaco a síntese feita por J. M. Tillard, *El obispo de Roma*, cit.

Na Igreja antiga, podemos perceber como textos escriturísticos sobre Pedro foram recolhidos pela corrente teológica que via neles o princípio apostólico, do qual derivam todos os bispos (corrente de são Cipriano e de santo Agostinho). Essa foi a eclesiologia preponderante no primeiro milênio. Por outro lado, a teologia romana os vinculou diretamente aos papas. Mas Pedro nunca foi bispo da Igreja romana, nem mesmo seu fundador, embora haja testemunhos anacrônicos que afirmam isso. O primado do bispo de Roma acabou tornando-se incontestável no Ocidente, misturando-se com o título de "patriarca da Igreja latina" e com o de "arcebispo" ou "metropolita da Itália", e aceito com reservas no Oriente.[96] Foi assumido como um título de honra, como uma preeminência litúrgica e ocasionalmente como um primado de jurisdição, mas dando sempre a preferência aos concílios ecumênicos. O papa não é o bispo universal, nem mesmo o da Igreja católica, mas o bispo da Igreja de Roma.

Por outro lado, à luz do primeiro milênio, as pretensões do primado na Igreja antiga eram limitadas: a de ser juiz e tribunal de apelação, a de ter responsabilidade sobre a Igreja universal e poder intervir nas causas maiores, a de poder sancionar os cânones conciliares e a de presidir e convocar concílios. O primado, na Igreja antiga, jamais fere a autonomia das Igrejas locais, seu poder para escolher o bispo sem intervenção de Roma, bem como o direito a uma liturgia, direito canônico e teologia autônomos em relação a Roma. Essa eclesiologia prosseguiu na alta Idade Média (séculos VI a X), em que as Igrejas eram governadas de forma colegiada, seja mediante concílios (como os de Toledo), seja pelas vinculações dos bispos de uma província eclesiástica, sobretudo destes com os seus arcebispos. Havia uma pluralidade de Igrejas nacionais e um reconhecimento do primado como instância última. Todavia, o episcopalismo dominava as Igrejas medievais. Isso não impediu que os papas conseguissem ampliar suas competências no Ocidente, particularmente Nicolau I e João VIII, os quais prepararam o terreno para os papas reformadores dos séculos XI e XII.

---

[96] Congar, Y. Le pape comme patriarche d'Occident. *Istina*, n. 28, pp. 374-390, 1983; Guerra, M. El papa, obispo de Roma y de la Iglesia. In: Facultad de Teología del Norte de España, *Teología del sacerdócio*, cit., pp. 11-116.

No segundo milênio, instaurou-se a monarquia pontifícia que perdura até hoje. No entanto, não se pode identificar esse modelo monárquico, centralizado e absolutista com o primado do papa. O primado existiu séculos antes da monarquia papal do segundo milênio, facilitada pela ruptura com a Igreja grega a partir do século XI.[97] Atualmente encontramo-nos em uma encruzilhada histórica e teológica. Estamos conscientes de que a monarquia papal, que se desenvolveu no segundo milênio, confirmada pelo Concílio de Trento e ampliada pelo Concílio Vaticano I, obedece a um conjunto de fatores históricos e teológicos que vão além do Novo Testamento. O primado, que é o ministério da unidade, transformou-se hoje em um fator que a torna irrealizável, tanto em relação à Igreja ortodoxa, quanto em relação às Igrejas protestantes. A almejada unidade dos cristãos passa hoje pela reforma do papado e por uma reavaliação de suas funções.[98] Um conhecimento mais qualificado da história e da exegese permitem hoje uma reavaliação do primado, distinguindo entre o primado como instituição, que se inspira no ministério petrino e que foi exercido desde a Igreja antiga, e a organização monárquica e centralizada de que ele se revestiu.[99]

---

[97] Foi abrindo passagem na teologia católica a idéia de que não se deve exigir das Igrejas orientais mais do que uma aceitação do primado dentro do marco do primeiro milênio. Isso significa que a evolução monárquica e centralizada do segundo milênio não teria razão para ser assumida pelas Igrejas orientais; cf. RATZINGER, J. Roma no debe exigir al oriente más doctrina del primado que la enseñada y formulada durante el primer milênio. Apud Bausteine für die Einheit der Christen. In: *Prognose für die Zukunft des Ökumenismus*. 1977. v. 17, p. 10; CONGAR, Y. Autonomie et pouvoir central dans l'Église vu par la théologie catholique. *Irénikon*, n. 53, p. 311, 1980; FRIES, H. & RAHNER, K. *La unión de las iglesias*. Barcelona, 1987. pp. 35-119.

[98] As perspectivas ecumênicas do ministério papal são analisadas em: ARISTI, Vasilios von et alii. *Das Papstamt*. Regensburg, 1985; *Concilium*, n. 64, pp. 104-124, 1971; ALLMEN, J.-J. von. Ministério papal. ministério de unidade. *Concilium*, n. 108, pp. 969-974, 1975; HARDT, M. *Papstum und Ökumene*. Paderborn, 1981. pp. 139-58; MILLER, J. M. *The divine Right of the Papacy in recent ecumenical Theology*. Roma, 1980; RATZINGER, J. (Hrsg.) *Dienst an der Einheit*. Düsseldorf, 1978; STIRNIMANN, H. & VISCHER, L. *Papsttum und Petrusdienst*. Frankfurt, 1975; LEGRAND, H. M. Dimensões teológicas da revalorização das Igrejas locais. *Concilium*. n, 71, pp. 42-50, 1972; THILS, G. Le ministère des Successeurs de Pierre et le service de l'unié universelle. *RTL*, n. 17, pp. 61-68, 1986; *Concilium*, n. 64, pp. 56-87, 1971.

[99] ESTRADA, *La Iglesia: identidad y cambio*, cit., pp. 264-271; KASPER, W. Lo permanente y lo immutable en el primado. *Concilium*, n. 108, pp. 165-178, 1975; CONGAR, I. M. De la comunión de las iglesias a una eclesiología de la Iglesia universal. In: CONGAR & DUPUY, *El episcopado y la iglesia universal*, cit., pp. 232-244; RAHNER, K. Algunas reflexiones sobre los principios constitucionales de la Iglesia. In: CONGAR & DUPUY, op. cit., pp. 493-511.

A isso, soma-se uma demanda crescente, no interior da própria Igreja católica, em favor da colegialidade, da potencialização das Igrejas nacionais e regionais, da revitalização e ampliação dos patriarcados (que poderiam ser estendidos à África, América ou Ásia), e da ampliação da sinodalidade dentro da própria Igreja romana.[100] Há um mal-estar crescente em relação ao centralismo romano e ao modelo uniforme por ele defendido para todas as Igrejas. Nos últimos anos, foram freqüentes os conflitos causados pelas nomeações de bispos para as Igrejas locais; pelas decisões litúrgicas que contradiziam as orientações dos episcopados nacionais; pela forma de abordar os problemas das Igrejas e pela intervenção dos delegados papais na América Latina, na América do Norte, na África ou na Ásia. Sobretudo há um mal-estar quanto à cúria romana e às suas congregações, o que já provocou uma grande quantidade de críticas durante o Concílio Vaticano II.[101]

Identificar-se com a Igreja não implica aceitar um modelo organizativo claramente defasado, e sim empenhar-se por uma reforma estrutural que devolva ao ministério papal a sua função de unidade. O percurso histórico demonstra que o primado foi variando com a própria Igreja, segundo as necessidades e conjunturas históricas. Isto é o que se coloca hoje. O problema não é este: se na cadeira de Pedro há um bispo aberto ou conservador; mas este: se é possível criar uma estrutura que seja ecumenicamente aceitável, eclesialmente eficaz e teologicamente inspirada no Novo Testamento. O problema, hoje, não é a mentalidade do papa que está governando, mas a própria instituição do papado. Essa é a encruzilhada teológica e histórica. A análise de como surgiu o primado deve servir para uma revisão profunda de suas funções e de sua identidade. Disso depende, em parte, o futuro do cristianismo no terceiro milênio.

---

[100] KERKHOFS, J. El ministerio de Pedro y las iglesias no occidentales. *Concilium*, n. 108, pp. 265-275, 1975.

[101] "Criticar a cúria enquanto 'sistema' não é criticar a Igreja, nem o papado [...]. Os filhos fiéis da Igreja não questionam a autoridade do papa, mas o sistema que o aprisiona e que o torna solidário com a menor decisão tomada pelas congregações romanas, assinando ou não nos decretos o seu próprio nome": Cardenal SUENENS, L. G. L'unité de l'Église dans la logique de Vatican II. *ICI*, n. 336, 15/5/1969, Supplément XII-XIV; ALBERIGO, G. Para una renovación del papado al servicio de la Iglesia. *Concilium*, n. 108, pp. 141-164, 1975; ALBERIGO, G. La curia y la comunión de las iglesias. *Concilium*, n. 147, pp. 27-53, 1979; CERETI, G. & SARTORI, L. La curia en el proceso de renovación del papado. *Concilium*, n. 108, pp. 276-285, 1975.

Uma comunidade de leigos

Já analisamos, nos primeiros capítulos, como a Igreja superou o atraso da chegada do reinado de Deus, por meio da experiência da ressurreição e de Pentecostes. A partir daí surgiu a missão, primeiro a Israel e depois aos gentios, que devia ser acompanhada pela proclamação do Messias e Filho de Deus. A contrapartida a esse anúncio era o testemunho de vida. Os velhos textos evangélicos obedeciam à urgência da intervenção final de Deus, mas era necessário aplicá-los à nova situação, a da missão da Igreja. Começou assim um processo de reinterpretação e de adaptação das passagens evangélicas às novas circunstâncias comunitárias, que deixou sua marca nos próprios evangelhos. Na realidade, teve início uma hermenêutica que continuou até nossos dias, pois prosseguimos lendo os evangelhos como palavra atual de Deus para nós, buscando iluminar nossas circunstâncias à luz dos ditos e fatos de Jesus. O *aggiornamento*, ou o fato de pôr em dia, passa por uma leitura constante do Novo Testamento, sem nos limitar ao significado original dos textos, vendo-os bem mais como uma interpelação de Deus a nós. A história do cristianismo é, em grande parte, a história da interpretação constante do Evangelho, a partir das novas situações.

Do reino para os pecadores às exigências éticas do Reino

O Reino anunciado por Jesus estava em conexão com a boa notícia aos pecadores, aos pobres e aos enfermos, aos quais se devolvia sua dignidade e se oferecia a salvação. A idéia do reinado que chega, vinculada ao anúncio da ressurreição, sofreu uma transformação funcional, já que estava ligada à forma de vida dos cristãos. Era preciso dar testemunho da chegada do Reino com uma nova forma de vida que servisse ao mesmo tempo de contraste e de exemplo. Daí deriva o forte caráter ético assumido pela proclamação do Reino.[1] Já não se trata tanto de uma boa notícia para marginalizados, oprimidos e pobres, como ocorria na vida de Jesus (cf. Tg 2,5: Deus escolheu os pobres para torná-los herdeiros do Reino), quanto de uma forma de vida, da qual se excluíam os injustos, os fornicadores, os idólatras, os efeminados, os ladrões etc. (1Cor 6,9-11; 15,50; Gl 5,21; Ef 5,5). A idéia da imitação de Cristo adquiriu aqui um forte caráter moral, em tensão com o significado original da boa notícia aos pecadores. A justiça de Deus foi a referência teológica que serviu de contraponto para a rejeição dos pecadores, dos amorais e dos socialmente desviados.[2]

Não há dúvida de que houve uma mudança de orientação. Paulo vinculou as afirmações existenciais às exigências éticas (porque Cristo foi imolado, vivamos uma vida nova: cf. 1Cor 5,7; Rm 6,2.12; 13,14; Gl 5,15), fazendo a ética derivar da cristologia. A idéia de uma nova criação serviu de base para desenvolver a antropologia, dentro da qual o batismo significava um novo nascimento (Rm 6; 12,2). Já sabemos que em Paulo há ainda a crença na chegada iminente de Cristo, e daí derivam as exigências éticas (Rm 13,11-14; 1Ts 5,1-11; 2Cor 5,10). Por outro lado, Paulo vincula as exigências éticas à lei natural, a uma conduta guiada pela razão (Rm 2,14-16; 1Cor 5,1), o que lhe permitiu apresentar as exigências de Deus de um modo igual, seja para os judeus, seja para os pagãos. A ética do tempo adquiriu valor salvífico nas exigências da chegada do Reino (1Cor 10,32; Fl 4,8; 1Ts 4,10-12). Para Paulo, a conduta natural deve ser entendida a partir da cristologia e da escatologia, o que permite corrigi-la e radicalizá-la ao mesmo tempo (1Cor 7,29-31). Todavia, o comportamento moral da cultura adquiriu valor em si mesmo (Rm 2,14-

---

[1] As implicações éticas da mensagem de Jesus nos diversos escritos do Novo Testamento são bem analisadas em W. Schrage, "Ethik", in *TRE*, 10, v. 4, pp. 435-462, 1982.

[2] SCHWEIZER, E. Gottesgerechtigkeit und Lasterkataloge bei Paulus. In: KÄSEMANN, E. (Festch.) *Rechtfertigung*. Tübingen, 1976. pp. 461-477; WIBBING, S. *Die Tugend und Lasterkatalog im Neuen Testament*. Berlin, 1959.

15; 13,3; 1Cor 5,1) e se transformou em uma fonte autônoma e inspiradora da conduta dos cristãos.[3]

O mandamento do amor, que Paulo apresenta como conseqüência da "lei de Cristo" (Gl 6,2), transformou-se em um catálogo de virtudes (Gl 5,22), como os que encontramos freqüentemente na literatura moral daquele tempo. Isto, que em Paulo é corrigido e dimensionado pelo seu forte cristocentrismo (1Cor 8,6) e pela luta contra a submissão à lei (Rm 14,20; 1Cor 10,25-26), adquiriu uma relevância progressiva ao longo do Novo Testamento, sobretudo porque se afirmava, com entusiasmo, que Cristo já havia triunfado sobre os poderes mundanos, como o sublinha a Carta aos Efésios e a Carta aos Colossenses. Não se pode esquecer, contudo, que no Novo Testamento são mantidas também algumas correntes minoritárias que acentuam o contraste entre os cristãos e o mundo, ressaltando que os cristãos precisam viver nele como estrangeiros e manter a tensão escatológica até à chegada de Cristo (1Pd 1,1.13-16; 2,11-12; 4,7-10; Tg 1,21; 2,13; 5,7-12; 1Jo 2,15-17.28-29; 4,17).

Há uma tensão entre a tendência à inculturação na cultura helenista, que leva a ligar intimamente as exigências éticas culturais e as cristãs, e o radicalismo escatológico, que acentua o contraste entre o mundo cristão e o greco-romano. A inculturação implica a fusão com a cultura, o que faz surgir uma nova síntese (o cristianismo helenista) a partir do Novo Testamento. O preço dessa necessária inculturação foi o da helenização do cristianismo, como antes ocorreu no judaísmo com os livros sapienciais do Antigo Testamento, tanto no dogma quanto na moral. Esta é a outra face da cristianização da cultura greco-romana. Passamos do anúncio de Deus que vem em favor daqueles que vivem na periferia da sociedade para a exigência de um estilo de vida ético, para que não haja um castigo de Deus (1Ts 4,1-7.9). A boa notícia aos pecadores

---

[3] GRÄSSER, E. Neutestamentliche Erwägungen zu einer Schöpfungsethik. *WPKG*, n. 68, pp. 98-114, 1979; SCHLECKE, K. H. *Theologie des Neuen Testament;* Ethos. Düsseldorf. 1970. v. 3; HAHN, F. Neutestamentliche Grundlagen einer christlichen Ethik. *TthZ*, n. 86, pp. 41-47, 1977; SCHNACKENBURG, R. "Die neutestamentliche Sittenlehre in ihrer Eigenart im Vergleich zu einer natürlichen Ethik. In: STELZENBERGER, J. (Hrsg.) *Moraltheologie und Bibel*. Paderborn, 1964. pp. 39-69.

passa para um segundo plano, deixando lugar para uma exortação à vida virtuosa.

Já não se põe o acento — como o fazia Jesus — na devolução da dignidade ao pecador, com a boa notícia de que Deus o ama, para que então (a partir da recuperação da auto-estima e do próprio valor) ele possa se converter e se abrir aos outros, mas pressupõe-se a conversão dos cristãos e se exige deles um estilo de vida exemplar, vinculando o testemunho evangélico ao catálogo de virtudes e de exigências éticas da cultura greco-romana. O ideal cristão adquire um colorido ético e ascético de raízes helenistas e judaicas: que se façam petições por todas as pessoas, pelos reis e por todos os que têm autoridade, "para que possam levar uma vida calma e tranqüila, com toda a piedade e dignidade" (1Tm 2,1-2). Perdeu-se a tensão da mensagem de Jesus, que não veio para trazer paz e tranqüilidade, mas divisão e enfrentamentos (Lc 9,23-26; 12,49-53; 14,25-27; Mt 10,33-39; Mc 8,34-38).

Em fins do século I, aumenta a exigência de autoridade e de ordem, da qual dão testemunho as cartas pastorais. A referência à esperada vinda do Senhor ainda é mantida, mas o acento foi deslocado para as virtudes que permitem viver piedosa e sobriamente no mundo (1Tm 3,16; 5,23; 6,8; Tt 1,1; 2,12-13). Há uma rejeição das tendências ascéticas radicais, sejam elas de origem judaica ou gnóstica, pois "toda criatura de Deus é boa, e não se deve rejeitar coisa alguma que se usa com ação de graças" (1Tm 4,3-4). O bom cristão distingue-se pela piedade e pelas virtudes (1Tm 4,7.12). Esta é também a postura dos escritos dos padres apostólicos, que simplesmente adotaram as virtudes naturais ensinadas pela filosofia helenista (*2Clem.*, 6,9; 11,7; 12,2-6; *Barn.*, 21,1; *Herm(s).*, 9,15,2).

O bom cidadão converte-se no oposto do cristão, excluindo do Reino de Deus os pecadores e os amorais.[4] Dessa forma, as listas de virtudes greco-romanas adquirem um significado cristão e não somente natural. Nesse contexto é preciso entender a afirmação lendária de algumas

---

[4] Campenhausen, *Tradition und Leben*, cit., pp. 180-202; Schrage, W. Die Stellung zur Welt bei Paulus, Epiktet und in der Apokalyptik. *ZthK*, n. 16, pp. 125-154, 1964.

supostas cartas trocadas entre Sêneca e Paulo, afirmando a convergência material entre o cristianismo e o estoicismo. Essa postura marca decisivamente a antropologia cristã com muitos conteúdos culturais. Tal "desescatologização" e "eticização" do reinado de Deus leva a revalorizar o comportamento humano. Já não se trata tanto de um dom que tem o próprio Deus como agente, quanto de um reino que é uma tarefa humana (Cl 4,11 contra Mc 4,26-27). O acento é ético, como requisito para ser aceito por Deus, e se espiritualiza o escatológico, transformando-o em expectativa de recompensa após a morte.

Têm um alto custo a consolidação e a coesão comunitária que essa mudança de acento gera, pois tais características são diluídas em elementos essenciais da boa notícia evangélica: Deus está com os marginalizados e com as vítimas da história, o seu amor é anterior à própria conversão deles e não depende do fato de serem pessoas eticamente irrepreensíveis, muito menos bons cidadãos. O dom da graça não é perdido, mas é deslocado em favor de uma vida virtuosa que espera a recompensa divina,[5] da mesma forma que já não se vê o "reino" como uma realidade intra-histórica e mundana, mas sim como uma realidade pós-morte, vinculada à vida eterna. Essa tendência tem raízes no Novo Testamento, mas não é desenvolvida até o século II. Ela impregna a religiosidade popular, os escritos apócrifos (especialmente os apocalipses), as atas martiriais, as inscrições nos túmulos e as próprias obras dos teólogos (especialmente as de Clemente de Alexandria e de Orígenes).[6] Uma vez mais observamos como o Novo Testamento apresenta a experiência religiosa das comunidades em contínua evolução, e não uma doutrina estática, fixada para todo o sempre.

A submissão à autoridade

A progressiva perda da expectativa em relação à chegada final de Cristo facilitou também a despolitização da mensagem cristã, já que a afirmação

---

[5] BORNKAMM, G. Der Lohngedanke im Neuen Testament. In: IDEM. *Gesammelte Aufsätze*. 2. Aufl. München, 1963. v. 2., pp. 69-92.

[6] SCHMIDT, "Βασιλεύς", cit., pp. 593-595.

da realeza de Cristo e do reinado de Deus despertava suspeitas nas autoridades romanas. O conservadorismo sociopolítico paulino, que exorta a rezar pelas autoridades e a submeter-se a elas (Rm 13,1-7), deve ser visto, contudo, no contexto verticalista, patriarcal e senhorial da cultura greco-romana. Semelhantes admoestações podem ser encontradas também na cultura romana (Cícero, Quintiliano, Apuleu etc.), como também na retórica de inspiração estóica e na tradição platônica. A autoridade dos governantes vem do Criador e é limitada unicamente pela obediência ao próprio Deus. Paulo opera a fusão da herança cultural da Antigüidade no horizonte cristão.[7] Sua exortação à lei e à ordem, isto é, ao acatamento da autoridade, favorece a boa imagem dos cristãos diante das desconfiadas autoridades, adquirindo valor apologético no contexto da hostilidade judaica.

Essa tradição, segundo a qual o testemunho cristão exige a renúncia aos próprios direitos, serviu também para neutralizar a forte corrente profética e apocalíptica, que se posicionava criticamente diante do Império e punha o acento no viver como estrangeiros em uma cultura pagã. Há um paralelismo entre o pluralismo judaico e o cristão. Os zelotas, os essênios e parte dos fariseus representavam a ala mais hostil ao Império Romano, enquanto os saduceus e boa parte do sacerdócio eram colaboracionistas. Do mesmo modo, Paulo era politicamente conservador, como outros escritos do Novo Testamento (Mt 22,15-22; 1Pd 2,13-17; 1Tm 2,1-2). Ele defendia uma teologia "natural" de submissão à autoridade, de subordinação dos inferiores aos superiores e de conservação da ordem social. Buscava cristianizar os costumes romanos — como no caso da Carta a Filêmon —, e não condená-los.

A postura de Paulo e do cristianismo em geral deve ser entendida no contexto da missão. Paulo era radical no que se refere à religião e, como cidadão romano, estava a par das suspeitas romanas contra os movimentos messiânicos e proféticos judaicos. Isso era reforçado pela morte de

---

[7] WOLTER, M. Gewissen. In: *TRE*, 13. 1984. v. 2, pp. 215-218; KÄSEMANN, *Exegetische Versuche und Besinnungen*, cit., Tübingen, 1967, v. 2, pp. 204-222; IDEM. Röm 13,1-7 in unserer Generation. *ZthK*, n. 56, pp. 316-376, 1959.

Jesus na cruz, suplício reservado pelas autoridades a alguns criminosos, e pela hostilidade judaica contra os cristãos, contra os que afrontavam os governantes romanos. Paulo não podia permitir-se ser radical no campo religioso e sociopolítico, caso se pretendesse granjear a benevolência das autoridades e desenvolver uma missão dentro do Império. Daí o seu conservadorismo, que é também o de Lucas, tanto nos evangelhos — nos quais sempre se tende a descarregar o peso da culpa nos judeus, desculpando os romanos —, quanto nos Atos dos Apóstolos.

Por isso a submissão à autoridade tem ampla cobertura na literatura cristã dos primeiros séculos: "Dá-nos ser obedientes a teu nome santíssimo e onipotente, e a nossos príncipes e governantes sobre a terra" (*1Clem.*, 60,4-61,2; *Dióg.*, 6; Aristides, *Apol.*, 16,6; Justino, *Apol.*, 1,17). A ordem imposta pelo Estado é justificada como uma necessidade querida por Deus, diante de um mundo em pecado. Da mesma forma que Paulo assume a idéia grega do corpo e dos membros para postular a harmonia social, assim também aceita a função ordenadora do Estado que, depois da cristianização da sociedade romana, recebe uma nova legitimação como apoio para a fé e sustento para a religião. Rejeita-se o fato de que a autoridade estatal seja sagrada, e, ainda mais, que seja identificada com a divindade, mas ao mesmo tempo exige-se lealdade e submissão aos governantes, combinando as exigências estóicas e as cristãs. O cristianismo ocidental inicialmente teve maior reserva a essa identificação com o Estado, enquanto o oriental, desde o início, tendeu para uma clara aproximação que culminou com Constantino, o qual se chamou de "apóstolo número treze".

Em Paulo, há maior espaço para a crítica à tradição judaica do que para a cultura greco-romana, à qual ele pertence. Não podemos pensar que a inspiração paulina, e em geral a de todo o Novo Testamento, consista em uma revelação de Deus, sem que intervenham fatores humanos, tais como sua personalidade e seu contexto cultural. O Novo Testamento é uma criação humana, e sem deixar de sê-lo, é palavra de Deus, ou seja, é uma criação inspirada. Por essa razão, é impossível harmonizar afirmações contrapostas, como, por exemplo, as paulinas e as dos escritos joaninos, que dissentem quanto à avaliação relacionada com Roma, com a cultura e com o papel dos governantes. É preciso admitir a pluralidade constitutiva do Novo Testamento e se preocupar com as circunstâncias históricas, sem pretender aplicar à situação atual frases isoladas e tiradas de seu contexto, como se elas representassem uma doutrina fixa e homogênea, válida para sempre.

A participação dos bens como sinal de fraternidade

Essas conotações éticas delimitam a insistência do cristianismo primitivo em partilhar os bens, recolhendo, assim, tanto a tradição de Jesus quanto os chamados ascéticos e éticos para uma vida sóbria e simples. Há contrastes, mas há também continuidade entre a insistência dos evangelhos no fato de que Deus abençoa os pobres, e as reiteradas advertências dos escritos tardios do Novo Testamento sobre os perigos da riqueza (1Tm 2,9; 3,8; 6,5-19; Hb 13,5; Tg 2,1-7; Ap 3,17). Na filosofia grega da época, assim como nas escolas pitagóricas, recomendava-se a prática da comunhão de bens. Dentro da tradição judaica, era também o característico dos grupos essênios do mar Morto, que despertaram a admiração de Fílon, de Flávio Josefo e de Plínio. Todos eles ficavam admirados com a comunhão de bens praticada pelos essênios.[8] Não parece que a Igreja primitiva fosse pobre, apesar dos sumários nos quais Lucas apresenta o ideal cristão (At 2,44-45; 4,32-35). Há autores, como Grappe, que propõem os essênios como o pano de fundo essencial para os sumários esboçados por Lucas no livro dos Atos.[9] A regra de Qumrã condenava os que mentissem a propósito da comunhão de bens, como acontece

---

[8] Platão. *A República*. São Paulo, EDIPRO, 1994. III, 416d; V, 457cd; 462c; Aristóteles. *Ética a Nicômaco*. Rio de Janeiro, Ediouro. IX 8, 116b; cf. Grappe, *D'un temple à l'autre*, cit., p. 57; Schottroff, L. & Stegemann, W. *Jesus von Nazareth, Hoffnung der Armen*. Stuttgart, 1978. pp. 150-153.

[9] Grappe, op. cit., pp. 51-73. Grappe estabelece um forte paralelismo entre a comunidade dos essênios e a comunidade cristã de Jerusalém. É possível que fossem vizinhas na cidade, se for confirmada a hipótese dos arqueólogos que defendem um assentamento essênio na Cidade Santa. Não se pode esquecer que ambas as comunidades derivavam de um mestre que havia sido executado pelas autoridades, e que há traços cristológicos, de interpretação das Escrituras, de escatologia e de organização comunitárias que são coincidentes nas duas comunidades.

com Ananias e sua mulher (At 5,1-11). Essa prática poderia ter inspirado o ideal da comunhão de bens para a Igreja de Jerusalém, unindo a recepção cristã de outras tradições radicais palestinenses com o ideal utópico da opção de Jesus pelos pobres. Lucas narra as divergências concretas da comunidade no que concerne à comunhão de bens, mas ao mesmo tempo propõe o ideal dessa comunhão, extraído das correntes da época.

O estrato sociológico da maioria das comunidades cristãs não era dos mais pobres, mas provavelmente prevalecia uma baixa classe média urbana, composta de artesãos e comerciantes, bem como por pessoas de um *status* social móvel e pouco consolidado.[10] Há também cristãos ricos, e com o tempo algumas Igrejas chegaram a ter amplos patrimônios, fruto principalmente das doações.[11] Nas Igrejas cristãs havia "pobres", mas não eram muitos os miseráveis, os que ocupavam o último escalão da pobreza e que lutavam pela sobrevivência. Havia problemas e tensões por causa das diferenças sociais de seus membros (At 4,37; 5,1-11; 6,1; 16,14-15; 17,4.12; 18,8.24; 1Cor 6,8; 11,22; Fl 4,14-18),[12] assim como de grupos marginais e de pessoas desprezadas socialmente, como acontecia com os "pecadores", os quais, mesmo desfazendo-se de seus recursos econômicos, por vezes consideráveis, eram malvistos em uma sociedade religiosa. A virtude e a honra eram elementos determinantes para a consideração social, e esta não dependia somente do poder econômico. Por isso, os pobres não eram somente uma classe econômica, mas representavam os cidadãos menos valorizados religiosa e socialmente. A pobreza estava vinculada ao pecado e à falta de moral.

---

[10] MEEKS, W. A. The Social Context of Pauline theology. *Interpretation*, n. 36, pp. 266-277, 1982; MEEKS, *The first Urban Christians*, cit.; MALHERBE, *Social Aspects of Early Christianity*, cit., pp. 25-59; GAGER, Das Ende der Zeit und die Entstehung von Gemeinschaften, cit., pp. 90-105; THEISSEN, *Sociología del movimiento de Jesús*, cit., pp. 33-90; AGUIRRE, *Del movimiento de Jesús a la Iglesia cristiana...*, cit., pp. 45-63; 127-164.

[11] THEISSEN, *Sociología del movimiento de Jesús*, cit., pp. 13-31; NORELLI, Sociología del cristianesimo primitivo, cit., pp. 97-127; KECK, L. E. Das Ethos der frühen Christen. In: MEEKS, *Zur Soziologie des Urchristentums*, cit., pp. 13-36; AGUIRRE, *Del movimiento de Jesús a la Iglesia cristiana*, cit., pp. 127-164; HENGEL, M. *Eigentum und Reichtung in der frühen Kirche*. Stuttgart, 1973; KÜMMEL, W. G. Das Urchristentum, II. Arbeiten zu Spezialproblemen: Zur Sozialgeschichte und Soziologie der Urkirche. *ThRu*, n. 50, pp. 327-363, 1985.

[12] VERME, M. del. *Communione e condivisione dei beni*. Brescia, 1977.

Também havia situações socioeconômicas diferentes entre as Igrejas. Isso levou ao recolhimento de ofertas, para entregá-las aos pobres da Igreja de Jerusalém (At 11,27-30; 24,17; Rm 15,26-28.31; 1Cor 16,3-4) e de outras Igrejas (Gl 2,10; 2Cor 8,3-4). Todavia, na medida em que ia se perdendo a tensão escatológica e se impondo a integração na sociedade, ressurgiam as tensões entre os pobres e os ricos dentro da comunidade. A esperança da vinda próxima do final dos tempos foi o contexto adequado para a recepção comunitária das bênçãos de Jesus aos pobres (porque Deus se compromete com eles) e de suas advertências contra os ricos. A mudança de acentos em favor da missionariedade exigiu uma nova interpretação das exigências radicais do Reino (Mt 8,18-22 e Lc 9,57-60; Mt 10,37-39 e Lc 14,26-28; Lc 17,33), espiritualizando-as ou atenuando-as.

Por outro lado, no cristianismo primitivo havia grupos radicais itinerantes, próximos aos cínicos e a alguns grupos filosóficos, que viviam de esmolas e esperavam o fim dos tempos. A instabilidade política e econômica de fins do século I na Palestina favorecia essa piedade para com os pobres, exigindo das Igrejas um grande esforço de hospitalidade e de acolhida. O seguimento radical da época de Jesus, pelo contrário, era pouco adequado a algumas comunidades que estavam estabelecidas na sociedade e que gozavam de alguma instabilidade. Esse fato exigia a necessidade de espiritualizar e transformar as exigências radicais de pobreza dos grupos carismáticos itinerantes e missionários das Igrejas, bem como das correntes martiriais do século II e mais tarde do monacato.[13]

O ideal de uma comunidade cujos bens são postos em comum e que supera as classes sociais está enraizado na esperança da vinda triunfal de Cristo. Não é de estranhar o fato de que, tornando-se mais remota a esperança do final dos tempos, se arrefecesse a opção pelos pobres e o distanciamento crítico dos ricos. Permaneceu, contudo, a preocupação

---

[13] Theissen ressalta a importância desses grupos de carismáticos itinerantes; cf. THEISSEN, *Studien zur Soziologie des Urchristentums*, cit., pp. 79-141; STEGEMANN, Wanderradikalismus im Urchristentum?, cit., pp. 94-120.

das diversas Igrejas pelos pobres; todavia, já se tratava de um sinal de fraternidade eclesial e de caridade, e não de um testemunho escatológico da chegada do reinado de Deus (1Ts 4,1-12; Ef 4,28; 1Tm 6,17-19; Tg 1,27; 1Jo 3,17; *1Clem.*, 38,2; *Did.*, 4,8; 5,2; 13,4). Essa tradição continuou posteriormente, na época patrística, combinando o radicalismo evangélico (*Did.*, 1,5; 4,8; *Bern.*, 19,8; *Herm(m).*, 2,4) com os apelos à perfeição (de raiz estóica em Tertuliano) e à vida sóbria e simples (como ocorre com Clemente de Alexandria). Há uma convergência entre os apelos éticos e ascéticos da cultura romana e as exigências cristãs de solidariedade e justiça, mas ambos obedecem a diferentes motivações. Os cínicos pensavam que o essencial fosse a renúncia aos bens, mais do que o uso que deles se faz, enquanto os estóicos punham o acento no autocontrole e na sobriedade. Contudo, o chamado evangélico está baseado no seguimento de Cristo e de seu Deus, que opta pelos pobres.[14]

Na tradição, fundiram-se ambas as correntes, que sobrevivem até hoje na teologia da pobreza. Não é raro a tradição da vida religiosa — que é a herdeira da tradição monacal — pôr o acento na não-posse individual dos bens (na rejeição da propriedade privada e na exigência de um controle comunitário) mais do que em um estilo de vida marcado pela solidariedade e pela justiça para com os indigentes. Como em outros casos, o aspecto profético e escatológico da pobreza evangélica foi suplantado pelos chamados culturais à sobriedade anticonsumista e pela propriedade coletiva dos bens. A legislação da vida religiosa põe o acento na não-posse individual mas comunitária dos bens, o que vem a ser compatível com um estilo de vida confortável, que por vezes se torna luxuoso. A fusão entre a ascese e ética helenista e o evangelismo cristão favoreceu a substituição do segundo pela primeira. Seus efeitos perduram até hoje, embora tenham sido mantidas correntes mais críticas e próximas ao seguimento de Jesus pobre.

---

[14] HARNACK, A. von. *Die Mission und Ausbreitung des Christentum.* Leipzig, 1924. v. 1, pp. 170-220; STEGEMANN, W. *Das Evangelium und die Armen.* München, 1981; VIVES, J. Pobres y ricos en la Iglesia primitiva, cit., pp. 553-570.

Desde o século III, nota-se que o cristianismo amplia sua base social da classe média baixa para as classes superiores, o que faz com que a crítica social aos ricos seja mitigada (como acontece, por exemplo, com Clemente de Alexandria) na mesma medida em que a inculturação adquire destaque em relação à tensão escatológica mantida por grupos radicais e pelas correntes martiriais.[15] No entanto, há uma ampla e rica tradição patrística que vincula os próprios sacramentos à solidariedade e à justiça (partilhar com os outros aquilo que se é e o que se tem). O conflito eucarístico de Corinto (1Cor 11,17-34) refletia a tensão existente entre uma minoria rica e "poderosa" (1Cor 1,26) e a maioria, que era pobre ou de classe média baixa. Havia vários grupos que se reuniam separadamente e que nem sequer começavam a refeição ao mesmo tempo (1Cor 11,19.21), o que contradizia o próprio significado da eucaristia. As divergências estavam ligadas também ao fato de que os ricos comiam carne (1Cor 8,7.10; 10,18-19), produto de luxo naquela época, enquanto a maioria se contentava com uma comida simples e se envergonhava de sua pobreza (1Cor 11,22). A solução paulina é de compromisso, como acontece quase todas as vezes em que se faz referência às estruturas sociais: a comida sacramental devia ser comum, pois simboliza a integração cristã (1Cor 10,16); as diferenças sociais são restritas à casa, sem serem questionadas.[16]

Essa tendência entrava em rota de colisão com as correntes evangélicas radicais, que se mantiveram ao longo dos séculos II e III e que, no século IV, provocaram uma forte reação contra o conformismo social da Igreja e contra a perda do radicalismo evangélico. O protesto foi levado adiante sobretudo nos meios monásticos e por autores que estavam próximos a esses ambientes (como Basílio, João Crisóstomo, Ambrósio de Milão etc.). Todos eles sublinham o vínculo existente entre a participação nos sacramentos e a solidariedade social.[17] A comunhão sacramental conduzia à

---

[15] GAGER, J. G. *Kingdom and Community*. The Social World of Early Christianity. New Jersey, 1975. pp. 93-113.

[16] THEISSEN, *Studien zur Soziologie des Urchristentums*, cit., pp. 272-317.

[17] CODINA, V. Dimensión social del bautismo. *EE*, n. 52, pp. 521-554, 1977; CASTILLO, Donde no hay justicia no hay eucaristia, cit., pp. 555-590; VIVES, ¿Es la propiedad un robo? Las ideas sobre la propiedad privada en el cristianismo primitivo, cit., pp. 591-626.

comunhão social, e os sacramentos que não tinham conseqüências para a vida cotidiana também careciam de sentido cristão. A partir disso, houve uma crítica social muito radical, que chegou a questionar a propriedade privada e a repetir as maldições de Lucas contra os ricos, citadas depois das bem-aventuranças. Esse "comunismo do amor", como foi chamado, tinha um claro caráter testemunhal e apostólico na sociedade romana. Até mesmo o imperador Juliano, o Apóstata, constatou que a atenção dada aos pobres era uma das causas da popularidade dos cristãos na sociedade romana, sobre o que Minúcio Félix, Celso e Plínio já tinham advertido.

As Igrejas domésticas

Na Antigüidade, a casa é a instituição social por antonomásia; representa a família patriarcal, caracterizada por relações assimétricas, de dependência, de todos os seus membros. Compreende os criados e os escravos, juntamente com os parentes, sob a autoridade suprema do patriarca ou *pater familias*. A casa é também o modelo das relações sociais, e seu simbolismo estende-se até à própria concepção da realeza (a casa real) ou de religião (a casa de Deus: Mt 12,4; 21,13 par.; Lc 11,51; Jo 2,16-17; At 7,47-48; 1Pd 2,5; 4,17). Jesus usou o simbolismo da casa para designar Israel (Mt 10,6; 15,24; Lc 1,27; 2,4) e freqüentemente atuou em contextos domésticos ou ensinou com exemplos tomados da casa (Mc 1,29; 2,1; 3,20; 7,17; 9,28; Mt 8,14-15; 9,6; 12,44; 23,38; Lc 7,36-49; 9,61; 10,5-7; 11,17; 13,25; 14,1; 16,4.27; 19,5.9; Jo 2,1-12). Ao mesmo tempo, Jesus tomou uma distância crítica das obrigações familiares (Mt 8,21-22; 10,34-37), às quais contrapôs as relações livres de domínio e de subordinação, dentro da comunidade de discípulos (Mc 10,43-45). As relações de dependência no seio da casa familiar são incompatíveis com a concepção fraternal de sua comunidade de discípulos (Mc 10,43-45), na qual o lugar do pai fica reservado para Deus (Mt 23,9). Além disso, a chegada do Reino implica uma igualdade na qual somente os mais fracos têm preferência.

Paulo é o único a utilizar o simbolismo do pai para expressar as relações com sua comunidade (1Cor 4,14-15), da mesma forma que alude ao fato de que seus membros sejam seus imitadores, como ele o é de Cristo (1Cor 4,16). Por outro lado, nas comunidades e Igrejas domésticas posteriores não há um conselho de pais de família ou de patriarcas, como ocorria nas sinagogas judaicas, muitas delas associadas a uma casa. No cristianismo, o próprio termo "diocese" está relacionado com a casa, e somente a partir do século IV prevaleceu o significado de território pertencente a um bispo. A idéia da família e da sociedade como uma casa, amplamente difundida na Antigüidade, serviu aos cristãos de pano de fundo eclesiológico.

A missão cristã foi realizada a partir das casas de alguns membros conhecidos da comunidade (At 1,13; 12,12; 16,15.40; 17,5-6; 18,7; 28,30). Às vezes, a conversão de uma família é o ponto de partida da missão (Lc 10,2-12; At 10,2; 11,14; 16,15.40; 18,8; 1Cor 1,16). Por isso, as primeiras comunidades eram domésticas,[18] já que os cristãos inicialmente não tinham nenhum edifício no qual pudessem se encontrar, ao modo das sinagogas ou templos pagãos. Nas grandes Igrejas, tais como a romana ou a de Jerusalém, no início (At 2,46; 5,42; 8,3; 20,7-12), havia várias casas destinadas aos encontros, embora constituíssem uma única Igreja, à qual Paulo e os apóstolos dirigiam suas cartas (Rm 16,5; 1Ts 5,27; Cl 4,15-16). As primeiras famílias convertidas ofereciam sua casa como local para reuniões e culto (At 2,46; 5,42; 1Cor 11,33-34), e as comunidades domésticas foram o germe de muitas Igrejas locais (Rm 16,5.23; 1Cor 14,33-35; 16,19; Fm 1-3; Cl 4,15; 2Tm 4,19).

Temos somente informações esporádicas sobre essas Igrejas domésticas.[19] É compreensível que alguns desses anfitriões, cujas casas serviam de

---

[18] BIERITZ, K. H. & KÄHLER, C. Haus. In: *TRE*, 14. 1985. v. 3, pp. 478-492; AGUIRRE, La casa como estructura base del cristianismo..., cit., pp. 27-51; KLAUCK, *Hausgemeinde und Hauskirche im frühen Christentum*, cit.; LOHFINK, Die christliche Familie-eine Hauskirche?, cit., pp. 227-229; PROVENCHER, N. Vers une théologie de la famille. L'Église domestique. *EeT*, n. 12, pp. 9-34, 1981; MALHERBE, *Social Aspects of Early Christianity*, cit., pp. 60-112.

[19] O primeiro testemunho arqueológico seguro de uma casa-igreja data do século III; nela, haviam sido unidos dois quartos, o que permitia dispor de um espaço com capacidade para trinta a cinqüenta pessoas. Plínio, em uma carta a Trajano (em torno do século III), faz referência às reuniões dos cristãos, mas não fornece detalhes sobre os seus pontos de encontro. A casa romana tinha uma peça ampla, o *triclinium*, na qual cabiam no máximo 12 pessoas. Para ampliá-la, era necessário abri-la em direção ao átrio, o que podia fazer com que coubessem umas quarenta pessoas, mas se tornava muito menos confortável. Pode ser que essa repartição desigual seja o

hospedagem aos apóstolos e a outros cristãos itinerantes (At 16,15.31-34; 17,5-7; 18,3.7-8; Fm 22; 2Tm 1,16-18), desempenhassem um relevante papel nessas Igrejas e até fossem escolhidos como ministros delas (1Cor 16,15-16). Não se pode esquecer que as Igrejas domésticas eram formadas por um número muito reduzido de membros, facilmente alojáveis em um amplo salão, e que os anfitriões eram os responsáveis pelo que acontecesse em suas casas, segundo a lei romana. Os inevitáveis conflitos sociais, resultado do caráter heterogêneo das Igrejas, faziam-se sentir no culto doméstico (1Cor 11,17-22.30-34; Tg 2,1-4) e no próprio apostolado, como o mostra a Carta a Filêmon ou a Terceira Carta de João, na qual se critica uma Igreja por sua falta de hospitalidade para com os irmãos peregrinos.

Dessa forma, a estrutura da casa vinculava-se à da Igreja local, e as qualidades domésticas adquiriam um valor eclesiológico (Cl 3,18-4,1; Ef 5,21-6,1-9; 1Pd 2,18–3,1-7). O catálogo de virtudes da tradição grega e judaica, com os direitos e obrigações dos membros de uma casa, adquiriu um valor teológico, e a desobediência transformou-se em uma parte essencial do catálogo de vícios (Rm 1,30). O cristianismo adotou as relações familiares e sociais existentes, humanizando-as, todavia sem questioná-las, o que fez com que elas adquirissem um valor não somente sociológico, mas também teológico. A ordem doméstico-comunitária remete à submissão de uns aos outros (1Cor 14,26-32; 11,3-12; Ef. 5,22; 6,1; Cl 3,18), sobretudo a subordinação dos escravos e domésticos a seu senhor (Ef 6,5-8; Cl 3,22-24). Não só o lava-pés, na última ceia (Jo 13,1-16), como também os discursos de despedida joaninos (Jo 14,2-4.23; 15,4-15) tentaram bloquear essa tendência, lembrando a atitude de serviço exigida por Jesus (Mc 10,41-45; Mt 20,24-28; Lc 22,24-27), o que deveria servir para se opor à influência social.

---

contexto dos protestos da carta de Tiago e de Paulo aos coríntios, sobre as diferenças observadas na celebração do culto. Há alusões à construção de edifícios eclesiais públicos na segunda metade do século III, aproveitando-se provavelmente da paz religiosa que se seguiu ao edito de Galiano, de 160 (Eusébio, *Hist. eccl.*, VIII, 1,5; VIII, 2,1). Só depois da paz de Constantino é que se generalizaram as reuniões em locais públicos, construídos para serem igrejas (Eusébio, *Hist. eccl.*, X, 2,1; Sozomeno, *Hist. eccl.*, II, 3; SC 306, 236). Remeto ao estudo de M. Metzger, "Brève histoire des lieux de culte chrétiens", in *RDC*, n. 47, pp. 339-355, 1997.

Essa pressão sociocultural aparece sobretudo nas cartas pastorais. Nelas, a casa se transforma em modelo da Igreja (1Tm 3,15), e o próprio Deus é o amo da casa (2Tm 2,21). Do mesmo modo que convergem a moral grega de virtudes e o chamado cristão ao amor, o mesmo acontece com a ética e com a eclesiologia, ambas vinculadas ao patriarcalismo familiar. A ordem natural, ou seja, a ordem da criação, identificada com a cultura moral da época, penetra os comportamentos cristãos. Interfere sobretudo na atitude dos ministros, "para que o nome de Deus [...] não seja blasfemado", nem se perca a boa fama (1Tm 3,7; 6,1). A ausência de critérios claros a respeito de como devia ser organizada a Igreja é suprida atendendo-se à cultura do tempo.

O elemento doméstico impregna também a concepção do ministro como administrador de Deus (Tt 1,7).[20] A ética familiar patriarcal exige que ele seja irrepreensível, monógamo, sóbrio, prudente, cortês, hospitaleiro, não dado ao vinho nem briguento, que saiba governar a sua casa etc. (1Tm 3,2-7.8-13; Tt 1,7-11). Estamos muito longe da teologia apostólica de Paulo, que procurava legitimar-se com perseguições, sacrifícios e trabalhos. Já não se exigem virtudes específicas para os ministros cristãos, e sim as necessárias para qualquer ofício da sociedade helenista. Deve-se partir desta base: o governo da casa e o da Igreja são semelhantes (1Tm 3,4-5.12). O dirigente exerce funções de pai de família: preside, manda e submete todos os membros (1Tm 3,4; 6,17; Tt 1,6; 3,10). A partir daí, surgem as diferentes exigências para todos os membros, homens e mulheres (1Tm 2,8-15; 5,1-2; Tt 2,1-6), velhos e jovens (1Tm 5,1-2; Tt 2,1-6), amos e escravos (1Tm 6,1-2; Tt 2,9-10), mulheres e viúvas (1Tm 5,3-16). A família patriarcal fornece conteúdos à eclesiologia.

---

[20] ROLOFF, J. Pastoralbriefe. In: *TRE*, 26. 1996. pp. 63-65; FOERSTER, W. Euse,beia in den Pastoralbriefen. *NTS*, n. 5, pp. 213-218, 1958/1959; SCHRAGE, W. Zur Ethik des neutestamentlichen Haustafeln. *NTS*, n. 2, pp. 1-22, 1974/1975; LIPS, H. *Glaube, Gemeinde, Amt. Zum Verständnis der Ordination in den Pastoralbriefen.* Göttingen, 1979; LÜHRMANN, D. Neutestamentliche Haustafeln und antike Ökonomie. *NTS*, n. 27, pp. 83-97, 1981; AGUIRRE, R. La evolución de la iglesia primitiva a la luz de los códigos domésticos: entre la encarnación y la mundanización. In: COLLADO BARTOMEU, V. & VILAR HUESO, V. (Eds.) *II Simposio Bíblico español.* Valencia/Córdoba, 1987. pp. 321-351.

Dessa forma, as prescrições domésticas adquiriram valor eclesial; permitem assegurar a subordinação de todos ao ministro, em contraposição ao horizontalismo igualitário dos evangelhos e até de Paulo (Gl 3,28). Dos escravos espera-se a submissão e a obediência que a sociedade exige (1Tm 6,1; Tt 2,9-10), como se pode ver na Carta a Filêmon, sem que haja a menor condenação da escravidão como incompatível com o cristianismo. O contexto dessa forte subordinação ao ministério é a luta contra cismas e heresias de fins de século, o que provoca uma reação em favor da autoridade (Tt 1,10-11). Essa identificação do ministro com o pai de família é determinante para o desenvolvimento posterior da teologia do ministério, e mais concretamente em relação à figura do bispo,[21] embora a concepção patriarcal estivesse em tensão com o modelo colegial presbiteral, que se inspirava em associações livres e nos grêmios do Império.[22]

É difícil exagerar o peso e a importância que teve a identificação do ministério com o patriarcado, assim como a combinação do modelo hierárquico familiar com a Igreja. Ambas as perspectivas serviram de inspiração para uma eclesiologia que via a Igreja como uma "sociedade desigual", com precisas relações hierárquicas de domínio e de submissão, nas quais uns mandam e outros obedecem, uns ensinam e outros aprendem. Trata-se de um modelo desenvolvido no século XIX, cujas raízes, no entanto, remontam às pastorais e ao processo de clericalização da Igreja antiga.[23] Esse modelo eclesial familiar reforçou também o princípio de autoridade na Igreja, complementado pela obediência como a virtude eclesiológica por excelência. O esforço paulino para convencer a sua comunidade com argumentações teológicas agora abre espaços para os mandatos ministeriais, não somente em função da doutrina (2Tm 2,15), mas também da conduta moral estabelecida naquela época (1Tm 1,9-10; 6,3-10; 2Tm 2,16-18; 3,1-9; Tt 1,10-16).

---

[21] Sobre a concepção patriarcal da autoridade, cf. SCHÜSSLER-FIORENZA, E. Die Anfänge von Kirche, Amt und Priestertum in feministisch-theologischer Sicht. In: HOFFMANN, P., *Priesterkirche*, cit., pp. 62-95.

[22] SCHILLEBEECKX, *Christliche Identität und kirchliches Amt*, cit., pp. 61-66.

[23] HARNACK, *Die Mission und Ausbreitung des Christentum*, cit., pp. 416-419; 410-445.

Posteriormente, essa orientação foi completada estabelecendo-se uma analogia entre a ordem estóica (submissão à ordem da natureza) e a eclesial, como ocorreu com a *Carta de Clemente aos coríntios*, que se inspira na ordem da natureza para exigir da comunidade a subordinação dos leigos aos ministros (*1Clem.*, 20,1-12; 37,2.5; 61,1). A obediência possui um valor ético e religioso, unindo assim o judeu, o grego e o cristão.[24] O princípio da autoridade, combinado com a idéia da Igreja como uma família (a "mãe Igreja e seus filhos", o ministro como pai, o retorno dos separados ao seio familiar da Igreja) foi colocado a serviço de uma eclesiologia baseada na hierarquia.[25] A concepção patriarcal, da qual alguns elementos ainda persistem, foi decisiva para a eclesiologia e, concretamente, para estabelecer as relações entre o ministério e os leigos.

Essas exigências morais das cartas pastorais combinam tanto uma intenção apologética em relação ao ambiente sociocultural, quanto a própria tendência à ordem e à autoridade, próprias de toda orientação conservadora. O igualitarismo cristão é interiorizado, e as diferenças sociais subsistem na medida em que o cristianismo se insere na sociedade. É o que alguns chamam de "patriarcalismo do amor". Assumem-se as diferenças sociais e econômicas e mitigam-se com solidariedade intergrupal.[26] Conseqüentemente, as correntes e escritos críticos, que acentuam o contraste com o mundo, como é o caso dos escritos joaninos, perdem força e só encontram espaço na espiritualidade, sobretudo nos meios monacais. Por outro lado, as casas ofereciam a possibilidade de se acolher a religião familiar e o culto privado do Império, já que o culto estatal era vedado aos cristãos. O culto era desenvolvido nas Igrejas domésticas, as quais constituíam a forma institucional mais favorável ao caráter do cristianismo

---

[24] FRANK, S. Griechische und christliche Gehorsam. *TThZ*, n. 79, pp. 129-143, 1970; FRANK, Gehorsam, cit., pp. 410-411; 390-430.

[25] Remeto ao estudo de W. Beinert, "Dialog und Gehorsam in der Kirche", in *StdZ*, n. 216, pp. 313-328, 1998, que analisa o peso da obediência na eclesiologia e sublinha sua dependência do modelo familiar ministerial, esboçado nas cartas pastorais.

[26] SCHRAGE, W. Ethik. In: *TRE*, 10. 1982. pp. 452; KECK, Das Ethos des frühen Christen, cit., pp. 13-36; THEISSEN, *Sociología del movimiento de Jesús*, cit., pp. 106-111; IDEM, *Studien zur Soziologie des Urchristentums*, cit., pp. 231-271.

como religião ilícita, até que, a partir de 311, abriu-se a possibilidade de haver um culto público autorizado pelo Estado.

O papel da mulher no cristianismo primitivo

Em geral, a concepção judaica da mulher está inserida no contexto da tradição mediterrânea tradicional, que engloba também a cultura greco-romana: separação espacial e funcional do varão e da mulher; importância da honra masculina e da vergonha feminina como virtudes de cada gênero sexual; predomínio dos papéis de esposa e mãe na mulher; importância da visão patriarcal na família; exclusão feminina da vida pública, exceção feita a algumas matronas aristocráticas etc.[27] Dentro desse marco sociológico comum, tanto a tradição judaica quanto a helenista têm suas próprias peculiaridades.

As estruturas familiares e sociais do judaísmo estão marcadas pelo patriarcado e pelo domínio do varão, já que a exegese rabínica equiparava o relato da criação (Gn 1,26-28; 2,22-25) — que estabelece a igualdade paritária do ser humano aos olhos de Deus — com outra tradição sobre o pecado original (Gn 3,16). Esta segunda tradição afirma a subordinação da mulher ao varão e o domínio final deste, enquanto no relato da criação há somente o domínio do ser humano ("Homem e mulher ele os criou": Gn 1,27) sobre os animais e sobre as coisas. Não se distinguia entre os relatos e tradições diferentes, mas subordinava-se a primeira tradição à segunda, em uma perspectiva de continuidade. Ao falar da culpa original de Eva e da sedução de Adão, foram postas as bases para a negativização da mulher. Quando os dois relatos são lidos conjuntamente, e não como duas tradições alternativas, perde-se também a possibilidade

---

[27] MERODE, M. de. O papel da mulher no Antigo Testamento. *Concilium*, 154, pp. 72-80, 1980; ALCALÁ, A. *La mujer y los ministerios en la Iglesia*. Salamanca, 1982. pp. 127-148; MALINA, B. J. *El mundo del Nuevo Testamento*. Estella, 1995. pp. 62-84; BERNABÉ, C. *Entre la cocina y la plaza*. La mujer en el cristianismo primitivo. Madrid, 1998; GERSTENBERGER, E. S. & SCHRAGE, W. *Frau und Mann*. Stuttgart, 1980 [Ed. bras.: *Mulher e homem*, São Leopoldo, Sinodal, 1981]; TORJESEN, K. J. *Cuando las mujeres eran sacerdotes*. Córdoba, 1996. pp. 133-148; CASAS, V. La mujer en el Nuevo Testamento. *VyV*, n. 33, pp. 431-449, 1975.

de distinguir entre aquilo que pertence à ordem do Criador — já que a intenção de Deus é a igualdade em dignidade — e aquilo que é fruto do pecado, ou seja, o domínio do varão sobre a mulher.

Casando-se, a mulher passava a fazer parte da família do marido, que se tornava legalmente o seu senhor, e a ele se subordinava do ponto de vista jurídico e social. Também do ponto de vista religioso, a mulher submetia-se a uma série de exigências e normas, em sua maioria determinadas pelos tabus sexuais, que faziam dela um ser impuro, sobretudo por causa da menstruação (Lv 12; 18). O âmbito doméstico familiar ficava sob a supervisão da mulher (Pr 31,10-31), segregada do contato com os outros e afastada da vida pública. Contudo, algumas mulheres receberam uma menção especial por seus relevantes serviços prestados a Israel, como Tamar, Rute, Ester, Judite etc. O judaísmo do período intertestamentário, ou seja, da época que precedeu Jesus, evoluiu na linha de uma crescente limitação da imagem da mulher. Criou-se uma extensa casuística rabínica, que deixou suas marcas na literatura sapiencial (Eclo 42,12-14), alertando sobre a sua tendência para o pecado e sobre o contato com elas, que devia ser evitado. É conhecida a oração do judeu piedoso, que dá graças a Deus por não ser pagão, por não ser mulher e por não ser ignorante.[28]

Há também correntes que ressaltam alguns aspectos positivos da mulher, sobretudo seu papel na procriação dos filhos e como companheira do varão, sem que no Antigo Testamento ocorra a rejeição das relações sexuais e do desejo erótico que encontramos em muitas correntes greco-romanas. A antropologia semita rejeita o dualismo helenista entre alma e

---

[28] "Rabi Judá diz: um homem deve recitar três bênçãos todo o dia: bendito sejas (Deus), que não me fizeste pagão, bendito sejas (Deus), que não me fizeste ignorante, bendito sejas (Deus), que não me fizeste mulher": *Tosefta a Berakot VI*, 18; cf. NEUSNER, J. *The Tosefta*, New Jersey, 1986, p. 40. Há muitas afirmações negativas a respeito da mulher nos textos rabínicos; cf. BONSIRVEN, J. *Textes rabbiniques*, Roma, 1955: é preciso evitá-las (sobretudo os rabinos, 445), não olhá-las (459), é preciso ser muito breve no trato com elas (787), fugir dos negócios nos quais é preciso misturar-se com elas (1588). Por outro lado, são dispensadas do estudo (911), e tanto elas como as crianças não são contadas quando se estabelece o número necessário para a oração em comum. Outros textos sobre as relações com a mulher podem ser encontrados em: STRACK, H. & BILLERBECK, P. *Kommentar zum Neuen Testament aus Talmud und Midrasch, II*. München, 1924. p. 438; THRAEDE, K. Frau. In: *RAC*, 8. 1972. pp. 224-226.

corpo, em favor de uma unidade psicossomática. Não que tenhamos um corpo, mas sim somos corpo espiritualizado e espírito corporizado. Isso permite uma valoração mais positiva da sexualidade humana e permite aplicá-la às próprias relações entre Deus e o ser humano, como simbolismo apropriado para expressar a intimidade e o amor. Partindo dessa perspectiva, era possível eliminar muitas conotações negativas da sexualidade, muito difusas na cultura helenista, que repercutiam na imagem da mulher.

A ambigüidade dos relatos da criação (Gn 2–3) abria espaço para ambas as tendências, positiva e negativa, que interagiam entre si, porém com o predomínio da segunda.[29] O conflito de interpretações e de correntes teológicas acerca da mulher deixou suas marcas no Antigo e no Novo Testamento, e é preciso rejeitar uma exegese unitária e harmonizadora, que não esteja atenta para a variedade de acentos e enfoques. Tampouco é possível uma exegese neutra e imparcial, pois somos sempre determinados pelo contexto sociocultural no qual vivemos, que hoje mudou. A partir da perspectiva atual, é preciso reconhecer que as indicações concretas sobre a mulher no cristianismo primitivo inserem-se no contexto de uma concepção masculinizante, patriarcal, e por vezes claramente misógina. O contexto cultural da época é o pano de fundo a partir do qual devem ser entendidas as afirmações do Novo Testamento e da tradição posterior.[30]

Contribuições e limites do Novo Testamento

Neste contexto, é preciso avaliar o significado inovador da relação de Jesus com as mulheres. Já desde o primeiro momento a sua biografia é inserida no contexto de mulheres relevantes para Israel (Tamar, Raab,

---

[29] Sigo aqui as indicações sobre o papel da mulher no Antigo Testamento, no judaísmo e na cultura greco-romana de: EBACH, J. & DEXINGER, F. Frau. In: *TRE*, 11. 1983. vv. 2 e 3, pp. 422-431; THRAEDE, op. cit., pp. 214-236; HEINE, S. *Frauen des frühen Christenheit.* 2. Aufl. Göttingen, 1987. pp. 21-39.

[30] Uma boa síntese dos problemas hermenêuticos postos pela leitura do Novo Testamento a partir de um enfoque feminista é a apresentada por E. Schüssler-Fiorenza, *En memoria de ella*, Bilbao, 1989, pp. 31-104 [Ed. bras.: *As origens cristãs a partir da mulher*; uma nova hermenêutica, São Paulo, Paulus, 1992]; IDEM, *Pero ella dijo*. Propuestas feministas de interpretación bíblica, Madrid, 1996, pp. 109-136.

Rute e a mulher de Urias: Mt 1,3.5-6), cuja conduta moral distanciava-se das regras de conduta estabelecidas. As mulheres mencionadas na genealogia de Jesus são de uma reputação duvidosa, seja por sua condição de estrangeiras, como de pecadoras. Esse elenco genealógico pode ser entendido como uma resposta cristã às acusações judaicas sobre a legitimidade do nascimento de Jesus ("filho de Maria" e de pai desconhecido) e também como uma projeção teológica retrospectiva do comportamento de Jesus durante a sua vida pública.[31]

Por um lado, recordava-se aos judeus que a própria história de Israel e a linhagem davídica estão enraizadas em mulheres que não podiam ser apresentadas como modelos para a moral estabelecida. Por outro lado, recordava-se o fato de que Jesus se relacionava com adúlteras (Jo 7,53-8,11), prostitutas (Lc 7,36-50) e mulheres impuras (Mc 5,25-34), sem medo de transgredir a lei, para curar uma enferma (Lc 13,10-17). Os discípulos estranhavam o comportamento de Jesus, já que não era usual o fato de um rabino falar com uma mulher (Jo 4,27), nem se preocupar com as mulheres e as curar (Mt 8,14; 9,18-25). Maior escândalo ainda causa a sua relação com as pecadoras, as quais são perdoadas de seus pecados (Lc 7,36-50; Jo 8,2-11), postas como exemplo de fé (Mt 15,28) e passam a fazer parte do grupo que o acompanhava (Mc 15,40-41; Lc 8,1-3; Mt 27,55).

O comportamento de Jesus rompia com as severas regras rabínicas, que eram muito estritas no que se refere às diferenças sociais e à separação total da mulher e do varão (Jo 4,27).[32] Havia também um número indeterminado de mulheres bem instaladas que apoiaram Jesus (Mc 14,3; Lc 8,1-3; 10,40; Jo 12,2-3), como depois o fizeram com o movimento

---

[31] BROWN, *El nacimiento del Mesías*, cit., pp. 61-78; IDEM. *The Virginal Conception and bodily Resurrection of Jesus*. London, 1973. pp. 61-69 [Ed. bras.: *A concepção virginal e a ressurreição corporal de Jesus*. São Paulo, Loyola, 1987]; GONZÁLEZ FAUS, J. I. *Acceso a Jesús*. Salamanca, 1979. pp. 61-68.

[32] SCHÜSSLER-FIORENZA, *En memoria de ella*, cit., pp. 145-204; LAURENTIN, R. Jesus e as mulheres: uma revolução ignorada. *Concilium*, n. 154, pp. 81-92, 1980; ALCALÁ, *La mujer y los ministerios en la Iglesia*, cit., pp. 149-166; THEOBALD, M. Jesus und seine Jünger. *ThQ*, n. 173, pp. 219-226, 1993; BLANK, J. Frauen in den Jesusüberlieferungen. In: DAUTZENBERG, G. (Hrsg.) *Die Frau im Urchristentum*. Freiburg, 1983. pp. 9-91; Heine, *Frauen des frühen Christenheit*, cit., pp. 59-90.

judeu-cristão (At 9,36-41; 12,12.15; 13,50; 16,13-15; 17,4). É preciso mencionar especialmente Maria Madalena, que foi testemunha próxima da morte de Jesus (Jo 19,25), uma das que participou de seu enterro (Mt 27,61) e que aparece em todas as listas como testemunha da ressurreição (Mc 16,1.9; Mt 28,1; Lc 24,10; Jo 20,1-2). Foi a mulher que mais teve importância teológica na época posterior, exceção feita à mãe de Jesus.

Partindo de uma concepção igualitária, Jesus fez uma dura crítica ao direito masculino a pedir o divórcio, corrigindo a própria lei de Moisés (Mc 10,2-12 par.; Mt 19,1-12). Assim, ele distanciou-se da concepção patriarcal e poligâmica predominante, pondo-se do lado da mulher e questionando a assimetria das relações familiares. Ao mesmo tempo, rejeitou o fato de que as diferenças de gênero sexual tivessem valor para Deus (Mt 22,23-30).[33] Sem dúvida Jesus era favorável a uma concepção teológica igualitária. Todavia, não se deve exagerar a diferença existente entre Jesus e o judaísmo no trato com as mulheres, como também em relação aos pagãos, ao culto ou à lei. A postura de Jesus pode ser enquadrada nas correntes proféticas liberais e igualitárias do judaísmo. Certamente sua crítica ia além do estabelecido, incluindo-se a autoridade de Moisés, o que o colocava em uma situação próxima à da ruptura. No entanto, ele foi visto por seus contemporâneos como dissidente e herege, e não como alguém que havia rompido de forma total com a religião judaica. Além disso, é preciso distinguir entre aquilo que, de fato, Jesus disse e fez, e a tendência para a qual apontava a sua doutrina.

Da mesma forma que Jesus condenou a ordem social, fazendo dos pobres os destinatários do Reino, assim também agiu em relação às mulheres (Mc 10,28-31), que pelo simples fato de serem do sexo feminino, eram subordinadas e excluídas do poder social. Como Cristo ressuscitado representa o caráter teocêntrico do ser humano, não do varão, assim também o Jesus terreno relaciona-se com todos — varões e mulheres —

---

[33] VARGAS MACHUCA, A. Casos de divorcio en San Mateo. *EE*, n. 50, pp. 5-54, 1975; TRILLING, W. Ehe und Ehescheidung im Neuen Testament. *ThGl*, n. 74, pp. 390-406, 1984; GEIGER, R. Die Stellung des geschiedenen Frau in der Umwelt des Neuen Testamentes. In: DAUTZENBERG, *Die Frau im Urchristentum*, cit., pp. 134-157.

de um modo igual, devolvendo às segundas sua dignidade ao torná-las destinatárias plenas de sua mensagem. Na Igreja primitiva, as mulheres foram, desde o primeiro momento, discípulos, sem que houvesse preocupação com o gênero sexual (Gl 3,28), porque o Espírito foi derramado sobre todos ("vossos filhos e filhas profetizarão": At 2,17; 21,9). Nas comunidades, havia muitas mulheres que se destacavam (At 18,26; Rm 16,3.6.12-15), com especial relevância para Prisca (Priscila), colaboradora de Paulo (Rm 16,3-4; At 18,2.18; 2Tm 4,19) e anfitriã de uma Igreja (Rm 16,3-5; 1Cor 16,19). Paulo menciona Ninfas, em Laodicéia (Cl 4,15), Evódia e Síntique (Fl 4,2-3), Trifena e Trifosa (Rm 16,12) e Febe, matrona e diaconisa da Igreja de Cencréia, e provavelmente a portadora da Carta de Paulo aos Romanos (Rm 16,1-2).[34]

A mulher no cristianismo

Já no conceito de Deus deve-se evitar uma acentuação além da conta do masculino. Dirigir-nos a Deus como Pai não deve significar uma diferenciação sexual no próprio Deus: dizer "Deus" não é o mesmo que dizer "varão". Já no Antigo Testamento, Deus tem também traços femininos, maternais. O fato de se chamar Deus de Pai é um símbolo (análogo) patriarcal para a realidade transmundana e transexual de Deus, que é também a origem de todo o feminino-maternal [...]. A mariologia, elaborada por homens celibatários, em grande parte roubou-lhe sua sexualidade, e assim a veneração cultural de Maria se tornou ineficaz para a valorização da mulher no âmbito social (H. Küng, *Tesis sobre el puesto de la mujer en la Iglesia y en la sociedad, Selecciones de Teología*, n. 65, p. 70, 1978).

A menção às mulheres, quando se define o diácono nas cartas pastorais (1Tm 3,11: "honestas, não maldizentes, sóbrias, fiéis em tudo"), pode

---

[34] KÄHLER, E. *Die Frau in den paulinischen Briefen*. Zürich, 1960; DAUTZENBERG, G. Zur Stellung der Frauen in den paulinischen Gemeinden. In: IDEM. *Die Frau im Urchristentum*, cit., pp. 182-224; PERKINS, P. H. *Ministering in the Pauline Churches*. New York, 1982. p. 49-71; MENOUD, P. H. Saint Paul et la femme. *RThPh*, n. 19, pp. 318-330, 1969; FEUILLET, A. La dignité et le rôle de la femme. *NTS*, n. 21, pp. 157-191, 1974/1975; SCHÜSSLER-FIORENZA, *En memoria de ella*, cit., pp. 205-252; LANG, J. *Ministros de la gracia*. Las mujeres en la iglesia primitiva. Madrid, 1991. pp. 19-42; TORJESEN, *Cuando las mujeres eran sacerdotes*, cit., pp. 27-51.

ser devida ao fato de que essas mulheres eram diaconisas, como Febe. A maioria dos exegetas tende a interpretar essa passagem como uma referência às mulheres dos diáconos; no parágrafo anterior, no entanto, quando se fala das qualidades do bispo (1Tm 3,1-7), não se faz nenhuma alusão às mulheres dos bispos, embora saibamos que eles eram casados, como os diáconos. É bem provável, portanto, que nos tempos de Paulo (Febe) e das cartas pastorais existissem ministros femininos, eventualmente anfitriãs de Igrejas domésticas (Cl 4,15), razão pela qual foram explicitadas também as suas qualidades.[35] Dentre todas essas mulheres relevantes, sobressai-se a apóstola Júnia (Rm 16,7). Provavelmente trata-se da esposa do mencionado Andrônico, os quais são apresentados como apóstolos notáveis, anteriores ao próprio Paulo. Também Lídia desempenha um papel relevante na missão de Paulo (At 16,14-15). Nas Igrejas, destacam-se as viúvas (At 9,39; 1Tm 5,3-16; Tt 2,2-5), que pertenciam, desde o Antigo Testamento, aos grupos mais desprotegidos da sociedade. As comunidades são exortadas a honrá-las e a ajudá-las (At 6,1; 9,41; 1Tm 5,3-7; Tg 1,27); quanto a elas, devem pôr sua confiança em Deus. Os ministros, especialmente o bispo, são responsáveis pelo cuidado das viúvas (*Herm(m)*., 8,10; *Polic.*, 4,3: são o "altar de Deus"). Essa assistência, como a dos pobres, estava vinculada às celebrações litúrgicas até o momento em que a refeição foi separada da eucaristia.

A fraternidade cristã, com seu sentido igualitário e comunitário, estava aberta às tendências libertadoras de algumas minorias do Império Romano, sobretudo os pobres, os escravos e as mulheres. Todavia, a desigualdade social serviu de freio e também de marco para as investidas humanizadoras do cristianismo, que não questionaram as instituições sociais em si mesmas, mas reformaram as relações sociais dentro delas. Os escravos são exortados a honrar os seus amos (1Tm 6,1-2; Tt 2,9-10), embora não haja uma correspondência paritária nas exortações aos amos (exceto no caso da Carta a Filêmon, que é exortado a não castigar o seu escravo fugitivo), e menos ainda um questionamento da escravidão. De

---

[35] Lohfink, G. Weibliche Diakone im Neuen Testament. *Diakonia*, n. 11, pp. 399-400, 1980.

fato, na Igreja antiga, os escravos faziam parte do patrimônio eclesiástico, e a instituição social da escravidão prevaleceu nas sociedades cristãs.

O mais difícil era bloquear a tendência emancipatória da mulher, que gozava de maiores liberdades no judaísmo do Império do que na Palestina, especialmente entre as mulheres de alta condição social, que tinham grande influência nas sinagogas helenistas. Por isso, a exortação cristã ao amor recíproco entre o varão e a mulher, dentro de uma concepção familiar patriarcal, tem raízes judaicas. A partir da perspectiva cristocêntrica, varão e mulher estão revestidos de Cristo (Gl 3,27), e a diferença de gênero carece de significação.[36] Contudo, nem Paulo nem mesmo Jesus, antes dele, buscaram uma mudança das estruturas sociais em si mesmas, porque a atenção havia sido posta na proximidade do reinado de Deus e na vinda próxima de Cristo. Quando há uma grande tensão sobre a proximidade do tempo final, desaparece o afã por transformar a sociedade, e há muito mais preocupação em anunciar o seu desaparecimento. Quando não mais existia a escatologia próxima, a cristologia também perdeu seu componente messiânico e profético em favor do Cristo cósmico e preexistente. A escatologia e a identificação entre a ordem natural e o *status* sociocultural impediam outra visão das coisas.[37]

Há uma tensão constante entre o ideal igualitário da escatologia cristã e a inculturação na sociedade greco-romana, marcada pelo patriarcado e pelo machismo. Tornar compatível o ideal cristão com as tradições e costumes populares gerou tensões dentro e fora das comunidades cristãs. Paulo reconheceu a co-responsabilidade e igualdade fundamental do varão e da mulher a partir de uma perspectiva cristológica (1Cor 7,1-6; 11,11-12). Com esse ponto de partida, era possível desenvolver uma dinâmica de reconhecimento da dignidade e igualdade da mulher, assim como se fez com os escravos. No entanto, Paulo e os demais autores cristãos tropeçaram nas imposições culturais, sobretudo na pressão da

---

[36] MÜLLER, K. Die Haustafel des Kolosserbriefes und das antike Frauenthema. In: DAUTZENBERG, *Die Frau im Urchristentum*, cit., pp. 263-319.

[37] BAUMERT, N. *Frau und Mann bei Paulus*. 2. Aufl. Würzburg, 1993. pp. 198-206.

opinião pública e no medo de uma minoria suspeita e culturalmente mal-vista. Os estereótipos culturais da época, referendados em muitos casos pelos filósofos, foram aceitos como conaturais.

O problema da promoção da mulher fica claro quando o relacionamos com a escravidão. Nem Jesus nem os apóstolos exigiram a libertação dos escravos, não obstante esta correspondesse à sua mensagem libertadora e à opção pelos marginalizados. Se nos limitarmos àquilo que aconteceu concretamente e não nos preocuparmos com o condicionamento sociocultural, poderíamos afirmar que os escravistas têm razão. Paulo exorta a tratar bem os escravos, na Carta a Filêmon, mas não a libertá-los, nem a abolir a escravidão. A Igreja levou séculos para compreender que a dinâmica evangélica obrigava a abolir uma prática que entrava em choque com a fraternidade humana. É preciso pedir hoje às Igrejas a mesma sensibilidade à questão da submissão feminina, em um contexto sociocultural novo e igualitário, em parte inspirado na própria tradição cristã. Seria paradoxal que a Igreja quisesse dar alento a essa promoção da mulher na sociedade, excluindo-a da própria Igreja. É algo parecido ao que acontece com os direitos humanos, admitidos pela Igreja para a sociedade, mas que ainda não encontraram uma adequada recepção dentro dela. O preço de ambas as inconseqüências é o desprestígio e a falta de credibilidade da autoridade eclesial e do próprio cristianismo.

O contexto sociocultural foi decisivo para surgir a proibição de que a mulher falasse nas reuniões (1Cor 14,33-35). Tampouco podiam fazê-lo no culto sinagogal, embora o cristianismo tenha rompido com a tradição que separava as mulheres e os varões no culto. Tratava-se de uma limitação dirigida a membros ativos da comunidade, e não às mulheres judias que assistiam ao culto de modo puramente passivo. O ofício sinagogal exigia somente a presença de dez varões para ser celebrado, excluindo as mulheres.[38] Também se proibiu que a mulher profetizasse e rezasse com

---

[38] Sobre o pano de fundo tradicional, tanto judaico quanto greco-romano, do posicionamento paulino, cf. ADINOLFI, M. Il velo della donna e la rilettura paolina di 1Cor 11,2-16. *RivBib*, n. 23, pp. 147-173, 1975; JAUBERT, A. Le voile des femmes. *NTS*, n. 18, pp. 419-430, 1972-1973; BOUCHER, M. Some unexplored Parallels to 1Cor 11,11-12 and Gál 3,28: The NT on the Role of Women.

a cabeça descoberta (1Cor 11,5-6) e cortasse o cabelo, ao contrário do varão (1Cor 11,14-15). Em um momento se diz que a mulher não deve falar e em outro que não pode fazê-lo de cabeça descoberta. É possível que tal diversidade deva ser vista em função do espaço e da forma de reunião. No primeiro caso, fazia-se referência à assembléia pública eclesial, como a dos cultos mistagógicos; no segundo, a reuniões mais reduzidas, no contexto da Igreja doméstica (1Cor 11,3-16; 16,19). Pode ser também que essa vacilação entre o fato de que elas guardem silêncio ou que falem com a cabeça descoberta seja oriunda de uma dúvida do próprio Paulo a respeito dos costumes sociais que variavam de Igreja para Igreja.

Não se pode esquecer que, por trás dessas preocupações, está sempre o cuidado paulino para com a ordem comunitária. Em última instância, essas proibições são sustentadas por mera tradição: "Se, porém, alguém pretende questionar, saiba que nem nós nem as igrejas de Deus temos tal costume" (1Cor 11,16). Não se apela a nenhum princípio teológico, mas ao costume. Sem dúvida, há também uma tentativa indireta de fundamentação teológica, já que Paulo reduz a imagem de Deus ao varão (1Cor 11,3.7), seguindo a exegese rabínica. Por isso, ele subordina a mulher ao varão (1Cor 11,7-9), embora em outro contexto afirme que depois de Cristo já não há nem varão nem mulher (Gl 3,28). Os discípulos de Paulo reforçaram mais tarde a linha da submissão, à custa do igualitarismo (Ef 5,23; 5,22.33; Cl 3,5-11.18; 1Pd 3,4-7), embora o vínculo entre varão e mulher tenha sido entendido mais em uma linha fundada na natureza orgânica (a cabeça e o corpo) do que em uma estrutura social de domínio, como era a escravidão. Procurava-se fazer com que cada um

---

CBQ, n. 31, pp. 50-58, 1969; CAIRD, G. B. Paul and Women's Liberty. *BJRL*, n. 54, pp. 268-281, 1971-1972; KÜCHLER, M. *Schweigen, Schmuck und Schleier*. Freiburg/Göttingen, 1986. 52-54; 113-126; FORD, P. J. Paul the Apostle: Male Chauvinist?, *BibThB*, n. 5, pp. 302-311, 1975; HEINE, *Frauen des frühen Christenheit*, cit., pp. 91-116; BAUMERT, *Frau und Mann bei Paulus*, cit., pp. 159-208. Há um problema largamente discutido na exegese: se essas passagens e algumas outras (1Cor 14,34-35; 1Tm 2,11-15) não são interpolações posteriores e não textos autênticos de Paulo; cf. ALONSO DÍAZ, J. Restricción en algunos textos paulinos de las reivindicaciones de la mujer en la Iglesia. *EE*, n. 50, pp. 77-94, 1975; BARRETT, C. K. *The First Epistle to the Corinthians*. London, 1968. pp. 246-258; 330-334; IDEM. *The Pastoral Epistles*. Oxford, 1963. pp. 53-56; DUBARLE, A. M. Paul et l'Antiféminisme. *RSPhTh*, n. 60, pp. 261-280, 1976.

ocupasse o seu lugar dentro da ordem constituída, para a partir daí exigir o amor mútuo.

Essa tendência continuou nos séculos seguintes. O cristianismo não se apresentou somente como uma nova religião, contraposta às religiões pagãs dos mistérios, mas também como uma filosofia, um novo estilo de vida. O igualitarismo da graça adequou-se à ordem sociocultural, identificada com a ordem natural pelo estoicismo e, por conseguinte, querido por Deus. O radicalismo evangélico converteu-se em inspirador da conduta humana, mas não em um critério de transformação social. Por essa razão, o igualitarismo cristão foi limitado ao espiritual e interior, admitindo-se a ordem politicofamiliar como vontade divina. Manteve-se um germe revolucionário, contraposto ao patriarcalismo cristão, que serviu de inspiração posterior para a luta contra a escravidão, pela dignidade da pessoa e pelos próprios direitos humanos.

O paradoxo está no fato de que esses movimentos minoritários posteriores tropeçaram na resistência da hierarquia, muito mais identificada com o patriarcalismo e com o machismo da sociedade e da Igreja, o que fez com que eles fossem vistos como não-cristãos. Por outro lado, primeiro o monacato e depois a vida religiosa e alguns movimentos laicais, em todas as épocas, foram os herdeiros desse radicalismo. Sua força transformadora foi limitada por uma ascética interiorista, espiritual e muitas vezes misógina, que em parte neutralizou sua tensão messiânica e profética. A vida monacal foi o modelo de referência, como o era a filosofia na sociedade greco-romana, e nela se mesclou o radicalismo evangélico (potencialmente desestabilizador para a Igreja e para a sociedade) e o conservadorismo da "fuga do mundo" e da simples salvação da alma, depois da morte.

O monacato facilitou a equiparação da mulher com o varão, a partir da justaposição de cenóbios e de mosteiros femininos, nos quais a mulher tinha uma grande autonomia e liberdade. Todavia, manteve-se um patriarcalismo mitigado, que consagrava a superioridade dos varões como hierarquia eclesiástica e monacal. Além disso, houve uma grande rejeição da mulher, vista sempre como uma tentação e um perigo para os monges, buscando mais a justaposição e a separação do que o contato e a comunicação igualitárias. A ambigüidade constitutiva do cristianismo, marcada pela aspiração igualitária e pelo respeito pelas diferenças naturais e socioculturais, perpassa todas as correntes e tradições, até as mais próximas ao radicalismo evangélico, tanto por parte dos ministros, quanto dos leigos.[39]

Nessa mesma linha, deve-se compreender a exigência de obediência da mulher. Seu ponto de partida são as cartas pastorais no contexto das virtudes domésticas da época, válidas para a família e para a Igreja (1Tm 2,11-15; 3,2.11-12; 4,3; 5,1-16; 2Tm 3,6-9; 4,19-21; Tt 1,6; 2,3-5; 1Pd 3,1-7). Apresenta-se o retrato da boa esposa que ama a seu marido, sem mencionar, como em Paulo, o amor recíproco do esposo (Tt 2,4), enaltecendo-se a mãe, que "será salva pela geração de filhos" (1Tm 2,15; 5,10.14). O mesmo ocorre com outras admoestações que têm a ver com o estilo de vida (cf. 1Tm 2,9-15: que usem roupas decentes, enfeitando-se com pudor e modéstia; não usem tranças, nem vestidos caros...). Trata-se das exortações típicas da época, nada havendo nelas de especial do ponto de vista cristão. Quanto mais privado for o acontecimento, maior é o papel concedido à mulher, e vice-versa: quanto mais público, mais restritivo. A influência cristã atua mais como uma semente que dá frutos a longo prazo, do que como uma mudança súbita dos costumes e tradições sociais.[40]

A comum dignidade dos cristãos, varão e mulher, sujeita-se à interpretação judaica dos relatos da criação. A inspiração judaica dessas recomendações é evidente: "Não permito que a mulher ensine, nem que mande no homem. Ela fique em silêncio. Com efeito, Adão foi formado primeiro, Eva depois. E não foi Adão que se deixou seduzir, mas a mulher é que foi seduzida e se tornou culpada de transgressão" (1Tm 2,12-14). Paulo e seus discípulos aceitam plenamente essa visão, embora tentem mitigá-la

---

[39] Provavelmente o estudo mais completo dessa tensão entre as correntes patriarcalistas e o radicalismo evangélico continue sendo o de E. Troeltsch, *Gesammelte Schriften*: Die Soziallehre der christlichen Kirchen und Gruppen, 3. Aufl. Tübingen, 1977, v. 1, pp. 58-105.

[40] Schüssler-Fiorenza, *En memoria de ella*, cit., pp. 351-407; Idem. Neutestamentliche frühchristliche Argumente zum Thema Frau und Amt. *ThQ*, n. 173, pp. 173-185, 1993.

a partir do mandamento do amor (1Cor 7,2-6; 11,3; Ef 5,21-33; Cl 3,18-19; 1Pd 3,7). Todavia, os traços negativos da exegese judaica são mantidos (1Cor 11,10; cf. Gn 6,1-4; 1Tm 2,11-14). Se a graça supõe a natureza, fica claro que o caráter inspirado desses escritos deve ser compreendido a partir da nova dinâmica por eles recebida por causa dos costumes da época. Culturalmente, são conservadores e machistas, como a sociedade à qual pertencem. Enquanto cristãos, sublinham a igualdade entre ambos, seguindo a inspiração de Jesus.

A mulher na Igreja antiga

Nos primeiros séculos, foram mantidas as duas orientações bíblicas. Por um lado, destacou-se a igualdade da mulher e do varão diante de Deus e o papel das mulheres como testemunhas da paixão e da ressurreição, em contraste com a fuga dos varões. Alguns autores avaliaram positivamente o papel da mulher no cristianismo, sublinhando suas contribuições para a missão, sua vitalidade carismática e profética, sua função como catequistas e seu testemunho como mártires (Perpétua, Felicidade, Blandina etc.).[41] Especial significado tiveram também as viúvas (*Herm(v).*, 2,4,3), as virgens e as diaconisas, especialmente aquelas que tinham maior nível cultural e social.

O cristianismo foi, desde as origens, um movimento feminino, porquanto as mulheres foram fundamentais para a conversão das famílias e para a instauração das Igrejas domésticas. Daí a conhecida acusação contra os cristãos, que vem já desde Celso, segundo a qual eles se aproveitavam da debilidade das mulheres e as seduziam. O próprio conceito de família patriarcal, com uma clara separação de funções sociais, outorgava à mulher a função de educadora e de promotora dos valores familiares, éticos e religiosos, enquanto o varão ocupava-se mais dos assuntos públicos. Por

---

[41] Clemente de Alexandria, *Strom.*, 4,8; Gregório de Nissa, *Contr. Eun.*, 12,1. A escola de Alexandria distingue-se por sua abertura ao protagonismo das mulheres na Igreja. Em geral, na parte oriental do Império, há muito mais matronas e protetoras do cristianismo, como também detentoras de maior cultura teológica. Uma boa coletânea de textos pode ser encontrada em K. Thraede, "Frau", cit., pp. 254-260.

isso, as mulheres tinham uma grande importância religiosa. O paradoxo tem consistido no fato de que, sendo as mulheres em seu conjunto o gênero mais dedicado à Igreja, e sem o qual esta dificilmente poderia subsistir, elas se encontrem, ainda assim, marginalizadas dentro da Igreja. A relação teologal do ser humano com Deus torna possível o igualitarismo do varão e da mulher, mas ao integrar-se com a dimensão social das relações humanas, nas quais o predomínio do varão era indiscutível, cai-se em uma visão restritiva, também na dimensão religiosa. Há um fracasso secular do cristianismo ao emancipar a mulher de um regime patriarcal e machista, ao qual ele próprio contribuiu de forma específica. Trata-se de algo que somente agora começa a ser percebido e que ainda tropeça em resistências milenares. Não é só uma questão de promover um grupo humano discriminado, mas de romper com a equiparação entre pessoa humana e varão, que tem repercussões sociais, culturais, econômicas e religiosas.

A partir do momento em que se entende o ser humano na perspectiva do varão, inevitavelmente cai-se em um desprezo e em uma desvalorização da mulher em sua globalidade. Toda a antropologia fica marcada por essa chave de compreensão. A pessoa humana é entendida na perspectiva do sujeito individual, não a partir da complementaridade do homem e da mulher que, por um lado, simboliza a finitude e limitação de cada indivíduo isolado e, por outro, faz da comunicação e da interdependência o fator decisivo da personalidade humana. O individualismo masculino gera a ilusão da auto-suficiência do sujeito, relegando assim a segundo plano o comunitário e o reconhecimento das diferenças. Isso afeta a compreensão de Deus, de Cristo e da Igreja, pois dependendo da forma como compreendermos o ser humano, assim será nossa visão de Deus e vice-versa.

A pessoa humana como imagem de Deus

A teologia cristã identificou Cristo com a sabedoria ou palavra divina, tornando assim possível a teologia da encarnação e a cristologia cósmica, que exalta o Ressuscitado acima de todos os poderes. A natureza humana e masculina de Jesus não impediu a teologia, desde os Padres da Igreja, de utilizar símbolos femininos para Deus e para a própria idéia do Deus encarnado.[42] Os hereges também se remetiam às revelações que eles haviam recebido do Logos e da sabedoria divina, ambos vistos como fundamentos da criação, princípio racional da alma humana e representações do próprio Deus. Essa teologia sofreu uma mudança ao deslocar o Logos (masculino) da figura feminina da sabedoria, pondo-o em relação com o varão como imagem direta de Deus, excluindo a mulher. Estabeleceu-se uma relação entre Cristo, imagem de Deus, e o varão, imagem de Cristo, vinculando assim a cristologia à masculinidade e não à pessoa humana.

A isso se acrescente o pano de fundo cultural da filosofia grega, concretamente de Aristóteles, que considerava a mulher como um "homem deficiente", isto é, como o resultado de uma falha na concepção, a partir do sêmen masculino.[43] Também contribuiu para isso o neoplatonismo, que identificava a imagem de Deus em cada pessoa com o Logos e o espírito, enquanto o corpo representava a mulher. Ou seja, o homem é superior à mulher, assim como o espírito é superior ao corpo. Por sua vez, santo Agostinho fez com que prevalecesse no Ocidente a idéia de que a mulher é o símbolo da natureza, sobre a qual deve dominar o varão. Dessa forma, a masculinidade de Jesus adquiriu um valor ontológico: Deus devia encarnar-se necessariamente em um varão, e não em uma pessoa humana. Em conseqüência disso, a patrística foi eliminando o caráter de

---

[42] Essa problemática é amplamente estudada e analisada em E. A. Johnson, *She who is. The Mystery of God in Feminist theological Discourse*, New York, 1993, pp. 76-103. [Ed. bras.: *Aquela que é*; o mistério de Deus no trabalho teológico, Petrópolis, Vozes, 1995]. Trata-se de um estudo sugestivo, que mostra a relação existente entre o machismo e as imagens teológicas que utilizamos para falar de Deus e do ser humano. Sobre as implicações cristológicas das imagens femininas como sabedoria divina, cf. DUNN, J. Was Christianity a monotheistic Faith from the Beginning? *SJTh*, n. 35, pp. 303-336, 1982.

[43] A biologia aristotélica degrada a mulher a um mero receptáculo material da vida, vendo a fêmea como um resultado defeituoso da geração masculina no momento em que se forma o ser humano (*De animalium generatione*, 729b; 738-739). Essa concepção influencia decisivamente a teologia, tanto no âmbito cristológico quanto antropológico (Tomás de Aquino: "A potência ativa que reside no sêmen do varão tende a produzir algo semelhante a si mesmo no gênero masculino. O fato de que nasça mulher deve-se à debilidade da potência ativa, ou então à má disposição da matéria, ou ainda a alguma mudança produzida por um agente extrínseco": ST I, q. 92, a.1., ad 1).

imagem de Deus na mulher. A diferença sexual adquiriu uma importância determinante na relação com Deus.[44]

Na medida em que compreendemos a encarnação do Verbo em termos masculinos, a partir do varão mais do que a partir da pessoa humana, mais relegamos a mulher a segundo plano. Então, nem Jesus pode representar o mundo das mulheres, nem Maria pode converter-se em um modelo para os varões. Tanto a cristologia quanto a mariologia sofrem uma redução substancial quando são compreendidas a partir do gênero sexual e não como formas complementares de antropologia teológica. Tendo esse ponto de partida, algumas correntes teológicas concluíram que a mulher está incapacitada para aceder ao ministério sacerdotal, porque consideram que sua feminilidade as incapacita para representar Cristo devidamente. Esse argumento teológico não é válido e se torna anacrônico aplicá-lo hoje à doutrina do ministério sacerdotal, seja qual for a postura que se defenda. Caso se pretenda dar um fundamento sólido à proibição da ordenação sacerdotal de mulheres, é preciso procurar argumentos mais convincentes.

A cristologia, na dupla dinâmica de Cristo Filho de Deus e do Deus encarnado, deve ser compreendida a partir da complementação entre a criação e a escatologia. A criação espera com dores de parto pela redenção total, e isso acontece com a mulher e com o varão, já que a diferença de gênero não tem nenhuma significação no reinado de Deus. Se só pode ser salvo aquilo que foi assumido, então é preciso compreender a encarnação não a partir do naturalismo "biologicista" da natureza humana, mas a partir da assunção por Deus de todo o humano, da pessoa humana e não somente do varão. Não esqueçamos que o sacramento da consagração a Deus não é a ordem sacerdotal, mas o batismo, e a mulher é tão

---

[44] Para santo Agostinho, o varão é imagem de Cristo, que, por sua vez, é imagem do Pai. Isso o vincula expressamente à passagem paulina na qual se afirma que o varão não pode cobrir sua cabeça, ao contrário da mulher (*De Trin.*, VII, 6,12; cf. também *De Trin.*, XII, 7; XII, 12; *De Gen.*, III, 22,34). A mulher é imagem de Deus enquanto unida ao varão, mas não em si mesma. Essa idéia é freqüente também na teologia grega, que no entanto apresenta a pessoa humana como imagem da imagem divina (que é Deus Filho). Por exemplo: Clemente, *Strom.*, V, 14,94; VI, 9,72; cf. RUETHER, R. R. Kann Christologie befreit werden vom Patriarchalismus? In: BERNHARDT, R. *Horizontüberschreitung*. Gütersloh, 1991. pp. 120-136; SWIDLER, A. A imagem da mulher numa religião voltada para o Pai. *Concilium*, n. 163, pp. 88-95, 1981; GARCÍA ESTÉBANEZ, A. *¿Es cristiano ser mujer?* Madrid, 1992. pp. 118-136.

imagem de Deus e tão "outro Cristo" (cristão) quanto o varão. Não se pode considerar que a consagração batismal de Cristo afete a pessoa humana, enquanto a ministerial refira-se unicamente ao masculino. Essa visão das coisas pode ser entendida no contexto das exegeses judaica e cristã por nós analisadas, mas carece de significado à luz da maneira como compreendemos hoje a Bíblia e a natureza humana.

É o mesmo que acontece com as metáforas do esposo e da esposa, aplicadas a Cristo e à sua Igreja. Na realidade, na teologia do ministério afirma-se que o ministro atua "em nome de Cristo", mas também como representante da Igreja. O gênero literário de Deus e da alma, que desempenha um papel feminino, aplica-se tanto ao varão quanto à mulher, como bem o evidencia o cântico espiritual de João da Cruz ou o Cântico dos Cânticos, no Antigo Testamento, de nada servindo uma compreensão "biologicista" que desconhece o significado metafórico e simbólico do tema dos esponsais, para falar da união de Deus com o homem (com o ser humano) e de Cristo com a Igreja (formada igualmente por varões e mulheres). A partir do batismo, o cristão age *in persona Christi* e também *in persona ecclesiae*; e continua sendo assim no ministério sacerdotal. Trata-se, portanto, de argumentos de índole antropológica e simbólica, que hoje não são mais considerados decisivos.

Tanto o significado simbólico do sexo como também a proibição paulina à mulher, de falar publicamente na Igreja, durante séculos fecharam-lhe também o acesso à teologia e mais ainda ao ensinamento. A mulher, "embora douta e santa", não podia pretender ensinar aos varões.[45] A pertença ao sexo feminino foi o que impediu por séculos que Teresa de Jesus e Catarina de Sena fossem declaradas doutoras da Igreja, já que se considerava que o ministério público do ensinamento era vetado às mulheres. Só com o tempo entendeu-se que essa compreensão estava defasada, antropológica e culturalmente, embora continue sendo válida na análise de outras funções eclesiológicas.

---

[45] *Statuta ecclesiae antiqua*, c. 37: "Mulier, quamvis docta et sancta, viros in conventu docere non praesumat".

A importância da mariologia na imagem de Deus

O menosprezo da mulher vai muito além da problemática ministerial, abrangendo todas as confissões cristãs ao longo dos séculos. Os preconceitos antropológicos que a legitimam correspondem, em grande parte, à teologia sobre a Virgem Maria. A figura de Maria, bastante marginal na narração da vida pública de Jesus, foi contemplada mais a partir de uma perspectiva maternal do que de uma teologia do seguimento, contra o que o próprio Jesus pensava (Lc 11,27-28). Fez-se uma leitura seletiva até dos textos do Novo Testamento, pondo-se o acento na perspectiva familiar (esposa e mãe) mais do que em sua dimensão pública e profética, que, simbolicamente, encarna e antecipa os valores das bem-aventuranças (Lc 1,47-56). Maria transformou-se no símbolo do "eterno feminino", dando relevância à interioridade e à submissão receptiva à palavra de Deus, ao invés de reforçar o perfil de um seguimento ativo e comprometido, não isento de tensões e de dúvidas.

A idéia da serva submissa e silenciosa prevaleceu sobre a da mulher comprometida, que se arrisca no seguimento de Jesus, denunciando a soberba dos poderosos e tomando a iniciativa. Maria sente o Deus libertador presente nela; é livre e independente, contrariamente a uma imagem de mera submissão e receptividade, que limita sua dimensão profética e messiânica. O "Magnificat" é um canto ao Deus libertador, que antecipa a própria atividade de Jesus e apresenta Maria como uma figura profética, crítica em relação aos poderosos e próxima aos pobres e simples. Esse é um elemento pouco realçado, tanto na mariologia quanto em geral, quando se apresenta o modelo cristão da mulher. Todavia, ocorre que, ademais, há uma ligação tradicional entre o Espírito Santo e Maria, de tal modo que, nos evangelhos da infância, Maria é o templo vivo do Espírito Santo. O problema está no fato de que se passou de vê-la como portadora do Espírito a substituí-la em sua significação salvífica.

Na tradição hebraica, há representações femininas do Espírito como força, princípio vital e fecundo, como graça etc., assim como o seu próprio nome é feminino. A pneumatologia, isto é, a teologia do Espírito

Santo, não somente afirma que o Espírito é mesmo Deus, mas integra os traços culturais femininos na representação da divindade. Na medida em que a cristologia perdeu seu sentido pneumático, isto é, sua orientação para o Espírito, e que o Espírito foi visto como relação de amor e graça mais do que como Deus pessoal que habita em cada pessoa, foram perdidas essas representações simbólicas. Os conceitos bíblicos de Espírito (*ruah*), glória e presença de Deus (*shekina*), sabedoria (*sofia*) e mãe refletem quem e como é Deus tanto quanto os símbolos masculinos. Deus, de fato, tem muitos nomes, todos inadequados, e o nome "varão" não é um símbolo melhor do que o de "mulher" para falar de Deus.

Daí a importância de Maria, que representa o feminino no marco de um Deus masculinizado.[46] Quanto mais distante, inacessível e agressivo é Deus, mais necessidade temos de uma mãe divina. Quanto mais se acentuava uma imagem masculina de Deus, insistindo-se em sua lei, no juízo, na importância das obras e no castigo aos pecadores, mais necessário tornava-se humanizar essa visão apelando-se para os traços misericordiosos, consoladores e protetores marianos. Na realidade, fez-se dela a nossa advogada diante do Pai, o outro Paráclito, com claras repercussões no relacionamento com Deus, com o Pai e com o varão.[47] O Deus jansenista da tradição católica dos últimos séculos, que impregnou a espiritualidade e as

---

[46] Não se pode esquecer, contudo, que a religiosidade popular não só foi permitida e protegida pela hierarquia, mas freqüentemente foi por ela apoiada e a inspirou. Não se pode atribuir ao povo, sem mais nem menos, as possíveis deformações da religiosidade popular, excluindo a Igreja hierárquica em seus diversos graus. Por exemplo, o próprio Leão XIII por vezes aproxima-se de uma concepção popular da Trindade, adotando, na encíclica *Iucunda semper*, o posicionamento de são Bernardino de Sena para ressaltar o ofício mediador de Maria: "Toda graça comunicada a este mundo chega até nós por três graus: de Deus é comunicada a Cristo, de Cristo à Virgem, e da Virgem nos é dispensada com toda regularidade" (M. de Castro Alonso, *Colección completa de las Encíclicas de S. S. León XIII*, Valladolid, v. 2, p. 155).

[47] Indico a excelente síntese apresentada por BEINERT, W. Maria in der feministischen Theologie. *Catholica*, n. 42, pp. 1-27, 1988; MAHONEY, R. Die Mutter Jesu im Neuen Testament. In: DAUTZENBERG, *Die Frau im Urchristentum*, cit., pp. 92-116; LAURENTIN, R. Esprit Saint et théologie mariale. *NRT*, n. 89, pp. 26-42, 1967; McFAGUE, S. Deus mãe. *Concilium*, n. 226, pp. 144-150, 1989; KASSEL, M. Maria e a psique humana; considerações a nível de psicologia profunda. *Concilium*, n. 188, pp. 110-121, 1983; RUETHER, R. A natureza feminina de Deus; um problema na vida religiosa contemporânea. *Concilium*, n. 163, pp. 72-79, 1981; POHIER, J. M. *Au nom du Père*. Paris, 1972. pp. 112-146.

devoções populares, tinha o contrapeso de uma imagem feminina abstrata e idealizada. A trindade da religiosidade popular não é a do Pai, Filho e Espírito Santo, mas a de Pai, Mãe e Filho. Os títulos, predicados e funções tradicionais do Espírito Santo foram transformados em invocações marianas (consolo, orvalho, refúgio, esperança, remédio, auxílio etc.). Maria substituiu o Espírito Santo na própria compreensão popular de Deus.

Houve uma clara tendência à divinização, sobretudo na religiosidade popular (divina infante, divina pastora, mulher divina, co-redentora, assunta aos céus etc.). O pano de fundo dos mitos mediterrâneos sobre a deusa mãe deixou suas marcas na mariologia, ao preço da personalidade histórica de Maria, favorecendo os traços mais tradicionais da mulher. Da mesma forma que as especulações sobre o Cristo cósmico, preexistente e divino, obscureceram a imagem do Jesus terreno, como o demonstram as heresias monofisistas e docetas, assim também na mariologia. As especulações sobre Maria inserida na divindade deslocaram os dados que nos foram oferecidos pelos escritos do Novo Testamento. É fácil o mito se impor à história, tanto na cristologia quanto na mariologia.

Para facilitar essa divinização, a mulher deve ser um ser assexuado e espiritual, angélico, com o que se permite que sejam mantidos os traços femininos na representação de Deus e, simultaneamente, distancia-se Maria das mulheres concretas. Todavia, é o próprio modelo de Deus que deve ser mudado. Se Deus for um mistério, inefável, indizível, incognoscível para o ser humano, de tal forma que podemos dizer dele mais o que ele não é do que quem ele é, então é preciso relativizar e negar todas as nossas imagens antropocêntricas de Deus. Não basta afirmar que Deus tem traços maternos, o que é verdade, nem fazer alusão ao Espírito como figura feminina, em hebraico, que temos masculinizado nas línguas latinas (é neutro em grego: *pneuma*). O problema refere-se às representações trinitárias, as quais subordinam o Espírito Santo, enquanto figura feminina, ao Pai entendido masculinamente, como ocorre no Oriente, e ao Pai e ao Filho, no Ocidente. Essas teologias trinitárias repercutem na exaltação idealista e na subordinação real, ao mesmo tempo, do feminino ao masculino.[48] As grandes loas a Maria, e conseqüentemente à mulher, podem ser acompanhadas pela idealização teórica e pela limitação prática. Os elogios abstratos à mulher são acompanhados de práticas sociais que as limitam e restringem como pessoas.

A imagem patriarcal e andrógina de Deus serviu de referência simbólica para confirmar a desvalorização teológica da mulher, reforçada pela mariologia. A imagem cristã da mulher oscila entre a pecadora "filha de Eva" e o modelo de Maria, "a nova Eva", virgem imaculada e mãe, que sintetiza os valores tradicionais femininos. Chegou-se à exaltação e idealização da mulher ao preço de confinar sua sexualidade à procriação (Mãe) ou de "superá-la" sob a imagem da virgindade. A mulher transformou-se em um símbolo ambíguo de virtudes (Maria Imaculada) e do pecado ao mesmo tempo ("filhos de Eva"). Ao idealizá-la, ela se torna mais próxima dos anjos do que dos homens; ao humanizá-la, acentua-se sua corporeidade e sexualidade, todavia vistas não tanto a partir da relação pessoal de complementaridade, mas enquanto referência orgânica impura, pré-ética e maligna, marcada pela menstruação, pelo tabu e pelo prazer concupiscente. A fragilidade humana é simbolizada pela mulher ("sexo frágil"), e o varão reflete somente a vulnerabilidade diante da tentação feminina. A primeira é passiva e receptiva; o segundo, sujeito ativo e protagonista.

Esses elementos configuram também a mariologia tradicional da serva aberta, receptiva e que dá fecundidade à inspiração divina, sem ter relevância a mulher que toma a iniciativa, que assume um papel profético e que serve de inspiração criativa.[49] A mariologia tradicional teve

---

[48] São Jerônimo analisa como são empregados termos femininos, masculinos e neutros para o Espírito. Ele conclui que ninguém deve escandalizar-se, pois Deus não tem gêneros sexuais ("In divinitate enim nullus est sexus": PL 24, 419 B). Todos os simbolismos são válidos para falar de Deus e inadequados ao mesmo tempo, e não se deve dar preferência aos masculinos. Sobre a maternidade de Deus e a feminilidade do Espírito Santo, cf. CONGAR, Y. *El Espíritu Santo*, cit., pp. 588-598.

[49] Remeto aos estudos de RUETHER, R. R. *Religion and Sexism*. New York, 1974. pp. 150-156 [Ed. bras.: *Sexismo e religião*; mulheres do Terceiro Mundo na ecologia, no feminismo e na religião, São Leopoldo (RS), Sinodal, 1993]; FARLEY, M. A. Sources of Sexual Inequality in the History of Christian Thought. *JR*, n. 56, pp. 170-176, 1976.

repercussões negativas não somente para a mulher, mas também para o varão; de modo especial, ela afetou os ministros célibes, ligados a uma figura feminina espiritualizada e dessexualizada, e, em contrapartida, distanciados das mulheres reais, as quais eram consideradas como um perigo e uma tentação. A relação paterno-filial do ministro com os fiéis bloqueou a comunicação com a mulher, tão necessária ou até mais necessária ainda do que a primeira. Por isso, a autoridade eclesial concentrouse na visão patriarcal, fugindo da comunicação igualitária com a mulher. Isso marcou os ministros, a eclesiologia e a mulher, dentro da Igreja.

Os preconceitos antropológicos da cultura foram inseridos na mariologia e serviram de referência para a própria eclesiologia, marcada por relações de dependência mais do que pela igualdade que respeita as diferenças. É evidente que esse modelo tradicional de mulher, relegada ao âmbito privado e doméstico e com meras funções de esposa e mãe, entrava em choque com a concepção pública, comunitária e de liderança, própria do ministério. A eclesiologia deriva tanto da imagem de Deus quanto da antropologia, e as três estão condicionadas a uma concepção reducionista da mariologia. Enquanto a imagem tradicional de Maria não mudar, dificilmente a concepção da mulher poderá ser diferente, pois Maria é, para os cristãos, a mulher por excelência, o modelo indiscutível.

Correntes contrapostas da Igreja antiga

Essa orientação teológica, para a qual convergem diversos fatores, fez-se sentir desde a Igreja antiga. Impôs-se a corrente que defendia a subordinação da mulher ao varão (*1Clem.*, 1,2-3; 11,2; 21,6; *Polic.*, 4,2-3), criticando-se de modo especial as profetisas, que só desempenharam um papel especial em alguns grupos marginais ou sectários, como Priscila e Maximila entre os montanistas.[50] As antigas listas de virtudes femininas tradicionais na cultura exerceram grande influência na literatura cristã dos séculos II-IV, às quais foram acrescentadas virtudes cristãs como a

---

[50] Cipriano, *Ep.*, 75-10; Eusébio, *Hist. eccl.*, 5,18,3.

humildade ou a castidade. Houve uma dupla tendência ética: por um lado, foi acolhido o ideal greco-romano da mulher, incrementado com elementos especificamente cristãos, sobretudo ascéticos; por outro, tendeu-se a rebaixar o nível moral factual do Império, para assim dar destaque, por contraste, à superioridade cristã.

O ideal da virgindade e a ascese centrada no controle sexual, que tiveram ampla ressonância na teologia monacal e espiritual da época, desempenharam um papel negativo na revalorização da mulher. Ela era vista como a representante da natureza caída e da sexualidade humana. Prevaleceu uma antropologia desigual, na qual a mulher é "frágil", não só por sua força física menor, mas por ser um perigo e uma tentação para o varão, embora o inverso jamais fosse considerado. Essa temática foi amplamente desenvolvida pela teologia e tem um claro pano de fundo judaico e helenista.[51] Houve um longo distanciamento não somente da atitude de Jesus, mas também de Paulo. As raízes igualitárias cristãs não conseguiram se impor na concepção cultural, e o cristianismo transformou-se em uma corrente conservadora dentro do Império, graças a tópicos tais como o pecado original, as antropologias espiritualistas que denegriam o corpo em favor da alma e a associação do mal e da tentação com a mulher. Essa antropologia foi mantida na época clássica, sendo mais potencializada ainda durante a Idade Média.[52]

Algumas figuras, como Maria Madalena, converteram-se em heroínas e em modelo do protagonismo feminino na Igreja. As correntes que mais valorizaram as mulheres viam nela um modelo feminino do discípulo amado,

---

[51] Entre os quintilianos, há mulheres que atuam como bispos e presbíteros (EPIFÂNIO, *Panarion haer.*, 49,2,5; GCS 31,243). Uma abundante coletânea de testemunhos sobre os grupos heréticos e a participação feminina pode ser encontrada em: THRAEDE, Frau, cit., pp. 236-245; RUETHER, *Religion and Sexism*, cit.; FARLEY, Sources of Sexual Inequality in the History of Christian Thought, cit., pp. 162-176.

[52] Cf. KUHN, A. (Hrsg.) *Die Frau im Mittelalter*. Düsseldorf, 1983-1984, vv. 1 e 2; HAUKE, M. *Die Problematik um das Frauenpriestertum vor dem Hintergrund der Schöpfungs- und Erlösungsordnung*. Paderborn, 1982. pp. 399-464. O estudo de Hauke defende que a mulher não pode ter acesso ao sacerdócio, apelando para a vontade de Cristo, para a ordem da criação e para a tradição. Recolhe também várias apelações culturais contrárias à promoção da mulher na Antigüidade e na Idade Média, valorizando-as como provas.

enquanto, por outro lado, outras teologias tendiam a reduzir a sua significação. A tendência ao menosprezo de sua figura ocorre já no Novo Testamento. Paulo recolhe uma tradição de aparições na qual se omite Maria Madalena, apesar de ter havido inúmeras aparições do Ressuscitado a mais de quinhentos irmãos (1Cor 15,3-7). No quarto evangelho, ela aparece como aquela que testemunhou a primeira manifestação de Cristo ressuscitado (Jo 20,14-18; cf. Mc 16,9), enquanto nos evangelhos sinóticos a aparição é transformada em uma revelação de anjos feita a um grupo de mulheres, e não só a Madalena (Lc 24,1-11; Mt 28,1-8). Além disso, ressaltam-se seu medo e o fato de elas não obedecerem à ordem do anjo (Mc 16,7-8). Mais tarde foi acrescentado um apêndice ao evangelho de Marcos, no qual se menciona de passagem a aparição a Maria Madalena, sublinhando-se que haviam sido expulsos dela "sete demônios" (Mc 16,9).

Essa tendência continuou na literatura ortodoxa, que rejeitou a concessão a Maria Madalena de um papel importante, enquanto os escritos gnósticos fizeram dela uma figura de destaque, escolhida por Cristo e receptora de revelações particulares. Ela foi contraposta ao próprio Pedro:

> Simão Pedro lhe disse: que Maria saia do meio de nós, porque as mulheres não são dignas da vida. Jesus disse: eis que eu a guiarei a fim de torná-la um varão, para que ela também se converta num espírito semelhante a vós, homens. Pois toda mulher que se torne homem, entrará no Reino dos Céus (*EvTo.*, 114).[53]

Pode-se perceber como as reminiscências machistas subsistem até nas correntes heréticas. A literatura apócrifa foi também especialmente generosa em destacar o papel das mulheres na expansão do cristianismo, como

---

[53] A misoginia da tradição reflete-se no próprio evangelho que pretende superá-la. Muito maior é o papel de Madalena no escrito gnóstico *Evangelho de Maria* (9,5–10,8; 17,10–18,21), no qual ela comunica aos apóstolos as revelações de Jesus por ela recebidas e que eles desconhecem. Pedro se opõe a essas revelações de uma mulher e precisa ser advertido por outro apóstolo. Maria Madalena é simbólica para os movimentos marginais da Igreja, para as seitas e na literatura apócrifa. As aspirações de algumas mulheres em favor de uma participação paritária do varão e da mulher no cristianismo encontram oposição no "apóstolo dos apóstolos"; cf. Grappe, *Images de Pierre aux deux premiers siècles*, cit., pp. 200-305; Schüssler-Fiorenza, Die Anfänge von Kirche, Amt und Priestertum in feministisch-theologischer Sicht, cit., pp. 70-76; Bernabé, C. *María Magdalena, sus tradiciones en el cristianismo primitivo*. Estella, 1993.

companheiras dos apóstolos, missionárias e mestras. O acesso das mulheres ao ministério era culturalmente impensável, sobretudo devido ao fato de que as heresias gnósticas e montanistas acentuavam o papel das mulheres, deixando-as ensinar e administrar sacramentos, permitindo-lhes até mesmo atuar como ministros ordenados.[54]

Tudo isso ia contra a promoção da mulher na Igreja antiga, gerando uma reação antifeminista. A literatura apócrifa, contudo, reflete as dificuldades concretas que a Igreja teve para limitar a participação ativa das mulheres no culto, na teologia e nos ministérios. O distanciamento entre o cristianismo e as religiões pagãs influenciou também contra atividades ministeriais das mulheres, que foram proibidas de batizar, excluídas da missão e proibidas de enviar cartas a outras Igrejas. Além disso, foi mantida a oposição a que elas se pronunciassem em reuniões cultuais (exceto nas aclamações litúrgicas) e a que interviessem em questões teológicas. As freqüentes admoestações e exortações de concílios e de teólogos contrárias a qualquer atividade ministerial feminina é um indício, no entanto, de que tais limitações não se tornaram efetivas sem resistências nas várias Igrejas. Também o título de leigo, até o século IV, não era aplicado a mulheres, mas unicamente a varões.[55]

O estatuto feminino mais ambíguo é o das diaconisas, que oscilam entre a ordem, a dignidade eclesiástica e o ministério.[56] O diaconato, assim como o presbiterado e o episcopado, é o resultado de um longo processo eclesial, não podendo ser atribuído a uma iniciativa direta de Jesus. Tal

---

[54] Irineu, *Adv. haer.*, 1,13,1-4: "[...] lhe ordena celebrar a eucaristia em sua presença [...]. E permite profetizarem as mulheres que julga dignas de participar em sua graça"; Tertuliano, *De praescr. haer.*, 41; Epifânio, *Haer.*, 49,2,3,5. Para fundamentar a proibição às mulheres de ensinarem ou ocuparem cargos na Igreja, alude-se ao fato de que não se contava nenhuma mulher entre os apóstolos. Toda mulher participa da debilidade de Eva (João Crisóstomo, *Hom. in Gen.*, 4,1; Ambrósio, *Expos. Ev. Lc.*, 2,28).

[55] FUNK, F. X. *Didaskalia et Constitutiones Apostolorum.* Torino, 1959. pp. 190, 192, 524, 528, 530; Concílio de Laodicéia, cân. 11; Concílio de Elvira, cân. 81; EPIFÂNIO, *Haer.*, 79,2; 97,3,6; Concílio de Orange, cân. 26; Ambrósio, *De virg.*, 3,9.11; cf. FAIVRE, A. Une femme peut-elle devenir laïque? *RSR*, n. 58, pp. 242-250, 1984.

[56] PHILIPPI, P. Diakonie. In: *TRE*, 8. 1981. v. 1, pp. 626-627; KALSBACH, A. Diakonisse. In: *RAC*, 3. 1957. pp. 917-928; LEIPOLDT, J. *Die Frau in der antiken Welt und im Urchristentum.* Leipzig, 1954. pp. 201-211; MARTIMORT, A. G. *Les diaconesses.* Roma, 1982; THIERMEYER, A. A. Der Diakonat der Frau. *ThQ*, n. 173, pp. 226-236, 1993; LANG. *Ministros de la gracia...*, cit., pp. 129-143; FERNÁNDEZ, D. La ordenación de las diaconisas. *Proyección*, n. 42, pp. 111-126, 1995; FERNÁNDEZ, D. Servicios y tareas eclesiales de la mujer en la iglesia antigua. *NatyGrac*, n. 46, pp. 7-38, 1996.

evolução foi produzida levando-se em conta os condicionamentos socioculturais, sem que tenha havido homogeneidade no processo. No Ocidente, houve menos diaconisas do que no Oriente, onde elas foram substituídas pelas virgens e pelas viúvas, consideradas como um *ordo* dentro da Igreja. O desenvolvimento do diaconato feminino tropeçou na pressão em favor da continência dos ministros e nos preconceitos existentes em relação à sexualidade feminina, sobretudo no que diz respeito à menstruação. Apesar de as diaconisas serem mencionadas ocasionalmente como parte da hierarquia, há uma progressiva rejeição da ordenação ritual de mulheres, que acabou prevalecendo. Contudo, até o ano 250, a *Didascalia síria* menciona ainda as funções ministeriais das diaconisas, comparando o bispo a Deus, os diáconos a Cristo e as diaconisas ao Espírito Santo.[57]

A tendência a diferenciar entre hierarquia e diaconisas encontrou apoio em Clemente de Alexandria, que identificou as diaconisas das Igrejas com as esposas e colaboradoras específicas dos apóstolos, mencionadas no Novo Testamento. Essa identificação teve uma grande influência, permitindo que a colaboração feminina fosse aceita em atividades ministeriais, mas negando às mulheres, ao mesmo tempo, o acesso ao ministério.[58] A

---

[57] *Testamentum Domini nostri Jesu Christi*, 1,23; *Didasc.*, 2,26; 5-6: "Diaconus autem in typum Christi adstat; ergo diligatur a vobis. Diaconissa vero in typum sancti spiritus honoretur a vobis"; 3,11,5: "neque episcopus nec prebyter nec diaconus nec viuda"; 3,12,1; 3,13,1. O cân. 11 do Concílio de Laodicéia exige que "as chamadas *presbútidas* ou presidentes não sejam ordenadas na Igreja" (Hefele, I/2, 1003-5). É provável, segundo Epifânio, que aqui não se esteja fazendo referência a presbíteras, mas a diaconisas presidentas, que, possivelmente, pretendiam ter seus poderes aumentados. O primeiro Concílio de Orange (441) repete a proibição de ordená-las (cân. 26: "Diaconae omnimodis non ordinandae") e essas proibições são repetidas ao longo do século VI. Orígenes as vê como uma dignidade eclesiástica (*Hom. in Lc.*, 17) ou como um ministério (*Hom. in Rom.*, 16,1-2; *Ps Clem.*, *Recogn.*, 6,15), como também menciona Plínio em sua Carta a Nero ("Quo magis necessarium credidi ex duabus ancillis, quae ministrae dicebantur": Kirch, *Enchiridion Fontium*, 23). Tertuliano, pelo contrário, sublinha que elas pertencem a uma ordem eclesial (*Uxor.*, 1,7), e as *Constituições apostólicas* estabelecem um paralelismo entre a ordenação de diáconos e a de diaconisas (*Const. apost.*, VIII, 17-19: Funk, *Didaskalia et Constitutiones Apostolorum*, cit., pp. 522-525).

[58] Os cânones de Hipólito indicam que a viúva não deve ser ordenada, "pois a ordenação é para os homens" (cân. 9). Provavelmente o cânon é a resposta dada a uma pressão que vinha sendo feita por parte do grupo das viúvas para que elas fossem integradas ao clero. Seguem a mesma linha proibitiva: Clemente de Alexandria, *Strom.*, 3,53,3; Orígenes, *In Rom.*, 10,17. Uma orientação muito diferente é dada por são Basílio: ele menciona que elas recebem a imposição das mãos e uma oração do bispo para estabelecê-las no ministério (Basílio, *Ep.*, 199,44: PG 32, 729). A

maioria das diaconisas eram recrutadas dentre as viúvas e mais tarde dentre as virgens, e exerciam seu ministério entre as mulheres assistindo-as no batismo, cuidando das enfermas e assumindo funções nas eucaristias, nas quais comungavam antes das virgens e das viúvas. O Concílio de Nicéia as restringe (cân. 9: "Que não recebam a imposição das mãos e que, portanto, sejam contadas entre os leigos"), enquanto em Calcedônia elas ainda pertencem ao clero. No Concílio de Trulo (692) proibiu-se a ordenação de uma diaconisa com menos de 40 anos.

Não sabemos exatamente quando elas desapareceram na Igreja, primeiro no Ocidente e depois no Oriente. É possível que sua decadência corresponda ao crescimento do monacato feminino a partir do século IV, já que a figura da diaconisa está impregnada de traços ascéticos e virginais. O monacato ofereceu uma brecha social e eclesial para o protagonismo da mulher, sem pôr em questionamento, no entanto, o princípio hierárquico da exclusão da mulher do ministério. Daí o seu êxito histórico. O nome de "diaconisa" continuou sendo usado para designar as esposas dos diáconos quando haviam desaparecido os ministérios femininos, do mesmo modo que foram utilizados os títulos de "bispa" ou de "presbítera" para designar as mulheres de outros ministros.[59] Diaconisa deixou de ser um título ministerial, para converter-se em uma designação social.

A novidade cristã: uma comunidade de leigos

Resta analisar a identidade e as funções dos leigos, já que nos primeiros capítulos vimos a concepção da Igreja como comunidade. Da comu-

---

postura contrária é a de Tertuliano, que no entanto está aberto ao papel sacerdotal dos leigos: "Não é permitido à mulher falar na igreja e muito menos batizar, oferecer ou reivindicar para si mesma nenhuma parte de uma função própria do homem, muito menos do ministério sacerdotal" (*De virginibus velandis*, 9,1).

[59] Na Igreja de Santa Praxedes, em Roma, há um mosaico com quatro figuras femininas, e uma delas traz o título de "epíscopa". Pode ser uma alusão à esposa de um bispo, ou também uma reminiscência da época em que os anfitriões das Igrejas domésticas, dentre os quais se encontravam algumas matronas, transformaram-se em ministros das Igrejas locais. Já sabemos que as virtudes do bispo e do presbítero, nas cartas pastorais, são as do pai de família: Torjesen, *Cuando las mujeres eran sacerdotes*, cit., pp. 23-24.

nidade surgem a pluralidade de carismas e ministérios, e a partir dela deve ser entendida tanto a identidade dos ministros, quanto a dos leigos. Na verdade, "leigo" é um nome inexistente no Novo Testamento, que prefere outros conceitos tais como "cristãos, eleitos, discípulos, santos, irmãos, consagrados" etc.[60] Esses títulos adaptam-se melhor ao conceito neotestamentário de comunidade, o de uma fraternidade.

A comunidade como uma fraternidade

O termo especificamente cristão para designar a comunidade não é "povo" ("*laos*"), mas "fraternidade" (*adelphotès*: 1Pd 2,17; 5,9). Este termo serve sempre para designar a comunidade cristã e não tem paralelos na cultura greco-romana, que conhece, isto sim, o título de "irmãos" e "irmãs", mas não o aplica à sociedade, nem a uma comunidade concreta. "Fraternidade" é um termo muito raro no Antigo Testamento (Zc 11,14; 1Mc 12,10.17) e é usado somente para expressar o vínculo existente entre os que pertencem à mesma nação, sem ter o sentido comunitário e eclesial próprio do cristianismo. No uso cristão, pelo contrário, essa palavra deixou de designar o parentesco de sangue e adquiriu um caráter eclesial. Assim é usada pelos escritores cristãos dos três primeiros séculos (*1Clem.*, 2,4; *Herm(m).*, 8,10; *Polic.*, 10,1; Irineu, *Adv. haer.*, II,31,2 etc.). O cristianismo surge como uma religião que busca assimilar as diferenças naturais e sociais, sem negá-las, a fim de transformá-las e pô-las a serviço de todos, antes que se convertam em obstáculos e barreiras que dividem.

A idéia da Igreja como fraternidade foi conservada tanto na tradição oriental quanto na latina, mas teve especial ressonância na África do Norte. Há autores, como Cipriano de Cartago, que usam esse título eclesial mais de cinqüenta vezes.[61] A condição igualitária de todos os cristãos

---

[60] Dupuy, B. D. Laïc. *Cath*, n. 6, pp. 1627-1639, 1967; Ritter, A. M. & Barth, H. M. *Laie*. In: TRE, 20. 1990. vv. 1 e 2, pp. 378-393; La Potterie, I. de. L'Origine et le sens primitif du mot laïc. *NRT*, n. 80, pp. 840-853, 1958. Uma exposição mais detalhada e com uma abundante bibliografia é a que ofereço em Estrada, *La identidad de los laicos*, cit., 1992, pp. 110-121.

[61] Dujarier, M. *L'Église fraternité*. Les origines de l'expression "adelphotès-fraternitas" aux trois premiers siècles du christianisme. Paris, 1991. v. 1; Ratzinger, J. Fraternité. In: *DS*, 5. 1964. pp. 1411-1467.

reflete-se na fraternidade comunitária e na irmanação (*philadelphia*: 1Pd 1,22; 2Pe 1,7; 1Ts 4,9; Rm 12,10; Hb 13,1), que é a característica especificamente comunitária. Por isso, os cristãos falam de um terceiro povo, juntamente com os pagãos e os judeus, que englobava todas as nações. A fraternidade cristã é o contraponto da afirmação judaica e cristã segundo a qual todas as pessoas são filhas de Deus.

Por isso o título tem conotações universais e tem servido de fonte de inspiração para designar tanto a vocação missionária da Igreja, que não se identifica nem com a raiz judaica nem com sua evolução européia, quanto a sua vocação de serviço a toda a humanidade, que foi o que inspirou a Constituição *Gaudium et spes* (GS 1). A Igreja, enquanto fraternidade, tem a tarefa de mostrar como é possível a diversidade na comunhão e como a unidade passa pelo reconhecimento das diferenças. Essa concepção é particularmente importante hoje, quando assistimos ao fim das sociedades homogêneas e uniformes, favorecendo a mobilidade sociocultural e o surgimento de sociedades cada vez mais mestiças. O problema reside no fato de que a Igreja atual está muito distante de se apresentar, aos olhos dos cristãos e não-cristãos, como uma fraternidade que vive a comunhão e aceita as diferenças.

A Igreja, enquanto fraternidade humana, é um espaço de discípulos com igual dignidade e consagração, o que não impede a pluralidade de funções. Este esquema — comunidade e pluralidade de ministérios — é o que substitui na teologia atual o tradicional de clérigos e leigos, embora, de fato, muitas estruturas eclesiais e a forma de atuar de muitos ministros mantenham uma concepção de Igreja bem distante da fraternidade.[62] Há medo, hoje, da democratização da Igreja, esquecendo-se da práxis gerada pela fraternidade eclesial nos primeiros séculos do cristianismo, e se prefere manter o modelo hierárquico formado durante a Idade Média, o qual persiste até hoje em uma versão modernizada e muito mais burocrática e impessoal. A partir daqui, é preciso analisar a identidade e as

---

[62] Cf. Forte, B. Le forme di concretizzazione storica della Chiesa. *Credere Oggi*, n. 28, pp. 52-64, 1985.

funções do laicato. É necessário distinguir entre a pertença de todos ao povo de Deus, que abrange clero e leigos, e o laicato enquanto contraposto ao clero, com ministérios, carismas e tarefas eclesiais. Essas diversas funções derivam da consagração cristã e abrangem as três dimensões tradicionais a partir das quais se analisam o significado do próprio Cristo, a dimensão sacerdotal, a profética e a real, bem como as correspondentes contribuições para a vida interna da Igreja (comunhão), para a missão (diaconia ministerial) e para o testemunho evangélico (martírio). A identidade do leigo e suas tarefas são dadas por essas três dimensões.

A Igreja e os leigos

Os leigos, tal e qual são definidos por sua atual relação com os clérigos, não têm qualquer futuro. E isso por uma razão primeira e fundamental: *os leigos não têm futuro simplesmente porque não têm presente eclesial*. O segundo ponto expressa perfeitamente o deslocamento temático ao qual não temos deixado de convidar ao longo do livro: aqueles e aquelas aos quais continuamos chamando de leigos não *têm* um futuro eclesial, mas são o *futuro* da Igreja [...]. De fato, esse terceiro ponto afirma que *a Igreja e seu futuro pertence a todas aquelas pessoas que, ao mesmo tempo que harmonizam em suas decisões o futuro de Deus e o futuro do mundo, assumem verdadeiramente seu estatuto de sujeito da vida da Igreja*. É nesse sentido que os sacerdotes e os bispos pertencem também à estirpe dos batizados. Para livrar-se de seu clericalismo, eles devem necessariamente *reassumir essa condição comum*, fora da qual nada tem sentido cristão, e em relação à qual tudo é serviço. Eis o meu quinto e último ponto: *o laicato de hoje não tem sentido cristão algum*, na medida em que sua existência se deve a algumas estruturas eclesiais que são um agravo ao mistério de Jesus Cristo, porque, para se manterem, passam uma conta que não pode nem deve ser paga: a passividade dos leigos. Em uma Igreja segundo a fé em Jesus Cristo, não é mais possível que continue havendo um sujeito e um objeto. Já não há nem clérigos nem leigos (R. Parent, *Uma Igreja de batizados*, São Paulo, Paulus, 1987, p. 219).

Significado e funções do leigo

É um termo que se contrapõe ao de "sacerdote" nas religiões mistagógicas do Império Romano e também às autoridades civis. Recorda a contraposição entre o sagrado e o profano, pois foi utilizado no culto para distinguir os ministros, que oficiam em nome do povo, e os simples membros da comunidade. Essa dependência do culto pode ser notada também no vocabulário cristão. Esse termo aparece pela primeira vez na *Primeira carta de Clemente aos coríntios*, que contrapõe leigos e sacerdotes: do mesmo modo que os sacerdotes tinham suas funções determinadas, assim também "o homem leigo está ligado por preceitos leigos" (*1Clem.*, 40,5). Esse dualismo entre sacerdote e leigo é o que encontramos nos autores do século III que o usam: Tertuliano, Clemente de Alexandria, Orígenes, Jerônimo etc. Outros autores, como Justino ou Irineu de Lyon, evitam essa denominação e preferem outros nomes, tais como "irmãos" ou "discípulos". A preocupação teológica inicial era a relação entre Cristo e os cristãos, mais do que a relação dos discípulos entre si.[63]

Os cristãos utilizaram também o título de "povo de Deus", embora de forma mais restrita, para expressar a continuidade e as diferenças com Israel.[64] Todos são membros do povo de Deus e todos estão consagrados. Ou seja, não há separação entre sacerdotes e leigos, nem entre consagra-

---

[63] Tertuliano, *De praescript. haer.*, c. 10,41; Cipriano, *De fuga in persecut.*, c. 2; Clemente, *Strom.*, II, 237; III, 12; 90; 100; 107; V, 6,33; Idem, *Paed.*, II, 10,93. Por sua vez, a *Didascalia* (II, 14,12; 18,6; 19,1; 24,1; 26,1; 32,3; 56,4; 57,4) contrapõe o leigo ao bispo, ao diácono e à diaconisa. Há um estrito paralelismo entre a ordem observada na assembléia litúrgica judaica e na cristã, presidida pelos ministros e constituída, enfim, por leigos. A postura de são Jerônimo teve especial repercussão. Ele comparava os clérigos aos sacerdotes judaicos (eram os que tinham a "parte do Senhor": *Epist.*, 52,5: PL 22,531; 57,12: PL 22,578), mantendo sua identificação com os ministros do culto. Os leigos, pelo contrário, são os que se dedicam a tarefas seculares. Essa concepção está distante do Novo Testamento.

[64] O termo "povo" (*laos*) aparece em torno de duas mil vezes na versão bíblica grega dos Setenta, quase sempre com o sentido de "povo de Israel". No Novo Testamento, Paulo o aplica a Israel (exceto em Rm 11), embora sublinhe a continuidade entre Israel e a Igreja. A Carta aos Hebreus, por sua vez, o utiliza no sentido judaico (13 vezes) e o aplica também à Igreja (Hb 4,9; 8,10; 13,12). Na *Carta de Barnabé* (4,14; 5,2.8-9; 8,1-3; 12,1-5) já se deu a transposição plena: a Igreja é o novo povo de Deus, que substitui o antigo; cf. Rius-Camps, J. *Pueblo de Dios y sociedad laica en el cristianismo primitivo.* Madrid, 1997. pp. 13-17; Estrada, *Del misterio de la Iglesia al pueblo de Dios*, cit., pp. 187-191.

dos e pessoas profanas, já que os leigos são a própria Igreja.[65] A partir da perspectiva do Novo Testamento, a "vida consagrada" é a vida cristã, que se contrapõe à dos pagãos, e não se conhece nenhum grupo, nem carismático nem ministerial, que seja sacerdotal de uma forma diferente do restante dos cristãos. A comunidade é um povo santo e sacerdotal (1Pd 2,9), e o batismo é o sacramento da consagração a Deus e o ponto de partida do qual se estabelece a eclesiologia.[66]

Os leigos, enquanto grupo contraposto aos sacerdotes ou aos ministros, surgiram por influência do Antigo Testamento e por inculturação social. Por isso, o "termo" leigo é ambíguo. Em seu sentido teológico, o membro de um povo sacerdotal e consagrado é equiparável ao de cristão e engloba todos os membros da comunidade. O termo é questionável, porque facilmente deriva da contraposição entre sacerdotes e leigos, como consagrados e profanos respectivamente. De fato, foi isso o que aconteceu a partir do século III de forma generalizada. Por isso, há teólogos que preferem evitá-lo. Contudo, trata-se de um termo já consolidado, tanto teológica quanto culturalmente. Parece mais fácil manter o termo e ressaltar sua dimensão positiva. O leigo é o cristão sem mais nem menos, o protótipo do discípulo. Não precisa, portanto, de maiores qualificativos nem de especificações.

Por outro lado, são os ministros e os religiosos que devem ser definidos na relação com os leigos, dos quais derivam, tanto no sentido cronológico (a condição laical é condição prévia e necessária para receber o sacramento da ordem ou professar os votos) quanto teológico (já que o sacerdócio ministerial e a vida religiosa estão subordinados à consagração batismal, que é a laical, e estão a seu serviço). Hoje o que está em crise não é o significado do leigo, cada vez mais clarificado e recuperado, mas a identidade do sacerdote e do religioso. O fato é que se trata de

---

[65] É esse o sentido presente em algumas tradições. Por exemplo, a *Didascalia*, II, 26,1: "Também vós, leigos, Igreja eleita de Deus, escutai isto: Igreja quer dizer primeiramente povo. Vós sois a santa Igreja católica, o sacerdócio real, a multidão santa, o povo adotado, a grande assembléia [...]".

[66] A inserção nos sacramentos é a que determina a condição dos cristãos, e o batismo é o ponto de partida. Assim o afirma a encíclica *Christifideles laici* (30/12/88), nos números 9-13; 16; 24.

termos relacionais: se mudar a compreensão do leigo, será necessário modificar também a dos ministros e dos religiosos. Esse é um dos problemas eclesiológicos mais importantes e urgentes que temos hoje.

O sentido sociológico do conceito de "leigo"

O conceito de "leigo" adquiriu um sentido mais sociológico, semelhante ao do judaísmo e do Império Romano, em conseqüência da inculturação: o leigo é o não-sacerdote, entendido aqui como o não-ministro, já que inicialmente conservou-se a idéia de que o sacerdócio é uma forma de vida, a cristã, e não um simples ministério cultual. O conceito de "leigo" é utilizado também para designar objetos profanos ou não consagrados a Deus. Por isso o uso do termo "leigo" é ambíguo, pois na medida em que foi utilizado para designar os não-ministros, começou a obscurecer o sacerdócio de todos os fiéis. Além disso, o termo está cheio de ressonâncias socioculturais, já que o leigo é o membro do povo, o cidadão que não tem responsabilidades públicas, o súdito contraposto aos governantes. A partir do momento em que os ministros passaram a ser hierarquia, deixaram de ser leigos, embora fossem membros do povo.

A própria língua espanhola* usa o termo "povo" em um sentido geral para designar todos os cidadãos, incluindo os seus dirigentes (por exemplo, quando se diz "o povo espanhol"), ou então, em um sentido muito mais restrito, para designar a plebe, a multidão (por exemplo, quando se diz "o povo e suas autoridades"). O mesmo ocorreu com o conceito de "clero"; inicialmente, com efeito, todo o povo era o clero ou a parte consagrada a Deus, mas depois começou a designar-se com esse termo somente um grupo, como ocorreu com "sacerdote". Passamos, assim, de um tempo inicial sem leigos (isto é, sem membros profanos, já que todos haviam sido consagrados para um sacerdócio existencial) a um laicato cristão que começa no século II (a partir do dualismo clero-leigos), para finalmente chegarmos à designação do povo subordinado aos ministros

---

* Assim como a língua portuguesa. (N.T.)

(século III).[67] Dessa forma, o termo "leigo" firmou-se na eclesiologia para designar o "cristão propriamente dito, o simples fiel, o cristão sem maiores especificações", contraposto aos ministros (pastores, hierarcas, sacerdotes). Por algum tempo foi conservado também o conteúdo teológico pelo qual todos somos leigos, isto é, membros do povo de Deus, embora tenha se firmado o uso restrito do termo (leigo como "não-ministro").[68]

No século III, constatou-se um retrocesso no uso do termo "irmãos" para designar os leigos (exceto nos sermões), dando-se-lhe um sentido mais restrito para designar a "irmandade sacerdotal" (os sacerdotes se chamam de irmãos entre si; há bispos, até, que se dirigem com esse termo aos seus co-presbíteros), enquanto se generalizou a nomenclatura paterno-filial para denominar os leigos por parte dos sacerdotes ("filhos meus"). O sacerdote das religiões pagãs via a si mesmo como *dominus* e "pai", e isso influenciou os cristãos do Império. Os leigos passavam a ser os filhos no contexto de uma eclesiologia patriarcal, determinada pela assimetria e pela desigualdade. O fato é que o ministério sacerdotal acabou restringindo o sacerdócio laical, da mesma forma que o ministério institucionalizado reduziu as funções dos profetas e carismáticos. Fez-se a passagem de funções que podiam ser desempenhadas por qualquer cristão ao *status* ministerial que gradualmente ia monopolizando as tarefas eclesiásticas; dessa forma, surgiu um clero ativo contraposto a um laicato cada mais passivo e receptivo.

---

[67] FAIVRE, A. Le Laïcat dans les premiers siècles. *LumVit*, n. 41, pp. 367-378, 1986; FAIVRE, A. Clerc/laïc: histoire d'une frontière. *RSR*, n. 57, pp. 195-220, 1983; FAIVRE, A. Naissance d'un laïcat chrétien. Les enjeux d'un mot. *FZPhTh*, n. 33, pp. 391-429, 1986.

[68] O Código de Graciano, que serviu de embrião para todo o direito canônico do segundo milênio, designa os ministros e os leigos como "duas espécies de cristãos", como dois "povos" dentro da Igreja (causa 12, quest. 1, c. 6-7: "Duo sunt genera christianorum"), recolhendo a tradição de são Jerônimo. Isto se impôs imediatamente no direito canônico (CIC, cap. 207, § 1: "Por instituição divina, entre os fiéis há na Igreja ministros sagrados, que no direito são denominados também de clérigos; os demais se chamam leigos"). O mesmo aconteceu com o magistério ("Denominam-se leigos todos os fiéis que não pertencem às ordens sagradas, nem são religiosos reconhecidos pela Igreja": LG 31). Contudo, no Concílio Vaticano II é mantida a polissemia do conceito de "leigo", pois o que se afirma em relação ao povo de Deus diz respeito igualmente aos leigos, aos religiosos e aos clérigos (LG 30), enquanto em outras vezes é usado nesse sentido mais restrito (LG 31).

Além disso, recolheu-se do Antigo Testamento a contraposição entre os levitas e os sacerdotes, por um lado, e os fiéis, por outro, para exigir dos leigos o dízimo das entradas e das ofertas a fim de atender aos gastos da Igreja, entre estes a sustentação do clero. No século II, foi mantido o princípio de que tanto o profeta quanto o doutor merecem o seu salário (*Did.*, 13,1-3), solicitando-se que sejam tratados "os bispos e os diáconos" da mesma forma que os primeiros (*Did.*, 15,1). No século III, pelo contrário, é o ministério sacerdotal que precisa receber a retribuição dos leigos, seguindo o exemplo dos levitas. Impõe-se a retribuição eclesial do ministério cultual, sob a influência do Antigo Testamento:

> Pois se o leigo não fornece aos sacerdotes e aos levitas o que lhes é necessário, tais preocupações, ou seja, os cuidados materiais, os impedirão de dedicarem-se completamente à lei de Deus [...], obscurecendo-se, com efeito, a luz da ciência que há neles se tu, leigo, não lhes forneceres o azeite da lâmpada.[69]

No século IV, ainda há críticas episcopais aos clérigos que pretendiam impor a entrega dos "dízimos". No século VI, pelo contrário, o dízimo não só havia se consolidado como um costume, mas tinha se transformado em uma obrigação canônica. Foi uma das principais fontes de renda dos párocos desde a alta Idade Média.

Essas ofertas deveriam ser entregues ao bispo, que exercia sua função de pastor, como pai e administrador, o qual atende às necessidades de todos.[70]

---

[69] ORÍGENES, *Hom. in Ios.*, 17,3; FAIVRE, A. *Ordonner la fraternité*. Paris, 1992. pp. 249-253.

[70] *Didascalia*, II, 34,5; 35,1; Cipriano, *Ep.*, 1,1-2: "Para sua alimentação e subsistência, ele recebia das onze tribos a décima parte dos frutos que nasciam [...]. A mesma regulamentação e disciplina é observada agora no clero [...]; todavia, recebendo em benefício próprio as ofertas dos irmãos, em forma de dízimos dos frutos, não se afastem do sacrifício do altar". Por outro lado, há uma tendência crescente a limitar a participação dos leigos na gestão e administração dos bens eclesiásticos. O cân. 24 do Concílio de Antioquia (341), o cân. 26 do Concílio de Calcedônia (451) e outros concílios posteriores proíbem os leigos de participar nessa administração. Na tradição anterior, os *seniores laici* custodiavam o patrimônio eclesiástico, eram encarregados da manutenção dos edifícios eclesiais, faziam parte dos tribunais eclesiásticos, eram escriturários, ecônomos e se encarregavam da atenção aos pobres; cf. GAUDEMET, J. Los laicos en los primeros siglos de la Iglesia. *Com*, n. 7, pp. 513-516, 1985; CONGAR, Y. M. Les biens temporels de l'Église d'après sa tradition théologique et canonique. In: COTTIER, G. M. M. *Église et pauvreté*. Paris, 1965. pp. 233-266; FAIVRE, A. Clergé et proprieté dans l'Église ancienne. *LumVie*, n. 129, pp. 51-64, 1976; FASIORI, I. La dîme du début du deuxième siècle jusqu'à l'édit de Milan (313). Lateranum, n. 49, pp. 5-24, 1983.

Em meados do século III, os que possuíam uma função eclesial eram instalados no *ordo* da Igreja, recebendo os correspondentes honorários. A retribuição econômica transformou-se em um dos sinais de pertença ao clero. Inicialmente foi limitada à tríade bispos, diáconos e presbíteros; mais tarde, porém, multiplicaram-se os eclesiásticos com funções anteriormente desempenhadas pelos leigos.[71] O surgimento e o desenvolvimento da hierarquia são paralelos ao papel decrescente dos leigos. A partir do século III, não são mais as funções eclesiais o elemento determinante, mas o *status* eclesial, o cargo.[72]

Essa teologia mudou, por sua vez, com a passagem da Antigüidade para a Idade Média. Santo Agostinho popularizou no Ocidente os três gêneros de homens (contemplativos, eclesiásticos e seculares), que o papa são Gregório Magno descreve como as três ordens de fiéis. Surgiu assim uma teologia das ordens, segundo a qual cada um tem sua própria função no mundo (como mais tarde será descrito por Calderón, no grande teatro do mundo). Ao longo da Idade Média, essa teologia foi transformada em uma trilogia espiritual (cônjuges, continentes e reitores). É uma ordem hierárquica, desejada por Deus, que constitui a base das ordens sociais da sociedade feudal (os "maiores" e "menores", que foram uma fonte de inspiração para Francisco de Assis). Essa teologia das ordens foi complementada com o título de "povo fiel" ou "povo cristão", para designar o conjunto dos leigos, enquanto a Igreja acabou sendo identificada com a hierarquia.[73]

---

[71] É evidente o pano de fundo judaico do princípio "o operário da comunidade merece o seu salário", aplicado desde o bispo até os demais ministros (*Homilias ps. clementinas*, III, 71: GCS 42,82-83; *Const. apost.*, VIII, 31,2). O que é novo aqui é a aplicação a todos os ministérios durante o século III (Eusébio de Cesaréia, *Hist. eccl.*, VI, 43,11) e sua justificação teológica veterotestamentária (os clérigos assemelham-se aos levitas). Há uma tendência para o paralelismo entre a tríade superior de bispo-presbíteros-diáconos e a multiplicidade de novos clérigos que exercem funções inferiores e que são sustentados pela comunidade. São Gregório Magno exige que todos os que têm uma tarefa administrativa na Igreja sejam recrutados entre o clero e o monacato (*Epist.*, 5,57); cf. FAIVRE, *Ordonner la fraternité*, cit., pp. 137-150; IDEM, Clerc/laïc: histoire d'une frontière, cit., pp. 195-202; FREND, W. H. The seniores laici and the Origins of the Church in North Africa. *JthS*, n. 12, pp. 280-284, 1961; GARON, P. G. *I poteri giuridici del laicato nella Chiesa primitiva*. Milano, 1948. pp. 208-215.

[72] FAIVRE, op. cit., pp. 55-84.

[73] CONGAR, Y. Les laïcs et l'ecclésiologie des "ordines" chez les théologiens des XI et XII siècles. In: III SETTIMANA INTERNAZIONALE DI STUDIO. *I laici nella societas christiana dei secoli XI e XII*. Milano, 1968. pp. 83-117; CONGAR, Y. Ecclesia et populus (fidelis) dans l'ecclésiologie de S. Thomas. In: GILSON, Etienne. *St. Thomas Aquinas (1274-1974)*. Commemorative Studies. Toronto, 1974. pp. 159-174; DUBY, G. *Les trois ordres ou l'imaginaire du féodalisme*. Paris, 1978.

A essa mudança, é preciso acrescentar uma outra. O termo "leigo" significa também "idiota", isto é, aquele que não tem estudo, o analfabeto ou inculto, o ignorante ou plebeu, em contraposição às pessoas que têm formação ou capacidade intelectual. Na perspectiva judaica, o "idiota" é aquele que não conhece a lei. Paulo o utiliza para designar o cristão que não fala em línguas e que, conseqüentemente, precisa que alguém traduza para ele o que dizem os que têm o dom das línguas (1Cor 14,16.23-24). Entre essas pessoas sem estudo, encontravam-se também os apóstolos (At 4,13), e o próprio Paulo não tem medo de designar a si mesmo como um "idiota", isto é, como um mau orador (2Cor 11,6). Jacta-se do fato de que a sabedoria de Deus foi comunicada aos ignorantes e não aos sábios deste mundo (1Cor 1,17-29). A conotação depreciativa do termo (ignorante, inexperto, não-conhecedor, profano) limitou o seu uso para designar os cristãos, já que a mensagem de Jesus tem como primeiros destinatários os pobres, os marginalizados e as pessoas das camadas inferiores da sociedade, que são precisamente designados como "leigos (ignorantes)" na sociedade romana.[74] Mais tarde, esse uso voltou-se contra os próprios seculares, convertendo-se em um conceito denegridor. São João Crisóstomo afirmava que a distância existente entre os brutos animais e as pessoas é a mesma que há entre o pastor e suas ovelhas.[75]

O leigo foi aparecendo sempre mais como uma pessoa não ilustrada, dedicada às questões mundanas e subordinada aos ministros. Suas funções e tarefas também conheceram uma progressiva redução a partir do crescimento do clero. Até o século III, a figura daquele que ensina (*didascalos*),

---

[74] GRUNDMANN, H. Literatus, illiteratus. AKG 40, 1958. 1-65; CONGAR, Y. Clercs et laïcs au point de vue de la culture au moyen-âge: laicus=sans lettres. In: IDEM, *Études d'ecclésiologie médiévale*, cit., pp. 309-332; LEGRAND, H. Crises du clergé hier et aujourd'hui. Essai de lecture ecclésiologique. *LumVie*, n. 167, pp. 90-106, 1984.

[75] João Crisóstomo (são), *De sacerdotio*, II, 2: SC 272, 106. Congar apresenta também um elenco de expressões denegridoras dos leigos; ele faz o conceito leigo derivar de "lápis" (pedra), alegando que eles têm um espírito duro. Compara os leigos com os asnos e os clérigos com os bois que trabalham pela Igreja, ou com a noite e com o céu, com o corpo e com a alma, com as bestas e com os anjos respectivamente. Bonifácio VIII afirma, por sua vez, que se trata de algo bem conhecido o fato de que os leigos odeiam os clérigos; cf. CONGAR, Y. "Le respect de l'apostolat des laïcs chez les prêtres et les religieux. In: CONGAR, Y. et alii, *Les laïcs et la vie de l'Église*, Paris, 1963, pp. 117-142.

representada por Justino, foi autônoma em relação à hierarquia e constitui o exemplo mais característico da participação dos leigos na missão e na doutrina cristã. A tradição do Antigo Testamento, segundo a qual chegaria o dia em que todos conheceriam o Senhor e não necessitariam ser ensinados por outros (Jr 31,31-34; Ez 11,19-20; 36,26-27), foi recolhida pelo Novo Testamento (Hb 8,10; 10,16; 1Jo 2,27; 1Ts 4,9; 2Cor 3,3; At 2,17-21) e abriu espaço para a atividade teológica dos leigos (especialmente dos mártires, confessores e monges).

Juntamente com a teologia acadêmica, havia uma outra baseada na experiência de Deus. Isso explica por que, nos primeiros séculos, não se exigia uma preparação acadêmica ou teológica para aceder ao clero. Buscavam-se testemunhas relevantes da fé comum. O lado acadêmico começou a se impor na segunda metade do século III, sobretudo no século IV, paralelamente à progressiva revalorização do saber filosófico e da cultura pagã dentro do cristianismo.[76] Em um segundo momento, da segunda metade do século IV em diante, os bispos lutaram para excluir do magistério os não-ordenados, monopolizando assim o ministério da palavra e reclamando para o bispo ou para um presbítero a instrução dos catecúmenos. Perderam-se os mestres ou doutores carismáticos. Alguns deles tentaram sobreviver sob a forma de filósofos, que reivindicavam autonomia em relação aos bispos. Dessa forma, pôs-se fim à tradição dos grandes mestres leigos (Justino, Tertuliano, Panteno, Clemente de Alexandria, Orígenes, que enfim se fez ordenar presbítero etc.). Passou-se do controle inicial dos teólogos e catequistas ao monopólio exclusivo dos ministros ordenados.[77]

---

[76] DASSMANN, E. Amt und Autorität in frühchristlicher Zeit. *Communio*, n. 9, pp. 399-411, 1980; GRYSON, R. L'Autorité des docteurs dans l'Église ancienne et médiévale. *RthL*, n. 13, pp. 63-73, 1982; SCHÜRMANN, H. ...und Lehrer. Die geistliche Eigenart des lehrsdienstes und sein Verhältnis zu anderen geistlichen Diensten in neutestamentlicher Zeitalter. In: IDEM, *Orientierung am Neuen Testament*, cit., pp. 116-156; COYLE, J. A. The Exercise of Teaching in the Postapostolic Church. *EglTh*, n. 15, pp. 23-43, 1984; IBÁÑEZ, J. & MENDOZA, F. La figura del didaskalos en la literatura cristiana primitiva. In: FACULTAD DE TEOLOGÍA, *Teología del sacerdocio*, VI, cit., 1974, pp. 2-24.

[77] Provavelmente o caso mais famoso foi o do leigo Orígenes, que teve conflitos com o bispo de Alexandria porque havia pregado diante dos bispos e presbíteros da Palestina, apesar de ser um leigo, cuja fama de teólogo estendia-se por todo o Oriente (Eusébio, *Hist. eccl.*, VI, 19,17-18). Finalmente, Orígenes acabou sendo ordenado presbítero, com o que se limitou o conflito com o

O código teodosiano restringiu as discussões teológicas dos leigos, especialmente freqüentes no Oriente, com seis constituições que limitam esse direito dos leigos a partir de fins do século IV. Tal tendência pode também ser constatada nas *Cartas pseudo-clementinas* (século IV), em contraste com outros concílios anteriores, como o de Antioquia (cân. 10), que destacava a importância dos leitores leigos como comentaristas dos textos da Escritura.[78] O velho mestre ou teólogo, autônomo em relação à hierarquia, transformou-se progressivamente no mero leitor, ao qual se confiava a custódia dos livros sagrados, e no catequista, ambos controlados pelos bispos e pelos presbíteros.

No Oriente, mantiveram-se a pregação e o ensinamento dos leigos, embora o Sínodo Trulano (692) tenha tentado eliminar essas funções em favor dos ministros, mas sem consegui-lo. Pelo contrário, na Igreja latina as pregações e ensinamentos de leigos permaneceram durante muito tempo, e ainda em fins do século V o papa Leão I, o Grande, lutava para reservar a pregação aos ministros ordenados, não obstante a resistência dos cristãos que pretendiam manter um magistério laical. A posterior invasão dos povos bárbaros e o fato de que o latim ficou reservado aos clérigos foi mais eficaz contra as pregações e catequeses dos seculares do que as medidas coercitivas. Contudo, alguns mestres leigos mantiveram-se como uma corrente minoritária, apesar das esporádicas e ineficazes proibições

---

bispo, cujo autoritarismo ele sempre criticou (*Comm. in Matth.*, 16,8: GCS 40,493). Para Orígenes, a assembléia popular é que devia avaliar a aptidão dos candidatos ao ministério da Palavra, pois representava a manifestação carismática da vontade divina (*In Lev. nom.*, 6,3; GCS 29,362). Ele distingue entre o grau do sacerdócio e o do magistério (*Hom. in Nm*, II,1), porque o grupo dos doutores é distinto do grupo dos bispos e presbíteros. Ainda não havia acontecido a fusão posterior de magistério e sacerdócio, que se transforma em exclusiva na segunda metade do século IV (*Const. apost.*, II, 26,4: "O mais elevado entre vós é o pontífice, o bispo. Ele é o servidor da Palavra, o guardião do conhecimento"). As *Cartas pseudo-clementinas* vêem o bispo como o "catequista" que controla todo o ensinamento; cf. GRYSON, L'Autorité des docteurs dans l'Église ancienne et médiévale, cit., pp. 63-73.

[78] *Die Pseudoclementinen, I: Homilien*, 13,1-3: GCS 42,15-16. No ano 380 ainda se defendia o direito dos leigos a ensinar (*Const. apost.*, VIII, 32), embora o catequista e o leitor passem para o quarto lugar, atrás dos diáconos (*Const. apost.*, II, 26,3; 28,1-6; III, 10-11). Também os *Statuta ecclesiae antiqua*, de fins do século V, defendem esse direito no cân. 34; cf. FAIVRE, *Ordonner la fraternité*, cit., pp. 213-267; BRANDMÜLLER, W. Wortverkündigung und Weihe. AHC, n. 18, pp. 239-271, 1986.

sinodais. Mais tarde, no início da baixa Idade Média, o conflito com os valdenses e cátaros, assim como a polêmica sobre a pregação dos frades franciscanos, que não haviam recebido as ordens sacerdotais, foi um dos últimos episódios dessas tentativas episcopais para controlar o ensinamento e garantir o monopólio dos clérigos.[79]

As reivindicações laicais da pregação, do ensinamento e da interpretação da Escritura sempre foram objeto de polêmica na Igreja, sobretudo depois da Reforma protestante. Atualmente, continua sendo um problema em razão da demanda crescente dos leigos por maior participação nos sacramentos, no ensinamento da teologia e na missão da Igreja (CIC, cân. 211; 225). Nos últimos anos, a polêmica foi revigorada por causa da práxis usada na Europa central, pela qual leigos preparados em teologia e com funções pastorais nas paróquias pregavam nas celebrações sacramentais. Essa práxis foi mantida por anos até ser rechaçada, depois da intervenção de Roma, fato que gerou uma grande discussão teológica e eclesial na Alemanha.[80]

O problema agravou-se quando as restrições foram estendidas tanto no que concerne ao ensinamento por parte de leigos como por parte de professores em centros eclesiásticos, quanto em sua participação como alunos nos seminários. Os centros de formação sacerdotal, na maioria dos casos, são os únicos existentes nas dioceses em condições de fornecer a graduação ou o doutorado em teologia, que em princípio está aberto a

---

[79] Para um estudo mais detalhado dessa problemática, remeto a Estrada, *La identidad de los laicos*, cit., pp. 260-269. Cf. também FAIVRE, Clerc/laïc: histoire d'une frontière, cit., pp. 195-220; IDEM. Les fonctions ecclésiales dans les écrits Pseudo-Clementins. *Rev SR*, n. 50, pp. 97-111, 1976; CONGAR, Y. Bref historique des formes du "magistère" et de ses relations avec les docteurs. *RSPhTh*, n. 60, pp. 99-112, 1976; IBÁÑEZ, & MENDOZA, La figura del didaskalos en la literatura cristiana primitiva, cit., pp. 3-24; COYLE, The Exercise of Teaching in the Postapostolic Church, cit., pp. 23-43; GRYSON, R. The Authority of the Teacher in the Ancient and Medieval Church. In: FRANZEN, P. (Ed.) *Authority in the Church*. Leuven, 1983. pp. 167-187.

[80] De uma interpretação ampla dos cânones 759 e 766 do Novo Código de Direito Canônico, feita pelo Sínodo de Würzburgo, que permite a pregação dos leigos em uma igreja, caso haja necessidade, passou-se para uma interpretação mais restritiva com base no cân. 767, que reserva a homilia ao sacerdote ou ao diácono. Sobre a polêmica gerada na Alemanha, ainda hoje existente, cf. "Stellungnahme des Freckenhorster Kreises", "Laienpredigt in der Eucharistiefeier", in *Orientierung*, n. 52, pp. 119-120, 1988; "Neuordnung der Laienpredigt", in *HK*, n. 42, pp. 164-165, 1988.

todos (CIC, cân. 229). A tendência atual é restringir o acesso dos leigos à carreira eclesiástica de teologia, limitando também sua promoção a cargos que, em princípio, não haveria razão para serem monopolizados por eclesiásticos (cân. 212; 228; 494; 517; 956; 1282; 1424; 1428; 1435; 1437; 1574; 1481). O crescente papel dos assistentes pastorais ou paroquiais tropeça na falta de formação teológica dos seculares, e esta, em muitos países, só pode ser oferecida em centros eclesiásticos. A oferta de cursinhos teológicos para seculares multiplicou-se, mas é insuficiente para atender os que desejam uma formação em teologia e que além disso só podem fazê-lo no seminário. Tais restrições não só prejudicam os leigos, como também os próprios seminaristas, aos quais se limita o contato com alunos que não pertençam ao clero.

Essa realidade se torna mais grave nas aulas de ensino religioso, que poderiam hoje ser um campo de atuação do laicato, devido à escassez do clero e às múltiplas necessidades pastorais. Por um lado, reivindica-se o direito dos pais a possibilitarem uma educação religiosa dos filhos, e dos filhos a receberem uma formação religiosa adequada. Por outro lado, muitas dioceses reservam esses espaços de ensinamento aos clérigos, vendo nisso uma forma de remuneração econômica de um clero mal pago. É freqüente o caso de clérigos mal preparados e com pouca capacidade didática atuando no ensino religioso, enquanto há leigos disponíveis e melhor formados para o ensinamento que não têm acesso a tais funções. Não há entraves teológicos para que os leigos ensinem religião; o que existe é o estabelecimento de uma práxis que põe sempre em primeiro lugar os clérigos, até em postos que não são especificamente clericais.

A docência do clero facilita o controle estrito do bispo — ou de quem foi indicado por ele para o ensino religioso — sobre os professores, fato que é um motivo a mais para que se prolongue a situação atual. A própria instabilidade no emprego e a não-igualdade de direitos entre os professores de ensino religioso e os demais professores não se devem unicamente à falta de vontade política do Estado, mas também ao desejo do episcopado de manter os professores dependentes, a cada ano, da renovação do seu contrato de trabalho, resistindo-se a dar-lhes um emprego estável. Trata-se de um mau exemplo eclesiástico para a sociedade, e que gera limitação jurídica e profissional.

O processo histórico de nascimento das línguas românicas fez também com que o latim fosse quase que um monopólio do clero, favorecendo as conotações negativas do termo "leigo" como de uma pessoa ignorante ou não-capacitada, que permanece no castelhano atual.* Também o uso litúrgico do latim, quando o povo havia deixado de compreendê-lo, fez com que se aprofundasse ainda mais o fosso existente entre ministros e leigos. Aos leigos era reservado o "amém" da confirmação, com o qual eles aderiam às orações do clero, que eles não entendiam. A passividade, a submissão e a receptividade ao protagonismo cultual e eclesial dos sacerdotes transformaram-se assim em características que definiam os leigos. O protagonismo laical ficava reservado à aristocracia, isto é, aos que desempenhavam funções de liderança dentro da Igreja.

Do monacato laical à sua clericalização

Os monges pertenciam inicialmente ao laicato e fugiam do ministério sacerdotal (do presbiterado e do episcopado) porque esse âmbito havia se transformado em uma dignidade. No entanto, também aqui ocorreu uma evolução contraproducente para o laicato; de fato, foi-se criando uma convergência entre os ministros (que assumiram sinais monacais, tais como a tonsura e a batina) e os monges (que começaram a considerar os votos religiosos como um segundo sacramento, um segundo batismo), que os elevava acima dos fiéis. No começo, os presbíteros ingressavam no monacato como qualquer pessoa. Renunciavam até a exercer o sacerdócio e a presidir os sacramentos. Todavia, no século V proliferaram as ordenações de monges eremitas, embora eles não tivessem cura de almas nem comunidade de pertença, contrariamente às disposições do Concílio de Calcedônia (451). As necessidades litúrgicas das comunidades monacais também foram aumentando progressivamente. Em conseqüência da ex-

---

* E também no português. (N.R.)

pansão do monacato e da crise do Império, os mosteiros converteram-se em sementeiras de candidatos ao sacerdócio e ao episcopado. Tudo isso contribuiu para a crescente convergência entre o clero e o monacato.[81] São Bento concedeu aos presbíteros o segundo lugar, depois do abade, como ministros litúrgicos.

Surgiu assim a idéia da "vida consagrada", que deixava de ser a dos leigos para designar o monacato e depois a vida religiosa, o que até hoje se mantém. Portanto, também o monacato, que inicialmente foi uma corrente leiga, contribuiu indiretamente para a depreciação do valor e do significado eclesiológico dos leigos. Tornou-se popular a distinção entre "carnais e espirituais", entre cristãos do mundo e os que perseguem a perfeição evangélica. Nesse contexto, surgiu o conceito de "secular", uma referência aos que vivem no mundo (no *saeculum*, século), em contraposição aos que a ele renunciaram.

Os seculares foram progressivamente impregnados de uma espiritualidade neoplatônica, de raízes estóicas, canalizando seu radicalismo evangélico em uma linha de mortificação, ascese e oração, para chegar a uma vida angélica. Os segundos converteram-se em cristãos de segunda fila, os que seguem o decálogo e os mandamentos da Igreja, enquanto receptores de uma espiritualidade de raízes monacais, estendida aos leigos por meio das ordens terceiras e da literatura e das devoções monacais. A subordinação dos leigos ao clero foi complementada pela sua inferioridade ao monacato.[82] Isso afetou decisivamente a missão da Igreja, cujos protagonistas passaram a ser os clérigos e os monges, em detrimento dos leigos, que se transformaram no objeto da atenção pastoral do clero e dos religiosos.

Tal dualismo foi nefasto, tanto para a vida religiosa quanto para os leigos, tendo sido corrigido por textos do Concílio Vaticano II que sublinham

---

[81] Cf. FAIVRE, A. *Les laïcs aux origines de l'Église*. Paris, 1984. pp. 225-246 [Ed. bras.: *Os leigos nas origens da Igreja*. Petrópolis (RJ), Vozes, 1992].

[82] Na primeira metade do século III, admoesta-se o bispo, definido como cabeça, "a não obedecer à cauda, isto é, ao secular, ou seja, ao homem querelador, que quer a perda do outro" (*Didascalia* II, 14,12).

a dimensão positiva da secularidade (GS 35-36) e do secular (LG 31; GS 34; 43). O próprio título da Igreja como sacramento, isto é, lugar de encontro entre Deus e o ser humano, deve ser compreendido a partir do secular enquanto vigário de Deus no mundo. Com esse ponto de partida, deve-se desenvolver uma espiritualidade cristã que não caia no dualismo de atribuir a clérigos e religiosos a dimensão transcendente, e aos leigos, a da transformação das realidades terrenas, como se não fosse possível a experiência de Deus no compromisso e na práxis.

O sacerdócio dos leigos

Essa consciência irreflexa pode explicar, de certo modo, a mais grave de todas as decisões da história da Igreja (decisão que, justamente, não entrou realmente na consciência como tal): a do batismo de crianças. Essa decisão é mais grave do que o paradoxal *In hoc signo vinces*, com o qual começa a época constantiniana, em que o sinal da impotência divina deve escoltar o ingresso da Igreja no campo de batalha do poder secular. Compreensivelmente, mais tarde tendeu-se, recorrendo precisamente neste ponto e de modo quase exclusivo à tradição como fonte de revelação, a buscar uma legitimação originária de um cristianismo no qual não é a pessoa mesma quem toma a decisão de nele ingressar, mas no fato de que ele "nasce" inconscientemente, do mesmo modo que, pela circuncisão, o indivíduo é incorporado ao povo "carnal" da promessa. Infinitamente mais difícil será não elevar na prática esse procedimento à categoria de modelo do *opus operatum* (H. U. von Balthasar, *Escritos teológicos*, Sponsa Verbi, Madrid, v. 2, p. 25, 1964).

Algumas tarefas do sacerdócio laical

O específico do cristianismo é precisamente o fato de que se conceba o sacerdócio a partir da vida, e não como um ministério cultual específico, e também que ele seja estendido a todos os membros da comunidade, ao contrário do que ocorre nas religiões pagãs. O sacerdócio cristão não se fundamenta nos sacrifícios e oferendas, mas em uma vida concebida totalmente como entrega a Deus e ao próximo. Cristo é o único pontífice, aquele que faz a intermediação entre Deus e os seres humanos. O elemento novo, aqui, é a mediação da Igreja entre Deus e a humanidade, a partir das vidas consagradas de todos os seus membros. O caráter batismal, ou seja, a dimensão estável e permanente, que impede que um consagrado seja batizado novamente, foi o que serviu de ponto de partida para que santo Agostinho falasse, mais tarde, do caráter sacerdotal dos ministros ordenados. Partiu-se do batismo para, com base nele, desenvolver uma teologia do "serviço sacerdotal", e não o contrário. A base é sempre o batismo, a cujo serviço encontra-se o sacerdócio ministerial.

O termo "leigo" generalizou-se do século III em diante, só quando se começou a utilizar o correspondente título de "sacerdote". Na medida em que a eucaristia era considerada cada vez mais como o sacrifício sacramental, passou-se a utilizar a palavra "sacerdote" para designar os ministros cristãos (os bispos e presbíteros). A convergência entre eucaristia e Igreja, ambas presididas por um ministro, facilitou a expansão do dualismo sacerdotes e leigos. Essa sacerdotalização do culto e do ministro provocou primeiro a limitação e depois a proibição das funções e dos papéis litúrgicos reservados aos leigos.

Inicialmente, no entanto, o sacerdócio batismal manteve sua importância eclesiológica. Reconheceu-se o direito dos leigos a administrarem o batismo, segundo o princípio jurídico antigo pelo qual se pode comunicar a outros o que se recebeu.[83] Também foi aceito o valor dos matrimônios sem a presença do sacerdote, já que os esposos é que são os ministros, não aquele. Exigia-se unicamente um compromisso público diante de testemunhas, adaptando-se o rito, no restante, às cerimônias matrimoniais da sociedade romana.[84] Essa práxis da Antigüidade foi a que

---

[83] Tertuliano, *De bapt.*, XVII, 1-2, o que é confirmado pelo cân. 38 do Concílio de Elvira, que exige somente a posterior imposição das mãos do bispo, pois o batismo e a confirmação constituem um único sacramento. Por outro lado, tanto Tertuliano (*De bapt.*, XVII, 4) quanto a *Didascalia* (IV, 9,1-3: "Porque é perigoso e contrário à ordem") e as *Constituições apostólicas* (III, 9,1) não admitem que as mulheres possam batizar. Prevalece a distinção de Tertuliano entre aquilo que é permitido e aquilo que não é oportuno, para assim limitar o batismo por parte dos leigos e proibi-lo às mulheres; cf. FAIVRE, Naissance d'un laïcat chrétien..., cit., pp. 406-409.

[84] Os cristãos casavam-se civilmente, sem que no começo houvesse uma celebração eclesiástica do matrimônio. Fundamental no matrimônio era o consenso dos cônjuges, embora haja autores,

inspirou a atual, na qual o leigo pode ser ministro extraordinário do batismo em caso de ausência ou impedimento do ministro ordenado ou por necessidade pastoral (CIC, cân. 230,§ 3; 861,§ 2).

O que atualmente é um recurso pastoral diante de uma situação de necessidade poderia adquirir uma consideração diferente se fosse reconhecida essa práxis como constitutiva e natural, em função do batismo e da confirmação. É verdade que os sacramentos devem ser presididos pelos que dirigem a Igreja, mas os pais das crianças poderiam associar-se estreitamente ao ministro sacerdote no momento em que fosse conferido o batismo. Desse modo dar-se-ia mais significado ao papel ativo dos pais como testemunhas da fé, à importância do seu sacerdócio batismal, que eles querem transmitir a seus filhos, e ao valor eclesiológico e comunitário do sacramento de iniciação. Isso poderia ser incentivado sobretudo quando houvesse uma cerimônia coletiva de batismo, para muitas pessoas, a qual poderia ser presidida pelo sacerdote sem que ele tivesse que administrar pessoalmente cada um dos batismos particulares. Da mesma forma poderia ser dado um caráter mais habitual e ordinário a batismos sem ministros ordenados, sem que se tratasse simplesmente de algo excepcional.

Essa mesma orientação deveria orientar os juízos denegridores acerca do matrimônio civil dos batizados, já que são eles os ministros do sacramento, e durante séculos não existiu cerimônia religiosa. A tendência de uma parcela da teologia e dos fiéis a ver tais matrimônios como mero concubinato ou "união natural" implica um desconhecimento global da tradição do primeiro milênio e do caráter não-essencial tido pela cerimônia eclesiástica presidida por um sacerdote. Uma coisa é que se prefira a celebração eclesiástica do

---

como Inácio de Antioquia e Tertuliano, que desejam que o bispo conheça a pretensão de contrair matrimônio. Só a partir do século VI, começam a ser celebrados os matrimônios com a bênção sacerdotal, inspirada no rito sinagogal judaico, e o matrimônio começa a ser visto como uma consagração cristã. Em fins do século IV, o papa Sirício I prescreve que o sacerdote abençoe os menores de idade, mas não há obrigatoriedade nenhuma da presença do sacerdote no matrimônio de adultos, durante todo o primeiro milênio, e as cerimônias litúrgicas — como a missa depois da celebração civil do matrimônio — são livres; cf. SCHILLEBEECKX, E. *El matrimonio*: realidad terrena y misterio de salvación. Salamanca, 1968. pp. 214-245 [Ed. bras.: *O matrimônio:* realidade terrena e mistério de salvação, Petrópolis, Vozes, 1969]; WERDT, J. D. von. Teologia do matrimônio; o caráter sacramental do matrimônio. *Mysterium Salutis,* Petrópolis, v. 4, n. 6, pp. 97-122, 1977; KERN, J. E. *La teología del matrimonio.* Madrid, 1968. pp. 303-322.

sacramento, a qual corresponde a uma tradição consolidada no segundo milênio, e outra muito diferente é que um matrimônio civil careça de qualquer significação válida, já que nele há um compromisso público e diante de testemunhas, o que na Igreja do primeiro milênio era suficiente para que esta o aceitasse, pois a presença do sacerdote não era necessária. Também aqui seria possível a delegação freqüente de leigos que presidissem a cerimônia como testemunhas qualificadas da Igreja, especialmente quando houvesse escassez do clero, ao invés de se reduzir tais casos a circunstâncias excepcionais (CIC, cân. 1112; 230,§ 3). O que deve ser recuperado hoje é o papel ativo dos leigos na celebração dos sacramentos, que foi diluído em conseqüência da clericalização e da Contra-reforma.

Dentro da Igreja católica está firmemente assentado o sacerdócio ministerial, que em si mesmo não está sendo posto em discussão, pois as carências encontram-se em expressar a realidade do sacerdócio batismal ao celebrar os sacramentos. O que se perdeu foi o equilíbrio eclesiológico do primeiro milênio, que leva consigo o acúmulo de celebrações sacramentais sobre um clero cada vez mais escasso, mais ancião e com mais tarefas pastorais. A sobrecarga sacramental em paróquias e dioceses cada vez mais populosas faz com que o clero se transforme em um operariado dos sacramentos, com menos tempo e energias para as necessidades pastorais e para o governo da comunidade. Essa situação implica, de fato, um retorno ao velho modelo do sacerdócio como mero ministério cultual, que se tentou superar a partir do Concílio Vaticano II. Recai sobre o ministério sacerdotal, quase que exclusivamente, a assistência sacramental aos fiéis, devido aos impedimentos existentes para a ampliação das competências dos seculares. Isso leva cada vez mais ao dualismo de sacerdotes que celebram os sacramentos e de leigos que administram as paróquias e se encarregam da pastoral. Dissocia-se assim a presidência da comunidade (o ministro como pastor) e a dos sacramentos, contrariamente à práxis da Igreja antiga.

Na Igreja antiga houve também correntes maximalistas que estavam relacionadas com o caráter sacerdotal do leigo. Tertuliano sustenta que, em caso de necessidade, um leigo pode presidir a celebração da eucaristia:

Para ser leigos, não somos igualmente sacerdotes? Está escrito: "Fez de nós uma realeza, ao mesmo tempo em que nos fez sacerdotes para seu Deus e Pai". A distinção entre ordem sacerdotal e povo de leigos foi criada pela autoridade da Igreja, e a honra é santificada quando se reúne a ordem sacerdotal. Pelo que, quando não há assembléia eclesiástica, tu ofereces o santo sacrifício, tu batizas, tu és sacerdote para ti mesmo. Lá onde houver três fiéis, há Igreja, até se forem leigos [...]. Portanto, se tens a capacidade de assumir os poderes sacerdotais em caso de necessidade, deves também assumir a disciplina sacerdotal, para o caso em que te seja necessário assumir os poderes sacerdotais.[85]

Tertuliano estabelece um paralelismo entre o batismo e a eucaristia, ambos indispensáveis para a Igreja. Por isso, em caso de necessidade, ambos os sacramentos poderiam ser celebrados por um leigo.

Tertuliano pressupõe sempre que a eucaristia seja presidida por um ministro; todavia, ele dá preferência à necessidade eclesial e ao valor do sacerdócio dos leigos, o qual substitui, em caso de necessidade, o ministro. Ele alude a essa práxis eclesial partindo de uma teologia que pode ter sido influenciada pelo montanismo, mas o texto de referência foi composto antes do seu rompimento com a Igreja e de sua passagem para a seita. Ele não critica a práxis eclesial do ministro, já que a pressupõe, mas a avalia a partir de uma perspectiva eclesiológica comunitária, em vez de concentrar-se no ministro ordenado como condição *sine qua non* em todas as circunstâncias para a celebração da eucaristia. O fato de que sua postura permaneça como uma exceção na Igreja antiga, embora provavelmente reflita uma práxis singular conhecida na África do Norte,[86] não

---

[85] Tertuliano, *De exhortat. cast.*, 7,3; 7,2-5; *De monogamia*, 12,1-2; *De praescript. haer.*, 41,5-8. Tertuliano critica os hereges que assumem essas funções sem necessidade. A afirmação do sacerdócio dos leigos e das exigências semelhantes, existentes para ministros e leigos, encontram-se já em *De monogamia*, 7,7-9; 12; *De pud.*, 21,16; *De fuga*, 14,1. Cf. também Clemente de Alexandria, *Stromata*, VI, 12; Orígenes, *Comment. in Matth.*, ser. 12. Há também textos conciliares que falam de diáconos que celebram a eucaristia na ausência do presbítero ou do bispo durante a perseguição de Diocleciano (por exemplo, Conc. de Arles, cân. 16: "De diaconibus quos cognovimus multis locis offerre, placuit minime fieri debere"; também o Conc. de Ancira, cân. 2; cf. Vogel, Le ministre charismatique de l'eucharistie. Approche rituelle, cit., pp. 202-207).

[86] Essa é a posição de alguns especialistas como: Beneden, P. van. Haben Laien die Eucharistie ohne Ordinierte gefeiert? *ALW*, n. 29, pp. 31-46, 1987; Andresen, C. Ubi tres, ecllesia est, licet laici. In: Schröer, H. & Müller, G. (Hrsg.) *Vom Amt des Laien in der Kirche und Theologie*. Berlin, 1982. pp. 103-121; Otranto, G. Nonne et laici sacerdotes sumus? (Exh. cast., 7,3). *VetChr*, n. 8, 1971. 27-46; Otranto, G. Habere ius sacerdotis. Sacerdoce et laïcat au témoignage de Tertullien. RSR, n. 59, pp. 200-221, 1985; Faivre, *Ordonner la fraternité*, cit., pp. 100-104.

diminui sua importância como testemunho de que o sacerdócio dos leigos tinha um significado para a própria celebração eucarística.

Tarefas do sacerdócio laical

A injustiça e o atropelo dos direitos fundamentais da pessoa é o atentado mais direto que se pode fazer à comunhão entre as pessoas. Em conseqüência disso, pode-se dizer que onde não há justiça, não há eucaristia. O que não quer dizer que a eucaristia não possa ser celebrada enquanto não existir uma situação de justiça plenamente alcançada. Se fosse assim, talvez nunca se conseguisse celebrar a eucaristia, levando-se em conta a complexa situação de injustiça que implica nossa sociedade. O que estamos querendo dizer com isso é que a eucaristia somente é autêntica quando celebrada por crentes que se comprometam seriamente no empenho para alcançar uma sociedade mais justa e mais humana. E em qualquer caso, trata-se de compreender que a eucaristia exige ser celebrada por uma verdadeira comunidade de crentes que superem suas diferenças e divisões e que estejam dispostos a partilhar aquilo que são e aquilo que têm [...]. Além do mais, está claro que, se a Igreja quer lutar eficazmente contra a injustiça no mundo, deverá levar muito a sério esse significado fundamental da eucaristia. As palavras, os discursos e as declarações grandiloqüentes não servem para nada. Já estamos cansados de constatar a ineficácia de nossos sermões. No dia em que as comunidades cristãs, presididas por seus bispos, tiverem a audácia de celebrar a eucaristia com todas as suas exigências e seus constitutivos essenciais, nesse dia os opressores batizados, que passeiam por todo o mundo católico, ver-se-iam privados da legitimação religiosa que tranqüiliza suas consciências. E o mundo inteiro compreenderia que a Igreja leva a sério a luta pelos desamparados (José M. Castillo, Sin justicia no hay eucaristía, *Estudios Eclesiásticos*, n. 52, pp. 589-590, 1977).

De fato, a opinião de Tertuliano concretiza um princípio eclesiológico comunitário e espiritual: em caso de necessidade grave e de não haver permanentemente qualquer possibilidade de recorrer a um ministro, a eucaristia poderia ser celebrada sob a presidência de um leigo (que seria escolhido e estabelecido como ministro, embora não fosse ordenado), pois a subsistência da Igreja está acima da dependência de ministros ordenados. Essa postura, contudo, não encontrou aceitação, e é preciso compreendê-la como uma hipótese que procura realçar o sacerdócio laical, mais do que questionar a necessária estrutura ministerial da Igreja. Com efeito, trata-se de um posicionamento que apenas posteriormente obteve acolhida na história do cristianismo,[87] embora tenha influenciado, isto sim, na visão dos sacramentos, mais a partir da perspectiva da comunidade eclesial do que se centrando nos poderes válidos ou não do ministro, considerado como pessoa isolada e auto-suficiente, que foi o que acabou se impondo na teologia dos sacramentos do segundo milênio e que possui um evidente déficit eclesiológico.[88]

Se esse posicionamento é uma "questão disputada" e um caso-limite, que de qualquer modo só teria aplicação em circunstâncias graves e excepcionais, todavia o seu significado simbólico não fica privado de conseqüências práticas no momento de celebrar-se a eucaristia. A forma eclesial normal da eucaristia é a forma comunitária, nunca a do presbítero ou bispo que celebram solitariamente. Essa dupla concepção comunitária e sinodal exigiria maior participação de todos na celebração, já que, na atualidade, o sacramento está revestido de uma liturgia que fez do ministro que preside quase que um protagonista monopolizador da eucaristia, reduzindo ao mínimo o papel dos leigos. Seria necessário conceder um papel de maior destaque aos leigos, tanto na parte principal do sacramento quanto na liturgia da Palavra. Além disso, o leigo não deveria ser reduzido a ministro "extraordinário" da eucaristia (CIC, cân. 230,§ 3; 910,§ 2; 911,§ 2), já que nos primeiros séculos havia a práxis comum de os leigos levarem a eucaristia aos enfermos ou ausentes da celebração, sem necessidade de uma autorização especial.

---

[87] Um caso muito interessante é o dos primeiros evangelizadores da Etiópia, que eram leigos; não havia sacerdotes entre eles, no entanto celebravam a eucaristia no início do século IV (Teodoreto de Ciro, Kirchengeschichte, I, 23,5: GSC 19,75); cf. LEGRAND, The Presidency of the Eucharist according to the Ancient Tradition, cit., pp. 422-424.

[88] VOGEL, C. *Ordinations inconsistantes et caractère inanmissible*. Torino, 1978. pp. 198-207. Vogel analisa testemunhos dos primeiros séculos sobre um ministro carismático da eucaristia, bem como o caráter relativo da imposição das mãos na ordenação, no decorrer do primeiro milênio. O que prevalece é o reconhecimento de uma Igreja e não o gesto de ordenação, que historicamente possui muitas lacunas (pp. 69-116; 149-162).

Na realidade, a eclesiologia parte hoje de uma concepção comunitária da Igreja e não da hierarquia, como ocorria antes do Concílio Vaticano II; contudo, permanece uma práxis sacramental muito clericalizada e pouco comunitária. Mais do que àquilo que a teologia diz, é preciso prestar atenção ao que a Igreja faz. A forma de celebrar os sacramentos é mais decisiva para a realidade eclesial do que as teorias eclesiológicas. Como tais teorias não interferem na teologia dos sacramentos, na realidade continua-se mantendo o dualismo entre tratado de eclesiologia e dos sacramentos, que impregnou toda a teologia escolástica e que perdurou pelo segundo milênio. Da forma como celebramos, assim é a Igreja, e isso é o que os fiéis captam, como também os não-cristãos, para além das especulações teológicas.

Correção fraterna e perdão dos pecados

Na Igreja antiga, era freqüente a confissão de leigos, à qual durante muito tempo continuou sendo dado um significado pleno. Na Carta de Tiago exortam-se os cristãos: "Confessai, pois, uns aos outros, os vossos pecados, e orai uns pelos outros para serdes curados" (Tg 5,16). Depois de tecer um elogio à eficácia das orações do homem justo, o autor prossegue: "Meus irmãos, se alguém de vós se desviar da verdade e outro o reconduzir, que este então saiba: quem faz voltar um pecador do seu caminho errado, o salvará da morte e cobrirá uma multidão de pecados" (Tg 5,19-20). A práxis da Igreja antiga era muito distinta da que atualmente temos, em relação à confissão dos pecados. A Carta de Tiago afasta-se da práxis expiatória e sacerdotal do Antigo Testamento, pois o sacerdócio existencial de Cristo torna desnecessário o culto para alcançar o perdão dos pecados.

O Jesus taumaturgo, curador e perdoador dos pecados faz-se sentir na comunidade e se reflete na Carta de Tiago, que combina a cura do corpo e da alma com o perdão dos pecados (Tg 5,15-16). Não se sugere que seja necessário ir ao sacerdote para obter o perdão dos pecados, como ocorria no culto do Antigo Testamento, mas exorta-se à oração de cada cristão, a qual está vinculada à correção fraterna (Mt 18,15-20: cada um deve corrigir o irmão e pedir de comum acordo; Lc 17,3: "Se teu irmão pecar, repreende-o"; Gl 6,1: "[...] no caso de alguém ser surpreendido numa falta, corrige esse tal"; Jo 20,19-23: aos discípulos é concedido o poder de perdoar os pecados; 1Jo 5,16: "Se alguém vê seu irmão cometer um pecado que não conduz à morte, que ele ore, e Deus dará a vida ao irmão; isto, se de fato o pecado cometido não conduz à morte"). Aplicou-se assim a tradição de Jesus, na qual o anúncio do Reino passava pela cura integral do ser humano, sem distinguir entre alma e corpo, como acontece nas correntes helenistas platônicas e estóicas. Não se pode esquecer que a práxis de Jesus de perdoar pessoalmente os pecadores, sem recorrer à mediação cultual, foi uma das coisas que mais escandalizaram as autoridades do seu tempo.

O pecado e a enfermidade, que na Antigüidade estavam muito vinculados, correspondem a uma forma de existência que Deus não quer. Referem-se, por conseguinte, a toda a comunidade, tendo também um significado ministerial, porquanto se exortam os presbíteros a rezar pelo enfermo e ungi-lo com óleo (Tg 5,14-15: "Alguém dentre vós está doente? Mande chamar os presbíteros da Igreja, para que orem sobre ele, ungindo-o com óleo no nome do Senhor. A oração feita com fé salvará o doente, e o Senhor o levantará. E se tiver cometido pecados, receberá o perdão"). Juntamente com a práxis sanativa dos presbíteros, mantém-se a exortação para que todos confessem entre si os seus pecados ("Meus irmãos, pecando um da comunidade, outro o recuperará": cf. Tg 5,19-20). A teologia tradicionalmente sublinhou o papel dos ministros, mas esqueceu-se daquilo que se referia ao perdão dos pecados e à comunidade,[89] embora os teólogos saibam que na Igreja antiga o sacramento da penitência sempre foi um evento público e comunitário. Trata-se de um procedimento que compete a toda a Igreja e a cada cristão dentro dela, que deve sentir-se interpelado pelo pecado do irmão e agir conseqüentemente. Na realidade, a idéia de pecados privados fica relativizada a partir da representação eclesial de cada cristão.

---

[89] FRANKEMÖLLE, H. *Der Brief des Jakobus*, II. Gütersloh, 1994. pp. 719-743; LENDI, R. *Die Wandelbarkeit der Busse*. Bern, 1983. pp. 236-238.

Os pecados pessoais afetam a comunidade eclesial à qual pertencemos, constituindo um escândalo e um antitestemunho. A correção fraterna é a forma cristã de abordar os pecados.[90]

A correção fraterna tem raízes no Antigo Testamento (Lv 19,17: "Não guardes [...] ódio contra teu irmão. Repreende teu próximo para não te tornares culpado de pecado por causa dele"; Eclo 19,13-17) e no judaísmo intertestamentário, incluída a comunidade de Qumran. Posteriormente foi recolhida pela tradição cristã em um contexto de fraternidade (Lc 6,41-42; 17,3-4; Mt 7,3-5) e de comunidade (Mt 18,15-22). O mandamento do amor ao próximo concretiza-se na correção fraterna, que possui uma dimensão eclesial e ética, experiencial e jurídica. Mateus estabelece um procedimento comunitário (Mt 18,15-17), em um contexto judeu-cristão que exorta ao perdão (Mt 18,12-35) e que vai muito além daquilo que é estabelecido pela lei. Além disso, concede ao "ligar e desligar" da comunidade um valor escatológico, ou seja, o próprio Deus identifica-se com esse proceder. Tal posicionamento mateano tem continuidade mais tarde na tradição judaico-cristã do século II (*Did.*, 2,7; 4,3; *Barn.*, 19,4). A autocrítica e a misericórdia para com o irmão caído caracterizam as exigências de Jesus a seus discípulos.

Essa visão foi recolhida e desenvolvida pelas cartas paulinas. Apesar da consciência que Paulo tem de sua autoridade e responsabilidade apostólica (1Cor 4,14; 2Cor 3,11; Gl 2,11-14; 1Ts 2,11), ele exorta à correção mútua como expressão da responsabilidade de todos (Rm 15,14; 1Ts 5,14; Gl 6,1). Nesse contexto, adquire significado a convocação de Paulo para que sejam atendidos aqueles que os presidem e corrigem (1Ts 5,12). Nas cartas pastorais, o apóstolo e os ministros têm como função principal corrigir (2Tm 2,24-26; 4,2; Tt 1,9), exortar (Tt 1,9.13; 2,6.15) e contradizer (2Tm 2,14; Tt 1,9-11). Está ausente a correção fraterna, que

---

[90] Sigo a excelente síntese oferecida por A. Schenk-Ziegler, *Correctio fraterna im Neuen Testament*, Würzburg, 1997. Cf. também SUNG, C. *Vergebung der Sünden*. Tübingen, 1993; FRANKEMÖLLE, *Jahwebund und Kirche Christi*, cit., 1974, pp. 177-193; 226-247; SHEPHERD, The Epistle of James and the Gospel of Matthew, cit., pp. 40-51; PESCH, W. *Matthäus als Seelsorger*, cit., pp. 35-59; TRILLING, W. *Das wahre Israel*. Leipzig, 1962. pp. 78-100.

foi substituída pela que é feita pelos ministros. A comunidade deixou de ser o grupo ativo dos carismáticos, próprio das cartas paulinas, para transformar-se em receptiva, passiva e obediente aos ministros (1Tm 4,16; 2Tm 2,14). Ou seja, a exortação mútua vai sendo substituída pela exortação dos ministros. Contudo, a Carta de Tiago manteve a velha práxis comunitária da correção fraterna e da recuperação dos pecadores (Tg 5,19-20), apesar de que na comunidade haja ministros com funções concretas. Ocorre que a práxis da reconciliação e da correção pertence a toda a comunidade, não sendo monopólio dos ministros. Essa postura teve continuidade na tradição dos primeiros séculos, tanto maior quanto menores eram as comunidades e maior o conhecimento entre os seus membros. O perdão dos pecados não foi vinculado exclusivamente à mediação sacerdotal, mas foi posto em conexão com a caridade e com a atividade de cada cristão (*Did.*, 4,6; *Barn.*, 19,10; *Polic.*, 10,2).

Houve um longo debate na Igreja antiga a respeito de quem devia ser perdoado, como e quando. A práxis de Jesus e das Igrejas foi uma fonte de inspiração, mas não servia para responder à nova casuística que despertava. Surgiram diferentes formas de perdoar os pecados. Por um lado, a penitência pública: o pecador confessava o seu pecado diante da comunidade, sem necessidade de uma enumeração concreta e detalhada, e era excluído da eucaristia por certo tempo. Essa práxis era muito severa, aplicava-se somente a alguns pecados muito graves — os pecados capitais (assassinato, apostasia e idolatria, e adultério público) — e ficava reservada ao bispo. No entanto, havia outras formas de reconciliação, tais como a prática de obras penitenciais e o pedido de perdão ao celebrar os sacramentos. A penitência pública era excepcional, para pecados muito concretos e particularmente graves, enquanto o normal era uma reconciliação com Deus, sem recorrer à mediação do sacerdote. Havia até correntes cristãs muito severas, que exigiam que o sacramento da penitência fosse administrado somente uma vez na vida, geralmente ao chegar o momento de se preparar para a morte. Por isso, o normal era uma reconciliação com Deus e com a comunidade a partir do pedido de perdão pelos pecados na celebração dos sacramentos, enquanto a confissão (pública) ficava reservada a casos muito graves.

Nesse contexto, generalizou-se seja a confissão com os monges, que eram leigos atuando como diretores espirituais, seja também a confissão dos leigos entre si, que era uma forma de combinar a admoestação, a correção comunitária e a reconciliação entre os membros da comunidade.[91] Desse modo, passa-se da confissão diante do irmão ofendido — que é a forma original cristã — à confissão diante de um cristão leigo, que mais tarde generalizou-se com os monges e com os ministros. Na medida em que foi ampliada e generalizada a idéia de pecado mortal, sendo estendida a muitas ações que não eram consideradas dessa maneira inicialmente, na Igreja antiga, e que se tornou cada vez mais inviável a penitência pública por causa de seu rigorismo e das repercussões sociais, sobretudo uma vez cristianizado o Império, passou-se para a confissão oral a um ministro. Essa prática resultou humanizadora: respeitava muito mais a privacidade do penitente, tinha menos repercussões sociais do que a pública e permitia que o sacramento fosse repetido com mais freqüência.

Nos séculos V-VI foram confeccionados livros com um catálogo de penitências para cada pecado. Essa forma nova de celebrar o sacramento foi propagada pelos monges sacerdotes que evangelizaram a Europa do século VI ao XI. Passou-se assim da confissão leiga — que unia a reconciliação, a direção espiritual e a penitência pública, excepcional e

---

[91] Beda, o Venerável, e Jonas de Orleans, nos séculos VIII e IX, recolheram a práxis das confissões laicais monacais, que punham o acento na direção das almas. Essa práxis inspirou depois a do período da escolástica, que propugnava a "confissão de leigos" em caso de extrema gravidade e quando não havia nenhum sacerdote disponível, dando um valor sacramental a essa confissão de pecados graves (Ps. Augustinus, *De vera et falsa poenitentia*, cân. 10: PL 40, 1122). Mais tarde isso foi recolhido por Pedro Lombardo (*Sent.*, IV, 17,4) e pelo Código de Graciano. Santo Alberto Magno não teme chamar essa confissão de leigos de *"sacramentum"* (*In Sent.*, IV, 17,59), enquanto Tomás de Aquino afirma que "de alguma forma é sacramental", já que falta a forma do sacramento, que seria absolvição do ministro. A práxis da confissão de leigos desaparece da época tridentina em diante, como conseqüência da Contra-reforma, tendo como testemunho o próprio Inácio de Loyola, que confessa um companheiro antes da Batalha de Pamplona (MHSJ 66, 364-365). Um problema surgido na teologia atual é o do sentido das limitações estabelecidas por Trento, que se limita a defender a validade da prática sacramental católica contra os ataques protestantes; cf. Messner, R. *Sakramentalische Feiern, I/2*. Regensburg, 1992. pp. 180-181; Ohlig, K. H. ¿Está muerto el sacramento de la penitencia? *SelT*, n. 145, pp. 63-70, 1998; Poschmann, B. *Busse und Letztle Ölung*. Freiburg, 1951. pp. 63-64; Vorgrimler, H. *Busse und Krankensalbung*. Freiburg, 1978. pp. 67-68; 87-88; Lendi, *Die Wandelbarkeit der Busse*, cit., pp. 316-323; Arendt, H. P. *Bussakrament und Einzelbeichte*. Freiburg, 1981. pp. 198-200.

minoritária — para um único modelo absorvido pelos sacerdotes. Não se pode esquecer, no entanto, que a mesma penitência pública presidida pelo bispo precisou lutar até boa parte do século III contra a práxis dos mártires confessores, em sua maioria leigos, os quais, uma vez dado testemunho de sua fé nas perseguições, tinham o direito reconhecido a reconciliar com a Igreja os apóstatas e os pecadores públicos, em oposição ao monopólio episcopal, que só foi estabelecido depois de uma longa luta.

A confissão de leigos ficou reduzida a mera práxis devocional para os pecados veniais, embora de fato muitos dos pecados considerados mortais na Idade Média não o fossem na Igreja antiga. Somente os casos mais notórios — os pecados capitais — exigiam a participação dos ministros.[92] Quanto mais os pecados são estendidos aos diversos comportamentos, mais se degrada a idéia mesma do pecado e mais se minimiza a sua gravidade. A história do cristianismo, em boa parte, é a da passagem de uma concepção muito estrita e reduzida daquilo que é o pecado mortal, que exigia um sério arrependimento e reparação, para a multiplicação de pecados mortais, não somente com base no decálogo e nos mandamentos divinos, mas a partir dos "mandamentos da Igreja". Tornou-se inevitável afrouxar progressivamente as exigências de reparação e de arrependimento.[93] Evidentemente, esse longo e complexo processo deve ser compreendido no contexto das diversas situações históricas. Depois da derrocada do Império Romano e da irrupção dos povos bárbaros, deu-se um aumento da casuística moral e religiosa. Posteriormente, o renascimento do direito romano e a escolástica contribuíram para multiplicar os pecados e para uma maior regulamentação da vida.

A multiplicação dos pecados, apresentados nos catecismos como uma "desobediência" à lei de Deus, implica proporcionalmente sua relativização.

---

[92] RAHNER, K. *La penitenza della Chiesa*. Roma, 1964. pp. 476-482; 775-780; RAMOS REGIDOR, J. *El sacramento de la penitencia*. Salamanca, 1975. pp. 179-183 [Ed. bras.: *Teologia do sacramento da penitência*, São Paulo, Paulus, 1989].

[93] Uma boa síntese pode ser encontrada em: FINKENZELLER, J. *Zur* Geschichte des Bussakramentes. *Diakonia*, n. 14, pp. 85-93, 1983; RUSSO, F. Penitence et Excommunication. *RechScRel*, n. 33, pp. 257-279; 431-461, 1946. MOTEL, P. Le langage sur le péché depuis un siècle. *LumVie*, n. 36, pp. 5-18, 1985. A partir de uma perspectiva psicológica, cf. VERGOTE, A. *Dette et Désir*. Paris, 1978. pp. 61-128.

Se "quase tudo é pecado", nenhum deles tem muita importância e são perdoados facilmente. Produziu-se a "graça barata" — criticada por Bonhoeffer —, que correspondia à profusão e abundância dos pecados mortais. Desta forma acabou sendo degradado o sentido mesmo do pecado e da conseqüente reparação, muitas vezes reduzida a algumas orações rotineiras impostas pelo confessor. Perdeu significado o sacramento da confissão e houve uma crescente legalização da moral e uma moralização da vida cristã. Pequenas orações, esmolas e exercícios ascéticos eram suficientes para perdoar os pecados mortais, sem maiores exigências. O quantitativo corrompe o qualitativo. O pecado mortal deixa de ser algo grave e sério, uma ação premeditada e consciente de ruptura com o Evangelho, para tornar-se uma ação freqüente e repetitiva por causa da fragilidade humana e da multiplicação de obrigações graves. Então, o perdão também pode ser obtido com pouco esforço.

A crise atual do sacramento da penitência está condicionada à práxis da confissão oral com um ministro ordenado, como única forma de reconciliação possível. As tentativas de potencializar a penitência comunitária e a possibilidade de absolvições coletivas não contradizem essa práxis penitencial da Igreja antiga. Seria possível restringir a exigência inevitável de uma confissão oral com um ministro ordenado a alguns "pecados capitais", muito mais restritivos do que os que hoje consideramos como tais, revalorizando ao mesmo tempo o pedido de perdão que precede a celebração dos sacramentos, as formas comunitárias e públicas de penitência e a própria confissão entre os leigos, especialmente quando se trata de fazer aquele que ofendeu pedir perdão à pessoa prejudicada ou ofendida.

Obediência e autoridade

Não se vê por que, na eleição de um bispo, não poderiam ser engajados, de maneira eficiente, ao menos os padres da diocese. A mesma participação mais clara dos leigos também já se torna hoje uma necessidade, não só na escolha de ministros na Igreja, como outrossim em outras decisões da vida eclesial. É certo que cabe ao bispo, em tais decisões, um direito pessoal e inalienável, qualitativamente diverso de toda co-responsabilidade (dada

> ou desejada) de outros membros da Igreja. Isto não quer dizer, porém, de maneira alguma, que todos (padres e leigos) tenham sempre, em relação a tais decisões, voz apenas consultiva [...]. Não se deve logo rejeitar esse desejo como se levasse a uma democratização, contrária à essência da Igreja (K. Rahner, *Estruturas em mudança*, Petrópolis, Vozes, 1976, pp. 107-108).

Essas manifestações demonstram que a idéia do sacerdócio dos leigos não carecia de significação, embora tenham sido gradualmente limitadas as suas funções em conseqüência do processo de clericalização da Igreja e mais tarde como uma reação à Reforma protestante. A própria generalização do batismo, no contexto das velhas cristandades, contribuiu para a perda de significado do sacerdócio laical como ponto de partida da eclesiologia, sendo o clero e o monacato os beneficiários dessa evolução. Por isso, a desclericalização dos sacramentos converte-se hoje em um imperativo para passar para uma eclesiologia comunitária e laical, pois se for mantida a definição da Igreja como povo de Deus e não for reproposta a forma de celebrar os sacramentos, esvazia-se de conteúdo real a definição eclesiológica.

A missão da Igreja e os leigos

Os cristãos apresentaram-se na sociedade romana como um movimento que não se enquadrava plenamente no conjunto das religiões estabelecidas no Império. Mais ainda, houve uma crítica religiosa aos cristãos, acusados de ateísmo e de impiedade, o que provocou a resposta dos apologetas, que utilizaram as armas da filosofia para defender o cristianismo. Essas circunstâncias favoreceram a ativa participação dos leigos na evangelização do Império, a qual se concentrou na família e no ensinamento, dando uma grande importância ao testemunho dos mártires e confessores, segundo o conhecido dito de Tertuliano: "Sangue de mártires, semente de cristãos".[94] Para os cidadãos do Império, o cristianismo representava o movimento mais secular dentre todas as outras religiões do Império, precisamente em

---

[94] Tertuliano, *Apol.*, 50,13.

razão do protagonismo da totalidade dos seus membros. No Novo Testamento, não havia consenso sobre o que se devia exigir dos pagãos convertidos, mas havia unanimidade, isso sim, sobre a dimensão comunitária da missão e sobre a participação de todos.[95]

Por isso, na Igreja antiga não existiam "sacerdotes missionários" no sentido atual, já que a missão dizia respeito a todos os leigos. O âmbito da vida privada cotidiana, isto é, o testemunho de um estilo de vida, foi o que atraiu para o cristianismo os pagãos, o que tornava indispensável o papel evangelizador dos seculares. Essa situação manteve-se até o século IV, quando, com a transformação do cristianismo em religião oficial da sociedade romana, houve uma perda da tensão missionária. Na realidade, o que houve foi uma identificação e interação entre o cristianismo e a cultura romana, fato que limitou a expansão missionária às fronteiras imperiais, feitas algumas exceções — por exemplo, Síria, Armênia e Etiópia. A cristianização do Império implicou no fato de que a Igreja assumia competências estatais e que o imperador se encarregava de proteger a fé contra os cismas e heresias, como também de promover a missão, identificando a expansão do Império e do cristianismo. Tais mudanças, unidas ao incremento do clero, fizeram com que a missão fosse assumida pela hierarquia e pelo monacato, em detrimento da participação laical. Já a nova missão dos povos bárbaros não foi laical, e sim clerical e monacal, exatamente como aconteceu, um milênio depois, com a evangelização da América. Desse modo, perdeu-se a equivalência entre cristão e missionário, e a missão se transformou em uma tarefa própria dos eclesiásticos.[96]

No século XX, fez-se a passagem rumo a uma nova proposta; a Ação Católica foi o começo de uma nova concepção da missão dos leigos (Pio XI: "A colaboração e participação dos seculares no apostolado hierárquico

---

[95] Essa co-responsabilidade missionária foi recolhida e atualizada pela encíclica *Christifidelis laici*, nn 32-44. Na missão dos leigos acentua-se aquilo que se refere à defesa da dignidade da pessoa humana e de seus direitos (à vida, à religião, à liberdade de consciência etc.). Por outro lado, não há referência às implicações que essa missão tem para o foro interno da Igreja.

[96] Gülzow, H. & Reichert, E. Mission, In: *TRE*, 23. 1994. v. 4, pp. 31-36; Harnack, *Die Mission und Ausbreitung des Christentum*, cit., 4. Aufl,. pp. 390-410; 500-528.

da Igreja").[97] Inicialmente foi mantida a idéia de que a missão correspondia à hierarquia, convidando-se os leigos a participar do apostolado hierárquico. Embora essa teologia tenha mudado posteriormente, dando um protagonismo maior aos seculares, sua influência ainda é muito forte. O próprio presidente do Conselho Pontifício para os Leigos continua a ser um ministro ordenado, geralmente um cardeal, jamais um leigo. Dessa forma, o clero é mantido como a instância última que determina os fins e os meios da missão dos leigos, sendo estes últimos os que devem executá-la. O clero, segregado do mundo, é o mais competente para determinar a missão e estabelecer as pautas doutrinais. Daí resultou a difícil viabilidade de um ensinamento desencarnado, que reduzia os leigos a meros executores, sem que eles tomassem parte no momento de avaliar as realidades terrenas e de estabelecer os fins da ação da Igreja. Os princípios e diretrizes gerais, estabelecidos pelas instâncias hierárquicas, ao serem aplicados, tropeçam em situações concretas da sociedade, em razão do próprio distanciamento teológico e existencial do clero em relação ao mundo.

O Concílio Vaticano II supôs uma mudança de perspectiva radical no que concerne à missão da Igreja e ao papel do laicato. A teologia tradicional tinha como ponto de partida a continuidade fundamental entre a missão de Cristo e a da Igreja, ignorando os problemas da passagem do Reino de Deus ao anúncio da ressurreição, e os novos desenvolvimentos teológicos e as situações que provocaram o surgimento da Igreja. A missão era vista em função do fim sobrenatural, afirmando-se o caráter não-mundano da Igreja e mantendo-se o dualismo entre o natural e o sobrenatural.[98] Nesse contexto eclesiológico, era inevitável que o laicato desempenhasse

---

[97] D'ARENZANO, B. L'Apostolato dei laici nelle prime comunità christiane. *ScC*, n. 89, pp. 101-124; 267-289, 1961.

[98] Remeto à excelente análise proposta por F. Schüssler-Fiorenza, *Foudational Theology*, cit., pp. 197-212, que mostra abundantes textos de Pio X, Pio XI e Pio XII, nos quais se ressaltam o caráter sobrenatural da missão da Igreja e o distanciamento das funções suplentes civilizadoras ou assistenciais. Essa teologia baseou-se em uma eclesiologia da sociedade perfeita, que acentua a desigualdade fundamental de clérigos e leigos, e a subordinação estrita destes últimos aos primeiros. Partindo dessas premissas, segue-se inevitavelmente uma teologia do laicato marcadamente clerical; cf. ESTRADA, Juan A. *Modelos de la Iglesia y teologías del laicado*. Madrid, 1997.

um papel muito modesto, pois estabelecia-se uma diferença muito forte entre a evangelização e a promoção das realidades terrenas, que seria uma missão secundária da Igreja. Ou seja, a Igreja devia salvar as almas, e não transformar as realidades terrenas. Quando agia nesse segundo campo, ela o fazia impelida pelas circunstâncias, auxiliando outras instituições como o Estado, mas sem que fosse parte de sua missão no mundo. Isso era visto muito mais como uma politização e uma secularização da Igreja.

Tal perspectiva mudou quando se revalorizou a Escritura e, juntamente com ela, a cristologia, que ressaltava a missão profético-messiânica de Cristo, com sua boa-nova para os pobres e suas críticas aos ricos. Ao se redescobrir a escatologia do reinado de Deus e da segunda vinda de Cristo, foi possível superar o espiritualismo da tradição anterior. A partir daí, assumiu-se a vinculação entre o natural e o sobrenatural, a ordem da criação e a da redenção, bem como o sentido da salvação na história. Foi essa situação que provocou a crise da *Humani generis*, nos tempos de Pio XII. Aceitou-se o fato de que a história da salvação se dá dentro da história profana e que a luta pela dignidade humana é parte do compromisso da fé ("serviço da fé e promoção da justiça"). Cristo veio para salvar a pessoa integral, não uma alma supostamente distante do corpo. A mudança de perspectiva tornou possível o surgimento de novas correntes renovadoras, tais como a teologia das realidades terrenas, a teologia da libertação e a teologia do discernimento dos sinais dos tempos.

Essa mudança de orientação promoveu, em um primeiro momento, o compromisso terreno, social e político dos leigos, trazendo o perigo de manter na eclesiologia o dualismo entre uma hierarquia supostamente apolítica e dedicada ao sobrenatural e um laicato com tarefas meramente seculares. Em boa parte, a teologia conservadora moveu-se dentro desse esquema. Qualquer incidência do clero no âmbito secular era malvista, e mais ainda no âmbito político. O Reino é uma obra divina, mas exige colaboração humana, do clero e do laicato, conjuntamente. Na época atual, a promoção da justiça é uma dimensão constitutiva da missão da Igreja, como foi confirmado no Sínodo de 1971 sobre "A justiça no mundo". São evidenciadas as novas dimensões do pecado coletivo e das estruturas de pecado,[99] contra a visão individualista e privatizante anterior, pondo-se o acento em uma espiritualidade do compromisso mais do que na mera contemplação. O "contemplativo na ação" substitui aquele que se retira do mundo para encontrar-se com Deus. Surge assim uma espiritualidade renovada, pensada a partir de uma ótica mais laical do que monacal ou clerical.

A partir da teologia do laicato, é preciso ressaltar o papel crucial dos seculares enquanto receptores ou não de uma doutrina esboçada pela Igreja. Os papas Pio IX e Pio XII ressaltaram a importância do *sensus fidelium*, isto é, do sentido da fé viva dos seculares. Isso serviu de aval para os dogmas marianos, apesar das reservas e das sérias objeções que lhes eram feitas com base na Escritura e na tradição dogmática. Ou seja, os papas apoiaram-se no sentir dos fiéis contra a opinião de uma boa parte dos teólogos e da própria hierarquia. Partia-se da convicção de que o Espírito Santo inspira a consciência dos fiéis e de que a hierarquia deve estar atenta a essas convicções. Assim, assume valor o sentido do povo cristão para a recepção do ensinamento oficial da Igreja, sobretudo em questões disputadas que não pertencem ao depósito dogmático.[100]

---

[99] López Azpitarte, E. El tema del pecado en los documentos del Sínodo 1983. In: Segovia, *Miscelánea Augusto Segovia*, cit., pp. 359-408.

[100] Esse sentido da fé, do povo em geral e dos leigos em particular, é objeto crescente de atenção por parte dos teólogos. É o povo que mantém e testemunha a fé, por vezes indo contra grande parte da hierarquia, como aconteceu no caso da crise ariana. Há uma espécie de instinto cristão do povo, que se deve levar em conta tanto na teologia quanto no ensinamento hierárquico, seja do ponto de vista da prudência de um ensinamento ou obrigação que se pretende impor (como ocorreu com a *Humanae vitae*, que foi imposta apesar da opinião majoritariamente contrária da comissão que o próprio papa havia convocado e consultado), seja em relação à sua validade (por exemplo, quando se quer impor um mandamento moral partindo de uma antropologia arcaica). A literatura sobre a importância do sentido dos fiéis e de sua capacidade de recepção para o magistério hierárquico tem aumentado constantemente nos últimos anos: Vorgrimler, H. Do sensus fidei ao consensus fidelium. *Concilium*, n. 200, pp. 6-15, 1985; Walgrave, J. Consultar os fiéis em questões de doutrina; o ensaio de J. H. Newman. *Concilium*, n. 200, pp. 27-36, 1985; Fries, H. Existe o magistério dos fiéis? *Concilium*, n. 200, pp. 88-98, 1985; Tillard, J. M. Le sensus fidelium. Réflexion théologique. In: Idem. *Foi populaire, foi savante*. Paris, 1976. pp. 9-40; Congar, Y. Le droit au déssacord. *Acan*, n. 25, pp. 227-286, 1981; Scheffczyk, L. Sensus fidelium. *Communio*, n. 16, pp. 420-434, 1987; Fernández de Troconitz, L. M. La teología sobre el 'sensus fidei' de 1960 a 1970. *ScrVict*, n. 29, pp. 133-179, 1982; n. 31, pp. 5-54, 1984; Kerkhofs, J. Le peuple de Dieu est-il infaillible? L'importance du sensus fidelium dans l'Église postconciliaire. *FZPhTh*, n. 35, pp. 3-19, 1988; Dulles, A. Sensus fidelium. *América*, n. 155, pp. 240-243, 1986; Garijo Guembe, M. El concepto de recepción y su enmarque en el seno de la eclesiología católica. *Lúmen*, n. 29, pp. 311-331, 1980; Mühlsteiger, J. Rezeption, Inkulturation, Selbsbestimmung. *ZKTh*, n. 105. pp. 261-289, 1983.

A fé vivida deve ser levada em conta no momento de se estabelecerem princípios doutrinais e morais que orientem o discernimento da consciência na vida prática. Essa fé vivida faz parte dos "sinais dos tempos" e serve como critério não somente para estabelecer quando uma doutrina é contingente e não-infalível, mas também para avaliar a prudência de um determinado ensinamento proposto ao povo de Deus e aos teólogos. Ou seja, o sentir dos leigos, que são a maioria do povo de Deus, conta para a hierarquia na hora de tomar decisões. Dessa maneira, revaloriza-se a "opinião pública" na Igreja e abre-se um espaço de diálogo com os leigos, sobretudo com os diversos especialistas nas ciências humanas. Foi isso que falhou nos últimos anos, provocando reações eclesiais como o movimento Somos Igreja, originado na Europa Central e que se difundiu amplamente, protestando contra o curso autoritário e conservador que a Igreja está tomando.

Cresce o mal-estar diante da passividade e da subordinação exigidas dos leigos, até quando se trata de posicionamentos que os afetam diretamente. Isso se agrava pela falta de um consenso teológico que dê sustentação às decisões hierárquicas. Não é segredo para ninguém que existe um grande pluralismo na teologia e que o magistério hierárquico já não pode contar, sem mais nem menos, com o unânime consenso da teologia para todos os seus pronunciamentos. A falta de diálogo não só se faz presente entre a hierarquia e os leigos, mas também entre os bispos e os teólogos, com repercussões negativas para ambos e sobretudo para o conjunto da Igreja. Prefere-se o diálogo com os teólogos "seguros", isto é, com aqueles que se identificam plenamente com tudo o que a hierarquia diz, sem que haja espaço para a interpelação e para as críticas racionais. Tudo isso faz com que cresça o divórcio entre parte do magistério hierárquico e da teologia, e entre os pronunciamentos eclesiais e boa parte do povo de Deus.

Além disso, na medida em que a Igreja assume uma postura defensiva em face das suas prerrogativas na sociedade, pondo o acento nos acordos feitos com o Estado mais do que em responder à sensibilidade popular, ressurge o anticlericalismo e sobretudo o laicismo, que não só condena os privilégios, mas também procura eliminar a influência eclesial na sociedade. O problema é que a hierarquia procura mais o Estado como interlocutor do que a opinião pública da sociedade. Continuar aferrando-se a situações de privilégio

— que foram ficando defasadas por causa da evolução social e que hoje não contam com o sentir da maioria dos cidadãos — repercute na missão da Igreja e dificulta um testemunho sem complexos dos cristãos na sociedade.

O Concílio Vaticano II impulsionou o desenvolvimento teológico com o decreto sobre o apostolado dos leigos (AA 1; 5; 10; 25) e a Constituição Dogmática sobre a Igreja no mundo. Teologicamente, reconhece-se a plena participação do laicato na missão da Igreja, a autonomia das realidades terrenas e a necessidade de que os leigos ponham à disposição o seu saber quando se trata de julgar os sinais dos tempos e de avaliar as incumbências da missão (LG 33; 37). Esses elementos teológicos contribuíram para uma renovação da teologia e da própria Igreja. A existência secular do cristão comporta também, como contrapartida, a luta por uma Igreja profética, messiânica e transcendente, posicionando-se contra a instalação mundana nas estruturas seculares. O testemunho missionário surge como alternativa a uma sociedade confessional, que já deixou de existir. A missão já não são os países do Terceiro Mundo, mas sim a sociedade secularizada em que vivemos. Os leigos deixam de ser a "tropa da retaguarda", transformando-se na vanguarda dessa nova síntese existente entre transcendência e imanência, ordem da criação e da salvação.[101]

Há aqui a cooperação de todos, eclesial e missionária (LG 30), respeitando a estruturação ministerial e diaconal da Igreja. A colaboração dos leigos com a hierarquia não é uma concessão dos bispos, mas uma conseqüência do batismo comum, que é o princípio de toda a eclesiologia. Todos são co-responsáveis, embora haja diversos ministérios. Desse ponto de partida é que devem ser compreendidos os ministérios laicais da Igreja antiga e a tentativa de instaurar tais ministérios, como Paulo VI pretendia na *Ministeria quaedam*, de 1972. Seria um erro ver nesses ministérios mera suplência dos ministérios ordenados, isto é, uma conseqüência conjuntural da escassez de vocações, e não o começo de uma eclesiologia mais comunitária, mais responsável e mais laical.

---

[101] BRAUNBECK, E. *Der Weltcharakter des Laien*. Regensburg, 1993. pp. 204-273; CASATI, L. L'appartenenza alla società civile come problema della conscienza cristiana. In: *I Laici nella Chiesa*. Torino, 1986. pp. 93-113; CANOBBIO, G. *Laici o cristiani?* Brescia, 1992. pp. 177-211.

Como afirma a Conferência Episcopal Alemã, o leigo representa toda a Igreja e não é válida a distinção proposta por alguns entre agir como cristão, ou seja, um mero título pessoal, e agir em nome da Igreja, como se a segunda definição fosse reservada aos clérigos. "O leigo, portanto, em sentido estrito, é um cristão que expressa de forma exemplar a realidade da Igreja e sua missão no mundo."[102] O leigo não precisa de nenhum *plus* teológico para representar a Igreja, e esta deve assumir aquilo que é e tornar o leigo um definidor de sua própria identidade e missão. A não-aceitação da plena eclesialidade e representatividade cristã dos leigos subjaz a muitas crises eclesiais, como a que atingiu, no final da década de 1960, a Ação Católica e outras associações laicais. Havia uma resistência a abandonar o velho modelo de cristandade, que contrapunha o mundo e a Igreja (identificada com a hierarquia) e que fazia dos leigos o braço secular da Igreja.

Hoje o problema volta a ser colocado diante de uma Igreja que vive na ambigüidade: ela oscila entre a saudade da tutela moral (ditar regras para a sociedade, pressionando o Estado) e a aceitação da democracia moderna (perdendo alguns privilégios institucionais que ainda são conservados); entre um cristianismo de presença, que insiste em manter uma rede de instituições próprias, paralelas às seculares, e um cristianismo de testemunho profético (no qual os cristãos atuam no interior das estruturas seculares); entre uma eclesiologia na defensiva (que leva a proteger os cristãos da influência mundana e favorece o gueto e o sectarismo) e uma eclesiologia missionária (que parte da colaboração com os não-crentes); entre a aceitação dos direitos humanos na sociedade e a sua limitação, quando não a sua negação, dentro da própria Igreja; entre o reconhecimento da autonomia da consciência

---

[102] CONFERÊNCIA EPISCOPAL ALEMÃ. Il laico nella chiesa e nel mondo. *Il Regno*, n. 31, p. 478, 1986. Citado e comentado por S. Dianich, "Laicos y laicidad en la Iglesia", *Páginas*, n. 13, pp. 91-122, 1988. O sacerdócio batismal é o *analogatum princeps*, a forma primeira e essencial do sacerdócio cristão, enquanto o ministério sacerdotal está a serviço do testemunho de vida exigido pelo primeiro. Uma perspectiva diferente é apresentada por Maritain, que reduz a ação dos leigos a um agir "cristãmente", mas não "eclesialmente" (J. Maritain, *Humanisme integral*, Paris, 1947, pp. 296-312 [Ed. bras.: *Humanismo integral*; uma visão nova da ordem cristã, São Paulo, Dominus, 1962]). Há passagens no Concílio Vaticano II que reconhecem a autonomia dos leigos no mundo, mas lhes concedem pouca eclesialidade (GS 42; 76), juntamente com outras que sublinham mais o caráter eclesial do leigo (AA 2; 5; 7). A dualidade da teologia deixou nas duas eclesiologias suas marcas, que podem ser encontradas no Concílio Vaticano II.

pessoal e a rejeição de toda discordância com a hierarquia, até em matérias não-dogmáticas. Denuncia-se como um "cristianismo de papel", ou, em uma linguagem mais eclesiástica, como "desafeição ao magistério".

O velho "antimodernismo" católico sobrevive hoje. Adota-se a crítica "pós-moderna", que denuncia o permissivismo e o individualismo ocidental, mas não para avançar na linha de uma renovação solidária da sociedade, e sim para restaurar a tutela anterior sobre os valores e as instituições sociais.[103] O discurso eclesial perde plausibilidade e capacidade de influência porque não admitiu ainda a autonomia da consciência em relação a todas as instituições, incluindo-se a eclesiástica. Procura-se manter o controle dos leigos, ao preço da limitação do protagonismo eclesial e missionário dos seculares. Não são criadas as condições que tornariam possível um laicato adulto, maior de idade, que é uma das exigências da sociedade plural e secular atual[104] em razão do caráter democrático, personalista e igualitário de nossas sociedades. A herança da luta do século XIX contra os "erros modernos" subsiste na eclesiologia e continua sendo um campo para a missão. O *aggiornamento* revela-se assim como um compromisso insuficiente para os que propugnavam a necessidade de uma reforma da Igreja, como Congar ou Rahner.[105] Não se trata somente de modernizar a Igreja, sem que mudem suas instituições milenares, mas de "reformá-la" no sentido tradicional e teológico da mudança. Os leigos são decisivos para essa mudança, que começa já na família e na educação, para que, partindo da base laical da Igreja, chegue até o topo hierárquico a necessidade da reforma eclesiológica que começou no Concílio Vaticano II.

---

[103] Remeto à excelente análise apresentada por D. Hervieu-Léger, *Vers un nouveau christianisme?*, Paris, 1986, pp. 289-360. Uma posição alternativa é a de Ratzinger, que propugna alguns valores cristãos fundamentais reconhecidos e privilegiados pelo Estado e não submetidos ao consenso. Ele rejeita o Estado confessional, mas postula o papel privilegiado da Igreja e do cristianismo dentro da própria ordem estatal, já que o Estado deve reconhecer como sua própria entidade uma estrutura de valores cristãos; cf. RATZINGER, J. *Iglesia, ecumenismo y política*. Madrid, 1987. pp. 223-258.

[104] Ser adulto pressupõe autonomia, liberdade e capacidade reflexiva, o que não se opõe ao reconhecimento das vinculações sociais e eclesiais. A maioridade do cristão implica a possibilidade de dissentir e, apesar disso, a capacidade para viver a dissensão na comunhão eclesial. Essa abertura é tão necessária para os leigos quanto para a hierarquia; cf. RAHNER, K. Der mündige Christ. *StdZ*, n. 107, pp. 3-13, 1982; DREWERMANN, E. Mündigkeit. *HK*, n. 40, pp. 235-255, 1986.

[105] CONGAR, *Falsas y verdaderas reformas en la Iglesia*, cit.; RAHNER, K. *Estruturas em mudança*. Petrópolis, Vozes, 1976.

Sumário

Apresentação da coleção *Ecclesia* XXI 9

Introdução 15

Do projeto do Reino à comunidade de discípulos 27
    A identidade do povo judeu 31
    Da vocação de Abraão à expectativa messiânica 37
    Da esperança do Messias à instauração do reinado de Deus 52
    A identidade da comunidade de discípulos 74
    Conclusão. Os limites eclesiológicos da comunidade
    de discípulos 116

Da comunidade de discípulos à Igreja cristã 119
    O processo de formação trinitária da Igreja 122
    Da comunidade de discípulos à Igreja primitiva 135
    A ruptura com o templo judeu 150
    Dos sacrifícios rituais a um novo culto existencial 160
    A superação do sacerdócio pontifical 184
    O significado cristão das leis religiosas 194

A concepção primitiva da Igreja 211
    A primeira eclesiologia cristã 213
    Uma Igreja de profetas 231
    O protesto do carisma contra a institucionalização 251
    A tensão constitutiva entre o carisma e a instituição 283

Como surgiram os apóstolos e os ministros 303
    Identidade e origem dos apóstolos 304
    O nascimento dos ministérios na Igreja 322

Os ministérios das Igrejas locais 347

As funções dos ministros 366

Prerrogativas e privilégios do clero 393

Como surgiu o primado do papa 409

O papel de Pedro no Novo Testamento 410

Unidade e pluralidade eclesiológica do Novo Testamento...... 438

Eclesiologia de comunhão e primado do papa 446

A reforma eclesiológica.. 474

Uma comunidade de leigos 489

Do reino para os pecadores às exigências éticas do Reino...... 489

As Igrejas domésticas... 501

O papel da mulher no cristianismo primitivo...................... 507

A novidade cristã: uma comunidade de leigos...................... 533

Impresso na gráfica da
Pia Sociedade Filhas de São Paulo
Via Raposo Tavares, km 19,145
05577-300 - São Paulo, SP - Brasil - 2005